Claudia Öhlschläger / Michael Niehaus (Hg.)

W. G. Sebald-Handbuch

Leben – Werk – Wirkung

J. B. Metzler Verlag

Die Herausgeber
Claudia Öhlschläger ist Professorin für Vergleichende
Literaturwissenschaft und Intermedialität an der Universität
Paderborn.
Michael Niehaus ist Professor für Neuere deutsche
Literaturwissenschaft und Medienästhetik an der
FernUniversität in Hagen.

**Bibliografische Information
der Deutschen Nationalbibliothek**
Die Deutsche Nationalbibliothek verzeichnet diese
Publikation in der Deutschen Nationalbibliografie;
detaillierte bibliografische Daten sind im Internet
über http://dnb.d-nb.de abrufbar.

ISBN 978-3-476-02562-3
ISBN 978-3-476-05395-4 (eBook)

J. B. Metzler, Stuttgart
© Springer-Verlag GmbH Deutschland, 2017

Gedruckt auf chlorfrei gebleichtem, säurefreiem
und alterungsbeständigem Papier

Einbandgestaltung: Finken & Bumiller, Stuttgart
(Foto: picture alliance)
Satz: primustype Hurler GmbH, Notzingen

J. B. Metzler ist Teil von Springer Nature
Die eingetragene Gesellschaft ist Springer-Verlag GmbH
Deutschland
www.metzlerverlag.de
info@metzlerverlag.de

Inhalt

Vorwort

Obwohl er nur ein schmales Œuvre hinterlassen hat, ist wohl kaum ein deutschsprachiger Autor der Gegenwart hierzulande, aber auch international so intensiv und kontrovers diskutiert sowie zum Gegenstand wissenschaftlicher Publikationen gemacht worden wie W. G. Sebald. Weniger als 15 Jahre nach seinem Tod im Jahre 2001 ist W. G. Sebald zweifellos ein kanonischer Autor geworden. Schon dies rechtfertigt es, ihm ein Nachschlagewerk von der Art eines Handbuchs zu widmen.

Gründe für diesen Stellenwert W. G. Sebalds sind nicht schwer zu benennen. Das augenfälligste Merkmal seiner Texte ist sicherlich die Implementierung von Bild- und Photomaterial, die zu einem Markenzeichen der Poetik Sebalds geworden ist; sie spricht die Leser immer wieder unmittelbar an und fasziniert. Die sich daraus ergebenden komplexen Verfahren der Intermedialität liefern bis heute Anreize nicht nur für literatur-, sondern auch für medien- und bildwissenschaftliche Analysen. Da die in den Text eingefügten Bilder und Photographien durch keinerlei Legenden oder Quellenangaben ausgewiesen werden, gehen sie eine auch in formaler Hinsicht interessante Verbindung bzw. Korrespondenz mit der sie umgebenden Schrift ein. Hinzu kommt ihre teilweise Unschärfe und Fragmentarität, wodurch Fragen nach der Verlässlichkeit von Bildern für die Authentifizierbarkeit des Erzählten, aber auch von Erinnerung und Geschichte, provoziert werden.

In sprachlicher und kompositorischer Hinsicht zeichnet sich Sebalds Prosa durch eine sowohl enge wie uneindeutige Verbindung mit seiner Schriftstellerpersönlichkeit und seiner Biographie aus. Sebald ist bekannt für seine in fast allen Texten auftauchende Figur eines Ich-Erzählers, durch den die Person Sebald selbst zu sprechen scheint, der aber doch nicht mit ihr identisch ist. Dieser Erzähler firmiert als eine Instanz, der sich der Leser anvertrauen zu können scheint. Er verführt durch einen melancholischen, bisweilen altertümlich anmutenden Tonfall, der auch dort spürbar bleibt, wo andere Figuren – in indirekter Rede – zu

Wort kommen. Er neigt zu Reflexionen, Beschreibungen und Darstellungen in epischer Breite. Dabei bewegt sich seine Literatur im Grenzbereich von Fiktion und Dokumentation. Sebalds Entschleunigung des Erzählens geht einher mit einer Fokussierung von Details und deren aufmerksamer Betrachtung, aber auch mit einer teils verlangsamten, teils sprunghaften Bewegung des Reisens durch historische Räume und Zeiten. Die Konfrontation einer in positivistischer Sicht schnelllebigen Abfolge historischer Ereignisse mit einem geschichtsphilosophischen Konzept, das Geschichtsverläufe im Sinne einer *longue durée* ganzheitlich in den Blick nimmt, rechtfertigt den Eindruck einer literarischen Ethik ebenso wie Sebalds Problematisierung des historisch Faktischen durch eine zuweilen intrikate Grenzverwischung von Wirklichkeitstreue und Täuschung.

Aus thematischer Perspektive hat zu Sebalds Prominenz vor allem beigetragen, dass die Erinnerung und das kulturelle Gedächtnis an historische Traumata, insbesondere an das der systematischen Tötung der europäischen Juden, den Kernbereich seiner Prosa bilden. Dabei spielt der Aspekt der Zeugenschaft eine besondere Rolle. Auch wenn Sebald aufgrund seines Geburtsjahres 1944 nicht wirklich als Zeitzeuge aussagen kann, vermittelt seine fiktionale und essayistische Auseinandersetzung mit dem Holocaust den Eindruck einer tiefen Betroffenheit, die vor allem in der angelsächsischen Rezeption seines Werks im Zentrum steht. Obwohl dieser Anspruch auf eine Art mentale Zeugenschaft mit der starken Empathie begründet werden kann, die sowohl Sebald selbst wie seine Ich-Erzähler auszeichnet, ist man in der Forschung und in der Kritik dieser Haltung auch kritisch begegnet. Kontrovers diskutiert wird bis heute der Umstand, dass Sebald in allen seinen Texten an einer hohen Stilebene, an einem Erhabenheit suggerierenden Tonfall auch dann konsequent festhält, wenn es um die Beschreibung der Gräuel kolonialer Gewaltherrschaft und nationalsozialistischer Verbrechen geht.

Schließlich zeichnet sich Sebalds intertextuelles

Verfahren durch einige Besonderheiten aus, die immer noch dazu führen, dass man diesem Gegenwartsautor auch über die Grenzen der literaturwissenschaftlichen Disziplinen hinweg Aufmerksamkeit schenkt. Unzählige verdeckte Zitate und Anspielungen verschiedenster von Sebald verehrter Autoren sind in seine Prosa verwoben. Sebalds Texte eröffnen zahlreiche implizite und explizite Referenzen auf Literaten des 18., 19. und 20. Jahrhunderts, allen voran Kafka, Nabokov und Robert Walser. Diese Referenzen besitzen programmatischen Charakter für Sebalds Verständnis von Autorschaft im Spannungsfeld von Wirklichkeitstreue und Fiktion, erweisen sich aber auch hinsichtlich seiner Parteinahme für eine ›kleine Literatur‹ als aussagekräftig. Zugleich sind Sebalds Texte durchdrungen von philosophischen, ästhetischen, medien- und literaturtheoretischen Reflexionen, was ihm den Vorwurf eingebracht hat, selbst die Spuren für eine hermeneutische Auslegung seiner Texte zu legen – ein Vorwurf, der mit der Doppelqualifikation Sebalds zusammenhängt, der nicht nur Literat, sondern auch an der University of East Anglia lehrender Literaturwissenschaftler war. Marcel Reich-Ranicki prägte in diesem Zusammenhang den Terminus »Germanistenprosa« und verkannte dabei das Innovative von Sebalds poetischem Verfahren, das Belesenheit und Gelehrtheit zwar zur Voraussetzung hat, sie aber auf eine gattungstypologisch nicht festzulegende und jedenfalls völlig ›ungermanistische‹ Weise in seinen Texten wirksam werden lässt.

Das vorliegende Handbuch orientiert sich zwar an der für die Metzler-Handbücher typischen Dreiteilung »Leben – Werk – Wirkung«, setzt dabei aber spezifische Akzente.

Der erste Teil, »Leben und Persönlichkeit«, verzichtet – anders als in den Autoren-Handbüchern üblich – bewusst auf eine detaillierte Darstellung des Lebens von W. G. Sebald. Nicht nur weil viele seiner nahen Angehörigen und Freunde noch am Leben sind, käme dies einer moralisch zweifelhaften Ausbreitung seines Privatlebens gleich. Das Handbuch beschränkt sich daher auf zwei kurze Darstellungen seines Werdegangs als Autor sowie als Wissenschaftler, beide verfasst von Autoren, die Sebald persönlich gut gekannt haben.

Der zweite Teil stellt das Werk vor, wobei die Dreiteilung in die ›literarischen Texte‹, die ›Essays und Porträts‹ und die ›wissenschaftlichen Texte‹ an sich etwas ungewöhnlich ist, in diesem speziellen Fall aber naheliegt.

Der dritte Teil perspektiviert unter der Überschrift »Parameter des Schreibens, Materialität und Medialität« wichtige Aspekte von Sebalds Poetologie. Hierzu gehören strukturelle Merkmale seines Schreibens (Bild/Text, Intertextualität, Stil und Schreibweise, Bastelei, Polemik, Arbeitsweise, Reisen), aber auch die Präsenz anderer Medien und Materialitäten in seinen Texten (Photographie, Malerei, Architektur, Dinge) sind poetologisch von Bedeutung.

Der vierte Teil fokussiert »Themen und Diskurse«, die Sebalds Texte vorwiegend bestimmen. Hier gerät neben Gedächtnis und Erinnerung, Naturgeschichte und Holocaust, Heimat und Familiengeschichte die Melancholie als tragende Disposition des Ich-Erzählers in den Blick.

Ein fünfter Teil ist den für Sebald wichtigsten Referenzautoren gewidmet. Es ist eine Eigentümlichkeit dieses Autors, dass er den von ihm verehrten Schriftstellern, als deren Nachfahre er sich betrachtete, einen besonderen Platz innerhalb seines Schreibens eingeräumt hat. Er hat ihrer nicht nur in eigenen Essays gedacht, sondern sie haben auch anderweitig vielfältige Spuren in seinem Werk hinterlassen.

Der sechste und letzte Teil gilt der außergewöhnlichen Rezeption, die Sebald sowohl im deutschsprachigen Raum wie in anderen europäischen und außereuropäischen Ländern erfahren hat. Da die Rezeption in den angelsächsischen Ländern und in Frankreich besonders ausgeprägt war, findet sie in diesem Handbuch in einem eigenen Artikel Berücksichtigung. Abschließend werden Positionen der Sebald-Forschung vorgestellt und rekonstruiert sowie die Präsenz Sebalds und seines Œuvres im Internet reflektiert.

Unser Dank gilt dem Lektor des Metzler-Verlags, Dr. Oliver Schütze, für seine geduldige und kompetente Betreuung sowie den Mitarbeiterinnen unseres Teams im Hintergrund, Dr. Leonie Süwolto und Kaja Ruhwedel (MA), für ihre sorgfältige Arbeit an den Manuskripten und ihre Einsatzbereitschaft – und natürlich den Autorinnen und Autoren, ohne deren großes Engagement solche Handbücher nicht entstehen könnten.

Claudia Öhlschläger und Michael Niehaus
Oktober 2016

Siglen und Hinweise

Das *Sebald-Handbuch* arbeitet nicht mit Fußnoten, sondern mit Kurzverweisen in Klammern im Text (Name des Verfassers bzw. Herausgebers, Jahr, ggf. Seitenzahl), die in den jeweils den Beiträgen angefügten Literaturverzeichnissen aufgeschlüsselt werden. Die Texte von W. G. Sebald werden, soweit es sich um eigenständige Veröffentlichungen handelt, mit folgenden Siglen zitiert. Zitiert wird – in Ermangelung einer Werkausgabe – in der Regel nach der Erstausgabe. Dort, wo es Taschenbuchausgaben gibt, sind diese in den meisten Fällen mit der Erstausgabe seitenidentisch. Eine Ausnahme bilden die späteren Taschenbuchausgaben von *Schwindel. Gefühle* und von *Luftkrieg und Literatur*, wo der Text neu gesetzt wurde (was auch bedauerliche Eingriffe in die Text-Bild-Aufteilung zur Folge hat). Die *Ringe des Saturn* und *Nach der Natur* werden, da die Erstausgaben schwer erhältlich sind, abweichend nach der Taschenbuchausgabe zitiert, die zwar denselben Satzspiegel hat, aber eine andere Paginierung.

Agw *Die Ausgewanderten. Vier lange Erzählungen*. Frankfurt a. M.: Eichborn 1992.

AK *Aufzeichnungen aus Korsika. Zur Natur- und Menschenkunde von W. G. Sebald*. Aus dem Nachlass, hg. von Ulrich von Bülow. In: Ulrich von Bülow/Heike Gfrereis/ Ellen Strittmatter (Hg.): *Wandernde Schatten. W. G. Sebalds Unterwelt*. Marbach am Neckar: Deutsche Schillergesellschaft 2008, 129–209.

Aus *Austerlitz*. München: Hanser 2001.

BU *Beschreibung des Unglücks. Zur österreichischen Literatur von Stifter bis Handke*. Salzburg/Wien: Residenz Verlag 1985.

CS *Campo Santo*, hg. von Sven Meyer. München: Hanser 2003.

Ged *Über Land und das Wasser. Ausgewählte Gedichte 1964– 2001*, hg. von Sven Meyer. München: Hanser 2008.

Ges *»Auf ungeheuer dünnem Eis«. Gespräche 1971 bis 2001*, hg. von Thorsten Hoffmann. Frankfurt a. M.: Fischer 2011.

Log *Logis in einem Landhaus. Über Gottfried Keller, Johann Peter Hebel, Robert Walser und andere*. München: Hanser 1998.

Luf *Luftkrieg und Literatur. Mit einem Essay zu Alfred Andersch*. München: Hanser 1999.

Myt *Der Mythus der Zerstörung im Werk Döblins*. Stuttgart: Klett 1980.

NN *Nach der Natur. Ein Elementargedicht*. Nördlingen: Greno 1988 [zitiert wird nach der Taschenbuchausgabe: Frankfurt a. M.: Fischer 1995].

RS *Die Ringe des Saturn. Eine englische Wallfahrt*. Frankfurt a. M.: Eichborn 1995 [zitiert wird nach der Taschenbuchausgabe: Frankfurt a. M.: Fischer 1997].

SG *Schwindel. Gefühle*. Frankfurt a. M.: Eichborn 1990.

Ste *Carl Sternheim: Kritiker und Opfer der Wilhelminischen Ära*. Stuttgart: Kohlhammer 1969.

UH *Unheimliche Heimat. Essays zur österreichischen Literatur*. Salzburg und Wien: Residenz Verlag 1991.

Unz *»Unerzählt«. 33 Texte und 33 Radierungen*. Mit einem Gedicht von Hans Magnus Enzensberger und einem Nachwort von Andrea Köhler. München: Hanser 2002.

In den bibliographischen Angaben werden darüber hinaus folgende Siglen für einige einschlägige Fachzeitschriften verwendet:

DVjs *Deutsche Vierteljahrsschrift für Literaturwissenschaft und Geistesgeschichte*

EG *Etudes Germaniques*

Euphorion *Euphorion. Zeitschrift für Literaturgeschichte*

GRM *Germanisch-Romanische Monatsschrift*

IASL *Internationales Archiv für Sozialgeschichte der deutschen Literatur*

LiLi *Zeitschrift für Literaturwissenschaft und Linguistik*

Merkur *Merkur. Deutsche Zeitschrift für europäisches Denken*

MLN *Modern Language Notes*

WB *Weimarer Beiträge*

ZfdPh *Zeitschrift für deutsche Philologie*

ZfG *Zeitschrift für Germanistik*

I Leben und Persönlichkeit

1 Wissenschaftliche Biographie

Im Juli 1963 verließ der Abiturient Winfried Georg Sebald die Oberrealschule in Oberstdorf, um sich zum Wintersemester 1963/64 an der Universität Freiburg einzuschreiben, wo er vier Semester lang die Fächer Germanistik und Anglistik belegte. Nachträglich habe er realisiert, »wie trüb und verlogen unser Literaturverständnis wohl geblieben wäre, hätten uns die damals nach und nach erscheinenden Schriften Benjamins und der Frankfurter Schule [...] nicht andere Perspektiven eröffnet« (Log 12). Die Entdeckung der Kritischen Theorie war von entscheidender Bedeutung für Sebalds weitere intellektuelle Entwicklung (Hutchinson 2011), wobei präzisiert werden muss, dass er mit seinem frühen Interesse an den jüdischen Denkern sowohl unter Kommilitonen als auch Lehrpersonen weitgehend allein stand.

Während des Studiums verfolgte Sebald aufmerksam den Frankfurter Auschwitz-Prozess (1963–1965). Wie für viele Generationsgenossen bewirkte die erstmalige öffentliche Aufdeckung der Naziverbrechen einen entscheidenden Politisierungsschub, wenngleich dieser bei Sebald als jahrzehntelanger Partisanenkrieg mit den Mitteln der Literaturkritik gegen die von ihm unter politischen Pauschalverdacht gestellten Vertreter der etablierten Germanistik geführt wurde.

Gesellenstücke

Als Ausdruck von Protest zu verstehen ist auch der im Herbst 1965 erfolgte Wechsel an die Université de Fribourg in der Schweiz, wo er im März 1966 seine Carl Sternheim gewidmete Lizenziatsarbeit einreichte, für die er im September die *licence ès lettres* erhielt (Sebald 2011). Die nächste Station, welche seine eigentliche Auswanderung markierte, war die Stelle eines Lektors (d. h. Fremdsprachenassistenten) an der University of Manchester, die er im Oktober 1966 antrat. Dort erweiterte er die Lizenziatsarbeit etwa um das Drei- bis Vierfache und baute sie so zu seiner *MA dissertation* aus, die im Juli 1968 *with distinction* angenommen wurde. Im Anschluss an einen vorübergehenden Aufenthalt als Lehrer an einer Schweizer Internatsschule – den er zur Überarbeitung der Magisterarbeit für die

Druckfassung nutzte –, gelang ihm im Herbst 1969 erneut eine einjährige Rückkehr als Lektor nach Manchester, nachdem der Versuch, ein Junior Research Fellowship an der Eliteuniversität in Cambridge zu erhalten, gescheitert war.

Der Skandal, den seine im Oktober 1969 unter dem Titel *Carl Sternheim: Kritiker und Opfer der Wilhelminischen Ära* publizierte Studie auslöste (s. Kap. 15), dürfte Sebald ermuntert haben, die bereits in Manchester begonnene Doktorarbeit über Alfred Döblin in ähnlich polemisch-kontroverser Weise anzulegen (s. Kap. 16). In beiden Fällen hatte er den deutsch-jüdischen Autoren ein literarisches wie politisches Versagen attestiert und ihre Schriften, verkürzt gesagt, als (unwillentliche) ästhetische Wegbereiter des Faschismus diffamiert. In die Germanistik tritt Sebald insofern als ein *angry young man* ein, wobei allerdings das damals für die Zunft durchaus ungewöhnliche Interesse an den Problemen deutsch-jüdischer Assimilation hervorgehoben werden muss (Hessing/Lenzen 2015).

Norwich

Im Sommer 1970 nahm Sebald das Angebot einer Dozentenstelle an der University of East Anglia (UEA) im ostenglischen Norwich an, die sich retrospektiv als endgültige berufliche Heimat erweisen sollte. Er arbeitete an der School of Modern Languages and European History, einem von Aufbruchstimmung, Interdisziplinarität und liberalem Management geprägten Department. Dort besaß er die ihm bedeutsame Freiheit, seine oftmals non-konformen bis radikalen Ansichten zu äußern. Dies geschah insbesondere in dem 1971 an der UEA gegründeten *Journal for European Studies* (*JES*), für das der Doktorand in der ersten Hälfte der 1970er Jahre eine ganze Reihe von akademischen Rezensionen veröffentlichte, bei denen es sich überwiegend um aggressive Verrisse etablierter Germanisten handelte (vgl. Schütte 2014, 104–115).

Aufgrund seiner im August 1973 unter dem Titel *The Revival of Myth. A Study of Alfred Döblin's Novels* eingereichten *PhD thesis*, wurde er im Juli 1974, trotz gewisser Vorbehalte durch die Prüfer, erfolgreich promoviert. Bereits Mitte der 1970er Jahre, als sich das liberale Klima an britischen Universitäten zunehmend verschlechterte und der schleichende Vergiftungsprozess der Bürokratisierung einsetzte, versuchte Sebald einen Ausbruchsversuch, indem er im Januar 1976 nach München ging, um am Goethe-Institut eine Ausbildung zum Deutschlehrer für Entwicklungsländer zu absolvieren. Er brach die Schulung jedoch nach acht Monaten ab und kehrte nach Norwich zurück, wo sich die Degeneration akademischer Freiheit unvermindert fortsetzte, zumal nachdem Margaret Thatcher im Mai 1979 an die Macht gekommen war.

Von 1978 bis 1981 versuchte Sebald beispielsweise als *Admissions Officer* durch dezidierte Anstrengungen bei der Rekrutierung von Studenten das mit den Studentenzahlen verknüpfte Einkommen zu stabilisieren, um so dem Rationalisierungsdruck entgegenzuwirken. Ebenso engagierte er sich, wenn auch ohne Freude, in anderen Bereichen universitärer Selbstverwaltung. So leistete er eine mehrjährige Dienstperiode im Senat der Universität ab und stand einer Arbeitsgruppe zur Rationalisierung der Unterrichtsangebote vor.

Zugleich reagierte Sebald nicht selten mit starrköpfiger Verweigerung auf die aufgezwungenen Reformen. Die Regierungsinspektoren, die im Rahmen eines *Teaching Quality Assessment* seinen Unterricht begutachten wollten, verwies er kurzerhand des Seminarraums – ein Akt von Zivilcourage, der aber gravierende Folgen nach sich zog. Dass er ein hervorragender Hochschullehrer war, dessen unkonventioneller Unterricht einen tiefen, oft auch prägenden Eindruck bei seinen Studierenden hinterlassen hat, belegen retrospektiv eingeholte Statements und Anekdoten (Williams 2011; Radvan 2011; Schütte 2003). »Ja, also ich mag meinen Beruf gerne. Ich mag gerne den Kontakt mit den Leuten, mit den Studenten, und es ist ein sehr ehrlich verdientes Geld« (Ges 103 f.), erklärte Sebald 1993.

Aufgegebene und fertiggestellte Essaybände

Nach seinen beiden Qualifikationsarbeiten arbeitete Sebald nur noch im Format des Essays bzw. Essaybands. Bereits 1972 plante er – an die bei Sternheim und Döblin verhandelte Assimilationsproblematik anknüpfend – einen Essayband, der das Thema in Fallstudien von der Aufklärung bis zur Gegenwart aufrollen sollte. Obwohl Gershom Scholem ihm nach einem Schreiben mit der Bitte um Hilfe davon abge-

raten hatte, nahm er ab 1974 die Arbeit an einem Projekt mit dem Arbeitstitel *Reflexionen der Geschichte der jüdischen Assimilation* auf. Da es ihm jedoch nicht gelang, einen Verlag zu finden, gab er das Projekt auf. Der später publizierte Aufsatz *Die Ambiguität der Toleranz* war offenkundig als Einleitung dazu bestimmt (vgl. Schütte 2014, 157–170). Sebald behandelte das darin zentrale Thema gescheiterter Assimilation später vor allem in den literarischen Texten der 1990er Jahre.

Zur Konzeption eines Projekts mit dem Arbeitstitel *Die Rekonstruktion der Erinnerung*, dem sich Sebald ab den frühen 1980er Jahren zuwandte und in welchem er offenkundig eine grundlegende Kritik der deutschen Nachkriegsliteratur unternehmen wollte, finden sich nur vereinzelte Spuren im Nachlass. Die teils kryptischen Notizen nennen als Zielpunkte der Kritik repräsentative Autoren, zumeist aus dem Umfeld der Gruppe 47, d. h. Namen wie Böll, Richter und, wiederholt, Andersch (vgl. Schütte 2014, 384–396). Eindeutig diesem Projekt zuzuordnen sind die um 1982/83 erschienenen Aufsätze zu Grass und Hildesheimer sowie über den Luftkrieg, der die Keimzelle zu den späteren Züricher Vorlesungen bildet.

Doch auch dieses Projekt wird aufgegeben. Sebald wendet sich stattdessen verstärkt der österreichischen Literatur zu und es gelingt ihm mit *Die Beschreibung des Unglücks* (s. Kap. 11) erstmals, einen Essayband zu publizieren, den er im September 1985 als externe Habilitationsschrift an der Universität Hamburg einreicht. Als das Verfahren im April 1986 erfolgreich abgeschlossen wurde, hatte man ihn an der UEA bereits zum *Senior Lecturer* befördert. Im Oktober 1987 folgte die Erhebung zum *Reader* (was einer britischen Habilitation entspricht) und im Oktober 1988 ernannte man ihn zum *Professor of European Literature* – den ihm wiederholt zugeschriebenen Lehrstuhl für *German Literature* oder Neue Deutsche Literaturwissenschaft hat er nie innegehabt.

British Centre for Literary Translation und die Literaturkritik der 1990er Jahre

Im Jahr 1989 gründete sich auf Sebalds Initiative hin an der UEA das British Centre for Literary Translation (BCLT). Um die Institution zu verankern, wurden 1993 ein Master in *Literary Translation* eingeführt sowie Konferenzen und Workshops organisiert, was für Sebald als *Director* der Institution einen immensen Zeit- und Kraftaufwand bedeutete. Die Einführung eines innovativen Promotionsstudiengangs in *Literary Translation*, dessen Studiengebühren die Finanzierung des BCLT langfristig gesichert hätten, scheiterte jedoch am Veto des Universitätsmanagements. Nach Ablauf seiner Dienstzeit 1995 verzichtete Sebald darauf, die Leitung der Institution weiterhin zu übernehmen. Ebenso lehnte er einen zu dieser Zeit erfolgten Ruf an das King's College in London ab, wie auch das ihm Anfang 1997 unterbreitete Angebot, an der Universität Hamburg ein Institut für Kreatives Schreiben zu gründen.

Der polemische Essay gegen Alfred Andersch, den Sebald im Frühjahr 1993 in *Lettre* lancierte, sorgte zunächst für viel Widerspruch. Allerdings bestätigte sich die generelle Stoßrichtung der moralisch begründeten Kritik an Andersch als Opportunisten sowie Klitterer seiner Biographie durch spätere Archivfunde und weitere Forschungen (Joch/Döring 2001). Die Revision des lange Zeit unkritisch kolportierten Bilds von Andersch ist Sebalds erfolgreichste Intervention gegen die von ihm abgelehnte Germanistik (vgl. Schütte 2014, 425–474).

Einen Rückgriff auf das abgebrochene Projekt zur Nachkriegsliteratur repräsentiert auch die zunächst durch die Vorlesungen im Herbst/Winter 1997 bzw. die überarbeitete Buchversion vom Herbst 1999 angezettelte Diskussion um den Komplex von Luftkrieg und Literatur (s. Kap. 14). Erneut provozierte Sebald durch gezielt zugespitzte Thesen eine erinnerungspolitische Debatte, die breite Wellen schlug und an deren Ende ein deutlich veränderter Diskurs über den alliierten Bombenterror gegen die deutsche Zivilbevölkerung stand (vgl. Schütte 2014, 476–530).

In markantem Kontrast zu seinen Polemiken stand *Logis in einem Landhaus*, die im Herbst 1998 erschienene Essaysammlung zur alemannischen Literatur (s. Kap. 11), mit der Sebald auf die Krise reagierte, in die er nach dem Scheitern des Korsika-Projekts geraten war, indem er auf literaturkritische Schreibweisen auswich. Wie sich freilich zeigte, hatte sich Sebald mit seinen einfühlsamen Schriftstellerporträts bereits so weit von der Germanistik verabschiedet, dass man hier bereits von essayistischer Literatur sprechen muss (vgl. Schütte 2014, 534–601).

Die letzten Jahre

Ende der 1990er Jahre berief man einen Londoner Finanzbuchhalter ohne akademische Meriten zum Rektor der UEA, unter dessen Führung harte Umstruktu-

rierungen erfolgten. Sebalds Department wurde aufgelöst und es erfolgte eine Zwangseingliederung in die School of English and American Studies, wo Sebald nun *Creative Writing* lehren musste. Das war insofern sinnig, als die UEA als erste Universität in Großbritannien einen Studiengang in Kreativem Schreiben nach US-Modell anbot, der viele erfolgreiche Autoren hervorgebracht hatte. Sebald scheute jedoch davor zurück, die Schreibversuche englischer Muttersprachler zu verbessern, wie er auch davon überzeugt war, dass man kreatives Schreiben nicht wirklich lehren kann.

Welch bedeutender Autor sich unter ihnen befand, hatten Sebalds englischsprachige Kollegen erst sukzessive nach dem internationalen Erfolg von *The Emigrants* (1996) realisiert, da er an der Universität seine schriftstellerische Tätigkeit eher zu verschweigen suchte. Aufsehen erregte Sebald intern vielmehr durch Widerstandsakte wie seine starrköpfige Weigerung, einen Computer im Büro installieren zu lassen. Es mag daher bezeichnend sein, dass weder sein Name noch das BCLT in der offiziösen, 500 Seiten umfassenden *History of the University of East Anglia, Norwich* (2001) eine Erwähnung findet (Schütte 2011).

Dass sich sein Gesundheitszustand in den 1990er Jahren zusehends verschlechterte, war wesentlich auch auf seine akademischen Belastungen zurückzuführen, zu denen sich seine Verpflichtungen aus dem zunehmenden literarischen Erfolg addierten. Einer Rettung gleich kam daher das im Oktober 2000 erteilte Stipendium des National Endowment for Science, Technology and the Arts (NESTA). Die damit verbundene Geldsumme hätte es Sebald ermöglicht, bis zu seiner Pensionierung im Jahr 2004 jeweils nur ein Semester pro Jahr unterrichten zu müssen, damit er den Rest der Zeit zum Schreiben hätte nutzen können. Doch seine Emeritierung hat der eigensinnige Akademiker Sebald nicht mehr erlebt. Wie er in seinem NESTA-Antrag erklärt hatte: »I was always determined to find my own way.«

Literatur

Hessing, Jakob/Lenzen, Verena: *Sebalds Blick*. Göttingen 2015.

Hutchinson, Ben: The Shadow of Resistance. W. G. Sebald and the Frankfurt School. In: *Journal of European Studies* 41/3–4 (2011), 267–284.

Döring, Jörg/Joch, Markus (Hg.): *Alfred Andersch ›revisited‹. Werkbiographische Studien im Zeichen der Sebald-Debatte*. Berlin/New York 2011.

Radvan, Florian: The Crystal Mountain of Memory. W. G. Sebald as a University Teacher. In: Jo Catling/Richard Hibbitt (Hg.): *Saturn's Moons. W. G. Sebald – A Handbook*. London 2011, 154–159.

Schütte, Uwe: Anmerkungen zu W. G. Sebalds Eigensinn. In: *Akzente* 6 (2011), 546–566.

Schütte, Uwe: *Interventionen. Literaturkritik als Widerspruch bei W. G. Sebald.* München 2014.

Schütte, Uwe: Out of the Shadows. In: *Times Higher Education* (2011), 44–47.

Schütte, Uwe: Ein Lehrer. In memoriam W. G. Sebald. In: *Akzente* 1 (2003), 56–62.

Sebald, Winfried Georg.: Zu Carl Sternheim – Kritischer Versuch einer Orientierung über einen umstrittenen Autor. In: *Journal of European Studies* 41/3–4 (2011), 209–242.

Williams, Luke: A Watch on Each Wrist. Twelve Seminars with W. G. Sebald. In: Jo Catling/Richard Hibbitt (Hg.): *Saturn's Moons. W. G. Sebald – A Handbook.* London 2011, 143–152.

Uwe Schütte

2 Autorbiographie

Für die Betrachtung von W. G. Sebalds Entwicklung als Autor ist es sicherlich hilfreich, wenn sie unter folgender Prämisse geschieht: Während der Kontext, in dem Sebald schrieb – ob als Akademiker oder als Schriftsteller – bestimmend für den Stil und die Machart seiner Texte ist, bildet das Schreiben selbst deren gemeinsamen Bezugspunkt. Losgelöst von Kontext- oder Gattungsfragen ist es das Produkt einer poetischen Sensibilität und einer außerordentlichen Gelehrtheit von jemandem, der sich durch seine Verankerung in der literarischen Tradition in einem weiten kulturellen Bezugsrahmen zu bewegen weiß. So verlieh Sebald seiner Inspiration durch von ihm geschätzte Autoren Ausdruck, indem er Aspekte und Elemente aus ihren Werken in seine Erzählungen einarbeitete, wohingegen seine kritischen Essays in bewusster Abgrenzung zu akademischen Konventionen durch eine ausgeprägt subjektive Sichtweise und lyrische Einsprengsel charakterisiert sind.

Ein anderer Schlüsselfaktor ist Sebalds Haltung zum Schreibakt als solchem und zum Status von ›Autorschaft‹. Dabei geht es um die Erfahrung dessen, was das Schreiben an Kraft und Hingabe beinhaltet, die Bedenken, die Sebald trotz öffentlicher Anerkennung über seine Arbeiten äußerte, sowie seine in den 1990er Jahren ironisch geäußerte Sicht, durch Zufall ›ein Autor‹ geworden zu sein.

Anfänge des Schreibens literarischer Texte

Von Anfang an, seit seiner Studienzeit an der Universität Freiburg, hat sich Sebald mit dem Verfassen von Poesie beschäftigt. In den Jahren 1964 und 1965 erschien etwa ein Dutzend kurzer Gedichte in verschiedenen Nummern der *Freiburger Studenten-Zeitung* unter dem Verfassernamen ›Winfried Sebald‹. Diese bilden zusammen mit anderen Gedichten unter dem Titel »Schullatein« den ersten Teil der posthum erschienenen Gedichtsammlung *Über das Land und das Wasser* (Ged 7–32).

Im September 1966 kam er nach England, um eine Stelle als Lektor an der Universität Manchester anzunehmen (Tabbert 2003). Die ersten Monate in der neuen kulturellen Umgebung waren schwierig und von Gefühlen der Fremdheit und Deplatziertheit geprägt. Manchester, das Sebald zu Fuß erkundete, übte durch das Ausmaß des städtischen Verfalls einen starken Einfluss auf ihn aus. Seiner Situation versuchte er über das Schreiben, das er in der Freizeit fortsetzte, beizukommen.

Zu diesen Schreibaktivitäten gehörte die Arbeit an einem Roman, der von der Lektüre von Michel Butors *L'Emploi du temps* (1956) beeinflusst war. Butors Buch, ein Klassiker des *nouveau roman*, fand – vor allem aufgrund des Gefühls sich in einem, wenn auch selbstgewählten, Exil zu befinden – große Resonanz bei Sebald. Zudem gab es biographische Parallelen zu Butor, der zwischen 1951 und 1953 als Lehrbeauftragter an der Universität Manchester gearbeitet hatte (Ryan 2012).

Butors Einfluss lässt sich auch an dem in dieser Zeit verfassten Gedicht »Bleston: A Mancunian Canticle« ablesen. »Bleston« war der Name für Manchester in *L'Emploi du temps*. Ein wiederkehrendes Motiv des Romans ist das Labyrinth, das sich aus dem Mythos von Ariadne, Theseus und Minotaurus herleitet. Sebalds Gedicht greift diesen Mythos auf und entwirft eine labyrinthische Darstellung aus literarischen und historischen Anspielungen, in der man ohne den Faden der Ariadne Gefahr läuft, ›verloren zu gehen‹. Erst durch die Veröffentlichung in *Über das Land und das Wasser* im Jahr 2008 wurde das Gedicht einem breiteren Publikum zugänglich (Ged 22–25).

Im Januar 1967 bezog Sebald ein Zimmer bei dem Architektenpaar Peter und Dorothy Jordan, wo er ein geistig anregenderes Umfeld vorfand. Dies wirkte sich bald sehr positiv auf sein Allgemeinbefinden aus. Neben seinem Beruf an der Universität fand er Zeit, das Typoskript eines Romans fertigzustellen, aus dem er auszugsweise seinem Mitbewohner und befreundeten Lektor, Reinbert Tabbert, vorlas. Zwar blieb der Roman ohne Titel, doch ist durch Äußerungen Tabberts einiges über den Inhalt bekannt geworden. Demnach handelt er von den »two of the final days of a period of study in Freiburg, followed by a journey that takes the protagonist, Josef, to his girlfriend in Switzerland and his parents in the Allgäu. The text is interwoven with recollections of the protagonist's childhood and a short stay in Belgium and includes a short manuscript continuation dealing with Freiburg's old university library« (Sheppard 2011, 70). Mit anderen Worten: Der Text ist eindeutig autobiographisch. Allerdings blieb er unveröffentlicht und ist verschollen.

1992 merkte Sebald in einem Interview mit Piet de Moor – darum bemüht, seine frühen prosaischen Schreibversuche herunterzuspielen – an: »Ich bin kein Schriftsteller im eigentlichen Sinn des Wortes. Als ich mit einundzwanzig einen Roman geschrieben und meiner Freundin vorgelesen habe, ist sie eingeschlafen; ich gab es also auf. Viele Jahre war ich nur akademisch tätig, allerdings habe ich immer Notizhefte geführt, in die ich sehr chaotische Eintragungen machte« (Ges 71).

Das *Department of German* der Universität Manchester galt zu Sebalds Zeiten als ungewöhnlich liberal. Es gab dort ein breites Lehrangebot, das von begabten Mitarbeitern unterrichtet wurde. Unter ihnen war der Waliser Idris Parry, der die Professur für Deutsch von Ronald Peacock übernommen hatte. Parry hatte einen erkennbaren Einfluss auf Sebald, sowohl was die Autoren betrifft, die er wertschätzte – unter ihnen waren Laurence Sterne, Kleist, Hofmannsthal, Kafka und Rilke – als auch hinsichtlich seines fantasievollen Zugangs zur Literatur. Parrys Essays, in ihrem lockeren Ton unverhohlen subjektiv, vermittelten ihm den Blick für die unscheinbaren Dinge – wie etwa einen Kieselstein, ein Kleidungsstück oder eine zufällige Bemerkung (Parry 1988). Für Parry mussten Bücher wie Phänomene behandelt werden, dienten als Anhaltspunkt, Anreiz und Annäherung für eine neue Art des Denkens. Auf diese Weise wurden Literaturkritik und Literatur zu noch unbekannten Gefilden, die es auf eigene Faust zu erkunden galt. Im Sommer 1967 stellten Sebald und Tabbert für die Festschrift eines Kollegen einige von Sebalds Gedichten zusammen, darunter »Didsbury« und »Giuliettas Geburtstag«, wobei letzteres mit den vorausschauenden Zeilen »Man hinterläßt sein Porträt / Ohne Absicht« (Ged 28) endet.

Schreibtätigkeit der 1970er und 1980er Jahre

Nachdem Sebald 1970 nach Norfolk gezogen war, um einen Posten an der University of East Anglia anzunehmen, schrieb er weiter an poetischen und belletristischen Texten, wobei er seine Freizeit auch vermehrt zu Reisen und privaten literarischen Studien nutzte.

Im Herbst 1981 hatte er mit der Arbeit an einem Skript für einen Fernsehfilm über das Leben von Immanuel Kant begonnen. *Jetzt und kömpt die Nacht herbey: Ansichten aus dem Leben und Sterben des Immanuel Kant* durchlief verschiedene Entwürfe, bis die Produktion im Jahr 1982 von der RIAS Berlin in Auftrag gegeben wurde. Allerdings gerieten die Verhandlungen mit RIAS bald wieder ins Stocken und der Film wurde, trotz der Versuche, ihn woanders unterzubringen – selbst in Magazinen oder kleinen Theatern –, nie realisiert (im Juli 2015 ist Sebalds Drehbuch, in ein Hörspiel transformiert, vom WDR 3 gesendet worden).

Einige der Arbeiten aus dieser Zeit erschienen in *manuskripte*, einem österreichischen Literaturmagazin, welches 1960 in Graz gegründet worden war. Im April 1983 hatte Sebald den Entwurf zu einem epischen Gedicht in freier Versform über den Entdecker Georg Wilhelm Steller fertiggestellt. Unter dem Titel »Und blieb ich am äußersten Meer« wurde es im Oktober des daraufolgenden Jahres von *manuskripte* angenommen und veröffentlicht. Fast zwei Jahre später erschien dort im Juni 1986, nachdem bereits im September 1985 eine erste Lesung am Literarischen Kolloquium in Berlin stattgefunden hatte, dann ein ähnlich umfangreiches Gedicht, das den Titel »Wie der Schnee auf den Alpen« trägt und dem Leben von Matthias Grünewald gewidmet ist. Gleiches geschah mit »Beyle oder das Merckwürdige Faktum der Liebe«, das im März 1988 veröffentlicht wurde und später zum ersten Teil von *Schwindel. Gefühle* werden sollte. Ihm folgte schließlich »Verzehrt das letzte selbst die Erinnerung nicht?« im Juni desselben Jahres (»Dr. Henry Selwyn«, die erste Geschichte der späteren *Die Ausgewanderten*).

Im Spätherbst 1987 hatte Sebald ein anderes langes, eindeutig autobiographisches Gedicht vollendet, welches er zusammen mit dem Grünewald- und dem Steller-Gedicht in einer Einzelausgabe veröffentlichen wollte, wozu er das Manuskript an Franz Greno vom Greno Verlag schickte.

Grenos Redakteur war der Intellektuelle, Essayist und Dichter Hans Magnus Enzensberger. Obwohl er Enzensberger bis zum Januar 1988 nicht persönlich getroffen hatte, ist es wahrscheinlich, dass Sebald bei der Abfassung der drei Teile von *Nach der Natur. Ein Elementargedicht* von den Motiven und dem Stil von Enzenbergers epischem Gedicht *Der Untergang der Titanic* beeinflusst war, einer Arbeit, mit der er seit ihrer Publikation im Jahr 1978 vertraut war.

Bis zu diesem Zeitpunkt war sich Sebald unsicher, was er mit seiner eher nebenher laufenden Schreibtätigkeit anfangen sollte, zumal er sich stets als literarischen Anfänger gesehen hatte. So äußerte er 1993 gegenüber Marco Poltronieri: »Ich war mir nicht so sicher, ob ich das mit der Schreiberei eigentlich machen soll oder nicht. Wären zwei, drei Absagen von Verlagen gekommen, hätte ich es wahrscheinlich bleiben lassen. Warum soll ich da herumrennen mit diesem Zeug« (Ges 87).

Als Antwort auf die Frage, wie er, der Akademiker, ein Schriftsteller wurde und ob Enzensberger bei der Publikation von *Nach der Natur* sein Mentor gewesen sei, hatte Sebald – in einem Gespräch mit Sven Boedecker – Folgendes zu sagen: »Ich bin in diese Art von Arbeit zunächst eingestiegen, weil ich einen Ausweg gesucht habe aus meiner Tagesroutine. Diese Gedichte entstanden privat. Als zwei geschrieben waren, hat mich der Verleger des Residenz Verlags beschwatzt, noch ein drittes zu schreiben. Als ich das geschrieben hatte, wollte es ihm dann aber nicht mehr gefallen. Später hatte eine Freundin in Wien ein Exemplar des Manuskripts auf dem Tisch liegen, wo Christoph Ransmayr es während eines Besuchs entdeckt hat. Es hat ihm gefallen, und er hat es dann wiederum dem Hans Magnus Enzensberger auf den Schreibtisch gelegt. Für Enzensberger gab es viele Bezugspunkte; seitdem habe ich diesen Kontakt« (Ges 105). Aus seiner Sicht stellt Sebald die Situation also so dar, als wäre sie das Resultat einer Reihe von Zufällen und nicht eines gezielten Plans gewesen. Dennoch ist klar, dass seine literarische Karriere ohne Enzensbergers Unterstützung nicht zustande gekommen wäre. In dem Sommer, als Franz Greno seinen Redakteur kontaktierte, wurde der Publikation von *Nach der Natur* zugestimmt.

Mittlerweile befand sich Sebald in seinen Mittvierzigern. Mit der Ernennung zum Professor für Europäische Literatur hatte er einen Wendepunkt in seiner akademischen Karriere erreicht. Allerdings wollte er das, was er in seiner Freizeit, abseits der Öffentlichkeit und – so wie der Ich-Erzähler in der Geschichte von *Max Aurach* – »zumeist an den sogenannten Wochenenden und in der Nacht« (Agw 344) machte, vor seinen Kollegen von der Universität geheim halten. Wenn er aber später behauptete, dass absolut niemand davon wusste, so ist das nicht ganz zutreffend. Bei meiner ersten Begegnung mit Sebald im August 1981, bei der wir viele gemeinsame Interessen und Vorlieben entdeckten, kam das Gespräch oft auf literarische Problemstellungen, unter anderem auf die, die unser eigenes Schreiben betraf. Als Beweis unserer Freundschaft übergab er mir eine Auswahl an kleinen Gedichten aus den 1970er Jahren. Außerdem zeigte er sich froh über das Feedback zu einer frühen Fassung des Kant-Drehbuchs. Im Mai 1983 erhielt ich zudem einen ersten Entwurf des Steller-Gedichts, »eine sehr ausführliche Affäre, die ich, in *fits and starts*, im Verlauf der letzten Wochen zusammengezimmert habe...«, wie er mir erklärte.

Die 1990er Jahre bis zum Tod im Dezember 2001

In seinem Essay über den psychisch kranken Dichter Ernst Herbeck, *Eine kleine Traverse. Das poetische Werk Ernst Herbecks* (BU 131–148), unterscheidet Sebald zwischen Schriftstellern, welche sich unter Verwendung aller verfügbaren Inspirationsquellen ganz dem Schreibakt anheimstellen, und solchen, bei denen es einen bewussten Produktionswillen gibt, ein Werk mit Aussicht auf Veröffentlichung und Ruhm zu schaffen. Für Sebald gehört Herbeck in die erste Katgeorie: »Herbecks Texte veranschaulichen noch in ihrer fertiggestellten Form den Unterschied zwischen dem experimentellen Akt des Schreibens und der Bedeutung des literarischen Werks. Das literarische Werk bezieht sich in erster Linie aufs Publikum und leistet somit für den Autor nicht mehr das, was das Schreiben für ihn brachte. Das Schreiben ist notwendig, nicht die Literatur. Je mehr ein Autor auf das Schreiben angewiesen ist, desto weniger interessiert er sich für sein Werk« (134).

Meiner Meinung nach hat sich Sebald in der gleichen Weise gesehen. Er schrieb, weil er dazu angetrieben wurde. Das Schreiben war für ihn eine Obsession, eine Tätigkeit, die der Besänftigung eines Triebes und nicht der Schöpfung eines Werkes, geschweige denn der Vermehrung öffentlichen Ruhmes galt. »Diese Form kreativen Schreibens reicht bei mir nicht so weit zurück, aber ich hatte immer auf die eine oder andere Weise geschrieben...« Obwohl ihn die Zustimmung zu seinem Werk erfreute, blieb er dennoch der Meinung, dies »...werde nicht all die Vorbehalte ausgleichen«, die er persönlich dagegen hegte.

Seine Auffassung vom Schreiben war, auch wenn sich dies mit zunehmender Praxis geändert haben mag, dass es Arbeit und stundenlange Schinderei erfordert, obgleich am Ende oft die bloße Frustration steht. In diesem Sinn stellte er es der Befriedigung beim Züchten von Gurken gegenüber: Wenn man nach der Arbeit im Treibhaus eine »anständige Gurke« hat, »dann gibt's da keine Diskussion drüber« (Ges 103).

Die Andere Bibliothek, eine Reihe, die sich durch eine hochwertige Produktgestaltung und Detailbewusstsein auszeichnet, wurde 1985 von Franz Greno in Zusammenarbeit mit Hans Magnus Enzensberger gegründet. 1989, als Franz Greno immer noch für die Buchproduktion verantwortlich war, wurde die Reihe an den Eichborn Verlag verkauft, der in den darauffolgenden Jahren die ersten drei Prosabände veröffentlichte: *Schwindel. Gefühle* im März 1990, *Die Ausgewanderten. Vier lange Erzählungen* im September 1992 und *Die Ringe des Saturn. Eine englische Wallfahrt* im Oktober 1995.

Obwohl die Veröffentlichung von *Schwindel. Gefühle* im März 1990 Sebalds Bekanntheit stark ansteigen ließ, verlief das Jahr nicht ohne Enttäuschungen. Beim Ingeborg-Bachmann-Wettbewerb, bei dem er die Geschichte von Paul Bereyter aus *Die Ausgewanderten* vorlas, ging er ebenso leer aus wie beim ZDF-Aspekte-Literaturpreis.

Der wirkliche Erfolg sollte sich im folgenden Jahr, im März 1991, einstellen, als Sebald den Fedor-Malchow-Lyrikpreis für *Nach der Natur* erhielt und als im September *Die Ausgewanderten* erschien. An der öffentlichen und medialen Rezeption ließ sich mittlerweile ablesen, dass er über die Anerkennung in akademischen Kreisen hinaus zu einem etablierten Autor geworden war. Er unternahm Lesetouren, trat im deutschen, österreichischen und schweizerischen Fernsehen auf und wurde mit einer Reihe weiterer Auszeichnungen wie dem Preis der Literatour Nord im Jahr 1994 und der Johannes Bobrowski-Medaille des Berliner Literaturpreises (für *Die Ausgewanderten*) im Jahr 1996 bedacht.

Allerdings muss in diesem Zusammenhang auch erwähnt werden, dass Sebald keine Gelegenheit ausließ, die Regeln der formalen Anerkennung auszuheben. Dies lässt sich am besten durch eine Anekdote veranschaulichen, mit der er seine Kollegen erheiterte (auch wenn sie in ihrem Wahrheitsgehalt anzweifelbar bleibt, beweist sie doch sein vollendetes Geschick als Geschichtenerzähler). Bei der Preisverleihung für die Johannes Bobrowski-Medaille, beschrieb er, wie er mit der Medaille, »eine[m]«, wie er sagte, »unmöglichen Klumpen Metall, den er nicht beabsichtige mit heim zu nehmen«, an das Ostufer des Wannsees ging und ihn dort ins Wasser warf, wo er spurlos versank (Comber 2014, 170).

Im Herbst 1996, gerade mal acht Jahre nach seinem Debüt, wurde Sebald als Mitglied in die Deutsche Akademie für Sprache und Dichtung aufgenommen. Für die Anerkennung im Land seiner Herkunft bedeutete dies einen Höhepunkt. Währenddessen verschaffte die Veröffentlichung von Michael Hulses Übersetzung der *Ausgewanderten* Sebald eine Art Starstatus im englischsprachigen Raum. Susan Sontag etwa schrieb in der *Times Literary Supplement*: »W. G. Sebald has written an astonishing masterpiece: it seems perfect while being unlike any book one has ever read. Bewitching in its subtlety, subtle in its directness and in the grandeur of its subject, *The Emigrants* is an irresistible book« (Sontag 1996).

Zumindest in Teilen war die positive Resonanz auf die Qualität der Übersetzung zurückzuführen. Bereits im Jahr 1989 hatte Sebald die Überzeugung von der Wichtigkeit qualitativ hochwertiger Übersetzungen dazu veranlasst, das British Centre for Literary Translation zu gründen. Als seine eigenen Bücher übersetzt werden sollten, bestand er auf einer engen Zusammenarbeit mit den Übersetzern – stellenweise machte es sogar den Eindruck, als wolle er die Position des Ko-Übersetzers übernehmen. So gehörte es auch zu seiner Arbeitsweise, das Typoskript mit detaillierten Kommentaren und Ergänzungen zu versehen, und obwohl er offen für Änderungsvorschläge war, gab er nicht immer seine Zustimmung.

Als ein zurückgezogen lebender Mensch bereitete es Sebald kein Vergnügen im Rampenlicht zu stehen. Stattdessen beäugte er die mediale Aufmerksamkeit, die ihm zuteil wurde, stets mit Argwohn. Über dieses Verhältnis äußerte er sich in einem Interview mit Eleanor Wachtel aus dem Jahr 1997 folgendermaßen: »[...]one of the most acute problems after a while is, of course, contending with the culture business that invariably then surrounds you, and you have to deal with it... my instinct is now to abandon it [i. e. his writing]... until people have forgotten about it, and then perhaps I can regain that position where I can work again in my potting shed, undisturbed« (Schwartz 2007, 60 f.).

Während er die Menschen, mit denen er im Interview oder in Leserbriefen zu tun hatte, stets mit großer Höflichkeit behandelte, bedeuteten öffentliche Auftritte zunehmend eine physische und mentale Belastung. Ende 2001, in dem Jahr, in dem *Austerlitz* sowohl in Deutschland als auch in Großbritannien erschienen war, bezahlte Sebald dafür einen hohen Preis.

Literatur

Comber, Philippa: *Ariadne's Thread – In Memory of W. G. Sebald*. Norwich 2014.

Parry, Idris: *Speak Silence. Essays*. Manchester 1988.

Ryan, Judith: Sebald's Encounter with French Narrative. In: Sabine Wilke (Hg.): *From Kafka to Sebald. Modernism and Narrative Form*. New York 2012, 123–142.

Schwartz, Lynne Sharon (Hg.): *The Emergence of Memory. Conversations with W. G. Sebald*. New York 2007.

Sebald, Winfried Georg: Die dunckle Nacht fahrt aus. In: *manuskripte* 27/95 (1987), 12–18.

Sebald, Winfried Georg: Eine kleine Traverse. Das poetische Werk des Ernst Herbecks. In: *manuskripte* 21/74 (1981), 35–41.

Sebald, Winfried Georg: Und blieb ich am äußersten Meer. In: *manuskripte* 24/85 (1984), 23–27.

Sebald, Winfried Georg: Wie der Schnee auf den Alpen. In: *manuskripte* 26/92 (1986), 26–31.

Sheppard, Richard: The Sternheim Years. W. G. Sebald's *Lehrjahre* and *Theatralische Sendung* 1963–75. In: Jo Catling/Richard Hibitt (Hg.): *Saturn's Moons. W. G. Sebald – A Handbook*. London 2011, 42–107.

Sontag, Susan: The Emigrants [Rez.]. In: *The Times Literary Supplement* (29.11.1996).

Tabbert, Reinbert: Max in Manchester. Außen- und Innenansicht eines jungen Autors. In: *Akzente* 50 (2003), 21–30.

Philippa Comber
(aus dem Englischen von Horst Gruner)

II Schriften

A Literarische Texte

3 »Nach der Natur. Ein Elementargedicht«

Entstehung

Das aus drei erzählenden Langgedichten ohne Reim und durchgängiges Metrum zusammengesetzte ›Elementargedicht‹ *Nach der Natur* entstand in den Jahren 1983 bis 1987. Die Erstausgabe, erschienen 1988 im Greno Verlag, war mit sechs doppelseitigen, dem Text voran- bzw. nachgestellten Naturphotos versehen, die in sämtlichen späteren Ausgaben, zunächst bei Eichborn (1989), dann bei Fischer (1995, ²2002, ³2004, ⁴2008), entfielen.

In einer von der Buchfassung abweichenden Reihenfolge waren die drei Einzelgedichte zuvor bereits in der Grazer Literaturzeitschrift *manuskripte* erschienen: das mittlere Gedicht mit dem Titel *Und blieb ich am äußersten Meer* 1984, das erste Gedicht mit dem Titel *Wie der Schnee auf den Alpen* 1986 und das letzte Gedicht mit dem Titel *Die dunckle Nacht fahrt aus* 1987. Für die Buchfassung nahm Sebald an den Texten kleinere inhaltliche und sprachliche Änderungen – insbesondere Kürzungen – vor und überarbeitete die Versumbrüche sowie die Interpunktion. Außerdem ordnete er die Gedichte nach der historischen Chronologie der in ihnen dargestellten Lebensläufe an.

Das zuerst entstandene, in der Buchfassung mittlere Gedicht ist etwas kürzer und zugleich differenzierter untergliedert als die beiden später entstandenen Gedichte (603 Verse gegenüber 711 und 749 Versen sowie 21 gegenüber acht und sieben, jeweils mit römischen Ziffern durchnummerierte Teilstrophen). Dadurch erhält das Arrangement der drei Gedichte in der Buchfassung eine symmetrische Struktur, die an ein poetisches »Triptychon« (Anz 1997, 59) denken lässt.

Sowohl in der Zeitschriften- als auch in der Buchfassung ist jedem der drei Gedichte ein Motto voran-gestellt: das des ersten Gedichts stammt aus dem zweiten Gesang des *Inferno* von Dantes *Divina Commedia* (1307–1321), das des zweiten Gedichts aus Klopstocks Ode *Die Welten* (1764; in der Buchausgabe fälschlicherweise auf »Febr. 1746« datiert) und das des dritten Gedichts aus der I. Ekloge von Vergils *Bucolica* (zwischen 42 u. 35 v. Chr.).

Inhalt

Das erste Gedicht mit dem Titel *Wie der Schnee auf den Alpen* (diese Formulierung wird in den letzten beiden Versen wieder aufgenommen) erzählt vom Wirken des Malers Matthias Grünewald (um 1480–1528). Weitgehend chronologisch referiert der Erzähler die spärlichen Daten von Grünewalds Biographie und stellt Betrachtungen über den Zusammenhang zwischen Leben und Werk des Malers an. Unter Bezugnahme auf verschiedene ausdrücklich genannte kunsthistorische Quellen – Joachim von Sandrarts biographische Angaben zu Grünewald in der *Teutschen Academie der edlen Bau-, Bild- und Mahlerey-Künste* (1675), Wilhelm Fraengers Grünewald-Studien (zwischen 1919 und 1937) und Walther Karl Zülchs Buch *Der historische Grünewald* (1938) sowie die ungenannt bleibende Monographie *Mathis. Nachforschungen über Grünewald* von Wolf Lücking (1983) – porträtiert der Erzähler den Schöpfer des Isenheimer Altars als einen schwermütigen Künstler, dessen Identität bis heute nicht vollständig geklärt ist.

Mit Blick auf verschiedene Selbstbildnisse Grünewalds hebt er die androgynen Züge des Malers hervor und äußert die Vermutung, dass dieser melancholisch gewesen sei. Bestätigt findet er diese Vermutung bei Sandrart, der schreibt, dass der Maler »ein eingezogen / melancholisches Leben geführt« habe und »übel verheurat gewesen« sei (NN 11). Auf die Ehe Grünewalds mit einer zum christlichen Glauben konvertierten Frankfurter Jüdin eingehend, stellt der Erzähler Mutmaßungen darüber an, warum die Verbindung scheiterte und die Frau des Malers im Wahnsinn endete. Den Grund glaubt er in der Menschenscheu und einer homosexuellen Veranlagung Grünewalds zu finden, die sich in den »mit unendlicher Hingabe« ausgeführten Gesichtern und Körpern seiner männlichen Bildfiguren verrate, »während die Frauen meist alle verhüllt [seien] / und ihn somit der Angst [enthöben], / genauer sie ansehn zu müssen« (15). In Abgrenzung gegenüber Zülch, der den durch Archivalien bezeugten Namen Mathis Gothart-Nithart für den wahren Namen des Künstlers ›Matthias Grünewald‹ hielt, äußert der Erzähler die Überzeugung, dass Grünewald und Gothart-Nithart zwei durch eine ambivalente Freundschaft miteinander verbundene Künstler gewesen seien. In Grünewalds Bildern meint der Erzähler, der besonders eingehend den *Isenheimer Altar* (22–25) und die *Basler Kreuzigung* (26–28) in Augenschein nimmt, eine aus aufmerksamer Beobachtung der Natur gewonnene defätistische Weltsicht des Malers zu erkennen. Kollektives und persönliches Unglück habe Grünewald in seiner Überzeugung, dass die Schöpfung unaufhaltsam ihrem Untergang entgegengehe, noch bestärkt – der Erzähler erwähnt die grausame Niederschlagung der Bauernaufstände im Mai 1525, den Tod des Freundes Mathis Nithart im Spätsommer 1528 sowie den Tod des einzigen, nur vierzehnjährigen Kindes im Jahr 1532.

Im Zentrum des zweiten Gedichts, dessen Titel *Und blieb ich am äußersten Meer* auf Psalm 139, V. 9–10, anspielt, stehen Leben und Werk des Naturforschers Georg Wilhelm Steller (1709–1746), der Vitus Bering auf dessen zweiter Expedition nach Alaska begleitete und auf dem Heimweg im sibirischen Tyumen starb. Für seine Darstellung greift der Erzähler auf Stellers *Tagebuch seiner Seereise aus dem Petripauls Hafen in Kamtschatka bis an die westlichen Küsten von Amerika, und seiner Begebenheiten auf der Rückreise* (1793, hg. von Simon Pallas) zurück (vgl. Meyer 2005, 74), beruft sich auf Adelbert von Chamissos *Reise um die Welt* (1818) (NN 52) und schöpft aus Corey Fords Monographie *Where the Sea Breaks Its Back. The Epic Story of Early Naturalist Georg Steller and the Russian Exploration of Alaska* (1966) (vgl. Schütte 2011, 41).

Der Text lässt sich in drei, jeweils aus mehreren Abschnitten bestehende Teile gliedern. Im ersten Teil (Abschnitte I–VIII) wird Stellers Vorgeschichte erzählt, angefangen mit dem Entschluss des von der evangelischen Theologie zu den Naturwissenschaften übergewechselten Studenten, sich der russischen Expedition unter Bering anzuschließen, über seine Reise von Halle nach St. Petersburg, wo Erzbischof Theo-

phon sein Gönner wird, bis zu seiner Eheschließung mit der deutschen Witwe des Arktisreisenden Daniel Messerschmidt. Der zweite Teil (Abschnitte IX–XVI) handelt von Stellers Teilnahme an der Beringschen Expedition: Der Erzähler beginnt mit der Schilderung der dreieinhalb Jahre dauernden Reise des Naturforschers nach Kamtschatka, wo dieser die Expedition im März 1741 einholt und Bering erstmals persönlich begegnet, fährt fort mit dem Bericht von der mehrwöchigen Irrfahrt der Expeditionsschiffe St. Peter und St. Paul auf der Suche nach dem »sagenhafte[n] Land Gama« (NN 50), bevor die Besatzung der St. Peter am 15. Juli 1741 »die schneebedeckten, zerrissenen / Zinnen Alaskas« (51) entdeckt, und beschreibt ausführlich die gerade einmal zehnstündige naturkundliche Exkursion, die Steller am darauffolgenden Tag unternehmen darf. Abschließend berichtet er von der widrigen Rückfahrt, bei der das Schiff nach monatelanger Irrfahrt auf den Felsen einer unbekannten Insel zerbirst, dem Tod Berings im Dezember 1741 und der Rückkehr der Überlebenden nach Kamtschatka im August 1742. Der dritte Teil (Abschnitte XVII–XXI) umfasst die Nachgeschichte, in der von den vier Jahren bis zu Stellers Tod die Rede ist und sein Lebenswerk gewürdigt wird. Dieses, so lautet das illusionslose Fazit des Erzählers, sei im »Staub / einer endlosen Registratur« aufgegangen, und Stellers »zoologisches Meisterwerk, / de bestiis marinis,« habe späteren Pelztierjägern als »Reiseprogramm« gedient (66). Steller, verfolgt durch die russischen Behörden, bei denen er sich für die Rechte der unterdrückten Eingeborenen im Landesinneren von Kamtschatka eingesetzt habe, sei zwar schließlich rehabilitiert worden, doch infolge der erlittenen Drangsale allzu früh in Tyumen gestorben, wo er anonym begraben liege.

Im dritten Gedicht, dessen Titel *Die dunckle Nacht fahrt aus* einen Halbvers aus dem Sonett »An den Abendstern, daß er ihn balde zu ihr bringen wolle« (1641/42) von Paul Fleming zitiert, referiert der Erzähler seine eigene Biographie. Familienphotos beschreibend, stellt er einige seiner Vorfahren vor: seine Großeltern im Jahr 1905, eines der Kinder des Paares im Jahr 1917 sowie seine Eltern, aufgenommen am 26. August 1943 in Bamberg, zwei Tage vor dem Bombenangriff auf Nürnberg in der Nacht zum 28. August und, wie er andeutet, unmittelbar nach seiner eigenen Zeugung. Präfiguriert findet der Erzähler die prekäre Geschichte seines Ursprungs in Albrecht Altdorfers Gemälde *Lot und seine Töchter*, dessen Hintergrund »ein furchtbares Feuer« zeigt, »das eine große Stadt verdirbt«, während »dem Beschauer zunächst / [...]

das neue Geschlecht / der Moabiter gezeugt« wird (NN 74). Sein ganzes weiteres Leben ist durch das wiederkehrende Muster einer hinter scheinbarer Harmonie lauernden Katastrophe geprägt. Geboren im Kriegsjahr 1944, wächst er zwar »ohne einen Begriff der Zerstörung« auf (76), entwickelt jedoch schon »früh [...] die Vorstellung / von einer lautlosen Katastrophe« (77), wie Kindheitserlebnisse und -phantasien andeuten, die er, ebenso wie erste Leseerfahrungen, verrätselt darstellt. Die Übersiedlung von der deutschen Provinz in die englische Großstadt Manchester sensibilisiert ihn für das zerstörerische Potenzial des industriellen Fortschritts im Zeichen der Moderne. Einen Gesinnungsgenossen besitzt er in dem Zürcher »Ingenieur D.« (88), der seinen Glauben an die Wissenschaft verloren hat und selbst in den Naturbeschreibungen Albrecht von Hallers und Hölderlins »bereits Irrsal« (89) erkennt. Das Gemälde *Landschaft mit Sturz des Ikarus* von Pieter Bruegel d. Ä. wird dem Erzähler zur Chiffre für den auf die Hybris des technischen Fortschritts folgenden tiefen Fall des Menschen (90 f.). Auch an der ostenglischen Küste, die er mit seiner Tochter besucht, findet er allenthalben Zeugnisse von Zerstörung, Niedergang und Tod, seien es »grasüberwachsene[ ] Bunker«, in denen er Waffen vermutet, sei es »ein Großbetrieb der Geriatrie«, der verlassene »Or[ ] Shingle Street« oder das »Kraftwerk / von Sizewell« (93 f.). Mit einem (das Ikarus-Motiv wieder aufnehmenden) Flugtraum des Erzählers – er ist nach München unterwegs, um dort in der Alten Pinakothek Albrecht Altdorfers Gemälde *Die Alexanderschlacht* anzuschauen, – endet das Gedicht: »[W]ie mit dem Aug / eines Kranichs« (98) übersieht der träumende Erzähler das von Altdorfer dargestellte Schlachtgetümmel, bis sein Blick zuletzt auf die sich im Bildhintergrund »auftürmende[n] Schnee- und Eisgebirge / des fremden, unerforschten und / afrikanischen Kontinents« (99) fällt.

Obwohl die drei dargestellten Lebensläufe historisch weit auseinander liegen – Grünewalds Leben fällt in die Frühe Neuzeit, Stellers Leben in die Zeit der Aufklärung und das Leben des Sebaldschen Erzählers in die Postmoderne –, sind sie räumlich auf geheimnisvolle Weise miteinander verknüpft. So kreuzen sich die Wege der drei Protagonisten im fränkischen Windsheim, wohin Grünewald im April 1525 reitet (NN 29), wo Steller 1709 geboren wird (37) und wo die Mutter des Erzählers im August 1943 bemerkt, dass sie mit ihm schwanger ist (74).

Zentrale Motive und Interpretationsansätze

Auf die Frage nach der gattungspoetischen Einordnung von Sebalds dreiteiligem Langgedicht lässt sich zunächst mit der Zuschreibung ›poetische Porträterzählung‹ antworten, da der Erzähler nicht nur ein Bild der historischen Figuren Grünewald und Steller, sondern auch seiner selbst zeichnet, indem er weitgehend chronologisch zentrale Stationen der jeweiligen Lebensläufe referiert. Passend zum Inhalt, ist der dominante Tonfall aller drei Porträts, in denen metrisch gebundene Rede und freie Rhythmen einander abwechseln, elegisch. Gleichwohl sind auch gewisse Veränderungen im sprachlichen Duktus des Erzählers zu beobachten, einem Duktus, der zuweilen dozierend, dann wieder spekulierend und fragend, andernorts empathisch und nicht selten verrätselt anmutet.

Die den drei Einzelgedichten vorangestellten Motti lassen zentrale Themen von Sebalds Text anklingen: Dante berichtet, wie er im Gefolge Vergils seinen Gang durch die Hölle antritt, Klopstock schildert einen Schiffbruch, der die Allmacht Gottes demonstriert, und Vergil thematisiert die kriegsbedingte Vertreibung des Hirten Meliboeus aus seiner Heimat. Bemerkenswert ist, dass alle drei Motti aus erzählenden respektive szenisch darstellenden Gedichten mit lehrhafter Funktion stammen, was darauf hindeutet, dass auch Sebald seinen Text als ein Lehrgedicht verstanden wissen möchte. Für diese Gattungszuschreibung spricht zudem, dass sich der Titel *Nach der Natur* als Anspielung auf das berühmte Lehrgedicht des Lukrez über die epikureische Atomlehre, *De rerum natura* (um 55 v. Chr.), lesen lässt. Zwar entfaltet Sebald, anders als Lukrez, in seinem Langgedicht keine systematische Welterklärung, doch weisen die drei von ihm präsentierten Lebensläufe, ungeachtet ihrer historischen Distanz zueinander und ungeachtet der Modifikationen im Erzählton, eine auffallend einheitliche Signatur auf, die sie als Repräsentationen eines bestimmten, ihnen allen zugrunde liegenden Menschen- und Weltbildes erscheinen lässt: Alle drei Protagonisten sind melancholische Beobachter eines heillosen Geschehens, in dessen Verlauf der menschliche »Glaube[ ] an Wissenschaft, Fortschritt, Sinn, Ordnung und Glück« durch fortlaufende »Gewaltakte[ ], Zerstörungen und Katastrophen« *ad absurdum* geführt wird (Anz 1997, 59). Der negative Duktus des Gedichts lässt keinen Zweifel daran, dass dieses Geschehen in eine Apokalypse münden wird, nach der die Erde, gemäß einer von Grünewald gemalten Vision, ein »wildfremde[r] Planet« sein wird, »kalkfarben

/ hinter dem schwarzblauen Strom«, ein von »schlimmer Erodiertheit / und Öde« gezeichneter Planet, auf dem »das Erbteil der Zerschleißung [...] / zuletzt noch die Steine zerfrißt« (NN 27 f.).

Der Titel *Nach der Natur* ist mehrdeutig. Zum einen lässt er sich als ästhetische Maxime einer möglichst getreuen Nachahmung der Natur, der Grünewald als Maler folgt, verstehen. Zum anderen verweist er auf die »an [Francis] Bacon geschulte, [...] empirisch-induktive Art und Weise der naturwissenschaftlichen Erkenntnisgewinnung [...] durch konkrete Beobachtung«, der sich der aufgeklärte Naturforscher Steller verschrieben hat (van Hoorn 2009, 109). Temporal verstanden deutet der Titel hingegen auf die in allen drei Teilgedichten virulente Frage hin, wie die Welt nach der vollständigen Zerstörung der Natur aussehen wird. Nicht zuletzt lässt er sich auch als freie Übertragung von ›Metaphysik‹ lesen und impliziert, so verstanden, die Suche der Sebaldschen Figuren nach einer unsichtbaren Ordnung jenseits des fatalen Verlaufs von Natur- und Menschengeschichte.

Auch der Untertitel *Ein Elementargedicht*, mit dem der Autor eine unübliche Gattungsbezeichnung für seinen Text wählt, erlaubt wenigstens drei Lesarten. Auf einer buchstäblichen Ebene lässt er sich als Hinweis darauf deuten, dass der Text von den vier Elementen erzählt (vgl. Riordan 2004, 45) – vom Element Erde z. B. in Gestalt der wiederholten Verweise auf den Planeten Saturn und den mit ihm assoziierten Zustand der Melancholie, vom Element Feuer in Gestalt des im Mittelalter grassierenden »Antoniusfeuers« (NN 20) oder des 1476 auf dem Scheiterhaufen verbrannten »Paukers von Niklashausen« (30), vom Element Wasser in Gestalt der Seereisen Stellers und vom Element Luft in Gestalt des Flugtraums, mit dem das Gedicht endet (vgl. Albes 2006, 54). Auf einer übertragenen Ebene lässt sich der Untertitel als Hinweis darauf verstehen, dass sich der Erzähler in den drei Gedichten mit den elementaren Problemen des menschlichen Daseins im Spannungsfeld von Natur und Geschichte, vor allem mit den Themenkomplexen ›Trauer und Melancholie‹, ›Heimatverlust und Exil‹ sowie ›Trauma und Erinnerung‹, befasst. Nicht zuletzt signalisiert die Bezeichnung ›Elementargedicht‹ auch, dass der Text *in nuce* zentrale Themen, Motive und Darstellungsverfahren der späteren Erzählwerke Sebalds vorwegnimmt (vgl. Franklin 2002, 35).

Obwohl alle drei Teilgedichte durch »Motivkorrespondenzen« (Meyer 2005, 72) miteinander verknüpft sind, kommt dem Gedicht über Georg Wilhelm Steller nach Meinung einiger Interpreten eine besondere Bedeutung zu. Entstehungsgeschichtlich betrachtet, sei dieses Gedicht die »Keimzelle« von *Nach der Natur* und zugleich »von Sebalds literarischem Schreiben« überhaupt (Meyer 2005, 71). Inhaltlich gesehen, kreise es mit besonderer Eindringlichkeit um eines der wichtigsten Themen des gesamten Textes, »die dialektische Stellung des Menschen zur Natur« (van Hoorn 2009, 109). Nicht zuletzt spricht auch die Positionierung des Steller-Porträts in der Mitte des Gesamttextes für seine besondere Bedeutung. Trotzdem ist nicht zu übersehen, dass die Anordnung der drei Einzelgedichte mehrere Lesarten erlaubt: zum einen eine chronologische, die von Grünewald als einem Künstler der Frühen Neuzeit über den in der Aufklärung wirkenden Naturforscher Steller bis zu dem aus dem Blickwinkel der Postmoderne auf die Vergangenheit zurückblickenden Erzähler führt, zum anderen eine achronologische, der zufolge die Gedichte durch ein Netz von Korrespondenzen miteinander verknüpft sind, und schließlich eine räumlich strukturierte, der gemäß das erste und das dritte Teilgedicht als Seitentafeln eines poetischen ›Triptychons‹ anzusehen sind, dessen Zentralstück, das Porträt Stellers, sie deutend flankieren.

Sebalds Langgedicht ist durch vielfältige intertextuelle Bezugnahmen geprägt, die noch keineswegs vollständig entschlüsselt und auch systematisch bislang nur ansatzweise bestimmt worden sind. Den paratextuellen Bezugnahmen auf Lukrez, Dante, Klopstock, Vergil, die biblischen Psalmen und Paul Fleming sind noch zahlreichere textuelle Verweise, etwa auf Paracelsus, Albrecht von Haller, Hölderlin, Flaubert, Kafka oder Konrad Bayer, um nur einige wenige Beispiele zu nennen, zur Seite zu stellen. Zu untersuchen bleibt nicht nur, welche Autoren aus welchen Epochen mit welcher Häufigkeit zitiert werden, sondern auch, in welcher Weise der Erzähler auf sie Bezug nimmt, z. B. in Gestalt von deutlich, schwach oder nicht markierten, echten oder unechten Zitaten, Anspielungen oder Paraphrasen (vgl. dazu Schedel 2004, bes. 40 ff.).

Der freie und nicht selten (falsch-)spielerische Umgang mit intertextuellen Bezugnahmen, den der Erzähler in *Nach der Natur* betreibt, zeigt, dass Sebalds Langgedicht nicht als Sammlung von wissenschaftlich überprüfbaren Porträts historischer Persönlichkeiten missverstanden werden darf. So dichtet der Erzähler Grünewald in unausgesprochener Anlehnung an die Monographie von Wolf Lücking nicht nur eine unglückliche Ehe mit der getauften Frankfurter Jüdin

Anna und einen Hang zur Melancholie, sondern auch eine homosexuelle Veranlagung und prekäre Beziehung zu seinem angeblichen künstlerischen Mitarbeiter Mathis Nithart an (vgl. dazu Baumgärtel 2010, 68 ff.). Diese aus heutiger Sicht kunsthistorisch nicht haltbaren Zuschreibungen lassen Grünewald möglicherweise zu Unrecht als einen zu den gesellschaftlichen Normen seiner Zeit in Opposition stehenden Künstler erscheinen. Da der Erzähler diese Zuschreibungen im Gefolge von Lücking zudem polemisch gegen die (aus heutiger Sicht wiederum nicht ganz abweisbare) Theorie des nationalsozialistisch gesonnenen Grünewald-Experten Zülch (s. o.) vorbringt, erscheint er gleichfalls als durchdrungen von einem Oppositionsgeist, aus dem heraus er sich nicht scheut, einflussreiche wissenschaftliche Thesen als ideologisch verblendet zu entlarven. Auch »Sebalds Steller ist nicht der historische Steller« (van Hoorn 2009, 115), wie etwa die Zitate aus Chamissos *Reise um die Welt*, mit denen der Erzähler die angeblichen Eindrücke Stellers bei dessen Ankunft in Alaska ausmalt (115), oder die Paracelsus-Zitate, die er dem über das Sterben nachdenkenden Naturforscher andichtet, belegen (118).

Obwohl *Nach der Natur* der einzige literarische Text Sebalds ist der ohne Abbildungen auskommt, ist er auch und besonders aus intermedialitätstheoretischer Perspektive untersuchenswert, denn in den Text sind zahlreiche Bildbeschreibungen und -zitate, in das letzte Teilgedicht zudem Beschreibungen von Photographien, integriert. Die intermedialen Bezugnahmen des Textes weisen eine größere Einheitlichkeit auf als die intertextuellen Verweise, denn alle beschriebenen respektive zitierten Bilder stammen aus der Frühen Neuzeit. Hierzu gehören die im ersten Teilgedicht erwähnten Bilder Matthias Grünewalds, darunter der *Lindenhardter Altar* (1503), die *Basler Kreuzigung* (1505), der *Isenheimer Altar* (1512–14) oder der *Maria-Schnee-Altar* (1517/19), ferner das in der Beschreibung des Vitus Bering im zehnten Abschnitt des zweiten Teilgedichts versteckte Zitat von Albrecht Dürers Kupferstich *Melencolia I* (1514) (vgl. dazu Albes 2006, 62 ff.) sowie die Beschreibungen der Gemälde *Lot und seine Töchter* (1537) und *Die Alexanderschlacht* (1529) von Albrecht Altdorfer im dritten Teilgedicht, in dem außerdem Pieter Bruegels d. Ä. *Landschaft mit Ikarussturz* (zw. 1555 u. 1569) zitiert wird.

Vor dem Hintergrund der für die Frühe Neuzeit charakteristischen kollektiven Krisen- und Endzeitstimmung, die sich als Symptom für den Beginn der Moderne ansehen lässt, kreisen die Bildzitate und -be-

schreibungen insbesondere um drei Themen: das Ineinander von menschlichem Leid und Todesverfallenheit der Natur, das der Erzähler besonders eindringlich in Grünewalds Altarbildern dargestellt sieht, das Thema ›Melancholie‹, das Dürers Kupferstich dem Betrachter allegorisch vor Augen führt, und die Frage, welche Haltung ein Beobachter angesichts des katastrophalen Verlaufs der Geschichte einnehmen solle, die indirekt durch den vogelperspektivischen Blick des Betrachters in Altdorfers *Alexanderschlacht* aufgeworfen wird.

Sebalds Langgedicht hat die Literaturwissenschaft zu unterschiedlichen, teils geistes- und ideengeschichtlich, teils intertextualitäts- und intermedialitätstheoretisch sowie gattungspoetisch orientierten Deutungen inspiriert. Auf den Vorschlag, *Nach der Natur* als poetischen Ausdruck des in den 1980er Jahren vor allem in Deutschland verbreiteten ökologischen Krisenbewusstseins zu lesen, dem zufolge der Prozess fortschreitender Naturzerstörung nur dann aufzuhalten sei, wenn sich der Mensch als Teil der Natur zu begreifen lerne (Riordan 2004), folgte rasch der spezifizierende Hinweis, dass sich Sebalds Naturbegriff, genauer, sein Begriff der ›Naturgeschichte‹, von Benjamin und Adorno herleite und dass besonders Adornos 1932 gehaltener Vortrag »Die Idee der Naturgeschichte« als wichtiger philosophischer Referenztext von Sebalds Langgedicht anzusehen sei (vgl. Maier 2006, 119; Baumgärtel 2010, 23). Während Adorno in diesem Vortrag zu zeigen versucht habe, dass Natur und Geschichte in einem dialektischen Verhältnis zueinander stünden und im Moment der Vergänglichkeit konvergierten, habe Sebald den so bestimmten Begriff der Naturgeschichte durch die Idee einer »Naturgeschichte der Zerstörung« ersetzt und ihn damit »radikalisiert und hypostasiert« (Baumgärtel 2010, 24). In *Nach der Natur* begegne dem Leser die »Naturgeschichte der Zerstörung« folglich als Darstellung einer gesetzmäßigen »gewalttätigen Vernichtung von [...] Leben« (24). Zugleich lasse die Darstellung des Leidens in Gestalt eines Ineinanders von »Imagination, Mythos, Traum und Wirklichkeit« die utopische Vorstellung erkennen, dass dieses Leiden im literarischen Text als einem »geschützten, geordneten, selbstreferenziellen Raum« suspendiert sei (144).

Sebald stelle, so eine weitere, auf Adornos Begriff der Naturgeschichte zurückgreifende Deutung, in seinem Langgedicht dem »übermächtige[n] Modell einer zerstörerischen, monströsen Naturverfallenheit« (Maier 2006, 124) das Modell einer anorganischen, nachapokalyptischen Natur gegenüber. Dies zeige sich besonders in den in *Nach der Natur* »in zahlreichen Variationen« beschriebenen »Schnee- und Eislandschaft[en]«, zu deren »Licht« sich Sebalds »gequälte[ ] Gestalten« hinwendeten, eine Geste, in der ihre »Sehnsucht nach einem ambivalenzfreien Zustand« zum Ausdruck komme (124).

Neuere Studien haben auf die Frühe Neuzeit als weiteren geistes- und ideengeschichtlichen Fluchtpunkt von *Nach der Natur* aufmerksam gemacht, unter anderem darauf, dass sich Anspielungen auf den Arzt und Naturforscher Paracelsus (1493–1541) leitmotivisch durch den Text ziehen (vgl. van Hoorn 2009, 117 f.). So denkt nicht nur Steller in Termini, die von Paracelsus entlehnt sind (vgl. NN 57, 65, 67), sondern berichtet auch der Erzähler von seiner eigenen Paracelsus-Lektüre (85). Da der frühneuzeitliche Arzt und Naturforscher den menschlichen Körper als Mikrokosmos begriff, in dem die Kräfte des Makrokosmos wirken, ist er als Vertreter einer ›ganzheitlichen‹ Naturlehre, die überdies »in eine [sie] umfassende theologische Konzeption« integriert ist (van Hoorn 2009, 118), anzusehen. Gleichwohl fungiert das paracelsische Denken in *Nach der Natur* nicht als positives Gegenmodell zur negativen Naturkonzeption des Sebaldschen Erzählers, sondern wird, wie die Reflexionen Stellers zeigen, vergeblich dazu herangezogen, für die Kontingenz und Sinnlosigkeit menschlichen Leidens und Sterbens eine Erklärung zu finden.

Einer anderen Deutung zufolge ist *Nach der Natur* nicht nur durch seinen Titel, sondern auch gedanklich, nämlich durch den Topos des ›Schiffbruchs mit Zuschauer‹ (Blumenberg) mit dem von frühneuzeitlichen Denkern bewunderten Lehrgedicht des Lukrez, *De rerum natura*, verknüpft (vgl. Olejniczak Lobsien 2011, bes. 434 ff.). Tatsächlich erinnert das Bekenntnis des Erzählers, schon »früh [...] die Vorstellung / von einer lautlosen Katastrophe, die sich / ohne ein Aufhebens vor dem Betrachter vollzieht«, gehegt zu haben (NN 77), frappierend an den Beginn des zweiten Buchs von *De rerum natura*. Dort wählt Lukrez das Bild eines erhöht stehenden Betrachters, der gelassen ein Schiff in Not auf dem sturmgepeitschten Meer oder eine gewaltige Schlacht beobachtet, um die Haltung der ›apatheia‹ zu erläutern. Diese Haltung, so argumentiert Lukrez im Anschluss an Epikur, lasse sich aus der Einsicht gewinnen, dass die materielle wie geistige Welt aus Atomen bestehe, in die sich am Ende alles auflöse, um in neuer Gestalt wieder zu entstehen. Obwohl auch der Sebaldsche Erzähler, so die hier in Rede stehende Deutung, nach der Position eines distanzierten Beobachters strebe, wie die wiederholten

vogelperspektivischen Ausblicke in *Nach der Natur* zeigten, bleibe ihm der heiter-gelassene Zustand des epikuräischen Betrachters verschlossen, denn seine auf ein unumkehrbares Verfallsgeschehen fixierte Naturkonzeption biete ihm keinen Halt (vgl. Olejniczak Lobsien, 435 f.).

Mehrfach ist *Nach der Natur* auch als dreiteiliges Selbstporträt des Autors W. G. Sebald gelesen worden (Franklin 2002; Albes 2006; von Mücke 2008; Baumgärtel 2010). Demnach verweist der Titel *Nach der Natur* auf die Intention des Autors, sich selbst naturgetreu zu porträtieren (vgl. Franklin 2002, 35), und zudem enthält der Text inhaltliche Hinweise, die seine Deutung als Autobiographie stützen. Folge man nämlich den Ausführungen des Erzählers im dritten Teilgedicht, verdanke sich sein Interesse an der Geschichte Grünewalds und Stellers dem Umstand, dass sich seine durch den Zweiten Weltkrieg traumatisierten Eltern nicht erinnern und ihm deshalb auch nichts über seine Vergangenheit erzählen könnten. Somit sehe er sich zur Rekonstruktion einer imaginären Vergangenheit gedrängt, in der Grünewald und Steller als bewunderte Vorgänger fungierten (vgl. Baumgärtel 2010, 111 ff.).

Analyse

Die Deutung von *Nach der Natur* als Selbstporträt des Autors W. G. Sebald findet auch darin einen Anhalt, dass sich der Titel als Anspielung auf das von Rousseau in den *Confessions* verfolgte Projekt lesen lässt, sich selbst, ›nach der Natur‹ und ›in seiner ganzen Wahrheit‹ darzustellen. Demnach wäre Sebalds Langgedicht in der Nachfolge einer theoretisch anspruchsvollen Reflexion über die Aporien der Selbstrepräsentation zu betrachten, gelangt doch, wie dekonstruktivistische Deutungen gezeigt haben, bereits Rousseau zu der Einsicht, »daß sich die Autobiographie nicht als Abbildung eines den sprachlichen Zeichen vorgängigen Ichs verstehen läßt, sondern daß dieses Ich der Effekt der Schrift ist, die sich den Bedeutungsabsichten des Schreibenden hartnäckig entzieht« (Albes 2006, 50).

Wie die folgenden Beispiele zeigen, lassen sich besonders die in *Nach der Natur* integrierten Bildbeschreibungen als Reflexionen über die Aporien autobiographischen Schreibens lesen, zumal sich Sebalds Erzähler »vor allem im Auffinden, Konstruieren und Evaluieren von Bildern aller Art auszeichnet« (von Mücke 2008, 115).

So hebt er in seiner Beschreibung des *Lindenhardter Altars* am Beginn des ersten Teilgedichts die eigentümliche Position des Heiligen Georg auf der linken Seitentafel hervor, nämlich vorn am Bildrand und im Begriff, »über die Schwelle / des Rahmens [zu] treten« (NN 7). Liest man diese Beschreibung als autoreflexiven Textkommentar, dann wäre der Autor Winfried Georg Sebald in seinem Selbstporträt ebenso ambivalent positioniert wie sein Namensvetter Georg im Bild, nämlich als fiktive Figur innerhalb seiner Selbstdarstellung, als deren Autor hingegen außerhalb davon (vgl. Albes 2006, 58).

Die Beschreibung des Vitus Bering im zweiten Teilgedicht zitiert Dürers Kupferstich *Melencolia I*, zu dem sie, wie die Vertauschung bestimmter Bilddetails zeigt, in einem spiegelbildlichen Verhältnis steht (vgl. Albes 2006, 65). Autoreflexiv gelesen verweist die daraus resultierende Ununterscheidbarkeit von Vorbild und Abbild darauf, dass die Autobiographie das Bild ihres Urhebers, das zu kopieren sie vorgibt, überhaupt erst hervorbringt.

In Gestalt der Beschreibung von Altdorfers Gemälde *Lot und seine Töchter* im dritten Teilgedicht referiert der Erzähler den Mythos seines eigenen Ursprungs angesichts einer historischen Katastrophe und erklärt damit indirekt, warum er die Welt als ein unbegreifliches Ineinander von Fortpflanzung und Zerstörung wahrnimmt. Da Altdorfers Bild jedoch substituierend verstellt, was es sichtbar zu machen vorgibt, nämlich die Umstände der Zeugung des Erzählers, vermag es *de facto* nichts zu erhellen, sondern bewirkt nur, dass der Erzähler nach der Betrachtung des Bildes »fast / den Verstand ver[liert]« (NN 75).

Als literarischer Beitrag zu den Aporien autobiographischen Schreibens steht *Nach der Natur* am Beginn einer Reihe weiterer Sebald-Texte, die sich ebenfalls als versteckte Selbstdarstellungen des Autors lesen lassen. Hierzu zählen vor allem die Künstler- und Dichterporträts in *Schwindel. Gefühle* und in *Logis in einem Landhaus*. Darüber hinaus ist *Nach der Natur* aber auch mit anderen literarischen Arbeiten Sebalds eng verbunden. Über das Thema ›Melancholie‹ korrespondiert der Text mit den *Ringen des Saturn*, über die Idee einer ›Naturgeschichte der Zerstörung‹ mit *Luftkrieg und Literatur* und über das Thema ›Trauma und Erinnerung‹ mit den *Ausgewanderten* und mit *Austerlitz*.

Literatur

Albes, Claudia: Porträt ohne Modell. Bildbeschreibung und autobiographische Reflexion in W. G. Sebalds ›Elementargedicht‹ *Nach der Natur*. In: Michael Niehaus/Claudia Öhlschläger (Hg.): *W. G. Sebald. Politische Archäologie und melancholische Bastelei*. Berlin 2006, 47–75.

Anz, Thomas: Feuer, Wasser, Steine, Licht. W. G. Sebalds eindrucksvoller Versuch »Nach der Natur«. In: Franz Loquai (Hg.): *W. G. Sebald*. Eggingen 1997, 58–59 [zuerst in: Frankfurter Allgemeine Zeitung, 11.2.1989].

Baumgärtel, Patrick: *Mythos und Utopie. Zum Begriff der ›Naturgeschichte der Zerstörung‹ im Werk W. G. Sebalds*. Frankfurt a. M. 2010.

Franklin, Ruth: Rings of Smoke: After Nature, by W. G. Sebald, translated by Michael Hamburger. In: *The New Republic*, 23.9.2002, 32–39.

Maier, Anja K.: »Der panische Halsknick«. Organisches und Anorganisches in W. G. Sebalds Prosa. In: Michael Niehaus/Claudia Öhlschläger (Hg.): *W. G. Sebald. Politische Archäologie und melancholische Bastelei*. Berlin 2006, 111–126.

Meyer, Sven: Der Kopf, der auftaucht. Zu W. G. Sebalds »Nach der Natur«. In: Marcel Atze/Franz Loquai (Hg.): *Sebald. Lektüren*. Eggingen 2005, 67–77.

Mücke, Dorothea von: Autorschaft und Autobiographie, Bild und Gedächtnis in W. G. Sebalds »Nach der Natur«. In: Jörg Dünne/Christian Moser (Hg.): *Automedialität. Subjektkonstitution in Schrift, Bild und neuen Medien*. München u. a. 2008, 143–160.

Olejniczak Lobsien, Verena: Transformations of Early Modernity in the Work of W. G. Sebald. In: *Journal of European Studies* 41/3–4 (2011), 431–448.

Riordan, Colin: Ecocentrism in Sebald's *After Nature*. In: J. J. Long/A. Whitehead (Hg.): *W. G. Sebald. A Critical Companion*. Edinburgh 2004, 45–57.

Schedel, Susanne: »*Wer weiß, wie es vor Zeiten wirklich gewesen ist?*« *Textbeziehungen als Mittel der Geschichtsdarstellung bei W. G. Sebald*. Würzburg 2004.

Schütte, Uwe: Nach der Natur. Ein Elementargedicht (1988). In: Uwe Schütte: *W. G. Sebald. Einführung in Leben und Werk*. Göttingen 2011, 35–56.

van Hoorn, Tanja: Auch eine Dialektik der Aufklärung. Wie W. G. Sebald Georg Wilhelm Steller zwischen Kabbala und magischer Medizin verortet (»Nach der Natur«). In: *Zeitschrift für Germanistik*. Neue Folge XIX-1 (2009), 108–120.

Claudia Albes

4 »Schwindel. Gefühle«

Das Buch *Schwindel. Gefühle* erschien 1990 in der Reihe *Die andere Bibliothek* im Eichborn Verlag. Nach dem ›Elementargedicht‹ *Nach der Natur* ist es die zweite literarische Buchveröffentlichung Sebalds, die erste in Prosa. Das Buch ist durch keinen Untertitel einer Gattung zugeordnet und enthält vier Texte unterschiedlicher Länge. Zunächst beschäftigt sich *Beyle oder das merckwürdige Faktum der Liebe* auf etwas mehr als dreißig Seiten mit dem Leben des Schriftstellers Henri Beyle *alias* Stendhal; es folgt unter dem Titel *All'estero* der mehr als hundertseitige Bericht eines Ich-Erzählers von zwei Reisen nach Oberitalien; in der dritten Erzählung, *Dr. K.s Badereise nach Riva*, wird wiederum auf etwa dreißig Seiten von der oberitalienischen Reise und dem Aufenthalt Franz Kafkas am Gardasee erzählt; und der letzte Text, *Il ritorno in patria*, handelt auf mehr als hundert Seiten von der Reise eines Ich-Erzählers in seinen Heimatort im Allgäu.

Daraus ergibt sich – mehr noch als in *Nach der Natur* – das Problem, in welcher Weise der Zusammenhang und Zusammenhalt zwischen diesen Erzählungen zu denken ist, inwiefern sie die Einheit eines *Buches* bilden. Der erste der vier Texte war (in beinahe identischer Form) bereits zwei Jahre zuvor unter dem Titel *Berge oder das...* in der Zeitschrift *manuskripte* erschienen (Sebald 1988a), in der zuvor die drei Teile des ›Elementargedichts‹ als selbstständige Texte publiziert worden waren. Ebenfalls 1988 erschien an dieser Stelle die erste Erzählung von *Die Ausgewanderten* – »Dr. Henry Selwyn« – unter dem Titel *Verzehret das letzte selbst die Erinnerung nicht?* (Sebald 2008b). Beide Texte funktionieren also außerhalb eines Buches für sich, beide bilden aber zugleich den Ausgangspunkt für Bücher mit unterschiedlichen Konzeptionen.

Sebald befindet sich in der zweiten Hälfte der 1980er Jahre in einer Phase der Grenzüberschreitung vom essayistischen Schreiben *über* Literatur (und vom Verfassen von Gedichten) hin zum Schreiben literarischer Prosa. Bei Prosatexten stellt sich die Frage nach der Erfindung in diesem Grenzbereich anders als beim Verfassen lyrisch-poetischer Texte, insofern hier die Kategorie der Fiktion ins Spiel kommt. Sebald selbst hat diesen Übergang hin zum Schreiben von Prosatexten und die sich daraus ergebende Konzeption seines ersten Prosabuches in einem Interview nach Erscheinen von *Schwindel. Gefühle* so dargestellt, dass er als Literaturwissenschaftler »Hemmungen« gehabt habe, sich »ans Erfinden zu machen«, weil es sich dabei in gewisser Weise um eine »Form der Schummelei und des absolut unwissenschaftlichen Vorgehens« handle: »So habe ich also zunächst diese beiden ersten Texte, also Kafka und Stendhal, geschrieben, in dem Gefühl, daß es sich da noch um etwas sehr Distanziertes handelt, wo ich aber bestimmte Dinge entwickeln kann« (Ges 64). Er habe aber gemerkt, dass er auch beim Schreiben dieser beiden Texte immer noch gezwungen gewesen sei, die »eigenen Erfahrungen weitgehend, ja fast völlig aus dem Spiel zu lassen«. Sein »Impetus« sei jedoch dahin gegangen, »daß ich also wirklich etwas über mich selbst herausfinden will und nicht nur über diese beiden anderen Figuren«. Kafka und Stendhal seien für ihn letztlich »Folien« gewesen, »um hinter meine eigenen, von mir unerkannten Gedanken zu kommen« (4). Auch wenn Auskünfte von Autoren in eigener Sache selbstredend mit Vorsicht zu genießen sind, scheint es wichtig, diese entstehungsgeschichtliche Perspektive im Blick zu behalten, wenn man die Eigentümlichkeiten von *Schwindel. Gefühle* richtig einschätzen möchte.

Eine ins Auge springende Eigentümlichkeit dieses Buches ist die Einfügung von Schwarz-Weiß-Abbildungen in den Text – von Zeichnungen, Photos, Werbeanzeigen, Ausschnitten aus Gemälden. Dieses um 1990 für belletristische Literatur sehr ungewöhnliche Verfahren (bis zu einem gewissen Grad kann Alexander Kluge als Vorbild gelten) wird in der Folge zu einem »»Markenzeichen«« (Schütte 2011, 56) der Bücher Sebalds. Es hat naturgemäß in hohem Maße die Aufmerksamkeit der Forschung auf sich gezogen, wobei die Unterschiede in der Verwendung der Abbildungen in den einzelnen Büchern häufig nicht ausreichend berücksichtigt wurden. Gewiss kann man sagen, dass den Abbildungen insgesamt und gleichsam automatisch eine Belegfunktion zukommt (s. Kap. 19), aber in *Schwindel. Gefühle* wird mit dieser Belegfunktion stärker gespielt als in den späteren Büchern, und sie hat einen etwas anderen Charakter. Auch wächst in den späteren Büchern der Anteil der Photographien – vor allem jener, die der Autor selbst gemacht hat. Das Fehlen solcher Photos in *Schwindel. Gefühle* hängt, was die Texte über Henri Beyle und Dr. K betrifft, damit zusammen, dass in ihnen keine Erzählerfigur vorkommt. In *All'estero* gibt es zwei Episoden (SG 106 ff., 147 ff.), in denen der Ich-Erzähler auf seiner Reise keine Aufnahme machen kann, weil er keinen Photoapparat dabei hat. Auch in *Il ritorno in patria* spricht der homodiegetische Erzähler an keiner Stelle davon, ein Photo gemacht zu haben, das im Buch gezeigt wird.

»Beyle oder das merckwürdige Faktum der Liebe«

Der Text setzt mit der Mitteilung ein: »Mitte Mai des Jahres 1800 zog Napoleon mit 36000 Mann über den Großen Sankt Bernhard, ein Unternehmen, das bis zu diesem Zeitpunkt für so gut wie ausgeschlossen gegolten hatte« (SG 7). Ihr vorangestellt ist ein zeitgenössischer Kupferstich, der den unübersehbaren, sich in den Bergen verlierenden Zug von Menschen zeigt. Sebald hat ihn, wie die meisten Abbildungen dieser ersten Erzählung, dem *Album Stendhal* entnommen (Del Litto 1966; vgl. ausführlich Jakobs 2014, 174 ff.). Die Nennung großer Zahlen ist ein rekurrenter Zug in der Prosa Sebalds. Später im Text werden auch die auf dem Schlachtfeld von Marengo gebliebenen »vielleicht 16000 Männer und 4000 Pferde« beziffert. In der Regel verweisen die großen Zahlen auf größenwahnsinnige, mithin verfehlte Unternehmungen und ihre Opfer (Niehaus 2007). Darüber hinaus wird mit Napoleon eine paradigmatische Figur aufgerufen, die implizit oder explizit immer wieder in Sebalds Werk auftaucht und insbesondere in *Austerlitz* und dem liegengelassenen Korsika-Projekt eine große Rolle spielt (Anderson 2013).

Nachdem das Gigantische – das ›Napoleonische‹ – dieses Zuges in wenigen Worten vor Augen gestellt worden ist, wird der zu diesem Zeitpunkt siebzehnjährige Protagonist als einer der »wenigen nicht namenlos geblieben Teilnehmer[] an dieser legendären Alpenüberquerung« (SG 8) eingeführt. Die Erzählung nimmt den biographischen Faden also in jenem Übergangsmoment auf, in dem Beyle das »Ende seiner ihm auf das tiefste verhassten Kindheit und Jugend gekommen« (8) sieht. Zunächst lässt der Text einige Episoden im Zusammenhang mit dem napoleonischen Feldzug nach Oberitalien Revue passieren, die von Beyle selbst als wesentliche Stationen auf dem Weg zur Mannesreife und als Weichenstellung für sein späteres Leben erachtet werden: Der Beschuss der Festung Bard (10 f.) beim Abstieg aus den Alpen wird zu seiner Feuertaufe; er entdeckt seine Liebe zur Oper bei einer Aufführung von *Il Matrinomio Segreto* von Cimarosa in Ivrea (13 f.); nach seiner Einkleidung zum Dragoner läuft er tagelang »mit einer Erektion herum, ehe er es wagt, sich seiner aus Paris mitgebrachten Unschuld zu entledigen« (15); und schließlich erwählt er sich in der Maitresse eines Kameraden namens Angela Pietragrua ein erstes leidenschaftliches Anbetungsobjekt, dem er seine Gefühle jedoch erst elf Jahre später zu offenbaren wagt (vgl. 16 f.). Die Koordinaten

der vom Titel verheißenen Thematik sind damit abgesteckt: Die Liebe erscheint als ein ›merckwürdiges Faktum‹, mit dem das Subjekt nicht klarkommen kann, weil es einen Körper hat und einen Körper begehrt.

Henri Beyle *alias* Stendhal stellt entsprechende Theorien in seiner halb bekenntnishaften, halb essayistischen Schrift *De l'amour* auf, »die er im Frühjahr 1820 als eine Art Resumé der so hoffnungsvollen wie unglücklichen Zeit verfasste, die dieser Arbeit vorangegangen war« (SG 24). Diese Schrift bildet zusammen mit den Tagebüchern Stendhals und vor allem dem 1835/1836 geschriebenen autobiographischen Roman *Vie de Henry Brulard* die hauptsächlichen Prätexte von Sebalds Erzählung. Passagen aus diesen Texten werden teils wörtlich übernommen, teils wird paraphrasiert, angepasst, komprimiert und mit Eigenem durchsetzt, ohne dass der Leser auf Anhieb das eine vom anderen unterscheiden könnte.

Was auf diese Weise entsteht, ist ein komplexes, aber gleichwohl eingängiges Geflecht, dem eine nichtlineare, vor allem durch Prolepsen geprägte zeitliche Darstellungsform korrespondiert. Sie ergibt sich bereits aus dem Umstand, dass Sebald auf Quellen zurückgreift, in denen Henri Beyle rückblickend autobiographische Erinnerungen zu organisieren und zu bearbeiten versucht und dabei selbst zwischen zwei Zeiten pendelt. Das Thema der Liebe verschränkt sich dadurch mit demjenigen der »Schwierigkeiten der Erinnerung« (SG 8). »Einmal«, so fasst der Text Beyles Betrachtungen zusammen, »besteht seine Vorstellung von der Vergangenheit aus nichts als grauen Feldern, dann wieder stößt er auf Bilder von solch außergewöhnlicher Deutlichkeit, daß er ihnen nicht glaubt trauen zu dürfen« (8 f.). Auch die mediale Dimension dieser Erinnerungsproblematik wird von Beyle reflektiert, wenn er »bei der Durchsicht alter Papiere auf eine *Prospetto d'Ivrea* untertitelte Gravüre« (11) stößt und sich sein lebendiges Erinnerungsbild von Ivrea im Abendschein lediglich als eine »Kopie von ebendieser Gravüre« (12) entpuppt.

In seinen späteren Büchern neigt Sebald eher dazu, die sich erinnernden Gewährsleute, die er zu Wort kommen lässt, als unverfälschte Vermittler einzusetzen, und er verzichtet darauf, die Richtigkeit ihrer Erinnerungen zu hinterfragen. Das Gegenstück zur Verfügbarkeit scheinbar exakter Erinnerungen, nämlich die Unverfügbarkeit besonders einschneidender Eindrücke – also der für Sebalds Poetologie so bedeutsame traumatische Mechanismus –, kann in *Beyle oder das merckwürdige Faktum* der Liebe mittels der

Selbstbefragung des Protagonisten ebenfalls exponiert werden. In Bezug auf den entsetzlichen Anblick toter Pferde kommt es Beyle vor, als habe »die Gewalt des Eindrucks [...] diesen selber [...] zunichte gemacht« (SG 9), und wenig später heißt es über Beyles ersten Bordellbesuch signifikanterweise fast gleichlautend: »Die gewaltsame Empfindung, schreibt er, habe jede Erinnerung daran in ihm ausgelöscht« (SG 16).

Mit der Anlage der Erzählung hängt zusammen, dass das Präsens und das Präteritum als Tempora miteinander abwechseln: Was hier entfaltet wird, ist nicht einfach eine *erzählte* Welt, in der zunächst der junge und dann der ältere Stendhal Liebeserfahrungen in Oberitalien machen, sondern ebenso eine *besprochene* Welt, in der es um die Texte geht, in denen Stendhal von seinen oberitalienischen Liebeserfahrungen Rechenschaft ablegt. Am deutlichsten und zugleich verwickeltsten wird diese Struktur im letzten Drittel der Erzählung, die sich als Wiedergabe eines Berichts aus *De l'amour* ausgibt (tatsächlich aber aus dem Nachlass stammt und in den Anhängen zu diesem Werk abgedruckt ist): »In der Schrift *Über die Liebe* wird von einer Reise erzählt, die der Autor von Bologna aus in Begleitung einer Mme Gherardi, die er bisweilen auch nur la Ghita nennt, gemacht haben will« (SG 27). Dieser Reisebericht bildet schon deshalb den Kern von *Beyle oder das merckwürdige Faktum der Liebe*, weil er das Hauptmoment der Verknüpfung mit den übrigen Texten in *Schwindel. Gefühle* darstellt. Die Lage verkompliziert sich hier dadurch, dass bereits Stendhals Text – wie dann derjenige Sebalds – gattungsmäßig nicht einzuordnen und im Grenzbereich von Essay und Fiktion anzusiedeln ist. Mme Gherardi wird als eine »geisterhafte Gestalt« (27) bezeichnet, weil es »Grund« gibt »für die Vermutung, daß Beyle ihren Namen als Chiffre für verschiedene seiner Liebhaberinnen« eingesetzt hat, sie also »allen dokumentarischen Angaben zum Trotz in Wirklichkeit gar nicht existiert hat« (27). Was Sebalds Erzähler einerseits als tatsächlich geschehen referiert, wird andererseits als der Bericht einer »möglicherweise bloß imaginären Reise« mit einer »gleichfalls nur imaginären Begleiterin« (29) gekennzeichnet. Die Reise geht unter Gesprächen und Reflexionen über die Liebe – diese wird etwa als eine »Leidenschaft« definiert, »die ihre Schulden in einer von ihr selbst erfundenen Währung begleiche« (30) – zunächst an den Gardasee und von dort weiter nach Innsbruck und Salzburg. Anlässlich eines Besuches im dortigen Salzbergwerk wird die bei Stendhal ausführlich dargelegte ›Kristallisationstheorie‹ der Liebe entwickelt – ein für Sebald wichtiges metaphorisches Reservoir (Öhlschläger 2006, 59–74): Als Mme Gherardi »ein zwar toter, dafür aber von Tausenden von Kristallen überzogener Zweig zum Geschenk« (SG 31) gemacht wird, erscheint Beyle dieses »Wunderwerk« als eine »Allegorie für das Wachstum der Liebe in den Salzbergwerken unserer Seelen« (32) – unsere Liebe beziehe sich also zunehmend weniger auf das tatsächliche Objekt, da dieses immer mehr von unserer Einbildungskraft mit imaginären Vorzügen ummantelt wird. Es ist bezeichnend, dass Sebald bei seiner verkürzten Wiedergabe ausblendet, dass es sich bei Stendhal nicht um eine elegische Szene zwischen Zweien handelt, sondern dort vielmehr ein bayrischer Offizier, der sich in Mme Gherardi vergafft hat, der Gegenstand der Betrachtung ist (vgl. Öhlschläger 2005, 14).

Während Sebald sich in *Beyle oder das merckwürdige Faktum der Liebe* mehr oder weniger in Übereinstimmung mit der verbürgten Biographie Stendhals befindet, hat er in die Reise mit Mme Gherardi eine entscheidende kleine Episode ›hineingeschwindelt‹ (der Titel *Schwindel. Gefühle* spielt auch mit der Doppeldeutigkeit des Wortes ›Schwindel‹), die an dieser Stelle nur dem bewanderten Leser als Zitat aus dem *Jäger Gracchus*-Fragment von Franz Kafka auffallen kann: Als Beyle und seine möglicherweise imaginäre Gefährtin auf einer »Barke« in den »Hafen von Riva« einlaufen, sehen sie einen »schweren alten Kahn, [...] von dem zwei Männer in dunklen Röcken mit Silberknöpfen eine Bahre an Land trugen, auf der unter einem großen blumengemusterten, gefransten Seidentuch offenbar ein Mensch lag« (SG 30 f.). Auf paradigmatische Weise wird hier in die biographische Skizze eine Erfindung ›eingeschmuggelt‹, deren Rechtfertigung erstens darin besteht, nicht die *eigene* Erfindung des Autors Sebald zu sein, und zweitens darin, dass sie in den nur vermeintlich faktualen Bericht Stendhals verwoben wird.

Diese intertextuelle Einzeltextreferenz eröffnet nicht nur intratextuelle Anschlussmöglichkeiten zu den übrigen Texten in *Schwindel. Gefühle*, sie hebt auch die eher vereinfachende Darstellung von Stendhals Reflexionen über die Liebe auf eine andere Ebene, auf der die Frage nach dem Verhältnis von Liebesbegehren, Körper und Sterblichkeit noch einmal anders gestellt wird. Der Körper Henri Beyles wird auf den letzten Seiten dieser ersten Erzählung in seiner zunehmenden Hinfälligkeit vor Augen geführt. Dies geschieht in einer Drastik, die Sebald seinen späteren Texten ausgetrieben hat. Die »syphilitische[] Erkrankung« (SG 35), an der Henri Beyle zugrunde geht, ist gewissermaßen die Strafe für das merkwürdige Faktum der Liebe. »Schlingbeschwerden, Schwellungen unter den Achseln und Schmerzen in seinen schrumpfenden Hoden« gehören ebenso zu den Symptomen wie »seine Schlaflosigkeit, die Schwindelgefühle, das Ohrensausen, der flatternde Puls und das Zittern« (35 f.). Wie die weiteren Texte von *Schwindel. Gefühle* zeigen werden, verlangt Sebalds Poetologie eine Ersetzung einer solchen vom Körper ausgehenden Hinfälligkeit durch eine gleichsam von der Seele auf den Körper übergreifende, wie sie sich auch in der Figur des Jägers Gracchus ankündigt, der nicht sterben kann.

»All'estero«

In der zweiten Erzählung berichtet ein Ich-Erzähler von zwei Reisen durch Oberitalien, die er im Oktober 1980 (vgl. SG 41–97) und im Sommer 1987 (vgl. 97–160) von Wien bzw. Venedig aus unternommen hat. *All'estero* ist der erste Prosatext von Sebald, der mit der Gleichsetzung von Erzähler und Autor spielt bzw. die kategoriale Differenz von Erzähler und Autor unterläuft. Bereits im ersten Satz ist davon die Rede, dass der Erzähler seit nahezu fünfundzwanzig Jahren in einer meist grau überwölkten Grafschaft in England lebt. Dass es ›Sebald‹ ist, der diese Reise unternommen hat, wird durch Abbildungen etwa des Taschenkalenderblattes mit den Reisedaten (vgl. 72) oder der Rechnung der Pizzeria in Verona (vgl. 94) belegt. Höhepunkt dieser nahegelegten Gleichsetzung ist die Wiedergabe der vorläufigen Identitätsbescheinigung (vgl. 121) und des am 4. August 1987 vom Generalkonsulat in Mailand auf den Namen Sebald ausgestellten und mit einem Passbild versehenen Ausweises (vgl. 135), da dem Erzähler – wie ausführlich erzählt wird – in einem Familienhotel in Limone am Gardasee der Reisepass abhanden gekommen war. Diese Sachlage rückt *All'estero* – wie auch *Il ritorno in patria* – in die Nähe dessen, was in der Literaturwissenschaft seit einiger Zeit als »Auto(r)fiktion« (Wagner-Egelhaaf 2013) bezeichnet wird, zumal diese beiden Texte anders als *Austerlitz* und die Erzählungen in *Die Ausgewanderten* tatsächlich von den Zuständen und Begebenheiten eines »Ich« handeln, das mit dem Schreiben befasst ist (s. Kap. 21).

Der Ich-Erzähler wird in *All'estero* von Anfang an als ein Solitär inszeniert, der sein Gleichgewicht verloren hat und von einem Gefühl der Fremdheit in der Welt heimgesucht wird. Auf seiner ersten Reise im Oktober 1980 besucht er zunächst den ›schizophrenen‹ (unter dem Pseudonym ›Alexander‹ bekannt gewordenen) Dichter Ernst Herbeck in Klosterneuburg bei Wien, über den Sebald 1981 auch einen Essay veröffentlicht hat (vgl. BU 131–148). Zum Abschluss des gemeinsamen Ausfluges schreibt Herbeck seinem Begleiter sogar ein in Faksimile wiedergegebenes und auf den 30. Oktober 1980 datiertes Gedicht mit dem Titel »England« (vgl. SG 59). Es werden intertextuelle Bezüge u. a. zu Robert Walser und Peter Altenberg hergestellt (vgl. Jakobs 2014, 240 ff.), auch der Ich-Erzähler empfindet sich bis zu einem gewissen Grad als seelenverwandt mit dem geistesgestörten Dichter, mit dem er einen Spaziergang macht wie dreißig Jahre zuvor Carl Seelig mit dem ebenfalls in einer Nervenheilanstalt internierten Robert Walser. Dahinter steht auch eine Apologie der ›kleinen Literatur‹ im Sinne von Deleuze und Guattari, auf die Sebald in seinem Herbeck-Essay Bezug nimmt (vgl. BU 139), sowie – damit verbunden – die Verneinung der väterlichen Ordnung (vgl. Schmucker 2012, 212 ff.). »Das Familienleben, besonders das scharfe Denken des Vaters, zersetzte ihm, wie er sich ausdrückte, die Nerven« (SG 47), wird Herbeck paraphrasiert. In den besten Momenten verwandelt sich die daraus resultierende ›Haltlosigkeit‹ der Sebaldschen Figuren (Niehaus 2006) in Schwerelosigkeit bzw. in die bei Sebald immer wieder auftauchende Vorstellung der *Levitation* (vgl. Schmucker 2012, 174 ff., 464 ff.): »Viel hätte, glaube ich, nicht gefehlt, und wir hätten beide das Fliegen erlernt, oder ich zumindest, was man braucht für einen anständigen Absturz. Aber die günstigsten Augenblicke versäumen wir immer« (SG 51).

Die nächste Station – Venedig – macht besonders deutlich, wie sehr das Reisen intertextuellen Poetiken entgegenkommt und auf sie antwortet. Den Allerheiligentag rührt sich der Ich-Erzähler nicht aus seinem Hotelzimmer; aber nicht der eigene Blick auf den Dogenpalast wird beschrieben, sondern die Erfahrungen von Grillparzer und vor allem von Casanova, dessen Flucht aus den Bleikammern, angereichert mit vielen weiteren offenen und verdeckten Zitaten, ausführlich nacherzählt wird (vgl. SG 66–71). Die erste oberitalienische Reise endet in Verona, wo sich der Ich-Erzähler zunächst – ein weiteres rekurrentes Motiv in *Schwindel. Gefühle* – mit Fresken des von ihm verehrten Renaissancemalers Pisanello beschäftigt (vgl. 88 ff.). In einer Pizzeria in Verona kommt es dann zu einer Krise, die *All'estero* einen Hauch von Kriminalroman verleiht. Der Ich-Erzähler, der schon zweimal in Venedig und ein drittes Mal am Nachmittag in Verona das Gefühl gehabt hat, von denselben beiden jungen Männern beobachtet zu werden, liest abends in der Pizzeria, wo er der einzige Gast ist, einen Zeitungsartikel über die Mordtaten einer »Organizzazione Ludwig« (93), fühlt sich – auch aufgrund des Verhaltens des Wirts mit dem sinistren Namen »Carlo Cadavero« – unversehens in der Falle, verlässt überstürzt die Pizzeria und reist ab.

Die zweite Reise, die der Ich-Erzähler unternimmt, »um meine schemenhaften Erinnerungen an die damalige gefahrvolle Zeit genauer zu überprüfen und vielleicht einiges davon aufschreiben zu können« (SG 97), führt ihn am Ende wiederum nach Verona. Er sucht unter anderem die inzwischen leerstehende Pizzeria auf und lässt ein Photo von der Fassade machen (vgl. 148). Von einem Bekannten lässt er sich berichten, was es mit der aus einem Italiener namens Furlan und einem Deutschen namens Abel bestehenden »Gruppe Ludwig« (153) auf sich hat. Nachdem die beiden nach 1980 weitere Morde begangen hatten, wurden sie 1984 gefasst und nach einem aufsehenerregenden Prozess zu 30 Jahren Haft verurteilt (vgl. 152). Diese Darstellung ist historisch korrekt und Sebald hat später in einem Interview behauptet, Furlan und Abel bei der Lektüre eines Artikels über diesen Prozess zweifelsfrei als die beiden ihn verfolgenden jungen Männer wiedererkannt zu haben (vgl. Ges 54). Im Hotel in Limone am Gardasee beschäftigt sich der Ich-Erzähler mit seinen Aufzeichnungen, die ihm eine Zeit lang mit einer ihn »selbst erstaunenden Leichtigkeit von der Hand gehen«, indem er »Verbindungslinien« zeichnet zwischen »weit auseinanderliegenden Ereignissen, die mir derselben Ordnung anzugehören schienen« (SG 112), während er seiner Wirtin Luciana gegenüber erklärt, dass er bei dem, was er schreibe, »in zunehmendem Maße das Gefühl habe, es handle sich um einen Kriminalroman« (113).

Schon früh hat Marcel Atze in einem Aufsatz über *All'estero* mit dem Titel »Koinzidenz und Intertextualität« den Begriff der »Koinzidenzpoetik« für diesen Zusammenhang ins Spiel gebracht: »Die Psyche des Ich-Erzählers in *Schwindel. Gefühle* ist von Beziehungswahn geprägt. Alles, und wirklich alles bezieht der Protagonist auf sich, die Steigerung des Wahns gipfelt in Paranoia, die ihre Klimax in der Erzählung *All'estero* findet. Die Koinzidenzen im Leben, auf den Reisen und in den Beobachtungen des Erzählers bleiben nicht alleine. Sie werden ständig untermauert durch ›intertextuelle Koinzidenzen‹« (Atze 1997, 152). In jedem Fall ist festzustellen, dass in *All'estero*

ein Ich-Erzähler inszeniert wird, der sich innerhalb der Diegese Koinzidenzen ausgesetzt sieht – auf dem Bahnhof von Mailand beispielsweise überfällt ihn zunächst eine »Hertz-Reklame mit der Aufschrift *LA Promissa Coinzindenza*« (SG 128) und gleich darauf überfallen ihn zwei junge Männer und versuchen ihm seine Tasche zu entreißen –, während die Koinzidenzen auf der Ebene des Schreibens zugleich gesucht werden (vgl. Hutchinson 2006, 103) und den in der Forschung und von Seblald immer wieder hervorgehobenen Kern seines poetologischen Prinzips bilden (s. Kap. 20). Erzeugt wird gewissermaßen eine »intextual subjectivity« (Kilbourn 2003, 46), bei dem Leben und Literatur verschwimmen.

In diesen Bereich gehört nicht zuletzt, dass in *All'estero* der Motivkomplex Kafka bzw. *Jäger Gracchus* weitergeführt wird. Die Erklärung des Ich-Erzählers gegenüber seiner Wirtin in Limone, er habe das Gefühl, einen Kriminalroman zu schreiben, bezieht sich nicht nur auf das Gefühl des Verfolgtseins durch eine kriminelle ›Organisation‹, sondern auch darauf, dass es in seinem Schreiben »um das Wiederauftauchen einer seit langem verschollenen Person« (SG 113) gehe. Der Ich-Erzähler befindet sich bei seiner zweiten Reise nicht nur auf den Spuren seiner ersten Reise, sondern auch auf den Spuren von »Dr. Kafka«, der, »wie er selbst berichtet, im September 1913 auf dem Weg vom Gardasee« einen »untröstlichen Nachmittag« in Verona verbracht hat (101). Die Reise Kafkas, die das Thema der dritten Erzählung in *Schwindel. Gefühle* sein wird, wirft also ihre Schatten und ihre Koinzidenzen gleichsam voraus. Auf einer Busfahrt nach Desenzano begegnet der Ich-Erzähler einem Zwillingspaar, das »auf die unheimlichste Weise, die man sich denken kann, den Bildern gleich, die Kafka als heranwachsenden Schüler zeigen« (105). In Verona begibt sich der Erzähler in die Stadtbibliothek und lässt sich »die Veroneser Zeitungen aus den August- und Septemberwochen des Jahres 1913« bringen, bei deren Lektüre sich »Stummfilmszenen« vor seinem inneren Auge abspielen (139). Aber erst in *Dr. K.'s Badereise nach Riva* erfährt man, dass der Ich-Erzähler dort herauszufinden suchte, ob Kafka seinerzeit in Verona den Film *Der Student von Prag* im Kino gesehen haben kann, in dessen Titelfigur er »zweifellos seinen Doppelgänger erkannt haben würde« (173).

Vor allem aber bildet das verdeckte Kafka-Zitat aus dem *Jäger Gracchus*-Fragment in *Beyle oder das merckwürdige Faktum der Liebe* gleichsam einen Sigifikantenfundus, der sich durch partielle Wiederaufnahmen mit Bedeutung anreichert – ein einfaches, aber wirkungsvolles (und kunstvoll gehandhabtes) Verfahren, das auf metonymischer und synekdochaler Ebene eine Vielzahl weiterer Verweise zu generieren in der Lage ist. In seinem Hotelzimmer in Mailand legt sich der Ich-Erzähler »auf die mit einem blumengemusterten, damastartigen Fransentuch bedeckte Bettstatt« (SG 131) und wird dort für die Nacht gewissermaßen zu einem lebendigen Toten. Später in Verona taucht beim Anblick der vernagelten Pizzeria ein Bild wieder in ihm auf, »welches sich damals, bei meiner überstürzten Abreise aus Verona, in meinem Kopf festgesetzt hatte […] – zwei Männer in schwarzen Röcken mit silbernen Knöpfen, die aus einem Hinterhaus eine Bahre trugen, auf der unter einem blumengemusterten Tuch offensichtlich ein Mensch lag« (147). Schon hier wird die poetologische Dimension deutlich, die die untote und heimatlose Figur des Jägers Gracchus annimmt.

»Dr. K's Badereise nach Riva«

Da die vier Erzählungen in *Schwindel. Gefühle* in erster Linie über die *Jäger Gracchus*-Figur miteinander verwoben sind und alle anderen Elemente ebenfalls hiermit verknüpft sind, nimmt es nicht wunder, dass die Dichte der Forschungsliteratur zu diesem Thema besonders hoch ist (vgl. u. a. Sill 1997 und 2001, 15–31; Klebes 2004; Prager 2005 114 ff.; Vogel-Klein 2007; Medin 2008; Zisselsberger 2007 und 2008–2009; Schmucker 2012, 147–180). Abgesehen davon nimmt Sebald mit Franz Kafka den kanonischen Autor der Moderne schlechthin für sich in Anspruch, in dessen Werk das *Jäger Gracchus*-Fragment von 1916/1917 zudem eine Sonderstellung einnimmt. Das liegt unter anderem an dem ganz banalen Umstand, dass kein anderer fiktionaler Text Kafkas geographisch (nämlich in Riva) lokalisiert ist. Schon deshalb, weil Kafka tatsächlich einen Kuraufenthalt am Gardasee verbracht hat, kann man sich anhand der *Jäger Gracchus*-Figur in ausgezeichneter Weise der Frage widmen, wie die Beziehung zwischen Literatur und Leben zu denken ist. Hinzu kommt, dass Sebald einer verbreiteten (allerdings zum Teil auf einer Herausgebermanipulation Max Brods beruhenden) Deutung folgt, derzufolge Kafka mithilfe der enigmatischen Figur des Jägers Gracchus sich und sein eigenes Schreiben befragt hat. Vor diesem Hintergrund ist die Bereitschaft zur Identifikation des »Ich« in *Schwindel. Gefühle* mit dem umherreisenden Jäger Gracchus zu verstehen. Wie Kafka verwendet auch Sebald den Jäger Gracchus zur Bestimmung – bzw. zur unmöglichen ›Positionie-

rung‹ – seiner selbst als Schreibendem (vgl. Zisselsberger 2008–2009, 114).

Es ist müßig zu betonen, dass es sich bei »Dr. K.« nicht um den historischen Franz Kafka handelt, sondern um ein Konstrukt (vgl. Vogel-Klein 2007, 439). Eine solche Feststellung ist zumindest missverständlich, insofern sie vorauszusetzen scheint, dass es andere Texte gibt, in denen ein Franz Kafka auftaucht, der kein Konstrukt ist. Die Erzählung von Kafkas Badereise beginnt wiederum in Wien, wo Kafka an einem »Kongreß für Rettungswesen und Hygiene« (SG 163) teilnimmt und sich mehr oder weniger wider Willen mit Schriftstellerkollegen trifft (mit Otto Pick, Albert Ehrenstein). Anschließend verbringt er einige Tage in Venedig, was unter anderem Gelegenheit gibt, die intertextuellen Bezüge insbesondere zu Grillparzer weiterzuspinnen. Sebald hält sich hier wie im Stendhal-Text im Wesentlichen an Kafkas eigene karge Aufzeichnungen und Briefe. Dies führt – noch mehr als in *Henri Beyle oder das merckwürdige Faktum der Liebe* – zu einer oszillierenden Diskursposition zwischen intern fokalisierendem Erzählgestus und extern fokalisierender essayistischer Darstellung: »Wie Dr. K. die paar Tage in Venedig zugebracht hat, wissen wir nicht« (170); dass er in der Kirche zur heiligen Anastasia in Verona »das von Pisanello gemalte schöne Wandbild des heiligen Georg« betrachtet hat, »dafür gibt es nirgends einen Anhaltspunkt« (171).

Umso mehr muss der Leser auf der anderen Seite unterstellen, dass dort, wo Details oder innere Zustände Kafkas berichtet werden, diese auch dokumentiert werden könnten, zumal wenn es im Anschluss heißt: »Belegt werden könnte jedoch, daß es Dr. K., als er wieder unter dem Portal an der Schwelle zwischen dem dunklen Innenraum und der Helligkeit draußen stand, einen Augenblick lang vorkam, als sei dort dieselbe Kirche Tor an Tor gebaut, aus der er gerade getreten war, eine Verzweifachung, wie sie ihm aus seinen Träumen bekannt war« (SG 171). Der Beleg findet sich in einer Tagebucheintragung, die Kafka als Reminiszenz erst zwei Jahre später, am 4. November 1915, getätigt hat. In ihr heißt es, dass er in die Kirche in Verona »widerwillig eintrat« und etwas später »ebenso widerwillig hinausgieng, als sei draußen wieder eine gleiche Kirche Tor an Tor gebaut« (Kafka 2002, 770). Man sieht an diesem Beleg sehr gut, dass hier zugleich eine Umdeutung stattgefunden hat. Was sich bei Kafka eindeutig auf eine Unlust bezieht, wird von Sebald in eine Wahrnehmungstäuschung umgemünzt, die wiederum mit dem gesamten Komplex der Verdopplungen und Spiegelungen auf der einen und den dazugehörigen ›Schwindelgefühlen‹ auf der anderen Seite verbunden ist.

Da es kaum Aufzeichnungen Kafkas über seinen Aufenthalt in Riva gibt, ist längst nicht alles, was in *Dr. K's Badereise nach Riva* erzählt wird, in dieser Weise belegbar. Während für *Henri Beyle oder das merckwürdige Faktum der Liebe* aus einer Überfülle die passenden Selbstaussagen Stendhals ausgewählt werden konnten, erteilt sich Sebald in *Dr. K's Badereise nach Riva* eine begrenzte Lizenz zur Auffüllung von Lücken. So trifft es zwar zu, dass einer der Tischnachbarn »in der Wasserheilanstalt des Dr. Hartungen in Riva« (SG 177) ein General a. D. namens Ludwig von Koch war, und es stimmt auch, dass dieser General sich während Kafkas Aufenthalt dort erschossen hat, dessen kluge Erklärung jedoch, dass »Stendhal [...] einen genaueren Begriff« von der entscheidenden Bedeutung von Kontingenzen gehabt habe »als jeder Generalstab« (179), wird ihm ebenso in den Mund gelegt wie die Wendung von der alles entscheidenden »Drehung des Steuers« (179), die vielmehr ein Zitat aus Kafkas *Gracchus*-Konvolut darstellt.

Die Gefahr von Sebalds Art der Annäherung an Kafka (wie auch an andere Figuren) liegt auf der Hand: Sie droht in Vereinnahmung und Psychologisierung der Figur überzugehen. In der Tat hat man Sebalds Erzähler in diesem Sinne »*Gefühlsschwindel*« (Klebes 2004, 133) vorgeworfen. Gerade Sebalds Behandlung von Kafkas platonischer Beziehung zu der sagenumwobenen jungen »Schweizerin« (ihre Identität konnte nie gelüftet werden, weil beide vollkommenes Stillschweigen gelobt hatten) zeigt jedoch, dass dieser Vorwurf zu kurz greift. Keineswegs füllt Sebald hier die Lücken aus, die Kafkas Stillschweigen gelassen hat, vielmehr bemüht er sich um eine Rekonstruktion, die der Figur eben nicht zu nahe tritt. In einem »Verfahren der konjunktivischen Approximation« versucht er die Dinge im Allgemeinen und in der Schwebe zu halten, damit die »auf den Anderen bezogenen Verstehensakte dessen Alterität nicht zu Gunsten der Identifikation überspielen« (Fuchs 2004, 123). So wird insbesondere nicht szenisch erzählt, sondern Dr. K's »fragmentarische Theorie der körperlosen Liebe, in der es keinen Unterschied gibt zwischen Annäherung und Entfernung« (SG 180), wird auf die gemeinsamen Bootsfahrten angewendet, denn »hier heraußen auf dem See« – so werden Dr. K.'s Worte in wie immer indirekter Rede wiedergegeben (s. Kap. 22) – »seien sie ja tatsächlich fast körperlos und hätten eine naturgemäße Einsicht in die Geringfügigkeit ihrer eigenen Bedeutung« (181).

Diese dem »Wunschdenken« (SG 181) Kafkas (bzw. Sebalds) entspringende Körperlosigkeit in Sachen Liebe kontrastiert nicht nur mit der Rastlosigkeit und der Körperverfallenheit Stendhals im ersten Text von *Schwindel. Gefühle*, sie ist auch das Umkehrbild zur Figur des Jägers Gracchus, die auf den letzten Seiten des Textes in einer metaleptischen Volte drei Jahre später »in den kleinen Hafen von Riva schwebt« (186). Im Zuge der Nacherzählung des kafkaschen Fragments wird auch dem *Schwindel. Gefühle* durchziehenden Zitat von der »Bahre, auf der unter einem großen, blumengemusterten Tuch offenbar ein Mensch liegt« (187), die korrekte Quelle zugewiesen. Im Grunde ist die Deutung, die der Verfasser, der zu ihrer Formulierung ostentativ in die erste Person verfällt, der *Gracchus*-Figur angedeihen lässt, wenig originell und vor allem unterkomplex: »Da es aber Dr. K. gewesen ist, der die Geschichte ersonnen hat, kommt es mir vor, als bestünde der Sinn der unablässigen Fahrten des Jägers Gracchus in der Abbuße einer Sehnsucht nach Liebe, die Dr. K. [...] immer genau dort ergreift, wo es scheinbar und gesetzmäßig nichts zu genießen gibt« (188). Hieran schließt zur Abrundung von *Dr. K's Badereise nach Riva* die Wiedergabe einer von Kafka in einem Brief an Felice erzählten Begebenheit an (vgl. 189 f.), die – so wird nahegelegt – als Hinweis auf die latente Homosexualität Kafkas zu verstehen ist. Diese Insinuation ist von der Forschung recht kontrovers diskutiert worden (s. Kap. 42). Vom Vorwurf eines ungehörigen Biographismus kann sie allenfalls dann freigesprochen werden, wenn man sie lediglich als Aussage über einen fiktiven »Dr. K.« auffasst.

»Il ritorno in patria«

Auch in der letzten Erzählung hat die Figur des Jägers Gracchus ein apokryphes Nachleben, indem sie – auf ein anderes Fragment Kafkas aus dem Jäger Gracchus-Komplex mit dem Titel »Auf dem Dachboden« zurückgreifend – in doppelter Gestalt auftaucht einerseits als »Jäger Hans Schlag« (SG 269) und andererseits als »alte Schneiderpuppe« (257) auf einem Dachboden. Letztere ist angetan mit der Uniform der »österreichischen Jäger« (258) und hat vermutlich einem Vorfahren des Ich-Erzählers gehört, der in der Schlacht von Marengo ums Leben gekommen sein soll (was zugleich einen Bogen zum Stendhal-Text schlägt).

Il ritorno in patria erzählt von dem eingangs auf den November 1987 datierten mehrwöchigen Aufenthalt des Ich-Erzählers in seinem Heimatort W. – eine Abkürzung, die nicht der Geheimhaltung dient, sondern eher auf eine literarische Gepflogenheit verweist, da sie leicht zu Wertach, dem Geburtsort Sebalds, zu ergänzen ist. Der erklärte Versuch Sebalds, mit *Schwindel. Gefühle* etwas ›über sich selbst herausfinden‹ zu wollen, ist in diesem letzten Text am greifbarsten und nimmt die Form einer Durchforschung eigener Kindheitserinnerungen und Familienverhältnisse an, die freilich wiederum durchwirkt sind von zahlreichen literarischen Einsprengseln und Reminiszenzen. So ist etwa der Titel als ironische Anspielung auf eine Oper von Monteverdi mit dem Titel *Il ritorno d'Ulisse in patria* aufzufassen (vgl. Schütte 2011, 76), da der Ich-Erzähler nicht für immer in eine glückliche, sondern auf Besuch in eine – auch im freudschen Sinne – *unheimliche* Heimat wie in ein Schattenreich zurückkehrt, weshalb die Anreise mit dem Bus und dann zu Fuß sehr eindrucksvoll als ein Gang in die Unterwelt bzw. ins Unbewusste (vgl. Baxter 2013, 88) inszeniert wird. Schon auf der Busfahrt kommt es dem Erzähler vor, als bewege er sich »auf einem Kahn auf der Fahrt und überquerte ein großes Wasser« (SG 203).

Mehr noch als *All'estero*, das ja lediglich von zwei Reisen erzählt, ist *Il ritorno in patria* in erster Linie als autobiographischer Text zu lesen. Das heißt aber – was von der Forschung gewöhnlich ausgeblendet wird –, dass es nicht genügt, den Ich-Erzähler als bloße Kunstfigur und den Text als selbstgenügsames fiktionales Gebilde aufzufassen, das beliebig zum Gegenstand der Interpretation gemacht werden kann, weil der Autor frei über die in ihm versammelten Elemente verfügt. Gerade weil der Ich-Erzähler nicht mit Sebald zu verwechseln ist, kann er als Medium für eine Selbstbefragung und Selbsterläuterung des Verfassers dienen (in gewisser Weise verhält sich dieser Ich-Erzähler zu Sebald wie »Dr. K.« zu Kafka). Der Hinweis auf Fiktionalität schützt hier nur vor der Einsicht, dass Autobiographie immer ›Maskenspiel‹ ist (de Man 1993). Dementsprechend versteht der unbefangene Leser die Ausführungen des Ich-Erzählers vor allem als *life writing* (vgl. Smith/Watson 2010, 4), als Resultat einer schwierigen und vielschichtigen Erinnerungsarbeit, die mit der Rückkehr in das Heimatdorf W. einsetzt, immer wieder reflektiert wird und erzähltechnisch in zahlreichen Analepsen ihren Niederschlag findet.

Auf der Rahmenebene bezieht der Ich-Erzähler nach seiner Ankunft inkognito in W. ein Zimmer im »Engelwirt, wo wir im ersten Stock mehrere Jahre hindurch zur Miete gewohnt hatten« (SG 212), begibt

sich von dort aus nach einigen Tagen auf verschiedene Exkursionen zu Orten der Kindheit, nimmt nach einer Weile Kontakt zu einem entfernten Verwandten namens Lukas Ambroser auf, mit dem er mehrfach Gespräche über die Vergangenheit führt und das »Seeloshaus« (238) mitsamt dessen sagenhaftem Dachboden besucht, und macht sich Anfang Dezember, nachdem er mit seinen »Aufzeichnungen an den Punkt gekommen« ist, »wo ich entweder immerfort weitermachen oder aber abbrechen mußte« (287), wieder auf den Rückweg nach England. In diesen immer wieder von Reflexionen durchsetzten Rahmen sind verschiedene Reminszenzen eingebettet: schon vor der Ankunft im Ort die Erinnerung an das »Zigeunerlager« (209) auf dem Weg zum Schwimmbad; dann an die Wochenschauen und die Theateraufführungen insbesondere der *Räuber* (vgl. 212 ff.); an die frühere Wohnzimmereinrichtung und die Besuche bei der alten »Engelwirtin, Regina Zobel« mit ihrer »Ansichtskartensammlung« (222); an die Schicksale verschiedener Verwandter u. a. m. Mit den Exkursionen in die Umgebung verknüpft sind Betrachtungen der verschiedene Häuser der Umgebung schmückenden Fresken des »Kunstmalers« (236) Josef Hengge (1890 bis 1970), die auch mit drei Abbildungen vertreten sind (vgl. 234 f.). Diese monumentalen Bilder, die für den Erzähler in der Kindheit etwas »äußerst Beunruhigendes« (234) hatten und durch die »Wiederbegegnung« nicht »weniger vernichtend« (238) geworden sind, stoßen die Überlegung an, »daß diese Henggebilder, abgesehen von denen in der Pfarrkirche, so ziemlich die einzigen Bilder gewesen sind, die ich bis zu meinem siebten oder achten Lebensjahr gesehen habe« (236).

Diese symptomatische Behauptung wird letztlich durch den Text selbst widerlegt, insofern nämlich kindliche Erfahrungen mit Bildern ein Leitmotiv von *Il ritorno in patria* darstellen: angefangen von den immer wieder studierten »Folianten« (SG 222) mit Ansichtskarten über den »alten Atlas« (249) mit seinen »wunderbar kolorierte[n] Karten« (252) bis hin zu dem ausführlich beschriebenen »Bild, auf dem der Selbstmord eines Liebespaars dargestellt war« (248) – einem Kafka-Zitat (s. Kap. 42) –, und dem ebenfalls ausführlich beschriebenen Öldruck mit der Unterschrift *Im Ardenner Wald*, »die für mich etwas weitaus Gefahrvolleres, Unbekannteres und Tieferes heraufbeschwor, als das Bild selbst wiederzugeben vermochte« (152). Wie sehr dieses Thema Sebalds eigenes Verfahren der Text-Bild-Montage sowie die Frage nach dem Status von Erinnerungsbildern als solchen betrifft, wird bereits gleich zu Anfang von *Il ritorno in patria* deutlich, wenn der Erzähler die verblassten Darstellungen der Kreuzwegstationen in der Krummenbacher Kapelle inspiziert und sich nicht erinnern kann, ob er diese Bilder in seiner Kindheit auf den Wanderungen mit seinem Großvater schon einmal gesehen hat: »Aber Kapellen wie die von Krummenbach gab es zahlreiche um W. herum, und vieles von dem, was ich damals in ihnen gesehen oder gespürt habe, wird in mir geblieben sein« (204). Im Kontrast dazu steht wiederum die Bemerkung: »Je mehr Bilder aus der Vergangenheit ich versammle, sagte ich, desto unwahrscheinlicher wird es mir, daß sich die Vergangenheit auf diese Weise sich abgespielt haben soll« (241).

Dies sind gleichsam die Voraussetzungen, unter denen sich die Kindheitserinnerungen im letzten Drittel von *Il ritorno in patria* beinahe zu einer geschlossenen Geschichte verdichten. Ihr Ausgangspunkt ist die auf dem Dachboden aufgefundene Schneiderpuppe in Jägeruniform, die zu dem Jäger überleitet, der als intradiegetische Figur namens Hans Schlag in die Kindheit des Ich-Erzählers hineingeschwindelt wird. Eines Abends im Winter beobachtet das kindliche Ich den Jäger draußen »in der offenen Tür des Holzschopfs« (SG 271) beim Geschlechtsverkehr mit der schönen, auch vom Kind angehimmelten Kellnerin Romana. Offenbar in einem Eifersuchtsanfall zerstört der Engelwirt in derselben Nacht die Einrichtung der Wirtsstube und am Tag darauf wird das Kind wiederum Zeuge, wie ein von Pferden gezogener Holzschlitten im Ort auftaucht, »auf dem unter einer weinroten Roßdecke offenbar ein Mensch lag« (280). Es ist der aus unerfindlicher Ursache zu Tode gestürzte Jäger Schlag, auf dessen kafkaeske Abkunft später noch durch die Zusatzinformation hingewiesen wird, »daß auf dem linken Oberarm des Toten, wie aus dem Obduktionsbericht hervorgeht, eine kleine Barke tätowiert war« (283). Die Kindheitserinnerung endet mit dem Bericht über die beim Kind wenige Tage danach ausgebrochene lebensgefährliche Diphteritis und die privaten Schulstunden des Rekonvaleszenten bei der geliebten Lehramtskandidatin Fräulein König. Dass das Kind nach diesen einschneidenden Erfahrungen ein anderes ist als vorher, wird mit dem diese Rückblende abschließenden Satz statuiert: »Auch war mir damals, als wüchse ich mit großer Geschwindigkeit und als sei es darum durchaus möglich, daß ich im Sommer bereits mit meiner Lehrerin vor den Traualtar würde treten können« (286).

Was dann noch folgt, ist der Bericht über die Rückreise des Ich-Erzählers nach England, die neben Ausfällen gegen das vom Zug aus besichtigte, »bis in den letzten Winkel aufgeräumte und begradigte deutsche Land« (SG 287), wiederum eine ganze Reihe intertextueller Referenzen ins Spiel bringt, deren schönste wohl ein nicht existierendes, aber auf ein Gedicht von Ingeborg Bachmann verweisendes Buch mit dem Titel *Das böhmische Meer* ist, das der Ich-Erzähler bei der Fahrt am Rhein entlang in den Händen einer schönen jungen Frau sieht. Im Gegenzug zu der utopischen Dimension, die das nicht auffindbare ›böhmische Meer‹ ins Spiel bringt (vgl. Schmucker 2012, 143), schließt der Text mit einem durch die Lektüre von Samuel Pepys' Tagebuch ausgelösten Traum vom Brand Londons, der die Form einer apokalyptischen Vision annimmt.

Form

Die interpretatorischen Aktivitäten der Forschungsliteratur zu *Schwindel. Gefühle* unterstellen dem Buch oft eine Einheit, die es nicht hat. Im Grunde ist dies bereits eine Folge der intertextuellen Vorgehensweise, deren entscheidender Effekt gerade darin besteht, dass sie einen vom Autor nicht kontrollierbaren Überschuss produziert. Dies gilt natürlich für alle Bücher Sebalds, trifft aber auf *Schwindel. Gefühle* in besonderer Weise zu – gerade weil ein so dichtes intratexuelles Geflecht erzeugt wird. Zwar lassen sich in diesem Buch rückblickend die grundlegenden Elemente erkennen, die die späteren Bücher aufweisen, aber insgesamt ist *Schwindel. Gefühle* sehr viel heterogener als diese – man könnte auch sagen: weniger glatt, weniger geglättet, weniger dogmatisch. Auch was die Themen und Motive betrifft, wird man diesem Buch nicht gerecht, wenn man es auf die späteren Bücher hin liest. Der Holocaust und der Zweite Weltkrieg etwa spielen in ihm nur eine untergeordnete Rolle, und auch die Stellung des Traumas ist eine andere, nämlich dezentralere. Entsprechend weniger einheitlich – weniger auf ein verlorenes Objekt bezogen – sind auch die von den Erzählungen vermittelten Stimmungen. In *Schwindel. Gefühle* präsentiert sich das poetologische Verfahren Sebalds – wenn man von einem solchen überhaupt sprechen kann – im (labilen) Zustand seiner größtmöglichen Freiheit. Entsprechend ist auch der ›Sebald-Ton‹ in *Schwindel. Gefühle* bis zu einem gewissen Grade noch im Werden begriffen. So ist der Anteil der hypotaktischen Konstruktionen weitaus geringer und derjenige der Lakonismen höher, desgleichen die Anzahl der sichtbaren (fühlbaren) Einsprengsel aus fremden Diskursen. Damit zusammenhängend sind auch die Anleihen an die Schreibweise Thomas Bernhards deutlicher – besonders in *Il ritorno in patria*, wo es aus thematischen Gründen naheliegt (vgl. etwa SG 236, 241 oder 247). Gerade der Umstand, dass sich die Heterogenität der Momente in *Schwindel. Gefühle* noch nicht vollends in der Homogenität der Erzählstimme aufgelöst hat (s. Kap. 22), macht die Unverwechselbarkeit von Sebalds Schreibweise deutlich.

Literatur

Anderson, Mark: Napoleon and the Ethics or Realism. Hebel, Höderlin, Büchner, Celan. In: *Journal of European Studies* 43/2 (2013), 395–412.

Atze, Marcel: Koinzidenz und Intertextualität. Der Einsatz von Primärtexten in W. G. Sebalds Erzählung *All'estero*. In: Franz Loquai (Hg.): *W. G. Sebald*. Eggingen 1997, 151–175.

Baxter, Jeanette: Surrealist Vertigo in *Schwindel. Gefühle*. In: Jeanne Baxter/Valerie Henitiuk/Ben Hutchinson (Hg.): *A Literature of Restitution. Critical Essays on W. G. Sebald*. Manchester 2013. 77–93.

de Man, Paul: Autobiographie als Maskenspiel. In: Paul de Man: *Die Ideologie des Ästhetischen*. Frankfurt a. M. 1993, S. 131–146.

Del Litto, Victor: *Album Stendhal. Iconographie*. Paris 1966.

Fuchs, Anne: *Die Schmerzensspuren der Geschichte. Zur Poetik der Erinnerung in W. G. Sebalds Prosa*. Köln/Weimar/Wien 2004.

Huchinson, Ben: »Umgekehrt wird man leicht selbst zum Verfolgten«: the Structure of Double-Bind in W. G. Sebald. In: *Revista de Filología Alemana* 14 (2006), 101–111.

Jakobs, Harald: *Irre Blicke. Intermedialität in W. G. Sebalds »Schwindel.Gefühle.«*. Aachen [Diss.] 2014.

Kafka, Franz: *Tagebücher*. Hg. von Hans-Gerd Koch, Michael Müller und Malcolm Pasley. Frankfurt a. M. 2002.

Kilbourn, Russell: Kafka, Nabokov... Sebald. Intertextuality and and Narratives of Redemption in *Vertigo* and *The Emigrants*. In: Scott Denham/Mark R. McCulloh (Hg.): *W. G. Sebald: History – Memory – Trauma*. Berlin/New York 2006, 33–63.

Klebes, Martin: Infinite Journey. From Kafka to Sebald. In: Jonathan J. Long/Anne Whitehead (Hg.): *W. G. Sebald. A Critical Companion*. Edinburgh 2004, 123–139.

Medin, Daniel L.: Simply Made Up? Franz Kafka in W. G. Sebald's *Dr. K's Badereise nach Riva*. In: Mark W. Rectanus (Hg.): *Über Gegenwartsliteratur. Interpretationen und Interventionen*. Bielefeld 2008, 245–259.

Niehaus, Michael: No Foothold. Institutions and Buildings in W. G. Sebalds Prose. In: Scott Denham/Mark R. McCulloh (Hg.): *W. G. Sebald: History – Memory – Trauma*. Berlin/New York 2006, 315–335.

Niehaus, Michael: Sebald's Scourges. In: Anne Fuchs/Jonathan Long (Hg.): *W. G. Sebald and the Writing of History*. Würzburg 2007, 45–57.

Öhlschläger, Claudia: *Beschädigtes Leben. Erzählte Risse. W. G. Sebalds poetische Ordnung des Unglücks*. Freiburg i. Br. 2006.

Öhlschläger, Claudia: »Cristallisation, c'est l'opération de l'esprit«. Stendhals Theorie der Liebe und ihre Bedeutung für W. G. Sebalds Poetik der Einbildung. In: *Paderborner Universitätsreden* Nr. 98, hg. von Peter Freese im Auftrag des Rektorats der Universität Paderborn. Paderborn 2005.

Prager, Brad: Sebald's Kafka. In: Scott Denham/Mark R. McCulloh (Hg.): *W. G. Sebald: History – Memory – Trauma*. Berlin/New York 2006, 105–125.

Schmucker, Peter: *Grenzübertretungen. Intertextualität im Werk von W. G. Sebald*. Berlin/Boston 2012.

Schütte, Uwe: *W. G. Sebald. Einführung in Leben und Werk*. Göttingen 2011.

Sebald, Winfried Georg: Berge oder das ... In: *manuskripte* 99 (1988a), 71–78.

Sebald, Winfried Georg: Verzehrt das letzte selbst die Erinnerung nicht? In: *manuskripte* 100 (1988b), 150–158.

Sill, Oliver: Aus dem Jäger ist ein Schmetterling geworden. Textbeziehungen zwischen Werken von W. G. Sebald, Franz Kafka und Vladimir Nabokov. In: *Poetica* 29 (1997), 596–623.

Sill, Oliver: *Der Kreis des Lesens. Eine Wanderung durch die europäische Moderne*. Bielefeld 2001.

Smith, Sidonie/Watson, Julia: *Reading Autobiography. A Guide for Interpreting Life Narratives*. Minneapolis ²2010.

Vogel-Klein, Ruth: Les traces de Kafka dans *Vertiges* de W. G. Sebald. In: Philippe Zard (Hg.): *Sillage de Kafka*. Paris 2007, 435–451.

Wagner-Egelhaaf, Martina (Hg.): *Auto(r)fiktion. Literarische Verfahren der Selbstkonstruktion*. Bielefeld 2013.

Zisselsberger, Markus: Melancholy Longings. Sebald, Benjamin, and the Image of Kafka. In: Lise Patt/Christel Dillbohner (Hg.): *Searching for Sebald. Photography after W. G. Sebald*. Los Angeles 2007, 280–301.

Zisselsberger, Markus: The Afterlife of Literature: Sebald, Blanchot, and Kafka's *Hunter Gracchus*. In: *Journal of the Kafka Society of America* 31–32 (2008–2009), 112–129.

Michael Niehaus

5 »Die Ausgewanderten«

Edition, Textgestalt

Verzehrt das Letzte selbst die Erinnerung nicht? Unter diesem Titel erschien 1988 in der Grazer Zeitschrift für Literatur *manuskripte* eine Erzählung Sebalds, die vier Jahre später in leicht abgewandelter Form unter dem Titel *Dr. Henry Selwyn* den Anfang seines zweiten Prosabuches *Die Ausgewanderten* bilden sollte. Aus der Erzählung *Paul Bereyter*, der zweiten des Buches, las der Autor 1990 – erfolglos – beim Ingeborg-Bachmann-Wettbewerb in Klagenfurt. Als *Die Ausgewanderten* dann 1992 in Hans Magnus Enzensbergers Reihe »Die Andere Bibliothek« im Eichborn Verlag mit dem antiquiert wirkenden Untertitel »Vier lange Erzählungen. Mit vielen Abbildungen« erschien, konnte der eingeweihte Leser feststellen, dass hier auch andere Texte wiederverwertet worden waren: So enthält die vierte und letzte Erzählung, *Max Aurach* (später *Max Ferber*), zum Teil wörtliche Übernahmen aus dem dritten Teil von *Nach der Natur*, und das aus den 1980er Jahren stammende Gedicht *New Jersey Journey* (Ged 60) ist in der Erzählung *Ambros Adelwarth* aufgegangen – was sich allerdings erst durch die postume Ausgabe der älteren Gedichte aus dem Nachlass erschließt. Jedenfalls ist auch hier das für Sebald typische Verfahren des Recycling nicht allein von Motiven, sondern von ganzen Textabschnitten erkennbar.

Fanden *Die Ausgewanderten* schon in der deutschen Ausgabe durchaus Anklang – bereits 1993 konnte das Buch als »Erfolgsausgabe« neu aufgelegt werden –, so etablierten sie ihren Autor insbesondere in den USA gewissermaßen über Nacht als modernen Klassiker, nachdem sie in der Übersetzung von Michael Hulse, an der auch der Autor selbst mitgewirkt hatte, 1996 unter dem Titel *The Emigrants* auf Englisch erschienen waren.

Die vier Erzählungen, die den Band *Die Ausgewanderten* ausmachen, sind auf den ersten Blick durch die im Titel genannte biographische Analogie aufeinander bezogen. Doch darüber hinaus sind sie durch ein dichtes Netz von Motiven und intertextuellen Verweisen zu einem Kunstwerk verknüpft, auf das die Bezeichnung ›Erzählband‹ nicht passt – vielmehr inauguriert Sebald hier eine ganz eigene neue Gattung (wie es Walter Benjamin von Proust sagte; Wood/Self/Sinclair/Macfarlane 2013). Alle vier Erzählungen tragen den Namen des jeweiligen Protagonisten im Titel: In allen vier Fällen handelt es sich um Männer, die zu unterschiedlichen Zeitpunkten gezwungen waren, ih-re Heimat zu verlassen, wenn nicht körperlich, so doch, wie in der zweiten Erzählung, mental. In drei Fällen handelt es sich um Verstorbene, sodass die Texte den Charakter von Nachrufen erhalten. Dieser Eindruck wird durch einen weiteren Paratext noch verstärkt: Dem als Titel fungierenden Namen wird ein Motto beigegeben, das wie eine Grabschrift wirkt. Die darauf folgenden Erzählungen sind Rekonstruktionen, die ein anonymer Erzähler aufgrund von Fundstücken, Tagebüchern, Unterhaltungen mit Zeugen und Ortsbegehungen vornimmt.

Inhalt

Die erste Erzählung, *Dr. Henry Selwyn*, beginnt mit der Suche des Erzählers nach einer Wohnung in seiner neuen Heimat in Norfolk zu Beginn der 1970er Jahre. Dabei macht er Bekanntschaft mit der Titelfigur, einem Sonderling, der meist nicht sein großes Landhaus, sondern ein turmartiges Gartenhäuschen auf dem verwahrlosten weitläufigen Anwesen bewohnt, das eigentlich seiner sehr viel geschäftstüchtigeren Frau gehört. Die Eheleute haben sich offenbar voneinander entfremdet. Selwyns Frau tritt in der Erzählung nur einmal kurz in Erscheinung, und zwar wenn sie die Lebensführung des Erzählers mit einem »vernichtende[n] Urteilsspruch« (Agw 17) auf die gleiche Ebene stellt wie die ihres Ehemanns. Im Verlauf eines längeren Gesprächs erfährt der Erzähler, dass Selwyn als Hersch Seweryn in Litauen zur Welt kam und um 1900 als Kind mit seinen Eltern in die USA auswandern wollte, jedoch in England strandete. Dort lernte er sehr bald Englisch, wechselte seinen jüdischen Namen gegen einen englischer klingenden und machte Karriere als Arzt – ein auf den ersten Blick gelungener Fall von Assimilation. Während des Ersten Weltkriegs lernte Selwyn in der Schweiz nicht nur seine spätere Frau kennen, sondern auch den Bergführer Johannes Naegeli. Als dieser aber in eine Gletscherspalte fiel und als vermisst aufgegeben wurde, stürzte Selwyn in eine tiefe Depression, da Naegeli sein einziger wirklicher Vertrauter gewesen war, wie er dem Erzähler gesteht. Einige Zeit später erfährt dieser, der inzwischen in eine neue Wohnung umgezogen ist, dass Selwyn Selbstmord begangen hat. In einem Nachtrag berichtet der Erzähler, wie er bei einer Zugreise in der Schweiz auf einen Zeitungsartikel stieß, in dem es um die Entdeckung der stofflichen Überreste Johannes Naegelis ging. Die Schlusssätze wenden das Motiv der Erinnerung ins Materielle: »So also kehren sie wieder, die Toten. Manchmal nach mehr als sieben Jahrzehnten kommen sie heraus aus dem Eis und liegen am Rand der Moräne, ein Häufchen geschliffener Knochen und ein Paar genagelter Schuhe« (36 f.).

Am Anfang der Erzählung *Paul Bereyter* erfährt der Erzähler vom Selbstmord seines ehemaligen Grundschullehrers in der Kleinstadt S. Der knappe Hinweis in der Todesanzeige, »das Dritte Reich habe [Paul Bereyter] an der Ausübung seines Lehrerberufs gehindert« (Agw 42), veranlasst den Erzähler dazu, Nachforschungen über Bereyter und seine ihm bis dahin unbekannte Vorgeschichte anzustellen. Den ersten Teil dieser Rekonstruktionsarbeit bilden die eigenen Erinnerungen des Erzählers, aus denen Bereyter als geborener, wenn auch unkonventioneller Lehrer hervorgeht, der seinen Schülern den von ihm selbst ausgesuchten Stoff auf möglichst anschauliche Weise beibrachte und dabei aus seiner Abneigung gegen die orthodoxen Lehrmethoden und die Scheinheiligkeit des Religionsunterrichts keinen Hehl machte. Doch hinter seinem oberflächlichen Frohsinn verbarg sich eine tiefe Trauer, die dem Erzähler zunächst unerklärlich bleibt, bis er Bereyters französische Freundin Lucy Landau aufsucht. Es stellt sich heraus, dass Bereyter in den 1930er Jahren in Frankreich tätig gewesen war, nachdem die deutschen Behörden ihm als Dreiviertelarier das Fortführen seiner Tätigkeit im Schuldienst untersagt hatten. Bedeutete die Suspendierung einen Bruch in seiner beruflichen Laufbahn, so zerschlugen sich auch seine persönlichen Vorstellungen von Glück, als die Verbindung zu Helen Hollaender, einer jüdischen Österreicherin, die er in S. kennengelernt hatte, infolge der politischen Umwälzungen abbrach und Helen selbst vermutlich umgebracht wurde. In den darauffolgenden Jahren verstarben Bereyters Eltern – als Eigentümer eines Emporiums einst wohlhabende Leute – unter dem Eindruck des antisemitischen Klimas, das auch in der Kleinstadt S. damals vorherrschte. Bereyter selbst aber wurde trotz seiner Abstammung in die Wehrmacht eingezogen und trat nach dem Krieg wieder in den Schuldienst ein, wo ihn auch der Erzähler kennenlernte. Gegen Ende seines Lebens erblindete Bereyter allmählich und begann, Zeugenberichte von Selbstmorden zu sammeln. Er wohnte mit seiner Freundin Lucy Landau in Yverdon, hielt aber eine Wohnung im »miserablen Nest« (75) S., das er regelmäßig noch besuchte, bis er sich eines Tages auf die Eisenbahngleise legte. Der Vorwurf einer Tante gegenüber dem eisenbahnbegeisterten jungen Bereyter, »er werde noch einmal bei der Eisenbahn enden« (91), wird hier auf makabre Weise bestätigt.

In *Ambros Adelwarth* bringt der Erzähler seinen Großonkel auf die Bühne, der als erster seiner Verwandten aus Deutschland ausgewandert ist. Adelwarth hatte einen Großteil seines Lebens in den USA verbracht und war dort unter unklaren Umständen gestorben, was in der Familie aber kaum thematisiert wurde. Der Erzähler sucht deshalb seine verbleibenden amerikanischen Verwandten in New Jersey auf, in der Hoffnung, den Lebenslauf seines Großonkels rekonstruieren zu können. Aus den Erzählungen seiner Tante Fini und seines Onkels Kasimir erfährt er, dass Ambros Adelwarth zunächst als Gehilfe in einem Hotel in Montreux arbeitete, dann im Londoner Hotel Savoy und anschließend als Butler eines japanischen Legationsrats in der Nähe von Kyoto. Schließlich wurde er Butler und Lebensgefährte von Cosmo Solomon, dem Erben einer reichen New Yorker Bankiersfamilie. Gemeinsam reisten die beiden durch Europa, wo sie zunächst die meiste Zeit in Casinos verbrachten, bevor sie eine Reise nach Jerusalem unternahmen, über die die Verwandten aber nichts weiter zu berichten wissen. Cosmo verstarb in der Zwischenkriegszeit in einer Nervenheilanstalt in Ithaca, Ambros führte danach weiter den Haushalt der Solomons. Schließlich aber, so erzählt die Tante noch, habe er sich selbst in die Nervenanstalt eingewiesen, in der auch Cosmo gewesen war, und sei dort gestorben. Der Erzähler begibt sich daraufhin zu dieser inzwischen aufgegebenen, ›Samaria‹ genannten Anstalt, wo er von Dr. Abramsky, der die nunmehr leeren und verfallenden Anstaltsgebäude alleine bewohnt, erfährt, dass sich Adelwarth freiwillig einer äußerst schmerzhaften Elektroschocktherapie unterzogen hatte, an deren Folgen er letztendlich starb. Abramsky mutmaßt, dass Adelwarth sich von dieser Therapie »eine[] möglichst gründliche[] und unwiderrufliche[] Auslöschung seines Denk- und Erinnerungsvermögens« (Agw 167) erhoffte. Hier bricht der Bericht vom Amerika-Aufenthalt des Erzählers ab. Die nächste Station seiner Spurensuche ist Deauville, wo Cosmo Solomon und Ambros Adelwarth das Casino besuchten. In der Nachsaison vermittelt die Stadt einen trostlosen, heruntergekommenen Eindruck. In dieser unwirklichen Atmosphäre steigern sich die Imaginationen des Erzählers zu Halluzinationen und Wachträumen, in denen ihm Cosmo und Ambros erscheinen. Der Text schließt mit einer ausführlichen Nacherzählung von Adelwarths Tagebuch des Jahres 1913, das der Erzähler von seiner Tante bekommen hatte und dessen zunächst unleserlicher Inhalt sich ihm auf einmal erschließt. Ambros berichtet darin von der Reise, die ihn und Cosmo, ausgehend von Mailand, bis nach Jerusalem führte. Es enthält umfangreiche, detaillierte Schilderungen der von ihnen besuchten Städte Istanbul und Jerusalem, wobei Tod und Zerfall das Leitmotiv bilden. Der letzte Eintrag enthält eine Reflexion zur Erinnerung, die, wie Ambros schreibt, »eine Art von Dummheit« sei und »einen schweren, schwindligen Kopf« mache (215).

Die letzte und längste Erzählung, *Max Aurach* (erst in den neueren Ausgaben in *Max Ferber* umbenannt, s. u.) stellt zunächst die Umsiedlung des Erzählers selbst im Jahre 1966 in den Vordergrund. Von Zürich aus fliegt er nach Manchester, um dort sein Studium fortzusetzen. Von Anfang an bietet die ehemalige englische Industriemetropole einen desolaten Anblick: »Tatsächlich konnte man glauben, die Stadt sei längst von ihren Bewohnern verlassen und nun mehr ein einziges Totenhaus oder Mausoleum« (Agw 223). Dieser Eindruck wird von dem drittklassigen Hotel Arosa, in dem der Erzähler sein Unterkommen sucht, noch verstärkt; allem Anschein nach ist es eine Art Stundenhotel, in dessen labyrinthischen Fluren und Zimmern spätabends Lärm von ansonsten unsichtbaren Handelsreisenden und ihren Gefährtinnen zu hören ist. Und auch bei seinen Streifzügen durch Manchester sieht der Erzähler nur karge Industriebrachen und Spuren einer längst vergangenen Wirtschaftsblüte. Bei einem solchen Spaziergang entdeckt er durch Zufall das Atelier eines Malers namens Max Aurach, dessen Bilder und Zeichnungen auf ihn einen nachhaltigen Eindruck machen. Aurach schildert dem Erzähler in der Folge Teile seiner Lebensgeschichte: Abgesehen von seinem Wehrdienst im Zweiten Weltkrieg hat er seit 1943 ununterbrochen in Manchester gelebt. In dieser Zeit unternahm er nur eine einzige längere Reise nach Colmar, um dort Grünewalds Isenheimer Altar zu studieren. Dessen Anblick löste einen Erinnerungsstrom aus, der ihn wieder an den Genfer See zurückversetzte, den er 1936 als Kind gemeinsam mit seinem Vater, einem Kunsthändler, besucht hatte. Daraufhin beschloss Aurach von Colmar aus dorthin zu fahren und, wie schon als Kind, den Grammont zu besteigen, wobei er sich beinahe in den Tod gestürzt hätte, wenn ihm nicht plötzlich ein merkwürdiger Mensch mit einem Schmetterlingsnetz erschienen wäre. Diese Begegnung beendet den Strom der Erinnerungen und lässt Aurach mit bizarren Träumen zurück, in denen er der Königin Victoria begegnet sowie einem Mann namens Frohmann, der einst ein Modell des Tempels von Jerusalem angefertigt hatte. An dieser Stelle macht der Text einen

Zeitsprung, der mit dem Wegzug des Erzählers aus Manchester, seinen gescheiterten Versuchen in der Schweiz oder Deutschland einen Beruf auszuüben und seiner neuen Laufbahn in Norfolk zusammenhängt. Erst 1989 erfährt er durch einen Zeitschriftartikel, dass Aurach als Fünfzehnjähriger von seinen Eltern nach England geschickt worden war, woraufhin er beschließt, den Maler erneut aufzusuchen. Dieser erzählt ihm dann von seiner Kindheit in den dreißiger Jahren, als das NS-Regime das Alltagsleben der Familie Aurach zunehmend unmöglich machte, weshalb ihn seine Eltern 1939 nach London geschickt hatten, wo sich sein Onkel Leo bereits niedergelassen hatte. Dort besuchte er zunächst eine von einem englischen Exzentriker geleitete Schule in Margate, deren Regime »ein weitgehend unreglementiertes, in manchem ans Karnevalistische grenzendes war« (283). 1941 erreichte ihn die Nachricht vom Tod seiner Eltern. Kurze Zeit später zog er dann nach Manchester. Hatte er sich von diesem Umzug zunächst noch einen Neuanfang erhofft, so zeigte sich schon bald, dass ihn die Einwandererstadt immer wieder an sein altes Leben erinnerte. Aurach beschließt seine Ausführungen damit, dass er dem Erzähler die Aufzeichnungen übergibt, die seine Mutter, Luisa Lanzberg, zwischen 1939 und 1941 angefertigt hatte. Diese Aufzeichnungen referiert der Erzähler nun seinerseits ausführlich: Es handelt sich um Erinnerungen an die Kindheit der Luisa Lanzberg im bayerischen Dorf Steinach und ihre Jugend im benachbarten Bad Kissingen. Geschildert wird das geradezu idyllische Bild von einer vollkommen assimilierten jüdischen Familie in Deutschland, die gleichermaßen deutsche wie jüdische Bräuche und Feste pflegt. Die Aufzeichnungen schließen mit den beiden Verlobungen Luisas, zunächst mit dem Hornisten Fritz Waldhof, der 1913 an einem Gehirnschlag stirbt, dann mit dem Kunsthändler Fritz Aurach, mit dem sie nach München zieht. Luisa Lanzbergs Tagebuch veranlasst den Erzähler, selbst Bad Kissingen und Steinach zu besuchen. Nur mit einiger Mühe gelingt es ihm, den jüdischen Friedhof von Bad Kissingen zu betreten und dort die Grabstätte der Familie Aurach ausfindig zu machen. Er beschließt seinen Aufenthalt jedoch mit einem Besuch der Kissinger Saline, die ihm als Metapher für die Arbeit des Künstlers erscheint. Nach seiner Rückkehr nach England versucht er letztendlich, Aurachs Lebensgeschichte niederzuschreiben, bringt aber nur »missratenes Stückwerk« zustande. Trotzdem will er es Aurach vorlegen. Inzwischen ist dieser aber mit einem Lungenemphysem ins Krankenhaus eingeliefert worden und kann kaum noch sprechen. Er deutet die Möglichkeit des Selbstmords an. Der Erzähler kehrt zurück in das Midland Hotel, dessen Einrichtung ihn an eine »polnische[] Stadt« (350) erinnert und seine Gedanken auf eine Ausstellung über das Ghetto Litzmannstadt bringt. Die Beschreibung einiger im Rahmen dieser Ausstellung gezeigten Photographien bildet gleichsam den Epilog zu *Max Aurach* – der Erzähler sieht auf einem Bild drei jüdische Mädchen, die im Ghetto an einem Teppich knüpfen und die er zu identifizieren versucht: Vielleicht handelt es sich um »Roza, Lusia und Lea«, vielleicht aber auch um »Nona, Decuma und Morta, die Töchter der Nacht, mit Spindel und Faden und Schere« (355).

Thematik und innere Logik

Sebald selbst hat das Motiv der »Alters-Depression und des Alters-Selbstmords« als vorrangiges Thema bezeichnet, das er aus den Büchern Jean Amérys, Primo Levis oder Bruno Bettelheims kannte (Ges 106). Von den vier im Buch vorgestellten Protagonisten begehen tatsächlich zwei in fortgeschrittenem Alter Selbstmord, einer unterzieht sich einer qualvollen, ebenfalls zum Tod führenden Therapie, der letzte hat zumindest einen Selbstmordversuch hinter sich. In allen Fällen sind unerträgliche und mit fortschreitendem Alter stärker werdende Erinnerungen die Ursache. Die sozusagen zeitversetzte Reaktion auf ein Geschehnis in einem viel früheren Lebensabschnitt liegt zum Teil in dessen traumatischer Struktur begründet: Es handelt sich um Ereignisse von solcher Intensität, dass sie sich in die Lebensgeschichte nicht eingliedern lassen und sich deshalb immer wieder unversehens aufdrängen (s. Kap. 35). So sind sie das Negativbild zu Prousts *mémoire involontaire*: Die Erinnerung ist kein Glücksfall, sondern eine Qual. Das könnte eine der Bedeutungen des vieldeutigen Mottos von *Dr. Henry Selwyn* sein, das auch als Motto des ganzen Bandes betrachtet werden kann: »Zerstöret das Letzte / die Erinnerung nicht« (Agw 5). Es lässt sich nicht nur als Aufruf wider das Vergessen, sondern auch als verzweifelte Frage lesen (siehe zur Mehrdeutigkeit des Mottos Ceuppens 2010). Das leicht abgeänderte Zitat aus Hölderlins *Elegie* von 1800 (dort heißt es: »Verzehret das Lezte / selbst die Erinnerung nicht«, in dieser Form der Titel der ersten Fassung von Sebalds Erzählung) bekommt in der englischen, von Sebald selbst mitgestalteten Übersetzung – »And the last remnants / memory destroys« – aber eine etwas andere Pointe: Das Hilfsmittel, das die Bewahrung des Verschwundenen gewährleisten sollte, hilft bei dessen endgültiger Beseitigung, ein Gedanke, den auch Henri Beyle in *Schwindel. Gefühle* bereits formulierte, dem aber hier eine merkwürdige Doppelbödigkeit zukommt. Erinnerung wird zur Krankheit, oder wie es Ambros Adelwarth in seinem Tagebuch formuliert: »eine Art von Dummheit. Sie macht einen schweren, schwindligen Kopf, als blicke man nicht zurück durch die Fluchten der Zeit, sondern aus großer Höhe auf die Erde hinab von einem jener Türme, die sich im Himmel verlieren« (215). Diese Kombination aus Erinnerungslosigkeit und Erinnerungszwang hat das Leben der Titelfiguren ausgeleert: So ist Dr. Selwyn nur noch »a kind of ornamental hermit« (11), Paul Bereyter wirkt wie »ein künstlicher, aus Blech und anderen Metallteilen zusammengesetzter Mensch« (52). Ambros Adelwarth hat nach Aussage der Tante Fini als Privatperson gar nicht mehr existiert und bestand »nur mehr aus Korrektheit« (144) und Max Aurach lebt wie ein Einsiedler in seinem Atelier, inmitten von Staub, der ihm »so ziemlich das Liebste sei auf der Welt« (238). An den Gesten und Gewohnheiten dieser Ausgewanderten wird außerdem immer wieder das Altmodische, aus der Zeit Gefallene hervorgehoben: von Selwyns »längst aus dem Brauch gekommene[r] Verbindlichkeit« und Bereyters »ans Extravagante grenzenden Höflichkeit, bis zur Identfizierung Deutschlands als »zurückgebliebenes, zerstörtes, irgendwie extraterritoriales Land«, dessen Einwohner »Kleider aus den dreißiger Jahren oder noch ältere Moden« tragen (270).

Mögen die Symptome dieser traumatisierten Ausgewanderten sehr ähnlich sein, so sollte man sich doch davor hüten, sie als reine Fallbeispiele für eine bereits feststehende Diagnose zu betrachten. Wie Carol Jacobs zuerst gezeigt hat, hängt die diesem Buch inhärente, aber gleichzeitig dekonstruierte Logik, nach der die vier Erzählungen in vielfacher Weise miteinander verknüpft sind, auch mit dem Kern seiner Aussage zusammen: Es geht in ihm nämlich auch um die Gleichsetzung oder Einebnung von Biographien (Jacobs 2004). Das Buch *Die Ausgewanderten* schreibt sozusagen gegen die Neigung an, unterschiedliche Biographien auf einen Nenner zu bringen und Menschen klaren Kategorien zuzuordnen. Die grauenhaften Konsequenzen, die diese Neigung auf gesellschaftlicher oder politischer Ebene haben kann, werden dabei nicht explizit genannt, lassen sich aber durch die dunklen Bilder, beispielsweise in den Ortsbeschreibungen, erahnen.

Gedächtnisräume

Die Orte, an denen sich die Protagonisten aufhalten, sind kaum als neue Heimat zu bezeichnen: Als zu unwirtlich und in jedem Sinne unheimlich werden sie dargestellt. Wie das Innenleben der Ausgewanderten sind auch ihre Orte auffällig oft durch Leere und Verfall gekennzeichnet. Am greifbarsten ist das in der – schon in *Nach der Natur* auftauchenden – Beschreibung Manchesters in *Max Aurach*, wo die ehemalige Industriemetropole in eine Totenstadt verwandelt scheint, in der sich verödetes Brachland und aufgegebene Industriebauten abwechseln. Menschenverlassen sind aber auch das Anwesen Dr. Henry Selwyns, der vom Erzähler in *Ambros Adelwarth* besuchte Küstenstrich auf Long Island oder der Kurort Deauville in der Nachsaison. Die Leere steht oftmals im Kontrast zu einer einstigen Fülle, wie sie etwa in der Beschreibung der vielen Abenteuer Selwyns, des Emporiums von Paul Bereyters Eltern, der vielen von Luisa Lanzberg aufgezeichneten Feiern oder des Industriejerusalems Manchester aufscheint. Der Gegensatz von sichtbarer Leere und einstigem oder unsichtbarem Leben nimmt auch in der Gegenwart des Erzählers hier und da unheimliche Formen an: So beherbergt Henry Selwyns Haus hinter doppelten Wänden ein System von Fluren und Gängen, wo einst das Hauspersonal seine Aufgaben verrichtete; im Hotel Arosa verursachen die nur kurz dort verbleibenden und sonst so gut wie unsichtbaren Handelsreisenden spät abends plötzlichen Lärm; in Ithaka zernagen Mäuse langsam das ehemalige Sanatorium. In diesen Beschreibungen greifen die Texte Topoi der Schauerliteratur auf, was durch die häufige Verwendung der Begriffe »gespenstisch« und »Spuk« noch unterstrichen wird. Die Leere ist aber auch bestimmten, hier öfter auftauchenden ›transitorischen‹ Orten eigen: Das von Sand und Meer langsam wieder eroberte Hôtel des Roches in Deauville oder das Midland Hotel in Manchester sind solche Räume, in denen kein dauerhafter Aufenthalt denkbar ist und die den Erzähler selbst, zumindest gedanklich, an andere Orte befördern.

Zwischen all diesen gespenstischen Schauplätzen nimmt Deutschland einen besonderen Platz ein: Sieht Lucy Landau das »neue Deutschland«, in das sie Paul Bereyter begleitet, noch als das »Ende der Welt« (Agw 90) an, so kommt es Max Aurach wie ein »extraterritoriales Land« (270) vor, bevölkert von Menschen, die gänzlich aus der Zeit gefallen sind – und so nimmt sie auch der Erzähler wahr, als er mit dem Zug nach Bad Kissingen reist. Das moderne Deutschland wird hier zum auffällig blinden Fleck, über den sich nichts Sinnvolles sagen lässt.

Mehrdeutig hingegen ist eine Landschaft, die in allen vier Texten auftaucht: die Gegend des Genfer Sees. Sie ist das Ziel der einzigen Auslandsreise Max Aurachs, die Landschaft von Henry Selwyns glücklicher Zeit mit Johannes Naegeli, der Ort von Ambros Adelwarths erster Beschäftigung als Hotelangestellter (in einem Hotel in Montreux). Aufschlussreich ist die Szene in *Paul Bereyter*, in der der Protagonist gemeinsam mit seiner Gefährtin Lucy Landau den Montrond besteigt, um von dort aus den See zu überblicken. Landaus Kommentar gegenüber dem Erzähler legt die ganze Vieldeutigkeit dieses Motivs offen. Das Miniaturhafte der von oben betrachteten Landschaft und das Erhabene der dahinter aufragenden Berge bilden einen schwindelerregenden Gegensatz: »Diese Winzigkeiten einerseits und zum anderen das sanft sich auftürmende Massiv des Montblanc, die in der Ferne fast verschimmernden Glaciers de la Vanoise und das den halben Horizont einnehmende Alpenpanorama hätten ihr zum erstenmal in ihrem Leben ein Gefühl vermittelt für die widersprüchlichen Dimensionen unserer Sehnsucht« (Agw 67 f.). Diese Sehnsucht wird bei Max Aurach zur Todessehnsucht, wenn ihn die »unerreichbar in die Ferne gerückte Welt [...] mit solcher Macht [...] angezogen [habe]«, dass er befürchten musste, »sich in sie hineinstürzen zu müssen« (259). Der Gegensatz zwischen der von oben betrachteten Miniaturwelt und der überdimensionalen, erhabenen Bergwelt wird so zur Raummetapher für das Gegen- und Ineinander von kleinen, persönlichen Geschichten und großen, überpersönlichen Weltereignissen. Die Relativierung, die daraus entstehen könnte, wird aber keineswegs als Trost dargestellt. Angesichts der hier geschilderten Topographie ist vielmehr Sven Meyer beizupflichten, wenn er das Partizip im Titel *Die Ausgewanderten* als impliziten Hinweis auf Sebalds eigenen Essay zu Kafkas *Schloss* und damit als Zeichen dafür wertet, dass es sich hier um Menschen handelt, die nicht einfach aus ihrer Heimat, sondern aus dem Leben ausgewandert sind (vgl. Meyer 2002, 78).

Prätexte und Motive

Wie auch in seinen anderen Texten verbindet Sebald Tatsachenbericht und Fiktion, eigenes und fremdes Schreiben auf eine kaum noch zu entflechtende Art und Weise miteinander. So beruht die Figur Henry

Selwyn auf einem realen Vermieter Sebalds in Norwich, trägt aber ebenso Züge von Vladimir Nabokov, der in *Die Ausgewanderten* auch sonst eine wesentliche Rolle spielt. Die Person Paul Bereyter geht teils auf einen Grundschullehrer Sebalds zurück (Anderson 2007), teils auf Jean Améry, teils auf Ludwig Wittgenstein. Ambros Adelwarth ist nach Aussagen des Autors tatsächlich ein Verwandter von ihm gewesen. In die Figur Max Aurach schließlich sind die Biographien des deutsch-jüdischen Architekten Peter Jordan, Sebalds erstem Hauswirt in Manchester, sowie des Malers Frank Auerbach, der als Kind von seinen Eltern von Deutschland nach England geschickt wurde, eingeflossen (vgl. bzgl. der Vorlagen Honickel 2007; Schütte 2012). Mit einer gerichtlichen Verfügung erwirkte letzterer die Änderung des allzu offensichtlichen Namens der Titelfigur in Max Ferber ebenso wie die Tilgung zweier Bilder, die direkt mit ihm in Verbindung gebracht werden konnten. Diese Änderungen betrafen zunächst nur die englische Übersetzung, wurden aber später auch in den deutschen Neuauflagen vorgenommen. Auch wenn Sebald hier im Grunde nur allgemein zugängliche Informationen aus einer Monographie zu Auerbach entnommen hatte (Hughes 1990), zeigt sich in diesem Fall doch das ethische Risiko, das mit der Vermischung von Fakt und Fiktion einhergeht. Es lässt sich auch als eine Vereinnahmung anderer Leben sehen. Gerade in der Erzählung *Max Aurach* bekommt dieses Risiko aber noch eine zusätzliche Spitze: Indem Sebald seinen eigenen Rufnamen verwendet – er wurde von Freunden Max genannt –, verstärkt er die ohnehin naheliegende Vorstellung, dass er sich selbst ebenfalls als Ausgewanderten betrachtet, genau wie sein Erzähler, der aufgrund der biographischen Fakten, die er preisgibt, als unheimlicher Doppelgänger des realen Autors erscheint. Da Sebalds eigene ›Auswanderung‹ wohl kaum als Exilierung zu bezeichnen ist, könnte die so gelesene implizite Gleichsetzung als Anmaßung betrachtet werden. Doch deutet die narrative Struktur in eine andere Richtung: Der Erzähler ist der Zeuge, der für die Zeugen zeugt, den Ausgewanderten eine Stimme verleiht, ohne ihnen aber seine aufzuoktroyieren. So zitiert er sie in langen Abschnitten in direkter oder indirekter Rede, oftmals auch in der Fremdsprache, die sie üblicherweise verwenden. Überhaupt sind in den deutschen Text viele Zitate auf Englisch, Französisch, Italienisch eingestreut, ohne dass sie durch Anführungszeichen oder andere graphische Mittel markiert würden – ein weiteres Indiz für die angestrebte Mehrsprachigkeit.

Die Übernahmen realer Lebensgeschichten sind somit nichts anderes als eine weitere Form der Intertextualität, die Sebald hier in allen möglichen Spielarten anwendet: Als explizites Zitat ebenso wie als versteckte Anspielung. Das in *Max Aurach* ausführlich zitierte Tagebuch von Luisa Lanzberg beispielsweise ist ein nur leicht abgeändertes durchgängiges Zitat aus dem realen Tagebuch einer Tante von Peter Jordan (vgl. Gasseleder 2005, 161–175). Unter den vielen literarischen Prätexten sind solche von Johann Peter Hebel (vor allem dessen Kalendergeschichte *Unverhofftes Wiedersehen*), François-René de Chateaubriand, Walter Benjamin, Ludwig Wittgenstein, Paul Celan und Peter Weiss; auch Hölderlin (s. o.) und vor allem Kafka (s. u.) tauchen hier wie in nahezu allen anderen Texten Sebalds auf. Die zentrale Referenz aber, die in allen vier Erzählungen in irgendeiner Form auftaucht, ist Vladimir Nabokovs *Erinnerung, sprich*, und Nabokov selbst wird zur Figur innerhalb der erzählten Welt. In *Dr. Henry Selwyn* erinnert ein Dia – das Selwyn oder seinen Begleiter Edward Ellis mit einem Schmetterlingsnetz zeigt – den Erzähler an eine Aufnahme von Nabokov, die dann auch tatsächlich in den Text einmontiert ist (Agw 26 f.). In *Paul Bereyter* lernt der Protagonist seine spätere Lebensgefährtin Lucy Landau kennen, als er sie auf ihre Lektüre von Nabokovs Memoirenbuch anspricht (65). Ambros Adelwarth, der als junger Mann in einem Hotel in Montreux – dem letzten Domizil Nabokovs – gearbeitet hatte, beobachtet bei seinem Aufenthalt in der Nervenklinik in Ithaka in den 1950er Jahren mehrmals einen »butterfly man« (151, 170). Der Schmetterlingssammler Nabokov hat um die genannte Zeit tatsächlich in Ithaka an der Cornell-Universität gelehrt. Am prominentesten anwesend ist dieser jedoch in der Erzählung *Max Aurach*, wo er als anonymer Mann mit Schmetterlingsnetz urplötzlich in dem Moment auf dem Grammont auftaucht, als Aurach sich mit Selbstmordgedanken trägt (259), und wiederum, in einer wörtlichen Entlehnung aus *Erinnerung, sprich*, als kleiner Junge mit Schmetterlingsnetz in den Aufzeichnungen Luisa Lanzbergs (319 f.).

Die zentrale Rolle Nabokovs in einem Buch, das auch von Auswanderung oder Exil erzählt, dürfte als Kontrast gewertet werden: Als ein auf den ersten Blick ›glücklicher‹ Exilant, der seine schriftstellerische Laufbahn erfolgreich in einer anderen Sprache fortzusetzen wusste, ist er geradezu das Gegenteil von Sebalds in den Selbstmord getriebenen Ausgewanderten. Allerdings ist der Hinweis auf Nabokov in erster Linie einer auf dessen Schreiben: Die verschachtelte

Form von Nabokovs Texten zeigt, dass auch bei ihm kein direkter Zugang zur Vergangenheit zu haben ist – womit er in mancher Hinsicht also auch eine Folie für Sebalds Ästhetik der Erinnerung abgibt (vgl. Öhlschläger 2006, 40–42). Außerdem lässt sich zwischen der Nabokov-Figur in *Die Ausgewanderten* und Kafkas *Jäger Gracchus*, der in *Schwindel. Gefühle* eine ähnliche Leitmotivrolle spielt (s. Kap. 4), eine Verbindung herstellen, die wiederum auf das unglückliche Bewusstsein der Protagonisten zurückverweist. Kafka hatte seinen Jäger zum Schmetterling werden lassen, doch strich er den betreffenden Passus später, weil er wohl eine zu utopische Verklärung implizierte (Sill 1997). So ist es nicht verwunderlich, dass die *Gracchus*-Geschichte auch in *Die Ausgewanderten*, wenn auch an sehr versteckter Stelle, wörtlich zitiert wird (vgl. Agw 199).

Diese Referenz öffnet aber ein viel weiteres intertextuelles Feld, das diesem Buch zum metaphorischen Hintergrund und weiteren Leitmotiv wird: Die vier Ausgewanderten kommen an ihrem Exilort nicht zur Ruhe und entsprechen so dem Topos – oder Klischee – des ewigen Juden. Am handgreiflichsten ist das in der Adelwarth-Erzählung, wo die beiden Reisenden zwar tatsächlich Jerusalem erreichen, aber dort nur Verfall und Zerstörung sehen, und in einer ›Samaria‹ genannten psychiatrischen Einrichtung ums Leben kommen, die sich ausgerechnet in einem Ort namens Ithaca befindet. Dieser Schauplatz verweist zwar vordergründig wieder auf Nabokov, der dort längere Zeit gelebt hat, ruft aber andererseits unvermeidlich Odysseus in Erinnerung, für den er Heimat und Ort der Erfüllung war – was angesichts von Cosmos oder Adelwarths tristem Lebensende eine ironische Pointe schafft.

Doch auch in den Wanderungen Dr. Henry Selwyns auf den Hochebenen Kretas – an die er anhand einer Diavorstellung erinnert –, in Paul Bereyters Frage »weit von wo?«, die auf einen jüdischen Witz zurückgeht, und in der inneren Ruhelosigkeit Max Aurachs scheint die Figur des ewigen Juden auf. Der Hinweis auf Gustave Courbets Gemälde *Die Eiche des Vercingétorix* in *Max Aurach* lässt durchaus die Vermutung zu, dass auch Courbets bekanntes Selbstporträt *La rencontre* oder *Bonjour, Monsieur Courbet*, das selbst wiederum auf stereotypen Darstellungen des ewigen, wandernden Juden beruht, Sebald als Vorlage gedient hat. Dieses ›jüdische‹ Motiv des ewigen, ruhelosen Wanderns ohne Ankunft taucht auch in den vielen Anspielungen auf die Wanderung des Volkes Israel durch die Wüste auf, etwa in der Adel-

warth-Erzählung, wenn von den Zeltlagern der Einwanderer in der Bowery die Rede ist, oder in *Dr. Henry Selwyn*, wo die Hochebene von Lasithi den Protagonisten an eine Szene aus Werner Herzogs Kaspar-Hauser-Film erinnert, die eine Karawane in der Wüste zeigt (vgl. hierzu Jacobs 2004, 918 f.). Für Sebalds Protagonisten aber scheint kein gelobtes Land erreichbar.

Die fast beiläufige Erwähnung von Courbets Darstellung der Eiche – die aber durch die Schwarzweiß-Reproduktion im Buch (vgl. Agw 268) hervorgehoben wird – ist Teil eines weiteren motivischen Geflechts, das dieses Buch durchzieht: Bäume und Pflanzen spielen tatsächlich eine Rolle, die weit über die Anforderungen eines wie auch immer gedachten Realismus hinausgeht. So ist die Reproduktion der Eiche des Vercingétorix ein Echo des allerersten Bildes in diesem Band, das eine Eibe auf einem heruntergekommenen Rasenfriedhof zeigt. Die Beschreibung des selwynschen Gartens geht ausführlich auf die dort wuchernden Pflanzen ein, und in Ambros Adelwarths Tagebuch wird die Altstadt Istanbuls als grüne Oase beschrieben. »Wahre Grün-Orgien« erkennt Heiner Boehncke (Boehncke 2003, 49) in Sebalds Texten und sieht diese hoffnungsfrohe Farbe als Kontrast zum Schwarzweiß der Bilder. Doch auch das Grün der Bäume und Pflanzen ist in *Die Ausgewanderten* durchaus doppelbödig, denn wie das allererste Bild schon zeigt, geht es oft um die Begrünung von Friedhöfen oder aufgelassenen Anwesen; einerseits also um die Rückeroberung menschenverlassener Gegenden durch die Natur, andererseits vielleicht auch um die Möglichkeit der Regeneration. Wenn einer der ausgewanderten Verwandten des Erzählers in der Adelwarth-Erzählung also sagt, er habe Deutschland verlassen, weil man »auf keinen grünen Zweig gekommen« sei (Agw 117), dann ist die idiomatische Wendung durchaus auch wörtlich zu nehmen: Das Grün verliert sich im Schwarzweiß, das schon im ersten Photo des Bandes die Eibe ihrer natürlichen Farbe entkleidet.

Eine weitere Bedeutung des Baum-Motivs tritt zutage, wenn man seine metonymischen Assoziationen weiterverfolgt. Das Holz der Bäume wird zu »blütenstaubartige[m] Holzmehl« in den von Käfern zerfressenen Gebäuden des Sanatoriums in Ithaka (Agw 166); »aus Weidenholz gebrannte Stifte« dienen Max Aurach als Arbeitsmaterial. Verfall und Zerstörung werden somit zur Grundlage einer Transformation in ein Kunstwerk. Auch das Wort »Blätter« wird in einer Art und Weise verwendet, die seine beiden Bedeutungen aktiviert und die Verwandlung natürlichen Materials in Bücher impliziert. Kein Zufall ist es also, wenn Sebald in einem seiner späten Kurzgedichte schreibt, dass ihn das Schreibpapier an den Geruch von »Hobelspäne[n] im Sarg« erinnert (Unz 63). Die metonymische Reihe Baum – Holz – Holzkohle und Papier – Sarg und Friedhof könnte noch um eine weitere für *Die Ausgewanderten* naheliegende Assoziation ergänzt werden, nämlich um die des Verwurzelt- und Entwurzeltseins, die allerdings nicht so sehr im Text als vielmehr in den eingelassenen Bildern auftaucht.

Bildergebrauch

Das Bildmaterial für *Die Ausgewanderten* wurde, wie die Erstausgabe mitteilt, »vom Autor selbst zusammengestellt«; angefügt wird aber auch, dass Michael Brandon-Jones für »fotografische Arbeiten« verantwortlich war (Agw 358). Auffällig im Vergleich zu *Schwindel. Gefühle* ist, dass Photos hier viel stärker vertreten sind als andere Bildmaterialien. Ein Photo stellt als materielle Spur des Dagewesenseins seines Motivs fast zwangsläufig einen Wahrheitsanspruch, indem es das von den Figuren Behauptete beglaubigt und so die Zeugenrolle des Erzählers ergänzt – in Sebalds Worten: »Die Fotografie ist das wahre Dokument par excellence« (Ges 168). Außerdem handelt es sich in *Die Ausgewanderten* vorwiegend um private Aufnahmen, die Familienalben entnommen sein dürften, was den Authentizitätsanspruch des Textes noch verstärkt. Diese Photos sind allerdings gleichzeitig unter- und überdeterminiert, wie auch Sebald selbst in Anlehnung an Roland Barthes' *Die helle Kammer* (1980) bereits angegeben hat: »Man hat einen sehr realen Nukleus und um diesen Nukleus herum einen riesigen Hof von nichts. [...] Beim Schreiben erkennt man Möglichkeiten, von den Bildern erzählend auszugehen, in diese Bilder hineinzugehen, diese Bilder statt einer Textpassage zu subplantieren und so fort« (Ges 166). Damit werden die Bilder aber Ausgangspunkt für Fiktionalisierung und Allegorese. Zudem bedingen kleine Unstimmigkeiten zwischen Text und Bild, ungenaue Zu- und Beschreibungen bzw. das vollständige Fehlen von Bildunterschriften eine skeptische Lesehaltung: Wenn etwa der Name auf einem Grabstein anders geschrieben wird als im Text behauptet (vgl. Agw 335), wenn ein Bild keinen direkten Zusammenhang zum Erzählten aufweist (so beim allerersten Bild, vgl. Agw 7) oder wenn darauf nur graue und schwarze Flächen zu erkennen sind (vgl.

266). Dabei wird die Frage nach dem Unterschied zwischen legitimer Fiktionalisierung bzw. Rekontextualisierung und illegitimer Fälschung von Bildern vom Text selbst thematisiert, wenn ein Zeitungsphoto eingefügt wird, das offensichtlich eine von nationalsozialistischen Propagandainstanzen veranlasste Fälschung ist und auch explizit als solche entlarvt wird (275).

Wie Sebald selbst mit Bildmaterialien umgeht, lässt sich an der Meldung über den Fund von Johannes Naegelis Überresten in der Erzählung *Dr. Henry Selwyn* (Agw 37) zeigen. Der Zeitungsartikel wird nur teilweise abgebildet; auf dem grobkörnigen Photo, das darin eingelassen ist, sind gar nicht die im Text genannten »geschliffene[n] Knochen« oder »genagelte[n] Schuhe« (37) zu sehen. Die Rahmung des Artikels im Text ist aber keineswegs willkürlich. In der bereits erwähnten Erstfassung der Erzählung aus dem Jahre 1988 war der Ausschnitt nämlich sehr viel kleiner; in der Buchausgabe wird auch ein zum ursprünglichen Zeitungsartikel gehörender Kasten mit abgedruckt, in dem die Wörter ›Film‹, ›légendes‹ und ›imagination‹ auffallen (von Steinaecker 2007).

Ein letztes Merkmal der Bilder in den *Ausgewanderten* ging schon aus dem Beispiel von Courbets *Eiche* hervor: So, wie jenes Bild das allererste Photo des Bandes gleichsam wiederholt, bildet hier sehr oft ein Bild das Echo des anderen. Die »Folly«, in der sich Henry Selwyn meist aufhält (vgl. Agw 19), findet ihr Gegenstück im fast leeren japanischen Wasserhaus, in dem sich Ambros Adelwarth »wohler gefühlt [hat] als an jedem anderen Ort bis dahin« (115; Abb. 116). Die Bilder gehen also miteinander assoziative Verbindungen ein, die über den Rahmen des Erzählten hinausweisen und deren motivische Verknüpfungen fort-›schreiben‹.

Fakten, Fiktionen, Ethik und Kunst

Das vielleicht wichtigste und kontroverseste Photo in diesem Buch wird gar nicht abgebildet. Es handelt sich um eines der Dias aus der Sammlung von Wilhelm Genewein, dem Buchhalter des Ghettos Litzmannstadt/Łódź. Ein Kommentar zu diesem Bild schließt die Erzählung *Max Aurach* ab und bildet, auch optisch vom vorhergehenden Text abgesetzt, einen Epilog zu dem gesamten Buch. Dass das Bild nicht in den Text aufgenommen ist, ist erstaunlich, da es im Katalog der Ausstellung von Geneweins Bildern (vgl. Loewy/ Schönberner 1990) enthalten und somit leicht greifbar ist. Statt mit der Reproduktion öffnet dieser Textteil mit einer Ekphrasis. Das Photo zeigt drei jüdische Mädchen hinter einem Webrahmen. Der Erzähler versucht ihre Namen zu erraten und schreibt ihnen im allerletzten Satz des Buches neben den jüdischen Roza, Lusia und Lea auch die griechisch-mythologischen Nona, Decuma und Morta zu – womit er sie zu den Schicksalsgöttinnen macht, die auch die hier erzählte Geschichte gleichsam zu Ende bringen. Dieser allegorisierende Schlusspassus hat in der Sekundärliteratur zu kritischen Kommentaren Anlass gegeben. Cynthia Ozick, die das Buch ansonsten überaus positiv bespricht, erkennt darin das ›einzige schiefe Bild‹ (Ozick 1997, 196). Doch kann Sebalds Verfahren überhaupt fragwürdig erscheinen: Eignet sich die Vermischung von Tatsachenbericht und Fiktion überhaupt für einen so beladenen Stoff wie die deutsch-jüdische Geschichte? Damit hängt auch die Frage zusammen, inwieweit man Sebald, wie es manche seiner amerikanischen Leser tun, als ›Holocaust‹-Autor einstufen darf. Tatsächlich wird immer wieder behauptet, *Die Ausgewanderten* handelten von vier jüdischen Schicksalen – was aber, wie oben erörtert wurde, nicht zutrifft: Ambros Adelwarth hat keine jüdischen Vorfahren, der ›Dreiviertelarier‹ Paul Bereyter nur einen jüdischen Großvater. Dr. Henry Selwyn ist zwar Jude, stammt aber nicht aus Deutschland und hat seine Heimat auch nicht aufgrund der NS-Verfolgung, sondern wohl eher wegen der antisemitischen Stimmung in Russland um 1900 verlassen. Die Vernichtung des europäischen Judentums wird in diesem Buch nur indirekt erwähnt, in einer Form, die Axel Dunker als »metonymischen Diskurs« bezeichnet (Dunker 2001). Immer wieder ist von Figuren, Objekten oder Orten die Rede, die an den Horror der Vernichtungslager erinnern, ohne dass diese jedoch selbst direkt genannt würden. Die Beschreibung Aileens, der Haushaltshilfe Henry Selwyns, deren Aussehen an eine Überlebende eines Lagers erinnert, die vielen Anspielungen auf die Eisenbahn in *Paul Bereyter*, die Beschreibung der verbrannten Erde Palästinas in Ambros Adelwarths Tagebuch, all das beschwört die ansonsten verschwiegene reale Geschichte der Shoah herauf. Das gilt auch für *Max Aurach*, die Erzählung, in der das Thema am direktesten angesprochen wird. Das Manchester Aurachs erinnert auf gespenstische Weise an Ghettos und Lager in Polen; der Maler selbst sagt, dass er in Manchester sei ›to serve under the chimney« (Agw 287). Über das Schicksal seiner Eltern erfährt der Erzähler aber durch einen Zeitschriftenartikel nur, dass sie in der Gegend von Riga ermordet worden seien. Das eigentliche Grauen wird also vom Text ausgespart.

Wenn die als Halluzination beschriebene Schlussepisode dieses Grauen dann doch zur Darstellung zu bringen scheint, wird es umgehend allegorisiert. Diese Möglichkeit wird schon einige Seiten vorher angedeutet, als der Erzähler im Anschluss an seinen Bericht über Bad Kissingen auch seinen Besuch in der dortigen Saline beschreibt. Der Prozess der Gradierung wird zur Metapher für den künstlerischen Schaffensprozess. Die dabei entstehenden Kristallisationsformen sind »Nachahmungen gewissermaßen und Aufhebungen der Natur« (Agw 344). Thematisiert, aber auch problematisiert wird hier – in Anspielung auf Stendhals Metapher vom Salzburger Zweig in dessen Essay »De l'amour« – der Anspruch von Kunst, der Wirklichkeit, und sei sie noch so schrecklich, eine ästhetische Erfahrung abzugewinnen. So gesehen ist der auf Max Aurachs (oder Frank Auerbachs) Zeichnungen gemünzte Begriff der »Zerstörungsstudie« (269) durchaus als programmatisch für Sebalds eigene Praxis zu verstehen: Kunst ist ein Gestaltungsprozess, der das Dagewesene in eine ästhetische Form transformiert und es in dieser still stellt. Dabei entfernt Kunst sich immer weiter vom Gegenstand ihrer Darstellung. Doch gerade in dieser Dialektik des Tilgens, Durchstreichens und Überschreibens, wie sie die palimpsesthafte Arbeitsweise des Künstlers Aurach kennzeichnet, gewinnt der Schrecken seine Kontur – im Sinne eines unabschließbaren Prozesses der Konzentration und Schichtung, den man auch als Vorgang des »Höhergradierens[s]« (344) verstehen kann.

Ebenso heikel wie die Allegorisierung des Schreckens ist die Verwirrung von Tatsachenbericht und Fiktion in der Selbstinszenierung des Erzählers. Dessen Identität mit dem realen Autor wird durch viele kleine biographische Hinweise immer wieder simuliert, andererseits durch fiktionalisierende Zusätze aber auch immer wieder entkräftet. Der Autor ist tatsächlich in einem Ort mit Anfangsbuchstaben »W.« aufgewachsen, hatte tatsächlich Verwandte in den USA, hat tatsächlich in Manchester und Norfolk gearbeitet. Doch heißt seine Frau nicht Clara und sein Großonkel nicht Ambros, und sein erster Wohnort in Norfolk war nicht Hingham. Sebald setzt sich hier sozusagen seine eigene Maske auf. Der Erzähler will hier keine Schicksalsgemeinschaft mit seinen Titelfiguren konstruieren, sondern stellt sich als privilegierter Zeuge dar, den seine Gesprächspartner aufgrund der wahrgenommenen Ähnlichkeiten als Vertrauensperson betrachten. Die allzu leichte Identifikation mit ihnen verbietet er sich selbst, wie es programmatisch in der Erzählung *Paul Bereyter* heißt: »Solche Versuche der Vergegenwärtigung brachten mich jedoch, wie ich mir eingestehen mußte, dem Paul nicht näher, höchstens augenblicksweise, in gewissen Ausuferungen des Gefühls, wie sie mir unzulässig erscheinen und zu deren Vermeidung ich jetzt aufgeschrieben habe, was ich von Paul Bereyter weiß und im Verlauf meiner Erkundungen über ihn in Erfahrung bringen konnte« (Agw 44 f.).In diesem Sinne bilden *Die Ausgewanderten* eine unabgeschlossene und unabschließbare Reflexion an den Grenzen und über die Grenzen zwischen Dokumentation und Fiktion.

Literatur

Anderson, Mark M.: Fathers and Sons. W. G. Sebald. In: *Book Forum* (February/March 2007), 28–31.

Boehnke, Heiner: Clair obscur. W. G. Sebalds Bilder. In: *Text + Kritik* 158 (2003), 43–62.

Ceuppens, Jan: *Vorbildhafte Trauer. Die Rhetorik der Restitution in W. G. Sebalds ›Die Ausgewanderten‹*. Eggingen 2009.

Dunker, Axel: ›Phantomschmerzen‹, Metonymische Diskurse in W. G. Sebalds *Die Ausgewanderten*. In: Sascha Feuchert (Hg.): *Flucht und Vertreibung in der deutschen Literatur*. Frankfurt a. M. 2001, 299–316.

Fuchs, Anne: *Die Schmerzensspuren der Geschichte. Zur Poetik der Erinnerung in W. G. Sebalds Prosa*. Köln/Weimar/Wien 2004.

Gasseleder, Klaus: Erkundungen zum Prätext der Luisa-Lanzberg-Geschichte aus W. G. Sebalds *Die Ausgewanderten*. Ein Bericht. In: Marcel Atze/Franz Loquai (Hg.): *Sebald.Lektüren*. Eggingen 2005, 157–175.

Jacobs, Carol: What Does It Mean to Count? In: *MLN* 119/5 (Dezember 2004), 905–929.

Hughes, Robert: *Frank Auerbach*. London 1990.

Honickel, Thomas: *W. G. Sebald. Der Ausgewanderte. Ein Film von Thomas Honickel*. DVD, 2007.

Loewy, Hanno/Schoenberner, Gerhard (Hg.): *»Unser einziger Weg ist Arbeit«*. Wien 1990.

Meyer, Sven: Fragmente zu Mementos. Imaginierte Konjekturen bei W. G. Sebald. In: *Text + Kritik* 158 (2003), 75–81.

Öhlschläger, Claudia: *Beschädigtes Leben. Erzählte Risse. W. G. Sebalds poetische Ordnung des Unglücks*. Freiburg i. Br./Berlin/Wien 2006.

Ozick, Cynthia: Das Sublime, posthum. ›Die Ausgewanderten‹ von W. G. Sebald. In: Franz Loquai (Hg.): *W. G. Sebald*. Eggingen 1997, 183–197.

Sill, Oliver: »... aus dem Jäger ist ein Schmetterling geworden.« Textbeziehungen zwischen Werken von W. G. Sebald, Franz Kafka und Vladimir Nabokov. In: *Poetica* 29 3/4 (1997), 596–623.

von Steinaecker, Thomas: *Literarische Foto-Texte. Zur Funktion der Fotografien in den Texten Rolf Dieter Brinkmanns, Alexander Kluges und W. G. Sebalds*. Bielefeld 2007.

Wood, James/Self, Will/Sinclair, Iain/Macfarlane, Robert: Reveries of a Solitary Walker. In: *The Guardian* vom 20.4.2013.

Jan Ceuppens

6 »Die Ringe des Saturn«

Entstehung

Sebalds 1995 erschienenes, als Reisebericht angelegtes Prosawerk *Die Ringe des Saturn* gehört neben *Austerlitz* zu den in der Forschung besonders intensiv rezipierten Texten des Autors. Die umfangreiche Forschungsliteratur hat sich mit diesem Text Sebalds unter Aspekten wie Wandern (Fußreise), Landschaft und Natur, Melancholie, Zivilisationskritik, Zerstörung, Intermedialität, Baugeschichte, Erinnerung, Ordnung und Entropie, Erosion und Sedimentation auseinandergesetzt.

Der Ich-Erzähler scheint wegen eindeutiger biographischer Referenzen mit dem Autor identisch zu sein: So nennt er den in Nürnberg begrabenen Heiligen Sebaldus seinen »Namenspatron« (RS 106 f.), nimmt im Kapitel über den Freund Michael Hamburger explizit auf seinen Lebenslauf Bezug, der mit dem Sebalds übereinstimmt (218), und präsentiert sich auf einem Photo als Sebald, der sich an eine libanesische Zeder angelehnt zeigt (313). Andererseits taucht im letzten Kapitel X der Name Clara auf, ein Name, den in der Erzählung über Dr. Henry Selwyn aus den *Ausgewanderten* die Frau des dortigen Erzählers trägt.

Uwe Schütte weist darauf hin, dass die vom Erzähler beschriebene Wanderung durch die Grafschaft Suffolk sich nie zugetragen hat, auch wenn Sebald diesen Eindruck immer wieder gerne erweckte (Schütte 2011, 123). Vielmehr ist Sebald in mehreren Etappen zu Fuß gereist, die im Zeitraum zwischen Sommer 1992 und Frühjahr 1993 stattgefunden haben. Lowestoft und der Landsitz Somerleyton sind tatsächlich am Neujahrstag 1993 bzw. Ende Februar 1993 von Sebald besucht worden. Eine Publikation der Reiseeindrücke, die sich während der Wanderung durch East Anglia einstellten, war geplant, allerdings nicht in Gestalt eines Buches, sondern in Form von zehn Artikeln, die Sebald der *Frankfurter Allgemeinen Zeitung* anbieten wollte. Die Texte wurden während des Schreibprozesses jedoch immer umfangreicher, sodass schließlich ein Buch daraus entstand. Schon im Juli 1974 hatte der Autor im Reiseteil der Zeit unter dem Titel *Die hölzernen Engel von East Anglia: Eine individuelle Bummeltour durch Norfolk und Suffolk* »eine Art journalistischen Vorläufer« der *Ringe des Saturn* veröffentlicht, der in dem englischen Handbuch *Saturn's Moons* abgedruckt ist (Catling/Hibitt 2011, 318 ff.).

Melancholie

Retrospektiv beschreibt der Erzähler eine Fußwanderung, die er im August 1992 durch die menschenleere ostenglische Marsch- und Heidelandschaft der Grafschaft Suffolk unternahm. Diese Fußwanderung steht unter dem Eindruck und Einfluss der Melancholie: Von bestimmten »Krankheiten des Gemüts und des Körpers« ist die Rede, die sich »mit Vorliebe unter dem Zeichen des Hundssterns in uns festsetzen« (RS 11). So trägt der Text nicht zufällig den Planeten Saturn im Titel. Holger Steinmann verweist auf die verschiedenen Verbindungen zwischen dem Stern Sirius (*canis major α*), der als der hellste von der Erde aus beobachtbare im Sternbild des Großen Hundes (*canis major*) steht und höchst ambivalent interpretiert wurde: In der ägyptischen Tradition als Zeichen der Fruchtbarkeit, in der griechisch-römischen Überlieferung als Zeichen zerstörerischer Hitze, die in Melancholie-Konzeptionen der Antike und der Frühen Neuzeit eine prominente Rolle spielt (vgl. Steinmann 2006, 147; 150). Der Hund als Attribut des melancholischen Gelehrten, wie er auf Albrecht Dürers Stich *Melencolia I* zu sehen ist, lässt weiterhin eine assoziative Verbindung zwischen Hundsstern und Melancholie zu (149), ebenso das Motiv der Zerstörung, mit dem neben dem Hundsstern auch allegorische Darstellungen von Chronos-Saturn belegt sind (151). Die Bedeutung des melancholischen Diskurses für die *Ringe des Saturn* verbürgt nicht zuletzt der Umstand, dass Sebalds Reisebericht ursprünglich den Titel *Unter dem Hundsstern* tragen sollte (149).

Der Erzähler versucht durch die Wanderung der sich in ihm ausbreitenden »Leere« (RS 11) zu entkommen, begegnet aber doch immer wieder Orten der Einöde, Terrains der Zerstörung (Albes 2002) und wähnt sich, wie auf der ehemals für militärische Forschungszwecke genutzten Landzunge von Orfordness, »unter den Überresten unserer eigenen, in einer zukünftigen Katastrophe zugrundegegangenen Zivilisation« (RS 282). Die Wanderung selbst gleicht einer historischen Spurensuche, der Rekonstruktion vergangener Ereignisse und Geschehnisse, die von der entlegenen Gegend Suffolks ausgehend den ganzen Erdball überziehen und von Traumata, Schrecken und einer Naturgeschichte der Zerstörung geprägt sind. Der Ich-Erzähler beschließt genau ein Jahr nach dem Beginn seiner Reise die Niederschrift seiner Reiseeindrücke. Er befindet sich zu diesem Zeitpunkt im achten Stockwerk eines Krankenhauses »in einem Zustand nahezu gänzlicher Unbeweglichkeit« (12) und

teilt – ein intertextueller Verweis macht dies explizit – mit Kafkas Gregor Samsa den Eindruck, sich derart verwandelt zu sehen, dass alles um ihn herum fremd erscheint. Mehr als ein Jahr nach der Entlassung beginnt er seine Notizen »ins reine zu schreiben« (14). Die Parallelbewegung zwischen der Beschreibung der Wanderung des Erzählers und dem Prozess der Verschriftung dieser Wanderung führt dazu, dass nicht eindeutig gesagt werden kann, ob die Wanderung der Schriftproduktion vorausgeht, oder ob diese nicht erst eigentlich durch die Textproduktion entsteht (vgl. Albes 2002, 292).

Saturn ist als Planet der längsten Umlaufzeit auch ein Symbol der Zeit (Butzer/Jacob 2008). So gesellt sich zu der bipolaren Wirkung des melancholischen Zustands, der »schöne Freizügigkeit« (RS 11) und »lähmende[s] Grauen« (11) in sich vereint, das zuweilen quälende Bewusstsein von der Vergänglichkeit aller Dinge, die unwiederbringlich dem Verfall anheim gegeben sind. Der melancholische Zustand greift auch auf den Schreib- und Erzählduktus des Erzählers über, der von einer hohen Tonlage der Klage bestimmt ist. Der »schwerste Stein der Melancholie«, so heißt es, sei »die Angst [...] vor dem aussichtslosen Ende unserer Natur« (39). Der barocke Vanitas-Gedanke erfährt in den *Ringen des Saturn* jedoch einen modernen Zuschnitt durch seine Nähe zu der von Horkheimer und Adorno in ihrer *Dialektik der Aufklärung* formulierten Fortschrittskritik, der zufolge die technischen und zivilisatorischen Errungenschaften der Moderne Katastrophen und Schrecken, wie die Zerstörung der Natur, die Geschichte gewaltsamer, leidvoller Kolonisierung und Ausbeutung oder etwa europäische und außereuropäische Kriege mit ihren barbarischen Folgen nach sich gezogen haben (Mosbach 2006). So liest sich Sebalds Reisebericht als eine *historia calamitatum*, als eine Dokumentation vergehender und vergangener Zeit, der die »Schatten der Zerstörung« immer vorauseilen: »Es verläuft nämlich die Geschichte jedes einzelnen, die jedes Gemeinwesens und die der ganzen Welt nicht auf einem stets weiter und schöner sich aufschwingenden Bogen, sondern auf einer Bahn, die, nachdem der Meridian erreicht ist, hinunterführt in die Dunkelheit« (RS 35 f.). Verbrennung, so heißt es in Kapitel VII, sei der Antrieb für das Leben auf Erden, der allerdings das Erlöschen von Lebenssubstanz schon in sich trage: »Die ganze Menschheitszivilisation war von Anfang nichts als ein von Stunde zu Stunde intensiver werdendes Glosen, von dem niemand weiß, bis auf welchen Grad es zunehmen und wann es allmählich ersterben wird« (203). Und mit Verweis auf den frühneuzeitlichen Arzt, Naturphilosophen und Philologen Sir Thomas Browne wird bemerkt, dass in diesem »fortwährenden Prozeß des Fressens und des Gefressenwerdens« nichts Bestand habe (35). Sebalds Reisebericht kann dank seines diskursiven, Wissen rekonstruierenden und generierenden Zuschnitts gleichzeitig als ein poetischer Traktat über den »Ursprung [der] Macht und der aus ihr geborenen imperialistischen Mentalität« gelesen werden (156). Aber selbst die größten Anstrengungen, unsterbliche Macht zu erlangen, führen, wie uns der Erzähler durch ein Zitat der sterbenden chinesischen Kaiserinwitwe Tz'u-hsi wissen lässt, zu der Erkenntnis, dass »die Geschichte aus nichts bestehe als aus dem Unglück und den Anfechtungen, die über uns hereinbrechen, Welle um Welle wie über das Ufer des Meers, so daß wir, sagte sie, im Verlauf all unserer Erdentage auch nicht einen Augenblick erleben, der wirklich frei ist von Angst« (185). Der Untertitel der *Ringe des Saturn* »Eine englische Wallfahrt« führt neben der Wanderung die Wallfahrt als einen zweiten »Chronotopos« ein, der anders als »das Gehen im Zeichen der Melancholie [...] auf das Telos« der Erlösung hin ausgerichtet ist (Albes 285). Insofern aber die Fußwanderung des Erzählers immer wieder neu von depressiven Verstimmungen begleitet wird, findet eine Erlösung nicht statt.

Wandern als Schreib- und Denkbewegung

Die Ringe des Saturn unterteilen sich in zehn Kapitel, die mit römischen Ziffern gekennzeichnet sind. Will man ihre kompositorische Struktur beschreiben, so entspricht die gedanklich mäandernde Schreibbewegung, das gleichsam schwerelose Hinübergleiten von einem Thema zum nächsten der Wanderbewegung des Erzählers, der sich von einem Ort zum nächsten treiben lässt und die Impulse für seine Reflexionen aus Bildern, Zeitungsartikeln, Trümmern, Architekturen, Lektüren, Topographien, Traumbildern und Erzählungen erhält. Claudia Albes hat *Die Ringe des Saturn* im Sinne eines »narrativen Supplements« mit Spaziergänger-Texten von Jean-Jacques Rousseau, Robert Walser, Thomas Bernhard und Peter Handke verglichen, die ihrerseits von einer Logik der Iteration und einem Außerkraftsetzen der Unterscheidung von Original und Kopie gekennzeichnet sind (Albes 2002, 284). Auch wenn die Kapitel eine Fokussierung einzelner Thematiken und Ereignisse markieren, kennzeichnet *Die Ringe des Saturn* ein immer wieder durch

bestimmte Impulse neu in Gang gebrachter Erzählfluss, der durchgehend von einer sich netzwerkförmig ausbreitenden Spurensuche »in Schleifen und Windungen« (287) und einem Wissen rekonstruierenden und akkumulierenden Reflexionsprozess bestimmt ist. Man könne, so Sebald in einem Interview im Jahr 2001, und das sei »unter anderem eine der Ideen gewesen hinter der Strukturierung in den *Ringen des Saturn* – in konzentrischen Kreisen immer weiter nach außen gehen, und die äußeren Kreise determinieren immer die inneren« (Ges 259). Dieser Eindruck einer kreisförmig angelegten, zwischen historischen Makro- und individuellen Mikrostrukturen changierenden Erzähl- und Schreibordnung wird selbst von den in den Text eingelassenen Photographien, Buchillustrationen, Zeitungsausschnitten und anderen Abbildungen nicht gemindert, diese interagieren vielmehr mit dem Text »auf vielfältige Weise« (Albes 2002, 296). Oftmals sind diese Abbildungen von schlechter Qualität, sodass schon ihre materiellen Eigenschaften Vergänglichkeit ausstellen. Trotz eines konsequent durchgeführten zirkulären Kompositionsprinzips, das neben dem zentralen Motiv der Melancholie in anderen Büchern Sebalds präfiguriert ist, erweisen sich Konstruktionen von wiederkehrenden Ordnungen immer als mit Momenten der Störung und Unordnung verbunden (vgl. Gray 2010, 40).

Die Romanistikdozentin Janine Rosalind Dakyns steht als eine Art Double der allegorischen Gestalt des Engels auf Dürers berühmter Melancholie-Darstellung für diese Spannung aus Destruktion und Rekonstruktion von Zerstörtem ein: »Als ich gelegentlich zu ihr sagte, sie gleiche, zwischen ihren Papieren, dem bewegungslos unter den Werkzeugen der Zerstörung verharrenden Engel der Dürerschen Melancholie, da antwortete sie mir, daß die scheinbare Unordnung in ihren Dingen in Wahrheit so etwas wie eine vollendete oder doch der Vollendung zustrebende Ordnung darstelle« (RS 18 f.). Analog zur Akkumulation von Wissen, das sich auf Janine Rosalind Dakyns' Tisch in Form von gestapeltem Papier, in ihren Büchern oder in ihrem Kopf abgelagert hat, generiert auch die Niederschrift des Erzählers ein Netzwerk, das Verbindungen zwischen unterschiedlichsten Personen, historischen Persönlichkeiten, Schriftstellern, Philosophen, Wissenschaftlern, Künstlern sowie Vorkommnissen und historischen Ereignissen knüpft. Der Reisebericht liest sich so gesehen als ein enzyklopädisch angelegtes Archiv unseres kulturellen Gedächtnisses, dessen Gegenwartsbezug gleichsam aus der Wanderbewegung des Erzählers und seiner Wahrnehmung noch so

»obskure[r] Detail[s]« (16) motiviert wird. Zuweilen liest er sich auch als ein Konglomerat verschiedener Chroniken, werden doch ganze Lebensläufe von Künstlern, Wissenschaftlern, Schriftstellern eingeblendet, wie beispielsweise der des als Kind nach England exilierten Michael Hamburger, des Schriftstellers Edward FitzGerald und des Vicomte Chateaubriand. Die Biographien des britischen Diplomaten und irischen Freiheitskämpfers Roger Casement, der eine entscheidende Rolle bei der Aufklärung der Kongogräuel übernahm, und dem ihm 1890 im Kongo begegneten Schriftsteller Joseph Conrad (vgl. Fuchs 2004, 197), der 1857 als Sohn polnischer Eltern unter dem Namen Józef Teodor Nałęcz Konrad Korzeniowski geboren wurde, 1886 die britische Staatsbürgerschaft erhielt, als Schiffskapitän einer englischen Handelsgesellschaft an einer Expedition in den Kongo teilnahm und seine Erfahrungen in seinem Navigationstagebuch und der weltberühmten Erzählung *Heart of Darkness* (1899) verarbeitete, nehmen wiederum das gesamte Kapitel V ein. Anne Fuchs hat in einer erhellenden Analyse gezeigt, wie hier Sebalds »romantisierend[e] Geschichtsallegorese« insofern greift, als aus den historischen Quellen keineswegs die Conrad von Sebald unterstellte kolonialkritische Haltung oder gar die idealisierte Freundschaft zwischen Casement und Conrad abzulesen sei (Fuchs 2004, 199). Nicht die »quellenkritische Aufbereitung« stehe hier im Vordergrund, sondern eine »hagiografische Verklärung« (199), die dazu dient, »historisch vergessene Exzentriker« und Berühmtheiten für eine Ethik der Zerstörung in die Verantwortung zu nehmen. Die von Sebald aufgerufenen Figuren antworten »auf die Destruktivität der vom Menschen verursachten Geschichte« (99).

Sebalds größtenteils auf dokumentarischem Material basierende, narrativ ausgefaltete und fiktiv angereicherte Modelle von Geschichte, die individuelle Lebensläufe mit großen historischen Bewegungen und Einschnitten verbinden, konstituieren sich also aus einer fast unübersichtlichen Menge von Namen, Details, Episoden, Einzelbeobachtungen und Bildern, deren Zusammenhang zu rekonstruieren nicht zuletzt dem Leser auferlegt wird, werden doch viele der aufgenommenen Fäden auch wieder fallen gelassen. Das Labyrinth, in das der Erzähler in Kapitel VII auf der Heide von Dunwich gerät, und von dem gesagt wird, »daß es einen Querschnitt darstellte durch mein Gehirn« (RS 206), verkörpert beides: die verschlungenen Irrwege, die der Erzähler zuweilen zurücklegt, und – das in den Text eingelassene Photo legt dies nahe – die

gebahnten Spuren, die darauf warten, begangen zu werden. Insgesamt entsteht der Eindruck, als strebe Sebalds Reisebericht einer Ordnung zu, die sich angesichts der beschriebenen Gebrechlichkeit der Welt als eher fragil erweist. Selbst die Ordnung stiftende Tätigkeit des Schreibens wird kritisch zur Disposition gestellt: »Vielleicht verliert ein jeder von uns den Überblick genau in dem Maß, in dem er fortbaut am eigenen Werk, und vielleicht neigen wir aus diesem Grund dazu, die zunehmende Komplexität unserer Geisteskonstruktionen zu verwechseln mit einem Fortschritt an Erkenntnis, während wir zugleich schon ahnen, daß wir die Unwägbarkeiten, die in Wahrheit unsere Laufbahn bestimmen, nie werden begreifen können« (217). So gesehen lassen sich die *Ringe des Saturn* nicht nur als eine »Absage an die Fortschrittsträume der Moderne« (Albes 2002, 280), sondern auch als ein Traktat über die Unzulänglichkeit und Begrenztheit menschlicher Vernunft lesen. Auch wenn sich am Ende der Kreis zu schließen scheint – der Erzähler beendet seine Notizen, die gewissermaßen einen Passionsweg der Menschheit nachzeichnen, ausgerechnet am Gründonnerstag, den 13. April 1995 –, bleibt der Text offen. Recht unumwunden bricht er über die Geschichte der Seidenzucht ab. Eine Fortsetzung des Reiseberichts um weitere Etappen wäre durchaus denkbar, zumal »die in therapeutischer Absicht unternommene Wanderung« nicht wirklich zu einer Befreiung von der melancholischen Niedergeschlagenheit führt (287).

›Déjà vu‹, ›mise en abyme‹ und zirkuläre Struktur

Die Bewegung des Reisens durch die ostenglische Landschaft wird, einer *mise en abyme*-Struktur vergleichbar, in Kapitel IV gespiegelt durch die Erinnerung an eine ein Jahr zurückliegende Reise, die den Erzähler von Basel über Baden in der Schweiz nach Amsterdam und Den Haag führte. Damit erhält der Vorgang des Reisens und Erschließens von fremden Kulturen eine den *Ringen des Saturn* entsprechende Struktur des *Déjà vu*. Auch das Roger Casement und der Kolonisierungsgeschichte des Kongo gewidmete Kapitel V erinnert an eine Belgienreise des Erzählers Mitte der 1960er Jahre (RS 149), die mit ihren Eindrücken der Hässlichkeit und des Unbehagens den Hintergrund abgibt für eine Art suggestive und imaginäre Wiederbelebung der schrecklichen Gräueltaten, die im Zuge der belgischen Kolonisierung des Kongo an der einheimischen Bevölkerung im 19. Jahrhundert vollzogen wurden und deren Wirkung bis in die erzählte Gegenwart hineinreicht. »Mechanismen der Wiederholung« (Albes 2002, 280) bestimmen Sebalds Erzählverfahren und lassen zuweilen den Eindruck entstehen, als stünde die historische Zeit still. Der in Southwold erinnerte Blick »vom holländischen Strand aus nach England« (RS 99) erbringt einen imaginierten Perspektivwechsel, der die Gegenwart mit Hilfe der Vergangenheit auf Distanz hält, sie aber zugleich lesbar macht, indem er Vergangenes den gegenwärtigen Eindrücken als Passepartout hinterlegt. Einer solchen räumlicher Verschachtelung entspricht die Überlagerung unterschiedlicher Zeitzonen, eine Gleichzeitigkeit des Ungleichzeitigkeiten, über die auch als Zeitlosigkeit reflektiert wird (186) und die bei Sebald einen fast visionären Zug erhält. Nicht selten gewinnt die imaginierte Verlebendigung von Historie – die in den Text eingebrachten historischen Gemälde, Photographien und Dokumente verstärken diesen Vorgang – eine solche Plastizität, dass sie die wahrgenommene Gegenwart überformt und ein zeitliches Kontinuum zwischen Vergangenheit, Gegenwart und Zukunft schafft. Die Kraft des »Vorstellungsvermögen[s]«, das der fiktionalen Natur dargestellter Historie entspricht, führt an die anvisierte Erfahrbarkeit »erlittene[r] Pein« und das »gesamte Werk der Zerstörung« heran, erfasst diese aber nie vollständig (96).

Ein herausragendes Kompositionsprinzip der *Ringe des Saturn* besteht darin, Schriftsteller zu Referenzgrößen zu erheben, von denen aus im Sinne einer literarischen Metareflexion Gesetzmäßigkeiten von Sebalds Schreibweise lesbar werden. Zum einen kommt diese Funktion dem in Kapitel I ins Feld geführten frühneuzeitlichen Arzt Sir Thomas Browne zu, der sich wie Sebalds Erzähler als gelehrt erweist, über einen »ungeheuren Zitatenschatz und die Namen aller ihm voraufgegangenen Autoritäten« verfügt und wie dieser mit »weit ausufernden Metaphern und Analogien« arbeitet sowie »labyrinthische, bisweilen über ein, zwei Seiten sich hinziehende Satzgebilde« baut, »die Prozessionen oder Trauerzügen gleichen in ihrer schieren Aufwendigkeit« (RS 30). Das Ideal, das sich hinter einer solchen auf Dauer, Entschleunigung, Genauigkeit und Informationsreichtum angelegten Schreibweise verbirgt, ist das der »Levitation«, ein Zustand der Schwerelosigkeit, der sich mit jedem Grad von Distanz erhöht: »Je mehr die Entfernung wächst, desto klarer wird die Sicht. Mit der größtmöglichen Deutlichkeit erblickt man die winzigsten Details. Es

ist, als schaute man zugleich durch ein umgekehrtes Fernrohr und durch ein Mikroskop« (30). Imaginiert wird hier die Überlagerung einer Perspektive der Entfernung mit der einer Nähe, eine künstliche Perspektive gleichsam, die durch eine entsprechende Schraubung, Dehnung und Schichtung einer hypotaktischen, auf Inquit-Formeln basierenden Prosa hervorgebracht werden kann und doch, nach einem Zitat Brownes, an die Grenzen der Erkenntnis gelangt. Selbst eine Ordnung, die – wie es der Text durch die Abbildung des von Browne entworfenen Musters des Quincunx nahelegt – allen Dingen, Pflanzen und Lebewesen als Struktur eignet, stößt an ihre Grenzen, wenn sie den »Abnormitäten« und »Groteskerien« der Natur begegnet (32 f.). Die »künstliche« Perspektive einer Vogelschau verspricht einerseits einen Überblick, andererseits stößt auch sie an die Grenzen der Erkenntnis. So heißt es einerseits über Jacob van Ruisdaels *Ansicht von Haarlem mit Bleichfeldern*: »In Wahrheit ist van Ruisdael beim Malen natürlich nicht auf den Dünen gestanden, sondern auf einem künstlichen, ein Stück über der Welt imaginierten Punkt. Nur so konnte er alles zugleich sehen [...]« (103). Andererseits: »Wenn wir uns aus solcher Höhe betrachten, ist es entsetzlich, wie wenig wir wissen über uns selbst, über unseren Zweck und unser Ende, dachte ich mir [...]« (114). Oder: »Wir, die Überlebenden, sehen alles von oben herunter, sehen alles zugleich und wissen dennoch nicht, wie es war« (152). Momente augenblicklicher Erleuchtung (110) und des Überblicks werden immer wieder verstellt durch Eindrücke der Intransparenz und Finsternis, die sich in Gestalt von Staub (17), Nebel (27), Dunst (27 f.; 94), Rauch (95; 111) oder Schleier (28; 65) manifestieren.

Eine zweite Referenzgröße für die Verbindung von Wandern, Denken und Schreiben sowie deren nie an ein Ende gelangende Struktur ist der französische Schriftsteller, Politiker und Diplomat François-René Vicomte de Chateaubriand, dessen Memoiren der Erzähler liest und aus denen er zitiert. Ab 1811 in Angriff genommen, illuminieren Chateaubriands Aufzeichnungen die für Sebalds Gesamtwerk bedeutenden historischen Einschnitte der Französischen Revolution und der Napoleonischen Kriege, die das später bürgerliche Europa neu ordnen sollten und die für Sebald den Ausgang darstellen für zukünftige Kriege und politische Katastrophen. Gleichzeitig wird das »winzige Fragment« (RS 303) der unglücklichen Liebesgeschichte zwischen dem französischen Adligen und der bürgerlichen Pfarrerstochter Charlotte Ives bedeutsam für die Einsicht, dass das Leben in politischer wie in privater Hinsicht »voller verkehrter Einbildungen« (303) sei und der Vicomte es als eine »von einem Unglück zum nächsten taumelnde Geschichte« (305) erlebt hat. Insofern seine Lebensgeschichte ein Beispiel abgibt für das Schicksalhafte, das Menschen unversehens ereilen kann, figuriert Chateaubriand in den *Ringen des Saturn* als ein Märtyrer, dem der Erzähler ein für ihn selbst gültiges, an Andreas Gryphius erinnerndes, barock anmutendes *memento mori* unterlegt: »Was für ein Elend ist nicht unser Leben!« (303). Allein die Tätigkeit des Schreibens, der sich Sebalds reisender Erzähler seinerseits überantwortet, um seiner seelischen Niedergeschlagenheit zu entkommen, erscheint als eine Form der Vergangenheitsbewältigung, die wenigstens vorübergehend Linderung verspricht: »Wahr ist allerdings auch«, so zitiert der Erzähler Chateaubriand, »daß ich mich meiner Erinnerungen, die so oft und so unversehens mich überwältigen, anders nicht als durch das Schreiben zu erwehren vermag. Blieben sie verschlossen in meinem Gedächtnis, sie würden schwerer und schwerer wiegen im Laufe der Zeit, so daß ich wohl zuletzt zusammenbrechen müßte unter ihrer ständig zunehmenden Last« (302 f.). Auch als Vielgereister – Chateaubriands Weg führte unter anderem von Frankreich aus über Amerika, Belgien, England, Italien, Österreich, Deutschland, Konstantinopel, Jerusalem, die Schweiz und über Deutschland wieder zurück nach Frankreich – stellt er eine Art Alter Ego des Erzählers dar, der sich im Kontext seiner Reflexionen über die Gartenpflege Chateaubriands und das Baumsterben für einen Augenblick als Sebald zu erkennen gibt: »Die libanesische Zeder, an die ich, in Unkenntnis noch der unguten Dinge, die seither geschehen sind, gelehnt stehe, ist einer der bei der Anlage des Parks gepflanzten Bäume, von denen so viele sonst, wie gesagt, schon verschwunden sind« (312 f.).

Im Kapitel III schließlich findet sich der Verweis auf Jorge Luis Borges' phantastische Erzählung *Tlön, Uqbar, Orbis Tertius*, an deren Lektüre der Erzähler sich angesichts eines Schwalbenflugs über einem Strand in der Nähe von Benacre Broad erinnert und in der die Erfindung der phantastischen Welt Tlön und des phantastischen Landes Uqbar im Mittelpunkt steht. Uqbar, so wird in der Erzählung Borges' vermerkt, sei der Name eines Eintrags in einem, wie sich herausstellt, einzigen Exemplar der *Anglo-American-Cyclopaedia*, wodurch dessen tatsächliche Existenz ebenso in Frage steht wie die des Enzyklopädistenprojekts Tlön, das einen Teil der Schrift über den »Orbis Tertius« bildet und auf eine Intellektuellenverschwö-

rung zurückgeht. Zudem ist dieser Plot der Erzählung eingebettet in ein Gespräch zwischen dem Erzähler Borges mit seinem Freund Bioy Cesares über die Ausarbeitung eines Romans, »der gegen offenkundige Tatsachen verstoßen und sich in verschiedene Widersprüche verwickeln sollte in einer Weise, die es wenigen Lesern [...] ermöglichen sollte, die in dem Erzählten verborgene, einesteils grauenvolle, andernteils gänzlich bedeutungslose Wirklichkeit zu erahnen« (RS 90). Für den Erzähler der *Ringe des Saturn* ist es die »labyrinthische Konstruktion Tlöns« (91) und das Irreale, über das »im Laufe der Zeit zu einer neuen Wirklichkeit« (91) zu gelangen sei, was ihn zu der mit den Protagonisten in Borges' Erzählung geteilten, faszinierenden Vorstellung veranlasst, die uns bekannte Welt ausgelöscht und »sämtliche Wissenszweige« reformiert zu sehen: »Eine verstreute Dynastie von Einsiedlern, die Dynastie der Erfinder, Enzyklopädisten und Lexikographen von Tlön hat das Antlitz der Erde verwandelt. Alle Sprachen [...] werden vom Planeten verschwinden. Die Welt wird Tlön sein« (91). Der Umstand, dass Sebald hier Borges fast wörtlich zitiert, zeigt, dass er ein zentrales Motiv der phantastischen Welt Tlöns, den Spiegel mit seiner grauenerregenden Wirkung, Menschen verdoppeln und damit monströse Strukturen und Vervielfältigungen ausbilden zu können (vgl. Witthaus 2006, 161), seinerseits poetologisch nutzt: Auch *Die Ringe des Saturn* spielen mit Verdopplungsstrukturen und der Ununterscheidbarkeit von Original und Kopie, von realer und fiktiver Welt. Sie verstricken den Leser in ein Netz von Zeichen, die trotz des Auftrags an ihn, diese zu entziffern, durch die erläuternde und fast didaktisch anmutende Erzählerstimme dergestalt miteinander korrespondieren, dass der Eindruck entsteht, der Reisebericht Sebalds lege sich selbst aus (Albes 2002, 281).

Wirklichkeitsnähe und Fiktion

Wie in fast allen anderen Texten Sebalds sind auch in die *Ringe des Saturn* Photographien und andere Abbildungen integriert, die Geschriebenes und Erzähltes nicht einfach dokumentieren, sondern Fragen nach dem Status von Wirklichkeitstreue aufwerfen. Am Beispiel des im Mauritshuis in Den Haag hängenden Gemäldes Rembrandts »Die Anatomie des Dr. Tulp« zeigt der Erzähler, dass das Bild gerade dort, wo es »nach dem Leben« gemalt zu sein scheint, »umkippt in die krasseste Fehlkonstruktion« (RS 27). Der Künstler habe die Komposition vorsätzlich dahingehend durchbrochen, dass er die straffällige Hand des dargestellten Delinquenten »geradezu grotesk disproportioniert« und »anatomisch gänzlich verkehrt« darstellt (27). Diese mit ästhetischen Mitteln umgesetzte Fehlkonstruktion fokussiere die Gewalt, die über Aris Kindt hinweggegangen sei. Sebald lenkt vermittelt über seine Erzähler-Figur damit die Aufmerksamkeit auf ein ästhetisches Verfahren, das er in seinem Essay über den Künstlerfreund Jan Peter Tripp explizit erläutert und von dem er selbst immer wieder Gebrauch macht: Aus Abweichungen und Verschiebungen ergibt sich ein Bild von Wirklichkeit, das unsichtbare Dimensionen erst sichtbar macht, sie an die Oberfläche bringt. Es ist weiterhin der Standpunkt des »Außenseiters«, mit dem der fußwandernde Erzähler sympathisiert, da er – wie für den Arzt Thomas Browne, der der Sezierung beigewohnt haben soll, veranschlagt wird – Einsicht gewinnt in die unauflösbare Rätselstruktur der »Unsichtbarkeit und Unfaßbarkeit dessen, was uns bewegt« (29). Die »Repräsentation der Geschichte«, so heißt es an anderer Stelle, beruhe auf einer »Fälschung der Perspektive« (152).

Neben den zahlreichen Abbildungen, die den *Ringen des Saturn* einen dokumentarischen Zuschnitt verleihen, sind es winzige Details, an denen sich die Suggestion von unmittelbarer Wirklichkeit entzündet. Im Sinne des von Barthes für das Medium Photographie beschriebenen *punctum* lassen sie Momente der Evidenz förmlich aufblitzen, sodass beim Leser der Eindruck entsteht, als reiche die mit Wirklichkeitsreferenzen bestückte Welt der Fiktion unmittelbar in seine eigene Gefühlswelt hinein. So berichtet Michael Hamburger von zwei geliebten Wellensittichen, die im Verlauf der Flucht der Familie vor den Nazis beschlagnahmt wurden und mit deren Verschwinden in der Zollhalle von Dover der Bruch mit der Berliner Kindheit und der bisherigen Identität manifest geworden sei (RS 210). Das »bis in die Haarwurzeln gehend[e] Erschauern« angesichts der Entdeckung eines Schwimmkäfers, der »auf dem Spiegel des Wassers ruderte von einem dunklen Ufer zum andern« (228), beschließt als letzter Satz das Kapitel über den Freund und Gesinnungsgenossen Michael Hamburger und avanciert zum Sinnbild unserer vergeblichen Bemühungen, sicheres Terrain zu gewinnen. »Dergleichen Kleinigkeiten« sind es, wie der Erzähler die vom Bild eines Hundes in einer phantastischen Geschichte des Vicomte Chateaubriand sich fasziniert zeigende Charlotte Ives sagen lässt, die ergreifen, »weitaus mehr als die hohen Gedanken« (298). Das Detail besitzt für Sebald damit einen hohen Erkenntniswert. Unter wört-

licher Bezugnahme auf Fernando Pessoas *Buch der Unruhe* hat er 1990 in einer kleinen Vorrede zu einer Ausstellung der Künstlerin Anita Albus vermerkt, »daß das Geheimnis nie so sehr durchschimmer[e] wie bei der Betrachtung der kleinsten Dinge« (Sebald 1990). Dieser Liebe und Hinwendung zum Detail entspricht ein Erzählmodus der Deskription, der sich der natürlichen Verflüchtigung von Erzähltem widersetzt, den Erzählfluss gewissermaßen stoppt, um prägnante Augenblicke der Geschichte illuminativ und suggestiv evident werden zu lassen. Gerade solche Momente laden den Leser dazu ein, sich – wie an den Beispielen Michael Hamburger und Chateaubriand gezeigt – mit Empathie in die erzählte Welt zu versenken. Fiktion erhält somit auch auf der Ebene der Rezeption den Zuschnitt von Faktizität (s. Kap. 21).

Kombinatorik und Koinzidenz

Ein im Vergleich zu den vorangegangenen Büchern noch ausgeprägter verwendetes Gestaltungsprinzip der *Ringe des Saturn* besteht darin, ganz unterschiedliche semantische Bereiche miteinander zu vernetzen, sodass der Eindruck gleichsam natürlicher Koinzidenzen entsteht. So wird beispielsweise in Kapitel III unter Bezugnahme auf eine 1857 in Wien erschienene »Naturgeschichte der Nordsee« die Leidensgeschichte des Herings erzählt, der unter den scheußlichsten Umständen gefangen wird und dessen rasante Vermehrung zu dem zynischen Effekt »einer an ihrem eigenen Überfluß erstickenden Natur« führe (RS 72). Vermittelt über die (fiktive) Figur des Majors George Wyndham Le Strange (s. Kap. 21), dessen »helle Haut [...] bei seinem Ableben« (83) sich in einer Weise verfärbt haben soll, die an die wenige Seiten zuvor für den Hering beschriebene Metamorphose erinnert (»Wenn das Leben aus dem Hering gewichen ist, verändern sich seine Farben« [75 f.].), entsteht mit einem Mal ein Zusammenhang zwischen der Leidensgeschichte des Herings und der Ermordung von Juden im Konzentrationslager Bergen-Belsen, da berichtet wird, dass Le Strange in jenem Panzerabwehrregiment gedient habe, das am 14. April 1945 das Lager von Bergen-Belsen befreite (77 ff.). Solche nicht kausal verbundenen ›Logiken‹ lassen gewisse Sätze plötzlich in einem doppeldeutigen Licht erscheinen, wie etwa diesen: »Dann nehmen die Güterwagen der Eisenbahn (so heißt es in dem Beiheft zu dem 1936 gedrehten Film, das ich unlängst habe auftreiben können) den ruhelosen Wanderer des Meeres auf, um ihn an die Stätten zu bringen, wo sich sein Schicksal auf dieser Erde endgültig erfüllen wird« (71). Die Formulierung bezieht sich zwar auf den Heringsfang, weckt aber Assoziationen an Deportationserfahrungen. Auch die Äußerung »Doch in Wahrheit wissen wir nichts von den Gefühlen des Herings« (75) erfährt eine Deutungsverschiebung durch die metonymische Verkettung von kreatürlicher und menschlicher Leidensgeschichte.

Die Geschichte von der Schreckensherrschaft der Kaiserinwitwe Tz'u-hsi bildet den Ausgang einer zweiten, metonymisch sich über mehrere Kapitel erstreckenden Darstellung der netzwerkförmigen Struktur produktiver Macht und ihrer »unumschränkte[n] Ausübung« (RS 180). Die Verkettung heterogener Kontexte erfolgt über das Motiv der Seide, das in unterschiedlichsten Varianten auftritt: als seidener Strick, der als Hilfsmittel politischer Morde in Gebrauch genommen wird (178), in Gestalt der Seidenraupe, zu denen die Kaiserinwitwe einzig »eine tiefe Zuneigung verspürte« (182) und die sie als ihre »wahren Getreuen« und »ideale[s] Volk« betrachtete (183), als Ebenbild zu Algernon Charles Swinburne, von dem gesagt wird, dass er einer »aschgraue[n] Seidenraupe« ähnelte (198), in einem in englischer Sprache wiedergegebenen Zitat der somnambul wirkenden Catherine Ashbury in Kapitel VIII, in dem von dem Plan, Seidenraupen zu züchten, die Rede ist (263), und schließlich in dem der Geschichte des Seidenbaus gewidmeten letzten Kapitel X, das von der Ausbreitung des Seidenbaus in China über ganz Europa bis hin nach Bayern erzählt. Am Leitfaden dieser Geschichte, die über Jahrhunderte hinweg von Aufstieg und Niedergang gekennzeichnet ist, demonstriert der Erzähler Formen der wirtschaftlichen und industriellen Zurichtung und Ausbeutung der Natur, aber auch ihre flächendeckend organisierte Instrumentalisierung zum Zweck der Durchsetzung ideologisch befrachteter, sozialpädagogischer Konzepte, wie sie etwa in dem durch Joseph von Hazzi, »baierischer Staatsrath«, 1826 vorgelegten *Lehrbuch des Seidenbaus für Deutschland* (342) entwickelt und von den Faschisten aufgegriffen wurden. Hier dient die Seidenraupenzucht der Arbeitsbeschaffung von sogenannten sozial Mindergestellten (Frauen, Kinder, Hausgesinde, Arme, Alte) und als »schickliches Mittel zur Bildung der Jugend«, die durch den Seidenbau zu »Ordnung und [...] Sauberkeit« und zur moralischen Verbesserung geführt werden sollte (343 f.). Dieser ideologische Anspruch auf Reinheit erfährt auf der Ebene des Erzählens in Form einer kritischen Mimesis seine Spiegelung durch die Beschreibung eines 1939 produzierten

Lehrfilms über den Seidenbau, der, wie der Erzähler schreibt, in »blendende[r] Helligkeit« alle an der Seidengewinnung beteiligten Akteure, von der Seidenraupe über den Spinnrahmen bis hin zum Menschen in »schneeweil[ß]« zeige: »Der ganze Film hatte einen die beste und sauberste aller Welt versprechenden Charakter [...]« (345). Das Bildfeld der Seide und der Seidenproduktion erschöpft sich jedoch nicht in seiner zivilisationskritischen Verwendung, es dient auf einer figural-bildlichen Ebene zugleich als Reflexionsraum über die Gesetzmäßigkeiten, denen die mühsame Produktion von Text unterliegt: Analog der Metamorphose, die der sogenannte Seidenvogel *Bombyx mori* während der Produktion des Seidenfadens vollzieht (326), durchläuft auch der Text verschiedene Stadien, bis alle Fäden ein Netzwerk semantischer Bezüge konstituieren. Im Bewusstsein dessen, dass Text (lat. *textus*) Gewebe heißt, spinnt der Verfasser wie die Raupe »ein weitläufiges, unordentliches, unzusammenhängendes Gewebe« (326), das sich allmählich zu einer Form gestaltet. Im Bild des Seidenwebers scheint zugleich der Gelehrte und »Schreiber« auf (334), der zur Melancholie neige und wie dieser zu »beständigem krummem Sitzen« gezwungen sei, »zu andauernd scharfem Nachdenken und zu endlosem Überrechnen weitläufiger künstlicher Muster. Man macht sich, glaube ich«, so der Erzähler, »nicht leicht einen Begriff davon, in welche Ausweglosigkeiten und Abgründe das ewige, auch am sogenannten Feierabend nicht aufhörende Nachsinnen, das bis in die Träume hineindringende Gefühl, den falschen Faden erwischt zu haben, einen bisweilen treiben kann« (335). Koinzidenzen, die sich zwischen Begegnungen, Jahreszahlen oder Orten auftun, wie beispielsweise der Umstand, dass Michael Hamburger und der Erzähler zum Zeitpunkt ihrer Begegnung mit demselben Menschen, Stanley Kerry, jeweils zweiundzwanzig gewesen sind, erscheinen als »Phantome der Wiederholung« (223), als *Déjà vu*, wodurch der Eindruck erweckt wird, dass sich jedes Ereignis in eine vorgegebene Ordnung füge. Andererseits lösen sie aber auch Lähmungs- und Beklemmungsgefühle aus: »Möglicherweise handelt es sich bei diesem Phänomen, für das es bis heute keine rechte Erklärung gibt, um so etwas wie ein Vorwegnehmen des Endes, um ein Ins-Leere-Treten oder um eine Art Ausrasten [...]« (224). Auch in der Wiederkehr der flüchtigen Begegnung mit Catherine Ashbury, die der Erzähler Jahre später noch einmal auf einer kleinen Bühne in Berlin in einem Stück von Jakob Michael Reinhold Lenz als Schauspielerin gesehen zu haben glaubt, artikuliert sich ein Moment des Stillstands, der Unterbrechung vergehender Zeit: »Und ehe ich mir über solcherlei Gedanken noch Rechenschaft geben konnte, erschien sie bereits auf der Bühne, unglaublicherweise in demselben roten Kleid, dem gleichen hellen Haar, dem gleichen Pilgerhut, sie, oder doch ihr Ebenbild, Catharina von Siena, in einem leeren Zimmer, und dann weitab von ihres Vaters Haus, von Tages Hitze, Dorn und Steinen müd. [...] Ich denke, sagte sie, ich will hier schlafen, schlummern wenigstens. Sei ruhig, mein Herz. Der stille Abend deckt die kranken Sinne mit seinem Mantel zu ...« (264). Es handelt sich hier um ein Fremdzitat, das dem Theaterstück *Catharina von Siena* von Jakob Michael Reinhold Lenz entnommen ist, wo es in leichter Abwandlung heißt: »[...] von des Tages Hitze/Und Dorn und Steinen tödlich müd [...]« (vgl. Schmucker 2012, 422). Durch intertextuelle Verfahren, die mehr oder weniger deutlich markiert sind, eröffnet der Erzähler einen raumzeitlichen Bereich der Fiktion, in den der Leser eintreten kann, ohne eine Rückbindung an die Realität zu verlieren. Es entsteht der Eindruck eines Realität und Imagination umfassenden Zeitkontinuums.

Architektonische Hinterlassenschaften und Zivilisationskritik

Vergleichbar mit Sebalds Prosawerk *Austerlitz* treten auch in den *Ringen des Saturn* architektonische Hinterlassenschaften vergangener Zeiten, politischer und privater Konstellationen, überzählige Dinge, die sich über Generationen angesammelt haben und sich zu »Absurditäten« (RS 49) formieren, in den Vordergrund. Während jedoch die Geschichte verschiedener Gebäude in *Austerlitz* diachron erzählt wird, erfolgt die Rekonstruktion der Baugeschichte von Gebäuden in den *Ringen des Saturn* eher synchron: »Durch die Struktur der konzentrischen ›Ringe‹ ruft die Analyse von einem Gebäude Querverweise auf andere, verwandte Gebäude hervor [...]« (Hutchinson 2003, 88). Hutchinson weist nach, dass durch diese synchrone Betrachtung von Architekturen, Bauruinen und Städten das Wechselverhältnis zwischen Aufbau und Zerstörung, zwischen Entstehung und Untergang an Kontur gewinnt. So wird beispielsweise der Zerfall des ehemaligen Landschlosses Somerleyton, das durch seine materielle Auflösung fast unmerklich in Natur übergegangen ist, mit der Zerstörung deutscher Städte durch die Luftangriffe der Alliierten während des Zweiten Weltkriegs verknüpft, von denen der Gärtner William Hazel dem Erzähler berichtet. Auch die Ver-

bindung zwischen der Bauruine in Somerleyton mit dem Seebad Lowestoft, das die nächste Station des Erzählers bildet, wird über das Motiv des Zerfalls gestiftet. Damit ergibt sich ein allen Kapiteln vergleichbares Strukturmuster der Verkettung verschiedener *loci*, mit dessen Hilfe die Dialektik von Fortschritt und Zerstörung herauspräpariert wird. Der Erzähler ist Formen des Fortschritts auf der Spur, die sich einst im Gewand des Natürlichen präsentierten und doch ganz Künstlichkeit waren. So habe der Märchenpalast Somerleyton in seiner Mischung aus technischer Perfektion und vegetabiler Ausschmückung die Illusion einer Harmonie »zwischen natürlichem Wachstum und Fabrikation« hervorgerufen (RS 46). Solchen Orten einstigen zivilisatorischen Glanzes – auch der heute als Museum fungierende Palais des Gouverneurs Johann Maurits in Den Haag gehört dazu – haften bei Sebald Spuren der Vergänglichkeit und des Verfalls an, die Geschehenes unsichtbar werden lassen. Die zum Teil kuriose und menschenverachtende Geschichte, die sie umgibt, scheint der Vergessenheit anheimgefallen zu sein: »Längst waren diese Tänzer [»aus Brasilien mitgebrachte Indianer« (103)], von denen sonst nichts überliefert ist, verschwunden, lautlos wie Schatten [...]. Wer weiß, wie es vor Zeiten wirklich gewesen ist?« (104). Das, was auf rationalem Wege kaum mehr verrechenbar ist, bahnt sich bei Sebald einen emotionalen Weg: Der Erzähler stellt sich vor, wie es »damals« wohl gewesen sein muss und wird immer wieder von melancholischen Gefühlen, von Müdigkeit und körperlicher Mattheit erfasst. Einerseits blockieren solche Gefühle, andererseits aber befördert gerade dieser Imaginationen und Traumbilder heraufbeschwörende Zustand der Niedergeschlagenheit und des Unbehagens eine überdeutliche Wahrnehmung der Realität und deren Durchdringung durch Fluchtwege in die Phantasie: »Ich hörte das Rauschen des Meers, verstand, halb im Traum, jedes holländische Wort und glaubte mich zum erstenmal in meinem Leben angekommen, zu Hause. Selbst im Erwachen schien es mir noch einen Augenblick, als halte rings um mich her mein Volk Rast auf dem Zug durch die Wüste« (105).

Sebalds Zivilisations- und Fortschrittskritik ist eng an Walter Benjamin angelehnt, der in einem fragmentarisch gebliebenen Text aus dem *Passagen-Werk* mit dem Titel *Der Saturnring oder Etwas vom Eisenbau* (1928) an der Entwicklung des Eisenbaus, der Glasarchitekturen und der künstlichen Beleuchtung den Ursprung des modernen, auf Warenverkehr abgestellten Fortschrittsversprechens abliest, dem Regression und Zerfall eingeschrieben sind. In den *Ringe des Saturn* ist ausdrücklich die Rede davon, dass der Erzähler eine »Monographie über die Geschichte des künstlichen Lichts« lese (RS 76 f.). Mit ihren von gusseisernen Säulen und Verstrebungen getragenen, filigran und schwerelos wirkenden Glashäusern erinnert die im Reisebericht abgebildete, in künstlichem Licht erstrahlende Residenz von Somerleyton (47) an die von Benjamin beschriebenen Luxusetablissements aus Eisen und Glas des 19. Jahrhunderts. Eine weitere Spielart benjaminscher Fortschrittskritik zeigt sich in Kapitel VI, in dem von einer eisernen, 1875 gebauten Brücke zwischen Halesworth und Southwold mit einer Schmalspurbahn die Rede ist, die einer Handelsverbindung zwischen China und Großbritannien dienen sollte. Da sie ungenutzt blieb, wurde die anvisierte ökonomische Effektivität verfehlt.

Zu Recht hat man die Vertauschung von Zentrum und Peripherie als ein postmodernes Merkmal der *Ringe des Saturn* beschrieben (vgl. Albes 2002, 280; 289): Die von dem Erzähler begangenen Architekturen, Ruinen und Baudenkmäler erscheinen oftmals als exterritoriale Orte, die, gleichsam am Rand der Welt angesiedelt, ein deutliches Licht auf zentrale Probleme werfen. So entfernt sich der Erzähler in den mittleren Kapiteln V und VI imaginär am weitesten von seinem Aufenthaltsort Suffolk, wenn er von der Kolonisierung des Kongo und einem Paradebeispiel vermeintlich gelungener Fortschrittsgeschichte, der Geschichte der Seidenproduktion in China, berichtet. Erst von diesen exterritorialen Orten her, so scheint es, werden das ganze Ausmaß und die Gesetzmäßigkeiten ausgeklügelter imperialistischer Machtpolitiken und deren Produktivität lesbar.

Literatur

Albes, Claudia: Die Erkundung der Leere. Anmerkungen zu W. G. Sebalds ›englischer Wallfahrt‹ *Die Ringe des Saturn*. In: *Jahrbuch der deutschen Schillergesellschaft* 46 (2002), 279–305.

Barthes, Roland: *Die helle Kammer. Bemerkung zur Photographie*, übers. von Dietrich Leube. Frankfurt a. M. 1985.

Benjamin, Walter: *Der Saturnring oder Etwas vom Eisenbau*. In: Walter Benjamin: *Das Passagen-Werk*, hg. von Rolf Tiedemann. Bd. 2. Frankfurt a. M. 1983, 1060–1063.

Catling, Jo/Hibbitt, Richard (Hg.): *Saturn's Moons. W. G. Sebald – A Handbook*. London 2011.

Fuchs, Anne: *Die Schmerzensspuren der Geschichte. Zur Poetik der Erinnerung in W. G. Sebalds Prosa*. Köln 2004.

Gray, Richard T.: Writing at the Roche Limit. Order and Entropy in W. G. Sebald's *Die Ringe des Saturn*. In: *The German Quarterly* 83 (2010), 38–57.

Hutchinson, Ben: »Baulust und Zerstörung«. Fortschritts-
kritik in der Baugeschichte. In: W. G. Sebald: *Die dialektische Imagination*, hg. von Ben Hutchinson. Berlin 2009, 77–111.

Mosbach, Bettina: Figurationen der Katastrophe. Ästhetische Verfahren in W. G. Sebalds *Die Ringe des Saturn* und *Austerlitz*. [Zugl.: Diss., Univ. Bonn, 2006] Bielefeld 2008.

Öhlschläger, Claudia: Der Saturnring oder Etwas vom Eisenbau. W. G. Sebalds poetische Zivilisationskritik. In: Michael Niehaus/Claudia Öhlschläger (Hg.): *W. G. Sebald. Politische Archäologie und melancholische Bastelei*. Berlin 2006, 189–204.

Schmucker, Peter: *Grenzübertretungen. Intertextualität im Werk von W. G. Sebald*. Berlin/Boston 2012.

Sebald, Winfried Georg: Kleine Vorrede zur Salzburger Ausstellung. In: Anita Albus: *Schloss Neuhaus*. Katalog der Ausstellung, hg. von Tugomir Lukšić. Salzburg 1990.

Schütte, Uwe: *W. G. Sebald. Einführung in Leben und Werk*. Göttingen 2011.

Steinmann, Holger: Zitatruinen unterm Hundsstern. W. G. Sebalds Ansichten von der Nachtseite der Philologie. In: Michael Niehaus/Claudia Öhlschläger (Hg.): *W. G. Sebald. Politische Archäologie und melancholische Bastelei*. Berlin 2006, 145–156.

Witthaus, Jan-Henrik: Fehlleistung und Fiktion. Sebaldsche Gedächtnismodelle zwischen Freud und Borges. In:, Michael Niehaus/Claudia Öhlschläger (Hg.): *W. G. Sebald. Politische Archäologie und melancholische Bastelei*. Berlin 2006, 157–172.

Claudia Öhlschläger

7 »Austerlitz«

Entstehung

Austerlitz, das letzte zu Sebalds Lebzeiten veröffentlichte Werk, wird von seiner Thematik und literarischen Konstitution her zu Recht als *opus magnum* des Autors bezeichnet. Die Verfolgung und Vernichtung der Juden sowie die Erinnerung und das Verschweigen dieser Geschichte – ein durchgängig wichtiger Aspekt in Sebalds Werken und in seinem Engagement als Schriftsteller – finden sich zum ersten Mal explizit in *Die Ausgewanderten* (1992). Sowohl die Themen als auch die Gestaltung dieser Sammlung von »vier langen Erzählungen« waren Bezugspunkte für Sebald, als er *Austerlitz* konzipierte. So hieß es in einer vermutlich als Werbetext geschriebenen Zusammenfassung des Buches, die sich in Sebalds Nachlass – seit 2004 im Besitz des Deutschen Literaturarchivs in Marbach am Neckar – befindet: »Along the lines first drawn in *The Emigrants*, this prose fiction work, which runs to some three hundred pages, recounts the story of Jacques Austerlitz [...]. Like the accounts in *The Emigrants*, *Austerlitz* is based on a real life story and includes photographic documentation.« Die Entstehung dieses fiktionalen Prosatexts reicht bis in die 1990er Jahre zurück, wie Spuren im Sebald-Nachlass belegen. Dort finden sich sowohl zahlreiche Notizen und Materialien, die sich auf den Text beziehen und aus denen Sebald teilweise schöpfte, als auch die Photographien, die in den Text eingebettet wurden. Einige Passagen von *Austerlitz* haben ihre Wurzel in Sebalds gescheitertem »Korsika-Projekt« (s. Kap. 10). Im Katalog zur großen Marbacher Sebald-Ausstellung im Literaturmuseum der Moderne (2008) zeigt Ulrich von Bülow, dass Teile der Projektmaterialien, wie Exzerpte und Notizen, Sebald als »Steinbruch« für *Austerlitz* dienten, und dass sie sogar als »dessen Keimzelle« betrachtet werden können (vgl. von Bülow 2009, 220, 219). Die Reise nach Korsika unternahm Sebald 1995, nachdem er die Arbeit an *Die Ringe des Saturn* abgeschlossen hatte (211).

Die Chronik von Sebalds Leben und Werk, von Richard Sheppard für das englischsprachige Sebald-Handbuch *Saturn's Moons* (2011) zusammengestellt, enthält ausführliche Details zur Entstehungs- und Publikationsgeschichte von *Austerlitz*. Im Januar 1998 unterschrieb Sebald einen Vertrag mit der Wylie Agency für die Veröffentlichung und Werbung von *Austerlitz* und darauf folgte seine Forschungsreise für dieses Werk vom 12. bis 18. April 1999 nach Prag und

Terezín, wo er das Ghetto-Museum von Theresienstadt besuchte. Eine weitere Reise nach Marienbad unternahm Sebald vom 16. bis 19. August 1999. Im Dezember 1999 bekam Anthea Bell das Angebot, *Luftkrieg und Literatur* und *Austerlitz* zu übersetzen, und sie erhielt das letztere Manuskript im Sommer 2000. Sebald überprüfte ihre Übersetzungen im Herbst 2000 und las zum ersten Mal aus dem Werk am 11. Dezember 2000 vor der Österreichischen Gesellschaft für Literatur im Palais Wilczek in Wien (vgl. Sheppard 2011, 646–651).

Austerlitz erschien am 5. Februar 2001 bei Hanser. Die Taschenbuch-Ausgabe folgte 2003 im S. Fischer Verlag, allerdings mit der Gattungsbezeichnung »Roman« prominent auf dem Umschlag. Das dürfte kaum in Sebalds Sinn gewesen sein, der sich als »Prosaschreiber« verstand. Er behauptete: »Mein Medium ist die Prosa, nicht der Roman« (Ges 85). Die englische Übersetzung erschien fast zeitgleich mit dem deutschen Original, was Sebalds Status als international bekannter Autor unterstreicht. Kanadische, amerikanische und britische Ausgaben erschienen im Oktober und November 2001. Weitere Indizien für seinen steigenden Ruhm als Autor weltliterarischer Geltung zeigen die zahlreichen Übersetzungen, die darauf folgten: 2002 erschien *Austerlitz* auf Finnisch, Italienisch, Kastilisch und Französisch; 2003 auf Holländisch, Katalanisch, Japanisch, Schwedisch und Dänisch; 2004 auf Portugiesisch und Norwegisch; 2005 auf Slowenisch und Russisch; 2006 auf Kroatisch, Griechisch und Hebräisch; 2007 auf Ungarisch und Polnisch; 2008 auf Lettisch, Türkisch, Portugiesisch (Brasilien) und Rumänisch; 2009 auf Tschechisch, Estnisch und Koreanisch; 2010 auf Chinesisch (vgl. Sheppard 2011, 457 f.).

Austerlitz umfasst etwa 400 Druckseiten und ist damit der längste Prosatext Sebalds. Im Unterschied zu seinen anderen Prosawerken, die durch paratextuelle Gattungsangaben den Versuch neuer Formen des Erzählens explizit markieren – etwa *Nach der Natur* als »Ein Elementargedicht«, *Die Ausgewanderten* als »Vier lange Erzählungen« oder *Die Ringe des Saturn* als »Eine englische Wallfahrt« – fehlt in *Austerlitz* eine Gattungsbezeichnung. Wie in anderen Werken der fiktionalen Prosa Sebalds, etwa in seiner Aufsatzsammlung *Logis in einem Landhaus* und in der überarbeiteten Version seiner Zürcher Vorlesungen *Luftkrieg und Literatur*, gibt es in *Austerlitz* integrierte Bilder. Das Manuskript und die beiden Typoskriptversionen von *Austerlitz* füllen, zusammen mit Notizen, Materialien und Bildern, insgesamt siebzehn Mappen in vier Archivkästen im Deutschen Literaturarchiv Marbach. Die ersten drei Mappen enthalten das handschriftliche Manuskript auf losen Blättern und einen chronologischen Abriss des Textes. Drei weitere Mappen umfassen die im Text verwendeten Photographien sowie Reproduktionen und ein Inventar des photographischen Materials. Vier weitere Mappen enthalten Typoskripte und zwei Umbruch-Versionen. Notizen und Materialen, wie Zeitungsausschnitte und Photokopien aus Büchern und Lexika sowie Briefe finden sich in den letzten fünf Mappen dieses Teils des Sebald-Nachlasses. Das Manuskript scheint eine bereits avancierte Fassung des Textes zu sein, mit klaren Hinweisen, wo die Bilder in den Text integriert werden sollten. Die Bildpositionen im gedruckten Buch stimmen mit den Hinweisen im Manuskript weitgehend überein. Das *Austerlitz*-Manuskript und die Skizzen und Pläne für den Text sind nicht nur auf die Unterlagen in den relevanten Archivmappen begrenzt, in den Bänden der Arbeitsbibliothek Sebalds finden sich noch weitere Spuren in Form von Randnotizen. Auf den hinteren Vorsatzblättern seines Exemplars von Claude Simons *Le Jardin des Plantes* (1997) zum Beispiel notierte Sebald die Chronologie von *Austerlitz* (vgl. die Abbildung in Pic 2009, 53), und auf mehreren Seiten seiner deutschen Ausgabe von Saul Friedländers *Wenn die Erinnerung kommt* (1998) experimentierte Sebald mit Formulierungen über die Hauptfigur Austerlitz (vgl. Wolff 2014, 151, 136).

Es gibt aufschlussreiche Änderungen im Übergang vom Manuskript zum gedruckten Buch. Um einige Beispiele zu nennen: Sebald fügt Details, die zum besseren Verständnis beitragen, hinzu; die Einschübe des Erzählers – »sagte Austerlitz« – sind in der veröffentlichten Fassung häufiger als im Manuskript; Zeitangaben werden modifiziert oder sogar gestrichen, um die Chronologie der Geschichte zu verdecken; gewisse Formulierungen werden im Text so verändert, dass Spezifikationen, wie Ortsangaben und Namen, reduziert werden und so eine gewisse Vagheit erzeugt wird; Sebald probiert unterschiedliche Namen und Formulierungen aus, wie mehrere nicht nummerierte Blätter zeigen (170–174). Ulrich von Bülow beobachtet ein ähnliches Verfahren im Manuskript der *Ringe des Saturn*: »Often he would use a fresh sheet of paper for each sentence« (vgl. Bülow 2011, 252). Sebald selbst charakterisierte sein Schreibverfahren als »eine ziemlich komplizierte Destillationsarbeit [...] Ich brauche ungefähr zwanzig Seiten, um eine herauszuarbeiten« (Ges 108).

Inhalt und Erzählweise

Austerlitz erzählt die Geschichte von Jacques Austerlitz, einem pensionierten, in London lebenden Architekturhistoriker, und dessen Suche nach seiner eigenen Vergangenheit sowie dessen Versuche, seine Identität zu rekonstruieren. Spät im Leben und nach einer Reihe von Zufällen kommt Austerlitz, der als Adoptivsohn eines calvinistischen Priester-Ehepaares in Wales aufgewachsen ist, zu der Erkenntnis, dass er als Sohn jüdischer Eltern in Prag geboren wurde und im Jahr 1939 mit einem sogenannten Kindertransport der nationalsozialistischen Verfolgung entkommen war. Diesen verdrängten Ursprüngen geht er nach und seine Erforschungen führen ihn sowohl nach Prag als auch nach Paris und schließlich durch Deutschland, um die Reise, die er als Vierjähriger auf dem Kindertransport machte, zu wiederholen. *Austerlitz* verschränkt so die persönliche Geschichte der Selbstfindung der Hauptfigur mit der Geschichte der Judenvertreibung und -vernichtung durch die Nationalsozialisten.

Die Lebensgeschichte von Jacques Austerlitz wird weder chronologisch noch direkt erzählt. Stattdessen konstruiert Sebald eine Rahmenerzählung und lässt die Geschichte durch einen namenlosen, aber teilweise autobiographischen Ich-Erzähler im Rückblick erzählen. Der Erzähler lernt Austerlitz 1967 im Wartesaal des Bahnhofs von Antwerpen kennen, und von da an begegnen sie sich über einen Zeitraum von dreißig Jahren immer wieder zufällig und entwickeln eine Art Freundschaft durch ihre ausführlichen Gespräche. Als das Verhältnis der beiden Männer vertrauter wird, entfalten sich die Themen der Gespräche vom Objektiven zum Subjektiven, das heißt, von fachlichen Interessen, etwa Architekturgeschichte, zur Familiengeschichte und persönlichen Erkenntnissen von Austerlitz. Auf diese Weise wird eine individuelle Geschichte in die größere, politische Geschichte eingebettet.

Austerlitz' Geschichte ist nicht nur nicht-chronologisch erzählt, es gibt auch keine traditionelle Gliederung des Textes. Anders als die anderen fiktionalen Prosawerke Sebalds weist *Austerlitz* keine Aufteilung in Kapitel auf, wie etwa *Die Ringe des Saturn*, oder in unabhängige Teile, wie *Schwindel. Gefühle* und *Die Ausgewanderten*. Nur selten gliedert Sebald den Text in Absätze, was mit seiner verschachtelten Erzählweise zusammenhängt (siehe unten), die von langen hypotaktischen Sätzen geprägt ist – der längste Satz in *Austerlitz* erstreckt sich über zehn Seiten –, und die er, mit Hinweis auf Thomas Bernhard, »periskopisch« nannte (vgl. u. a. Ges 108, 204). Statt der gängigen Einteilung in Kapitel gibt es fünf Textteile, die jeweils durch einen Asterisk getrennt werden. Der Erzählzeitpunkt ist das Ende der 1990er Jahre, die erzählte Zeit umspannt mehr als sechzig Jahre. Die Erzählorte sind unter anderem Belgien, Tschechoslowakei/Tschechien, Deutschland, Frankreich und England.

Im ersten Teil lernen Erzähler und Hauptfigur einander kennen und unternehmen lange gemeinsame Spaziergänge, auf denen Austerlitz ausführlich über Architektur doziert (Aus 5–46). Diese »Antwerpener Gespräche«, wie Austerlitz sie nennt, behandeln die Verstrickungen von Macht und Gewalt, die, so Austerlitz, auch an architektonischen Strukturen ablesbar sind.

Im zweiten Teil (47–169), den man die ›Londoner Gespräche‹ nennen könnte, erfährt der Leser einerseits von Austerlitz' Studienzeit und seiner »Bahnhofsmanie« (49), andererseits einiges vom Erzähler und seinen Reisen von Deutschland nach England. Diese ersten Gespräche im Londoner Büro von Austerlitz finden in den späten 1960er und frühen 1970er Jahren statt. Danach vergehen mehr als zwanzig Jahre ohne Kontakt zwischen den beiden. Während eines Treffens, das im Dezember 1996 in London »durch eine eigenartige Verkettung von Umständen« stattfindet (50), erzählt Austerlitz von seinen Erinnerungen an seine Kindheit in Wales und stellt parallel dazu ausführliche Überlegungen zum Zeitbegriff an. Hier fängt Jacques Austerlitz' persönliche Geschichte an, die vom Erzähler die »walisisch[e] Geschichte« von Austerlitz genannt wird (141).

Nachdem Austerlitz den Erzähler zu sich eingeladen hat, führt er seine Geschichte im dritten Teil fort (169–358). Der längste Teil des Textes umfasst dieses erste nicht-zufällige Treffen und beinhaltet Austerlitz' Suche nach seiner Vergangenheit, die ihn bis Prag führt und über Deutschland zurück nach England bringt. Außer von den konkreten Reisen erzählt er von den inneren/psychischen Reisen, die er unternommen hat, um seinen eigenen Ursprüngen nachzugehen bzw. um seine eigene Geschichte zu rekonstruieren. In Prag findet Austerlitz sein ehemaliges Kindermädchen Věra wieder, die ihm von seiner frühen Kindheit und vom Schicksal seiner Eltern erzählt. Das neue Wissen, dass seine Mutter Agáta, eine jüdische Opernsängerin, nach Terezín (Theresienstadt) deportiert und dann wahrscheinlich weiter nach Osten in den Tod geschickt wurde, führt Austerlitz in diese Stadt nördlich von Prag, wo er das Ghettomuseum besucht.

Im vierten Teil (358–404) treffen sich Austerlitz und der Erzähler in Paris, und hier erfährt man von Austerlitz' erster »Pariser Zeit« in den 1950er Jahren und seiner früheren Beziehung zu Marie de Verneuil, sowie von seinen gegenwärtigen Versuchen, mehr über seinen Vater zu erfahren. Der Besuch in Paris und seine Nachforschungen in der neuen Nationalbibliothek legen weitere Verstrickungen zwischen Architektur und Macht in der neueren Geschichte des 20. Jahrhunderts offen.

Im fünften und letzten Teil verabschiedet Austerlitz sich vom Erzähler und begibt sich weiter auf die Suche nach seinem Vater, der in den 1930er Jahren wahrscheinlich nach Paris flüchtete. Seine Rückreise nach England unterbricht der Erzähler wieder in Antwerpen, um die Festung Breendonk zu besuchen, den Ort, an dem die Geschichte begann (405–417).

Austerlitz ist die Geschichte von der Suche nach Herkunft und Identität, in der die Titelfigur sich selbst verliert: »Soweit ich zurückblicken kann, sagte Austerlitz, habe ich mich immer gefühlt, als hätte ich keinen Platz in der Wirklichkeit, als sei ich gar nicht vorhanden [...]« (265). Es wird aber nicht nur die Geschichte von Jacques Austerlitz erzählt, sondern es werden auch weitere Geschichten von anderen Figuren durch Austerlitz und durch den Ich-Erzähler vermittelt. Diese vermittelte oder »verschachtelte« Erzählweise ist eine Strategie, die Sebald in seinem letzten Buch besonders stark akzentuiert: Der Erzähler erzählt die Geschichte, die Austerlitz ihm erzählt hat, und dessen Geschichte beruht auf Geschichten, die ihm wiederum erzählt wurden, d.h die erzählte Geschichte durchläuft den Prozess mehrfacher Vermittlungen, was zu einer komplexen Dichte in der Textkonstitution führt. Es gibt in Sebalds Werken keine Dialoge, aber die Erzählungen basieren auf Gesprächen. Diese Erzählkonstruktion kommt im Text in Form von Einschüben folgender Art vor: »so sagte Věra, sagte Austerlitz« oder »so erzählte mir Věra, sagte Austerlitz«, was dann vom Erzähler erzählt wird. Solche »récits en abyme«, so Antje Tennstedt, erzeugen einerseits den Eindruck einer unmittelbaren Mündlichkeit, verlangsamen andererseits das Lesen, was wiederum eine Form von Distanz, aber auch von erhöhter Aufmerksamkeit bewirkt (vgl. Tennstedt 2004, 37). Diese verschachtelte Erzählweise betont also die Distanz zur Quelle und erfordert dementsprechend eine kritische Distanz des Lesers sowie das permanent präsente Bewusstsein, dass es sich hier um ein literarisches Konstrukt handelt. Trotz dieser Strategie – Betonung der Distanz – evoziert der Text ein »Gefühl der Authentizität« (Shields 2003, 65). Diese Erzählweise kann man auch als Versuch verstehen, »das ›Nacheinander‹ der erzählten Zeit zu überwinden«, wie es bei Ben Hutchinson heißt, der diese Erzählweise mit Sebalds Widerstand gegen traditionelle Formen der Geschichtsschreibung verbindet: »Sebald ist immer wieder bestrebt, sich den normalen Gesetzen der Schwerkraft zu entziehen, ihre melancholische historische Perspektive zu überwinden« (Hutchinson 2009, 47 f.). Sebald selber hat seinen Skeptizismus traditionellen Erzählstrategien gegenüber folgendermaßen geäußert: »The business of having to have bits of dialogue to move the plot along, that's fine for an eighteenth- or nineteenth-century novel, but that becomes in our day a bit trying, where you always see the wheels of the novel grinding and going on. Very often you don't know who the narrator is, which I find unacceptable. The story comes through someone's mind. I feel I have the right to know who that person is and what his credentials are. This has been known in science for a long time. The field of vision changes according to the observer, so I think this has to be part of the equation« (Sebald, zit. nach Lubow 2002). Sebald setzt diesen Anspruch auf eine starke Erzählinstanz dann in die Praxis um, indem er seinem Erzähler oft autobiographische Züge verleiht.

Austerlitz kann als das romanhafteste Werk in Sebalds Œuvre gelten, denn der Text erzählt eine individuelle Lebensgeschichte (*story*) und verschränkt damit simultan ein Stück umfassende, politische Geschichte (*history*). Indem es Sebald gelingt, durch Austerlitz' Suche nach seiner Identität kollektive Erfahrung ›empathetisch‹ zugänglich zu machen, ist es auch dem Leser möglich, sich der komplexen Geschichte des Holocaust von verschiedenen Seiten zu nähern.

Zentrale Motive

Die Wiederkehr von Motiven in *Austerlitz* erlaubt es, folgende Hauptthemen zu identifizieren: Erinnerung und Identität; Schreib- und Sprachkrise; Trauma und Zeugenschaft; Geschichte, Realismus und Metaphysik; Zeit und Zeitlosigkeit. Einige dieser Themen finden sich auch in anderen Werken Sebalds, Uwe Schütte meint sogar eine »Tendenz zum Recycling« der »Motive, Themen, Tropen, Topoi oder Konstellationen« zu erkennen (Schütte 2011, 180). Die thematische Kontinuität in Sebalds Œuvre findet in Stil und Tonfall ihre Entsprechung, sowohl in den deutschen Originalen als auch in den englischen Übersetzungen,

an denen er intensiv mitgearbeitet hat. In Anbetracht dessen charakterisiert Arthur Williams Sebald als »a writer polishing his expertise with his literary medium and understanding his œuvre increasingly as one long story, with many varied parts and individual messages, but with a constant underlying ethos« (Williams 2013, 40).

Erinnerung und Identität

Austerlitz handelt in erster Linie vom Versuch des Protagonisten, seine Identität zu rekonstruieren und seine vergessenen oder verdrängten Erinnerungen ins Bewusstsein zu heben. Die Wiederkehr der Vergangenheit manifestiert sich bei Austerlitz in Form einer Sprach- und Schreibkrise, gegen die er mit nächtlichen Wanderungen durch London ankämpft. »[U]nwiderstehlich immer wieder« wird er zur Liverpool Street Station hingezogen, wo er dann viele Stunden verbringt, ohne zu wissen warum oder was ihn treibt (Aus 186). Er weiß oder ahnt noch nicht, dass seine verdrängte Vergangenheit ihm an eben diesem Ort enthüllt werden wird. Was zunächst irrational und geradezu surreal erscheint – dass es Austerlitz immer wieder zu diesem Londoner Bahnhof hinzieht, und auch, dass er einem Arbeiter, der die Bahnhofshalle fegt, hinter einen Vorhang in den »Ladies Waiting Room«, einen abgesperrten Teil des Bahnhofs folgt – hat trotz der mysteriösen Umstände seine narrative Funktion, die nicht logisch motiviert ist: Es erschließt sich ihm in der obskuren Atmosphäre der realen Gegenwart seine Vergangenheit in Form einer konkreten Vision. Die Liverpool Street Station erscheint Austerlitz als eine unheimliche Welt, wo Vergangenheit und Gegenwart nebeneinander existieren, und der per Zufall wiederentdeckte Ladies Waiting Room ist ein Raum, der gleichzeitig als eine Ruine und als eine erst im Bau befindliche Struktur erscheint. Der Moment der Anagnorisis, in dem Austerlitz sich als Kind wiedererkennt, ist eine synchrone »Gefängnis- und Befreiungsvision«, die nicht als Erinnerung beschrieben wird. Austerlitz sieht sich buchstäblich vor sich als Kind wieder: »Ja, und nicht nur den Priester sah ich und seine Frau, sagte Austerlitz, sondern ich sah auch den Knaben« (197). In diesem Moment der Selbsterkenntnis erfahren sowohl Austerlitz als auch der Leser »die gesamte Ebene der Zeit« (197) in ihrer simultanen Vielschichtigkeit und sie erfahren, wie die Erinnerung an die Bewusstseins-Oberfläche gelangt. Durch Austerlitz' vergebliche Versuche, sich an Träume zu erinnern, wird die Verdrängung seiner Vergangenheit deutlich, oder wie Austerlitz selber sagt: »wie wenig Übung ich in der Erinnerung hatte und wie sehr ich, im Gegenteil, immer bemüht gewesen sein mußte, mich an möglichst gar nichts zu erinnern und allem aus dem Weg zu gehen, was sich auf die eine oder andere Weise auf meine mir unbekannte Herkunft bezog« (199 f.). Die Verdrängung wird derart internalisiert, dass Austerlitz eine »Art von Quarantäne- und Immunsystem« (201) aufbaut und eine Strategie der »Wissensanhäufung« als »ersatzweises, kompensatorisches Gedächtnis« (202) entwickelt.

Schreib- und Sprachkrise

Das Problem des Erinnerungsprozesses wird direkt mit dem des Schreibprozesses verbunden. Austerlitz' groß angelegter Plan, eine mehrbändige Architektur- und Zivilisationsgeschichte zu schreiben, überwältigt ihn allmählich, und sobald seine eigenen, persönlichen Erinnerungen wieder zurückkommen, erfährt er eine Art existenzieller Krise, die mit einer Schreibkrise enggeführt wird. Sie gipfelt in der völligen Entfremdung von der Sprache und wird von Austerlitz so beschrieben: »Das gesamte Gliederwerk der Sprache, die syntaktische Anordnung der einzelnen Teile, die Zeichensetzung, die Konjunktionen und zuletzt sogar die Namen der gewöhnlichen Dinge, alles war eingehüllt in einen undurchdringlichen Nebel« (Aus 179). Bei dieser Szene handelt es sich um eine klare Anspielung auf die berühmte Sprachkrise des Lord Chandos, die in Hugo von Hofmannsthals *Ein Brief* formuliert wird. Die Probleme des Erinnerungsprozesses, die aus dem paralysierenden Schreibprozess erwachsen, stehen auch im Vordergrund von Sebalds früherer Publikation *Die Ausgewanderten*. Der Erzähler von Max Aurachs Geschichte etwa zweifelt an seiner Fähigkeit, die Erzählung aufschreiben zu können und spricht von einem »lähmenden Skrupulantismus« beim Schreiben (Agw 344).

Trauma und Zeugenschaft

Die Erzählstruktur von *Austerlitz* ist im Rahmen der problematischen Zeugenschaft eines traumatischen Erlebnisses zu verstehen. In dem bahnbrechenden Werk zur Zeugenschaft von Shoshana Felman und Dori Laub heißt es: »Testimonies are not monologues; they cannot take place in solitude. The witnesses are talking to somebody: to somebody they have been waiting for for a long time« (Laub 1992, 57). Als Austerlitz dem Erzähler nach zwei Jahrzehnten zufällig wieder begegnet, artikuliert er sein Bedürfnis, seine Geschichte zu erzählen und dass er dafür einen Zuhörer brauche (Aus 64). Als er dann seine Geschichte dem Erzähler anvertraut, findet eine Art Zeugnis-Ablegen statt. Die dialogische Struktur der Zeugenschaft – hier in *Austerlitz* aber ohne expliziten Dialog geschrieben – wird nicht nur durch die Zwiegespräche zwischen Austerlitz und dem Erzähler hervorgebracht, sondern auch durch die Gespräche zwischen Austerlitz und anderen Figuren, etwa Věra in Prag und dem Bibliothekar Lemoine in Paris, bei denen die Titelfigur dann zum Zuhörer wird. Věra und Lemoine werden wiederum zu Zuhörern der Geschichten von Austerlitz' Mutter Agáta bzw. von einem Überlebenden. Lemoine zitiert die Quelle seines Wissens vom Lagerplatz Austerlitz-Tolbiac in Paris: »wie mir einer, der in dem Lager tätig gewesen ist, unlängst berichtet hat, sagte Lemoine« (404). Zeugenschaft funktioniert als strukturierendes Prinzip des Textes, und darüber hinaus wird sie von Sebald auch intertextuell in den Text eingeschrieben. Die Erfahrungen von Augenzeugen wie Jean Améry, Saul Friedländer und H. G. Adler liefern eine wesentliche Basis für *Austerlitz*, und Sebald arbeitet solche literarischen und dokumentarischen Quellen in unterschiedlichen Graden in den Text ein.

Geschichte, Realismus und Metaphysik

Der Frage, wie Geschichte geschrieben wird und welche Art von Geschichten überhaupt aufgeschrieben wird, gilt ein Hauptinteresse Sebalds, wie man schon in den *Ringen des Saturn* und in *Luftkrieg und Literatur* erkennen kann, und seine Geschichtsauffassung bekommt in *Austerlitz* das deutlichste Profil. Die ›offizielle‹ Geschichtsschreibung – die Darstellung der Geschichte in Geschichtsbüchern, Gemälden, Monumenten – wird in allen Werken Sebalds skeptisch, sogar kritisch vorgestellt. Es ist ihm viel wichtiger, »die Geschichte empathetisch zugänglich« zu machen, wie er es 1993 in einem Interview mit Sigrid Löffler formulierte (Ges 85) – freilich unter Vermeidung unreflektierter Einfühlung und Identifikation. Die Darstellung traumatischer Erfahrungen und die literarische Modellierung einer empathischen Teilhabe an ihnen ist ein zentrales Thema, und das Problem der semiotischen Transformation – wie diese sinnlichen Wahrnehmungen in Worte zu fassen sind – wird nicht durch eine vorgeblich ›direkte‹ Repräsentation historischer Fakten gelöst. Sogar das Gegenteil lässt sich feststellen, denn es sind die historischen Tatsachen selbst, sowie die »immer schon vorgefertigten, in das Innere unserer Köpfe gravierten Bilder[ ]« (Aus 105), die diese Transformationsversuche erschweren.

Wie alle Werke Sebalds hat *Austerlitz* eine geschichtliche Grundlage und verweist sowohl auf textexterne historische Ereignisse als auch auf real existierende Personen. Diese Kombination von Geschichte und Literatur, von Fakten und Fiktionen ist in der Forschung als »faction« (Craven 1999, 220) oder »hybrid« (Lewis 2001, 87; Long 2003, 117; Wolff 2014, 3, 50 f., 60 f.) bezeichnet worden. Ferner ist der von Roland Barthes geprägte Begriff des »Realitätseffekts« (*l'effet de réel*) für eine Charakterisierung von Sebalds Schreibweise in Anspruch genommen worden. Eine Anhäufung von Details, die für die Narration überflüssig erscheinen, vermittelt dem Leser den Eindruck, dass er einen ›realen‹, wirklichkeitstreuen Text liest. Es ist aber nicht nur die Anhäufung von Details, die Sebalds Werken einen Realitätseffekt verleihen, sondern es sind auch die »Vorlagen«, die er verwendet: Dokumente, Bücher, Briefe und Zeitungsartikel, und bisweilen legt er diese Quellen offen durch seine »Mischform aus Paraphrase und Zitat«, wie Marcel Atze dieses Verfahren charakterisiert (Atze 2005, 92). Auf diese Weise dekonstruiert er den Mythos des leeren Blattes, demzufolge ein Autor aus dem Nichts erfinde. Ein exemplarisches Beispiel seiner Arbeit mit Vorlagen ist der Artikel »Die Türme des Schweigens« von Alexander Smoltczyk mit Photographien von Maurice Weiss, der 1997 im *Zeitmagazin* veröffentlicht wurde. Dieser Artikel befindet sich im Nachlass Sebalds und ist die Quelle für das Gespräch zwischen Austerlitz und dem Bibliothekar Lemoine, das im 18. Stock der neuen Bibliothèque Nationale in Paris stattfindet. Ohne den Nachlass konsultiert zu haben, hat James L. Cowen diese Vorlage identifiziert sowie die Abweichungen in Sebalds Erzählung von den historischen Dokumenten akribisch nachgewiesen (vgl. Cowan 2010, 69 f.). Insbesondere sind es aber die in Sebalds Texte implementierten Bilder, die einen Realitätseffekt erzeugen. Und noch genauer sind es die Photographien, die sich auf eine außerliterarische Realität beziehen. Der Leser wird durch diese permanent suggerierte Referenzialität aufgefordert, sich mit dem Verhältnis zwischen Literatur und ›Realität‹ auseinanderzusetzen.

Das Einarbeiten biographischer Details bei der Erschaffung fiktionaler Figuren trägt weiterhin zur Erzeugung des Realitätseffekts bei. Vergleichbar mit der Figur Max Aurach in *Die Ausgewanderten*, für die Sebald den Maler Frank Auerbach als Vorbild nahm, basiert Austerlitz' Lebensgeschichte hauptsächlich auf zwei real existierenden Vorbildern. Im *Spiegel*-Gespräch mit Martin Doerry und Volker Hage erwähnt Sebald einen Historiker und Kollegen sowie eine in England lebende Frau, die zusammen mit ihrer Zwillingsschwester mit einem Kindertransport aus Nazideutschland flüchtete (Ges 196–197). Saul Friedländer kann man als weitere Quelle für die Figur Austerlitz betrachten (vgl. Wolff 2014, 136 f.). Solche zusammengesetzten Figuren zeigen, wie Sebalds Texte durch eine Fiktionalisierung der Realität oder den Versuch, einen Realitätseffekt durch extratextuelle Bezüge zu erzeugen, geprägt sind. Für dieses Verfahren ist Sebald in der Forschung auch kritisiert worden (Modlinger 2013). Gleichwohl gibt es mehrere Momente in *Austerlitz*, die gegen die ›Regeln‹ des Realismus verstoßen. Hutchinson etwa sieht eine dialektische Spannung »zwischen dem höchst künstlichen Stil« der Prosa Sebalds einerseits, und ihrem scheinbar dokumentarischen Realismus andererseits« (Hutchinson 2009, 36). Und Jan Ceuppens stellt fest: »The narrator's impossibly complete memory is one of the many strategies employed by Sebald to indicate that, in spite of their apparent realism, his narratives are fictional, not factual« (Ceuppens 2004, 191).

Zeit und Zeitlosigkeit

Mit den oben erwähnten Themen, vor allem Erinnerung und Geschichte, ist die Frage der Zeit – wie sie erfahren und wahrgenommen wird – verbunden. Die räumliche Auffassung der Zeit – als eine »gesamte Ebene«, wie sie in *Austerlitz* dargestellt wird – setzt ein besonderes Konzept von Erinnerung voraus: Das menschliche Gedächtnis wird dynamisch gefasst. Sebalds Schreiben strebt eine Simultaneität der Zeit an, anstatt den Text durch ein chronologisches Nacheinander zu strukturieren. Einerseits sind verschiedene Zeiten gleichzeitig wahrnehmbar – wie in der Schlüsselszene im Ladies Waiting Room der Liverpool Street Station – und andererseits wird die Zeit sogar aufgehoben, insofern als »die Wiederkunft der Vergangenheit« (Aus 265) nicht immer logisch nachvollziehbar ist. In diesem Sinne beschreibt Austerlitz seinen Eindruck, »als gäbe es überhaupt keine Zeit, sondern nur verschiedene, nach einer höheren Stereometrie ineinander verschachtelte Räume, zwischen denen die Lebendigen und die Toten, je nachdem es ihnen zumute ist, hin und her gehen können [...]« (265). So bemerkt er weiter: »Alle Momente unseres Lebens scheinen mir dann in einem einzigen Raum beisammen, ganz als existierten die zukünftigen Ereignisse bereits und harrten nur darauf, daß wir uns endlich in ihnen einfinden, so wie wir uns, einer einmal angenommenen Einladung folgend, zu einer bestimmten Stunde einfinden in einem bestimmten Haus. Und wäre es nicht denkbar, fuhr Austerlitz fort, daß wir auch in der Vergangenheit, in dem, was schon gewesen und größtenteils ausgelöscht ist, Verabredungen haben und dort Orte und Personen aufsuchen müssen, die, quasi jenseits der Zeit, in einem Zusammenhang stehen mit uns?« (363).

Austerlitz erläutert seine Zeitauffassung ironischerweise, als er mit dem Erzähler die »Sternkammer« von Greenwich besucht. Austerlitz erklärt die Zeit als »weitaus die künstlichste« (145) aller menschlichen Erfindungen, und er drückt seine skeptische Auffassung des gängigen Zeitbegriffs aus, wenn er sagt: »Eine Uhr ist mir immer wie etwas Lachhaftes vorgekommen, wie etwas von Grund auf Verlogenes, vielleicht weil ich mich, aus einem mir selber nie verständlichen inneren Antrieb heraus, gegen die Macht der Zeit stets gesträubt und von dem sogenannten Zeitgeschehen mich ausgeschlossen habe, in der Hoffnung, wie ich heute denke, sagte Austerlitz, dass die Zeit nicht verginge, nicht vergangen sei, dass ich hinter sie zurücklaufen könne, dass dort alles so wäre wie vordem oder, genauer gesagt, dass sämtliche Zeitmomente gleichzeitig nebeneinander existierten, beziehungsweise dass nichts von dem, was die Geschichte erzählt, wahr wäre, das Geschehene noch gar nicht geschehen ist, sondern eben erst geschieht, in dem Augenblick, in dem wir an es denken, was natürlich andererseits den trostlosen Prospekt eröffne eines immerwährenden Elends und einer niemals zu Ende gehenden Pein« (147 f.). Für Austerlitz gibt es keine klare Trennung zwischen Vergangenheit, Gegenwart und Zukunft und auch keine klare Trennung zwischen den Lebenden und den Toten. Dass er die Zeit räumlich und genauer noch auf einer »gesamte[n] Ebene« empfindet (197), hat wichtige Implikationen sowohl für die persönliche Wahrnehmung als auch für die Auffassung von Geschichte. Wenn die Zeit kontinuierlich ist und wenn es keine klare Trennung zwischen Vergangenheit und Gegenwart gibt, dann gibt es auch das Risiko der dauernden Verdrängung und Amnesie oder der unendlichen Wiederholung eines Traumas.

Um den – auch von anderen Figuren geäußerten

(vgl. 402 f.) – Zeitskeptizismus konsequent auf die Darstellungsebene zu übertragen, wird Zeit in *Austerlitz* nur selten mit technischen Instrumenten nach gewöhnlichen Standards gemessen, stattdessen mithilfe von Licht und der Beschreibung meteorologischer Sachverhalte markiert. So beginnt der Erzähler die Geschichte »an einem strahlenden Frühsommertag« (5) und lässt sie »[i]n dem hellen Frühlingslicht« (411) enden. Er hebt oft das Zwielicht hervor, etwa »in der allmählich dichter werdenden Dämmerung« (172) und »[i]n der langsam über London sich senkenden Dämmerung« (324). Auch Austerlitz macht ähnliche Andeutungen in seiner Erzählung, zum Beispiel: »an einem viel zu hellen, gewissermaßen überbelichteten Tag« (207), »an diesem kaltgrauen Morgen« (268), »Es war einer jener strahlend glasklaren Frühlingstage« (290), »Es war ein dunkler, bedrückender Morgen« (314), »an einem ungewöhnlich drückenden Septembersonntag, an dem sich graue Gewitterwolken von Südwesten her über den Himmel heraufwälzten« (372), »an einem nebligen Samstagnachmittag« (382).

Forschung zu »Austerlitz«

Die Sebald-Forschung ist theoretisch und methodisch insgesamt breit gefächert, was sich in den Analysen zu *Austerlitz* widerspiegelt. Hermeneutische, biographische und motivgeschichtliche Analysen sowie komparatistische Untersuchungen stehen neben erzähltheoretischen (oft mit intertextuellem und intermedialem Fokus), poetologischen und stilistischen, sowie solchen, die der Traumaforschung oder der Psychoanalyse verpflichtet sind. Weitere Topoi, die in der Forschung Berücksichtigung finden, sind Modernität (Long 2007, Presner 2007), Reisen (Zisselsberger 2008) und Heimat (Fuchs 2006). Besonders aufschlussreich sind die Untersuchungen, die narratologische mit thematischen Fragestellungen verbinden und dadurch die komplexen poetologischen und literaturhistorischen Netzwerke transparent machen.

Die Schrecken des Zweiten Weltkrieges und des Holocaust, obwohl von Sebald persönlich nicht erfahren, sind von zentraler Bedeutung für das Verständnis von *Austerlitz*. Die Rezeptions-Fokusse sind daher am stärksten vom Holocaust-Trauma, dessen Verdrängung und Aufarbeitungsversuchen sowie von unterschiedlichen Dimensionen von Erinnerungsdiskursen geprägt. Der Sammelband *Witnessing, Memory, Poetics: H. G. Adler und W. G. Sebald* nimmt die intertextuelle und intermediale Verbindung zu H. G. Adlers *Theresienstadt* in *Austerlitz* als Ausgangspunkt, um die ethischen und ästhetischen Möglichkeiten der transgenerationalen Zeugenschaft und Darstellung des Holocaust zu untersuchen (Finch/Wolff 2014). Gleichwohl kann *Austerlitz* in einen breiteren Kontext gestellt werden, etwa zu dem der Modernität (vgl. Long 2007, 169) oder in Bezug auf »die Funktion der Natur- und Landschaftsdarstellung oder Sebalds Architekturdiskurs« (Fuchs 2004, 17). Hutchinson und Seitz sehen in Sebalds Stil die ästhetische Fortsetzung der von der Frankfurter Schule geprägten Geschichtsphilosophie, die mit einer Fortschrittskritik einhergeht (vgl. Hutchinson 2009, 33; Seitz 2011).

Intertextualität ist ein integraler Bestandteil von Sebalds Schreibweise, und die für *Austerlitz* relevanten Analysen befassen sich vorwiegend mit Sebalds Geschichtsauffassung oder mit dem Thema des verdrängten Traumas. Irene Heidelberger-Leonard zum Beispiel versteht Jean Amérys Werke als »Urtexte« statt als »Prä-Texte« von Sebalds *Austerlitz*, denn diese Werke beeinflussen nicht nur die Konstruktion des Textes und den Protagonisten, sondern auch die extratextuelle Person des Autors W. G. Sebald selber und sein Verständnis der Geschichte und der Darstellung des Holocaust (Heidelberger-Leonard 2005). Martin Swales unterscheidet zwischen Austerlitz und dem Erzähler, um die distanzierte Darstellung von Trauma, d. h. »the metonymy of melancholy«, in *Austerlitz* weiter zu betonen: »[Sebald] avoids confessional overtness because at the heart of that overtness would be the scream that would be neither aesthetically nor morally endurable« (Swales 2003, 86).

Die produktive Spannung zwischen Text und Bild ist neben der Intertextualität einer der meist untersuchten Aspekte in der Sebald-Forschung (vgl. etwa Patt 2007). Im Vergleich mit dem experimentellen Schreiben des Surrealismus und des Dadaismus oder der dialektischen Struktur der Text-Bild-Beziehung bei Alexander Kluge, betont Bernhard Malkmus die Innovation von Sebalds »text-image configurations«: »They are intermedial in the proper sense of the word as ›a differentiating form of an in-between.‹ The reader is caught up in the interstices between narrative text and visual subtext. It is often impossible to disentangle these two dimensions in Sebald because he is aiming at a *topos* which arises in the in-between, in the mutual illustration, anticipation and undermining of text and image« (Malkmus 2005, 213 f.). Carolin Duttlingers exemplarische Untersuchung von Bildern und zentralen Begriffen der Visualität in Sebalds *Austerlitz*

unterstreicht die Besonderheit seiner fiktionalen Prosaform, die dokumentarisches Material und theoretische Überlegungen miteinander verbindet, ohne deshalb ihre Literarizität einzubüßen. Duttlingers Analyse zeigt strukturelle Ähnlichkeiten zwischen Photographie und Erinnerung auf, um schließlich die wesentliche Rolle des Vergessens hervorzuheben (vgl. Duttlinger 2004, 157). Eine gründliche Einführung in die theoretischen Überlegungen zur Text-Bild-Beziehung, die auch die Verbindung zwischen Photographie und Erinnerung erläutert, bietet der Aufsatz von Alexandra Tischel (Tischel 2006). Thomas von Steinaecker begreift die Photos in *Austerlitz* inhaltlich und strukturell als »Allegorien des Todes« (von Steinaecker 2007, 133), während Andrea Gnam auf eine praktischere Dimension der eingebetteten Photographien hindeutet: »Zunächst bieten die Abbildungen dem Leser eine visuelle Orientierungshilfe in dem weder nach Kapiteln und nur selten in Absätzen gegliederten mehr als vierhundert Seiten umfassenden Roman. Wer eine bestimmte Textstelle sucht, kann sich vielleicht an die Fotografie oder druckgraphische Abbildung erinnern, in deren Umkreis sie zu finden ist« (Gnam 2007, 39).

Die Geschichte – sowohl als Ereignis wie auch als Historiographie – spielt eine zentrale Rolle in *Austerlitz*. Gegen traditionelle Formen der Geschichtsschreibung kultiviert Sebald eine Art ›Oral History‹. Mit Hinweis auf Jan Assmann situiert Antje Tennstedt Sebalds Texte im Übergang vom kommunikativen zum kulturellen Gedächtnis (vgl. Tennstedt 2004, 42). Auch wenn es um »große« Figuren der Geschichte geht – etwa Napoleon, Hitler, François Mitterrand – werden sie nicht namentlich erwähnt (vgl. Wolff 2014, 54 f.). Auf diese Weise trägt *Austerlitz* zu einer »Geschichte von unten« bei: Der Text schreibt Geschichte gegen den Strich, wie Walter Benjamin in seinen »Thesen zur Geschichte« formuliert. Benjamin ist ohnehin, so Irving Wohlfarth, Austerlitz' »unsichtbarer Zwillingsbruder« (Wohlfarth 2008, 198) und viele Forscher haben Benjamins Einfluss auf Sebald überhaupt hervorgehoben. Die neue Studie von Nikolai Jan Preuschoff ist hier zu nennen als ausführlicher Nachweis von Benjamins Spuren in Sebalds literarischem Werk (Preuschoff 2015).

Sebald versucht, die Vergangenheit nicht anhand von Fakten zu belegen, sondern geschichtsübergreifende Verbindungen zu ziehen und Netzwerke aufzuweisen. Es geht ihm nicht in erster Linie um die Rekonstruktion der Geschichte, sondern, wie Todd Samuel Presner ausführt, Sebalds »writing unlinks history from a literal reproduction of the past and, in so doing, forces us to imagine another kind of history« (Presner 2007, 238). Es geht Sebald um den »Versuch der Restitution«, wie er selber formulierte (CS 248). Ignasi Ribó versteht dies als »a way of *inducing remembrance in us*, the readers. It is in the reader's consciousness where *restitution* can take place« (Ribó 2009, 239, Hervorh. im Orig.). In ihrer Untersuchung der Aspekte der »Unschärfe« und des »Schwindel[s]«, d. h. der Spannung zwischen Fakten und Fiktion in Sebalds Prosa, betont Claudia Öhlschläger, dass Sebalds Werk »ein historiographisches Projekt« oder »ein Stück Geschichtsschreibung mit poetischen Mitteln« sei (Öhlschläger 2005, 11) Anne Fuchs streicht heraus, wie Sebalds Geschichtsauffassung nicht nur auf der Annahme von kausalen Entwicklungen gegründet ist, sondern als ein Netzwerk von Katastrophen gelesen werden kann (vgl. Fuchs 2004, 53). In diesem Sinne erkennen viele Wissenschaftler eine Art Metaphysik der Geschichte in Sebalds Werken (vgl. den Sammelband *W. G. Sebald and the Writing of History*, Fuchs/Long 2007 oder Jackman 2004). Amir Eshel zeigt auf, wie Sebalds Auffassung der Geschichte direkt mit der Darstellung der Zeit zusammenhängt. Er charakterisiert Sebalds Schreibweise als eine Poetik des »Aufschubs«, der »suspends notions of chronology, succession, comprehension, and closure – a poetics that, rather than depicting and commenting on the historical event in time, constitutes an event, becomes the writing of a different, a literary time« (Eshel 2003, 74). Mehrere Autoren haben den nicht-chronologischen Aufbau von Sebalds *Austerlitz* betont, insbesondere in Verbindung mit der Erinnerung, z. B. durch die Überblendung von Erinnerungen in filmischen oder photographischen Bildern als erzähltheoretische Strategie (vgl. Mosbach 2007, 390), oder durch »räumliches Denken«, das die Chronologie ersetzt (vgl. Solheim 2006, 321), oder durch »»Gegen-Zeitigkeit‹«, die »einen Widerstand gegen die Auslöschung der Erinnerung« ermöglicht (Vogel-Klein 2005, 100).

Sebald versucht in seinen literarischen Werken, die neuere deutsche Geschichte literarisch darzustellen, und zeigt dabei, wie problematisch es ist, sich der Vergangenheit anzunähern und sie in eine sprachliche Form zu übertragen. Man kann diese Darstellungsproblematik als Erweiterung der Tradition der sogenannten Vergangenheitsbewältigung verstehen. Trotz ihrer historischen Fundierung sind Sebalds Texte alles andere als historische Romane im traditionellen Sinne. Den Unterschied zum historischen Roman erkennt man vor allem an der Form des Textes: die

fehlende Gattungsbezeichnung in der Originalauflage von *Austerlitz*, der nicht-traditionelle Aufbau, die verschachtelte Erzählweise wären hier noch einmal zu erwähnen. Überdies unterscheiden sich Sebalds Werke von der Dokumentarfiktion (s. Kap. 21). Es geht Sebald nicht (nur) darum, eine Geschichte (im Sinne von Erzählung/*story*) mit historischen Quellen zu stützen; vielmehr versuchen die Texte, umstrittene Stellen der Geschichte mit Problemen der Darstellung zu verbinden sowie den Schreibprozess als solchen zu thematisieren und darüber *im literarischen Diskurs* zu reflektieren: Literatur wird reflektierte Historiographie, ohne ihre Literarizität zu verlieren (Wolff 2014).

Seine Werke vertreten nicht die These, dass Geschichte in Literatur ein sprachliches Konstrukt mit nur-sprachlicher Referenz sei, sondern sie unterstreichen die epistemologischen, ästhetischen und ethischen Herausforderungen, mit welchen sowohl der Geschichtsschreiber als auch der Schriftsteller konfrontiert wird, wenn er versucht, sich der Vergangenheit anzunähern. Sebalds Texte markieren offensiv die Leistung des literarischen Diskurses. Trotz aller Herausforderungen, trotz aller Grenzen der Darstellbarkeit, ist es, wie Sebald vorführt, möglich, individuelle und kollektive Erfahrungen und Erinnerungen in eine sprachliche – und zwar literarische – Form zu übertragen. Gleichzeitig wird dieser Übersetzungsprozess durch meta-literarische Reflexionen innerhalb des literarischen Diskurses thematisiert. In einem Gespräch mit Christopher Bigsby beschreibt und begründet Sebald seine Methode: »That temptation to work with very fragmentary pieces of evidence, to fill in the gaps and blank spaces and create out of this a meaning which is greater than that which you can prove, led me to work in a way which wasn't determined by any discipline. It wasn't history, it wasn't literary criticism, it wasn't sociology, but it was all of these things together« (Bigsby 2001, 153). Hier beschreibt Sebald, wie er mit Teil-Einsichten arbeitet und wie er versucht, die Leerstellen zu füllen, und er begründet dieses Verfahren, indem er eine Bedeutung gewissermaßen emergent sichtbar werden läßt, die explizit nicht benennbar sei. Seine Schreibweise folgt weder der Geschichtsschreibung noch der Literaturwissenschaft, noch der Soziologie, sondern sie verbindet alle miteinander. Diese Methode des Forschens, Findens und Erfindens ist allen Texten Sebalds genuin eingeschrieben, am stärksten aber in der oben erwähnten Parallelsuche in *Austerlitz*. Die Forschung des Autors – wie er seine Geschichten aus zahlreichen Quellen, unter anderem aus Berichten, Zeitungsartikeln und Bildern zusammenstellt – wird in den Text eingearbeitet, und sie spiegelt sich dann in den Recherchen seiner fiktionalen Figuren wider. Und schließlich geht der Leser diesen Spuren nach, um sowohl die Geschichte (*history*) als auch die Konstruktion der Geschichten (*stories*) zu rekonstruieren. Durch die Konstruktion des Textes wird es schwierig, wenn nicht unmöglich, von einer Fakt-Fiktion-Dichotomie zu sprechen. Die Spuren seiner Forschung und seiner Quellen – seien es Photographien, Dokumente, historische oder literarische Texte – sollen dem Leser in verschiedenen Aspekten erscheinen, womit klar wird, dass wir weder nur mit der Geschichte noch nur mit Geschichten zu tun haben, sondern mit der *Geschichtsschreibung* als Hybridpraxis überhaupt, genauer gesagt: mit der Literatur als einer Form von Geschichtsschreibung.

Literatur

Atze, Marcel: W. G. Sebald und H. G. Adler. Eine Begegnung in Texten. In: Ruth Vogel-Klein (Hg.): *Mémoire. Transferts. Images. / Erinnerung. Übertragungen. Bilder. Recherches germaniques*. Hors Série 2 (2005), 87–97.

Bigsby, Christopher: W. G. Sebald. In: Christopher Bigsby: *Writers in Conversation with Christopher Bigsby*. Bd. 2. Norwich [U. K.] 2001, 139–165.

Catling, Jo/Hibbitt, Richard (Hg.): *Saturn's Moons. W. G. Sebald – A Handbook*. London 2011.

Ceuppens, Jan: Seeing Things: Spectres and Angels in W. G. Sebald's Prose Fictions. In: J. J. Long/Anne Whitehead (Hg.): *W. G. Sebald. A Critical Companion*. Seattle 2004, 190–202.

Cowan, James L.: Sebald's *Austerlitz* and the Great Library: History, Fiction, Memory. Parts I and II. In: *Monatshefte* 102/1–2 (2010), 51–81; 192–207.

Craven, Peter: W. G. Sebald: Anatomy of Faction. In: *Heat: Literary International* 13 (1999), 212–224.

Duttlinger, Carolin: Traumatic Photographs: Remembrance and the Technical Media in W. G. Sebald's *Austerlitz*. In: J. J. Long/Anne Whitehead (Hg.): *W. G. Sebald. A Critical Companion*. Seattle 2004, 155–171.

Eshel, Amir: Against the Power of Time: The Poetics of Suspension in W. G. Sebald's *Austerlitz*. In: *New German Critique* 88/4 (2003), 71–96.

Felman, Shoshana/Laub, Dori: *Testimony. Crises of Witnessing in Literature, Psychoanalysis, and History*. New York/ London 1992.

Finch, Helen/Wolff, Lynn L. (Hg.): *Witnessing, Memory, Poetics: H. G. Adler and W. G. Sebald*. Rochester, NY 2014.

Fuchs, Anne: A *Heimat* in Ruins and the Ruins as *Heimat*: W. G. Sebald's *Luftkrieg und Literatur*. In: Anne Fuchs/ Mary Cosgrove/Georg Grote (Hg.): *German Memory Contests. The Quest for Identity in Literature, Film, and Discourse since 1990*. Rochester, NY 2006, 287–302.

Fuchs, Anne: ›Die Schmerzensspuren der Geschichte‹. Zur Poetik der Erinnerung in W. G. Sebalds Prosa. Köln 2004.

Fuchs, Anne/Long, J. J. (Hg.): *W. G. Sebald and the Writing of History*. Würzburg 2007.

Gnam, Andrea: Fotografie und Film in W. G. Sebalds Erzählung *Ambros Adelwarth* und seinem Roman *Austerlitz*. In: Sigurd Martin/Ingo Wintermeyer (Hg.): *Verschiebebahnhöfe der Erinnerung: Zum Werk W. G. Sebalds*. Würzburg 2007, 27–47.

Heidelberger-Leonard, Irene: Jean Amérys Werk – Urtext zu W. G. Sebalds *Austerlitz*? In: Ruth Vogel-Klein (Hg.): *Mémoire. Transferts. Images. / Erinnerung. Übertragungen. Bilder. Recherches germaniques*. Hors Série 2 (2005), 117–128.

Hutchinson, Ben: *W. G. Sebald – Die dialektische Imagination*. Berlin/New York 2009.

Jackman, Graham: ›Gebranntes Kind?‹ W. G. Sebald's ›Metaphysik der Geschichte.‹ In: *German Life and Letters* 57/4 (2004), 456–471.

Lewis, Tess: W. G. Sebald: The Past is Another Country. In: *The New Criterion* (Dezember 2001) 85–90.

Long, Jonathan: *W. G. Sebald: Image, Archive, Modernity*. Edinburgh 2007.

Lubow, Arthur u. a.: A Symposium on W. G. Sebald. In: *The Threepenny Review* 89 (2002), http://www.threepenny review.com/samples/sebaldsympos_sp02.html.

Malkmus, Bernhard: ›All of them Signs and Characters from the Type-Case of Forgotten Things‹ – Intermedia Configurations of History in W. G. Sebald. In: Silke Arnold-de Simine (Hg.): *Memory Traces. 1989 and the Question of German Cultural Identity*. New York 2005, 211–244.

Modlinger, Martin: ›You can't change names and feel the same‹: The Kindertransport Experience of Susi Bechhöfer and W. G. Sebald's *Austerlitz*. In: *Yearbook of the Research Centre for German and Austrian Exile Studies* 13 (2012), 219–232.

Mosbach, Bettina: Superimposition as a Narrative Strategy in *Austerlitz*. In: Lise Patt (Hg): *Searching for Sebald. Photography after W. G. Sebald*. Los Angeles 2007, 390–411.

Öhlschläger, Claudia: Unschärfe. Schwindel. Gefühle. W. G. Sebalds intermediale und intertextuelle Gedächtniskunst. In: Ruth Vogel-Klein (Hg.): *Mémoire. Transferts. Images. / Erinnerung. Übertragungen. Bilder. Recherches germaniques*. Hors Série 2 (2005), 11–23.

Patt, Lise (Hg): *Searching for Sebald. Photography after W. G. Sebald*. Los Angeles 2007.

Pic, Muriel: *W. G. Sebald – L'image papillon. Suivi de W. G. Sebald: L'art de voler*. Paris 2009.

Presner, Todd Samuel: Vienna – Rome – Prague – Antwerp – Paris. The Railways of Modernity: Freud and Sebald on the Narration of German/Jewish Remains. In: *Mobile Modernity: Germans, Jews, Trains*. New York 2007, 233–283.

Preuschoff, Nikolai Jan: *Mit Walter Benjamin. Melancholie, Geschichte und Erzählen bei W. G. Sebald*. Heidelberg 2015.

Ribó, Ignasi: The One-Winged Angel. History and Memory in the Literary Discourse of W. G. Sebald. In: *Orbis Litterarum* 64/3 (2009), 222–262.

Schütte, Uwe: *W. G. Sebald. Einführung in Leben und Werk*. Göttingen 2011.

Seitz, Stephan. *Geschichte als bricolage – W. G. Sebald und die Poetik des Bastelns*. Göttingen 2011.

Sheppard, Richard: W. G. Sebald: A Chronology. In: Jo Catling/Richard Hibbitt (Hg.): *Saturn's Moons. W. G. Sebald – A Handbook*. London 2011, 619–658.

Shields, Andrew: Neun Sätze aus *Austerlitz*. In: *Akzente* 50/1 (2003), 63–72.

Solheim, Birger: Die Wende als Möglichkeit eines neuen Blicks auf die Vergangenheit. Zeit- und Raumkonzepte zwischen Realität und Fiktion bei W. G. Sebald und Jürgen Becker. In: Ulrich Breuer/Beatrice Sandberg (Hg.): *Autobiographisches Schreiben in der deutschsprachigen Gegenwartsliteratur*. Bd. 1. *Grenzen der Identität und der Fiktionalität*. München 2006, 318–331.

Swales, Martin: Intertextuality, Authenticity, Metonymy? On Reading W. G. Sebald. In: Rüdiger Görner (Hg.): *The Anatomist of Melancholy. Essays in Memory of W. G. Sebald*. München 2003, 81–87.

Tennstedt, Antje: L'Illusion d'une communication orale dans *Die Ausgewanderten* (1992) et *Austerlitz* (2001) de W. G. Sebald. In: *Cahiers d'Études Germaniques* 47 (2004), 33–43.

Tischel, Alexandra: Aus der Dunkelkammer der Geschichte. Zum Zusammenhang von Photographie und Erinnerung in W. G. Sebalds *Austerlitz*. In: Michael Niehaus/Claudia Öhlschläger (Hg.): *W. G. Sebald. Politische Archäologie und melancholische Bastelei*. Berlin 2006, 31–45.

Vogel-Klein, Ruth: Rückkehr und Gegen-Zeitigkeit. Totengedenken bei W. G. Sebald. In: Ruth Vogel-Klein (Hg.): *Mémoire. Transferts. Images. / Erinnerung. Übertragungen. Bilder. Recherches germaniques*. Hors Série 2 (2005), 99–115.

von Bülow, Ulrich/Gfrereis, Heike/Strittmatter, Ellen (Hg.): *Wandernde Schatten. W. G. Sebalds Unterwelt*. Marbach am Neckar 2008.

von Bülow, Ulrich: Sebalds Korsika-Projekt. In: Ulrich von Bülow/Heike Gfrereis/Ellen Strittmatter (Hg.): *Wandernde Schatten. W. G. Sebalds Unterwelt*. Marbach am Neckar 2008, 211–224.

von Bülow, Ulrich: The Disappearance of the Author in the Work: Some Reflections on W. G. Sebald's *Nachlass* in the Deutsches Literaturarchiv Marbach. In: Jo Catling/Richard Hibbitt (Hg.): *Saturn's Moons. W. G. Sebald – A Handbook*. London 2011, 247–263.

von Steinaecker, Thomas: Zwischen schwarzem Tod und weißer Ewigkeit: Zum Grau auf den Abbildungen W. G. Sebalds. In: Sigurd Martin/Ingo Wintermeyer (Hg.): *Verschiebebahnhöfe der Erinnerung: Zum Werk W. G. Sebalds*. Würzburg 2007, 119–135.

Williams, Arthur: W. G. Sebald's Three-Letter Word: On the Parallel World of the English Translations. In: Jeannette Baxter/Valerie Henitiuk/Ben Hutchinson (Hg.): *A Literature of Restitution: Critical Essays on W. G. Sebald*. Manchester 2013, 25–41.

Wohlfarth, Irving: Anachronie. Interferenzen zwischen Walter Benjamin und W. G. Sebald. In: *IASL* 22/3 (2008), 184–242.

Wolff, Lynn L.: *W. G. Sebald's Hybrid Poetics: Literature as Historiography*. Berlin/Boston 2014.

Zisselsberger, Markus (Hg.): *The Undiscover'd Country. W. G. Sebald and the Poetics of Travel*. Rochester, NY 2010.

Lynn L. Wolff

8 »Campo Santo« und weitere Prosa

Als Sebald am 14. Dezember 2001 verstarb, befand er sich international auf der Höhe seines Ruhmes. Entsprechend groß war das Kritikerecho auf den im Herbst 2003 erschienenen Band *Campo Santo*, der Erzählprosa aus einem von Sebald aufgegebenen Buchprojekt über Korsika sowie kritische Aufsätze, Essays und Reden umfasst, die »stets auch eine poetologische Selbstauskunft« (Köhler 2003) enthalten und zeigen, wie Sebald eine »angemessene Sprache und Erzählstrategie« (Kübler 2003) im eigenen Schreiben wie in den Arbeiten anderer einfordert. *Campo Santo* veranschaulicht, dass Sebalds Arbeiten, unabhängig von ihrer Textsorte, über Jahrzehnte hinweg denselben poetologischen Prämissen folgen und sich so zu einem konsistenten Gesamtwerk fügen. »His overarching literary project remained constant, regardless of what form he chose« (Franklin 2005).

Bei den insgesamt 18 Beiträgen des Bandes handelt es sich, mit Ausnahme des zu Sebalds Lebzeiten unveröffentlichten, aber von ihm noch zum Druck eingerichteten, namensgebenden Manuskripts *Campo Santo*, um zuerst zwischen 1972 und 2001 publizierte Texte. Der Marbacher Nachlass stand Sven Meyer für die Herausgabe von *Campo Santo* noch nicht zur Verfügung.

Der erste Teil des Bandes stellt vier Texte aus dem Umkreis des Korsika-Projekts *Aufzeichnungen aus Korsika. Zur Natur- & Menschenkunde* zusammen, für das Sebald 1995 und 1996 Reisen nach Korsika unternahm. Er brach die Arbeit daran ab, publizierte aber in den folgenden Jahren in sich abgeschlossene Teile des Projekts als eigenständige Prosastücke. 2008 konnte Ulrich von Bülow aus Sebalds Nachlass zwei Fassungen des aufgegebenen Buchprojekts im »Stadium der Vorläufigkeit« (von Bülow 2008, 223) herausgeben und kommentieren, die einen tiefen Einblick in Sebalds Arbeitsweise geben und sein Prinzip verdeutlichen, frühere Texte als Steinbruch für spätere zu nutzen. So werden Motive aus *Aufzeichnungen aus Korsika* in *Austerlitz* überführt (s. Kap. 27).

Sebalds Korsika-Projekt zeigt in seiner Anlage deutliche Parallelen zu *Die Ringe des Saturn*. Jeweils unternimmt Sebald in einem Reisebericht den Versuch, ausgehend von einem geographisch klar umgrenzten Raum (Korsika bzw. Suffolk) die von Menschen verursachten Zerstörungen in ihren historischen Schichtungen und räumlichen Verflechtungen darzustellen und die fortdauernde Katastrophengeschichte als anthropologische Konstante anschaulich zu machen.

Der zweite Teil von *Campo Santo* umfasst 14 kritische und essayistische Arbeiten, die zeigen, wie Sebald »schon sehr früh seine eigenen katastrophischen Phantasmagorien in den Werken geistesverwandter Autoren entdeckt und zu einem eigenen literarischen Weltentwurf des Unglücks ausgearbeitet hat« (Braun 2003).

Die fünf wissenschaftlichen Arbeiten, die zwischen 1975 und 1988 in Periodika veröffentlicht worden waren, widmen sich Peter Handke, der literarischen Repräsentation des Themas »Luftkrieg« in den Werken von Hans Erich Nossack, Hermann Kasack und Alexander Kluge, Günter Grass und Wolfgang Hildesheimer, Peter Weiss sowie Jean Améry. Anders als die Bände *Die Beschreibung des Unglücks* und *Unheimliche Heimat*, die Arbeiten zur österreichischen Literatur aus dem gleichen Zeitraum bieten, untersucht Sebald hier also auch deutsche Autoren. Diese Aufsätze sind Bausteine von Sebalds nie abgeschlossenem Buchprojekt über die »Rekonstruktion der Erinnerung« in der deutschen Nachkriegsliteratur, dessen Konturen Uwe Schütte umrissen hat (Schütte 2014, 367–424).

Der Duktus dieser Texte und der Gebrauch von Fußnoten entspricht den Gepflogenheiten wissenschaftlicher Arbeiten, jedoch zeigen die Arbeiten bereits Anzeichen von Sebalds später explizit formulierter Distanzierung von den »zünftigen Germanisten, deren verbohrte Untersuchungen regelmäßig umschlagen in eine Travestie von Wissenschaft« und nach kurzer Zeit »Staub und Schimmel« (CS 195) ansetzen. Ein Indiz hierfür ist die Gewohnheit Sebalds, jedem seiner wissenschaftlichen Texte ein Motto voranzustellen. Diese entnimmt Sebald Quellen von Michel Foucault (vgl. 57) bis Léon Bloy, die oft nur assoziativ mit dem behandelten Thema verbunden sind und die wiederholt, wie im Fall von Thomas Browne, bereits Sebalds Beschäftigung mit diesen Autoren in seiner Erzählprosa ankündigen (vgl. 101; RS 35 f.). Die Mottos fungieren als eine individuelle Signatur Sebalds, die seinen Beiträgen zu einem germanistischen Wissenschaftsbetrieb zugleich einen Widerstand gegen diesen einschreiben sollen.

Mit seinen literarischen Erfolgen in den 1990er Jahren und der damit verbundenen Emanzipation von den universitären Zwängen befreit sich Sebald vom »Ballast wissenschaftlicher Nachprüfbarkeit«, so die editorische Notiz (CS 263), und verzichtet auf Fußnoten als eine überwundene Pflicht, die bloß den Gepflogenheiten des wissenschaftlichen Betriebs geschuldet war. Sebald verzichtet aber nicht nur auf die

affirmativen Fußnoten, sondern auch auf die subversiven, ihm schließlich zur Manier gewordenen Mottos. Dementsprechend sind die sechs zwischen 1992 und 2000 entstandenen thematischen Beiträge des Bandes weitgehend Ausdruck einer Affinität Sebalds zum Gegenstand der Essays, von denen zwei Franz Kafka gewidmet sind und je einer Alexander Herbeck, Jan Peter Tripp, Vladimir Nabokov und Bruce Chatwin. Behandelt werden somit erstmals fremdsprachige Autoren, denen sich Sebald, Professor für europäische Literatur (vgl. Schütte 2014, 9), überraschenderweise in seinen kritischen Arbeiten sonst nicht gewidmet hat. Der Band schließt mit drei Reden Sebalds aus den Jahren 1997 bis 2001, in denen Sebald seine poetologische Position bestimmt.

Das Korsika-Projekt – Prosa

Der erste der vier Texte aus Sebalds Korsika-Projekt, *Kleine Exkursion nach Ajaccio*, dreht sich um den »Napoleonmythos« (CS 11) und beschreibt zunächst den Besuch des Erzählers im Musée Fesch in Ajaccio. Dort steht er lange vor einem Doppelporträt Pietro Paolinis, in dem er »das ganze unergründliche Unglück des Lebens« (9) aufgehoben sieht. Damit ist der Grundton des Textes angestimmt. In der Folge spürt der Text dem Napoleon-Motiv mit der bereits in *Die Ringe des Saturn* erprobten Methode nach, eine ununterbrochene Kontinuität historischer Ereignisse bis in die Gegenwart teils herauszuarbeiten, teils, unter Einbeziehung literarischer Quellen von Kafka bis Gustave Flaubert, zu konstruieren. Dabei wird die wissenschaftlich unhaltbare, aber poetisch produktive These des Amateurhistorikers Alphonse Huyghens vorgestellt, derzufolge die von Napoleon bewirkten »Umwälzungen auf nichts anderes zurückzuführen waren als auf dessen Farbenblindheit, die ihn Rot nicht unterscheiden ließ von Grün. Je mehr Blut floß auf dem Schlachtfeld [...], desto frischer schien ihm das Gras zu sprießen« (17). Wie Sebald Motive aus früheren Werken in spätere übernimmt, zeigt sich auch hier: Der gleiche Gedanke, der das Sehen als zentrales Motiv in Sebalds Schreiben berührt, wird in *Unerzählt* zu einem Mikropoem: »Es heißt // daß Napoleon / farbenblind war / & Blut für ihn / so grün wie / Gras« (Unz 49) (s. Kap. 9).

Im zweiten Teil, *Campo Santo*, schildert Sebald die korsischen Bestattungs- und Gedenkrituale, in deren Mittelpunkt der Volksglaube steht, dass die Verstorbenen als Geister noch unter den Lebenden weilen. An diese bei Sebald immer wieder vorkommende Vorstellung einer Verbundenheit zwischen Menschen auch über Zeiten und Räume hinweg, die sogar Lebende und Tote miteinander in Kontakt treten lässt, knüpft Sebald wiederum seine persönliche Lebensgeschichte an und rekapituliert die Erinnerung, »wie ich als Kind zum erstenmal an einem offenen Sarg gestanden bin mit dem dumpfen Gefühl in der Brust, daß dem Großvater, der da auf den Hobelspänen lag, ein schandbares, von keinem von uns Überlebenden mehr gutzumachendes Unrecht geschehen sei« (CS 35). Auch dieses Motiv, die Urszene des Leids, die für Sebalds Schreiben von zentraler Bedeutung ist, findet sich in *Unerzählt* wieder: »Das Schreibpapier // riecht / wie die Hobelspäne / im Sarg« (Unz 63). *Campo Santo* endet mit der Vision einer »gedächtnislosen Gegenwart« (CS 37), die von der Kritik als »Bild von der Auslöschung der Humanitas« (Löffler 2003, 46) interpretiert wurde.

Den dritten Teil des Korsika-Projekts trägt Sebald 2001 als Dankesrede zum Heinrich-Heine-Preis der Stadt Düsseldorf vor. Sebald erkennt in *Die Alpen im Meer* die Vernichtung der korsischen Wälder als Beispiel für den »Degradationsprozess der am höchsten entwickelten Pflanzenarten [...] im Umkreis der sogenannten Wiege unserer Zivilisation« (CS 39) und erhellt so das Verhältnis von zivilisatorischem Fortschritt und Naturzerstörung. Eingebunden in den Text ist die Paraphrase von Flauberts dem Erzähler »bis dahin unbekannte[r] Erzählung vom Sankt Julian« (46), einer »von Grund auf perversen Erzählung« (48), die Julian als Allegorie der »Verruchtheit der Menschengewalt« (48) vorstellt.

Die Miniatur *La cour de l'ancienne école* schließlich, der vierte, zum Korsika-Komplex gehörende Text, nimmt eine Zeichnung Quint Buchholz' als Erzähl- und Erinnerungsanlass: Der reale Autor Sebald wird dazu aufgefordert, einen Text zu dem Bild des titelgebenden Schulhofs zu verfassen, sendet es aber – hier setzt die Fiktion ein – versehentlich nach Korsika. Die zufällige Empfängerin erkennt auf dem Bild ihre alte Schule, und so löst das Bild Erinnerungen aus, die sie wiederum Sebald mitteilt. Claudia Öhlschläger hat gezeigt, wie *La cour de l'ancienne école* zentrale Strategien und Motivkomplexe in Sebalds Schreiben *en miniature* abbildet: die Gedächtnisfunktion der Literatur, in welcher »Erinnerung in Form verschwundener Dinge wiederkehrt« (Öhlschläger 2006, 33), das Verhältnis von Authentizität und Fälschung und die »Archäologie der Zerstörung« (21). Der Text, in dem Sebald in einer für sein Schreiben typischen Weise fak-

tische und fiktionale Elemente verknüpft, um sinnfällige Zusammenhänge zu schaffen, ist »eine Reflexion auf die Bedingungen der Darstell- und Lesbarkeit von Wirklichkeit im Medium des Poetischen« (35).

Literaturkritik

Der Aufsatz *Zwischen Geschichte und Naturgeschichte. Über die literarische Beschreibung totaler Zerstörung* zeigt, dass Sebalds Beschäftigung mit dem Thema des Luftkriegs bereits bis in das Jahr 1982 zurückgeht. Die Thesen zum »Mangel an literarischen Zeugnissen, aus denen etwas über das Ausmaß und die Konsequenzen der Zerstörung zu erfahren wäre« (CS 69), greift Sebald in seinen Zürcher Vorlesungen von 1997 und dem daraus hervorgegangenen, 1999 erschienenen Buch *Luftkrieg und Literatur* (s. Kap. 14) wieder auf. Sebald taxiert die Bedingungen und Methoden einer Repräsentation »totaler Zerstörung« in einer angemessenen literarischen Form an den Beispielen von Hans Erich Nossacks *Der Untergang* (1943), Hermann Kasacks *Die Stadt hinter dem Strom* (1947) sowie Alexander Kluges *Der Luftangriff auf Halberstadt am 8. April 1945* (1977).

In Abgrenzung zur »Trümmerliteratur« und den Romanen Alfred Döblins wird Nossacks *Der Untergang* – »als der bewußte Versuch möglichst neutraler Aufzeichnung einer alle künstlerische Imagination übersteigenden Erfahrung« (CS 80) – zum Referenzpunkt von Sebalds Untersuchung. Kasacks dagegen gehe es »um eine kunstfertige Irrationalisierung des zerstörten Lebens« (74), die mit den Idealen von »Präzision und Verantwortung« (86), an denen sich Sebald zufolge jedes Schreiben über eine Katastrophe orientieren solle, unvereinbar sei. Sebald konstatiert: »Das Ideal des Wahren, das in der Gestalt eines gänzlich unprätentiösen Berichts beschlossen ist, erweist sich als der unwiderrufliche Grund aller literarischen Bemühungen. In ihr kristallisiert sich die Resistenz gegen die menschliche Fähigkeit, all jene Erinnerungen zu verdrängen, die die Fortführung des Lebens irgendwie verhindern können« (86). So bestimmt Sebald die *Memoria*, die Gedächtnisfunktion der Texte, als Begründung literarischen Schreibens, das sich an diejenigen richte, »die mit dem Risiko des Gedächtnisses zu leben bereit sind« (86 f.). Diese Stelle ruft das dem Aufsatz (und auch *Luftkrieg und Literatur*) vorangestellte Motto aus Stanisław Lems *Imaginäre Größe* wieder auf: »Der Kunstgriff der Elimination ist der Abwehrreflex eines jeden Experten« (Luf 11; CS 69). Der

Fachmann, »der alles aus seinem Blickfeld entfernt, was seinem Sachgebiet fremd ist« (Lem 1976, 31), wird Sebald zum Sinnbild einer Gesellschaft sowie einer Literatur, die eine Eskamotage der Vergangenheit betreibt, um nicht Gefahr zu laufen, mit der Erinnerung an sie leben zu müssen (vgl. Meyer 2003, 52).

Kluges Texte erfüllen das von Sebald formulierte Ideal, präzise und verantwortungsvoll zu schreiben, denn sie entsprechen »weder dem Muster retrospektiver Historiographie, noch dem romanhafter Erzählung, noch versuchen sie, eine Philosophie der Geschichte zu liefern« (CS 98). Stattdessen bestehe Kluges »Kunst« darin, »den großen Zug der fatalen Tendenz bisheriger Geschichte *im Detail* kenntlich zu machen«; sein »dokumentarisches Material« bewirke »eine Übersetzung des Zitierten in den Kontext unserer Gegenwart« (99). Diese Analyse von Kluges Methode wird zur Definition einer poetologischen Position, der Sebald in der rein narrativen Prosa treu bleibt.

Geschichte erscheint Sebald als »längst schon sich abzeichnende katastrophale Konsequenz der schon *ab initio* auf evolutionären Fehlentscheidungen basierenden Anthropogenese« (CS 100). Sebald benennt hier, im Rückgriff auf den Geschichtsbegriff Walter Benjamins, einen zentralen Punkt seiner Poetologie, der sein essayistisches wie narratives Werk bestimmt. Tanja van Hoorn ist, ausgehend von *Zwischen Geschichte und Naturgeschichte. Über die literarische Beschreibung totaler Zerstörung*, den Implikationen dieser »fragmentierten Naturgeschichte« (vgl. van Hoorn 2016, 317–320) nachgegangen.

Wie sehr die Essays implizite Standortbestimmungen für den späteren Erzähler Sebald sind, machen verschiedene Stellen insbesondere der vier in den 1980er Jahren publizierten Aufsätze deutlich: »Im diametralen Gegensatz zur tradierten fiktionalen Komposition experimentiert Nossack mit dem prosaischen Genre des Berichts, der Aufzeichnung und der Untersuchung, um Platz zu schaffen für die den Bereich der Romankultur sprengende historische Kontingenz« (CS 81). So werden, anders als in *Luftkrieg und Literatur*, die Bezeichnungen »Roman« und »Prosa« ausdrücklich »zu Chiffren für ›misslungenes‹ bzw. ›gelungenes‹ Schreiben« (Meyer 2005, 178). Sebalds dezidierte Zurückweisung der Bezeichnung »Roman« für seine Erzählwerke wird hier theoretisch begründet und prägt sich bis heute in allen Ausgaben seiner Werke aus: Die erste Taschenbuchausgabe von *Austerlitz* trug 2003 auf dem Titel versehentlich die Bezeichnung »Roman«; alle weiteren Auflagen tragen dem

Wunsch Sebalds Rechnung, auch den nach herkömmlichen Kategorien zweifellos als Roman zu rubrizierenden Prosatext *Austerlitz* nicht unter der missliebigen Gattungsbezeichnung zu vertreiben.

In thematischer Nähe zu *Zwischen Geschichte und Naturgeschichte* steht der ein Jahr später, 1983, veröffentlichte Aufsatz *Konstruktionen der Trauer. Günter Grass und Wolfgang Hildesheimer*. Ausgehend von Alexander und Margarete Mitscherlichs Hypothese von der »Unfähigkeit zu trauern« (CS 101), prangert Sebald wiederum an, dass es die westdeutsche Nachkriegsgesellschaft und die Nachkriegsliteratur im Besonderen, für die »die Erinnerung ein Skandalon« (104) gewesen sei, vermieden habe, »der Opfer zu gedenken« (105). Ästhetisch und also auch ethisch versagt habe insbesondere die Gruppe 47 – für Sebald generell »eine problematische Einrichtung« (Ges 183) –, deren Absicht es gewesen sei, »den Mythos vom guten Deutschen zu propagieren, der keine andere Wahl hatte, als dulderisch alles über sich ergehen zu lassen« (CS 105). Wiederum spricht sich Sebald ausdrücklich gegen die »Erhaltung tradierter Erzählformen, die einen authentischen Versuch zur Trauer in der Identifikation mit den wirklichen Opfern nicht zu transportieren vermochten«, aus (106).

Günter Grass' *Tagebuch einer Schnecke* gewinne zwar durch die »lokalhistorische Konkretisierung« (CS 110) jener Passagen, die sich der Geschichte der jüdischen Bevölkerung Danzigs widmen, eine besondere Qualität. Jedoch verdanke sich diese weniger Grass' eigener Arbeit, sondern vorrangig der des jüdischen Historikers Erwin Lichtenstein, etwa in der Beschreibung der Kindertransporte, mit denen jüdische Kinder »bis in den August 1939 hinein Danzig in Richtung England noch verlassen konnten« (114). Sebald zieht angesichts dessen »die Dominanz der Fiktion über das, was wirklich geschah« (115), in Zweifel.

Diese Erkenntnis wird für Sebalds eigene Prosa produktiv und von ihm 2000 im Gespräch mit Volker Hage in ein anschauliches Bild gebracht: »Man kann nicht nur aus dem Kopf heraus arbeiten. Man braucht wie ein Schreiner Bretter, um daraus einen Kasten zu machen« (Ges 181). Allerdings ist Sebalds Urteil über Grass' Buch, es handele sich um »etwas mühselig Konstruiertes, etwas von einer historischen Pflichtübung« (CS 119), angesichts seines eigenen sorglosen Umgangs mit Quellen, wie etwa Susi Bechhöfers Lebensgeschichte *Rosa's Child* (1996), die er für *Austerlitz* nutzt, bedenklich.

Sebald kontrastiert im zweiten Teil des Aufsatzes

Grass' Arbeiten mit denen Wolfgang Hildesheimers. In dessen Roman *Tynset*, der »aus dem Zentrum der Trauer selber entstanden« (CS 119) sei und für den der Melancholie-Topos zentral ist, erkennt Sebald den gelungenen Versuch einer Auseinandersetzung mit der nationalsozialistischen Zeit, die auf »eine Linderung, nicht aber eine Befreiung von Leiden« (122) abziele.

Drei weitere Aufsätze sind Peter Handke, Peter Weiss und Jean Améry gewidmet – Autoren, denen Sebald zeitlebens nahesteht. Der früheste Aufsatz, *Fremdheit, Integration und Krise. Über Peter Handkes Stück ›Kaspar‹* (1975), ist die Auseinandersetzung mit Handkes Sprachkritik, in dem Sebald »die mit Kaspars erzwungenem Spracherwerb vollzogene Unterwerfung unter die gesellschaftlichen Zwänge, Denkweisen und Machtverhältnisse« (Schütte 2014, 312) nachzeichnet. Der Aufsatz dokumentiert auch »die Entfaltung von Sebalds poetologischer Selbstverständigung« (311) in der Auseinandersetzung mit Handke.

Die Zerknirschung des Herzens. Über Erinnerung und Grausamkeit im Werk von Peter Weiss (1986) nimmt das Doppel-Werk des Maler-Schriftstellers Weiss in den Blick. Wiederum steht die Gedächtnisfunktion der Literatur im Mittelpunkt von Sebalds Untersuchung, in der konstatiert wird, dass allein die Erinnerung »das Überleben [...] im Schatten des Berges der Schuld« (CS 130) rechtfertige. Ein »abstraktes Totengedächtnis« genüge nicht, erforderlich sei »eine übers bloße Mitleid hinausweisende Mitleidenschaft« (130). In Weiss' Werk, das für Sebalds eigenes Schreiben Vorbildcharakter hat, erweise sich die Katastrophe als »die Designation einer in den Zustand der Permanenz übergegangenen Zerstörung« (130).

Von ebenso großer Bedeutung wie Peter Weiss ist Jean Améry für Sebalds Schreiben. In *Mit den Augen des Nachtvogels* (1988) bestimmt Sebald »Résistance, auch ohne Vertrauen auf ihre Wirkung, [...] und zwar aus einer prinzipiellen Solidarität mit den Opfern und als gezielte[n] Affront gegen all jene, die mit dem Strom der Geschichte schwimmen«, als den »Inbegriff der Améry'schen Philosophie« (CS 159). Sebalds Darstellung von jüdischen Biographien wie in *Die Ausgewanderten* und *Austerlitz* speist sich formal und inhaltlich aus seiner Beschäftigung mit Amérys Leben und Werk, insbesondere dem 1974 veröffentlichten Roman-Essay *Lefeu oder Der Abbruch* (vgl. Schütte 2014, 283). Sebald schreibt über Améry: »Die Zerstörung der Heimat fällt in eins mit der Zerstörung der Person« (CS 164), und gibt so eine konzise Beschreibung der Lebensläufe der Verfolgten in *Die Ausgewanderten* und *Austerlitz*.

Auch seine eigene Vita setzt Sebald in eine Beziehung zu Amérys Leben, indem er feststellt, dass Amérys Großvater aus Hohenems bei Bregenz stammt, wo auch sein eigener Großvater oft war. »Da ist mir aufgegangen, daß die Geschichte der Juden sich nicht nur in Berlin und Hamburg und Frankfurt abgespielt hat, sondern auch mitten in der Provinz, dort also, wo ich herkam« (Ges 201). Indem Sebald durch das Verfahren der *correspondance* eine persönliche Beziehung zum Gegenstand seiner schriftstellerischen Arbeit herstellt, weist der Aufsatz bereits auf die persönlicheren Essays voraus, die Sebald in den 1990er Jahren schreibt.

Essays und Reden

Während die literaturkritischen Arbeiten der 1980er Jahre in den wissenschaftlichen Periodika *Literatur und Kritik*, *Orbis litterarum*, *Deutschunterricht* und *Études Germaniques* erscheinen, veröffentlicht Sebald die Essays und Reden der 1990er Jahre ausschließlich in Tageszeitungen (*Frankfurter Allgemeine Zeitung, Frankfurter Rundschau, Neue Zürcher Zeitung, Stuttgarter Zeitung*) und Publikumszeitschriften (*Die Weltwoche, du. Zeitschrift der Kultur, Literaturen*). Der Wechsel des Publikationsorts signalisiert sowohl Sebalds Abkehr vom Wissenschaftsbetrieb als auch seine Hinwendung zu einem essayistischen Schreiben, das die auch in der narrativen Prosa erprobten Verfahren der assoziativen Verknüpfung disparater Gegenstände über Zeiten und Räume hinweg sowie die Verwendung von Metaphern bei der Behandlung historischer Gegebenheiten anwendet. »[E]rst in der Metaphorisierung wird uns Geschichte empathetisch zugänglich« (Ges 85), so Sebald 1993 im Gespräch mit Sigrid Löffler. Die positiv gestimmten Essays über Autoren, zu denen Sebald eine Verwandtschaft empfindet, lösen die vorrangig kritischen und auf Distanzierung bedachten Arbeiten ab, die Sebald bis etwa 1990 schreibt. Die Veröffentlichung in auflagenstarken Zeitungen verspricht zudem eine größere Leserschaft. Mit seiner narrativen Wende wandelt sich auch die Form seiner Essays, die zuletzt – ähnlich wie in *Logis in einem Landhaus* (s. Kap. 13) – kaum mehr von seiner in diesem Zeitraum verfassten narrativen Prosa unterscheidbar sind.

In *Campo Santo* markiert Sebalds Text über den schizophrenen Dichter Ernst Herbeck *Des Häschens Kind, der kleine Has* (1992) diesen Wendepunkt. Der Essay, in dem sich Sebalds »Abwertung des Monumentalen zugunsten des Diminutiven« (Schütte 2014, 288) ausdrückt, beruht nicht auf akademischer Analyse, sondern vielmehr auf Empathie und einer identifikatorischen Lektüre von Herbecks Gedichten, die sich »dem Impetus rettender Kritik« (288) verdankt.

Traumtexturen. Kleine Anmerkung zu Nabokov (1996), Sebalds erste Beschäftigung mit einem nichtdeutschsprachigen Autor, untersucht die narrativen Techniken Nabokovs und ist zugleich aufschlussreich für Sebalds zeitgleich entstehende Prosa. Nabokov bringe »durch kaum wahrnehmbare Nuancierungen und Verschiebungen der Perspektive [...] einen unsichtbaren Beobachter ins Spiel«, der es ihm erlaube, »die Welt und sich selber in ihr von oben zu sehen« (CS 188). Das Motiv der Levitation ist in Sebalds Werk weit verbreitet; auf ähnliche Weise wie Nabokov verfährt Sebald in *Die Ringe des Saturn* und in *Die Alpen am Meer* (CS 39), aber auch in der Kurzprosa *Die Kunst des Fliegens* (Sebald 1987). Nabokovs Schreiben sei, so Sebald, von der Hoffnung beseelt, dass sich aus dieser Vogelperspektive »die hinter den Horizont schon hinabgesunkenen Landschaften der Zeit in einem synoptischen Blick noch einmal könnten erfassen lassen« (CS 188), um so das Vergangene in einer Zusammenschau mit dem Gegenwärtigen vor dem Vergessen retten zu können.

In zwei Essays setzt Sebald seine lebenslange Beschäftigung mit Kafka fort. *Via Schweiz ins Bordell. Zu den Reisetagebüchern Kafkas* (1995) ist eine weitgehend paraphrasierende Darstellung von Kafkas Reise von Paris nach Prag, die er 1911 gemeinsam mit Max Brod unternommen hat. Sebald wendet hier die gleichen Techniken an, die seiner narrativen Prosa zugrunde liegen: Faktisches Material wird fiktionalisiert, indem Sebald die lückenhaften Tagebucheintragungen Kafkas durch eigene Konjekturen bereichert. *Kafka im Kino* (1997) ist Sebalds einzige eingehende Beschäftigung mit dem Medium Film, ausgehend von dem »in jeder Hinsicht vorbildlichen Band« (CS 196) Hanns Zischlers, *Kafka geht ins Kino*, der Sebald als Ausdruck eines philologischen Ideals erscheint. Sebald lobt die »gewissenhafte und geduldige Arbeit der Herausgeber und Realienforscher« (196) in der Kafka-Forschung und hat dabei Arbeiten wie das *Kafka-Symposium* (Born u. a. 1969) im Blick. In diese Tradition stellt Sebald die Studie Zischlers, die als Blaupause für eine angemessene wissenschaftliche Beschäftigung dienen kann, weil sie dem »fatalen Hang zur Bedeutungsspekulation« (CS 196) entsage. Sebald entwirft so zugleich »ein Selbstbild von gründlicher,

tagesunabhängiger Forschung, die sich um germanistische Moden nicht bekümmere« (Simon 2005, 82 f.).

2000 erscheinen zwei Texte Sebalds: *Scomber scombrus oder die gemeine Makrele*, eine Prosaminiatur zu Bildern Jan Peter Tripps, zieht Verbindungen zwischen naturkundlichen Phänomenen einerseits und der jüdischen Kultur- und Migrationsgeschichte andererseits und bestätigt so das in Sebalds Erzählprosa erprobte Verfahren, disparate Phänomene miteinander in Beziehung zu setzen. *Das Geheimnis des rotbraunen Fells*, Sebalds Besprechung der Bruce Chatwin-Biographie von Nicholas Shakespeare, macht die Parallelen zwischen den poetologischen Konzepten Sebalds und Chatwins deutlich, dessen Bücher »in ihrer Anlage und Absicht mit keinem bekannten Genre übereinstimmen« (CS 215; vgl. Prager 2010).

Den Band beschließen drei Reden Sebalds. In seiner kurzen *Antrittsrede vor dem Kollegium der Deutschen Akademie* (1997) drückt sich Sebalds endgültige Abkehr von der Germanistik – »eine mit beinahe vorsätzlicher Blindheit geschlagene Wissenschaft« (CS 249) – aus, während sich mit der Aufnahme in die Akademie gleichsam die offizielle Approbation als literarischer Autor vollzieht. In Deutschland, bekennt Sebald, schwanke er »zwischen Gefühlen der Vertrautheit und der Dislokation« (250) und nennt die Aufnahme in die Akademie deshalb »eine unverhoffte Form der Legitimation« (250) seiner literarischen Arbeit. *Moments musicaux*, Sebald Rede zur Eröffnung der Münchner Opernfestspiele 2001, zeigt einmal mehr, wie Sebald sich bei seinen Texten wie in einem Steinbruch bedient: Sie verbindet Teile aus dem aufgegebenen Korsika-Projekt mit autobiographischen Reflexionen über die Rolle der Musik in Sebalds Kindheit und Beobachtungen zu Wim Wenders Film *Fitzcarraldo*.

Ein Versuch der Restitution, Sebalds Rede zur Eröffnung des Stuttgarter Literaturhauses 2001, erstmals veröffentlicht unter dem Titel *Zerstreute Reminiszenzen. Gedanken zur Eröffnung eines Stuttgarter Hauses*, ist eine Summa seiner literarischen Bemühungen und, als sein letzter zu Lebzeiten veröffentlichter Text, zugleich eine Coda. Noch einmal erläutert Sebald seine poetologischen Prämissen und seine literarische Methode, die vieles den Arbeiten seines Freundes Jan Peter Tripp verdanke, »im Einhalten einer genauen historischen Perspektive, im geduldigen Gravieren und in der Vernetzung, in der Manier der *nature morte*, anscheinend weit auseinander liegender Dinge« (CS 243 f.). Auf die Frage: »*A quoi bon la littérature?*« (247) antwortet Sebald: »daß wir uns erinnern und daß wir begreifen lernen, daß es sonderbare, von keiner Kausallogik zu ergründende Zusammenhänge gibt« (247). Der Text schließt mit Sebalds oft zitierter Bestimmung der Besonderheit literarischen Schreibens: »Es gibt viele Arten des Schreibens; einzig aber in der literarischen geht es, über die Registrierung der Tatsachen und über die Wissenschaft hinaus, um einen Versuch der Restitution« (248).

Das Verhältnis von essayistischer und erzählender Prosa

Sebald bereitet in seiner Literaturkritik und in seinen Essays das poetologische Rüstzeug für seine literarischen Erzählungen und entnimmt den untersuchten Texten jene Themenkomplexe, denen sich seine erzählerische Arbeit zeitlebens widmet. Die frühen kritischen Arbeiten beziehen zum Teil vehement Stellung gegen jene Literatur, in der Sebald seine Ideale von präziser und verantwortungsvoller Darstellung verleugnet sieht, etwa bei Grass und in der Gruppe 47, und gewinnen so einen Wert als Poetologie *ex negativo*. In anderen frühen kritischen Arbeiten findet Sebald in den Texten von Améry und Weiss angemessene Formen für die Darstellung von Katastrophengeschichten. Sebald stimmt mit Klaus Briegleb, seinem Vertrauten und Laudator bei der Verleihung des Fedor-Malchow-Preises 1991, überein: Literarische Qualität gewinnt ein Text durch die »Vergegenwärtigung der Shoah durch leibliche Personendarstellung und Ingangsetzung eines literarmethodischen, sprachlichen Problembewußtseins anstatt seiner Stillstellung gerade dann, wenn es um Juden und ihre Vernichtung geht« (Briegleb 1992, 122 f.).

Später dagegen stehen essayistische und erzählende Prosa in einer engen Verbindung zueinander und nähern sich in Ton und Gegenstand einander immer mehr an, bis der sprachliche Duktus, die Motivik und die Verwendung narrativer Verfahren in Essay und Erzählung kaum mehr unterscheidbar sind.

Sebald stellt 2000 in einem Interview die Bedeutung Alexander Kluges, »der das Archäologisieren, das Graben, das Ausgraben [der] Geschichte bis weit in ihre Frühspuren in der Napoleonischen Zeit, in der Zeit der preußischen Staatswelt untersucht hat« (Ges 180), für seine eigene Arbeit heraus. »Das Napoleonische« (Anderson 2011, 406 f.) bildet auch eine Klammer in Sebalds Werk und verknüpft das aufgegebene Korsika-Projekt (CS 10), seine narrative Prosa, die Mikro-Poeme von *Unerzählt* und, über die Figur

Hölderlins, auch Sebald letzten Text, *Ein Versuch der Restitution*, miteinander. Sebalds Vorstellung, dass »über den Raum und die Zeiten hinweg alles miteinander verbunden ist« (Log 162 f.), wird so auch im motivischen Zusammenspiel seines Gesamtwerks anschaulich.

Literatur

Anderson, Mark M.: Napoleon and the ethics of realism: Hebel, Hölderlin, Büchner, Celan. In: *Journal of European Studies* 41/3–4 (2011), 395–412.

Braun, Michael: Wo Lebende und Tote sich begegnen. In: *Frankfurter Rundschau*, 10.12.2003.

Briegleb, Klaus: Negative Symbiose. In: Klaus Briegleb/Sigrid Weigel (Hg.): *Gegenwartsliteratur seit 1968. Hansers Sozialgeschichte der deutschen Literatur vom 16. Jahrhundert bis zur Gegenwart*. Bd. 12. München 1992, 117–150.

Born, Jürgen/Dietz, Ludwig/Pasley, Malcolm/Raabe, Paul/Wagenbach, Klaus (Hg.): *Kafka-Symposion*. München 1969.

Franklin, Ruth: Speak, Memory. What Kind of Reader was W. G. Sebald? In: *Slate Magazine*, 14.5.2005.

Hildesheimer, Wolfgang: *Tynset*. Frankfurt a. M. 1965.

Josephs, Jeremy/Bechhöfer, Susi: *Rosa's Child*. London 1996.

Köhler, Andrea: Die Welt im Auge des Kranichs. W. G. Sebalds nachgelassene Prosa und verstreute Essays. In: *Neue Zürcher Zeitung*, 7.10.2003.

Kübler, Gunhild: Die Phantasie aufs Rad flechten. In: *Neue Zürcher Zeitung am Sonntag*, 14.9.2003.

Lem, Stanisław: *Imaginäre Größe*. Berlin 1976 (poln. 1973).

Löffler, Sigrid: Weltende auf Korsika. In: *Literaturen* 9 (2003), 44–46.

Meyer, Sven: Das Fähnlein auf der Brücke. In: *Akzente* 1 (2003), 51–55.

Meyer, Sven: Im Medium der Prosa. Essay und Erzählung bei W. G. Sebald. In: Ruth Vogel-Klein (Hg.): *Mémoire. Transferts. Images / Erinnerung. Übertragungen. Bilder. Recherches germaniques* 2 (2005), 173–185.

Müller, Burkhard: Tücke der Toten. Knapp und scharf: W. G. Sebalds hinterlassene Schriften. In: *Süddeutsche Zeitung*, 11./12.10.2003.

Öhlschläger, Claudia: *Beschädigtes Leben, erzählte Risse. W. G. Sebalds poetische Ordnung des Unglücks*. Freiburg i. Br. 2006.

Prager, Brad: Convergence Insufficency: On Seeing Passages between W. G. Sebald and the »Travel Writer« Bruce Chatwin. In: Markus Zisselsberger (Hg.): *The Undicover'd Country. W. G. Sebald and the Poetics of Travel*. Rochester 2010, 189–212.

Schütte, Uwe: *Interventionen. Literaturkritik als Widerspruch bei W. G. Sebald*. München 2014.

Sebald, Winfried Georg: Die Kunst des Fliegens. In: Jochen Jung: *Träume. Literaturalmanach 1987*. Salzburg/Wien 1987, 134–138.

Sebald, Winfried Georg: Volker Hage im Gespräch mit W. G. Sebald. In: *Akzente* 1 (2003), 35–50.

Shakespeare, Nicholas: *Bruce Chatwin*. London 1999.

Simon, Ulrich: Der Provokateur als Literaturhistoriker. Anmerkungen zu Literaturbegriff und Argumentationsverfahren in W. G. Sebalds essayistischen Schriften. In: Marcel Atze/Franz Loquai (Hg.): *Sebald. Lektüren.* Eggingen 2005, 78–104.

van Hoorn, Tanja: *Naturgeschichte in der ästhetischen Moderne. Max Ernst, Ernst Jünger, Ror Wolf, W. G. Sebald.* Göttingen 2016.

von Bülow, Ulrich: Sebalds Korsika-Projekt. In: Ulrich von Bülow/Heike Gfrereis/Ellen Strittmatter,(Hg.): *Wandernde Schatten. W. G. Sebalds Unterwelt.* Marbach am Neckar 2008, 210–224.

Zischler, Hanns: *Kafka geht ins Kino.* Reinbek bei Hamburg 1996.

Sven Meyer

9 Gedichte

Der Lyriker W. G. Sebald

»Schwer zu verstehen / ist nämlich die Landschaft, / wenn du im D-Zug von dahin / nach dorthin vorbeifährst, / während sie stumm / dein Verschwinden betrachtet« (Ged 7). Mit diesen lakonischen Versen meldet sich W. G. Sebald, gerade 20 Jahre alt, erstmals als Schriftsteller, genauer: als Lyriker, öffentlich zu Wort. Sebald verdankt seinen literarischen Rang zwar seiner Erzählprosa, doch er hat zeitlebens auch Gedichte geschrieben und publiziert. Schon seine ersten literarischen Veröffentlichungen, die er 1964 als Freiburger Student vorlegt, sind Gedichte, und auch das literarische Buchdebüt aus dem Jahr 1988, *Nach der Natur* (s. Kap. 3), das, klassifiziert als ›Ein Elementargedicht‹, drei bereits zuvor einzeln veröffentlichte Langgedichte versammelt, weist Sebald als Lyriker aus. Noch sein letztes Buch zu Lebzeiten, *For Years Now*, die Anfang Dezember 2001 publizierte Zusammenarbeit mit der Künstlerin Tess Jaray, ist ein Bild-Text-Band mit »Mikrogedichten«, ebenso *Unerzählt*, wiederum eine gemeinschaftliche Arbeit, die Sebald zusammen mit seinem Freund, dem Künstler Jan Peter Tripp, vorbereitet hatte und von Tripp 2003 als erstes postumes Buch zur Veröffentlichung gebracht wurde. Die 2008 von Sven Meyer herausgegebene Edition *Über das Land und das Wasser. Ausgewählte Gedichte 1964–2001* versammelt dann alle zu Lebzeiten, zumeist in Zeitschriften, veröffentlichten Gedichte Sebalds sowie eine Auswahl unveröffentlichter Gedichte aus seinem Nachlass.

Sebalds Gedichte werden weitgehend als ein Nebenwerk rezipiert. Doch die Buchveröffentlichungen, ebenso wie die im Marbacher Nachlass versammelten Gedicht-Konvolute, belegen, wie beharrlich und ernsthaft Sebald das lyrische Geschäft von Studententagen an bis zuletzt betreibt, wenn auch mit chronologischen Lücken. *Poemtrees. Lyrisches Lesebuch für Fortgeschrittene und Zurückgebliebene*, die älteste Mappe, Ende der 1960er Jahre zusammengestellt, versammelt Juvenilia und Vorstufen späterer Arbeiten. Zwei weitere Konvolute hat Sebald geordnet und zur Veröffentlichung vorbereitet; sie sind aber nie erschienen. Auf Mitte der 1970er Jahre ist *Schullatein* zu datieren. In den 1980er Jahren entstand die Sammlung, die der postumen Buchpublikation ihren Namen gibt: *Über das Land und das Wasser.* Deren letzten Teil bildet das Langgedicht *Und blieb ich am äußersten Meer*, das Sebald 1984 in der Grazer Literaturzeitschrift *ma-*

nuskripte zur Veröffentlichung bringt und das 1988 den mittleren Teil von *Nach der Natur* bildet. Hieran wird augenfällig, wie der Lyriker Sebald arbeitet: Er übernimmt einzelne Verse, Motive und Themen von früheren Gedichten in spätere; manche Gedichte wandern – zum Teil bearbeitet und überformt – von einem Konvolut zum nächsten; andere Gedichte wiederum gehen in den 1990er Jahren in den Prosabüchern Sebalds auf, die häufig Motivechos aus den viel früher entstandenen, unveröffentlichten Gedichten zeigen. Diesen Prozess ständiger Umformung und Einarbeitung von früheren Werken in spätere hat Iain Galbraith anhand der frühen Lyrik als »poetische Kaskade, die in die narrativ anmutende Form des dreiteiligen [...] ›Elementargedichts‹ *Nach der Natur* mündet« (Galbraith 2011, 520), beschrieben.

Frühe Veröffentlichungen

Erste Gedichte veröffentlicht Sebald 1964 und 1965 in der *Freiburger Studenten-Zeitung (FSZ)*, die als »eine Art literarisches Versuchsfeld« (Atze 2014) dient und es ihm und seinen Kommilitonen Albrecht Rasche und Dietrich Schwanitz ermöglicht, ein Literatenleben zu erproben (die drei geben sich den ironischen Namen »Gruppe 64«). In der *FSZ* erscheinen zwölf Gedichte Sebalds. Aus diesem Frühwerk sticht *Erinnertes Triptychon einer Reise aus Brüssel* (Ged 14–17) hervor, zweifellos der ambitionierteste lyrische Versuch des jungen Studenten, der hier eine komplexe, bedeutungsvolle und rätselhafte Form anstrebt. Das Gedicht beschreibt die Eindrücke einer Zugreise von Brüssel über Luxemburg und das elsässische Colmar bis in die Schweiz und weist so bereits auf das Motiv der Belgien-Reisen voraus, von denen *Die Ringe des Saturn* (vgl. RS 149) ebenso berichtet wie *Austerlitz*, wo die »belgischen Exkursionen« (Aus 5) des Erzählers den Ausgangspunkt der weiteren Handlung darstellen.

Das lyrische Ich in *Erinnertes Triptychon einer Reise aus Brüssel* zeigt bereits eine Ähnlichkeit zu den späteren Erzählerfiguren Sebalds, deren Überschneidungen mit der Autorvita Sebalds zur charakteristischen semifiktionalen Unbestimmbarkeit der Prosatexte beitragen. Teils werden die Stationen der Reise nüchtern dokumentiert, teils als Assoziationsanstöße genutzt, die Anlass zu einer Vielzahl von Verweisen auf historische Figuren geben. Bezüge auf Erasmus von Rotterdam und Franz von Assisi, auf Napoleon und Breughel stehen neben Referenzen auf Figuren, Orte und Werke der Literaturgeschichte, wie Ezra Pounds

Brunnenburg bei Meran, Heinrich von Kleists *Marquise von O.*, Hartmann von Aues *Gregorius* und William Faulkners *Licht im August*. So entsteht zwar ein Hallraum literarischer Echos, in dem die avancierten Zitatverfahren, die für Sebalds spätere Erzählprosa konstituierend sind, erstmals anklingen; während sie aber dort als intertextuelle Verweise strukturierende Funktion erlangen (s. Kap. 20), bleibt es im frühen Gedicht bei Andeutungen, die schwerlich ausgedeutet werden können.

Der Indienstnahme auratischer Dichter, die darauf zielt, dem Gedicht eine vage Vielschichtigkeit zu verleihen und eine Sphäre der Weltläufigkeit zu verschaffen, entspricht auf der sprachlichen Ebene Sebalds Manier, englisch- und französischsprachige Verse einzufügen, um so die Abkehr von der Enge der – auch sprachlichen – Heimat zu belegen. Dieses Verfahren setzt Sebald in seiner frühen Lyrik wiederholt ein (vgl. Englund 2013b, 279). Im Kontrast dazu steht das letzte von Sebald in der *FSZ* veröffentlichte Gedicht, das die Spannweite der lyrischen Versuche des Anfang Zwanzigjährigen ausmisst: In *Albumvers* heißt es in unverkennbar süddeutscher Diktion und bei völligem Verzicht auf motivischen Schmuck: »Flugs fallt ein Schnupp / vom Himml / Wie noch kein Meister / Je zuvor« (Ged 21).

Erst neun Jahre nach der letzten Freiburger Publikation legt Sebald, der mittlerweile seine Dissertationsschrift abgeschlossen hat und an der University of East Anglia in Norwich unterrichtet, wieder Lyrik vor. 1974 und 1975 erscheinen insgesamt neun Gedichte aus dem Konvolut *Schullatein* in der Zeitschrift *Zet. Das Zeichenheft für Literatur und Grafik*. Unter ihnen sind noch typische Beispiele für Sebalds frühe Lyrik, die seine Neigung zur Verrätselung zeigen (*Panazee* und *Mithräisch*, Ged 40 f.), aber auch Vorboten von Sebalds später Lyrik, die das Motiv des Exils vorbereiten (*K.'s Auswanderung*, 44) und die lange Reihe von Sebalds Künstlerviten und -vignetten begründen. *Mölkerbastei* (46) nimmt Bezug auf das Pasqualati-Haus in der Straße Mölker Bastei in Wien, in der Ludwig van Beethoven zwischen 1804 und 1815 mehrmals wohnte. Die Verschränkung von Vergangenheit und Gegenwart beim Besuch von Orten mit historischer Bedeutung wird hier erstmals vorgeführt. »Beethovens Zimmer / ist aufgeräumt jetzt«, aber das Lyrische Ich imaginiert: »Dennoch kommt er manchmal / des Nachts und komponiert was / im Stehen«.

In *Zet* erscheinen neben Sebalds eigenen Gedichten 1975 auch seine Übersetzungen von vier Gedichten Roger McGoughs (vgl. McGough 1975, 6 ff.), die sowohl Ausdruck von Sebalds eingehender Beschäftigung mit der lyrischen Form sind als auch Kennzeichen seiner bilingualen Beschäftigung mit Literatur als deutscher Germanist und Schriftsteller in England. Erst 1995 tritt Sebald wieder als Übersetzer von Lyrik in Erscheinung und überträgt zwei Gedichte von Michael Hulse ins Deutsche. Hulse wiederum hat als Übersetzer von Sebalds Prosawerken ins Englische einen großen Anteil an Sebalds Popularität im englischsprachigen Raum (Hulse 1995).

Anfang der 1980er Jahre bemüht sich Sebald, mit einer Gedichtsammlung ein literarisches Debüt vorzulegen und richtet das Konvolut *Über das Land und das Wasser* für eine Veröffentlichung ein – der Versuch bleibt erfolglos.

In den nächsten Jahren – 1984, 1986, 1987 – folgen die Erstpublikationen der drei Teile von *Nach der Natur* in *manuskripte*, die als Hauszeitschrift der Grazer Gruppe gilt, zu der Sebald eine enge literarästhetische Affinität empfindet (Sebald 1990). Ansonsten aber wird in den 1980er Jahren kein Gedicht Sebalds gedruckt. Erst 1991, in dem Jahr, in dem Sebald für *Nach der Natur* den Fedor-Malchow-Preis und damit als erste literarische Auszeichnung einen Lyrikpreis erhält (vgl. Meyer 2005, 68 ff.), steuert er zum *Almanach der Anderen Bibliothek auf das Jahr 1991* das Gedicht *Das vorvergangene Jahr* (Ged 65–68) bei, das formal an *Nach der Natur* erinnert. Bemerkenswert ist, wie Sebald hier seine Zitatverfahren von literarischen Werken – »Dr. K.« hat abermals einen Auftritt, »halbverdeckt / hinter einer roten Fahne« (67), und das Gedicht endet mit einem Verweis auf Schillers *Wallenstein* (68) – auf Spielfilme ausdehnt und Szenen aus Alain Resnais' *Letztes Jahr in Marienbad* (1961) schildert: »perspektivischer / Prospekt gestutzte Hecken, / Kugelbäumchen« (67).

Ausgewählte Gedichte: »Über das Land und das Wasser«

Über das Land und das Wasser bietet, in chronologischer Ordnung und gegliedert in die Abteilungen »Schullatein«, »Über das Land und das Wasser« und »Das vorvergangene Jahr«, eine Auswahl von Sebalds Gedichten der Jahre 1964 bis 2001. Von den hier erstmals veröffentlichten Gedichten Sebalds verdient *Bleston. A Mancunian Cantical* (Ged 22–26) ein besonderes Augenmerk. Der im Titel annoncierte Gesang (*Cantical*) über Manchester, Sebalds Wohnort ab Herbst 1966, erweist sich als vielstimmiger Chor aus alltäglichen Betrachtungen, literarischen Echos und historischen Referenzen, in den Michel Butors *L'Emploi du Temps* (dt. *Der Zeitplan*) als Folie eingeschrieben ist. Butor hatte wie Sebald eine Zeit als Fremdsprachenlektor an der Manchester University gearbeitet, und sein experimenteller Roman ist gleichermaßen Fiktion, biographische Schilderung und kritisches Porträt der Stadt, die Butor darin »Bleston« nennt. Sebalds Gedicht, in fünf, lateinisch, englisch und französisch betitelte Abschnitte gegliedert, stellt eine Vielzahl intertextueller Verweise von Vergil bis Hans Henny Jahnn her und nimmt dabei ausdrücklich Bezug auf Butors Roman: »Bleston kennt eine Stunde / Zwischen Sommer und Winter / Die niemals vergeht und sie / Ist der Plan meiner Zeit« (Ged 23).

Bleston evoziert eine Analogie von sprachlichen und geographischen Grenzen (vgl. Englund 2013b, 279) und den Umgang des exilierten Dichters (Sebald/ Butor) mit diesen Grenzen. Wie Sebalds Erzählprosa, so verdankt auch dieses Gedicht seine Wirkung der Rollenstilisierung: So wie das Lyrische Ich an der Erzählerfigur in Butors *Zeitplan* gespiegelt wird, so spiegelt sich Sebald selbst an Butor. Zugleich ist das Gedicht ein Vorläufer der späteren Schilderungen Manchesters: zum einen im letzten Teil von *Nach der Natur*, *Die dunckle Nacht fahrt aus* (NN 83–87), dem ein Zitat Vergils als Motto vorangestellt ist und der somit auf *Bleston* zurückverweist, zum anderen in der Erzählung *Max Aurach* in *Die Ausgewanderten*.

Einzelne Verse und sogar ganze Gedichte aus dem Konvolut *Über das Land und das Wasser* gehen in spätere Werke Sebalds ein, insbesondere in *Die dunckle Nacht fahrt aus*, weshalb *Nach der Natur* das »letzte Fangbecken« (Galbraith 2011, 522) jener anfangs genannten Kaskade ist. Sebald überführt frühe Gedichte und Motive aus der Lyrik aber auch in seine Erzählprosa. So heißt es etwa in *New Jersey Journey*: »Krüppelgehölz meilenweit / [...] / aufgelassene Hühnerfarmen / durchgeistert von Abermillionen / von Frühstückseiern« (Ged 60 f.) und in *Die Ausgewanderten* wird in der Erzählung *Ambros Adelwarth* in nahezu gleichem Wortlaut berichtet: »nichts gab es als Krüppelholz«, und »Millionen von Hühnern« legten »unvorstellbare Abermillionen von Eiern« (Agw 105). In dieser Weise dienen *New Jersey Journey* und eine große Zahl anderer Gedichte Sebald als Steinbruch, dem er Material für seine späteren Buchveröffentlichungen entnimmt, es umformt und so für die Prosa nutzbar macht. Damit aber degradiert Sebald seine Lyrik in gewisser Weise zu einer Vorstufe der erzählerischen Schreibweisen.

Themen und Motive

Anders als die in den 1960er und 1970er Jahren von Sebald in der *FSZ* und in *ZET* veröffentlichten Gedichte, die verrätselt sind und zuweilen eine Hermetik anstreben, präsentieren sich die erst postum veröffentlichten Gedichte der 1980er Jahre – jedenfalls auf einer ersten Ebene – weitaus zugänglicher und erinnern insofern an Sebalds Prosa. Die Motive und Themen der späten, in seinem letzten Lebensjahrzehnt von Sebald selbst zur Veröffentlichung gebrachten Gedichte schließlich zeigen sogar deutliche thematische Parallelen zum Prosawerk. So finden sich mehrere Gedichte mit Lebensbildern und biographischen Vignetten, zu Anton Tschechow (Ged 69 ff.), Johann Wolfgang von Goethe (*Marienbader Elegie*, Ged 79–83) oder Frédéric Chopin (*Im Sommer 1836*, Ged 96 f.). Sie stehen damit in enger Verbindung zu Sebalds Prosa, die fast ausnahmslos aus fiktionalisierten Viten realer Personen besteht.

Neben die lyrischen Lebensbilder treten Bildbeschreibungen. Ekphrasis ist auch ein Stilelement in Sebalds Prosa, in der häufig nicht nur Photos, sondern auch Kunstwerke und Gemälde als Erzähl- oder Erinnerungsanlass fungieren. In *Wie der Schnee auf den Alpen*, dem ersten Teil von *Nach der Natur*, liegen ekphrastische Schilderungen von Grünewalds »Lindenhardter Altar« (NN 7 ff.), »Isenheimer Altar« (20–25) und »Basler Kreuzigungsbild« (26) sowie Altdorfers »Alexanderschlacht« (96–99) vor (Albes 2006). Bildbeschreibungen bietet auch *Die Ringe des Saturn* (RS 95, 102 f.). Ebenso in der Lyrik: Das Gedicht *Ein Walzertraum* (Ged 75) verfasst Sebald zu dem Gemälde »Das Land des Lächelns« von Jan Peter Tripp, das in der Erstveröffentlichung des Gedichts und in *Über das Land und das Wasser* abgedruckt ist. In der *Paradieslandschaft* (Sebald 2011, 516 ff.) wiederum beschreibt ein Gemälde von Jan Brueghel d. J. Dieses Gedicht gehört zu denjenigen, die 2011 in der von Sebalds Verlag Hanser herausgegebenen Zeitschrift *Akzente* aus seinem Nachlass veröffentlicht wurden. Zuvor waren diese bereits in englischer Übersetzung, in der 2011 von Iain Galbraith besorgten englischen Ausgabe *Across the Land and the Water. Selected Poems, 1964–2001*, erschienen. Diese Edition ist keine Übersetzung von *Über das Land und das Wasser*, denn Galbraith entscheidet sich für eine eigene Ausgabe mit einer abweichenden, nach anderen Kriterien erfolgenden Textauswahl. Manche Gedichte Sebalds liegen deshalb schon in englischer Übersetzung vor, als sie 2011 in

der ursprünglichen, deutschen Fassung veröffentlicht werden.

Als eine dritte Gruppe von Gedichten treten eine große Zahl von Reiseskizzen neben die Lebensbilder und die Bildbeschreibungen. *In der Nacht auf* (Ged 100 f.) schildert eine Nacht im Jahr 1997 »im Flughafen / von Schiphol«, doch erweisen sich die vermeintlich beiläufigen Schilderungen der wartenden »Weltreisenden« als doppelbödig: Sie liegen an »Allerseelen« – dem Tag der Toten – mit »neonblauen / Gesichtern« nach der »Geisterstunde« wie Tote da, »in blaue / Decken gehüllt & / schlafen«. Das Schlüsselwort in dem Gedicht ist der Ort des Geschehens: Schiphol, 1916 als Militärflughafen gegründet, wurde 1940 von der deutschen Wehrmacht und 1943 von amerikanischen Verbänden bombardiert. Und von Schiphol aus startet in den 1990er Jahren nicht nur das Flugzeug, das Sebald zurück nach Norwich bringt, von dort heben bis 1943 auch deutsche Verbände ab, um Bomben auf England abzuwerfen. So ist das Gedicht über das Wort »Schiphol« mit dem Motiv des Luftkriegs verbunden, einem Lebensthema Sebalds, dem er sich spätestens seit 1982 eingehend widmet (s. Kap. 14). Vordergründig eine Reiseskizze, ist *In der Nacht auf* tatsächlich ein Totengedenken.

In ähnlicher Weise ruft *In der schlaflos* (Ged 84 f.) eine tiefere Bedeutungsebene auf: Wie Schiphol eine Stätte des Luftkriegs ist, so ist Bremerhaven ein Ort der Auswanderung. Das lyrische Ich sitzt »in dem schau / derhaft rustikalen Hotel / Columbus in Bremer / haven« beim Frühstück: »Draußen auf / dem regennassen / Kopfsteinpflaster / zogen die Schatten der / Auswanderer vorbei [...] / Leute aus / Kaunas & Bromberg / aus dem Hunsrück / & aus der Oberpfalz«. Das räumliche »Draußen« korrespondiert mit einem zeitlichen »Früher«, so überschneiden sich Orte und Zeiten und dienen dem selben Zweck, unter den Sebalds Prosa gestellt ist: der literarischen Organisation von Zusammenhängen. Im Zentrum seiner Poetologie stehen die Frage, »wie über den Raum und die Zeiten hinweg alles miteinander verbunden ist« (Log 162), sowie die Darstellung dieser wechselseitigen Beziehungen.

Auch Sebalds Lyrik kennt »das Verschränken scheinbar ungleicher Phänomene oder Erfahrungsebenen« (Hamburger 2007, 109). Orte, deren Geschichte von jenen Lebensthemen Sebalds bestimmt sind, auf die er in seinen Prosaarbeiten immer wieder zurückkommt – Schiphol als Ort des Luftkriegs (*Luftkrieg und Literatur*; *Die Ringe des Saturn*), Bremerhaven als Auswandererhafen (*Die Ausgewanderten*; *Austerlitz*) –, ermöglichen Sebald jene *correspondance*

Walter Benjamins, die Adorno folgendermaßen beschreibt: »Sie wirft, als neu Hervortretendes, Licht aufs Gegenwärtige und empfängt vom Gegenwärtigen ihr Licht. Solche correspondance ist keine der Einfühlung und unmittelbaren Verwandtschaft, sondern bedarf der Distanz« (Adorno 1967, 36). Der zeitliche Abstand zwischen den Ereignissen der Geschichte und dem Besuch ihrer Stätten schafft also erst die Voraussetzung der Korrespondenz, der Sebald in seiner Prosa wie in seiner Lyrik nachspürt. Der *Genius loci* ermöglicht dem lyrischen Ich eine Spiegelung der Vergangenheit am gegenwärtig Erlebten.

Der Flughafen Schiphol ist ein Motiv, das schon zuvor in Sebalds Prosa auftaucht, als ein Ort, an dem »man glauben konnte, man befinde sich schon ein Stück jenseits der irdischen Welt« (RS 110), in der sich die wartenden Passagiere langsam bewegen wie »in einer zerdehnten Zeit« (110) und auf den Rolltreppen »ihren verschiedenen Bestimmungsorten in den Höhen und Untergründen« (110) entgegenschweben. Auch hier also bewegen sich die Menschen als wären sie Totgeweihte oder Untote, die sich bewegen im »Vorhof des unbekannten Landes, von dem kein Reisender mehr wiederkehrt« (111).

Auch die in Sebalds Werk omnipräsenten intertextuellen Verweise zielen auf jene Korrespondenz, die für Sebalds Poetologie maßgeblich ist. Die Beziehungen zwischen den Texten stellen Verbindungen über Zeit und Raum hinweg her. Ganz ähnlich wie in seiner Prosa flicht Sebald auch in seine Gedichte eine Vielzahl von literarischen Zitaten und intertextuellen Verweisen auf Werke und Autoren ein. Entsteht dabei anfangs noch der Eindruck, als würden in den Gedichten bloß Lektüreerfahrungen ausgestellt und Lesefrüchte als ornamentale Zitate in die Gedichte eingefügt – Hans Henny Jahnn, Franz Grillparzer, Pythagoras, Blaise Pascal (vgl. Englund 2013b, 276) –, so erlangen die Verweise in den späten Gedichten mehr und mehr jene strukturierende oder sinnkonstituierende Bedeutung, die sie auch für die Prosa haben. *Bleston*, für das Butors *L'Emploi du Temps* diese strukturierende Funktion einnimmt, ist der Ausgangspunkt dieser textkonstituierenden, von Sebalds fast obsessiv betriebenen intertextuellen Vernetzung. Diese ist auf der Textebene eine metaphorische Entsprechung jener Verbundenheit und Zusammengehörigkeit disparater und diachroner Gegenstände und Ereignisse, mit denen Sebald präokkupiert ist. Später werden die intertextuellen Bezüge dann zu Schlüsseln für das Verständnis der Gedichte. *Seit Jahr & Tag* (Ged 95) bietet eine lakonische Bestandsaufnahme der

Speisen in einem deutschen Interregio-Zug, die wie eine Kontrafaktur von Günter Eichs ikonischem Gedicht *Inventur* (1945) erscheint: Während dort ein Kriegsgefangener seine Habe aufzählt, benennt Sebalds lyrisches Ich, gefangen in der Zelle des fahrenden Zuges, lapidar die kulinarischen Angebote von »Rührei« bis »Rotkäppchen trocken«. *In Alfermée* (Ged 98 f.) trägt den Ort, an dem die Asche Günter Eichs verstreut ist, im Titel, und ruft das Schaffen des Eich-Gelehrten Heinz Schafroth und das Werk der österreichischen Schriftstellerin Marianne Fritz auf (vgl. Galbraith 2011, 211 f.; Englund 2013a).

Mikropoeme: »For Years Now« und »Unerzählt«

In den Bänden *For Years Now* und *Unerzählt* entwickelt Sebald eine eigene lyrische Form: »micro poems«, Mikropoeme, die in Bild-Text-Bänden erscheinen. *For Years Now*, eine Zusammenarbeit mit der Grafikerin Tess Jaray, ist Sebalds letzte Publikation zu Lebzeiten und – abgesehen von zwei Gedichten, die Sebald in *Pretext* (Sebald 2000) veröffentlicht hat – seine einzige literarische Buchveröffentlichung in englischer Sprache. Der Band versammelt Gedichte von wenigen Versen Länge, deren Knappheit programmatisch ist: Momentaufnahmen, mit denen sich Sebald von seinen zuvor veröffentlichten Gedichten, die zur epischen Form streben, absetzt. Jaray setzt ihre monochromen, geometrischen Gemälde dagegen. In den »micro poems« erprobt Sebald »ein poetisches Sprechen am Rande der Literatur«, deren formaler Referenzpunkt die Mikrogramme Robert Walsers und deren ästhetisches Vorbild »die lyrischen Kurztexte Ernst Herbecks« sind (Schütte 2014, 114).

Auch *Unerzählt* versammelt solche Mikropoeme Sebalds, »33 Miniaturen, geschrieben in der Zeit von 1999 bis kurz vor seinem Tod« (Unz 4). Sein Jugendfreund Jan Peter Tripp, dem Sebald 1998 einen Essay (s. Kap. 13) und 2000 ein kleines Prosastück (s. Kap. 8) gewidmet hat, ordnet jedem Gedicht Sebalds die Radierung eines Augenpaares zu. Sie zeigen Tripp und Sebald selbst, Personen aus dem Lebensumfeld beider sowie Dichter und Schriftsteller, darunter Michael Krüger, Hans Magnus Enzensberger, Michael Hamburger, Jorge Luis Borges, Samuel Beckett und Marcel Proust. Sebald schließt seine Arbeit an den Texten für *Unerzählt* im Juni 2001 ab.

Zwischen den Texten von *For Years Now* und *Unerzählt* bestehen viele Überschneidungen, wobei weder Jaray noch Tripp von Sebalds Zusammenarbeit mit dem jeweils anderen Künstler wussten. Sebald trägt zu beiden Büchern lediglich je ein Konvolut von Texten bei, die Zuordnung von Text und Bild erfolgt bei beiden Bänden durch die beteiligten Künstler, was die Publikationen ins Genre des Künstlerbuches einordnet. In *For Years Now* erscheinen die Bezüge von Bild und Text absichtsvoller – etwa in *It is said* (Jaray/Sebald 2001, 9), wo sich die Zweideutigkeiten von Bild und Text gegenseitig bestärken (vgl. Englund 2015, 127 f.) –; die Kombination von Bild und Text in *Unerzählt* erscheint dagegen zufälliger.

Formale Strenge streben Sebalds Gedichte in keiner Phase an. Sie sind reimlos und zeigen durchgängig freie Rhythmen. Gemeinsames Kennzeichen der Gedichte sind die wiederkehrenden Motivspiegelungen, Allusionen und Mehrdeutigkeiten. »Historische Überblendung, Zitatmontage und Raffinement von Syntax und Vokabular« (Bonné 2009) bestimmen die Gedichte insbesondere des letzten Lebensjahrzehnts, in denen die epischen Elemente mehr und mehr bestimmend werden. Dazu gehören z. B. *Am 9. Juni 1904* (69 ff.), *In Bamberg* (76 ff.), *Marienbader Elegie* (79 ff.) oder *Im Sommer 1836* (95 f.). Die vorherrschende strophische Gliederung der Gedichte wird – wie in *An einem Herbstsonntag 94* (90 f.) – auf der inhaltlichen Ebene oftmals durch Enjambements überwunden (Görner 2003, 77), sodass die formale Gestalt der Gedichte deren narrativen Charakter noch verstärkt.

Erst zuletzt – in den Mikropoemen in *Unerzählt* und *For Years Now* – wendet sich Sebald von der Form des Erzählgedichts ab und Momentaufnahmen zu, welche die »atmosphärische Augenblicksdichte von Haikus« (Köhler 2008; vgl. auch Hamburger 2004, 8; s. Kap. 47) zeigen. Somit schließt sich der Kreis mit Sebalds letzten Gedichten sowohl formal als auch motivisch: Stand am Anfang der ersten Veröffentlichung mit dem Gedicht *Schwer zu verstehen* die Schilderung eines einzelnen Gedankens, der das Motiv des »Verschwindens« als »ein in sich geschlossener, syntaktisch vollständiger Satz« (Hessing/Lenzen 2015, 13) zum Ausdruck bringt, so heißt es auch am Ende des letzten Gedichts: »Zuletzt / werden bloß soviel / überbleiben als / herumsitzen können / um eine Trommel« (Unz 71).

Einflüsse und Abgrenzungen

Verbietet ein quellenkritischer Umgang mit den Selbstaussagen von Autoren es ohnehin, sie für bare Münze zu nehmen, so gilt dies besonders in Sebalds Fall, der die Rezeption seiner Werke – etwa mit Bick auf die realen Vorlagen für die fiktionalen Biographien in *Die Ausgewanderten* und *Austerlitz* – durch Irreführungen und Unrichtigkeiten steuert, wie die Unzuverlässigkeit vieler Interviewaussagen zeigt. Deshalb ist auch Sebalds distanzierende Behauptung in einem Radiogespräch im Oktober 2001, »German poetry« habe keinerlei Einfluss auf seine literarische Arbeit (vgl. Silverblatt 2007, 77), zu hinterfragen. Darüber, dass sich die Einwirkungen seiner Lektüren sehr wohl in seinem literarischen, zumal lyrischen Schaffen ausprägen, ist sich die Kritik nach Erscheinen von *Über das Land und das Wasser* einig und erkennt den Einfluss von Günter Eich, Karl Krolow und Peter Huchel (Bonné 2009) und – besonders in den frühesten Gedichten – denjenigen Friedrich Hölderlins und Hugo von Hofmannsthals (Isenschmid 2008).

Sebald beschäftigt sich in seinen literaturkritischen Aufsätzen wiederholt mit Autoren, die für seine Poetologie bestimmend sind. Hierbei handelt es sich fast ausnahmslos um Schriftsteller, die Prosa schreiben. Damit stellt Sebald seinen Exegeten einen Apparat bereit, der zu einem besseren Verständnis seiner Werke verhilft. Daneben stehen aber nur wenige Einlassungen zu Lyrikern, die Sebalds eigene Poetologie erhellen können. Drei Ausnahmen sind nur zu nennen: Zunächst Michael Hamburger, der Übersetzer von *Nach der Natur* (*After Nature*, 2002) und *Unerzählt* (*Unrecounted*, 2004), dem Sebald das siebte Kapitel von *Die Ringe des Saturn* gewidmet hat. Sebald beschreibt in *Ausgrabung der Vergangenheit* (Sebald 1998) die »vollkommen unsentimentale[ ] Präzision« von Hamburgers Schreiben und dessen »Moralität des Ästhetischen«, die, so Sebald, »auf der wahren Anschauung der Dinge beruht«. Sebald liefert hier nicht nur eine Einschätzung von Hamburgers genuiner Qualität als Lyriker, sondern formuliert zugleich sein eigenes poetisches Ideal.

Zweitens der schizophrene Ernst Herbeck, dem Sebald mehrere Essays gewidmet hat und dessen Werk, das Sebald seit den 1960er Jahren begleitet, er in einem Nachruf auf den 1991 verstorbenen Herbeck so beschreibt: »Wortreihen wie ›Firn der Schnee das Eis gefriert‹ oder ›Blau. Die Rote Farbe. Die Gelbe Farbe: Die Dunkelgrüne. Der Himmel ELLENO.‹ grenzen für mich heute noch an eine atemlose andere Welt«

(CS 171). Drittens ist der bereits 1971 erschienene Artikel zur Lyrik Günter Eichs *Alles Schöne macht das Mißlungene ärger* zu nennen, eine »Absage an die herkömmliche Lyrik als Exerzitium in einer überholten Kunst« (Schütte 2014, 15), in dem Sebald – ähnlich wie bei seiner Beschäftigung mit Carl Sternheim, Alfred Döblin, Alfred Andersch und Jurek Becker – eher das Verhältnis von Ästhetik und Ethik in Eichs Arbeiten in den Blick nimmt, als eine Analyse der Gedichte anzustrengen. Hier konstatiert Sebald: »Von vornherein – auch wo sie wider Erwarten noch gelingt – ist Lyrik mit den Merkmalen des Postexistenten, längst schon Überfälligen gekennzeichnet. Schwerlich läßt sich daraus folgern, das Gedicht, dessen Schönheit einmal die Hoffnung auf Dauer bedeutete, sei inzwischen zu etwas Amoralischem geworden; jedoch existiert es mit demselben zweifelhaften Recht, mit dem auch die Gesellschaft, nach allem, was sie anrichtet, immer wieder überlebt« (Sebald 1971).

Sebald erweist sich hier als Kind seiner Zeit. Er schreibt seinen Zeitungsartikel im Geiste und im Duktus des Übervaters Adorno (Atze/Meyer 2005), dessen einschlägiges Diktum – »Nach Auschwitz ein Gedicht zu schreiben, ist barbarisch« – Sebald nicht infrage stellt. Doch es gibt einen Ausweg: »Dichten ist nicht mehr erlaubt, Kritzeln schon« (Sebald 1971). So steckt die Auseinandersetzung mit der Nachkriegsliteratur einerseits und der Theorie der Frankfurter Schule andererseits für Sebald in den 1960er und 1970er Jahren das Feld ab, in dem seine eigene dichterische Tätigkeit sich entwickeln kann: Auf der Höhe der literaturtheoretischen Diskussion, aber mit dem praktischen Anspruch der Beiläufigkeit, als Verfasser kleiner Formen. Sebald erweist sich als Randgänger, der von den etablierten lyrischen Formen ebenso abweicht wie er in der Prosa Abstand zur Kategorie des »Romans« hält.

Die Position der Lyrik im Gesamtwerk

Sebald wird vorrangig als Prosa-Autor rezipiert. Doch schlägt sich die Popularität, die Sebalds Werk als Gegenstand der Germanistik hat, allmählich auch in Stand der Forschung zu seiner Lyrik nieder. Während bisher nur wenige deutschsprachige Arbeiten zu Sebalds Lyrik vorliegen – herauszuheben ist die fundierte Einführung von Uwe Schütte (Schütte 2014), die stark auf die Motivik der Gedichte fokussiert –, haben sich bereits mehrere substanzielle Arbeiten in englischer Sprache mit Einzelanalysen von Sebalds Ge-

dichten befasst, mit Axel Englund als Vorreiter. Diese Arbeiten betonen die Eigenständigkeit von Sebalds Lyrik, deren Wert nicht von ihrer Beziehung zu seiner kanonisierten Prosa abhängig sei (Englund 2014). Das Feuilleton dagegen hat Sebalds Gedichte auf ihr Verhältnis zu seiner Prosa hin befragt und ihre Funktion darin bestimmt, »Skizzen späterer erzählerischer Motive« (Isenschmid 2008) zu entwerfen. Folglich gilt: »W. G. Sebald ist kein genuiner Lyriker. Seine Gedichte sind Kassiber, in denen sein Werk wie in nuce schlummert« (Köhler 2008). Der Rang von Sebalds Gedichten ist strittig. Noch ist nicht ausgemacht, ob Sebalds Lyrik seiner Prosa qualitativ gleichkommt oder ob er »höchstens ein zweitrangiger Lyriker« (Isenschmid 2008) ist.

Die Motivverflechtungen zwischen Lyrik und Prosa sind philologisch einträglich, doch werden auf diese Weise bloß Sebalds literarische Verfahren und die Genese seines Werk anschaulich – einen originären Rang der Lyrik als eigenständige Sprachkunstwerke begründen sie nicht; die Gedichte repräsentieren vielmehr ein Nebenwerk, das durch seine engen Beziehungen zu Sebalds kanonisiertem Prosawerk allerdings erhebliche Bedeutung gewinnt. Die späte Lyrik – also die Mikropoeme und einzelne Gedichte wie *In der Nacht auf* – reklamieren aber sehr wohl einen eigenen Rang: Die Verfahren und Themen dieser Gedichte sind zwar die gleichen, die Sebald auch in seiner Prosa aufgreift, aber hier findet Sebald zu einer lyrischen Form, die unabhängig von seinem Hauptwerk besteht.

Literatur

Adorno, Theodor W.: *Über Tradition*. In: Theodor W. Adorno: *Ohne Leitbild. Parva Aesthetica*. Frankfurt a. M. 1967, 29–41.

Albes, Claudia: Portrait ohne Modell. Bildbeschreibung und autobiographische Reflexion in W. G. Sebalds ›Elementargedicht‹ *Nach der Natur*. In: Michael Niehaus/Claudia Öhlschläger (Hg.): *W. G. Sebald. Politische Archäologie und melancholische Bastelei*. Berlin 2006, 47–75.

Atze, Marcel/Meyer, Sven: »Unsere Korrespondenz«. Zum Briefwechsel zwischen W. G. Sebald und Theodor W. Adorno. In: Marcel Atze/Franz Loquai (Hg.): *Sebald. Lektüren*. Eggingen 2005, 17–38.

Atze, Marcel: *Sebald in Freiburg*. Marbach am Neckar 2014.

Bonné, Mirko: Woher ich komme, weiß ich nicht. Die berückend schönen Gedichte W. G. Sebalds. In: *Frankfurter Allgemeine Zeitung*, 17.01.2009.

Butor, Michel: *Der Zeitplan*. München 1960 (frz. 1956).

Englund, Axel: Readings in the Mist: Two November Poems by W. G. Sebald. In: *The German Quarterly* 86/3 (2013), 275–293. (Englund 2013a)

Englund, Axel: Bleston Babel: Migration, Multilingualism

and Intertextuality in W. G. Sebald's Mancunian Cantical. In: Axel Englund/Anders Olsson (Hg.): *Languages of Exile: Migration and Multilingualism in Twentieth-Century Literature*. Oxford 2013, 261–280. (Englund 2013b)

Englund, Axel: British Rail Katabasis: W. G. Sebald's ›Day Return‹. In: *German Life and Letters* 67/1 (2014), 120–137.

Englund, Axel: W. G. Sebald's Late Lyrics Between Words, Images and Languages. In: *Interlitteraria* 20/2 (2015), 123–141.

Galbraith, Iain: Im Archiv. Zu den nachgelassenen Gedichten von W. G. Sebald. In: *Akzente* 6 (2011), 519–522.

Galbraith, Iain: Translator's Introduction. In: Winfried Georg Sebald: *Across the Land and the Water. Selected Poems, 1964–2001*. London 2011, ix–xxiii.

Galbraith, Iain: Notes on the Text. In: Winfried Georg Sebald: *Across the Land and the Water. Selected Poems, 1964–2001*. London 2011, 171–213.

Görner, Rüdiger: After Words. On W. G. Sebald's Poetry. In: Rüdiger Görner (Hg.): *The Anotomist of Melancholy. Essays in Memory of W. G. Sebald*. München 2003, 75–80.

Hamburger, Michael: *Die Dialektik der modernen Lyrik. Von Baudelaire bis zur konkreten Poesie*. München 1972 (engl. 1969).

Hamburger, Michael: Translator's Note. In: Winfried Georg Sebald/Jan Peter Tripp: *Unrecounted*. London 2004, 1–9.

Hamburger, Michael: W. G. Sebald als Dichter: Drei Annäherungen. In: Michael Hamburger: *Pro Domo. Selbstauskünfte, Rückblicke und andere Prosa*. Wien 2007, 109–123 (engl. 1999, 2002, 2004).

Hessing, Jakob/Lenzen, Verena: *Sebalds Blick*. Göttingen 2015.

Hulse, Michael: Gedichte: In: *Sprache im technischen Zeitalter* 33 (1995), 134, 161–164.

Isenschmid, Andreas: Der Strahl eines anderen Lichts. In: *Die Zeit*, 06.11.2008.

Köhler, Andrea: Die Durchdringung des Dunkels. In: Winfried Georg Sebald/Jan Peter Tripp: *Unerzählt*. München 2003, 72–78.

Köhler, Andrea: Der Wind im Zeichen des Widders. In: *Neue Zürcher Zeitung*, 13.10.2008.

McGough, Roger: Gedichte. Übers. von W. G. Sebald. In: *Zet. Das Zeichenheft für Literatur und Grafik* 3 (1975), 12, 6–8.

Meyer, Sven: Der Kopf, der auftaucht. Zu W. G. Sebalds *Nach der Natur*. In: Marcel Atze/Franz Loquai (Hg.): *Sebald. Lektüren*. Eggingen 2005, 64–77.

Meyer, Sven: Portrait ohne Absicht. Der Lyriker W. G. Sebald. Nachwort. In: Winfried Georg Sebald: *Über das Land und das Wasser. Ausgewählte Gedichte 1964–2001*, hg. von Sven Meyer. München 2008, 105–112.

Schütte, Uwe: *Figurationen. Zum lyrischen Werk von W. G. Sebald*. Eggingen 2014.

Sebald, Winfried Georg: Alles Schöne macht das Mißlungene ärger. Am Fall Günter Eich – Poesie in den Steingärten, Erinnerung als eine Form des Vergessens. In: *Frankfurter Rundschau*, 06.11.1971.

Sebald, Winfried Georg: Damals vor Graz: Randbemerkungen zum Thema Literatur & Heimat. In: Kurz Bartsch/Gerhard Melzer (Hg.): *TRANS-GARDE: Die Literatur der ›Grazer Gruppe‹*. Graz 1990, 141–153.

Sebald, Winfried Georg: Ausgrabung der Vergangenheit. In: *Tages-Anzeiger*, 22.05.1998.

Sebald, Winfried Georg: Poems. In: *Pretext* 2 (2000), 22–25.

Sebald, Winfried Georg/Jaray, Tess: *For Years Now*. London 2001.

Sebald, Winfried Georg: Gedichte aus dem Nachlaß. In: *Akzente* 6 (2011), 494–518.

Silverblatt, Michael: A Poem of an Invisible Subject. In: Lynne Sharon Schwartz (Hg.): *The Emergence of Memory. Conversations with W. G. Sebald*. New York 2007, 77–86.

Sven Meyer

10 Nachlass

Der Nachlass von W. G. Sebald im Deutschen Literaturarchiv Marbach ist dort einer der wenigen, der von
seinem Urheber bewusst für seine Rezeption präpa-
riert worden ist: als Teil eines Werks, in dem der Autor
sich in seine Erzählungen und ihre Figuren auflöst
und diese wiederum in die Literatur, die vor ihnen da
war (Strittmatter 2014; Gfrereis 2008).

Der reale Nachlass

Der literarische Nachlass von W. G. Sebald, der sich
seit Januar 2004 im Deutschen Literaturarchiv Marbach befindet, besteht im Kern aus 66 von ihm selbst
beschrifteten und damit autorisierten Archivschachteln. Dazu kommt eine umfangreiche, 1.255 Bücher
umfassende Arbeitsbibliothek mit zahlreichen Lese-
spuren und Lesezeichen.

Die von Sebald überlieferten Papiere, die inzwischen in der Marbacher Datenbank detailliert verzeichnet sind (http://www.dla-marbach.de/opac_
kallias/handschriften/index.html), beziehen sich nahezu ausschließlich auf sein Werk. Selbst in den Korrespondenzen, die einen vergleichsweise geringen
Anteil des Nachlasses ausmachen, fehlen private Mitteilungen fast vollständig. Neben Briefwechseln mit
Verlagen, Redaktionen und Archiven hat Sebald vor
allem Schreiben von Kritikern und Lesern aufbewahrt, die zumeist Sachverhalte, die in seinen Büchern vorkommen, korrigieren und ergänzen, indem
sie ihre eigene Lebensgeschichte erzählen. Die Leser-
gemeinde Sebalds war bekanntlich selten gewillt, Fakten und Fiktionen zu trennen (von Bülow 2011).

Vom privaten Leben des Autors erfährt man aus
diesem Nachlass wenig, umso ausführlicher sind die
Entstehung und die Wirkung seiner Werke dokumentiert. Am vollständigsten archivierte Sebald Unterlagen zu seinen Prosabüchern *Schwindel. Gefühle, Die
Ausgewanderten, Die Ringe des Saturn* und *Austerlitz*.
Dabei hat er neben den Handschriften und Notizen in
vielen Fällen auch die benutzten Quellen aufgehoben:
Zeitungsausschnitte, Photos, Landkarten, Reisepro-
spekte, Kopien aus Büchern und Briefwechsel, die er
zu Zwecken der Recherche führte. Aus diesen Materialien lassen sich die intertextuellen Bezüge zum großen Teil rekonstruieren.

Offensichtlich war W. G. Sebald ein ›Papierarbei-
ter‹; er probiere einzelne Sätze mit Bleistift, Filzstift
oder Kugelschreiber aus und verbesserte sie, bis sie zu

einer gültigen Form gefunden hatten. In der darauf folgenden ersten vollständigen Handschrift sind bereits
die Stellen festgelegt, an denen später die Abbildungen
eingefügt werden sollten, die zumeist schon als Photo-
vorlage beiliegen. Schreibmaschinenabschriften, die in
der Regel nur noch kleinere Detailkorrekturen aufweisen, sowie Fahnenkorrekturen hat Sebald selten archi-
viert.

Besonders aufschlussreich sind die Typoskripte der
Übersetzungen, die Sebald sorgfältig aufbewahrte.
Obwohl er die englische Sprache nahezu perfekt beherrschte, übersetzte er seine Texte nicht selbst. Allerdings überarbeitete er die Manuskripte seiner Übersetzer so stark, dass er als Mitübersetzer gelten dürfte
(s. Kap. 53). Die Typoskripte der französischen Übersetzungen enthalten wesentlich weniger Korrekturen,
noch seltener schlug er italienischen Übersetzerinnen
Veränderungen vor.

Materialien zu seinen lyrischen und essayistischen
Werken überlieferte Sebald vergleichsweise kur-
sorisch. Seine Gedicht-Manuskripte füllen nicht mehr
als drei Archivschachteln. Auch seine literaturwissenschaftlichen Abhandlungen und Essays, Reden und
Interviews, einige dramatische Versuche und ein früher, ungedruckter Roman liegen lediglich in maschi-
nenschriftlicher Form vor. Eine größere Materialsammlung ist nur zum Essay *Luftkrieg und Literatur*
vorhanden. Sie enthält Kopien aus Büchern und zahlreiche Zuschriften von Lesern, die ihn oft auf unbe-
rücksichtigte Quellen hinwiesen.

In einigen Archivschachteln befinden sich Materialien zu unabgeschlossenen Buchprojekten, die sich
zum großen Teil dem *Korsika*-Komplex zuordnen lassen (von Bülow 2008). Die vorhandenen Textentwürfe, von denen Sebald nur einen kleinen Teil veröffentlicht hatte (CS), erschienen 2008 posthum im Katalog
zur Marbacher Sebald-Ausstellung (AK; von Bülow
2008). Zwei Archivschachteln enthalten Materialien
zu seinem letzten Projekt, das er gewöhnlich mit
»WW« (»World War«) abkürzte. Textentwürfe sind
kaum erhalten, dafür umfangreiche Vorarbeiten, Exzerpte aus historischen Darstellungen und Kopien aus
Archiven. Geplant war »an extensive narrative which
will encompass the period 1900–1950. Several of my
forebears will pass review, among them Rudolf Egelhofer, commander of the Red Army at the time of the
Munich Soviet, who was murdered in 1919 by the
right-wing free corps. The ›éducation sentimentale‹
under the fascist régime, of the social class to which
my parents belonged will be another prominent topic,
as will be my father's progress during the war and the

post-war years which were the years of my childhood. I should point out that the form this will take is <u>not</u> that of (auto)biography; it will be more like the semi-documentary prose fiction for which I have become known. Account of the process of research will also be included as integral parts of the narrative« (Sebald an The National Endowment for Science, Technology and the Arts [NESTA], ohne Datum [verm. Anfang 2000]). Wie das Ganze strukturiert werden sollte, lässt sich kaum erkennen.

Fast alle Materialien im Nachlass lassen sich bestimmten Büchern und Projekten zuordnen. In einer eigenen Mappe sind Familien- und Flohmarktphotos in einem werkspezifischen Alphabet nach Figuren und deren Lebensorten sortiert: A wie Austerlitz, B wie Bereyter, I wie Istanbul, K wie Kloster Neuburg. Ohne konkreten Werkbezug sind vor allem eine lose, in einer Schachtel aufbewahrte Bilder- und Postkartensammlung sowie ein Karteikasten, der vermutlich zu seinen frühen wissenschaftlichen Arbeiten gehört.

Sebalds Arbeitsbibliothek, die im Deutschen Literaturarchiv zugänglich ist, enthält 1.255 Bücher. Neben Textausgaben zur deutschen und internationalen Belletristik (oft in den Originalsprachen) findet sich in geringerem Umfang auch Sekundärliteratur. Dazu kommen Sachbücher, die sich den Abteilungen Philosophie, Psychologie, Religion sowie Geschichte, Kunst, Geographie und Naturkunde zuordnen lassen (Catling 2011a). Allerdings handelt es sich hier nur um einen Teil der Bände, die Sebald gelesen oder auch besessen hat. Einige seiner Bücher befinden sich noch in seinem Büro in der Universität in Norwich, andere im Besitz der Familie. Exemplare, die er nicht mehr brauchte, hat er nicht selten verkauft, andererseits benutzte er die Bibliothek der University of East Anglia in Norwich (vgl. Catling 2011b, 272). Wie seine Marbacher Arbeitsbibliothek zeigt, hat Sebald gewöhnlich mit dem Stift gelesen, seine Bücher enthalten meist Anstreichungen und Anmerkungen sowie zahlreiche Einlagen und Lesezeichen, gelegentlich auch Widmungen von anderen Autoren.

Der fiktive Nachlass

Sebald hat in seinen Texten häufig persönliche Hinterlassenschaften als identitätsstiftende Ausdrucks- und Überlieferungsform thematisiert. In *Nach der Natur* bemüht sich der Entdeckungsreisende Georg Wilhelm Steller, etwas über Forschungen seines Vorgängers Daniel Messerschmidt in Erfahrung zu bringen.

Aber er »hat aus dem schwer | melancholischen Menschen | nichts mehr herausbringen können |. Dafür studiert er jetzt seinen Nachlaß |. Einen ganzen Sommer verbringt er | über die Zettelwirtschaft gebeugt« (NN 44). Die Identifikation mit dem Toten durch das Studium seines Nachlasses geht schließlich so weit, dass Steller der Witwe einen Heiratsantrag macht.

Im quasi-autobiographischen Prosastück *Il ritorno in patria* des Bandes *Schwindel. Gefühle* verbringt der Ich-Erzähler einige Zeit auf einem Dachboden, in fremden Hinterlassenschaften »herumforschend«. Ihn interessiert die »Herkunft und Geschichte dieser Dinge« (SG 257), weil er sich davon Auskunft über Personen erhofft, die ihm in der Kindheit nahestanden.

In *Die Ausgewanderten* überlässt die Hüterin des Nachlasses von Ambros Adelwarth dem recherchierenden Erzähler das Agendabüchlein des Verstorbenen mit Aufzeichnungen von dessen Reise nach Jerusalem (Agw 186 f., 194 f., 200 f.). Der Erzähler veröffentlicht daraus lange Passagen und bemerkt mit Erstaunen, dass er die schwierige Handschrift »sozusagen von selber« lesen könne (188). Wer Sebalds Handschrift einmal gesehen hat, erkennt sie im abgebildeten Büchlein wieder: Er hat die Passagen, die zum Teil Chateaubriands *Itinéraire de Paris à Jérusalem* paraphrasieren, selbst geschrieben. Indem Sebald die Identität von Autor, Erzähler und Figur suggeriert, scheint er mit dem Leser einen »autobiographischen Pakt« (Lejeune 1975) zu schließen. Dieser wird durch das manipulierte Dokument jedoch bewusst dekonstruiert, denn in diesem Fall ist klar, dass der Erzähler nicht weiß, was der Autor tut. (Im Nachlass zeigt sich auch, dass das Agendabüchlein in Wirklichkeit nicht von 1912 stammt, sondern von 1927.) Der Ambivalenz zwischen Identität und Differenz entspricht die Bemerkung des Erzählers, die Handschrift (des Autors) erscheine ihm ebenso fremd wie vertraut.

Auch Max Aurach in *Die Ausgewanderten* bewahrt die Hinterlassenschaften verstorbener Familienmitglieder sorgsam auf. Die »nachgelassenen Blätter seiner Mutter« übergibt er dem Erzähler nicht einfach, er »überantwortet« (Agw 289, 327) sie ihm und betont damit die ethische Dimension, die jeder Umgang mit Nachgelassenem hat. Wenn der Erzähler die weit zurückgreifende Lebensgeschichte der ihm unbekannten Frau, die ihn sofort »auf das Nachhaltigste« beschäftigt, ausführlich zitiert, versteht er seine Verantwortung dem fremden Text gegenüber nicht im Sinne einer Verpflichtung zu editorischer Genauigkeit; sein leitender Wert ist vielmehr die ästhetische Stimmigkeit seines eigenen Werks. Von daher glaubt sich der

Autor legitimiert, den vorgefundenen Text der realen Autorin Thea Frank-G. zu ändern und ohne ihre Einwilligung zu zitieren (Gasseleder 2005).

Der Erzähler in *Die Ringe des Saturn* interessiert sich mitunter für ungewöhnliche Nachlass-Erscheinungen. So verfolgt er die Irrwege des Schädels von Thomas Browne und zitiert nicht ohne Ironie aus dessen Abhandlung über vorchristliche Feuerbestattungen. Browne galten Grabbeilagen – wiederum Hinterlassenschaften eigener Art – als Sinnbilder für die »Unzerstörbarkeit der menschlichen Seele« (RS 38). In den überlieferten Gegenständen objektiviert sich das Wesen der Gestorbenen. Der Erzähler betrachtet nicht nur die Inneneinrichtung von Somerleyton Hall als Nachlass einer Familie, er interpretiert die gesamte ostenglische Kulturlandschaft als Hinterlassenschaft einer Gesellschaft.

Auch in *Austerlitz* kommt den nachgelassenen Dingen eine besondere Funktion zu. Die Identitätszweifel von Jacques Austerlitz korrespondieren mit der Abwesenheit familiärer Überlieferung. Die »gesamte Hinterlassenschaft« (Aus 259) seiner Eltern in Prag wurde von den Deutschen beschlagnahmt. Im Verlauf seiner Forschungen findet er lediglich eine Photographie, die ihn als fünfjähriges Kind zeigt (vgl. 260, 262 ff.). Sie ist der einzige quasi authentische Beleg für seine verschüttete Identität – auch wenn sie ironischerweise einen Jungen zeigt, der sich für einen Maskenball verkleidet hat.

Die enge Verknüpfung von Nachlass und Photographie verweist auf strukturelle Analogien. Photographien sind authentische Spuren von Menschen, Momentaufnahmen, in denen Zeit und Leben zum Stillstand gekommen sind. Diese Merkmale treffen auch auf Nachlässe zu: Die Gesamtheit der Dinge, die ein Mensch besitzt, ist lebenslang in Bewegung, Papiere und Gegenstände werden laufend erworben und gehen verloren. Mit dem Tod wird dieser »Stoffwechsel« eingefroren; der Nachlass ist der Besitzstand eines Menschen im Moment seines Todes. Wie die Einzelheiten auf einem Photo haben hinterlassene Dinge jeweils ihre eigene Geschichte und besitzen daher eine starke narrative Potenz. Nicht zuletzt darauf beruht ihre ästhetische Bedeutung, die umso größer ist, je weiter der Bezugsrahmen sich öffnet und je isolierter, fetischartiger das Detail erscheint.

Sebalds Hauptfiguren, deren prekäre Identität sich fast ausnahmslos mit einem Hang zur Selbstauslöschung verbindet, sind Spezialisten für Nachlassfragen. Dennoch – oder deshalb – haben sie selbst kaum den Wunsch, der Nachwelt etwas zu überliefern: »Eines Abends, sagte Austerlitz, habe ich meine sämtlichen Papiere, die Notizbücher und Notizhefte, die Aktenordner und Vorlesungsfaszikel, alles was bedeckt war mit meiner Schrift, aus dem Haus getragen, am unteren Ende des Gartens auf den Komposthaufen geworfen und schichtweise mit verrottetem Laub und ein paar Schaufeln Erde bedeckt« (Aus 180).

Der ausgestellte Nachlass

Literaturausstellungen galten lange Zeit nicht nur wegen des Gros ihrer Exponate – Manuskripte, Briefe, Photos, Bücher – als ›Flachwarenausstellungen‹. Das Papier, das sie zeigten, war so zweidimensional wie ikonisch: eine Oberfläche, auf der etwas erscheinen sollte, was man den Geist eines Autors oder einer Zeit nennen könnte, ein »Semiophor« im Sinne Krysztof Pomians, das hinüberführt in die unsichtbare, andere Welt der Literatur. »Ich mag die Geister der Entfernten und Abgeschiedenen gern auf jede Weise hervorbringen und um mich versammeln«, schrieb Goethe am 17. Dezember 1811 über seine Autographensammlung an Sulpiz Boisserée (Goethe 1887, 221). Diese aus dem Freundschafts- und Geniekult des 18. Jahrhunderts hervorgegangene Verehrung der Handschrift (einschließlich der von einer berühmten Hand berührten Dinge) hat unsere Vorstellung von einer Literaturausstellung und einem Nachlass bis an die Wende zum 21. Jahrhundert geprägt.

Seit der Jahrtausendwende haben Literaturausstellungen sich verstärkt auf das Diesseits der Dinge konzentriert. Auf die materiellen, sichtbaren Spuren einer Textur und Struktur, nach der auch der Literaturwissenschaftler Sebald bei seinen Lektüren sucht, wenn er zum Beispiel die Lautwiederholungen am Beginn von Georg Büchners *Lenz* anstreicht oder das Geflecht aus eindeutig zweideutigen Konnotationen markiert, von dem der berühmte eine Gedankenstrich in Heinrich von Kleists *Marquise von O* umstellt ist.

Jeder poetische Text verdichtet nach Terry Eagleton »auf kleinstem Raum mehrere Systeme, deren jedes seine eigenen Spannungen, Parallelismen, Wiederholungen und Oppositionen beinhaltet, und von denen jedes ständig alle anderen modifiziert« (Eagleton 1988, 81). Wie der mathematische Raum, so Jurij Lotman, sei der »umgrenzte Raum« der Literatur »die Gesamtheit homogener Objekte (Erscheinungen, Zustände, Funktionen, Figuren, Werte von Variablen u. dgl.), zwischen denen Relationen bestehen, die den gewöhnlichen räumlichen Relationen gleichen (Un-

unterbrochenheit, Abstand u. dgl.)‹« (Lotman 1972, 312 f.).

In diesem Sinn hat, wenn man ihn ausstellt, der Nachlass von W. G. Sebald selbst poetische Qualität. Alles in ihm ist mehrfach determiniert, alles steht in einer Relation zueinander und oft in mehr als nur einer, sodass sich zeitlich unterschiedliche Texte, Spuren und Bilder in einem ›tief‹ scheinenden Raum überlagern (Gfrereis/Strittmater 2013). Fakten sind hier Fiktionen und Fiktionen Fakten. Alles ist Literatur, wird Literatur, war Literatur; alles gehört in den Bereich der Textsubjekte, die ihr Leben in und mit dem Text entwickeln. Nichts, wenn man es so zuspitzen will, verrät den Autor als Mensch: Sebald zitiert Kafka, der wiederum Goethe zitiert, oder Robert Walser, der wiederum über Heinrich von Kleist schreibt. Nahezu alle ›authentischen‹, in seinen Texten abgebildeten Objekte wie zum Beispiel die Visitenkarte von Ambros Adelwarth (abgebildet in: Gfrereis/Raulff 2014, 52) sind durch bricolage entstanden und oft fingiert. Sebalds Bibliothek liefert für seine eigene Technik, Text durch Photographien zu beglaubigen, eine einschlägige Inspirationsquelle: Er besaß zahlreiche rororo-Monographien. Das fällt jedoch erst dann auf, wenn man sie zusammengefasst ausgestellt sieht.

Sebalds Nachlass deckt die textgenerierende Maschinerie aus Relationen um ein Vielfaches deutlicher auf, als es die Lektüre und Analyse seiner Bücher je leisten könnte. Sie treibt einen regelrechten Entzauberungs- und Dekonstruktionsrausch voran, der seinerseits in Verzauberung umschlagen kann. Die Marbacher Ausstellung Wandernde Schatten. In W. G. Sebalds Unterwelt (2008/09), die den Nachlass zum ersten Mal gezeigt hat, konnte diese Maschinerie gleichsam in situ nachbauen: Passagen aus vier seiner großen Erzählungen Schwindel. Gefühle, Die Ausgewanderten, Austerlitz und Die Ringe des Saturn wurden in mehreren Schichten untereinander mit den dazu in einer Beziehung stehenden Text- und Bildmaterialien kombiniert, sodass sich parallel zu den Haupttexten deren Subtexte und Tiefenstrukturen entfalten konnten, auch über die jeweiligen Erzählungen hinaus.

Die Ausstellung hat sich an und aus dem Nachlassmaterial heraus entwickeln können, das seine Zusammenhänge nahezu von alleine in den Vordergrund spielte, wenn man es nebeneinander legte: Sah man nur auf die zahlreichen Bilder, entdeckte man plötzlich, wie sich nahezu inflationär die Hände ausbreiteten, Augenpaare erschienen, Unschärfestellen, Gitterlinien, Schmetterlinge und Falter, Blumen und Pflanzen, Feuer und Eis. In der Spiegelreflexkamera von Austerlitz kehrte dann – vom Nachlasszusammenhang aus betrachtet – nicht nur die Bahnhofshalle von Antwerpen wieder, die Augenpaare der Raubvögel und von Améry und Wittgenstein, sondern auch das Augenleiden des Ich-Erzählers, die Augen auf dem Rad eines Pfaus, die beiden Kugeln auf einem Billardtisch und eine Versuchsanordnung von Goethe, mit der er herauszufinden versuchte, warum wir Farben sehen, die es nicht gibt (»entoptische Farben«).

Der Nachlass wurde sichtbar als der große Resonanzraum für dieses Schreiben und Lesen, das nach Ähnlichkeiten und Ansteckungen sucht; ein durchaus auch vampiristisches Verfahren, das Leben raubt, um es der Literatur zu schenken. In den Psychopathographien des Alltags (1972) von Alexander Mitscherlich markierte Sebald: »er weiß zum Beispiel, daß er alles, was er seinen Büchern gibt, seinem Leben entzieht«. In Eine Insel in der Nähe von Magora (1973) von Lars Gustafssons: »Weil sich aber überhaupt nichts aussagen läßt, sondern immer nur etwas anderes, das an die Stelle dessen tritt, was man sagen will, hat man am Ende die größte Lust, sich selber unsichtbar zu machen, damit wie durch einen Zauber die Welt in ihrer erschreckenden Einfachheit hervortrete.« Er selbst notierte sich (auf einem Blatt, das sich in seinem Nachlass erhalten hat): »Phantasie kommt nicht daher, daß man ein interessantes Leben führt.« (Alle Ausstellungstexte und ein vollständiges Exponatverzeichnis sind online zugänglich: https://www.dla-marbach.de/museen/wechselausstellungen/archiv)

Literatur

Catling, Jo: A Catalogue of W. G. Sebalds Library. In: Jo Catling/Richard Hibbitt (Hg.): Saturn's Moons. W. G. Sebald – A Handbook. London 2011a, 377–441.

Catling, Jo: Bibliotheca abscondita. On W. G. Sebalds Library. In: Jo Catling/Richard Hibbitt (Hg.): Saturn's Moons. W. G. Sebald – A Handbook. London 2011b, 265–298.

Eagleton, Terry: Einführung in die Literaturtheorie. Stuttgart 1988.

Gasseleder, Klaus: Erkundungen zum Prätext der Luisa-Lanzberg-Geschichte aus W. G. Sebalds Die Ausgewanderten. Ein Bericht. In: Marcel Atze/Frank Loquai (Hg.): Sebald. Lektüren. Eggingen 2005, 157–175.

Gfrereis, Heike: Sebald aus dem Nachlass gelesen. In: Ulrich von Bülow/Heike Gfrereis/Ellen Strittmatter (Hg.): Wandernde Schatten. W. G. Sebalds Unterwelt, Marbach am Neckar 2008, 226–234.

Gfrereis, Heike/Strittmatter, Ellen: Die dritte Dimension. Ausgestellte Textualität bei Ernst Jünger und W. G. Sebald. In: Katerina Kroucheva/Barbara Schaff (Hg.): Kafkas Gabel. Interdisziplinäre und intermediale Aspekte von Literaturvermittlung. Bielefeld 2013, 25–52.

Gfrereis, Heike/Raulff, Ulrich: *Der Wert des Originals*. Marbach 2014.

Goethe, Johann Wolfgang von: *Werke*. Weimarer Ausgabe, Abt. IV, Bd. 22. Weimar 1887.

Körte, Mona: »Un petit sac«. W. G. Sebalds Figuren zwischen Sammeln und Vernichten. In: Marcel Atze/Franz Loquai (Hg.): *Sebald. Lektüren*. Eggingen 2005, 176–194.

Lejeune, Philippe: *Le pacte autobiographique*. Paris 1975.

Lotman, Jurij: *Die Struktur literarischer Texte*. München 1972.

Strittmatter, Ellen: Ich ist ein Anderer. W. G. Sebalds Porträts aus dem Nachlass (2014), http://www.mww-forschung.de/ fileadmin/user_upload/_imported/fileadmin/user_up load/MWW/Essays_Bildpolitik/Strittmatter_Sebald.pdf.

von Bülow, Ulrich: The Disappearance of the Author in the Work. Some Reflections on W. G. Sebalds Nachlass in The Deutsches Literaturarchiv Marbach. In: Jo Catling/Richard Hibbitt (Hg.): *Saturn's moons. W. G. Sebald – A Handbook*. London 2011, 247–263.

von Bülow, Ulrich: *Sebalds Korsika-Projekt*. In: Ulrich von Bülow/Heike Gfrereis/Ellen Strittmatter (Hg.): *Wandernde Schatten. W. G. Sebalds Unterwelt*. Marbach 2008, 211–224.

Ulrich von Bülow / Heike Gfrereis

B Essays und Porträts

11 »Die Beschreibung des Unglücks«

Hintergrund und Einleitung der Sammlung

Dieser erste Sammelband, entstanden aus bereits zwischen 1972 und 1985 gedruckten literaturwissenschaftlichen Aufsätzen (Nachweise vgl. BU 200) »zur österreichischen Literatur von Stifter bis Handke« – so der Untertitel – erschien 1985 im Residenz Verlag und wurde im gleichen Jahr als kumulative Habilitationsschrift an der Universität Hamburg eingereicht. Vermittler war der dort als Anglist tätige, seit Studienjahren mit Sebald bekannte Dietrich Schwanitz, der auch der Prüfungskommission angehörte; die Habilitation wurde 1986 erfolgreich abgeschlossen (vgl. Catling 2011, 93; 631 ff.). Die in den Aufsätzen angewandte Methode wurde von der Kritik früh in die Nähe der Literaturpsychoanalyse gerückt: »Sebald richtet seinen ganzen Scharfsinn darauf, jenen komplexen Prozeß zu rekonstruieren, in dessen Verlauf das schreibende Subjekt sein *Unglück* ins Werk setzt. [...] [Er] zielt also gewissermaßen auf den Subtext im Text [...]« (Melzer 1997, 55 f.). Darüber hinaus sind die Aufsätze gerade durch die in ihnen ausgesprochenen Wertungen höchst aufschlussreich im Hinblick auf Sebalds eigene Literaturauffassung, ja sogar auf seine Poetik. Mit der für Sebald typischen intertextuellen Arbeitsweise werden zudem mehrere in diesem Band ausführlich besprochene Textpassagen in seinem eigenen literarischen Werk zitiert. Es darf unterstellt werden, dass Sebalds eigene Subtexte durch die in den Aufsätzen offengelegten Subtexte der Zitate unmittelbar und ganz bewusst modifiziert werden sollen, das heißt, dass die Zitate auch dazu dienen, gewissermaßen die ihnen in den Essays unterstellten Bedeutungen mit in den neu konstituierten Text zu transportieren. Auf diese Weise lassen sich Rückschlüsse auf die in Sebalds erzählter Welt gültigen grundlegenden Gesetzmäßigkeiten oder, anders gesagt, auf die Metaphysik seiner

Diegese ziehen; es zeigt sich ein pessimistisches, ja gnostizistisches Weltbild (Schmucker 2012). Mit anderen Worten: Die Bedeutung dieses Sammelbandes für das Verständnis von Sebalds Werk ist kaum zu überschätzen.

Das 1985 geschriebene (vgl. Catling 2011, 464) Vorwort der Sammlung (BU 9–13) gibt als Ziel der versammelten Aufsätze an, »einige jener spezifischen Komplexionen ins Blickfeld [zu bringen], die in der österreichischen Literatur [...] konstitutiv zu sein scheinen« (9). Die angewendete Methode solle hierzu ohne starre Grenzen dem jeweiligen Untersuchungsgegenstand angepasst werden, sei es doch auch das Kennzeichen der österreichischen Literatur, dass »traditionelle Grenzlinien etwa zwischen ihrem eigenen Bereich und dem der Wissenschaft übergangen werden« (9). Als Beispiele werden zunächst die Werke Schnitzlers und Hofmannsthals gegenüber der Psychoanalyse Freuds angeführt und die Superiorität der Literatur festgestellt; dieses Urteil wird sodann auf jüngere Autoren wie Canetti und Handke ausgeweitet (9). Das so konstatierte »Interesse an Grenzübergängen« wird versuchsweise durch die historische Kontraktion des Habsburgerreiches auf das »übriggebliebene Österreich« erklärt, was einerseits metaphorisch zur gedanklichen Grenzüberschreitung in der Auseinandersetzung »mit anderen Systemen« gezwungen, andererseits »die Auswanderung in die entferntesten Länder« provoziert habe, wofür wiederum der faktuale Charles Sealsfield ebenso wie fiktionale Figuren etwa von Kafka und Handke als Beispiele angeführt werden. Unvermeidliche Folge sei der »Verlust der Familiarität« gewesen (10). Auch die starke Zuwanderung in den vorausgegangenen Jahren habe – belegt wiederum durch das Beispiel Kafkas – bei aller Assimilation ein »Gefühl der Fremdheit trotz unmittelbarer Nachbarschaft« zur Folge gehabt (10 f.). All dies habe zu einem »Unbehagen« in der »österreichische[n] Kultur« geführt und dazu, dass diese »die Kritik an sich selbst zu ihrem Prinzip erhob« (11). Mit der anschließenden Bemerkung, dass sich daraus »ein ästhetisches und ethisches Kalkül von äußerster Komplexität ergeben« (11) habe, wird in für Sebald typischer Weise die Grenze zwischen gewöhnlich getrennten Kategorien aufgehoben bzw. der Kunst eine zusätzliche Dignität verliehen. Im Zusammenhang mit dem beschriebenen »Problembereich« stehe das offenkundige »Unglück des schreibenden Subjekts« als »charakteristischer Grundzug der österreichischen Literatur«, dessen Genese aber nicht auf den Niedergang Habsburgs reduziert werden dürfe (11 f.). Vielmehr sei der Grund für die »Melancholie« vieler Autoren der »Fortschritt« mit dem durch ihn bedingten »Eingehen der uns nach wie vor am Leben erhaltenden Natur«. Diese »Melancholie« habe jedoch nichts mit »Todessucht« gemein, sondern sei vielmehr »eine Form des Widerstandes«, denn: »Die Beschreibung des Unglücks schließt in sich die Möglichkeit zu seiner Überwindung ein« (12). Auf diese Weise wird die bereits angesprochene ethische Dimension der Ästhetik bzw. des Kunstwerkes erneut betont. Unter Hervorhebung des didaktischen Aspektes in der österreichischen Literatur wird sodann die Literatur insgesamt mit dem Zitat aus Martin Bubers *Erzählungen der Chassidim* der Heiligen Schrift angenähert und ihr eine salvatorische Kraft zugesprochen: »Unter diesem Aspekt stellt die Erklärung unseres [...] Unglücks ein Erlebnis mit bei, über das das Gegenteil von Unglück, und sei es mit knapper Not, noch zu erreichen ist« (13).

Die Reihenfolge der Aufsätze ist orientiert an den Geburtsjahren der besprochenen Autoren, allerdings mit den Ausnahmen, dass Ernst Herbeck – geboren 1920 – zwischen Handke und Roth – beide 1942 geboren – gestellt ist, und dass im letzten Aufsatz mit Stifter und Handke der älteste und der jüngste Autor gemeinsam besprochen werden.

Zu den Essays

Bis an den Rand der Natur – Versuch über Stifter (BU 15–37): Das vorangestellte Motto ist dem Werk des ›christlichen Gnostikers‹ Franz von Baader entnommen und weist somit auf einige der Stifter von Sebald unterstellten Motive voraus. Am Beginn des Essays steht Stifters Gefühl seiner gesellschaftlichen Minderwertigkeit, die zu einem Werk geführt habe, »das die Menschen als fremd nicht nur in der Gesellschaft, sondern selbst in ihrer früheren Heimat, der Natur, vorstellt« (16). Nach einer Betrachtung der Rezeptionsgeschichte werden im Gegensatz zu der von der offiziellen Philologie konstruierten »konservativen Heiligenlegende« ein »profunde[r] Agnostizismus« und ein »bis ins Kosmische ausgeweiteter Pessimismus« als Grundmerkmale dieses Werkes benannt (17). In der Folge sucht Sebald die Gründe für »die Auflösung der metaphysischen Ordnung« und den »erschütternden Materialismus« dieses Werks in der psychischen Disposition Stifters. So hätten dessen »unterprivilegierte[] Herkunft«, »das Gespenst der Verarmung« und die vielfältigen Katastrophen in seinem Leben (19 f.) einerseits konsequenterweise dazu geführt, dass »der Dreiundsechzigjährige schließlich Hand an sich legte«, andererseits aber gewissermaßen kompensatorisch einen »unüberwindlichen Freßzwang« induziert, der letztlich zum Tod geführt habe. Die erlebten »Konflikte und Krisen«, die sich ja stets »im Laufe der Zeit« ereigneten, hätten bewirkt, dass Stifter etwa mit dem *Nachsommer* »einen utopischen Entwurf [...] jenseits der Zeit« (eine Anspielung auf Franz von Baader, vgl. Schmucker 2012, 525 f.) geschaffen habe; das Problem, dass die Zeit im Text nicht zu vergehen scheine, löse Stifter »dadurch, daß er seine Figuren von einer Mahlzeit zur anderen fortschreiten läßt«; das Leben werde so freilich stillgestellt, das Stilprinzip sei die *nature morte* (BU 23). Diese »liebevolle Beschreibung eines Toten« als das »affektive Zentrum der Stifterschen Phantasie« (23) wird am Ende des Aufsatzes mit der Schilderung des Absturzes und des Leichnams der Frau des Obristen aus der *Mappe meines Urgroßvaters* aufgegriffen (vgl. 35 ff.), die in *Schwindel. Gefühle* ausführlich zitiert wird (vgl. Schmucker 2012 56 ff., 69 ff.). Auch die häufigen Naturdarstellungen seien grundiert von der von heute aus betrachtet geradezu prophetischen »Klage über die eingehende Vielfalt und Substanz des organischen Lebens« (BU 26 f.). Sodann wird Stifters Naturbild mit seinem Frauenbild verbunden: »Stifters Ehrfurcht vor der unberührten Natur hat eine Parallele nicht nur in seiner erzählerischen Vorliebe für Kindergestalten, sondern deutlicher noch in seiner offenkundigen Präokkupation mit dem Zustand und der Verletzung der Jungfräulichkeit« (28). Daneben sei ein Fetischismus im Hinblick auf weibliche (Seiden-)Kleidung unverkennbar (vgl. 30 ff.). Mit alldem einher gehe eine Ablehnung der Sexualität, was abschließend an der bereits erwähnten Szene aus der *Mappe meines Urgroßvaters* demonstriert wird (vgl. 34 ff.). Stifter wird also eine Haltung unterstellt, die, passend zum Motto, mit den Grundzügen eines gnostizistischen Weltbildes vereinbar ist.

Das Schreknis der Liebe – zu Schnitzlers »Traumno-

velle« (BU 38–60): Auf ein Motto von Léon Bloy, welches bürgerliche Vergnügungen mit dem Tod in Verbindung bringt, folgt die Betrachtung der »Liebe« in der »Literatur des bürgerlichen Zeitalters«. Schnitzlers Werk wird lokalisiert »auf dem Punkt, an dem der bürgerliche Begriff von Liebe ins Stadium der Dissolution einzutreten begann« (38 f.); in der Kritik des »Phänomen[s] Liebe« wird Schnitzler Freud an die Seite gestellt (41). Schnitzler habe »in der *Traumnovelle* den offensichtlich dezidierten Versuch gemacht, dem Funktionalismus der Perversion auf die Spur zu kommen« (42). Zur Begründung dieser Thesen werden die psychosozialen Dispositionen des *fin de siècle* und besonders die »erotischen Aberrationen« inklusive der »Hysterie« (43 f.) unter Berufung auf Walter Benjamin, Michel Foucault und Niklas Luhmann ausführlich untersucht und hinsichtlich der Person Schnitzlers mit umfangreichen Zitaten aus dessen Autobiographie *Jugend in Wien* belegt. Hervorgehoben werden einerseits die weite Verbreitung der Prostitution, andererseits die gerade mit ihr verbundene »Todessymbolik« im »Gespenst der Syphilis«, der »die Medizin [...] weitgehend machtlos gegenüberstand« (53 f.). All dies habe in der *Traumnovelle* ihren Ausdruck gefunden, doch habe Schnitzler an dem »Punkt der Erzählung, an dem sie [...] eigentlich umschlagen müßte ins Genre der Pornographie«, eingelenkt und eine »der hohen Literatur kommensurable Liebesbegegnung« mit dem Fridolin rettenden Opfer der Frau und deren Tod arrangiert (57f.). Die abschließende Szene im pathologisch-anatomischen Institut wird mit den Worten kommentiert: »Der seine verlorene Liebe suchende Blick des überlebenden Liebhabers ist identisch mit dem forschenden, sezierenden [...] Blick des Arztes, doch er ist auch erfüllt von einem nekrophilen désir« (60). Damit greift Sebald auf die zuvor (vgl. 42 f.) erörterte Rolle des männlichen Blicks in der Genese der Hysterie zurück.

Venezianisches Kryptogramm – Hofmannsthals »Andreas« (BU 61–77): Der Nachweis für die Erstpublikation fehlt (vgl. Carr 1985, 143–160; Catling 2011, 464). Das Motto – »Ich weiß nicht, was es für ein Sprung in meiner Natur ist.« – entstammt einem Brief Hofmannsthals an Helene von Nostitz vom 23. Januar 1914 (vgl. Hofmannsthal 1965, 128) und soll Verzögerungen seiner Korrespondenz entschuldigen. *Andreas* ist als unvollendetes Fragment nur zum Teil in einer Vielzahl von Notizen überliefert. Die Interpretation durch Sebald stützt sich, vielleicht auch aus diesem Grund, noch mehr als bei den vorangegangenen Aufsätzen auf die Person des Autors und das psychoana-

lytische Schrifttum. Am Ausgangspunkt steht eine Betrachtung der »Tabuisierung des Erotischen« in der »bürgerlichen Kultur«, die gewissermaßen in einer Gegenbewegung in Frankreich bereits im 18. Jahrhundert mit de Sade dem »Zwang zur Explizität« erlegen sei, einem Zwang, der als »häretische Wissenschaft« mit der Wiener Moderne auch die deutschsprachige Literatur erreicht habe (BU 61). Von der offiziellen Germanistik sei das Projekt des *Andreas* als Plan eines Bildungsromans gekennzeichnet und damit gründlich missverstanden worden; tatsächlich habe Hofmannsthal den *Andreas* »angelegt als eine Exploration jener zentrifugalen Kräfte seines und unseres Lebens, die [...] nicht auf eine schöne Bildung, sondern auf Deformation und Zerstörung hinauslaufen«; es sei also nur konsequent gewesen, dass der Autor, »in tiefere Wasser« geraten »als ihm selbst geheuer sein mochte«, seine »erotische[...] Aventiure« nicht habe abschließen können (63). In der Figur des Andreas habe er eine Person mit »Ich-Defizit« entworfen, die von der Angst einerseits vor Impotenz und der »medusenhaften Frau« (65), andererseits vor homosexuellen Avancen umgetrieben sei (vgl. 66 ff.). Letztere seien für Hofmannsthal selbst im faktualen Stefan George personifiziert, dessen Abbild im Roman – wie eine Notiz klar ergebe – der Malteser sei (vgl. 68). Andererseits seien in diese Figur auch Züge des Autors eingeflossen, der somit gedoppelt und in verschiedenen Lebensaltern im Text präsent sei, gewissermaßen als Gegenstück zur Doppelfigur der Maria/Mariquita (vgl. 69, 71). Mit der Bindung an das »Mädchen Romana vom Finazzer-Hof« (der Name »Romana« wird in *Schwindel. Gefühle* zitiert) sei zwar eine »legitime Form der Erotik« (69) in Aussicht gestellt, doch selbst diese nicht frei von »perversen Einstellungen« und »Transgression« (70 f.), ebenso wenig die Figur des Andreas selbst (vgl. 72 ff.). Abschließend wird eine Passage zitiert, die ihrerseits als Zitat in *Austerlitz* eingeflossen ist (vgl. 76 f.).

Das unentdeckte Land – Zur Motivstruktur in Kafkas »Schloß« (BU 78–92): Franz Kafka hat Sebald in allen Jahren seiner Tätigkeit als Literaturwissenschaftler und Autor beschäftigt; er hat insgesamt fünf Aufsätze zu ihm veröffentlicht. Die erste deutsche Fassung des vorliegenden Textes stammt aus dem Jahr 1972, im gleichen Jahr erschien eine englische Version. Sowohl was die jeweiligen Motti als auch was die Inhalte angeht, weisen die Fassungen Unterschiede auf (vgl. ausführlich dazu Schmucker 2012, 79 ff.). Mehrere in dem Aufsatz zitierte Passagen tauchen ebenso wie dort ausgeführte Gedanken als – häufig verdeckte –

Zitate in Sebalds eigenem literarischen Werk auf. Im Gegensatz zu den vorausgegangenen Aufsätzen des Sammelbandes stützt sich die Argumentation hier weit weniger auf die Person des Autors Kafka als vielmehr auf Prä- und Kontexte, die in überzeugender Weise aufgedeckt werden. Ausgangspunkt ist die Charakterisierung der Bewegungen von K. als richtungsloses Umherirren in einer Landschaft des Todes (vgl. BU 78 ff.). Konsequenterweise werden die aus dem Schloß hervortretenden Gestalten – wie die Gehilfen und besonders die Beamten – als »nicht recht am Leben« (81), als Untote, als Vampire enttarnt und mit Figuren aus Bram Stokers Roman *Dracula* bzw. aus Murnaus Film *Nosferatu* in Beziehung gesetzt, zumal davon auszugehen sei, dass Kafka den letzteren gekannt habe (vgl. 83). Der tägliche Aufenthaltsort von Amalias Vater trage die klaren Kennzeichen eines Friedhofes, das Verhalten seiner Familie entspreche einer Beerdigung (vgl. 85). Sowohl der Brückenhof als auch der Herrenhof trügen die Kennzeichen jenseitiger Orte, als welche der Volksglauben das Wirtshaus kennt (vgl. 88 f.). Abschließend wird die Wirtin des Herrenhofs als »Madame la Mort« erkannt und der Fuhrmann Gerstäcker als eine Charonfigur (vgl. 90 f.). Das Ende des Romans falle deshalb mit K.s Tod zusammen, doch sei diesem so das Schicksal des Jägers Gracchus – in einem Zwischenreich zwischen Leben und Tod umherirren zu müssen – erspart geblieben (vgl. 91 f.). Mit der letztgenannten Figur verweist Sebald auf einen weiteren bedeutenden Motivstrang in seinem literarischen Werk.

Summa Scientiae – System und Systemkritik bei Elias Canetti (BU 93–102): Der Essay betont, obgleich auch aus den größeren und abgeschlossenen Werken Elias Canettis *Die Blendung* und *Masse und Macht* zitiert wird, besonders dessen späte und fragmentarische Schriften. Ausgangspunkte sind mit Walter Benjamin die offizielle Geschichtsschreibung als eine »Geschichte vom Standpunkt der Stärkeren« sowie die »strukturelle Kongruenz von Macht- und Wahnsystemen«, wie sie Canetti unter anderem am »Fall [...] des Senatspräsidenten Daniel Paul Schreber« (93) und dann an der »architektonischen Wunschwelt, die Speer für Hitler entwarf«, herausgearbeitet habe: »Die Sehnsucht nach totaler Ordnung bedarf nicht des Lebens. Vielmehr ist sie [...] ihrem Instinkt nach mörderisch« (95). Diese »planmäßige Einteilung der Welt in Felder des Todes« werde mit der »Strenge der Fachdisziplinen« auch in der Wissenschaft und – wie unter Verweis auf Handkes *Kaspar* festgestellt wird – gesteuert über die Sprache auch im Alltagsleben wirksam

(vgl. 95 f.). Nicht nur sei so die gesellschaftliche Welt ein panoptisches Gefängnis, auch die Natur sei »schon angesteckt vom Wahnsinn der Gesellschaft, wenn dieser nicht überhaupt seinen Ursprung hat in einer Natur, in der [...] ein Teil immer vom anderen gefressen wird« (97). Dass diese Betrachtung auch auf die Kunst ausgeweitet werden könne, habe für das Schaffen Canettis weitreichende Folgen gehabt: »Daß er nach dem Exempel der *Blendung* von der Literatur so gut wie abließ, ist gewiß auch dem von ihm ausgesprochenen Verdacht zuzuschreiben, daß das hieratische Ordnungssystem der Ästhetik dem der herrschenden Mächte korrespondiert« (99). »Die großen Systeme verbauen die Wirklichkeit im genauen Sinn des Wortes, weshalb es Canettis erklärte Intention ist, dazuzusehen, daß das seine ›sich nie ganz schließe‹« (100). Dies erkläre das Vorherrschen der »kleinen Form« vor allem im späteren Werk Canettis: »Die literarische Form, derer die Illuminierung sich bedient, ist die auch für Canetti bezeichnende des Exkurses, des Kommentars und des Fragments« (101).

Wo die Dunkelheit den Strick zuzieht – Zu Thomas Bernhard (BU 103–114): Eingangs wird Bernhards »gegen alle Regeln verstoßenden, geradezu blasphemischen Äußerungen zu Geschichte und Politik« der Status einer »Häresie« zugesprochen, die auf seine »Erfahrungen der frühen Kindheit« zurückgehe (103). Die damit verbundene »Unfähigkeit zu einer politischen Existenz« wird in eine Reihe gestellt mit analogen Auffassungen weiterer österreichischer Schriftsteller wie Hugo von Hofmannsthal, Karl Kraus und Franz Kafka (104). Am Text *Verstörung* wird sodann Bernhards Sicht unter dem zunächst etwas befremdlichen Gebrauch religiöser Metaphern genauer expliziert. Der Fürst Saurau habe sein eigenes Bedürfnis, die von ihm angehäuften Liegenschaften zu liquidieren und damit der auf ihm lastenden Verantwortung zu entkommen, auf seinen Sohn projiziert (vgl. 106 f.): »Nach dem Selbstopfer des Vaters wird der Sohn in dessen Reich zurückkommen, um das Werk zu vollenden, indem er es zunichte macht. Wenn gemäß dem Schema der Trinität der Vater nicht identisch ist mit dem Sohn [...], so ergibt sich ihre Konjunktion im gnostischen Sinn in der vom Vater auf den Sohn vererbten Schuld« (106 f.). Der so ins Spiel gebrachte Gnostizismus wird weiter verfolgt, zugleich wird an den Titel des Aufsatzes angeknüpft: »Der Satz ›Die Welt ist ein stufenweiser Abbau des Lichts‹, den der Maler Strauch in dem Roman *Frost* ausspricht, ist das Zentralstück aller gnostischen Philosophie [...]« (107). Im Anschluss wird gezeigt, dass dieser Pessimismus Bernhards nicht nur auf Geschichte und Kultur zielt, sondern die Natur mit einbezieht, also universal ist: »Im Fluchtpunkt dieser Entwicklung erscheint die Entropie« (109). Damit sind, nach Zitaten aus dem Werk Franz von Baaders (vgl. 108) und mit der angeführten negativen Äußerung Bernhards zur Fortpflanzung (vgl. 113 f.), alle Begriffe und Aspekte versammelt, die auch für die Gesetzmäßigkeiten in Sebalds eigener erzählter Welt ausschlaggebend sind (vgl. Schmucker 2012, 61 ff., 305 ff., 504 ff.). Abschließend wird Bernhard als »Satiriker« gekennzeichnet, der »im Werk der Kunst der Paranoia eben noch entgeht« (BU 114); so wird betont, dass das Kunstwerk einen Raum der Rettung auch für den Künstler bereitstellt.

Unterm Spiegel des Wassers – Peter Handkes Erzählung von der Angst des Tormanns (BU 115–130): Ausgangspunkt ist die Einordnung von Handkes Erzählung als im Gegensatz zu kanonischen Texten der Psychiatrie durchaus empathische »Erschließung der spezifischen Formen schizophrener Wirklichkeitsflucht« (115 f.). Er stellt sie zugleich in positiven Kontrast zu Heinar Kipphardts Roman *März*, in dem der Autor »das Leben des Klosterneuburger Dichters und Anstaltspatienten Ernst Herbeck appropriierte« (116). Damit wird auf den folgenden Aufsatz des Sammelbandes Bezug genommen; während der vorliegende das Werk über die schizophrene Entwicklung einer fiktionalen Figur zum Thema hat, behandelt der nachfolgende, gewissermaßen spiegelbildlich dazu, Leben und Werk des faktualen und schizophrenen Ernst Herbeck. Zugleich wird eine »Ethik des Erzählens« eingefordert (Fuchs 2004, 28 ff.). In der Folge nun versucht Sebald, unter Bezugnahme auf den Paläoanthropologen Ernst Eilz festzuhalten, was bei dem in Handkes Erzählung geschilderten »Überqueren der Grenze« zur Schizophrenie »vor sich geht« (BU 118). Mehrere typische Merkmale werden an der Figur des Protagonisten Bloch herausgearbeitet. Dazu zählen die »aus der Koinzidenz von Fluchtbedürfnis und Fluchtverhinderung resultierende Panik« (119), das Phänomen, »daß die Sprache für ihn ihre Selbstverständlichkeit einbüßt« (120), eine ausgeprägte Hyperakusis (vgl. 124 f.), »die Dislokationen von Raum und Zeit«, »die Erfahrung der Ekelhaftigkeit der eigenen Person« (125), eine alles auf eben diese eigene Person beziehende »paranoische Einstellung« (126) sowie eine damit verbundene »photographische[]« Perzeption der Umwelt (128). Mit der letzteren Anmerkung wird eine Beziehung zur Kunst hergestellt, die »›Leben‹ immer nur als tote Natur in die Zweidimensionalität des

Bildes oder Textes übertragen kann« (128); damit wird auch auf das Motto des Aufsatzes aus Storms *Aquis Submersus* zurückverwiesen. Über die Erwähnung der Photographie des ertrunkenen Schülers (vgl. 129) schließt der Aufsatz mit der Bemerkung, Krankheit und Kunst, »die Pathographie der Erzählfigur und die Biographie des Erzählers« hätten ihren Berührungspunkt in dem, »was in den Kindern zugrunde gerichtet wird« (130).

Eine kleine Traverse – Das poetische Werk Ernst Herbecks (BU 131–148): Der bereits im vorangegangenen Aufsatz mit der Schizophrenie verbundene »Sprachzerfall[]« (131) bildet den Ausgangspunkt der Untersuchung über Ernst Herbeck. Gleichwohl dürfe bei der Analyse seiner Texte nicht vergessen werden, dass rationale »Erklärungen nicht minder defekt [sind] als die lyrischen Exkursionen, mit denen sie sich befass[en]« (131). Herbecks Texten sei ungeachtet ihrer mangelnden Diskursivität (vgl. 132) inhärent, dass sie »auf ›falschen‹ Wegen in die Nähe richtiger Einsicht« gelangten (135). Dabei bediene er sich der *bricolage* im Sinne Lévi-Strauss'; sein Werk lebe »*in der Zeit*, für sie und für den Augenblick, in dem es gemacht wird« (137 f.). Dies wird anhand einiger Texte verdeutlicht, in denen Herbeck seine eigene zeitgeschichtliche Verstrickung in den Nationalsozialismus, die auch für den Ausbruch seiner Krankheit ursächlich gewesen sei, zum Thema macht (vgl. 142 ff.): »Die Beziehung, die hier zwischen Alexander [Herbecks Künstlername, P. S.], Ernst und Adolf hergestellt wird, bedeutet, dass der etwas verkorkste kleine Mann, der die Geschichte angerichtet hat, identisch ist mit dem, der sie erleidet« (144). Der Dichtung Ernst Herbecks, der nicht umsonst als Figur in *Schwindel. Gefühle* aufscheint, wird so eine eigene Dignität zuerkannt.

Der Mann mit dem Mantel – Gerhard Roths »Winterreise« (BU 149–164): Zunächst wird Roths Text, dessen Protagonisten Nagl »ein Aufenthalt in der Hölle« bevorstehe, da seine »Frist im normalen Leben so gut wie abgelaufen« sei, mit der erzählten »Ausreise« und »Grenzüberschreitung« als paradigmatisch für die »österreichische[] Literatur« gekennzeichnet (149 f.). Die Erzähltechnik wird jedoch wegen der Deutlichkeit des »Gefälle[s] Autor – Erzähler – Erzählfigur« kritisiert, die gerade durch den ständig wiederholten Hinweis auf den »Wahrnehmungs- und Reflexionsmechanismus [der] Gestalten« hervortrete (151 f.). In der Folge konzentriert sich die Kritik auf die mit dem übrigen Text inkompatible Einschaltung pornographischer Passagen, denn die Prosa bedürfe, wie die Literatur des 19. Jahrhunderts zeige, »der symbolischen

Repräsentation, der Implikation, des Verbergens des Bedeuteten« (157): »Als unvereinbar aber erweist sich der desperate Absolutheitsanspruch des pornographischen Weltbildes mit dem, aufs Ganze gesehen, unverfänglichen Erzählmodus der *Winterreise*« (159). Deshalb müsse das Thema des Todes, das mit der Pornographie untrennbar verbunden sei, »auf einer anderen Ebene des Textes [...] aufgebaut werden« (161). Dies freilich sei am Ende des Romans in der Schilderung der Begegnung Nagls mit einer geheimnisvollen Frau gelungen (vgl. 163).

Helle Bilder und dunkle – Zur Dialektik der Eschatologie bei Stifter und Handke (BU 165–186): In diesem Aufsatz vergleicht Sebald die Verfahrensweisen Stifters und Handkes, versucht die Poetik besonders des letzteren offen zu legen und sagt damit viel über seine eigene aus (vgl. ausführlich Schmucker 2012, 44 ff., 355 ff.). Die Einleitung operiert dem Titel entsprechend mit einer Vielzahl von Gegensatzpaaren wie hell/dunkel, nah/fern, innen/außen, Traum/Wirklichkeit, Kunst/Natur und Tod/Leben; als »Indifferenzpunkt« erweise sich für Stifter der »Schwindel«, der auf »das frühkindliche Gefühlsleben des erzählenden Subjekts« zurückverweise (BU 165 f.). Stifter habe ebenso wie Handke durch »die fortgesetzte Erfindung der richtigen Wörter die Transzendierung eines von unguter Erinnerung beschwerten Lebens« versucht (168). Um dies zu erreichen, sei jedoch im Sinne der heisenbergschen Unschärferelation der Standpunkt des Betrachters, also »unser subjektives Derangement ein[zu]bringen in die Repräsentation der objektiven Realität« (168). Genau dies habe Stifter nicht zustande gebracht, was unter anderem auf der Ebene der körperlichen Symptomatik zu seiner »chronischen Freßsucht« geführt habe (169 ff.). Auf der Ebene seines Werkes habe es bewirkt, dass eine Reihe von Passagen »den häretischen Gedanken einer vom Prinzip des Bösen und der Verfinsterung beherrschten Welt zum Ausdruck bringen« (173). Einige dieser Passagen, welche die »Drohung entropischer Kontingenz« (174) beschreiben, werden sodann besprochen und finden sich im literarischen Werk Sebalds als Zitate. Im Gegensatz dazu lasse Handke in *Langsame Heimkehr* den Protagonisten »Sorger getreulich auch Bilder notieren [...], in denen der Prozeß der Auflösung der Formen [...] sehr weit schon fortgeschritten scheint« (177). Genau die Produktion von literarischen Texten und damit von Kunst biete jedoch die Möglichkeit einer Erlösung: »[...] entwickeln die hier zur Diskussion stehenden Texte die Idee eines auch angesichts des Schreckens noch realen Gefühls von Glück und Seligkeit,

eines Gefühls, das hinaustendiert in einen transzendenten Bereich, in dem alle Räume und Zeiten aufgehoben wären, nicht aber im Sinn von Zerstörung, sondern im Sinn von Verewigung« (178). Dies wird anhand von *Die Lehre der Sainte-Victoire* weiter expliziert, in deren Schlusspassage der Erzähler als Vertreter des Autors in ein »über das Profane erhabene[s] Niemandsland zwischen Leben und Tod« eintritt (184). Mit dieser Peter Handke unterstellten Idee der Rettung durch den Eintritt in den Text (vgl. 179) werden bedeutende Aspekte von Sebalds eigener, nahezu ins Religiöse überhöhter Restitutionspoetik vorweggenommen.

Literatur

Carr, G. J./Sagarra, Eda (Hg.): *Fin-de-siècle Vienna*. Dublin 1985.

Catling, Jo/Hibbit, Richard (Hg.): *Saturn's Moons – W. G. Sebald – A Handbook*. London 2011.

Fuchs, Anne: *Die Schmerzensspuren der Geschichte. Zur Poetik der Erinnerung in W. G. Sebalds Prosa*. Köln 2004.

Melzer, Gerhard: Österreichische Literatur in Einzelansichten [1986]. In: Franz Loquai (Hg.): *W. G. Sebald*. Eggingen 1997, 54–57.

Schmucker, Peter: *Grenzübertretungen – Intertextualität im Werk von W. G. Sebald*. Berlin/Boston 2012.

von Hofmannsthal, Hugo/von Nostitz, Helene: *Briefwechsel*. Frankfurt a. M. 1965.

Peter Schmucker

12 »Unheimliche Heimat«

Hintergrund und Einleitung der Sammlung

Der 1991 im Residenz Verlag erschienene Band versammelt literaturwissenschaftliche *Essays zur österreichischen Literatur*, so der Untertitel, die mit Ausnahme des früher entstandenen Aufsatzes zu Kafka (s. u.) zwischen 1986 und 1989 in verschiedenen Zeitschriften erschienen waren (vgl. UH 195); der Aufsatz zu Peter Handke ist hier erstmals gedruckt. Vorwort und Einleitung sind 1990/1991 geschrieben (vgl. UH 9; Schütte 2011, 231). In der letzteren werden mehrere Aspekte der in diesen Jahren aktuellen Diskussion zum Begriff ›Heimat‹ aufgenommen. Hier sei auch auf den 1984 fertiggestellten ersten Teil der Filmserie *Heimat* von Edgar Reitz verwiesen.

Zu den von Sebald aufgegriffenen Aspekten zählt die Hervorhebung des »Angewiesensein[s] auf einen Gegenbegriff« (Hinrichs 1973, 1038) und die steigende Bedeutung von ›Heimat‹ unter der Erfahrung des Exils: »Der Begriff steht somit [...] in reziprokem Verhältnis zu dem, worauf er sich bezieht: Je mehr von Heimat die Rede ist, desto weniger gibt es sie« (UH 12). Während einer »systematischen Vermessung dieses Geländes« eine Absage erteilt wird, soll »von bestimmten Aussichtspunkten, wie die Werke verschiedener Autoren sie bieten, ein wenig Umschau [gehalten werden] auf das, was da jeweils Heimat heißt« (UH 11; vgl. Hinrichs 1973, 1038). Eng verwandt mit dem hier assoziierten Panoramablick ist der in Sebalds literarischem Werk wiederholt zitierte Blick des benjaminschen »Engel[s] der Geschichte« (Benjamin 1978, 84 f.; vgl. Luf 73; RS 150 ff.; Schmucker 2012, 260 ff., 332 ff.); mit dieser Verbindung erweist sich schon hier Sebalds Konzept von ›Heimat‹ als das einer vergangenen und zerstörten Landschaft, wie in der Einleitung mit Bezug auf eine Erzählung von Adalbert Stifter ausgeführt wird: »[...] das Vaterhaus, das in der Erzählung *Der Hochwald* die ganze Zeit her aus dem blaugezackten Saum des Horizonts hervorragte, ist beim nächsten Blick durchs Fernrohr bereits verwandelt in eine rauchende Ruine« (UH 12). In der Folge werden einzelne Autoren des vorliegenden Bandes angesprochen. Scharf konturiert wird dabei die Bedeutung des Exils für osteuropäische Juden im Habsburgerreich und seinen Nachfolgestaaten: »[...] stellte sich für die aus dem Ghetto Entlassenen [...] die Frage, ob man mit der Ankunft in Wien endlich zu Hause angelangt war oder ob man die wahre Heimat nicht vielleicht doch mit dem Stedtl aufgegeben hatte« (12 f.).

Auf das Bestreben, sich den neuen Aufenthaltsort zur »wahren Heimat« zu machen, sei auch Theodor Herzls gescheiterte »Vision von Wien als einem neuen Jerusalem« (13) zurückzuführen. Sei schon dies durch den Antisemitismus verhindert worden, so sei der Begriff der ›Heimat‹ durch seine ideologische Vereinnahmung für alle zerstört worden: »Die Ideologisierung der Heimat, die in Österreich in den dreißiger Jahren sich durchgesetzt hatte, lief letztlich auf ihre Zerstörung hinaus« (14). Gleichwohl sei später »[...] so etwas wie eine Rekonstitution der Heimat im Rahmen einer nicht kompromittierten Literatur« gelungen. Hier wird auf die für Sebalds »Restitutionspoetik« typische, exponierte, ja sakrale Rolle der Kunst verwiesen (vgl. 15; *Ein Versuch der Restitution*, CS 240–248; Schmucker 2012, 446 ff.). In gleicher Weise hebt die Formulierung »es bedurfte einer beträchtlichen Anzahl ethisch und ästhetisch gleichermaßen engagierter Bücher« die für den Autor typische ethische Gewichtung des literarischen Schreibens hervor (vgl. UH 15; BU 11; Schmucker 2012, 387). Dennoch werde »einem [...] die Unheimlichkeit der Heimat durch das verschiedentliche Auftreten von Wiedergängern und Vergangenheitsgespenstern öfter als lieb ins Bewusstsein gerufen [...].« Die durch die Literatur bewirkte »Rekonstitution der Heimat« bleibt danach also nur in Teilen wirksam. Mit der abschließend angesprochenen Zukunftsperspektive sieht es nicht besser aus, vielmehr gewinne die »[...] Erkenntnis der im weitesten Umfang sich vollziehenden Dissolution und Zerrüttung der natürlichen Heimat des Menschen« immer mehr Raum; es müsse offen bleiben, ob hier die Kunst noch rettend eingreifen könne (vgl. UH 16). Mit der Ausweitung des Begriffs ›Heimat‹ auf die gesamte natürliche Welt zeigt sich hier die mit zunehmendem Alter Sebalds düsterer werdende Zukunftsperspektive der umfassenden Zerstörung unter dem von ihm zugrunde gelegten Entropiekonzept (vgl. Schmucker 2012, 301 ff.).

Auf die Bedeutung von Sebalds wissenschaftlichem Werk für das Verständnis seines literarischen Schreibens wurde immer wieder hingewiesen (vgl. Sheppard 2005, 421). Ebenso wie die Einleitung eine ganze Reihe von gedanklichen Konzepten des Autors aufgreift, die auch in weiteren literaturwissenschaftlichen Essays aufscheinen, führt von hier aus auch ein direkter Weg zu seinem literarischen Werk (s. Kap. 39). Es ist nicht verfehlt, zu sagen, dass »unheimliche Heimat« eines seiner zentralen Motive ist. *Il ritorno in patria*, der vierte Teil von *Schwindel. Gefühle* (SG 193–299), ist eine κατάβασις (*katábasis*), ein Hinabsteigen buchstäblich aus den Höhen des Gebirges in den Geburtsort W. des Erzählers sowie metaphorisch in eine vergangene, unheimliche und dunkle Welt. Paul Bereyter, die Titelfigur der zweiten Episode von *Die Ausgewanderten* (Agw 41–93), kommt trotz seiner Ächtung zwischen 1939 und 1945 und obgleich er im Ausland lebt, nicht von seinem Heimatort S. los und nimmt sich schließlich dort das Leben. Der Protagonist Austerlitz hat im gleichnamigen Roman gleich zwei ›Heimaten‹: Seine zunächst als authentisch angesehene walisische ist von der düsteren Atmosphäre des presbyterianischen (Adoptiv-)Elternhauses bedrückt, und nach dem Durchbrechen der Amnesie bleibt seine Erinnerung an die tatsächliche Heimat in Prag aufgrund seiner Kenntnis des traumatischen Geschehens an diesem Ort irreparabel beschädigt (vgl. insbes. Aus 65 ff.; 252 ff.). Auch dort, wo ›Heimat‹ mit dem Unterrichtsfach ›Heimatkunde‹ (vgl. Hinrichs 1973, 1037) quasi indirekt erscheint, ist sie düster und gebrochen: »In der Schule hatte das Fräulein Rauch [...] die Unglückschronik von W. [...] an die Tafel geschrieben und darunter mit farbiger Kreide ein brennendes Haus gemalt« (SG 273).

Zu den Essays

Die Reihenfolge der besprochenen Autoren folgt grundsätzlich deren Geburtsdaten, ist aber bei Hermann Broch und Joseph Roth vertauscht. In einer für Sebald typischen Weise wird die Biographie der Autoren in die Betrachtungen einbezogen. Zudem fungieren die Schriften der von Sebald in seinen literaturwissenschaftlichen Arbeiten behandelten Autoren sehr häufig als Prätexte für sein eigenes Werk (vgl. Schmucker 2012, insbes. 39 ff.); gerade aber die in *Unheimliche Heimat* besprochenen Texte sind, mit Ausnahme von Franz Kafka, hinsichtlich dieser potenziell von ihnen ausgehenden Intertextualität noch kaum untersucht.

Ansichten aus der Neuen Welt – Über Charles Sealsfield (UH 17–39; EV 1988): Der Aufsatz zu Sealsfield geht von einer Betrachtung der seit Mitte des 19. Jahrhunderts eher spärlichen Rezeption seines Werks aus (17–18) und stellt fest, dass »es weiterhin so gut wie unzugänglich bleibt [...]«. Verantwortlich dafür seien darin sich manifestierende »Widersprüche« von »sowohl ethischer als auch ästhetischer Art« (18). Es schließt sich eine biographische Skizze (18–27) an, die am Ende des Aufsatzes (vgl. 38 f.) wieder aufgegriffen wird. Sie dient dazu, die bereits erwähnten »Wider-

sprüche« herauszuarbeiten: Der »entlaufene Ordensgeistliche« (18) habe 1823 Österreich verlassen müssen, weil ihm »die Akkomodierung mit einem erzreaktionären Regime misslang« (19), gleichwohl aber 1826 versucht, »Metternich [...] konterrevolutionäre Agentendienste anzubieten« (21) und so bei der für sich selbst reklamierten republikanischen Einstellung »seine politische Seele [...] verkauf[t]« (22). Dazu passe neben weiteren Verfehlungen, dass er die blutige Niederschlagung des Wiener Oktoberaufstandes 1848 nicht nur gebilligt, sondern sogar herbeigesehnt habe (25 f.). Von hier aus geht Sebald auf einige Veröffentlichungen Sealsfields über (vgl. 27–39). Untersucht werden solle »die ideologische Infrastruktur des Werks, die sich der bewussten Manipulation eher entzieht« (27). Angeführt werden hier insbesondere die überzeugte Unterstützung der Sklavenhaltung in Amerika sowie die mit der Christianisierung motivierte Kolonisierung und Unterwerfung der indianischen Bevölkerung (27 ff.). Die Empathie, welche Sealsfield der letzteren gleichwohl entgegenbringt, wird mit seiner Exilerfahrung begründet. Dennoch sei er nicht zum Anwalt der »immer weiter reduzierten Indianer« geworden, da er »von der inhärenten Logik der sich vollziehenden historischen Tragödie überzeugt« gewesen sei (30). Weiter gegriffen gehe es in seinem Werk um die bedingungslose Unterwerfung der Natur überhaupt: »Sealsfield erfasst die Natur als das prinzipiell Fremde, als etwas, das gebrochen werden muss, will man nicht von ihm gebrochen werden« (35), denn: »[seine] Naturbeschreibungen entstanden auf dem entscheidenden Wendepunkt, als die Natur endgültig aufhörte, die natürliche Heimat des Menschen zu sein« (37). Damit wird unterstellt, dass sich mit der Industrialisierung und deren bewusst in Kauf genommenen Folgen für die Umwelt der Mensch seiner Heimat unwiderruflich entfremdet hat. Die Verbindung mit Sebalds eigenem eschatologischen Entropiekonzept (s. o.) liegt auf der Hand. Zugleich wird Sealsfield als literarischer Repräsentant dieser Entfremdung, ja Vernichtung gekennzeichnet. In der abschließenden biographischen Notiz des Aufsatzes wird das Gerücht angemerkt, »Sealsfield sei ein österreichischer Jude gewesen«, was ihn »endgültig und unwiderruflich zum Exilierten machte« (39).

Westwärts – Ostwärts: Aporien deutschsprachiger Ghettogeschichten (UH 40–64; EV 1989): Der Aufsatz schließt Werke von Leopold Kompert, Max Hermann Friedländer, Karl Emil Franzos, Leopold von Sacher-Masoch und Joseph Roth ein. Er beginnt mit einer sozialgeschichtlichen Betrachtung der Situation der Juden »in den österreichischen Kronländern« im 19. Jahrhundert. Die »Binnenwanderung der Juden aus den Landgemeinden in die Städte« habe bewirkt, »dass, motiviert von dem Blick, den der Ausziehende noch einmal über die Schulter zurückwirft, erstmals so etwas wie eine jüdische Heimatliteratur in deutscher Sprache entstand« (40). Die anschließende biographische Betrachtung über den ältesten und deshalb vorangestellten Kompert ist kurz und zieht den Schluss, dieser habe in seine Ghettogeschichten eingebracht, »was ihn in erster Linie zum Schreiben veranlasst haben mag, das schmerzliche Gefühl der Bindung an das, wovon man sich unwiderruflich schon abgetrennt weiß« (41). Sein Zielpublikum seien einerseits exilierte Juden gewesen, andererseits das »nichtjüdische Bürgertum«, das »ethnographisch« über jüdisches Leben und Brauchtum informiert werden sollte (41 f.). Dennoch sei »seine Darstellung bestimmter atavistischer Aspekte jüdischen Lebens« »von deutlichen Aversionen geprägt«, denen die »sentimentale Verklärung der jüdischen Familie« gegenüberstehe, ein Aspekt, der »mit der bürgerlichen Ordnung ohne weiteres sich vereinbaren« lasse und so die Assimilation zum Ziel habe (43). Dies wird auch für Franzos herausgearbeitet (47 f.). Nach der Betrachtung weiterer Motive wie der Hochschätzung der idealistischen Literatur etwa eines Schiller (49 ff.) und der Assimilation und des Aufstiegs besonders jüdischer Frauen in die bürgerliche Klasse durch Heirat (51 ff.) wendet sich der Aufsatz den wiederholt affektiv beschriebenen jüdischen Friedhöfen zu und konstatiert: »Darum ist auch die natürliche Gemeinde des Heimkehrers in Wahrheit diejenige der Toten« (54). Er endet mit einer empathischen Paraphrase von Joseph Roths Erzählung *Das falsche Gewicht*, deren Schauplatz »das seltsam leere Land« sei, »hinter dem [...] das weite Feld des Jenseits beginnt« (60), und einem Ausblick auf das Schicksal der jüdischen Bevölkerung nach 1939 (63 f.). Die hier angesprochene Betrachtung des Todes als »die andere Heimat des Menschen« (86) fügt sich konsequent in die gnostizistische Metaphysik der von Sebald in seinem literarischen Werk erzählten Welt ein (vgl. Schmucker 2012, 550).

Peter Altenberg – Le Paysan de Vienne (UH 65–103; EV 1989): Der Titel des Essays über Altenberg greift unverkennbar den von Louis Aragons bekanntem Werk *Le Paysan de Paris* (1926) auf und betont damit die ›Modernität‹ des Autors, der im Text vielfach einerseits mit der Figur Charles Baudelaires in der Perspektive Walter Benjamins analogisiert wird (z. B. 66 f., 72, 74 f., 82), andererseits mit dem »fahrenden

Gesellen« aus Adornos Aufsatz zu Gustav Mahler (65, 77, 81). Insgesamt folgt der Essay weniger einem durchgehend rationalen Plan, sondern ist eher assoziativ organisiert. Am Beginn steht die anhaltende affektive Bindung Altenbergs an seine eigentliche, wenngleich verlorene ›Heimat‹, die Ferienlandschaft seiner Kindheit: »Die Heimat ist unerreichbar [...] auch deshalb, weil sie nichts anderes ist als die Chiffre für ein früheres Leben« (66). In der anschließenden biographischen Passage wird die Trennung von dieser ›Heimat‹ mit der von der Mutter parallelisiert (67 f.). Altenberg habe sich so »aus dem Angesicht der Mutter nicht nur, sondern auch aus der Natur« endgültig verstoßen gewusst und überdies »den weitaus größten Teil seines arg reduzierten Lebens [...] in der Wüste der Großstadt« zubringen müssen: »Großstadt, das war für ihn ein einziges, schlechtgepflegtes Häusermeer, ein Babel, eine unermessliche Un-Natur« (68). Ausgehalten habe er es nur »in einem Refugium wie dem Café Central« und »in den Parkanlagen der Stadt« (68), »ein[em] Stück Natur ›in schmiedeeisernen Käfigen‹« (70). Altenberg habe nun, so der folgende Abschnitt, die »verlorene [...] natürliche[...] Heimat« »im natürlichen Wesen der Frau« gesucht (69). Ironischerweise stellt Sebald nun in diesem Zusammenhang einen ausgeprägten, besonders auf weibliche Kleidung bezogenen Fetischismus Altenbergs fest (70 ff.), ganz ähnlich wie bei Adalbert Stifter in seinem Aufsatz *Bis an den Rand der Natur* (vgl. BU 15–37, hier 31 ff.; vgl. Schmucker 2012, 59 f.). Diese Dialektik wird nun auch auf die Bewegungsmuster Altenbergs ausgedehnt; dieser sei ein Reisender zu Hause und im Gegensatz zu dem ihm durchaus geistesverwandten Baudelaire ein *flâneur* im Sitzen gewesen: »Altenberg konnte *seine* Beobachtungen von seinen diversen Stammplätzen aus machen [...]« (UH 74). In ähnlicher Weise sei er stets in Geldnot und doch zugleich nicht unvermögend gewesen: »Der arme Poet, dem in den letzten Jahren in zunehmendem Maß von seinen Freunden geholfen worden war, hinterließ das nicht unbeträchtliche Vermögen von 100000 Kronen« (80). Der Alkoholismus Altenbergs wird mit dem Bild der Schnapsflasche aus Kafkas *Ein Bericht für eine Akademie* als der Tribut an die bürgerliche Assimilierung gewertet. Abschließend evoziert der Aufsatz unter dem für Altenberg typischen Bild des Albatros nochmals das schon zuvor (76 f.) aufgegriffene Bild der ›Levitation‹, des Fliegens als Metapher für den »poetischen Über-Blick [...]« (86). Diese nicht direkt mit dem ›Heimat‹-Thema verbundene ›Levitation‹ als eine Fähigkeit des Heiligen bzw. des Künstlers scheint auch im literarischen Werk Sebalds mehrfach auf (vgl. NN 7, 54; SG 51; vgl. Schmucker 2012, 175 ff., 459 ff., und Hutchinson 2009, 145 ff.).

Das Gesetz der Schande – Macht, Messianismus und Exil in Kafkas ›Schloß‹ (UH 87–103; EV 1976/1985): Der Aufsatz ist zuerst in englischer Sprache mit dem Titel *The Law of Ignominy – Authority, Messianism and Exile in Kafka's »Castle«* erschienen (Sebald 1976) und dann in deutscher Sprache – unter dem gleichen Titel wie in *Unheimliche Heimat* – in der Zeitschrift *manuskripte* (Sebald 1985). Er ist für die Neudrucke auch inhaltlich überarbeitet worden (vgl. Schmucker 2012, 89 ff.). Streng gegliedert, beginnt er entsprechend dem Untertitel mit einer Betrachtung zur ›Macht‹ in Kafkas Roman (UH 87–91), die Sebald als »unkreativ, von völliger Sterilität« und unter Beziehung auf die Unreinlichkeit der Schlossbeamten sowie auf Christian Enzensbergers *Grössere[n] Versuch über den Schmutz* (Enzensberger 1970) als das den Schmutz selbst generierende Prinzip charakterisiert (88 ff.). Mit der Bemerkung, dass ein Umsturz dieser Verhältnisse ebenso notwendig wie unmöglich sei, wird auf den folgenden Absatz übergeleitet, der den jüdischen Messianismus und die ihm inhärente Zweideutigkeit zum Inhalt hat: »[...] blieb der Messianismus [...] diffus, veränderbar und in sich widersprüchlich, trotz allem aber sich selber treu in der unverwandten Fixierung auf sein Ziel: die Erlösung aus dem Exil der Geschichte« (91). Daran anschließend folgt eine Betrachtung der Figur K. (92 f.) und seiner Mission (93–99). Von großer Bedeutung ist hier die Erkenntnis des Gleichklanges der Aussprache und der bis auf einen nicht notierten Vokal vollkommenen Identität der hebräischen Schreibweise für »Landvermesser« und »Gesalbter«, »Messias« (93). K. könne deshalb als ein Messias, nämlich »als die Figur eines dem Verlauf der Zeit überhobenen Prinzips« identifiziert werden (96), der allerdings »an der entscheidenden Stelle«, beim nächtlichen Gespräch mit Bürgel, versagt habe (97). Gegenübergestellt werden ihm in der abschließenden Passage die Figuren einerseits Amalias als Vertreterin des passiven jüdischen Exils (100 f.), andererseits die des Barnabas als eines profanen, beschädigten Engels (102 f.). Dieses an einer Tagebuchnotiz von Paul Klee orientierte Motiv hat auch Eingang in Sebalds eigenes literarisches Werk gefunden (vgl. Schmucker 2012, 81, 88, 136 ff.).

Ein Kaddisch für Österreich – Über Joseph Roth (UH 104–117; 1989): Der Titel impliziert mit dem zum Totengedenken gesprochenen jüdischen Gebet *Kaddisch* das vorangegangene Ableben Österreichs, d. h. des Habsburgerreiches. In der biographischen Passage zu Beginn des Essays wird anhand des Abschieds von Joseph Roth aus seiner Heimat im galizischen Brody dessen affektive Bindung ihr gegenüber und die ungeachtet seiner kritischen Einstellung untrennbar damit verbundene sentimentale Verehrung der k. und k. Monarchie ausgebreitet (104). Während der Studienjahre in Wien und Berlin habe Roth die Zunahme des Antisemitismus beobachten können, den Holocaust vorausgesagt und ihm durch sein Schreiben entgegenwirken wollen: »Vieles von dem, was Roth in den nachfolgenden sieben Jahren [...] zu Papier brachte, war der symbolischen Errettung einer Welt zugedacht, von der er wusste, dass sie der Zerstörung bereits überantwortet war« (107). Dieser Evokation eines der Sebaldschen Restitutionspoetik verwandten Verfahrens folgt eine Betrachtung des Romans *Radetzkymarsch*, an dessen Ende »die apostolische Ordnung und der blanke Wahnsinn auf einen gemeinsamen Nenner gebracht« seien (109). Dass es Roth dennoch gelingt, in der von ihm geschaffenen literarischen Gestalt »des komatösen Habsburger Systems« ›Heimat‹ aufscheinen zu lassen, sei dadurch erreicht, dass das reale Reich »allegorisiert« und, wie das himmlische Jerusalem, »in das Gefilde der Ewigkeit« versetzt werde (110). Entsprechend eigne dem Autor wie seinen Figuren die »Nähe zum Tod«, deren Bedeutung für das Erzählen schon von Walter Benjamin herausgearbeitet worden sei (112). Eng damit verbunden sei das Interesse Roths für die Zeit und für Uhren, seien doch Uhrmacher und Schriftsteller eng verwandt: »Die Hoffnung des Uhrmachers wie des Prosaisten geht dahin, durch einen winzigen Eingriff alles wieder in die zu Anbeginn intendierte richtige Ordnung bringen zu können«; ein »messianisches Ideal« (114; vgl. Schmucker 2012, 428), das nur in dem Bewusstsein zu erreichen sei, dass es »im Bereich der Ästhetik letzten Endes immer um ethische Fragen geht« (115). Abschließend stellt der Aufsatz das »poetische[...] Bild von Österreich, das Roth sich gemacht hat« neben die von »Herrn Frohmann aus Drohobycz« »aus Fichtenholz, Pappmaché und Goldfarbe [...] hergestellten Tempel Salomonis« – beides Artefakte, in denen es darum geht, »die versäumten Möglichkeiten der Geschichte« aufzuheben (117).

Una montagna bruna – Zum Bergroman Hermann Brochs (UH 118–130; EV 1986): Der Verriss von Brochs *Bergroman* ist in die Reihe der Aufsätze zu Andersch, Becker und Sealsfield zu stellen. Wie beim Letzteren beginnt er, nicht ohne Seitenhieb auf die »Wasserträger[ ] der Germanistik«, mit dessen schwacher Rezeption und konstatiert »mein eigenes gestörtes Verhältnis zu Broch« (118). Die folgende Untersuchung der Erzähltechnik mündet in die Aussage, die »transzendentale Perspektive, die der Autor für sich in Anspruch nimmt«, verwandle »die entscheidenden Einsichten [...] in Mythologie, was weniger dem Erkenntnisvermögen als der Blindheit einen Zutrag bringt«, Broch habe also die tatsächlichen Probleme verschleiert (119). Die anschließende Diskussion der Fabel des Romans führt die Unsicherheit in der Perspektive des Erzählers auf Brochs »ethische Problematik der inneren Emigration« zurück (121): »Das aufgesetzte Pathos erweist die Gleichung Natur – Mutter – Heimat als einen faulen Zauber, das ästhetische Defizit markiert ein ethisches [...]« (124). Stilistisch äußere sich dies in Tautologien und dem Abgleiten in den Kitsch (125). Nach einem erneuten Angriff auf die Germanistik werden der dem Roman zugrunde liegende »derivative Mythologismus« (127) und seine »in hohem Grad suspekte Ideologie« kritisiert (128 f.). Am Ende steht die biographische Notiz über den Tod Brochs.

Verlorenes Land – Jean Améry und Österreich (UH 131–144; EV 1988). Im Mittelpunkt dieses Essays steht die Exilerfahrung Jean Amérys, so wie sie sich in einigen seiner Schriften darstellt. Ausgehend von einer Anmerkung zu Améry in einem Text Ingeborg Bachmanns wird konstatiert: »Österreich und die österreichische Identität, das war für Améry etwas, das ihm entzogen worden war und wonach ihm, aufgrund einer von Exil, Folter und Massenvernichtung bestimmten Lebenserfahrung, nicht mehr der Sinn stand« (131). Dies wird im gesamten Aufsatz affirmiert und erläutert, ergänzt allerdings um die Tatsache, dass Améry, nach eigener Aussage zu spät emigriert (134 f.), zugleich von seinem Heimweh nicht habe loskommen können: »Und am Heimweh hat Améry bis zu seinem Ende so schwer laboriert, dass für ihn – paradoxerweise, wie es manchem erscheinen mag – eine Rückkehr nicht möglich gewesen ist« (141 f.). Zieht man in Betracht, dass er, nur zu dem Zweck, seinem Leben ein Ende zu setzen, dann doch zurückgeht ist, so wird seine enge Verwandtschaft mit der Figur des Paul Bereyter (vgl. Agw 39–93) offenkundig. Bereits in der Einleitung angesprochen, wird hier die transzendentale Bedingung von ›Heimat‹ ausdrücklich expliziert: »Améry definiert Heimat als das, was man um so weniger braucht, als man es hat, was wiederum heißt, dass alle positiven Verlautbarungen zu diesem Thema fast von vornherein verdächtig sind und dass man das, was Heimat einem

bedeutet oder hätte bedeuten können, nur ex negativo, im Exil erfahren kann« (134).

In einer wildfremden Gegend – Zu Gerhard Roths Romanwerk ›Landläufiger Tod‹ (UH 145–161; EV 1986): Der Aufsatz übt vor allem eine umfassende Kritik des Rationalismus. In den auf seinen (1978 erschienenen) Roman *Winterreise* folgenden Werken habe sich Roth immer weiter von einer »konventionellen Erzählhaltung« entfernt; mit der »Dissolution der erzählerischen Vernunft durch die Intensität poetischer Imagination« gelinge es ihm in *Landläufiger Tod*, »das aufzudecken, was an Geheimnissen gewissermaßen abgeflacht unter dem Blick der Erkenntnis zerstreut liegt« (145). Dies geschehe »konsequenterweise in einer Sprache, die die Suche nach dem Sinn in den Unsinn verlagert« und in einer anderen »als von der Logik diskursiver Sprache bestimmten Ordnung« (147). An die Stelle der Diskursivität trete »[d]as mythopoetische Verfahren Roths [...]« (149), das bewirke, »dass die Wörter genau an der richtigen Stelle, schön und lupenrein, auftauchen« (151). Die im Roman gewissermaßen paradigmatisch gehäuften Gewalttaten aller Art seien durch »[d]ie Denkfähigkeit [...] als Instrument des Überlebens«, durch »eine Art Entzündung des Gehirns« verschuldet (156 f.). Der Essay schließt mit der Bemerkung, dass Roth ungeachtet seiner »antimetaphysischen Erkenntnis die metaphysische Spekulation nicht aufgegeben« (158) habe, ein Verdikt, das ohne weiteres auch auf Sebalds eigenes literarisches Werk gewendet werden kann.

Jenseits der Grenze – Peter Handkes Erzählung ›Die Wiederholung‹ (UH 162–178; EV 1991): Am Beginn steht erneut eine Invektive gegen die (auf Handkes Werk gerichtete) Germanistik, welche hier auch die Literaturkritik mit einbezieht. Übersehen habe diese »parasitäre Spezies« insbesondere »die in den neueren Büchern Handkes entwickelte Metaphysik« (163 f.). Nach dem Abriss der Fabel – einer zurückliegenden Reise des Erzählers – wird dessen Herkunftsland Österreich als seine »falsche[...] Heimat« (165) stigmatisiert und der »wahre[n] Heimat« (168) seines Zieles Slowenien gegenübergestellt. Unter Verweis auf den slowenischen Stammvater des Erzählers, einen zu Beginn des 18. Jahrhunderts hingerichteten Aufrührer, wird sodann dessen Familie als »geheime Königsfamilie« im Exil charakterisiert (168 f.); dem Erzähler werden messianische Züge verliehen (171 f.). »Nicht mehr bedarf es zur messianischen Adjustierung der Welt als der winzigen Verschiebung um einen Zungenschlag« (173); dies leiste »die irdische Erfüllung, die Schrift« (175). Der Literatur wird demnach die Funktion des rettenden Mediums im Exil einer heillosen Welt übertragen; Handke gelinge es, »den Text selber zu einem Schutzort zu machen [...]«. Am Schluss steht, die Einleitung aufgreifend, die Hoffnung, »dass den ungünstigen herrschenden Bedingungen zum Trotz ein Weniges von unserer natürlichen Heimat sich wird retten lassen« (178).

Es fällt auf, dass in diesem Essayband eine ganze Reihe von Motiven, die tief im eigenen literarischen Werk Sebalds verankert sind, auf die hier von ihm als Literaturwissenschaftler besprochenen Kollegen gewendet bzw. ihnen unterstellt wird. Hierzu zählen die ›Levitation‹ als Fähigkeit des »heiligen Künstlers« mit der sich daraus ergebenden »olympischen Perspektive«, die Ambiguität des Begriffes ›Heimat‹, welche der Mensch einerseits in seiner natürlichen, doch von ihm selbst dem Untergang preisgegebenen Umwelt, andererseits im Tod findet, und besonders die Idee der salvatorischen Rückwirkung des literarischen, also fiktionalen Schreibens auf die faktuale Welt.

Literatur

Benjamin, Walter: *Geschichtsphilosophische Thesen*. In: Walter Benjamin: *Zur Kritik der Gewalt und andere Aufsätze*. Frankfurt a. M. ²1978, 78–94.

Enzensberger, Christian: *Grösserer Versuch über den Schmutz*. München 1970.

Hinrichs, Wolfgang: Heimat, Heimatkunde. In: Joachim Ritter (Hg.): *Historisches Wörterbuch der Philosophie*. Bd. 3. Darmstadt 1973, Sp. 1037–1039.

Hutchinson, Ben: *W. G. Sebald – Die dialektische Imagination*. Berlin 2009.

Schmucker, Peter: *Grenzübertretungen. Intertextualität im Werk von W. G. Sebald*. Berlin 2012.

Schütte, Uwe: *W. G. Sebald*. Göttingen 2011.

Sebald, Winfried Georg: The Law of Ignominy – Authority, Messianism and Exile in Kafka's Castle. In: Franz Kuna (Hg.): *On Kafka – Semi-Centenary Perspectives*. London 1976, 42–59.

Sebald, Winfried Georg: Das Gesetz der Schande – Macht, Messianismus und Exil in Kafkas Schloß. In: *manuskripte* 89/90 (1985), 117–121.

Sheppard, Richard: Dexter – Sinister: Some Observations on Decrypting the Mors Code in the Work of W. G. Sebald. In: *Journal of European Studies* 35 (2005), 419–463.

Peter Schmucker

13 »Logis in einem Landhaus«

Konzeption

Am 25. November 1997 las W. G. Sebald im Studio des Literarischen Colloquiums Berlin den Gottfried Keller gewidmeten Text *Her kommt der Tod die Zeit geht hin* aus seiner erst ein Jahr später unter dem Titel *Logis in einem Landhaus* (1998) veröffentlichten Essaysammlung. Er definierte diese Essays als ›Tributleistungen‹ und die darin behandelten Autoren waren für ihn ›Begleiter‹ auf seinem Lebensweg (vgl. Log 7). Die Beiträge von *Logis in einem Landhaus*, im Jahr 1996 verfasst, setzen sich deutlich von dem eher akademischen Stil der vorangegangenen Essays zur österreichischen Literatur in *Die Beschreibung des Unglücks* (1985) und *Unheimliche Heimat* (1991) ab. Anders als in den vier Hauptwerken in Prosa tritt hier kein Ich-Erzähler auf, der sich zwischen Realität und Fiktion bewegt. In *Logis in einem Landhaus* begibt sich Sebald auf eine Art Entdeckungsreise in die Vergangenheit von Literaten, die sporadische Bezüge zu seinen persönlichen Erfahrungen als Reisender aufweist. Er verknüpft die Lebensläufe und Schicksale einiger alemannischer und schweizerischer Schriftsteller des 19. Jahrhunderts in einem bisweilen mündlich anmutenden erzählerischen Duktus, der eine Geschichte in die andere übergehen lässt, wobei Parallelen zwischen den Gemütsarten der Protagonisten zu erkennen sind. Durchgängige Themen von *Logis in einem Landhaus* bilden das »zerstörte Leben« (159) und das der »Qualen eines an sich und seinem Handwerk verzweifelnden Menschen« (162 f.). Aus dieser Zusammenstellung von Texten, die um die Figuren Johann Peter Hebel, Jean-Jacques Rousseau, Eduard Mörike, Gottfried Keller und Robert Walser kreisen, sowie – als etwas atypischer Abschluss – um den mit Sebald befreundeten Künstler Jan Peter Tripp, und die wegen ihrer autobiographischen Anteile in gewissem Sinne als »Auto(r)biographien« (Schütte 2011, 239) definierbar sind, geht deutlich das Bemühen Sebalds hervor, die intellektuelle Arbeit und die Freiheit des Individuums zu verteidigen, das sich den machtpolitischen und hegemonialen Auswüchsen der kapitalistischen und technologischen Transformation Europas gegenüber sieht. Es ist zu Recht bemerkt worden, dass die ersten fünf biographischen Essays das Phänomen der historischen Beschleunigung (vgl. Albes 2011, 458) gemeinsam haben. Der Illusion, noch in einen unbeschadeten Kontakt mit der Natur treten zu können, stellt sich die diffuse Wahrnehmung einer nahenden

Katastrophe entgegen. Die Atmosphäre, von der *Logis in einem Landhaus* geprägt ist, ist die einer teils störanfälligen, teils verstörenden Idylle (vgl. Agazzi 2015, 305–322). Hier hallt sicherlich die Meditation Theodor W. Adornos in *Wirtschaftskrise als Idyll* (vgl. Adorno 1974, 637–639) nach, wonach sich das Idyllische jederzeit in sein Gegenteil umkehren kann, weil die vermeintliche Schutzhülle, mit der es umgeben zu sein scheint, in jedem Moment aufgrund einer herannahenden kritischen Situation zu zerreißen droht.

Die von Sebald behandelten Schriftsteller sind Vertreter einer sich zum Kapitalismus hin entwickelnden europäischen Kultur des 19. und 20. Jahrhunderts. Er betrachtet sie als Opfer einer Art von Schreibzwang, durch den ihre soziale und teilweise auch wirtschaftliche Isolation – bis hin zu einer tiefen Verankerung in vorkapitalistischen Existenzformen – zum Ausdruck gelangt. Porträtiert werden Johann Peter Hebel, evangelischer Pastor und Autor jener Kalendergeschichten, die die volkstümliche Kultur mehrerer Generationen in Deutschland geprägt haben; Eduard Mörike, typischer Vertreter des Biedermeier; Gottfried Keller, Repräsentant der Land- und Dorfkultur des Realismus in der zweiten Hälfte des 19. Jahrhunderts; Robert Walser, der aus dem »Spaziergang« den Kernpunkt seiner poetischen und existenziellen Erfahrung und seiner sogenannten Mikrogramme gemacht hat, »Kassiber eines in die Illegalität Abgedrängten und Dokumente einer wahren inneren Migration« (Log 153). Alle sind den sich überstürzenden Prozessen der sozio-ökonomischen Veränderungen ihres Jahrhunderts mit einem stillen und friedlichen, wenn auch nicht von Traumata befreiten Widerstand begegnet. Ein herausragendes Beispiel ist Jean-Jacques Rousseau, dem Sebalds zweiter Text gewidmet ist: Er flüchtete 1765 in die Schweiz, um der Verurteilung in Paris wegen umstürzlerischer Umtriebe zu entgehen und siedelte sich am Bielersee an, wo er das bekannte *Projet de Constitution pour la Corse* verfasste, welches einem Land, das bestrebt war, die soeben errungene Unabhängigkeit zu bewahren, die Prinzipien demokratischer Regeln geben sollte.

Die Schriftstellerporträts

Logis in einem Landhaus beginnt mit einer Bemerkung des Bedauerns über die Gleichgültigkeit, die die Literaturwissenschaft in der Vergangenheit dem Werk Johann Peter Hebels (1760–1826) entgegengebracht hat, trotz des Lobes durch einige wichtige jüdische Schriftsteller und Denker wie Kafka, Benjamin und Bloch. Weiter konstatiert Sebald mit Bestürzung, dass die ideologische Instrumentalisierung Hebels durch die Nationalsozialisten überwogen hat, die dessen volkstümliches Werk unter Verweis auf seine Verwurzelung in der deutschen Bauernkultur für ihre propagandistischen Zwecke ausgenutzt haben. Dieser kulturelle Missbrauch wird von Sebald nicht nur zum Anlass einer nachdrücklichen Rehabilitierung des Autors genommen, der seiner Meinung nach in einer »kosmopolitischen« Perspektive gesehen werden sollte, sondern auch für eine private affektive Zuwendung genutzt, da Hebel ihn an seinen Großvater erinnert, der einen ähnlichen Dialekt wie dieser sprach und jedes Jahr einen Kemptner Kalender kaufte, in den er allerlei kuriose Notizen und Rezepte schrieb (vgl. Log 13–16). Es handelt sich hier um die erste klare Ankündigung der Intention Sebalds, die Ideologie der Heimatliteratur zu entkräften und sie für einen offenen Dialog zwischen den Generationen wiederzuerobern. Sebald vertritt die Auffassung, dass Hebel ein Heimatdichter und kein Dichter der Nation (vgl. Fuchs 2004, 109–163) gewesen ist. Heidegger hingegen sah in Hebels Werk weniger eine Möglichkeit, Volkstraditionen und Heimatkultur aus der intendierten Perspektive einer Emanzipation der einfachen Menschen zu verstehen, sondern vielmehr als Instrument für eine konservative Propaganda (Heidegger 1957). Seine Interpretation von Hebels alemannischer Dichtung bot die Gelegenheit, sie durch den »neogermanische[n] Zungenschlag« der Nationalsozialisten vereinnahmen zu lassen (Log 12).

Im Gegensatz dazu bezieht sich Sebald auf das Modell von Walter Benjamin, der Ende der 1930er Jahre die Temporalität der Geschichte neu überdenkt und sie jener positivistischen Gleichgültigkeit gegenüber dem Lauf der Dinge entreißt, die den Bereich der Naturwissenschaften charakterisiert. Dabei sieht er in Hebel einen Chronisten *par excellence*, dem es mit äußerster Gewandtheit gelinge, lokale Vorkommnisse mit bedeutenden historischen Ereignissen in Zusammenhang zu bringen. Die *Kalendergeschichten* (1803–1819) von Hebel hatten im Handbuch für den Bauern den Platz gefunden, der traditionell mit Namenstagen besetzt war, mit den Positionen der Gestirne, mit den allgemeinen ärztlichen Ratschlägen und den spezifischen für Aderlässe usw. Diese Daten waren ursprünglich ein wesentlicher Bestandteil eines Gebrauchsbuchs, während sie im *Schatzkästlein des rheinischen Hausfreundes* einen eigenständigen poetischen Wert erhielten, der eher für ein Publikum aus neugierigen Lesern als für Feldarbeiter geeignet war. Es waren Geschichten mit anekdotischem Charakter, unter denen es nicht an Rätseln und an wahren Begebenheiten mangelte. Sie sollten neugierig machen, belehren, Gedanken über Laster und Tugenden des Menschen anregen. Ihr Hauptzweck war es, Respekt gegenüber der Großartigkeit der Schöpfung zu erzeugen, in der ein redlicher Mensch ihre Früchte würde genießen können. Keine geringe Rolle spielte dabei der Appell an die kulturelle Toleranz (vgl. Agazzi 2007, 67–117). Sebald setzt sich aber auch mit dem Thema der Nostalgie und dem Wunsch, sich in Gedanken mit dem Ort der Kindheit wieder zu vereinigen, auseinander. In diesem Sinne wird das im alemannischen Dialekt verfasste Gedicht *Die Vergänglichkeit. Gespräch auf der Straße nach Basel zwischen Steinen und Brombach, in der Nacht* (1803), welches das Hebel gewidmete Kapitel in *Logis in einem Landhaus* beschließt, von der Kritik als ein autobiographisches Abbild eines schmerzvollen Moments in Hebels Leben bewertet. Im Alter von dreizehn Jahren verlor dieser seine Mutter, die plötzlich erkrankte, als sie in einem Baseler Bürgerhaus an der Straße zwischen Brombach und Steinen (vgl. Storck 2004, 21–36) im Dienst stand. Die im Gedicht heraufbeschworene apokalyptische Vision des Vaters, der mit seinem Sohn über die Vergänglichkeit des leiblichen Lebens, der Städte, der Natur und der ganzen Welt in einen Dialog tritt, ist der biblischen Offenbarung des Johannes nachempfunden und mündet in die Vision einer himmlischen Stadt, in die der Knabe, »wenn er sich gut hält, einmal wird eingehen dürfen« (Log 39 f.). Schon in dem als Triptychon verfassten Gedicht *Nach der Natur* hatte Sebald eine dramatische Beziehung zur ›Sprache des Feuers‹ hergestellt, indem er Naturkatastrophen und menschliche Vernichtungswerke, wie die Bombardierungen europäischer Städte während des Zweiten Weltkriegs, in Versen ausmalte (vgl. Calzoni 2010, 225–257).

Das zweite Kapitel von *Logis in einem Landhaus* ist der Zeitspanne zwischen dem 9. September und dem 25. Oktober 1765 gewidmet, in der Jean-Jacques Rousseau Zuflucht am Bieler See gefunden hatte. Rousseau wollte sich dort der Zensur, aber auch den in Paris gegen ihn gerichteten Vergeltungsmaßnahmen entziehen. Bei dem Versuch, den Seelenzustand Rousseaus nachzuempfinden, den dieser in der Einsamkeit jenes abgelegenen Flecken Erde erlebt haben musste, begibt sich Sebald zweihundert Jahre später zu einer Art privatem Gedenken dorthin. Er führt die wichtigsten Etappen von Rousseaus Werdegang auf, erwähnt dabei seine Werke und hebt hervor, dass ein großer Teil seines Unglücks auf die Diffamierungskampagne Voltaires zurückzuführen sei, die dieser angestrengt hatte, um die Berühmtheit zu schmähen, die der Genfer dank seiner reichen Produktion grundlegender Studien zu den Bürgerrechten und der Erziehung des Menschen genoss. Zwischen den Zeilen von *Logis in einem Landhaus* wird also Sebalds wiederholte Missbilligung des intellektuellen Philistertums erkennbar, seine Distanz gegenüber der zweckdienlichen Manipulation des Denkens Anderer, die so leicht in akademischen Kreisen, deren aktiver Vertreter er selbst war, anzutreffen ist. Aus alledem folgt eine wachsende Abneigung gegenüber einer als feindlich und ignorant erlebten Welt, die praktisch alle in diesem Buch porträtierten Figuren betrifft und zu verschiedenen Ergebnissen führt: zu den apokalyptischen Visionen Hebels, die jedoch immer durch einen sanftmütigen Optimismus kompensiert werden; zum Widerwillen Rousseaus gegen die Schrift und zu seiner Neigung, einer von den Barbareien der Menschheit unberührten Natur nachzutrauern; zu den politischen Ernüchterungen und finanziellen Sorgen Mörikes, der darauf hoffte, dass man, einmal von dem Joch der Franzosen befreit, durch die Gründung eines liberalen Staates erlöst würde; bis hin zur finanziellen Not Kellers und dem psychischen Krankheitszustand Walsers. Der einzige Rettungsanker für sie alle bestand Sebald zufolge darin, dass sie »Hellseher im Kleinen« waren (Log 142; vgl. Hutchinson 2009, 158–162). Das mikroskopische Interesse Rousseaus an der Natur, das sich in Biel auf eine Sammlung von Pflanzenarten in einem Herbarium richtete, ist der Gemütsverfassung anderer Amateur-Naturforscher ähnlich, die in Sebalds Werken auftreten: derjenigen Alphonso Fitzpatricks beispielsweise, dessen Aquarelle in verblassten Farben und dessen Leidenschaft für das Verhalten der Nachtfalter an die Vergänglichkeit der materiellen Dinge und die Kürze des Lebens erinnern (vgl. Aus 131 ff.). Sebald webt um die Figur Rousseaus herum aber auch schon die Fäden seines eigenen Interesses an der korsischen Kultur, das seine letzten Lebensjahre beschäftigen wird (vgl. Agazzi 2005, 145–161). Die Bedeutung Korsikas für Sebald hat zumindest zwei Gründe (s. Kap. 8): die Abstammung Napoleons von dieser Insel und die interessanten folkloristischen Aspekte seiner Bewohner, die besonders an Begräbnisrituale gebunden sind sowie an Aktivitäten zur Beschaffung des Lebensunterhaltes, darunter vor allem die Jagd. Dieser Umstand gibt Sebald die Gelegenheit, zu einer seiner liebsten literarischen Figuren zurückzukehren, dem

Jäger Gracchus von Kafka (s. Kap. 42). Sebald bewundert an den Korsen aber auch deren unbezwingbaren Geist der Unabhängigkeit, zuerst unter dem Joch der Genueser und dann unter dem der Franzosen. Dieser Geist ist selbst auf die polnischen Rebellen übergegangen, die nach dem Aufstand von 1830 auf der Insel Zuflucht fanden (vgl. Log 48). Die Bezugnahme auf den Vorschlag Rousseaus, auf der Insel ein demokratisches System des zivilen Zusammenlebens zu errichten und die Geldwirtschaft durch den Tauschhandel zu ersetzen, macht vor allem den Zusammenprall eines utopischen Projekts mit dem harten Gesetz der Realität und seiner Eigendynamik der Geldzirkulation deutlich.

Dieser Punkt wird auch zu einem Leitthema der nachfolgenden Essays über Mörike und Keller. Mit einem wohlwollenden und zugleich kritischen Blick analysiert Sebald das kulturelle Klima des Biedermeier, von dem Mörikes Leben durchdrungen war. Die Parole heißt dort Miniatur, wo das häusliche Leben und die Pflege des eigenen Heims als eine ausreichende Verteidigung gegen die Stürme der Geschichte erscheinen. Sehr schnell lüftet Sebald jedoch den Schleier der Illusion und lässt eine völlig andere Realität durchscheinen: »Tatsächlich ist das Alltagsleben damals schon weit weniger sicher gewesen, als es den heutigen Betrachter einer Biedermeieridylle vielleicht neidselig dünkt. Überall in den Familiengeschichten der Grillparzer, Lenau und Stifter tun sich böse Abgründe auf, Angst vor dem Bankrott, vor Diskreditierung und Deklassement« (Log 82). Das Bild, das Sebald von Mörike zeichnet, ist das eines vor dem Leben zurückschreckenden Mannes, der nicht geneigt ist, die Grenzen der »stillen Provinz« im Süden Deutschlands zu überschreiten, und bei der Ausarbeitung seiner literarischen Bilder leicht einen melodramatischen Ton anschlägt. Mehr als sonst stellt Sebald direkte Bezüge zu den von Mörike erzählten Geschichten her, um damit herauszustreichen, dass dessen Empfindungen ebenso stürmisch wie komplex und zuweilen unschlüssig waren wie manche Handlungsvorgänge in seinen Werken. Wir bekommen hier, wie auch in den Abschnitten zu Hebel und Rousseau, ein reiches Bildmaterial an die Hand, das die Meditation Sebalds über den schwäbischen Autor begleitet: Eine Tuschzeichnung von Rudolf Lohbauer, die eine Gruppe junger Männer – darunter Mörike – zeigt, welche zu Zeiten ihrer Studentenjahre im Tübinger Stift die Nächte mit Rauchen und Trinken verbrachten (vgl. Log 79), das Photo der Villa des texanischen Konsuls, die dieser in der Weingegend von Stuttgart hatte bauen lassen (vgl. Log 85), eine Porträtzeichnung Franz Schuberts, die eine extreme Ähnlichkeit mit Mörike zeigt (vgl. Log 89) sowie ein Gruppenphoto, auf dem Mörike in strengem schwarzem Pastorentalar zu sehen ist, der auf der rechten Betrachterseite fernab von allem, was ihn umgibt, ein Buch liest (vgl. Log 94). Mehrere, zum Teil doppelseitige und farbige Landschaftsdarstellungen, die Sebald in den Band *Logis in einem Landhaus* aufnimmt, erzeugen eine kontemplative Stimmung.

Gottfried Keller erscheint Sebald neben dem jungen Büchner als »vielleicht der einzige [...], der von politischen Idealen und politischer Pragmatik etwas verstand« (Log 99) und aus seinen Einsichten in die soziale Ungerechtigkeit, die die »neu erstrittenen bürgerlichen Freiheiten« nach sich zogen, ein poetisches Konzept entwickelte, das sich den »Gespenstern« eines noch »unregulierten Kapitalismus« zuwandte: »Arbeit, Entbehrung, Armut und Dunkelheit« (Log 100 f.). Sebald erzählt, wie Keller von klein auf an finanzielle Knappheit gewöhnt war, da er seinen Vater noch als Kind verlor. Er brach den Besuch der Kantonsschule aufgrund seines rebellischen Geistes ab; sein Interesse richtete sich dann auf die Malerei, zu der er allerdings nur eine geringe Neigung aufwies. Erst als er sich schließlich voll und ganz dem Schreiben widmen konnte, stellte sich für Keller der persönliche Erfolg ein. Sebald verweist weiterhin auf die enormen Veränderungen, mit denen die idyllische Schweizer Landschaft durch die Ankunft der massiven Industrialisierung konfrontiert wurde. In seinem Roman *Martin Salander* aus dem Jahr 1886 würden die Leser hingewiesen auf »die Auswirkungen des virulent gewordenen Kapitalismus auf die natürliche Umwelt« (Log 103). Kellers Roman *Der grüne Heinrich* wiederum zeige, dass er dem um sich greifenden Hochkapitalismus ein Verständnis im Umgang von Dingen entgegengesetzt habe, wonach diese der Zirkulation des Warenverkehrs und der Logik einer Wertsteigerung durch Verkauf entzogen würden (Log 106). Hier thematisiere Keller auch die von ihm selbst gemachte Erfahrung der Verbannung, aus der ein Traum von Heimat erwächst: Wer einmal im Exil gewesen sei, dem bleibe der Ort seiner Herkunft immer fremd (Log 110). Als »barocke[r] Poet[ ]« (Log 112) der Vergänglichkeit bewege sich Keller trotz seiner Lebenszugewandtheit an den Rändern der Ewigkeit. In seiner »barocke[n] Fantasie«, die eine gewisse Nähe zum Tod unterhält, zeige sich gleichwohl ein »heitere[r] Glanz« (Log 114), der den Glauben als reglementierende Instanz hinter sich lasse. Die letzten Gottfried Keller gewidmeten Seiten behandeln seine Liebesobsessionen und seine Neigung zur Melancholie. Sie zeigen auf zwei Seiten Ausschnitte des handschriftlichen Originals von Kellers *Der grüne Heinrich*, ein von Zeichnungen durchdrungenes ›Kritzelwerk‹, aus dem der Leser den Stimmungszustand des Schriftstellers während der quälendsten Stunden beim Verfassen dieses – seines wichtigsten – Romans herauslesen kann.

Das Schriftstellerporträt Robert Walsers wiederum (s. Kap. 43) ist eng mit den Ausführungen Sebalds über die obsessiven Wahnvorstellungen Kellers verbunden. Sebald verfügt über ein großes lexikalisches Repertoire, um die unaussprechlichen und extravaganten Wesenszüge des Schweizer Schriftstellers zu beschreiben und fokussiert den tragischen Verlauf von dessen Biographie. Sebald verwendet den 1929 formulierten Gedanken Walter Benjamins: »Man kann von Robert Walser viel lesen, über ihn aber nichts« (Benjamin 1977, 349), als poetische Suggestion: »Die Spuren, die Robert Walser auf seinem Lebensweg hinterlassen hat, waren so leicht, daß sie beinah verweht worden wären« (Log 129). Er gebraucht für die Beschreibung von Walsers Existenz Worte wie »Absenz« und »chronische Erfahrungsarmut«, zu denen sich noch die Erkenntnis gesellt, dass die in einer psychiatrischen Klinik verbrachten letzten Jahrzehnte unweigerlich zu einer weiteren »Anonymisierung« der Person führen mussten (Log 130 f.). Das schwer fassbare Wesen des Autors der Romane *Geschwister Tanner* (1907) und *Jakob von Gunten* (1909) verbindet sich mit einer Schreibweise, die dazu neigt, »sich zu verdünnisieren« (Log 133). In diesem Zusammenhang verweist Sebald auf das Verdienst von Carl Seelig, der von seinen Spaziergängen mit Walser in einem Buch berichtet und eine Auswahl aus seinem Werk herausgegeben hat (vgl. Log 130 f.). Walsers Stil mit der Tendenz zum Arabesken, dem Gebrauch von Neologismen, den ironischen Abschweifungen ist das Zeichen für eine schriftstellerische Flexibilität und für eine unerschöpfliche Kreativität, der stets eine subversive Dimension innewohnt.

Die letzten Robert Walser gewidmeten Seiten kommen auf Sebalds Einschätzung zurück, dass sein Ideal die Überwindung der Gravitation gewesen sei (vgl. Log 141). In ihr habe Walser eine Kompensation für die immer beschwerlichere und quälendere Arbeit auf der leeren Seite suchen wollen.

Der Essay über Jan Peter Tripp

Jan Peter Tripp, Künstler und ehemaliger Schulfreund Sebalds, ist wie Keller und Walser ein aufmerksamer Beobachter der Welt der Gegenstände, die von ihm so dargestellt werden, als seien sie in einem luftleeren Raum deponiert. Nicht nur die Bedeutung des Handwerks für die Kunst, sondern die Ergründung der Tiefe hinter dem Sichtbaren habe er, Sebald, von ihm gelernt. Tripp zeige, »daß man mit vielen Schwierigkeiten zu rechnen hat beim Aufzählen der Dinge« (Log 7). Dass am Ende der Porträtgalerie von Schriftstellern der Künstler Jan Peter Tripp auftaucht, kann aber auch auf dessen Interesse an der Darstellung psychopathogener Symptomatiken zurückgeführt werden, die Tripp in ein »pathographisches Unternehmen« überführt (171). Bei der Betrachtung der von Tripp gemalten Physiognomien psychisch Kranker wird deutlich, dass der Künstler in der Abnormität des Aussehens die soziale Isolation eines Individuums kenntlich machen möchte (vgl. 172). Die zeitgleich von dem Künstler gemalten Stillleben sind alles andere als eine Zusammenstellung verschiedener Objekte, wie man es beispielsweise von flämischen Stillleben kennt. Dank der von Tripp bis ins Detail angewandten hyperrealistischen Technik (173), die mit feinen Nuancen der Verfremdung arbeitet (vgl. Öhlschläger 2007) und auf diese Weise Einblicke in das »metaphysische Unterfutter der Realität« gewährt (Log 181), scheinen die dargestellten Gegenstände mit Nachdruck auf ihrer Unabhängigkeit von uns Menschen zu beharren: »Die *nature morte* ist bei Tripp, weit deutlicher als je zuvor, das Paradigma unserer Hinterlassenschaft« (174). Für Sebald verdichten sich in den dargestellten bewegungslosen Gegenständen unsere mit ihnen gemachten Erfahrungen, da sie uns »überdauern, wissen sie mehr von uns als wir über sie [...]« (173). Aus diesem Grund tragen die von Tripp dargestellten Gegenstände den Charakter von Andenken, in denen sich Melancholie kristallisiert (vgl. 183). Die von Tripp verwendeten intertextuellen und intermedialen Verfahren (vgl. Öhlschläger 2006, 2007) werden für Sebalds eigenes poetologisches Verständnis vorbildhaft. Mittels Zitation lässt sich ein Netz aus Verweisen gewinnen, das zu durchdringen und zu lesen zur Aufgabe des Lesers wird. Aus der Konfrontation mit den Dingen, die alle Zeit in sich tragen, und aus den von Tripp in Szene gesetzten Effekten des *déjà vu* entspringen entscheidende Impulse für Prozesse des Erinnerns. »Das Andenken ist ja im Grunde nichts anderes als ein Zitat. Und das in einen Text (oder in ein Bild) einmontierte Zitat zwingt uns [...] zur Durchsicht unserer Kenntnisse anderer Texte und Bilder und unserer Kenntnis der Welt« (Log 184). Es ist kein Zufall, dass sich diese vielzitierte, für die Poetologie Sebalds zentrale Passage in seinem Essay über Jan Peter Tripp findet.

Literatur

Adorno, Theodor W.: *Wirtschaftskrise als Idyll*. In: Theodor W. Adorno: *Gesammelte Schriften*. Bd. 11: *Noten zur Literatur*. Frankfurt a. M. 1974, 637–639.

Agazzi, Elena: Riti antichi e persistenza del passato. Il percorso interrotto nell'opera-testamento Campo Santo. In: *Cultura tedesca* 29 (2005), 145–161.

Agazzi, Elena: Spuren von Johann Peter Hebel und Ernst Bloch. W. G. Sebalds *Logis in einem Landhaus*. In: *Gegenwartsliteratur. Ein germanistisches Jahrbuch* 6 (2007), 67–117.

Agazzi, Elena, W. G. Sebalds verstörende Idyllen in seiner Dichtung und seinem Prosawerk. In: Nina Birkner/York-Gothart Mix (Hg.): *Idyllik im Kontext von Antike und Moderne. Tradition und Transformation eines europäischen Topos*. Berlin/Boston 2015, 305–322.

Albes, Claudia: Between »Surface Illusionism« and »Awful Depth«: Reflections on the Poetological and Generic Ambivalence of W. G. Sebald's *Logis in einem Landhaus*. In: *Journal of European Studies* 41 (2011), 449–465.

Benjamin, Walter: *Robert Walser*. In: Walter Benjamin: *Illuminationen. Ausgewählte Schriften 1*. Frankfurt a. M. 1977, 349–352.

Calzoni, Raul: La lingua del fuoco di W. G. Sebald. In: *Nuova Corrente* 146 (2010), 225–257.

Fuchs, Anne: *Die Schmerzensspuren der Geschichte. Zur Poetik der Erinnerung in W. G. Sebalds Prosa*. Bonn 2004, 109–163.

Heidegger, Martin: *Hebel der Hausfreund*. Pfullingen 1957.

Hutchinson, Ben: »Höhenflug der Sprache«. Levitation als stilistisches Prinzip. In: Ben Hutchinson: *W. G. Sebald. Die dialektische Imagination*. Berlin/NewYork 2009, 153–157.

Öhlschläger, Claudia: *Beschädigtes Leben, erzählte Risse. W. G. Sebalds poetische Ordnung des Unglücks*. Freiburg i. Br. 2006.

Öhlschläger, Claudia: Medialität und Poetik des trompel'oeil: W. G. Sebald und Jan Peter Tripp. In: *Gegenwartsliteratur. Ein germanistisches Jahrbuch* 6 (2007), 27–43.

Schütte, Uwe: *Logis in einem Landhaus* (1998). In: Uwe Schütte: *W. G. Sebald. Einführung in Leben und Werk*. Göttingen 2011, 238–242.

Storck, Joachim W.: Johann Peter Hebel Allemannische Gedichte. Eine Einführung für dialektferne Leser und Hörer. In: Richard Faber (Hg.): *Lebendige Tradition und antizipierte Moderne. Über Johann Peter Hebel*. Würzburg 2004, 21–36.

Elena Agazzi

14 »Luftkrieg und Literatur«

Vorlesungen, Buchpublikation und Feuilletondebatte

1999 veröffentlichte W. G. Sebald die überarbeitete und ergänzte Buchfassung der Poetik-Vorlesungen, die er unter dem Titel »Luftkrieg und Literatur. Zur Geschichte und Naturgeschichte der Zerstörung« am 30. Oktober, 13. November und 4. Dezember 1997 auf Einladung des Deutschen Seminars der Universität Zürich im Zürcher Puppentheater gehalten hatte; das Manuskript dieser Vorlesungen ist Teil des Sebald-Nachlasses im Deutschen Literatur-Archiv Marbach (Sammlung »Luftkrieg und Literatur«, Mappe 2; Gotterbarm 2011). Sebald konnte für das Thema auf seinen Aufsatz *Zwischen Geschichte und Naturgeschichte – Versuch über die literarische Beschreibung totaler Zerstörung mit Anmerkungen zu Kasack, Nossack und Kluge* zurückgreifen, der 1982 in *Orbis Litterarum* erschienen war (Nachdr. CS 60–100) und dessen vergleichende Analyse von Erzähltexten über die alliierte Bombardierung deutscher Städte am Ende des Zweiten Weltkriegs z. T. wortgleich in die Vorlesungen bzw. Buchpublikation eingegangen ist.

Sebalds Thema ist die »unausgesprochene[ ] Tabuisierung« (Luf 44) der Erinnerung an die Luftangriffe im Nachkriegsdeutschland, die auch dazu geführt habe, dass keine der Intensität der Erfahrung angemessenen literarischen Darstellungen vorlägen. Damit greift Sebald auf ein Motiv zurück, das in seinen im engeren Sinne literarischen Texten immer wieder aufgetaucht war (Brockmann 2009) – so zu Beginn des dritten Teils von *Nach der Natur* oder in der Erzählung *Il ritorno in patria* aus *Schwindel. Gefühle*, aus denen Sebald im Rahmen der ersten Zürcher Vorlesung auch ausführlich zitiert, sowie in Kapitel II von *Die Ringe des Saturn*. Außerdem hatte Sebald am 22. November 1997 in der *Neuen Zürcher Zeitung* den Artikel »Generation Gomorrha. Der Luftkrieg und das Schweigen der deutschen Literatur« sowie eine Woche darauf in der *Frankfurter Rundschau* den Artikel »Feuer und Rauch. Über eine Abwesenheit in der deutschen Nachkriegsliteratur« veröffentlicht. Und auch in Interviews – den Gesprächen mit Andrea Köhler (ebenfalls am 22.11.1997 in der *NZZ*, Nachdr. Ges 154–164) sowie Volker Hage (erst 2003 in *Akzente* sowie in Hage 2003, 259–279, publiziert, Nachdr. Ges 176–185) – erläuterte und verteidigte Sebald seine Thesen.

Den historischen Hintergrund dieser Thesen bildet

die Operation »Gomorrha« der englischen und amerikanischen Luftwaffe, die im Juli 1943 den ersten sogenannten Feuersturm des Luftkriegs entfacht hatte, in dem mehr als 40.000 Einwohner von Hamburg ums Leben kamen; weitere 900.000 Flüchtlinge verließen die zerstörte Stadt. Auf diese Weise waren Sebalds Überlegungen Anlass für eine Debatte, die – im Anschluss an den ›Historikerstreit‹ über die Vergleichbarkeit von NS- und Sowjetdiktatur, die ›Goldhagen-These‹ zum kollektiven deutschen Antisemitismus und die ›Walser-Bubis-Debatte‹ über die angebliche Instrumentalisierung von Auschwitz – die Frage nach der Legitimität, sich mit deutschen Opfern des Zweiten Weltkriegs zu befassen, aufwarf (Niven 2006). Die Debatte über eine Enttabuisierung des Vergleichs zwischen Holocaust und Luftkrieg wurde in der Folge anlässlich von Jörg Friedrichs *Der Brand. Deutschland im Bombenkrieg 1940–1945* (2002) fortgeführt; als Parallelprobleme werden außerdem Flucht und Vertreibung literarisch reflektiert (z. B. Günter Grass: *Im Krebsgang*, 2002; Walter Kempowski: *Alles umsonst*, 2006). Zugleich basieren Sebalds Überlegungen aber auch auf einer Reihe älterer Diskussionen und Quellen, so Alexander und Margarete Mitscherlichs psychoanalytischen Thesen zur *Unfähigkeit zu trauern* (1967, vgl. Luf 97), Dokumentationen wie Hans Brunswigs *Feuersturm über Hamburg* (1978, vgl. 20), Zeitzeugenberichte von Alfred Döblin, Max Frisch oder Stig Dagerman, die zum Teil Hans Magnus Enzensbergers Anthologie *Europa in Trümmern. Augenzeugenberichte aus den Jahren 1944–48* (1990, vgl. 16) entnommen sind; oder auch den von der »etablierten Germanistik« (104 ff.) ignorierten, zum Teil autobiographischen, Arbeiten des Regensburger Germanisten Hans Dieter Schäfer (von dem auch eine der Zuschriften an Sebald im Nachgang der Vorlesungen stammt). Klassiker wie Kurt Vonneguts *Slaughterhouse-Five* (1969) oder die 1995 publizierten Tagebücher von Viktor Klemperer hingegen erwähnt Sebald ebenso wenig wie das zeitgenössische *Echolot*-Projekt von Walter Kempowski (erster Teil 1993) oder Dieter Fortes Trilogie *Das Haus auf meinen Schultern* (1992–1998); einen knappen kritischen Kommentar zu Gerd Ledigs Roman *Vergeltung* von 1956, auf den Volker Hage im *Spiegel* (Nr. 3, 1998) als einen von vielen bei Sebald fehlenden Referenztexten hingewiesen hatte und der in der Folge zeitgleich mit Sebalds Buchveröffentlichung wiederaufgelegt wurde, trägt Sebald für die Buchfassung nach (vgl. Luf 109–112).

Hages Artikel sowie die Besprechung der Vorlesungen in der Schweizer Presse lösten eine intensive Debatte über die Berechtigung von Sebalds Thesen aus; im Anschluss an die Buchveröffentlichung gesellten sich zu Hages Einschätzung, Sebald habe zwar maßgebliche literarische Zeugnisse des Luftkriegs (z. B. Borchert, Remarque, Kiesel) ignoriert, zugleich aber einer Rückkehr zum Erzählen bislang verdrängter bzw. tabuisierter Opfererfahrungen ermöglicht, zahlreiche weitere Stimmen. Frank Schirrmacher sekundierte in der *FAZ* (15.1.1998) die These von einem Neubeginn der Nachkriegsliteratur, wogegen Klaus Harpprecht in der gleichen Zeitung das Schweigen über die eigene Opfergeschichte für den Ausdruck einer moralisch angemessenen »Scham« hielt (20.10.1998); auf Kritik stießen neben dem normativ-therapeutischen Literaturbegriff (Jos Nolte, *Die Welt*, 2.4.1998) Sebalds Abwertung der Authentizität von Augenzeugenberichten (Dieter Forte, *Der Spiegel*, 5.4.1999) sowie die implizite Parallelisierung des Schweigens über den Luftkrieg mit dem Schweigen über den Holocaust (Wolfram Schütte, *FR*, 27.3.1999) – wobei Erhard Schütz die Gefahr eines »nationalfeuilletonistische[n] Zungenschlag[s]« aber letztlich nicht gegeben sah und Sebalds Buch als »Nachstück zu Goldhagen« würdigte (*taz*, 31.3.1999). Reinhart Baumgart stellte in *Die Zeit* sogar einen Bezug zur Bombardierung Belgrads im Kosovokrieg im Frühjahr 1999 her (29.4.1999; vgl. Hage/Moritz/Winkels 1998, 249–290; Schulte 2003 sowie zur weniger kontroversen Aufnahme der Thesen in England Arnold-de Simine 2006).

Diese letztgenannten Rezensionen beziehen sich bereits auf die Buchfassung, die von einer »Vorbemerkung« (Luf 5–8) eröffnet wird und die autobiographischen Elemente der ersten Vorlesung in die »Nachschrift« (81) eines dritten Kapitels einfließen lässt, in dem Sebald auch die zahlreichen brieflichen Reaktionen auf seine Züricher Vorträge kommentiert. Den Band beschließt der polemische Essay *Der Schriftsteller Alfred Andersch*, der zuerst 1993 unter dem Titel *Between the Devil and the Deep Blue Sea. Alfred Andersch. Das Verschwinden in der Vorsehung* in der Zeitschrift *Lettre* erschienen war. Die englische Übersetzung von Anthea Bell, die 2004 unter dem Titel *On the Natural History of Destruction* erscheint, ergänzt diesen Anhang um Aufsätze zu Jean Améry und Peter Weiss.

Inhalt

Sebalds Diagnose der »Unfähigkeit einer ganzen Generation deutscher Autoren, das, was sie gesehen hatten, aufzuzeichnen und einzubringen in unser Gedächtnis« (Luf 8), verbindet die beiden grundlegenden Thesen seiner Argumentation. Die erste dieser Thesen ist die kollektivpsychologische Unterstellung, die bundesdeutsche Nachkriegsgesellschaft habe trotz der Intensität des Erlebten und der Allgegenwart der Spuren der Zerstörung keine Erinnerung an die Luftangriffe zugelassen – ein »Tabu« (18), für das zwei widersprüchliche Ursachen (Wilms 2004) genannt werden: auf der einen Seite die »von vorbewußten Prozessen« (18) gesteuerte »Verdrängung« (20) traumatischer Erlebnisse inklusive den aus ihr im psychoanalytischen Sinne resultierenden Zwangs- und Wiederholungsstrukturen in der westdeutschen Nachkriegsgesellschaft; auf der anderen Seite die bewusste »Selbstanästhetisierung« (20) der Bevölkerung, durch die der »Strom psychischer Energie« (21) der Trümmergeneration anstelle von Trauerarbeit oder Schuldkomplexen dem vorwärtsgewandten Projekt des Wiederaufbaus zugeführt werden konnte.

Die zweite These, die Sebald entfaltet, betrifft die Schwierigkeit, die emotionalen und psychischen Implikationen der Luftkriegserlebnisse darzustellen, und besteht in der Feststellung, dass das »Überlieferungsdefizit auch von der seit 1947 bewußt sich rekonstituierenden Nachkriegsliteratur, von der man einigen Aufschluß über die wahre Lage hätte erwarten dürfen, nicht ausgeglichen« worden sei (Luf 17). Das grundsätzliche Darstellungsproblem wird eingangs anhand einer Gegenüberstellung des statistischen Wissens um das »Ausmaß« (11) der Zerstörung und die moralische, militärische sowie ökonomische Begründung der Strategie des »area bombing« (24) auf der einen Seite und der von derartigen Quantifizierungen und Rationalisierungen nicht erfassten Bedeutung des »Grauen[s]« (11) für die betroffene deutsche Bevölkerung auf der anderen Seite illustriert. Dass sich das erfahrene Leid auf diese Weise der Vermittlung entziehe, begründet Sebald provokanterweise durch das »irgendwie Unwahre der Augenzeugenberichte« (34) von Luftangriffen, deren »Normalsprache« durchweg stereotyp erscheine und daher gerade nicht die erwartete »Authentizität« (35) vermittle. So problematisch diese Abwertung von Überlebendenberichten offensichtlich ist, so sehr benötigt Sebald sie für seinen zentralen Ansatz, literarische Texte als eigentlich angemessenes Medium zur Repräsentation der »in ihrer

extremen Kontingenz unbegreifliche[n] Wirklichkeit der totalen Zerstörung« (34) zu positionieren. Das Problem besteht mit anderen Worten weniger darin, dass keine Erinnerungen an die Luftangriffe überliefert wurden, als darin, dass diese Erinnerungen als floskelhaft formulierte Erzählungen von Einzelpersonen keine sprachlich angemessene Form gefunden haben, um einen Gesamtüberblick über die Katastrophe zu bieten: »Die Berichte einzelner Augenzeugen sind darum nur von bedingtem Wert und bedürfen der Ergänzung durch das, was sich erschließt unter einem synoptischen, künstlichen Blick« (35; entsprechend auch die Aussagen Sebalds im erwähnten Interview mit Volker Hage).

Auf dieser Grundlage besteht *Luftkrieg und Literatur* in erster Linie aus einer Kritik literarischer Luftkriegsdarstellungen, und zwar in dreierlei Hinsicht: erstens bezüglich ihrer angesichts der Bedeutung des Themas erstaunlich geringen Zahl, zweitens hinsichtlich ihrer meist mangelhaften ästhetischen Qualität sowie drittens mit Blick auf die in einigen wenigen Texten vorfindlichen Ansätze zu einer dem Gegenstand angemessenen poetologischen Machart. Dieser kritischen Bestandsaufnahme vorgeschaltet sind aber Sebalds eigene Darstellungsversuche im ersten Kapitel, die zum einen in Gestalt des aus den übrigen Erzähltexten vertrauten Abdrucks von Photographien erfolgen, auf denen mehr oder weniger kontextualisiert und kommentiert zerstörte bzw. wiederaufgebaute deutsche Städte, Flugzeuge im Flaklicht oder verbrannte Schrumpfleichen zu sehen sind, und so einen visuellen Assoziationsraum für das sprachlich Unbeschreibbare eröffnen (vgl. Crownshaw 2007, 575 f.). Zum anderen wechselt Sebald im unmittelbaren Anschluss an die zitierte Forderung nach einer »Ergänzung« von Augenzeugenberichten durch den »synoptischen, künstlichen Blick« selbst ins narrative Register und präsentiert einen weitgehend auktorial gehaltenen Bericht über die Hamburger Bombennacht vom 28.7.1943, was nicht nur hinsichtlich der gezielten Fiktionalisierung und Metaphorisierung problematisch erscheinen mag, sondern auch insofern, als die Erzählperspektive auf diese Weise eher dem Überblick der Bomberpiloten als der Wahrnehmung ihrer Opfer am Boden folgt (Duttlinger 2007). An die Stelle einer solchen ›Vogelperspektive‹ lässt Sebald zu Beginn des zweiten Kapitels dann aber das Erzählschema einer »Naturgeschichte der Zerstörung« (Luf 41, 43) treten, das er der Autobiographie des britischen Regierungsberaters Solly Zuckerman entnimmt. Dieser hatte das zerstörte Köln besucht und

einen Bericht über seine Erinnerungen an das Ausmaß der Vernichtung schreiben wollen, die vor allem
von den ins Groteske spielenden Bildern des »inmitten der Steinwüste aufragenden Doms« oder »eines
abgetrennten Fingers« (42) geprägt waren. Eine solche
Natural History of Destruction wird von Sebald aber
nicht nur als Genremodell aufgerufen, an dem die
existierende Luftkriegsliteratur zu messen sei, sondern auch als Gegenstand der Darstellung inszeniert
(vgl. Mosbach 2008, 107). Die von Ratten und Fliegen
bewohnten und von Pflanzen überwucherten Ruinen
der deutschen Städte – wie sie seinerzeit etwa in Heinrich Bölls bezeichnenderweise aber erst posthum ver-
öffentlichtem Roman *Der Engel schwieg* dargestellt
wurden – seien weniger im Modus einer erhabenen
Ästhetik militärischer Gewalt denn als Schauplatz einer Regression der Bevölkerung auf die »Entwick-
lungsstufe unbehauster Sammler« (47) zu beschreiben. Nur innerhalb eines solchen narrativen Rahmens, so suggeriert Sebald in Anlehnung an Walter
Benjamins »Engel der Geschichte«, lasse sich der eigentliche Ort des alliierten Bomberkriegs gegen
Deutschland in der Abfolge der Katastrophen der Geschichte der Menschheit erfassen: als der »Punkt«
nämlich, »an dem wir aus unserer, wie wir so lange
meinten, autonomen Geschichte zurücksinken in die
Geschichte der Natur« (79), die sich – folgt man Theodor W. Adornos im Anschluss an Benjamin ausgear-
beiteter »Idee der Naturgeschichte« (1932) – als per-
manente Vergängnis vollzieht (s. Kap. 33).

Der zentrale literaturkritische Teil von Sebalds
Überlegungen erfolgt vor diesem Hintergrund. Er besteht dabei keinesfalls aus bloßen Verrissen, sondern
einem sorgfältig kalkulierten Wechsel zwischen negativen und positiven Wertungen, sodass der Text in
diesem Durchführungsteil weder die Eingangsthese,
es gäbe keine Luftkriegsliteratur, noch die Behauptung, die dennoch vorliegende sei durchweg minder-
wertig, konsequent durchhält. Auf die Kritik von Hermann Kasacks *Die Stadt hinter dem Strom* (1947) als
einer der Sprache von Faschismus und Innerer Emigration verpflichteten »Mythisierung« (Luf 59) zum
Zwecke der – wie Sebald ohne ausdrücklichen Bezug
auf das gleichnamige Buch von Theodor Lessing aus
dem Jahr 1916 schreibt – »Sinngebung des Sinnlosen«
(60) folgt die Würdigung von Hans Erich Nossacks Erzählung *Nekyia* (ebenfalls 1947), die sich »durch Verzicht auf Kunstübung« (63) um eine schiere Bericht-
form bemühe, wohingegen Peter de Mendelssohns
Die Kathedrale (posthum 1983) als »gegen jeden literarischen Anstand verstoßende[r] Kitsch« zu betrach-

ten sei (67). Aber auch die dem Kitschverdikt entgegengesetzte avantgardistische Darstellung eines
Luftangriffs in Arno Schmidts *Aus dem Leben eines
Fauns* (1953) biete als bloßer »Sprachaktionismus«
(69) keine Erfahrungswirklichkeit, wohingegen das
Dokumentarverfahren in Hubert Fichtes *Detlevs Imi-
tationen ›Grünspan‹* (1971) sowie insbesondere »die
archäologische Arbeit Alexander Kluges auf den Abraumhalden unserer kollektiven Existenz« (72 f.) in
Der Luftangriff auf Halberstadt am 8. April 1945 von
1977 das einzig gültige Verfahren der literarischen
Darstellung des Erlebten entwickelt hätten. In Kluges
zum Teil ironisierenden Montagen werde die Unangemessenheit herkömmlicher Alltagsperspektiven angesichts der industriellen Großzerstörung in einer Weise
vor Augen geführt, die zugleich deutlich mache, dass
der Luftkrieg auch und gerade alle gewohnten Ver-
mittlungs- und Deutungsangebote der Wirklichkeit
mitzerstört habe.

Im dritten Kapitel der Buchfassung verbindet Sebald Versatzstücke aus dem ursprünglichen autobiographischen Einstieg in die erste Züricher Vorlesung
mit einer Auseinandersetzung mit den kritischen Zuschriften, die ihm im Nachgang zugegangen waren.
Autobiographisch relevant ist das Luftkriegsthema
demnach insofern, als Sebald aufgrund seines Ge-
burtsjahrgangs 1944 sowohl Zeitzeuge als auch ohne
eigene Erinnerung ist und auf diese Weise exakt jenes
Wechselspiel von An- und Abwesenheit des Luftkriegs
in der bundesdeutschen Nachkriegsgesellschaft ver-
sinnbildlicht, das der Text als »Schatten« metaphori-
siert, »unter dem ich nie ganz herauskommen werde«
(Luf 83), und das er anhand einer Reihe gezielt kausal
unbegründeter, aber assoziativ eindringlicher Verknüpfungen des eigenen Lebenslaufs mit Kriegsereig-
nissen als Beispiele für »die Abgründe der Geschichte« (86, vgl. 88 und 90 f.) illustriert. Die Kritik der Zuschriften – insbesondere an seiner Abwertung der Augenzeugenberichte – weist Sebald auf zum Teil äußerst
sarkastische Weise von sich, ist ansonsten aber sicht-
lich bemüht, dem Eindruck entgegenzuwirken, die
Vorlesungen seien von dem »Bedürfnis motiviert, die
Deutschen endlich einmal als Opfer« (92) dargestellt
zu sehen. Er distanziert sich daher abschließend deutlich von allen Verschwörungstheorien oder Relativie-
rungen deutscher Verantwortung und Täterschaft mit
Blick auf Nationalsozialismus, Zweiten Weltkrieg und
Holocaust (vgl. 116).

Vor diesem Hintergrund ist vermutlich auch die
Wahl des Andersch-Essays als Anhang für die Publikation der Vorlesungen zu erklären, einer massiven

Polemik gegen einen Nachkriegsautor, der sich als Antifaschist und Künstler zugleich inszenierte, obwohl er weder das eine noch das andere gewesen sei (s. Kap. 24, 39). Angesichts von Anderschs aus einer deutsch-jüdischen Familie stammenden Ehefrau, die er vor dem Krieg verleugnet und nach dem Krieg trotz bereits erfolgter Scheidung für seine Entnazifizierung instrumentalisiert habe, zeichnet Sebald in seiner Stilkritik des Erzählwerks von Andersch »Auswirkungen solcher Kompromittiertheit auf die Literatur« (Luf 129; vgl. Baumgärtel 2010) nach und ergänzt seine Ausgangsthese so um die komplementäre Behauptung, die Verdrängungsgesinnung nach 1945 sei auch für die ästhetische Minderwertigkeit der Nachkriegsliteratur mitverantwortlich.

Deutungsansätze

Ausgehend von der Feuilletondebatte zielte die wissenschaftliche Diskussion von Sebalds Thesen vor allem auf die politische Dimension des Tabus der Luftkriegserinnerung. Wilms (vgl. 2004, 188) zufolge hat dieses Tabu allerdings weder psychologische noch ästhetische Gründe, sondern sei schlicht auf das Verbot zurückzuführen, die nach dem Krieg als moralische Instanz fungierenden Alliierten als Täter darzustellen. Dagegen laufe Sebalds Beschränkung des Problems auf Traumatheorien und Unsagbarkeitstopoi Gefahr, die Undarstellbarkeit des Luftkriegs mit derjenigen des Holocausts gleichzusetzen. Zwar wird – insbesondere in der angelsächsischen Forschung – die Offenlegung der Verflechtung beider durchaus als Leistung von Sebalds Text gewürdigt (Schalk 2003, Crownshaw 2007), gerade im Licht von Sebalds eigener Distanzierung von solchen Lesarten ist die Differenzierung der »zwei grundverschiedene[n] Erinnerungs- und Repräsentationsproblematiken« (Streim 2005, 303) aber zentrale Voraussetzung für die weitere Beschäftigung mit dem Text.

Hinsichtlich seiner poetologischen Thesen hat die Forschung *Luftkrieg und Literatur* als Schlüsseltext gelesen, der nicht nur die Literaturgeschichte der Bombenangriffe zum Gegenstand habe, sondern auch die Ausrichtung von Sebalds eigenen Erzähltexten auf eine »Restitution« von Opfergeschichten reflektiere (vgl. CS 240–248 und Wolff 2014, 95 ff.). Zwar wird Sebalds Postulat, Literatur habe im Fall kollektiver Traumatisierungen eine Erinnerungsverpflichtung, als unnötig normativ und autonomieästhetisch fragwürdig betrachtet (Nell 2011). Gerade Sebalds auf die-

sem Postulat gründenden und daher kaum befriedigenden Stilkritiken haben aber Lektüren Vorschub geleistet, die die autobiographische Dimension der Argumentation hervorheben (Fuchs 2004; Sauder 2012) – wenn sie nicht gar von einer Selbstinszenierung Sebalds im Rahmen einer »Autofiktion« eines vom Luftkrieg herstammenden Autors (Gotterbarm 2011, 325) sprechen. Andreas Huyssen (2002) hat sogar argumentiert, *Luftkrieg und Literatur* sei weder eine theoretische Diagnose des kollektiven Traumas noch eine Kritik der deutschen Nachkriegsliteratur, sondern vielmehr die Fortschrift beider – und also selbst vom blinden Fleck der eigenen transgenerationellen Traumatisierung (vgl. hierzu auch Baumgärtel 2010, 175–181) geprägt. Sebalds These einer Unterdrückung der Erinnerung übersehe die diskursgenerierende Kraft der Verdrängung, die nicht zuletzt seiner eigenen schriftstellerischen Produktion zugrunde liege und die Rede von einer ›Wende‹ oder eines ›Neubeginns‹ der Erinnerungskultur bzw. Nachkriegsliteratur nach der deutschen Wiedervereinigung als Wunschbild zu entlarven erlaube.

Gegen diese Subsumption von Sebalds Schreiben unter die von ihm selbst formulierte Diagnose wie gegen die von Wilms (2004) hervorgehobene Unschärfe des Modells einer ›bewussten Verdrängung‹ setzt Krauß (2007) die These, Sebald habe solche Widersprüche – wie auch die vielkritisierte Lückenhaftigkeit seiner literarischen Beispiele – gezielt als Strategie gewählt, um die Aporie des Darstellungsproblems angesichts der Inkommensurabilität des Darzustellenden auf diese Weise auch auf der Beobachtungsebene deutlich zu machen. Entsprechend wurde auch der anfänglichen Kritik an Sebalds »Ästhetisierung des Bombenkriegs« (Fuchs 2004, 159) in den narrativen Passagen und Photomontagen des Texts durch die Thesen einer Reflexion der Funktion historischer Dokumente (vgl. Duttlinger 2007, 168) bzw. einer gezielten Hybridisierung von essayistischen und literarischen Verfahrensweisen (vgl. Wolff 2014, 82) widersprochen. Und auch dem Vorwurf, Sebalds Bekenntnis zum Modell einer »Naturgeschichte der Zerstörung« etabliere ein metaphysisches Prinzip für gesellschaftspolitische Geschichtsverläufe (vgl. Huyssen 2002, 89; Fuchs 2004, 160), wurde entgegengehalten, Sebalds Interesse gelte nicht der Erzeugung von Authentizitätseffekten, sondern dem Offenlegen der »Vermitteltheit der eigenen Erfahrung« (Streim 2005, 302) bzw. der Kontingenz der Geschichte (vgl. Mosbach 2008, 100): Sebald könne den Begriff der »Naturgeschichte« dem Bericht Solly Zuckermans deswegen so umstandslos entnehmen, weil er in seiner Prägung durch Benjamin und Adorno gerade keiner metaphysischen Überhöhung das Wort rede, sondern dem ganz und gar materiellen Aufgehen von Menschheits- in Naturgeschichte im Sinne eines permanenten, perspektivlosen und ateleologischen Verfalls alles kulturell Geschaffenen (vgl. Mosbach 2008, 105 f.; Pethes 2009). Als in diesem Zusammenhang besonders fruchtbar hat sich der Vergleich der Buchfassung der Züricher Vorlesungen mit dem Aufsatz von 1982 erwiesen, insofern letzterer insbesondere im Rahmen der Analyse von Kluges *Halberstadt*-Text bei einer noch didaktischen Lesart von Luftkriegsliteratur anlangt, während die spätere Version nur noch das Bild des sinnlosen Naturverlaufs als angemessene Ästhetik zu akzeptieren scheint, ohne dass man damit, wie Huyssen (2002, 89) es suggeriert, den Rückfall hinter Kluges distanzierendes Modell eines Lernprozesses konstatieren muss (vgl. Mosbach 2008, 101; Wolff 2014, 82 f.).

Perspektiven

Sebalds Publikation zur Luftkriegsliteratur ihre historischen Lücken, theoretischen Unschärfen oder politischen Fallgruben vorzuhalten, verfehlt den Status des Textes möglicherweise ebensosehr wie die Versuche, ihn als bewusste Reflexion all dieser Schwierigkeiten auf eine Ebene zweiter Ordnung zu heben, auf der diese Probleme und die in der Folge ihrer Behandlung durch Sebald ausgelösten Kontroversen beobachtet werden können. Vor solchen kritischen Lektüren oder theoretischen Analysen ist die textuelle Form der Buchfassung hervorzuheben, anhand derer die große Nähe von *Luftkrieg und Literatur* zu allen anderen Buchpublikationen Sebalds zutage tritt. So, wie diese Publikationen die an Literatur üblicherweise herangetragenen Differenzierungen von Dokumentation und Erfindung, autobiographischen und fiktionalen Geschichten, Autor und Erzähler oder auch Text und Bild gezielt irritieren, unterläuft Sebalds vermeintlich literaturkritische Untersuchung diese Unterscheidungen von der anderen Seite her und kann mithin ebensosehr als gleichermaßen literaturkritischer, geschichtsphilosophischer, autobiographischer, fiktionaler und multimedialer Text gelesen werden, wie dies für *Nach der Natur, Schwindel. Gefühle, Die Ausgewanderten, Die Ringe des Saturn* oder *Austerlitz* gilt.

Den Züricher Vorlesungen eine Relativierung der Täterschaft der Deutschen bzw. des Opferstatus der in den Konzentrationslagern und im Zweiten Weltkrieg Ermordeten vorzuwerfen, griffe angesichts einer sol-

chen hybriden Erscheinungsform, die sich nicht auf gesellschaftspolitische Aussagen reduzieren lässt, zu kurz – zumal alle genannten Texte Sebalds ja ausdrücklich um diese Täterschuld und Opfergeschichten kreisen und also just ein jeglichem Relativierungsverdacht entgegengesetztes Erzählprojekt verfolgen. Durchaus zutreffend ist diesbezüglich allerdings, dass die historischen Chiffren ›Luftkrieg‹ und ›Auschwitz‹ im Rahmen einer »Naturgeschichte der Zerstörung« einer gemeinsamen Perspektive unterworfen werden, derzufolge – wie sich insbesondere in Anlehnung an den Beginn des siebten Kapitels von *Die Ringe des Saturn* sagen lässt – die gesamte Zivilisationsgeschichte der Sesshaftwerdung, Industrialisierung und Technikentwicklung »auf dem gleichen Vorgang der Verbrennung« (RS 203) beruht. Aus dieser Perspektive ist der alliierte Luftkrieg weder als illegitim oder ›gerecht‹ noch als Rache oder Vergeltung zu betrachten, sondern schlicht als Bestandteil und Konsequenz einer autodestruktiven Menschheitsgeschichte.

Lehren oder Hoffnungen für den Verlauf der Geschichte lassen sich einem solchen naturhistorischen Blick freilich nicht länger entnehmen – sehr wohl aber Hinweise auf das literarische Verfahren, sich als ›nachgeborener‹ Autor ohne eigene Erinnerung oder direkte Traumatisierung eine stellvertretende Stimme für diese Opfergeschichten zuzuschreiben (wenn nicht anzumaßen). Dies ist insbesondere mit Blick auf die jüdische Opfergeschichte von *Austerlitz* kritisiert worden und findet hier ihr Pendant für die deutsche Bevölkerung in Gestalt der erwähnten metaphorischen und allegorischen Strategien, mittels derer Sebald seinen »Lebenslauf mit der Geschichte des Luftkriegs« (Luf 91) zur Überschneidung bringt. Aus dieser poetologischen Perspektive sind die Züricher Vorlesungen in erster Linie ein Dokument für Sebalds literarisches Projekt, die unerzählten Geschichten der Katastrophen des 20. Jahrhunderts durch ihre konstruierte Engführung mit der eigenen Biographie im Modus der Fiktion partiell zu restituieren bzw. zumindest als Lücke der Erinnerung zu markieren.

Literatur

Arnold-de Simine, Silke: Erinnerungspoetik als »Naturgeschichte der Zerstörung«? Die Rezeption von W. G. Sebalds »Luftkrieg und Literatur« (1999) in Deutschland und Großbritannien. In: Barbara Beßlich/Katharina Grätz/Olaf Hildebrand (Hg.): *Wende des Erinnerns?* Berlin 2006, 115–132.

Baumgärtel, Patrick: *Mythos und Utopie. Zum Begriff der ›Naturgeschichte der Zerstörung‹ im Werk W. G. Sebalds.* Frankfurt a. M. 2010.

Brockmann, Stephen: W. G. Sebald and German Wartime Suffering. In: Stuart Taberner/Karina Berger (Hg.): *Germans as Victims in the Literary Fiction of the Berlin Republic*. Rochester/New York 2009, 15–28.

Crownshaw, Richard: German Suffering or ›Narrative Fetishism‹? W. G. Sebalds »Air War and Literature: Zürich Lectures«. In: Lise Patt/Christel Dillbohner (Hg.): *Searching for Sebald*. Los Angeles 2007, 558–583.

Duttlinger, Carolin: A Lineage of Destruction? Rethinking Photography in »Luftkrieg und Literatur«. In: Anne Fuchs/J. J. Long (Hg.): *W. G. Sebald and the Writing of History*. Würzburg 2007, 163–177.

Fuchs, Anne: »*Die Schmerzensspuren der Geschichte*«. *Zur Poetik der Erinnerung in W. G. Sebalds Prosa*. Köln/Weimar/Wien 2004.

Gotterbarm, Mario: Ich und der Luftkrieg. Sebalds erste Züricher Vorlesung als Autofiktion. In: *Jahrbuch der Deutschen Schillergesellschaft* 55 (2011), 324–345.

Hage, Volker/Moritz, Rainer/Winkels, Hubert (Hg.): *Deutsche Literatur 1998. Ein Jahresüberblick*. Stuttgart 1999.

Hage, Volker: Erzähltabu? Die Sebald-Debatte: ein Resümee. In: Volker Hage (Hg.): *Zeugen der Zerstörung. Die Literaten und der Luftkrieg. Essays und Gespräche*. Frankfurt a. M. 2003, 113–131.

Huyssen, Andreas: On Rewritings and New Beginnings. W. G. Sebald and the Literature about the ›Luftkrieg‹. In: Mariatte Denmann/Wolfgang Emmerich (Hg.): *Was bleibt – von der deutschen Gegenwartsliteratur?* Stuttgart 2001, 72–90.

Krauß, Andrea: ›Rohformen‹ des Erzählens. Repräsentationskritik in W. G. Sebalds »Luftkrieg und Literatur«. In: *Weimarer Beiträge* 53 (2007), 503–518.

Mosbach, Bettina: *Figurationen der Katastrophe. Ästhetische Verfahren in W. G. Sebalds »Die Ringe des Saturn« und »Austerlitz«*. Bielefeld 2008.

Nell, Werner: Luftkrieg oder Windei. Zur Inszenierung einer Diskursverschiebung in der deutschen Literatur der 1990er Jahre. In: Carsten Gansel/Heinrich Kaulen (Hg.): *Kriegsdiskurse in Literatur und Medien nach 1989*. Göttingen 2011, 31–47.

Niven, Bill (Hg.): *Germans as Victims. Remembering the Past in Contemporary Germany*. Basingstoke 2006.

Pethes, Nicolas: Naturgeschichte der Zerstörung. Evolution als Narrativ für die ›Stunde Null‹ bei W. G. Sebald und Christoph Ransmayr. In: Peter Brandes/Burkhardt Lindner (Hg.): *Finis. Paradoxien des Endens*. Würzburg 2008, 169–187.

Sauder, Gerhard: Literatur und Bombenkrieg. Kritik an der Sebald-These. In: Günter Butzer/Joachim Jacob (Hg.): *Berührungen. Komparatistische Perspektiven auf die frühe deutsche Nachkriegsliteratur*. Paderborn 2012, 231–239.

Schalk, Axel: Schockerfahrung ist nicht erzählbar. Zum Problem des Luftkriegs in der Literatur. In: *Literatur für Leser* 26 (2003), 117–126.

Schulte, Christian: Die Naturgeschichte der Zerstörung. W. G. Sebalds Thesen zu »Luftkrieg und Literatur«. In: *Text + Kritik* 158. München 2003, 82–94.

Streim, Gregor: Der Bombenkrieg als Sensation und als Dokumentation. Gert Ledigs Roman »Vergeltung« und die Debatte um W. G. Sebalds »Luftkrieg und Literatur«. In: Heinz-Peter Preußer (Hg.): *Krieg in den Medien*. Amsterdam/New York 2005, 293–312.

Wilms, Wilfried: Taboo and Repression in W. G. Sebald's »On the Natural History of Destruction«. In: J. J. Long/Anne Whitehead (Hg.): *W. G. Sebald. A Critical Companion*. Edinburgh 2004, 175–189.

Wolff, Lynn: *W. G. Sebald's Hybrid Poetics. Literature as Historiography*. Berlin/Boston 2014.

Nicolas Pethes

C Wissenschaftliche Texte

15 »Carl Sternheim«

Bereits im Vorwort annoncierte Sebald eine klare Kampfansage gegen die Zunft, der er durch die Publizierung seiner Magisterarbeit beitrat: »Es ist der Zweck der vorliegenden Arbeit, das von der germanistischen Forschung in Zirkulation gebrachte Sternheim-Bild zu revidieren«, wird angekündigt, wobei »es sich bei dieser Revision vorwiegend um eine Destruktion handelt« (Ste 7). Das im Oktober 1969 im Kohlhammer Verlag erschienene Buch repräsentiert die zweite Überarbeitungsstufe der Lizenziatsarbeit *Carl Sternheim: Kritischer Versuch einer Orientierung über einen umstritteneren Autor* (vgl. Sebald 2011), die er im März 1966 an der Universität Fribourg eingereicht hatte.

Diese germanistischen Konventionen in Stil wie in der Argumentationsweise noch weitgehend folgende Erstfassung wurde ab Herbst 1966 an der Universität Manchester wesentlich erweitert zur ebenda eingereichten *MA dissertation* mit dem Titel *Carl Sternheim und sein Werk im Verhältnis zur Ideologie der spätbürgerlichen Zeit*, für die Sebald im Juli 1968 den akademischen Grad eines *Master of Arts with distinction* erhielt. Dabei kommt es zwar zu gewissen Anpassungsleistungen, die unabdingbar waren, um die akademischen Mindestanforderungen zu erfüllen (so unternimmt Sebald etwa erst jetzt den obligatorischen Sekundärliteraturüberblick), zugleich aber verschärft er die kontroverse Stoßrichtung seiner Studie. Nach der geglückten Annahme der Magisterarbeit erfolgte schließlich im Frühjahr 1969 in St. Gallen eine erneute, allerdings geringfügige Überarbeitung, die zur weiteren polemischen Verschärfung für die Druckfassung diente.

Gegenstand der Untersuchung ist das literarische Defizit des Werkes von Carl Sternheim, das in Sebalds Augen »deutlich wird als der überall greifbare Ausdruck von Sternheims Verfallenheit an den schlechten Geist seiner Zeit« (Ste 7). Dem Untertitel gemäß soll der Dramatiker, der damals ein veritables Comeback erlebte, zugleich als *Kritiker und Opfer der Wilhelminischen Ära* entlarvt werden, obgleich Sebald (wenig glaubhaft) beteuert, seine Angriffe sollten nicht »als auf die Person Sternheims gezielt verstanden werden. Sternheim war unverschuldetermaßen ein Opfer des Zeitgeistes; ein unbewußter Gefangener der Ideologie« (10).

Angesichts der unzähligen Invektiven, Kritiken und Attacken gegen Literaturwissenschaftler und deren (immanente) Interpretationsmethoden, versteht sich die Studie zugleich als radikale Kritik an der bisherigen Sternheim-Forschung, die Sebald ausweitet zu einem generellen Angriff auf die zeitgenössische Germanistik, der anhand ihres (behaupteten) Versagens im Umgang mit Sternheim der Prozess gemacht wird. Laut Sebald liegt das kardinale Vergehen im Unvermögen der Sternheim-Forscher, das zentrale Missverhältnis im Werk des wilhelminischen Autors zu erfassen, nämlich der »ästhetisch ungelösten Antinomie von Sternheims revolutionärer Gestik und reaktionärer Inhalte« (Ste 48). Anstatt den Widersprüchen kritisch nachzugehen, nenne eine naiv-apologetische Germanistik sie »der Einfachheit halber einen gelungenen Ausdruck der Antinomien der Gesellschaft« (17).

Assimilation und Psychopathologie

Dass die Schriften Sternheims von einem gegen das Establishment gerichteten Affekt geprägt sind, erklärt Sebald sozio-psychologisch aus der Biographie Sternheims, welcher mit 19 Jahren zum Christentum übertrat, um sich der bürgerlichen Gesellschaft des Wilhelminismus zu assimilieren. Weil er aber ausgerechnet im antibürgerlichen Beruf eines Schriftstellers zu reüssieren hoffte, stand er unter starkem Erfolgsdruck: »Das Assimilationsziel des expatriierten Künstlers« ist »seine eigene, für die Zukunft erhoffte Leistung, die ihn, gegebenenfalls, zum Repräsentanten jener Gesellschaft werden ließe, von der er sich ausgeschlossen fühlt« (Ste 50).

Sebalds zentrale These lautet, dass der geltungs-süchtige Sternheim in seinem verzweifelten Impetus, sich an die antisemitische Gesellschaft des Wilhelminismus zu assimilieren, zu einer präfaschistischen Sprache griff, welche »deutlich wird als der überall greifbare Ausdruck von Sternheims Verfallenheit an den schlechten Geist seiner Zeit« (Ste 7). Der deutsch-jüdische Schriftsteller sollte dadurch als geistiger Wegbereiter der Nationalsozialisten gebrandmarkt werden. Um seine überzogene These zu untermauern, geht Sebald mit bemerkenswerter Chuzpe vor: Er ignoriert sämtliche Texte, die nicht ins Schema passen und verdreht Zitate, indem er sie aus dem Kontext reißt.

Methodologisch zu beanstanden ist ebenso, dass die angekündigte soziologisch ausgerichtete Untersuchung nur rudimentär durchgeführt wird (vgl. Hessing/Lenzen 2015, 22 ff.), wie er auch beständig Texte Sternheims aus der Weimarer Republik und dem Dritten Reich heranzieht, um seine Thesen zur Stellung des Autors im Wilhelminismus zu untermauern. Desweiteren betätigt er sich als literaturkritischer Pathologe, der freizügig Diagnosen der Person Sternheims stellt, um die real aufgetretene Geisteskrankheit auf die gesellschaftliche Problematik des Assimilationsdrucks zurückzuführen (und so auch die Texte zu disqualifizieren). Zudem hat Sebald keinerlei Bedenken, stets eine undifferenzierte Gleichsetzung von Text und Verfasser, Figurenrede und Autorenmeinung vorzunehmen, wobei er sich mit Arroganz und Überheblichkeit auf den Richterstuhl setzt und gnadenlose Verdammungsurteile spricht.

Der ›Fall Sternheim‹, wie ihn Sebald problematisiert, ist insofern in mehrfacher Hinsicht ein beidseitiger: Der eines Schriftstellers, der in den gesellschaftlichen Verhältnissen seiner Zeit so befangen ist, dass er doppelt scheitert, nämlich literarisch (indem er ein defizitäres Werk hinterlässt) und biographisch (indem er psychisch erkrankt). Gescheitert aber ist auch – vertreten durch die von Sebald als repräsentativ erachtete Gruppe der Sternheim-Forscher und insbesondere den Herausgeber Wilhelm Emrich – die Germanistik als Fachwissenschaft: »Die im Zuge der Renaissance Sternheims entstandenen Schriften sind die Fehlleistungen eines Kollektivs; dies weist hin auf die Bedingtheiten der deutschen Literaturwissenschaft und hält zu einer Überprüfung ihrer Prinzipen an« (Ste 12). Das betrifft nicht nur immanente Interpretationsansätze, sondern insbesondere den von Jakob Hessing betonten Umstand, dass Sebald »germanistisches Neuland« betrat, als er »in den sechziger Jahren die jü-

dische Abstammung Carl Sternheims zu einem Angelpunkt« (Hessing/Lenzen 2015, 28) seiner Untersuchung machte.

Literaturkritik als Studentenprotest

Unverhohlen kommt hier zum Ausdruck, was ohnehin auf der Hand liegt, nämlich dass das Sternheim-Buch gleichsam Sebalds eigenwillige Form eines Studentenprotests gegen Autoritäten und jene mangelnde Aufarbeitung des Nationalsozialismus darstellt, die seine Generationsgenossen auf den Straßen und Hörsälen in Deutschland betrieben. Dass Sebald, bei aller weitgehenden Unbrauchbarkeit seiner Studie zum Verständnis von Sternheim, bezüglich des darin mit Spott, Häme und Invektiven überschütteten Emrich nicht falsch lag, zeigte sich allerdings Mitte der 1990er Jahre. Schrittweise wurde bekannt, dass der spätere Großphilologe 1935 von der Roten Studentengruppe zur NSDAP wechselte, wo er es bis zum Zellenleiter brachte und von 1942 bis 1944 als Referent am Ministerium für Volksaufklärung und Propaganda als Zensor diente. Nach mehrmonatiger Haft wurde Emrich 1948 entnazifiziert, um dann 1949 in Göttingen seine Karriere zu beginnen, die ihn via Köln an die Freie Universität zu Berlin führte.

Sebald hat recht, wenn er der etablierten Literaturwissenschaft einen Wertungsreflex unterstellt, der sich als Betriebsblindheit auf dem rechten Auge beschreiben ließe: »Andauernd [...] wird die Bedeutung Sternheims bekräftigt, ohne daß man sich je kritisch mit ihm auseinandersetzte. Das scheint mir symptomatisch für die deutsche Literaturkritik, die stets bereit ist, einen vom Hitlerregime diskreditierten Autor zu rehabilitieren, wahrscheinlich, weil sie von dem untergründigen Gefühl verfolgt wird, daß ihre eigene Rehabilitation noch nicht zur Genüge vollzogen sei« (Ste 129).

Mithin ist bei Sebald bereits vor Beginn seiner akademischen Karriere ein Muster auszumachen, das in den 1990er Jahren wieder virulent wird, wenn er in seinen Polemiken gegen Jurek Becker und Alfred Andersch den zentralen Vorwurf erhebt, dass eine unkritische Germanistik aufgrund der Opfer- bzw. (vermeintlichen) Widerstandsbiographien der Autoren unfähig ist, die literarischen Mängel in den Texten zu identifizieren. Ebenso zeigt sich an der Sternheim-Studie das Faible Sebalds, einen von ihm abgelehnten Autor zum Ziel eines oft polemisch vorgehenden und nicht selten auch unfairen Versuchs der Diskreditierung zu machen, wie es später noch an Essays etwa über Hermann Broch, Charles Sealsfield oder Arnold Zweig zu beobachten ist.

Wie kaum zu übersehen, ist der aggressive Feldzug gegen Sternheim und die Literaturwissenschaft, mit der Sebald sein Entreé in die Germanistik vollzieht, von einem subjektiven Affekt befeuert, weshalb es nur naheliegt, die in der Studie benutzte Methode psychologischer Spekulation ebenso auf ihn selber anzuwenden. Dabei ist zu konstatieren, dass Sebalds Erklärung für den virulent antibürgerlichen Affekt bei Sternheim genauso auf den expatriiert in St. Gallen bzw. Manchester sitzenden Nachwuchsgermanisten Sebald zutrifft, der aus Protest gegen eine reaktionäre Germanistik ins Ausland entlaufen ist: Die »aus der Frustration des Angleichungsbedürfnisses resultierende Aggressivität [richtet] sich gegen das ursprüngliche Assimilationsmilieu und gegen dessen geistige Tradition, von der er sich als Außenseiter provoziert fühlen muß« (Ste 51).

Der ohne Förderer auf sich selbst zurückgeworfene Germanistikstudent Sebald nahm von Manchester aus am 24.4.1967 brieflichen Kontakt zu Adorno auf und bat ihn um Erläuterung einer unklaren Bemerkung über Sternheim in den *Minima Moralia*, wobei er Adorno mitteilt: »meine Kritik an Sternheim [stützt sich allein]« auf das, »was ich aus Ihren, Horkheimers und Marcuses Büchern und Aufsätzen gelernt habe« (Sebald in: Atze/Loquai 2005, 12). In der Tat beruft er sich erst in der für Manchester angefertigten Sternheim-Studie wiederholt auf die Schriften der Hauptvertreter der Kritischen Theorie und insbesondere auf diejenigen Adornos. Indem er aus dessen Antwortbrief zitiert, deklariert er sich zugleich *vis-à-vis* zu den darin angegriffenen Germanisten als ein dissidenter Adept der Frankfurter Schule.

Bemerkenswerte Rezeption

Naturgemäß fand das Sternheim-Buch eine zum Teil ausgesprochen feindliche Aufnahme. So veröffentlichte der sowjetische Germanist Valerij Poljudow auf Vermittlung von Hellmuth Karasek in der *Zeit* vom 14.8.1970 einen Angriff auf Sebald, dessen verleumderische Schärfe sich als Replik auf die Polemik gegen Sternheim verstand. Sebald begegnete dem dabei u. a. ausgesprochenen rhetorischen Vorwurf des Neonazismus mit einem nicht weniger aggressiven Ton in einer Antwort, die nur als Leserbrief in der *Zeit* vom 28.8.1970 abgedruckt wurde (vgl. Sebald in: Atze/Lo-

quai 2005, 56–60). Am 17.2.1971 wurde Sebald zu einem im Schweizer Radio ausgestrahlten Rundfunkgespräch eingeladen, in dem er mit Karasek und Peter von Matt kontrovers über Sternheim diskutierte (vgl. 39–55). Mehr noch, Sebald wurde vom Filmemacher Jan Franksen für einen essayistischen Fernsehfilm über Sternheim interviewt, der im November 1976 vom SFB ausgestrahlt wurde. All dies zeigt eine bemerkenswerte Resonanz für das Erstlingswerk eines Auslandsgermanisten.

Anders sah es in den für das Fachpublikum bestimmten Besprechungen aus. Gustav Konrad kritisierte in *Welt und Wort*, Sebald habe »eine sich anspruchsvoll gebärdende, aber im ganzen dürftige Arbeit« publiziert; diese operiere »mit erborgten Kategorien psychologischer und soziologischer Observanz, die von außen heran getragen werden« (Konrad 1970, 55). Wohlwollender bewertete Marianne Kesting die Monographie von Sebald, den sie beschreibt als »einen ebenso streitbaren wie intelligenten jungen Germanisten, der mit allen Benjaminschen und Adornoschen Wassern und Kriterien gewaschen ist« (Kesting 1972, 197).

Zwar kritisiert sie sein selektives Vorgehen in der Auswahl der beanstandeten Texte Sternheims, stimmt der generellen Stoßrichtung aber zu: »Sicher ist Sebalds Arbeit, bei aller Polemik, eine der ersten wirklich ernst zu nehmenden Analysen der Probleme Sternheims, die sich in der Tat nicht in der bisherigen Eindeutigkeit werten läßt. Dies einmal deutlich gesagt und auch belegt zu haben, ist ein Verdienst« (Kesting 1972, 200). Donald G. Daviau veröffentlichte die ausführlichste Rezension, wägt darin Probleme wie Leistungen objektiv gegeneinander ab und kommt zum Resümee: »his book does present a consistent (if not consistently argued) point of view that will have to be taken into account by future critics of Sternheim« (Daviau 1972, 236).

Sofern es zu Sebalds Zielsetzungen gehörte, sich als Außenseiter durch einen polemischen Paukenschlag bemerkbar zu machen, war die Sternheim-Studie erfolgreich. Dies dürfte ihn dazu ermuntert haben, seinen Konfrontationskurs gegen die germanistische Disziplin fortzusetzen, indem er in seiner Dissertation mit Alfred Döblin erneut einen anerkannten deutschjüdischen Schriftsteller einer literaturkritischen Polemik unterzog. In bekannt überzogener Manier erklärte er diesen zu einem (unfreiwilligen) Wegbereiter des Nationalsozialismus.

Literatur

Atze, Marcel/Loquai, Franz (Hg.): *Sebald. Lektüren*. Eggingen 2005.

Daviau, Donald G.: Rezension von Sebald, *Carl Sternheim: Kritiker und Opfer der Wilhelminischen Ära*. In: *Germanic Review* 47 (1972), 234–236.

Hessing, Jakob/Lenzen, Verena: *Sebalds Blick*. Göttingen 2015.

Kesting, Marianne: *Auf der Suche nach der Realität*. München 1972.

Konrad, Gustav: Sebald, Winfried Georg: Carl Sternheim. In: *Welt und Wort* 25/2 (1970), 55.

Schley, Fridolin: *Kataloge der Wahrheit. Zur Inszenierung von Autorschaft bei W. G. Sebald*. Göttingen 2012.

Schütte, Uwe: *Interventionen. Literaturkritik als Widerspruch bei W. G. Sebald*. München 2014.

Sebald, Winfried Georg: *Carl Sternheim: Kritiker und Opfer der Wilhelminischen Ära*. Stuttgart 1969.

Sebald, Winfried Georg: Carl Sternheim. Versuch eines Porträts. In: Marcel Atze/Franz Loqai (Hg.): *Sebald. Lektüren*. Eggingen 2005, 39–55.

Sebald, Winfried Georg: Ein Avantgardist in Reih und Glied. Kritische Überlegungen zum Verständnis des Dramatikers Carl Sternheim und seiner Widersprüche. In: Marcel Atze/Franz Loquai (Hg.): *Sebald. Lektüren*. Eggingen 2005, 61–64.

Sebald, Winfried Georg: Sternheims Narben. In: Marcel Atze/Franz Loquai (Hg.): *Sebald. Lektüren*. Eggingen 2005, 59–60.

Sebald, Winfried Georg: Zu Carl Sternheim. Kritischer Versuch einer Orientierung über einen umstrittenen Autor. In: *Journal of European Studies* 41/3–4 (2011), 209–242.

Sheppard, Richard: The Sternheim Years, in: Catling, Jo/Hibbitt, Richard (Hg.): *Saturn's Moons. W. G. Sebald – A Handbook*. London 2011, 42–106.

Uwe Schütte

16 »Der Mythus der Zerstörung im Werk Döblins«

Hinter dieser 1980 im renommierten Ernst Klett Verlag erschienenen Untersuchung mit dem Anspruch, das Gesamtwerk Alfred Döblins zu resümieren und einzuordnen, verbirgt sich Sebalds Dissertation, die zunächst 1973 an der University of East Anglia eingereicht und in den darauf folgenden Jahren umgearbeitet wurde. Dieser Umarbeitungsprozess – der von einer mühsamen Suche nach einem Verlag begleitet war (vgl. Schütte 2014, 125 ff.) – erklärt, weshalb das Buch selbst keinerlei Hinweis auf den institutionellen Status dieser »Studie« (Myt 8, 13) oder, wie es an anderer Stelle heißt, dieses »Essay[s]« (72) enthält. Von der Döblinforschung ist Sebalds Versuch nicht sonderlich breit rezipiert bzw. vehement zurückgewiesen worden (Müller-Salget 1984). Umgekehrt attestiert Sebald – gemäß der von ihm seit Jahren eingeübten »dissidente[n] Haltung gegenüber der Literaturwissenschaft« (Schütte 2008) – in der »Vorerinnerung« betitelten Einleitung der Sekundärliteratur zu Döblin einen »Mangel an intellektueller Neugierde«, die er mit einer allgemeinen »›deformation professionelle‹ der germanistischen Kritik« in Zusammenhang bringt (Myt 8). Sebald inszeniert sich mithin als Außenseiter im akademischen Betrieb.

Hinzu kommt, dass er sich hier als einer der »schärfsten (und ungerechtesten) Kritiker Döblins« (Gnam 2007, 134) präsentiert und nicht zuletzt an die von Klaus Schröter in seiner Rowohlt-Monographie (Schröter 1978) vertretene These einer antisemitischen Tendenz bei Döblin anknüpft (vgl. Myt 74). Von vornherein räumt sich Sebald einen erhöhten richterlichen Standpunkt ein, der es ihm erlaubt, seinen Untersuchungsgegenstand im doppelten Sinne von oben herab zu betrachten (vgl. Schley 2012, 241 ff.). Es geht ihm um die großen Linien des Gesamtwerkes, das einer ebenso ästhetischen wie ethischen Bewertung obliegt, die sich auch und vor allem auf den Autor Döblin erstreckt. Ein Versuch, dem einzelnen Werk gerecht zu werden, wird nicht unternommen. Was Sebald anstrebt, sind keine Textanalysen, sondern – wie es dem Trend nach 1968 entspricht – kritische *Diagnosen*. Döblin wird in Sebalds Polemik zum Fall und zum Symptom.

Der Essay ist in der Diktion der kritischen Theorie verfasst, der sich Sebald in jeder Hinsicht verpflichtet weiß, ohne dies je zu begründen. Dass Walter Benjamin und Theodor W. Adorno seine hauptsächlichen

Referenzen sind (vgl. auch Müller-Salget 1984, 270), ist weniger der Anzahl der Verweise als der Art und Weise ihrer Platzierung zu entnehmen: Immer wieder werden sie zitiert, wenn es um eine abschließende Stellungnahme, eine treffliche Zusammenfassung oder die definitive Einordnung eines Phänomens geht. Wie sehr diese Abhängigkeit sich auch in Satzbau, Vokabular und Phrasierung niederschlägt, kündigt bereits die »Vorerinnerung« an, in der Sebald das Programm seiner Studie zusammenfasst. Die polemische Tonlage und die Jargonhaftigkeit machen es dem Leser schwer, sich auf Gedankengänge einzulassen.

Als Voraussetzung gilt, dass Döblins »literarische Produktion zyklisch dem Debakel sich näherte« (Myt 9), weil sie von Beginn an – sofern sie nur richtig gelesen werde – von einem ungelösten Widerspruch durchzogen sei. Was Sebald in Bezug auf Döblin geleistet zu haben beansprucht, ist »eine Untersuchung des Verhältnisses von Idee und Ideologie, Fiktion und Mythus, Literatur und literarischem Material, in dem auf der Ebene der Texte das Dilemma des Autors nachweisbar ist« (9). Die Analyse von »Invarianten«, also wiederkehrenden Strukturen, ist Sebald zufolge methodisch nur möglich, wenn man »Literaturwissenschaft und Gesellschaftswissenschaft im Bereich der Semiologie« (9) miteinander verbindet. Die Grenzen der »traditionellen Disziplinen« (9) können deshalb für obsolet erklärt werden, weil Döblins Werk selbst »in mehr als einer Hinsicht die Grenzen der Literatur« (9) sprengt: Döblin habe sich auch »in der außerliterarischen Praxis, in der Wissenschaft, im sozialen und politischen Leben seiner Zeit und nicht zuletzt in der Sphäre metaphysischer Spekulation« (9) einzurichten versucht. Gegen diesen ihm unterstellten Anspruch wendet Döblin eine sich selbst als »historisch orientierte, materialistische Bedeutungsanalyse« (10), die er auch als eine Art »Traumanalyse« beschreibt, und zwar als »die Rekonstruktion des Problems, das der Traum zu bewältigen sich mühte« (9). Die »Aufdeckung« der das Werk Döblins durchziehenden Bilder ergebe, so Sebald, »das Muster eines Mythus der Zerstörung«. Die »zentrale Frage« sei, »ob Döblin dem in seinem Werk überwältigend zur Darstellung gebrachten Mythus als Mythologe gegenübersteht oder ob er ihn als Priester zelebriert« (9). Im Grunde wird diese Frage in ihrer Formulierung schon beantwortet: Döblin ist eher der Priester, der Zerstörung nicht nur konstatiert, sondern auch zelebriert; Sebald hingegen betätigt sich als Mythologe.

Dieser mythologischen Analyse ist Sebalds Studie gewidmet, deren erster Teil – »Eschatologie der Ge-

sellschaft« (Myt 14) – das Feld des Politischen sondiert. In der umrisshaften Nachzeichnung von Döblins Werdegang vom spätbürgerlichen Revolutionär bis zur Konversion zum Katholizismus entdeckt Sebald eine Affinität zur Rebellion, deren messianische Dimension zunehmend von einer Apokalyptik überschrieben wird. Die »Antizipation der Katastrophe«, wie sie sich bei Döblin immer wieder finde, erwecke »den Eindruck, als sei ihr Autor hypnotisiert von der eigenen Beschreibung des Endes«. Die Apokalypse erscheine »als der häretische Gegenentwurf zu den Kapiteln der Genesis« und als der »Punkt auch, an welchem Geschichte, Weg und Chronik menschlicher Bemühung zurückfällt in Naturgeschichte und Anonymität« (48). Es ist ersichtlich, dass diese Charakterisierung auf das spätere Werk Sebalds zurückfällt, insofern die apokalyptische Unterströmung dort – am stärksten in den *Ringen des Saturn*, aber auch bereits in *Nach der Natur* ausgebildet – zum Antriebsmoment des Schreibens wird und Sebalds eigene Geschichtsbetrachtung mit »Naturgeschichte und Anonymität« kontaminiert ist. Die Dialektik, deren Ausfall Sebald bei Döblin der Fundamentalkritik unterzieht, war mit Sebalds eigenem poetischen Schaffen ebenso wenig vereinbar.

Der zweite Teil, »Religion des Exils« (Myt 59) betitelt, zieht die Entwicklungslinien nach, die Döblin beim »Mythus des Opfers« (89) ankommen lassen. (Warum Sebald die Schreibweise ›Mythus‹ statt des gebräuchlicheren ›Mythos‹ favorisiert, bleibt unklar, zumal davon ausgegangen werden darf, dass Assoziationen zu dem bekanntesten Buch mit dieser Schreibweise – *Der Mythus des 20. Jahrhunderts* des NS-Ideologen Alfred Rosenberg – nicht beabsichtigt waren). Auch hier finden sich zahlreiche Überlegungen, die im Hinblick auf das spätere literarische Werk Sebalds von Interesse sind. So wird anlässlich von Döblins erstem großen Roman, *Die drei Sprünge des Wang-lun*, die Frage aufgeworfen, »ob Döblin, der in seinen Romanen ein so gewalttätiges Regiment führt, zu den finsteren Despoten zu rechnen ist oder ob wir in ihm einen anderen Gläubigen sehen können, der auf derselben Ebene wie seine eigenen Geschöpfe sein Heil sucht zwischen Blasphemie und Frömmigkeit« (67). Die poetologische Dimension des verschiedentlich wiederholten Vorwurfs, Döblin breite eine gewalttätige Welt unmittelbar vor unseren Augen aus, wird offenkundig: Döblin wird zum Paradigma dafür, dass der Romanautor in Ausschöpfung der Möglichkeiten der Fiktion virtuell zum gewalttätigen Despoten wird, der sich insbesondere in der Gattung *Science Fiction* zum unumschränkten Herrscher aufschwinge (vgl. Schütte 2014, 143 ff.). Dementsprechend erkennt Sebald auf ein »zunehmende[s] Rapprochement von Fiktion und Mythus« (Myt 49).

»Die Analyse« – so fasst Sebald in seiner »Vorerinnerung« zusammen –, »versucht zu zeigen, daß in der suggestiven Darstellung der Gewalt in der Literatur die Grenzen zwischen Fiktion und Wirklichkeit einerseits und zwischen Fiktion und Mythus andererseits verwischt werden, womit die Kunst des Schreibens eben jene distanzierende Funktion verliert, der sie ihre Daseinsberechtigung verdankt« (Myt 13). Döblin verstoße also gegen das Prinzip, das für Sebalds eigenes Schreiben leitend sein wird, insofern es sich der Vermittlung von Vermitteltheit verschreibt und nicht zuletzt jenen doppelten Boden aufspannt, dessen Fehlen Döblin zum Vorwurf gemacht wird.

Wie sehr diese Gewalt auch eine der Natur ist, rekonstruiert der dritte Teil der Studie, der sich mit der naturphilosophischen Seite von Döblins Werk befasst. Die Themen, die Sebald an Döblin verhandelt, werden auch seine eigene Sache sein, wie an den Überschriften abzulesen ist: »Rastlosigkeit« (Myt 105) und »Melancholie« (110) verweisen ebenso auf die Disposition der Figuren in Sebalds Werk wie »Regression« (110) und »Mimikry« (112). Und das »Bild des Waldes« (119) dessen besondere Bedeutung er bei Döblin – einem Hinweis von Günter Grass folgend – ausführlich herausarbeitet, korrespondiert mit den obsessiven Schilderungen des Waldes im *Korsika-Projekt*. Sebalds Einwand gegen die Bewegung zurück zur anorganischen Natur und Kreatürlichkeit, die er diagnostiziert, lautet dahingehend, dass Döblin es – mit der Ausnahme von *Berlin Alexanderplatz* – deutlich zu machen versäume, dass in der Regression keine Lösung und Erlösung liege: »In der erzählenden Literatur artikuliert sich das« – so Sebald unter Bezugnahme auf die Regressionsphantasien bei Beckett – »als die Ironie der berichtenden Instanz, als die Ironie des Autors, der den Wunschträumen seiner Kreaturen mit Skepsis begegnet« (116 f.).

Dieses Argument weist auf den letzten Teil der Studie voraus, der sich unter dem Titel »Radikalität der Kunst« unmittelbar der poetologischen Perspektive widmet. Es fallen harsche Worte gegen die formlosen Wucherungen der Epik bei Döblin, gegen das Auftauchen unverdauter Realia, gegen die verfehlten Formen programmatischer Subjekt-Dissoziation in der expressionistischen Sprache, gegen Döblins Monumentalismus, gegen seine hemmungslose Verwendung von Kolportage und gegen seine comichafte Figuren-

zeichnung. Diese Elemente sollen von einer Allgegenwart (mythischer) Gewalt zeugen, die in epischen Schlachtbeschreibungen kulminiert: »Was in den spätbürgerlichen Panoramen und Schlachtenbildern, von Waterloo bis zum Riesenrundgemälde in Innsbruck, einen statischen und verstaubten Eindruck erweckt, präsentiert sich bei Döblin erstmals in voller Aktion« (Myt 141). In Sebalds eigenem Werk werden insbesondere medientheoretische Überlegungen, welche die Rolle von Schlachten und Schlachtenbilder reflektieren, eine besondere Rolle spielen (vgl. Hünsche 2012, 163 ff.): Sebald wird implizit beansprucht, eine Lösung für das bei Döblin vorgefundene Darstellungsproblem gefunden zu haben.

Uwe Schütte erkennt in der Studie eine Bedeutung »für Sebalds Literaturverständnis«, das »nicht unterschätzt« (Schütte 2011, 224) werden dürfe. Sie ist mehr und anderes als nur eine aggressive Auseinandersetzung mit einem kanonisierten Autor, sondern exploriert eine Problemstellung, die in Sebalds eigenem Werk persistiert: Die These, dass »die bildnerische Nachschöpfung des blutigen Grauens in der Literatur« nur »dessen Gewalt« verstärke (Myt 159), ist ein Eckstein in Sebalds eigener (zukünftiger) Poetologie. Müller-Salget weist in seiner ausführlichen Besprechung von Sebalds Buch zurecht darauf hin, »daß wohl weniger der Autor Döblin als vielmehr sein Interpret ›präokkupiert‹ ist vom ›Mythus der Zerstörung‹« (Müller-Salget 1984, 274). Die aggressive, rebellische Polemik Sebalds verdeckt eine Nähe: Die Gewalt, die Sebald als *basso continuo* den Texten Döblins unterstellt, kehrt gewissermaßen wieder in den aggressiven Verdikten, mit denen er seinen Untersuchungsgegenstand bedenkt.

Literatur

Gnam, Andrea: Erinnern und Vergessen. Alfred Döblin und W. G. Sebald. In: *Jahrbuch zur Kultur und Literatur der Weimarer Republik* (2007), 131–139.

Hünsche, Christina: *Textereignisse und Schlachtenbilder. Eine sebaldsche Poetik des Ereignisses.* Bielefeld 2012.

Müller-Salget, Klaus: Neuere Tendenzen in der Döblin-Forschung. In: *Zeitschrift für deutsche Philologie* 103 (1984), 263–277.

Schley, Fridolin: *Kataloge der Wahrheit. Zur Inszenierung von Autorschaft bei W. G. Sebald.* Göttingen 2012.

Schröter, Klaus: *Alfred Döblin. Leben und Werk.* Reinbek bei Hamburg 1978.

Schütte, Uwe: Ein Porträt des Germanisten als junger Mann. Zu W. G. Sebalds dissidenter Haltung gegenüber der Literaturwissenschaft in seinen akademischen Rezensionen. In: *Sprachkunst, Beiträge zur Literaturwissenschaft.* Jg. XXXIX/2 (2008), 309–332.

Schütte, Uwe: *W. G. Sebald. Einführung in Leben und Werk.* Göttingen 2011.

Schütte, Uwe: *Interventionen. Literaturkritik als Widerspruch bei W. G. Sebald.* München 2014.

Michael Niehaus / Armin Schäfer

D Interviews

Obwohl ihm das Klischee des melancholischen Einzelgängers bis heute nachhängt, ist W. G. Sebald ein Autor des Gesprächs. Er glaube, so führt er in einem Interview von 1993 aus, »daß Literatur zu einem nicht geringen Teil darin besteht, Gespräche mit Abgeschiedenen zu führen« (Ges 81). Das gilt zumindest für seine eigenen Prosatexte, die von umfangreichen Gesprächsberichten geprägt sind und – wie man seinen Interviews entnehmen kann – auf Gesprächen basieren, die Sebald im Rahmen aufwändiger Recherchearbeiten geführt hat. Als Literaturwissenschaftler und als Autor nahm er zudem von 1971 bis 2001 an zahlreichen öffentlichen (oder für die Veröffentlichung aufgezeichneten) Gesprächen teil. Schon 1971, aber auch in den 1990er Jahren diskutierte er über andere Autoren (u. a. Adalbert Stifter, Joseph Roth und Peter Handke), führte in den 1970er Jahren im Filmstudio der University of East Anglia in Norwich auf eigene Anregung Interviews mit prominenten Gästen der Universität und gab ab 1990 als durchweg kooperativer Schriftsteller über 80 Interviews für Fernsehen, Radio, Zeitschriften und Zeitungen (dazu kommen Dutzende Gespräche nach Lesungen). Ungewöhnlich für einen deutschsprachigen Autor ist die hohe Zahl an englischsprachigen Interviews, die über ein Drittel des zugänglichen Materials ausmachen. Auch die erste Buchausgabe (von fünf Interviews) erschien 2007 auf Englisch (Schwartz 2007), 2014 folgte die Edition von drei weiteren englischsprachigen Begegnungen mit Sebald (Sheppard 2014). Seit 2011 liegt ein Taschenbuch mit 20 deutschsprachigen Interviews vor (Ges); einen detaillierten Index zu den meisten gedruckten Interviews liefert Sheppard (2011). Während fast alle Sebald-Studien Interviews nutzen, sind sie nur selten Gegenstand literaturwissenschaftlicher Analysen.

17 Sebald als Interviewer

Als Fragesteller zeigt Sebald ein variables Rollenverhalten. Während er im 1979 geführten Gespräch mit Christian Graf von Krockow nur über marginale Redeanteile verfügt, dominiert er das Interview mit dem Regisseur Franz Reichert von 1977 weitgehend. Dieses Karl Kraus gewidmete Gespräch wird von Sebald bereits auf Themen gelenkt, die sich später auch in seinen literarischen Texten finden. Sebald zeigt sich »persönlich sehr interessiert« an der jüdischen Herkunft von Karl Kraus und formuliert die These, dass sich Kraus »assimiliert an das, was er für negativ hält«, ja »fast eins wird mit dem, was er haßt« und daraus als Autor »seine Energie« (Ges 46 f.) beziehe. Sein Gesprächspartner hat dazu wenig zu sagen. Für Sebalds Vorstellung eines gelingenden Schriftstellerinterviews besonders aufschlussreich ist das Gespräch mit Reiner Kunze von 1975. Auf Kunzes Gedichte kommt Sebald (der sich als Literaturwissenschaftler nur selten zur Lyrik geäußert hat) kaum zu sprechen. Seine Fragen konzentrieren sich stattdessen auf Kunzes in Selbstkommentaren entfaltete Poetik, insbesondere auf die Autorintentionen »hinter« (37) solchen Texten. Ein Leitbegriff in Sebalds Redebeiträgen ist die ›Funktion‹ der Literatur, nach der sowohl hinsichtlich der Autorpsyche als auch mit Blick auf ihre gesellschaftliche Relevanz gefragt wird. Diese Ausrichtung passt einerseits zu den sozialgeschichtlichen Tendenzen der Literaturwissenschaft der 1970er Jahre, widerspricht aber andererseits einer sich zu dieser Zeit etablierenden autorkritischen Literaturtheorie. In seinen Gesprächen hat Sebald zeitlebens auf der Bedeutung des Autors für die Literatur und die Literaturwissenschaft insistiert: Wo ein Autor »sich nicht durchsetzt in einem Buch, ist das Buch eigentlich letzten Endes [...] umsonst geschrieben« (68), heißt es 1990 in einem seiner ersten Interviews als literarischer Autor (wobei Sebald sehr wohl zwischen dem Erzähler und dem Autor unterscheidet). Literaturwissenschaftler ermuntert er zum Schreiben von Biographien, die »viel wichtiger als noch eine neue Roman- oder Erzähl-theorie« (183) seien. Und auch die Wissenschaft, so seine Überzeugung in einem der letzten Gespräche von 2001, werde »produktiv erst in dem Augenblick, in dem wir unsere subjektive Erfahrung hineindenken in das von uns erforschte Umfeld« (255). Zum Ausdruck kommt diese Haltung bereits in einer Radiodiskussion über Carl Sternheim von 1971, in der Sebald mehrfach seine eigenen emotionalen Reaktionen auf Sternheims Texte verbalisiert und zu Polemiken nutzt, mit denen er seine Gesprächspartner provoziert (ausführlicher dazu Hoffmann 2015, 266 f.).

18 Sebald als Interviewter

Die von Sebald gegebenen Interviews heben sich aus drei Gründen von vielen anderen Schriftstellerinterviews ab. Da er sich in seinen Essays und seinen Zürcher Poetikvorlesungen hauptsächlich mit ›fremder‹ Literatur beschäftigt, sind die Interviews erstens der Ort, an dem sich dieser Autor so explizit und ausführlich wie sonst nirgends über das eigene Schreiben äußert. Zweitens erzeugen Sebalds autofiktionale Prosabände mit ihrem bisweilen W. G. Sebald genannten Erzähler ein besonderes Bedürfnis, im Interview das Mischungsverhältnis von Fakten und Fiktionen zu bestimmen. Und drittens tritt Sebald in den Interviews nicht nur als Kommentator des eigenen Werks auf, sondern gerät immer wieder ins (durchaus literarisch anmutende) Erzählen, was die Frage nach der Werkzugehörigkeit der Interviews aufwirft.

Den Entstehungsprozess seiner Texte schildert Sebald in den Interviews als Kombination von intensiven Recherchen (die er leicht dogmatisch allen Autoren empfiehlt, vgl. Ges 196) und Intuition. Seinen mit ausgedehnten Reisen verbundenen Erkundungen spricht er dabei einen erheblichen Eigenwert zu; im Gegensatz zu der mit jedem Buch mühsamer werdenden Schreibarbeit wertet er sie als den größten persönlichen Gewinn der Schriftstellerei (vgl. 213). Dabei kommt es ihm immer wieder darauf an, diese Nachforschungen als unsystematisch darzustellen und von wissenschaftlichen Arbeitstechniken abzugrenzen. Leitmotivisch wird dabei zum einen auf Hunde Bezug genommen, deren Suchverhalten er als vorbildlich für die eigene Materialsammlung präsentiert (vgl. dazu Hoffmann 2009, 289 f.). Zum anderen bringt Sebald seine Arbeit mehrfach auf den Begriff einer »privaten Archäologie« (Ges 176). Kennzeichen eines gelingenden Recherche- wie Schreibprozesses sei auf dieser Basis eine ungeplante Eigendynamik, die in ihrer Schicksalsgläubigkeit durchaus an das Autorkonzept des *poeta vates* erinnert: »[if] things come in from the sides to offer themselves, then you're going in the right direction« (Schwartz 2007, 72, ähnlich 96).

Während Sebald für seine Prosatexte die Gattungsbezeichnung ›Roman‹ ablehnt (vgl. Ges 85, 199), bringt er als Gattungsbegriff »documentary fiction« (Schwartz 2007, 39) ins Spiel. An der »Nahtstelle zwischen Dokument und Fiktion«, die er in seinen eigenen Texten »reißverschlussartig« (Ges 198, 56) zusammenführe, entstehe die ihn ästhetisch wie ethisch am meisten überzeugende Gegenwartsliteratur. Erzeugt werden soll damit beim Leser ein »Gefühl der kontinuierlichen Irritation« (141), das Sebald an den Texten Alexander Kluges schätzen gelernt habe, der (wie auch Franz Kafka, Vladimir Nabokov und Thomas Bernhard) in mehreren Interviews als literarisches Vorbild genannt wird. Als wichtigsten literaturgeschichtlichen Bezugspunkt seines Schreibens beruft sich Sebald auf den Realismus, der aber in seinem Fall »irgendwo am Rande in Phantastik oder ins Mysteriöse übergehen muß« (98). Zwar ist Sebald stets peinlich darauf bedacht, seine Distanz zu jedwedem religiösen Glauben zu betonen, formuliert aber regelmäßig sein Interesse an der Metaphysik. So spricht er Schwarzweiß-Photographien eine besondere Produktivität für sein Schreiben vor allem deshalb zu, weil sich in ihnen eine Grauzone öffne, in der die Grenze zwischen den Lebenden und den Toten verwische (vgl. 174). In einem für diesen Gesprächsgegenstand typischen, defensiven Modus artikuliert Sebald seine Vermutung, dass es »irgendwo eine sekundäre oder uns beigeordnete, übergeordnete, nachgeordnete Form der Existenz gibt« (168), der er als Autor auf der Spur sei. Diesbezügliche Gewissheiten werden in den Interviews freilich ebenso wenig wie in den literarischen Texten Sebalds formuliert, ja nicht einmal gesucht (vgl. Schwartz 2007, 165).

Thematischer Schwerpunkt zahlreicher Gespräche sind der Nationalsozialismus und der Holocaust. Der Fokus wird dabei (wie in Sebalds Büchern) vor allem auf die Nachwirkungen gerichtet – zum einen in Bezug auf die Opfer, zum anderen auf die Frage, wie und mit welchen psychischen Konsequenzen es den Deutschen in der Nachkriegszeit gelingen konnte, diesen Abschnitt der eigenen Biographie weitgehend auszublenden. Mehrfach berichtet Sebald davon, wie ihm in der Schule kommentarlos der Film über die Befreiung des Konzentrationslagers Bergen-Belsen gezeigt worden sei. Als wichtige biographische Grundlage für seine intensive literarische Beschäftigung mit dem Holocaust führt er darüber hinaus das Schweigen der Elterngeneration an, das von ihm als »conspiracy of silence« sowie als »huge taboo zone« (Schwartz 2007, 44, 105) bezeichnet wird; zudem berichtet er häufiger von dem im Rückblick zunehmenden Gefühl für die »Ungerechtigkeit« (Ges 138) der eigenen behüteten Kindheit angesichts der parallel stattfindenden Ermordung der Juden. Widersprüchlich bleiben seine Äußerungen zur Verallgemeinerbarkeit der Erinnerungsarbeit. Einerseits beklagt er ein schwindendes Vergangenheitsbewusstsein bei seinen Studierenden und hält Martin Walsers (vermeintliche) Forderung nach einem Abschluss der ›Vergangenheitsbewälti-

gung‹ für absurd (220, 259). Andererseits werden von ihm alle Formen der in Deutschland praktizierten Auseinandersetzung mit dem Holocaust für »doch etwas sehr Deutsches« (92) gehalten und als unangemessen verworfen – vom Holocaust-Mahnmal über antifaschistische Stadtführungen bis zur Einladung jüdischer Zeitzeugen in Schulen. Dieses anti-deutsche Ressentiment, das sich auch in anderen thematischen Kontexten findet, verbindet sich in zahlreichen Interviews mit einer auffälligen Herkunftsfixierung. Wie viele seiner literarischen Figuren präsentiert sich Sebald selbst als ein Mensch, der – obwohl die längste Zeit im Ausland lebend – zutiefst geprägt ist von den Orten und Erlebnissen seiner Allgäuer Kindheit. Während er weder für England noch für Deutschland ungebrochene Heimatgefühle hege, empfinde er seine ersten Lebensjahre von 1944 bis 1950 als seine »Zeitheimat«, als »Identität« und Ursprung, »von dem man sich herschreibt« (177) – in besonders persönlichen Interviewpassagen wechselt Sebald regelmäßig ins unpersönliche ›man‹. Fast das gesamte Areal Sebaldscher Themen und Schreibverfahren wird in den Interviews aus der frühen Kindheit hergeleitet, darunter die Beschäftigung mit den Toten, die Vorliebe für Photographien, das Arbeitsverfahren der *bricolage*, das Interesse an österreichischen Autoren wie überhaupt die Gründe seiner Autorwerdung (vgl. Hoffmann 2011, 338 f.). Wenn Sebald darauf besteht, sich mit jüdischen Biographien nicht primär aus philosemitischen oder ethischen Gründen beschäftigt zu haben, sondern nur ein Geheimnis seiner Kindheit aufdecken zu wollen, erfüllen solche Äußerungen auch die werkpolitische Funktion einer Image-Korrektur: Sebald ist bemüht, sich von dem besonders in den USA zu dieser Zeit aufkommenden Autorbild zu distanzieren, das ihn zum Vorzeigedeutschen, zum ›Gewissen der Nation‹ stilisierte. Insbesondere in den amerikanischen Interviews ergeben sich komische Effekte bisweilen dort, wo die Interviewer Sebald zum globalen Literaturstar erhöhen, der »some of the most important prose writing of the century« (Schwartz 2007, 77) verfasst habe, während Sebald sich im Gespräch dann ostentativ als Allgäuer Provinzdichter darstellt. Indem er sein Schreiben als Ergebnis einer zufälligen biographischen Konstellation und dabei als ungeplant, ihm selber rätselhaft, bisweilen gar als pathologische Zwangshandlung begreift, präsentiert er sich selbst stärker als Objekt denn als souveränes Subjekt seiner Kunst. Entgegengearbeitet wird damit auch der Erwartung, es bei diesem habilitierten Literaturwissenschaftler mit einem rationalen *poeta doctus*, einem raffiniert kalkulierenden Autor zu tun zu haben. Indirekt machen die Interviews deutlich, welche Autorschaftsmodelle Sebald ablehnt. Das betrifft gelegentlich auch das Image des Melancholikers, das er in einigen Interviews ironisch kommentiert und zurückweist (freilich in anderen Gesprächen selbst ins Spiel bringt und dabei von der unproduktiven Depression abgrenzt).

Ambivalent erscheint Sebalds Verhältnis zur eigenen wie kollektiven Vergangenheit nicht zuletzt dadurch, dass er die Gegenwart für »eine einzige große Katastrophe, überall« (Ges 72) hält und einen durchweg kulturpessimistischen Blick auf die Zukunft wirft. Auch wenn er die Haltung eines Apokalyptikers ablehnt (Ges 150), kommen in zahlreichen Interviews misanthropische Züge zum Ausdruck – der Mensch sei eine »perverse Spezies, eine um den gesunden Tierverstand gekommene Spezies« (151, ähnlich 209). In diesem Kontext mischen sich in Sebalds Reden über die Vergangenheit auch nostalgische Elemente: Sie sei »wenigstens nicht das, was unsere Gegenwart ist« und insofern »ein sicheres Terrain, in dem ich mich gerne aufhalte« (65). Schon der Blick auf alte Familienphotos löse bei ihm einen Schock der Vergänglichkeit aus, der einer »negativen Offenbarung« (169) gleichkomme, insofern ihm bewusst werde, »daß wir uns ständig auf einem ungeheuer dünnen Eis bewegen, [...] daß das Ganze von einer Fragilität ist, die es einem fast nicht erlaubt, von Tag zu Tag zu kommen« (Ges 170). In dieser Argumentationslinie kann die intensive Beschäftigung mit der Vergangenheit als ein Bemühen um die ästhetische Außerkraftsetzung der Zeit verstanden werden. Dazu passen frühe Äußerungen, nach denen das Ziel seines Schreibens darin bestehe, »ganz kleine, von der Zeit abgetrennte Lagunen zu schaffen« (75). Auch die Verwendung von Bildmaterial erweist sich in diesem Kontext als funktional, da Sebald die bildenden Künste als zeitlos begreift und ihnen deshalb die Fähigkeit zuspricht, der »Unvermeidbarkeit des Endes wenigstens augenblicksweise das eine oder andere entgegenzusetzen« (140). Zumindest phasenweise sympathisiert der durch seine Behandlung historischer Themen bekannt gewordene Autor mit einer geschichtslosen Ästhetik.

Während sich die Forschung schon früh einig war, dass sich Sebalds Essays zunehmend dem Tonfall und der Fiktionalität seiner Prosawerke angenähert haben (vgl. u. a. Klüger 2003, 96), ist über den ›Werkcharakter‹ der Interviews noch nicht entschieden. Konstatiert werden kann, dass insbesondere die thematisch ausgerichteten Interviews, die sich nicht auf das zuletzt veröffentlichte Buch beziehen, Passagen eines ›li-

terarischen‹ Erzählens enthalten. So würde die hypotaktische Beschreibung und Deutung eines Kafka-Photos aus dem besonders dichten Gespräch mit dem Photographen Christian Scholz von 1997 auch in Sebalds Prosatexte passen (vgl. Ges 174). Im gleichen Interview entwirft der Autor eine Prosaminiatur von einer unfreiwillig auf dem Amsterdamer Flughafen verbrachten Nacht – »wie Tote aufgebahrte Menschen, die zusammengekrümmt auf der Seite oder auf dem Rücken ganz starr lagen«, seien ihm die campierenden Reisenden in diesem »äußerst gespenstische[n] Szenarium« (172) erschienen; in dem postum veröffentlichten Gedicht *In der Nacht auf* (vgl. Ged 100 f.) findet sich eine anders akzentuierte Literarisierung des Erlebnisses. In einem Radiogespräch von 2001 schildert er ausführlich den gespenstisch-klaustrophobischen Eindruck, den die Pariser U-Bahn mit ihren geschichtsträchtigen Stationsnamen auf ihn mache. Man bekomme dort »ja tatsächlich das Gefühl, daß diese Metroreisenden irgendwie die Abgeschiedenen sind, die dort unten weiterleben müssen, auf diesen Zügen hin und her fahren. Also die ganzen Gefallenen, die ganzen Zugrundegerichteten, all diese Leute sind immer noch da drunten in der Unterwelt« (Ges 240). Ins Blaue hinein skizziert er in einem Interview von 2000 einen (nie realisierten) Text, in dem er die Darstellung des Luftkriegs »mit meiner Kindheitsperspektive verbinden« (185) würde.

Informiert wird man in den Interviews zudem über die Arbeit am später aufgegebenen Korsika-Projekt sowie mehrfach über die Recherchen, mit denen Sebald zum Zeitpunkt seines Todes beschäftigt war (vgl. u. a. Schwartz 2007, 163 f.; Ges 212 f., 219, 263). Schon 1995 berichtet er von der Idee zu einem Buch über die »Geschichte meiner Eltern« und die »Frühphase des Faschismus« (119); im Laufe der Zeit verbindet sich dieses Projekt mit Erkundungen über die Familiengeschichte einer französischen Freundin. Den Interviews von 2001 lässt sich entnehmen, dass Sebald in Archiven nach Menschen seines Nachnamens am Anfang des 20. Jahrhunderts suchte, dass er die Lebensgeschichte eines an der Münchner Räterepublik von 1919 beteiligten Menschen rekonstruierte (der den Geburtsnamen seiner Mutter trug), dass er ein umfangreiches französischsprachiges Tagebuch als Quelle nutzte und dass erstmals (auch) Frauen zu Protagonistinnen seines nächsten Buchs werden sollten, an deren Familiengeschichte er die »›éducation sentimentale‹ des faschistischen Subjekts« (207) erkunden wollte.

Für die Literarizität der Interviews spricht ferner

ihre – zumindest partielle – Unzuverlässigkeit. Häufig verteidigt Sebald das »Geheimnis der Fiktion« (Ges 181) und löst das in seinen Texten bestehende Verhältnis von Fakten und Fiktionen nur scheinbar auf. Zwar liefert er z. B. auf die Frage nach dem Authentizitätsgehalt der Buchabbildungen präzise Antworten, die sich je nach Interview aber gravierend unterscheiden: Bei einer Lesung in Los Angeles gibt er 2001 die Auskunft, dass »perhaps four or five percent« (Sebald 2011, 366) der Photos in *Austerlitz* ›Fälschungen‹ seien, während wenige Monate zuvor im *Spiegel*-Interview von etwa 50 Prozent die Rede war (vgl. Ges 204). Auf andere Falschaussagen in Interviews weist Richard Sheppard hin, der zu dem Schluss kommt: »never believe Sebald the interviewee when he is solemnly stating facts rather than expressing opinions, and even then be sceptical« (Sheppard 2009, 97). Während die Interviewantworten sich den Anschein eines aufklärenden Sekundärtextes geben, verlangen sie eine genaue Lektüre, die sie so ernst nimmt wie die Prosatexte – oft genug handelt es sich um Erweiterungen des autofiktionalen Textkosmos aus Sebalds Büchern. In den Interviews begegnet man nicht dem von seinen Freunden Max genannten Menschen (über dessen Privat- und Familienleben man wenig erfährt), nicht dem Schriftsteller oder Literaturwissenschaftler W. G. Sebald und nicht dem Erzähler seiner Bücher, sondern einem sprachlichen Selbstentwurf, in dem sich – absichtsvoll oder ungeplant – die verschiedenen Ausdrucksformen mischen.

Dabei entsteht das vielschichtige Bild einer Person, die sich einerseits selbst als moralische Instanz zu begreifen scheint. So werden im Anklang an die polemischen Töne aus Sebalds Essays die Romane Alfred Anderschs verworfen oder Steven Spielbergs Film *Schindlers Liste* zu einer grundfalschen Auseinandersetzung mit dem Holocaust erklärt (vgl. Ges 201 ff.). Andererseits sind die Selbstbeschreibungen geprägt von der Einsicht in die Instabilität und Fragwürdigkeit des eigenen Lebens und Schreibens. Dass auch er selbst (wie der kritisierte Andersch) in seinen Texten eine ethische Gratwanderung betreibe, über deren Gelingen er sich unsicher sei, gesteht Sebald in den Interviews weitaus offener ein als in seinen Essays. Ob

das Grundmotiv seines Schreibens ein ethisches oder nicht vielmehr ein ökonomisches, womöglich »Ruhmsucht, Hochstapelei« (79) sei, das wisse er selbst am allerwenigsten. Von der eigenen psychischen Labilität ist die Rede (»Ich habe mich eine beträchtliche Zeit lang nahe am Rand meiner Vernunft befunden« [92]) und von seiner Grundüberzeugung, dass »Territorien im eigenen Leben unhaltbar sind und daß man mit dieser Unhaltbarkeit eigentlich nicht ehrlich leben kann« (80). Oft zeigt sich diese souverän eingestandene Unsouveränität in den Interviews an kleinen Einschüben, mit denen das Gesagte relativiert oder ironisiert wird (vgl. Hoffmann 2015, 279 f.). Die in den Interviews gestellten Fragen treffen also auf einen Autor, der sich – was in Schriftstellerinterviews keineswegs die Regel ist – immer wieder selbst in Frage stellt.

Literatur

Hoffmann, Torsten: Das Interview als Kunstwerk. Plädoyer für die Analyse von Schriftstellerinterviews am Beispiel W. G. Sebalds. In: *Weimarer Beiträge* 55 (2009), 276–292.

Hoffmann, Torsten: Die Ausschaltung der Einschaltung des Autors. Autorkritische Selbstinszenierungen in Interviews von Heiner Müller und W. G. Sebald. In: Christoph Jürgensen/Gerhard Kaiser (Hg.): *Schriftstellerische Inszenierungspraktiken – Typologie und Geschichte.* Heidelberg 2011, 313–340.

Hoffmann, Torsten: Das Gewicht des Lebens. Nachwort. In: W. G. Sebald: *»Auf ungeheuer dünnem Eis«. Gespräche 1971–2001*, hg. von Torsten Hoffmann. Frankfurt a. M. ⁴2015, 264–280.

Klüger, Ruth: Wanderer zwischen falschen Leben. Über W. G. Sebald. In: *Text + Kritik* 158 (2003), 95–102.

Schwartz, Lynne Sharon (Hg.): *The Emergence of Memory. Conversations with W. G. Sebald.* New York 2007.

Sebald, Winfried Georg: In This Distant Place. A Conversation with Steve Wasserman. In: Jo Catling/Richard Hibbitt (Hg.): *Saturn's Moon. W. G. Sebald – A Handbook.* London 2011, 364–375.

Sheppard, Richard: ›Woods, trees and the spaces in between‹. A report on work published on W. G. Sebald 2005–2008. In: *Journal of European Studies* 39 (2009), 79–128.

Sheppard, Richard: An Index to Interviews with W. G. Sebald. In: Jo Catling/Richard Hibbitt (Hg.): *Saturn's Moon. W. G. Sebald – A Handbook.* London 2011, 592–618.

Sheppard, Richard: Three Encounters with W. G. Sebald (February 1992–July 2013). In: *Journal of European Studies* 44 (2014), 378–414.

Torsten Hoffmann

III Parameter des Schreibens, Materialität und Medialität

19 Bild – Text

Bilder sind in Sebalds Werk allgegenwärtig, am augen-
fälligsten in Gestalt der zahlreichen Schwarz-Weiss-
Reproduktionen von Photographien, Zeichnungen,
Gemälden, Skizzen, Postkarten, Stadtplänen, Ein-
trittskarten, Tagebucheinträgen usw., die in fast all seinen Werken in den laufenden Text eingefügt sind, ohne dass ihre Beziehung zum Text innerhalb dieser
Montage bzw. dieses »Ikonotextes« expliziert oder
»geregelt« wäre (Niehaus 2006, 157). Dazu kommen
die zahlreichen Bilder, die nicht materiell gezeigt, aber
vom Text selbst evoziert oder beschrieben werden –
erfundene bzw. anonyme, wie das Schiffbruch-Bild einer Veroneser Pizzeria (vgl. SG 92), aber auch prominente Bilder der Kunstgeschichte (von Giotto und Pisanello in *Schwindel. Gefühle*, Grünewald in den *Ausgewanderten*, Valckenborch in *Austerlitz*, Rembrandt
in den *Ringen des Saturn*). Mit Bildern hat sich Sebald
auch theoretisch immer wieder auseinandergesetzt:
Gedanken zu Malerei, Photographie und Film durchziehen sein gesamtes, sowohl essayistisches als auch
fiktionales und lyrisches Werk.

Sowohl dem Gebrauch von Bildern im Rahmen des
intermedialen Dispositivs als auch dem Verweis auf
Bilder als thematischem Leitmotiv liegt eine Bildrefle-
xion zugrunde, die mit Sebalds fundamentalstem Anliegen, der Erinnerung und Vergegenwärtigung historischer Erfahrung, zusammenhängt: dem *Versuch
der Restitution* (vgl. CS 240–248), wie Sebald selbst
formulierte, die sich vor allem jener »Schmerzenspu-
ren« annimmt, die sich »in unzähligen feinen Linien
durch die Geschichte ziehen« (Aus 20).

Bei dieser Restitution ist das dokumentarische Modell für die Beschreibung der Bild-Text-Beziehung zunächst ein wichtiger Bezug, ebenso wie die Vorstellung, dass Bilder in ihrer vermeintlichen Zeitent-
hobenheit das bevorzugte Medium der Rettung der
»vergangenen und der vergehenden Zeit« (»Kleine
Exkursion nach Ajaccio«, CS 7) in eine Form von Zeitlosigkeit sein könnten. Doch so leicht lassen sich die
Dinge in Sebalds elegischer Montage von Bild und
Text nicht dokumentieren und fixieren. Der Text hebt
immer wieder das »eigenartig jenseitige« (»Kafka im
Kino«, CS 198), das Gespenstische der Bilder hervor,
wie auch das Prozess- und Ereignishafte, das Epheme-

re und Aufblitzende – Aspekte, die Sebalds Nähe zum
Bilddenken Walter Benjamins und, wenn auch indirekter, Aby Warburgs erkennen lassen. Wird das Bild
auf diese Weise als Modus der Vergegenwärtigung, der
Erkennbarkeit und Lesbarkeit bzw. als Medium des
Nachlebens und des kulturellen Gedächtnisses aufgefasst, wird klar, dass materielle Bilder nur den offensichtlichsten Teil jener »Denk- und Erinnerungsarbeit« (Aus 172) darstellen, die sich zugleich in
Traum- und Erinnerungsbildern vollzieht und erst im
Text beschrieben bzw. erschrieben wird. Das so verstandene Bild kristallisiert psychische Prozesse der
Wirklichkeitswahrnehmung, -erinnerung und -dar-
stellung, die Bild und Text, ikonisches und sprachliches Medium gleichermaßen betreffen. Der Blick
selbst wird befragt, auch im übertragenen Sinn: Es
geht um Erkenntnis und Imagination, Vorstellung
und Vergegenwärtigung von Vergangenem bzw. Ab-
wesendem. Die zahlreichen Augenpaare, die aus Sebalds Werk heraus den Blick des Lesers zu erwidern
scheinen (vgl. SG 15; Aus 7; Unz), vermitteln etwas
von der Intensität, mit der das im emphatischen Sinne
Angeschaute zurückblickt. In solcher – versuchten –
Verlebendigung verbindet sich Sebalds Poetik des
Blicks mit seinem wiederholt formulierten Gedanken
einer Durchlässigkeit zwischen der Welt der Lebenden und der Toten. Die Bedeutung von Bildern erschließt sich damit ganz erst vor dem Hintergrund der
(Toten-)Klage als einer zentralen Dimension der Sebaldschen Poetik.

Das dokumentarische Modell

Bei Werken mit geschichtlichem Hintergrund, die sich
zumindest teilweise auf reale Begebenheiten, Orte,
Werke oder Personen beziehen, liegt es zunächst nahe,
die Abbildungen als Dokumente zu verstehen, die das
Geschriebene beglaubigen und authentifizieren, während es sie seinerseits zum Sprechen bringt. Sebald, der
sich hier häufig auf Klaus Theweleit und Alexander
Kluge beruft (vgl. Ges 84), hat selbst mehrfach diese
Deutung nahegelegt: »[D]as Geschriebene ist ja kein
wahres Dokument. Die Fotografie ist das wahre Dokument par excellence« (168). Die meisten Bilder seien
»authentische Dokumente«, andere hingegen hätten

die Funktion, die »Authentizität des Textes« gerade in Frage zu stellen (85). Die Frage der Authentizität bzw. Legitimität im Umgang mit Geschichte, auf die Sebald von *Luftkrieg und Literatur* bis zur »Antrittsrede vor dem Kollegium der Deutschen Akademie« (vgl. CS 249 ff.) immer wieder zurückkommt, ist in der Tat zentral, und der Gebrauch von dokumentarischem Material hat daran Teil. Doch der hoch angesetzte »ethisch-ästhetische« Anspruch, den Sebald auch als »ästhetische Authentizität« (Ges 203) umschreibt, soll von der dokumentarischen Form gerade nicht bedient, sondern vielmehr wachgehalten werden. Ähnlich wie der von Roland Barthes theoretisierte ›effet de réel‹ erzeugen Sebalds Bilder einen dokumentarischen Effekt, der Authentizität zugleich suggeriert und verweigert, wenn z. B. der Autor vermeintliche Fundstücke eigens herstellt, wie das als Tagebuch Ambros Adelwarths ausgegebene Schriftstück in Sebalds eigener Handschrift (vgl. Agw 194 f.). Auch das in *Austerlitz* abgebildete Schaufenster des Antikos-Bazar von Theresienstadt, in der sich der photographierende Autor selbst spiegelt, legt seinen unhintergehbaren Anteil an der abgebildeten Realität offen. Auf die prinzipielle Möglichkeit der Fälschung wird immer wieder angespielt, besonders drastisch in der Erzählung »Max Aurach« (vgl. 274 f.). Im Hinblick auf das Verhältnis von Bild und Text erscheint der kritische Umgang mit dem dokumentarischen Modell auch als eine Auseinandersetzung mit dem Topos, das dem visuellen Medium als dem ›Anderen der Sprache‹ eine höhere Unmittelbarkeit zuschreibt als dem Text, dessen Konstruiertheit bewusster wahrgenommen wird.

Dass auch das Bild nicht bloßes Abbild ist, dass Authentizität nicht »Identität mit der Wirklichkeit«, sondern »Abweichung und Differenz« bedeutet (Log 178), wird in Sebalds Aufsatz »Wie Tag und Nacht« über seinen Freund, den Maler und Grafiker Jan Peter Tripp deutlich, dessen Photo- bzw. Hyperrealismus gleichsam von innen permanent unterlaufen wird (Öhlschläger 2006 u. 2007): Ohne jene Verschiebungen, Hinzufügungen und Abstriche, heißt es dort, wäre »in der perfektesten Vergegenwärtigung keine Gefühls- und keine Gedankenlinie« (Log 179). Als Gefühls- und Gedankenlinie, die auch dem *Versuch der Restitution* über die bloße »Registrierung der Tatsachen« hinaus zugrunde liegt (CS 248), ist die von Sebald ersehnte Authentizität zu verstehen, und auf sie allein bezieht sich jene »Angst vor dem Falschen« (RS 16), die sowohl in der fiktionalen als auch in der essayistischen Prosa und in den Interviews als Angst vor dem »falschen Ton«, ja sogar vor »falschen Gefühlen«

(Ges 242 f.) oder vor der »peinliche[n] Unwahrheit meiner Konstruktionen und [...] Unangemessenheit sämtlicher von mir verwendeten Wörter« (Aus 176) stets virulent bleibt.

Evidenz und Entzug

In der Auseinandersetzung mit dem dokumentarischen Paradigma stehen bei Sebald nicht die historischen Rekonstruktionen selbst im Vordergrund, sondern die Erinnerungs- bzw. Verdrängungsprozesse, die dabei am Werk sind. Diese Perspektive bestimmt auch Sebalds mediale Überlegungen, wenn er anmerkt, »daß das Beschreiben das Eingedenken, das Photographieren jedoch das Vergessen befördert. Photographien sind die Mementos einer im Zerstörungsprozeß und im Verschwinden begriffenen Welt, gemalte und geschriebene Bilder hingegen haben ein Leben in die Zukunft hinein und verstehen sich als Dokumente eines Bewußtseins, dem etwas an der Fortführung des Lebens gelegen ist« (BU 178). Relevanter als der mediale Vergleich selbst (und die an Walter Benjamin, Roland Barthes und Susan Sontag angelehnten Gedanken zur Photographie) ist hier sicherlich das Verhältnis von Eingedenken und Vergessen, das ihm zugrunde liegt (Tischel 2006) und als Dialektik letztlich wohl das gesamte intermediale Verfahren bei Sebald bestimmt. Am photographischen Medium wird diese Dialektik allerdings am offensichtlichsten verhandelt: als »Emanation des Referenten«, als unhintergehbare Evidenz des *ça a été* (Barthes 1989, 90), eignet gerade ihm etwas Gespenstisches, das die Gegenwart des Dargestellten zugleich bezeugt und entzieht.

Dass es nicht genügt, etwas – in Bildern oder Worten – vor Augen zu stellen, um es sich zu vergegenwärtigen, ist ein unterschwelliges Leitmotiv von Sebalds Bild- und Medienreflexion. Auch hier hat die Photographie paradigmatischen Wert; Sebald scheint die von Roland Barthes in *Die helle Kammer* geprägte Unterscheidung von *studium* und *punctum* in gleichsam dramatisierter Form zu übernehmen. Leitmotivisch wird dabei vor allem das oftmals hilf- und ratlose *studium* unterschiedlichster Bilder inszeniert, das gleichsam als negative Dialektik dargestellt wird. Denn je mehr die Figuren versuchen, in die Bilder einzudringen, d. h. mit allen verfügbaren technischen Mitteln – Vergrößerungsglas (vgl. Agw 276; Aus 264) und Zeitlupe (vgl. 349) – deren sichtbare Oberfläche in allen Details auszuschöpfen, desto mehr entzieht sich ihr

Gegenstand. Was die oft unscharfe Grisaille der Sebaldschen Reproduktionen sinnlich vor Augen führt, wird also auch im Text explizit thematisiert. Dass das *punctum* als emotionaler Appell sich entzieht, steigert seine Wirkung. Heißt es bei Benjamin: »Die Aura einer Erscheinung erfahren, heißt, sie mit dem Vermögen belehnen, den Blick aufzuschlagen« (Benjamin 1974, 646 f.), so wird diese Erfahrung bei Sebald eher noch gesteigert, wenn die dergestalt Angeblickten aus verschiedenen Gründen weder in der Lage sind, sich dem »forschenden Blick« zu stellen, noch ihm zu entgehen (Aus 264). Das Motiv der frontal aus dem Text heraus blickenden Augenpaare veranschaulicht diese Erfahrung auf geradezu wörtliche Weise.

Zeitmodelle

Die Dialektik von Evidenz und Entzug, die Unmöglichkeit, die sich entziehende Erinnerung dauerhaft zu vergegenwärtigen und zu fixieren, ist als solche nicht an das visuelle Medium gebunden. An Bildern aber tritt sie besonders scharf zu Tage, weil diese – im Gegensatz zur Sprache und Literatur – im Ruf stehen, die Zeit anzuhalten. Auch Sebald erklärt die Wirkung der »wunderbaren Gemälde des 16. oder 18. Jahrhunderts« damit, dass sie den Betrachter der Zeit entheben und dass dies »eine Form von Rettung« (*a form of redemption*) sei (Schwartz 2007, 41 f.). Hier scheinen, mit umgekehrten Vorzeichen, Lessings Überlegungen zu den Eigengesetzlichkeiten von Sprache bzw. bildender Kunst nachzuwirken. In seinem *Laokoon* ordnete Lessing bekanntlich die Darstellung zeitlicher Vorgänge (Handlungen) ausschließlich der Sprache zu, weil sich deren Zeichen ebenfalls in der Zeit entfalteten, wohingegen die bildende Kunst mit ihren auf räumliche Koexistenz gegründeten Zeichen auf die Darstellung eines einzigen Augenblicks beschränkt sei, dem sie zeitlose Dauer verleihe. Dass Sebald mit diesem Klassiker der Medientheorie vertraut war, zeigt sich unter anderem an der ironisierenden Evokation diverser missratener Gemälde, die das Lessingsche Problem des ›transitorischen Augenblicks‹ veranschaulichen: Die schon erwähnte Schiffbruchszene aus der Pizzeria (vgl. SG 88 f.), der verzweifelte Sprung eines Liebespaars in einen See (vgl. 248), der Sprung eines Wildschweins mitten in ein Jägerfrühstück (vgl. 252) sind Motive, die die widernatürliche Dauer eines transitorischen Augenblicks auf schwindelerregende Weise, wenn auch unfreiwillig, demonstrieren. Die Bemerkung, dass in einer Dorfskulptur der heilige

Georg »ohne Unterlaß mit einem Spieß dem zu seinen Füßen liegenden Vogeltier den Rachen durchbohrte« (SG 275), zielt, verbunden mit der dreifachen Reproduktion derselben Photographie, in die gleiche Richtung.

Die augenzwinkernde Anspielung auf Lessings Problematik macht aber vor allem Sebalds Distanz zu diesem Modell deutlich. Tatsächlich erscheinen Bilder – materielle Bilder, aber auch sprachlich vermittelte Traum- und Erinnerungsbilder – bei Sebald stets in ihrer Verwobenheit mit Zeit. Als Prozess und als Ereignis, als Bewegung und als Stillstellung, als Blitz und als Konstellation sind sie weder auf die lineare, chronologische Ordnung der Lessingschen ›Sukzession‹ noch auf die zeitindifferente Dauer der ›Koexistenz‹ zu reduzieren, sondern erscheinen in ihrer komplexen Zeitstruktur als das Medium des Nachlebens und der Erinnerung schlechthin.

Bewegte Bilder

Charakteristisch für die Engführung von Medienreflexion und Erkundung psychischer Prozesse im Element der Zeit ist das bei Sebald immer wieder abgewandelte Filmmotiv. Sebald übernimmt eine schon die Anfänge des Films und der Filmtheorie prägende Analogie zwischen den bewegten, flüchtigen Bildern des neuen Mediums und gespenstischen, traumhaften Erscheinungen (Klimke 2011), wie in »Kafka im Kino«: »sind solche Traumsequenzen nicht in der Camera obscura seiner Seele spielende Filme, in denen er umgeht als sein eigener Geist?« (CS 203). In *Austerlitz* ist der Filmvorführer ein Sohn des Geistersehers (vgl. Aus 85), und die unaufhaltsame Flucht der Erinnerungsbilder findet eine dramatische Entsprechung in dem notwendig fehlschlagenden Versuch, das Bild der deportierten Mutter im Nazi-Propagandafilm *Der Führer schenkt den Juden eine Stadt* durch Verlangsamung (»Zeitlupenkopie«) und Stillstellung des Films zu isolieren (vgl. Aus 349), wodurch die flüchtigen Erscheinungen nicht angehalten, sondern nur entstellt werden und sich umso radikaler entziehen.

So sehr scheinen die bewegten Bilder auf der Leinwand dem Rhythmus der inneren Bilder und ihrer komplexen, anachronistischen Zeitstruktur zu entsprechen, dass die Erinnerungsbilder selbst filmischen Charakter annehmen, wie in der Erzählung »Max Aurach«: »fast täglich« sieht der erwachsene Aurach seine (in Wirklichkeit schon lange deportierte und von den Nazis ermordete) Mutter, wie sie am

Abend nach Hause kommt und sich niederbeugt zu ihrem Kind (vgl. Agw 271). Diese kurze Sequenz, die ganz in schwarz-weiss bzw. »grau« gehalten und auch »immer eine stumme Szene« (271) ist, weist gleichsam die formalen Eigenschaften des frühen Films auf. Als »Zwangsvorstellung[ ]« (270), in der die Geschichte oder Handlung auf eine einzige Gebärde reduziert wird, die sich im Zeichen des Traumas immer nur wiederholt, entzieht sich diese Sequenz jeder eigentlichen Erzählung und narrativen Logik: »stumm« ist sie auch in diesem Sinn. Als endlos wiederholte, niemals zum Stillstand kommende Sequenz lässt sie sich aber auch nicht als Bild im Sinne einer zeitlosen Konservierung der Erscheinung fixieren: Bild ist hier einmal mehr der Rhythmus von Evidenz und Entzug, in dem »Alltägliches, genau wie im Kino, vor unseren Augen sich auflöst in Bilder ohne Gewicht«, wie Sebald zu Kafkas Tagebüchern anmerkt (CS 203). Obwohl diese Szene rein sprachlich-literarisch vermittelt ist, wird sie durch die implizite Suggestion der Stummfilmszene gleichsam dem Sprachlichen entzogen und ins Bildliche überführt, das sich ebenfalls entzieht. In diesen medialen Verschiebungen zwischen Bild und Text im Zeichen der Auflösung wird eine »Traum- und Trauerarbeit« (203) lesbar, die mit dem Lebensthema Aurachs zusammenfällt – eines Malers, der mit der Mutter auch die Muttersprache verlor und auch den »Wunsch nach dem Bild« letztlich überträgt in das »verwischte, zerstreute Aschebild des Ateliersbodens«, das sich als Abfallprodukt seiner Mal- und Zeichenarbeit im Laufe der Zeit angesammelt hat (Naumann 2010, 441).

Flüchtigkeit bestimmt bei Sebald auch nicht-bewegte Bilder: An der Photographie wird der prozess- und ereignishafte Augenblick des Entwickelns hervorgehoben, und auch hier wird die Analogie zu »Erinnerungen [...] die ja auch inmitten der Nacht in uns auftauchen und die sich dem, der sie festhalten will, so schnell wieder verdunkeln«, explizit (Aus 113). Und auch Aurachs Porträts, die in einem unaufhörlichen Prozess des Zeichnens, Ausradierens, Verwischens und Überzeichnens entstehen, entziehen sich jeder festen Bestimmung von Ort und Zeit – als seien sie »hervorgegangen aus einer langen Ahnenreihe grauer, eingeäscherter, in dem zerschundenen Papier nach wie vor herumgeisternder Gesichter« (Agw 239 f.).

Nachleben, Ähnlichkeit, Konstellation

Gespenstisch sind die bei Sebald gezeigten oder beschriebenen Bilder nicht nur in der Flüchtigkeit ihrer Erscheinung, sondern auch als Schauplätze eines Nachlebens, das über die eigene Trauer und Erinnerung hinausweist auf die ›lange Ahnenreihe‹ eines kollektiven, kulturellen und geschichtlichen Gedächtnisses, wie in der ›Gespenstergeschichte für ganz Erwachsene‹, als die Aby Warburg die Kunstgeschichte verstand (Warburg 2010; Didi-Huberman 2010). Jedes einzelne Bild trägt also jenes Nachleben in sich, das Warburgs *Bilderatlas Mnemosyne* von Bild zu Bild sichtbar macht. Dass ein Bild eine ganze Genealogie kristallisiert, wird in besonders wörtlichem Sinn in der Erzählung *All'estero* deutlich, wo der Text den schizophrenen Schriftsteller Ernst Herbeck aufgrund seiner Art, den Hut neben sich her zu tragen, mit dem Großvater des Erzählers in Verbindung bringt. Diese Gebärde erkennt man auf der hier eingefügten Photographie, die allerdings – ohne dass dies explizit wäre – eine dritte Person zeigt, nämlich Robert Walser (vgl. SG 48; Hoffmann/Rose 2006).

Das Bild ist also nicht eine Illustration, die auf einer bruchlosen Kontinuität zwischen Gegenstand und Darstellung beruht, sondern es ist der Ort, an dem eine Ähnlichkeit sichtbar wird, für die Sebald den Wittgensteinschen Begriff der »Familienähnlichkeit« gebraucht (vgl. Aus 48/172), die sich nicht nur auf Personen, sondern auch auf alle erdenklichen menschlichen Werke, auf materielle und geistige Konstruktionen bezieht. Damit ist das Bild das bevorzugte Medium der Sebaldschen ›Koinzidenz-Poetik‹ (Marcel Atze), die einige Verwandtschaft mit dem surrealistischen *hasard objectif* bzw. der Epiphanie aufweist (Ryan 2007). Das Prinzip der Montage liegt dabei sowohl dem einzelnen Bild wie auch dem Verhältnis zwischen den Bildern bzw. Bildern und Texten zugrunde. Auf die Verwandtschaft mit dem Warburgschen Bilderatlas (Pic 2009; McGonagill 2015) wie mit dem benjaminschen *Passagen-Werk* (Wohlfahrt 2008) verweist besonders die Figur Austerlitz, dessen »Denk- und Erinnerungsarbeit« sich auf Photographien stützt, die er »hin und her und übereinanderschieb[t]«, in eine aus Familienähnlichkeiten sich ergebende Ordnung« (172).

Für die Konzeption einer Ähnlichkeit, die nicht dem realistischen Nachahmungsparadigma bzw. dem Abbild-Prinzip geschuldet ist, ist Benjamin grundlegend – ebenso für Sebalds Bild- und Sprachdenken im Allgemeinen wie für seine Arbeit am Verhältnis von Bild und Text. Dass das Bild nicht bloß ein Gegenwärtiges dokumentierend abbildet, sondern zugleich das Gedächtnis eines Vergangenen trägt und vergegenwärtigt, formuliert Benjamin in seiner bekannten Definition des Bildes als »dasjenige, worin das Gewesene mit dem Jetzt blitzhaft zu einer Konstellation zusammentritt« (Benjamin 1982, 576). Entscheidend ist aber, dass das so aufgefasste Bild ein Denkmodell ist, das keineswegs auf das materielle, konkrete Bild beschränkt ist, sondern auch und gerade Schrift und Sprache betrifft, in denen Benjamin ein »Archiv unsinnlicher Ähnlichkeiten« sieht (Benjamin 1977, 208). Auch Worte und Wendungen kristallisieren ein Gedächtnis, das über ihre bloß abbildende, semiotische Funktion hinausgeht – davon zeugt Sebalds emphatischer Gebrauch von Zitaten, Formeln und Namen (Denneler 1999) sowie insgesamt das Verfahren der Intertextualität, das den Text zum Schauplatz eines Nachlebens macht und den Schreibtisch zum »Platz der Gespenster« (Aus 298).

Immer wieder wird bei Sebald die bild*erzeugende* Kraft von Worten – die Art und Weise, wie bestimmte sprachliche Wendungen ein Bild aufblitzen lassen – thematisiert. In *All'estero* erzeugt ein *Aida*-Zitat – *Di morte l'angelo a noi s'appressa* – im Erzähler das »Bild des hereinbrechenden Engels«, das sich gleichsam als materielles Bildzitat niederschlägt (SG 157). In der Erzählung »Paul Bereyter« ist es ein unbestimmtes Todesbild, das in der Wendung »*bei der Eisenbahn enden*« flüchtig aufblitzt »wie der Schatten eines Vogels im Flug« (Agw 92 f.). Eine ähnliche Wirkung entsteht im Allgemeinen dadurch, dass Sebald die Abbildungen nie mit Bildunterschriften versieht: Auf diese Weise entziehen sie sich jeder eindeutigen Zuordnung und Verortung, öffnen sich dafür aber unerwarteten, teilweise flüchtigen Konstellationen. Die Bilder wirken vor und nach, sie geistern in jedem Sinne durch den Text bzw. »such[en] den Text heim« (Niehaus 2006, 175)

Blitz, Rettung, Lähmung

In Sebalds Bildern verbinden sich die Dimension des Nachlebens und der Modus des Aufblitzens – z. B. in der Beschreibung der »Phantomspuren«, als welche in *Austerlitz* die Lichtspuren der Motten in der Dunkelheit beschrieben werden, und in denen das »nur einen Sekundenbruchteil aufstrahlende Insekt selber schon wieder verschwunden sei« (Aus 135). Dieses »Aufblitzen des Irrealen in der realen Welt« sei es, an dem »unsere tiefsten Gefühle sich entzündeten« (135). Die Intensität dieser Illumination, die ein Vergangenes in der Gegenwart aufblitzen lässt und das Bild im emphatischen Sinne ausmacht, verweist wiederum auf Benjamin, der das blitzhafte Bild als Modus der Erkenntnis auffasst (Weigel 2012) – eine Erkenntnis, deren Gegenstand die Geschichte und deren Horizont die Rettung ist: »So, als ein im Jetzt der Erkennbarkeit aufblitzendes Bild, ist das Gewesene festzuhalten. Die Rettung, die dergestalt – und nur dergestalt – vollzogen wird, läßt immer nur an dem, im nächsten Augenblick schon unrettbar verlornen [sich] vollziehen« (Benjamin 1982, 591 f.).

Diese Figur der Rettung findet sich ebenfalls bei Sebald. Im Aufsatz über Jan Peter Tripp heißt es, in seinen Bildern trügen die Dinge »alle Zeit in sich«, seien »gewissermaßen für immer gerettet« (Log 183). Vor dem Schaufenster von Theresienstadt heißt es ähnlich: »So zeitlos wie dieser verewigte, immer gerade jetzt sich ereignende Augenblick der Errettung waren sie alle, die in dem Bazar von Terezin gestrandeten Zierstücke, Gerätschaften und Andenken« (Aus 281). Schlägt hier Sebalds melancholische Geschichtskritik in eine »Ästhetisierung der Katastrophe durch die Stilisierung der Reste«, in ein regressives Modell »mythischer Rettung« (Lemke 2008, 266 f.) um? Jedenfalls gerät solche »Errettung« bei Sebald meist zur Versteinerung, wie bei jenen »gerade im Augenblick des Abhebens von der Erde, wie es mir schien, versteinerten Engelsfiguren« (Aus 328), wenn nicht der im Bild stillgestellte Augenblick als nicht enden wollende Wiederholung des »von nichts und niemandem wieder gutzumachen[den]« Unglücks gesehen wird (24).

Hier zeigt sich ein Unterschied zu Benjamin, der auch für das Bild/Text-Verhältnis entscheidend ist. Die blitzhafte Erkenntnis entfaltet sich bei Benjamin im »langnachrollende[n] Donner« des Textes (Benjamin 1982, 570): Das Bild als »Dialektik im Stillstand« (577) ist eine notwendige »Zäsur in der Denkbewegung« (595), nicht aber ihr Ende. Bei Sebald hingegen begegnet die blitzhafte Erkenntnis meist als negative Illumination, als »Schrecksekunde des Blitzlichts« (Aus 163), als »Schrecken über die plötzliche Offenbarung« (Aus 204), die in Lähmung umschlägt (Aus 264). Die Illumination kehrt sich in Blendung und Blindheit um, wie schon in *Nach der Natur*: »So wird, wenn der Sehnerv / zerreißt, im stillen Luftraum / es weiß wie der Schnee / auf den Alpen« (NN, 33) oder in den *Ausgewanderten*, wo der »lange, bis zum Zerspringen festgehaltene Anblick« (Agw 29) eines Dia-Bildes erlischt, als schließlich der Glasrahmen zerspringt und »ein dunkler Riß über die Leinwand lief« (28 f.).

Das blitzhaft erkannte Bild wird damit nicht zur »Zäsur in der Denkbewegung«, sondern zu ihrem Zusammenbruch. Dafür steht paradigmatisch Austerlitz' Konfrontation mit dem eigenen Kindheitsporträt: Er bleibt »sprach- und begriffslos und zu keiner Denkbewegung imstande. Auch wenn ich später an den fünfjährigen Pagen dachte, erfüllte mich nur eine blinde Panik« (Aus 264). Als Medium der Entfaltung einer im Bild kristallisierten Erkenntnis erscheint die Sprache hier nur insofern, als sie das vom Bild bezeichnete Trauma registriert bis zur Sprachlosigkeit – jedenfalls auf der Ebene des Erzählten: Denn die Sprachkrise, in die Austerlitz gerät (176 ff.), erinnert auch darin an Hofmannsthals *Chandos-Brief*, dass sie besonders wortreich und sprachgewandt vorgetragen wird.

Schmerz und Klage

Die Lähmung aber, die Erstarrung oder Versteinerung, die sich als eine Dimension des Bildes leitmotivisch durch Sebalds Werk zieht, ist eine »Schmerzlähmung« (Agw 255): auch dem Verhältnis von Text und Bild liegt damit das Gesamtprojekt einer Restitution der »Schmerzensspuren« der Geschichte zugrunde (Winkelvoss 2015). Die »Ungeheuerlichkeit des Leidens« (Agw 253), die dem Maler Aurach in den *Ausgewanderten* aus Grünewalds *Isenheimer Altar* entgegentritt, weckt in ihm die Erinnerung an einen lähmenden »Schmerzensparoxysmus« (254), welcher ihm seinerzeit eine Photographie von sich selbst als schreibendem Zweitklässler ins Gedächtnis gerufen hatte. Diese komplexe Engführung von Bild und Schrift im Zeichen des Schmerzes wird getragen von einer Körpergebärde: Es sind die »durchgebeugten Körper« Grünewalds (253), die die »halbaufgerichtete[ ] Haltung« (254) eines zuvor erfahrenen körperlichen Schmerzes vergegenwärtigen – eine »krumme Stellung«, die wiederum die Photographie des »tief über die Schrift gebeugt[en]« Kindes ins Gedächtnis ruft (255 f.).

Diese Gebärde ist in vielfacher Hinsicht als Pathosformel im Sinne Warburgs anzusprechen – nicht nur, weil sie die »verschüttete[ ] Erlebnisspur« (256) der in ihr gespeicherten Schmerzerfahrung in komplexer zeitlicher und medialer Brechung reaktiviert, sondern weil sich ihre Ausdrucksintensität keineswegs einer kodifizierten, festgelegten Bedeutung verdankt, sondern eher einer verschobenen, entstellten »Überset-

zung ohne Original« im Sinne Freuds entspricht (vgl. Öhlschläger 2005a, 237 f.; 2005b, 265 ff.). Die komplexe Bedeutungskonstitution solcher Gebärde, die weder Abbild noch transparentes Zeichen oder Symbol, weder bloß spontaner Ausdruck noch konventionelle rhetorische Figur ist, sondern Ort der symptomalen Rückkehr eines Verdrängten, ist übrigens auch in der Sprache am Werk. Immer wieder gebraucht Sebald gleichsam sprachliche Pathosformeln, die ihre expressive Intensität ihrer Fähigkeit verdanken, ein Bild bzw. die darin gespeicherte emotionale Energie zu vergegenwärtigen. Oft kommen sie als Zitate oder Pseudo-Zitate daher, nicht selten auch in italienischer, englischer oder französischer Sprache, sodass die sprachliche Wendung als solche in den Mittelpunkt gerät und durch diese Verfremdung etwas Formelhaftes erhält (Winkelvoss 2013).

Die Gebärde als Pathosformel unterläuft also sowohl die allzu radikale Lessingsche Gegenüberstellung von Bild und Sprache als auch den damit zusammenhängenden Gegensatz von Bewegung und Stillstand. Gerade in ihrer Stillstellung erscheint die Gebärde als eine verdichtete Form von Bewegung – einer Bewegung, die Warburg in Auseinandersetzung mit Lessing sowohl als äußere (körperliche) wie auch als innere (emotionale) versteht. So setzt bei Sebald paradoxerweise gerade das Bild (Grünewalds Altarbild) die »Schmerzlähmung« des Betrachters in Bewegung und löst den »Erinnerungsstrom«: »diese Ungeheuerlichkeit [des Leidens] bewegte sich nun auf und nieder in mir nicht anders als die Gezeiten des Meers« (Agw 253).

Dass es in Sebalds Bild-Text-Konstellationen und in seiner Medienreflexion um »Schmerzensspuren« geht, um Nachleben und Vergegenwärtigung vergangenen Leids, also um den angemessenen Ausdruck von Schmerz, um Pathos und Empathie, reaktiviert eine Dimension der »Laokoon-Debatte«, die zwar vom Schreien oder Nicht-Schreien des leidenden Laokoon ausgegangen, aber bei Lessing selbst zugunsten ›rein‹ zeichentheoretischer Überlegungen zu Bild und Text mehr und mehr aus dem Blickfeld geraten war (Koppenfels 2002). Die Urszene dieser theoretischen Konstellation, die Übersetzung des Schmerzens-Schreis in ein Bild, wird bei Sebald immer wieder aufgerufen: von der »lautlosen Klage« der Engel von Giottos Fresken in der Scrovegni-Kapelle von Padua (SG 100) über das »Geschrei« der Welt, das im »stillschweigend[en]« Medium von Grünewalds Bildern in der Pathosformel des »panische[n] Halsknick[s]« als »äußerste[m] Ausdruck der Körper« übertragen wird (NN 24), bis hin zu den Reihen des Buchstaben A, die der in Dachau von den Nationalsozialisten gefolterte Maler Gastone Novelli zeichnet und malt, »aufsteigend und abfallend in Wellen wie ein lang anhaltender Schrei« (Aus 40).

Die Verdrängung des Schmerzes angesichts seiner Darstellung selbst, wie sie die klassische *Laokoon*-Rezeption in extremer Weise vorführt, erweist sich allerdings als das grundlegende Problem jeder Vermittlung: »das Unmittelbare, so zeigt sich, ist zugleich das Unmitteilbare« (Denneler 1999, 162). Die »Fähigkeit der Menschen, zu vergessen, was sie nicht wissen wollen, hinwegzusehen über das, was vor ihren Augen liegt« (Luf 51), ist das Problem, auf das Sebalds Medienreflexion und sein Gebrauch von Bildern im Text reagiert. Das Vor-Augen-Stellen in Wort und Bild, die bildliche und sprachliche Evidenzerzeugung zeitigen zugleich die paradoxen Wirkungen der Auslöschung und der »Unsichtbarmachung« (RS 23) dessen, was sie zu zeigen vorgeben. Auf diese Erkenntnis zielt die Beschreibung von Rembrandts *Anatomie des Dr. Tulp* in den *Ringen des Saturn* – ein Bild, das für Sebald vor allem den »cartesischen Blick« (27) zeigt, der nicht auf den Toten gerichtet ist, sondern auf den »anatomischen Atlas, in dem die entsetzliche Körperlichkeit reduziert ist auf ein Diagramm, auf ein Schema des Menschen« (23). In der verkehrten Hand – einem Detail, das die monströse Übertragung des Schemas auf den Körper erkennbar macht – wird der Betrachter bzw. der Leser »zum Augenzeugen des Mediums [...], dem seine eigene Wahrnehmung unterworfen ist« (Mülder-Bach 2007, 299).

Horizont dieser Medienkritik bzw. der Einsicht in die Unhintergehbarkeit des bereits Vorgeprägten ist immer auch Kritik an einer Geschichtsschreibung, die mit leeren sprachlichen Formeln und Stereotypen, mit »Versatzstücken« operiert und mit »immer schon vorgefertigten, in das Innere unserer Köpfe gravierten Bildern, auf die wir andauern starrten, während die Wahrheit irgendwoanders, in einem von keinem Menschen noch entdeckten Abseits liegt« (Aus 105). Solche sprachlichen und visuellen Versatzstücke, solche Formeln und Bilder gebraucht und montiert, zitiert und verschiebt Sebald, und stellt ihre Medialität aus, bis in den Zwischenräumen zwischen Text und Bild ein Bewusstsein dieses Abseits zumindest flüchtig aufblitzt.

Sebald ist mehrfach vorgeworfen worden, er rede einer ahistorischen Metaphysik des Unglücks das Wort (vgl. Fuchs 2004, 165–206) und stimme ein »universales Lamento« an (Maier 2006, 128), in dem, ganz anders als bei Benjamin, jede Politik sich in Trau-

er erschöpfe (vgl. Wohlfahrt 2008, 193) und sich letztlich darin einrichte. Die teilweise nachvollziehbare Kritik verkennt am Ende aber wohl doch die Tatsache, dass sich die elegische Dimension des Werks nirgends von der kritischen lösen lässt – eine Dialektik, an der Bilder in jeder Form in hohem Maße teilhaben. An dem prekären Verhältnis von Pathos und Form, das Sebald noch am Beispiel ritueller korsischer Totenklagen umtreibt (vgl. CS 19–38), wird in allen seinen Werken gearbeitet, zuletzt in dem »als *prose elegy*« definierten *Austerlitz* (Schwartz 2007, 103). Im Rekurs auf Bilder wie in der Spannung zwischen Bild und Text hält Sebald sowohl am Bewusstsein der Prekarität jeder Darstellung als auch an der Notwendigkeit einer unabschließbaren Arbeit an der Darstellbarkeit fest. Damit widersetzt er sich einer Metaphysik des Undarstellbaren (Didi-Huberman 2007), die die »Schmerzensspuren« der Geschichte letztlich jeder »Denk- und Erinnerungsarbeit« (Aus 172) entzöge.

Literatur

Barthes, Roland: *Die helle Kammer. Bemerkung zur Photographie.* Frankfurt a. M. 1989.

Benjamin, Walter: *Über einige Motive bei Baudelaire.* In: Walter Benjamin: *Gesammelte Schriften.* Bd. I. 2, hg. von Rolf Tiedemann und Hermann Schweppenhäuser. Frankfurt a. M. 1974, 605–654.

Benjamin, Walter: *Lehre vom Ähnlichen.* In: Walter Benjamin: *Gesammelte Schriften.* Bd. II.1, hg. von Rolf Tiedemann und Hermann Schweppenhäuser. Frankfurt a. M. 1977, 204–210.

Benjamin, Walter: *Das Passagen-Werk.* In: Walter Benjamin: *Gesammelte Schriften.* Bd. V.1, hg. von Rolf Tiedemann. Frankfurt a. M. 1982.

Denneler, Iris: »Das Andenken ist ja im Grunde nichts anderes als ein Zitat« – Zu Formel und Gedächtnis am Beispiel von W. G. Sebalds *Die Ausgewanderten.* In: Iris Denneler (Hg.): *Die Formel und das Unverwechselbare. Interdisziplinäre Beiträge zu Topik, Rhetorik und Individualität.* Frankfurt a. M./Berlin 1999, 160–176.

Didi-Huberman, Georges: *Bilder trotz allem.* Aus dem Französischen von Peter Geimer. München 2007.

Didi-Huberman, Georges: *Das Nachleben der Bilder: Kunstgeschichte und Phantomzeit nach Aby Warburg.* Aus dem Französischen von Michael Bischoff. Berlin 2010.

Fuchs, Anne: *Die Schmerzensspuren der Geschichte. Zur Poetik der Erinnerung in W. G. Sebalds Prosa.* Köln 2004.

Hoffmann, Torsten/Rose, Uwe: »Quasi jenseits der Zeit«. Zur Poetik der Fotografie bei W. G. Sebald. In: *Zeitschrift für deutsche Philologie* 125/4 (2006), 580–608.

Klimke, Christoph A.: *W. G. Sebald und der Film.* Frankfurt a. M. 2011.

Koppenfels, Martin von: SCHMERZ. In: Robert Stockhammer (Hg.): *Grenzwerte des Ästhetischen.* Frankfurt a. M. 2002, 118–145.

Lemke, Anja: Figurationen der Melancholie. Spuren Walter

Benjamins in W. G. Sebalds »Die Ringe des Saturn«. In: *Zeitschrift für deutsche Philologie* 127 (2008), 239–267.

Maier, Anja K.: Schmerzästhetik und Zeugenschaft bei W. G. Sebald und Anne Duden. In: Iris Hermann/Anne-Rose Meyer (Hg.): *Schmerzdifferenzen. Physisches Leid und Gender in kultur- und literaturwissenschaftlicher Perspektive.* Königstein 2006, 115–139.

McGonagill, Doris: *Crisis and collection. German Visual Memory Archives of the Twentieth Century.* Würzburg 2015.

Mülder-Bach, Inka: Der große Zug des Details. W. G. Sebald: *Die Ringe des Saturn.* In: Edith Futscher/Stefan Neuner/Wolfram Pichler/Ralph Ubl (Hg.): *Was aus dem Bild fällt. Figuren des Details in Kunst und Literatur.* München 2007, 281–307.

Naumann, Barbara: Übertragung des Bildes. W. G. Sebalds symptomaler Text. In: Alexandra Kleihues/Barbara Naumann/Edgar Pankow (Hg.): *Intermedien. Zur kulturellen und artistischen Übertragung.* Zürich 2010, 433–446.

Niehaus, Michael: Ikonotext. Bastelei. *Schwindel. Gefühle* von W. G. Sebald. In: Silke Horstkotte/Karin Leonhardt (Hg.): *Lesen ist wie sehen. Intermediale Zitate in Bild und Text.* Wien 2006, 155–175.

Öhlschläger, Claudia: Gender/Körper, Gedächtnis und Literatur. In: Astrid Erll/Ansgar Nünning: *Gedächtniskonzepte der Literaturwissenschaft. Theoretische Grundlegung und Anwendungsperspektiven.* Berlin/New York 2005 (a), 227–248.

Öhlschläger, Claudia: W. G. Sebald – Matthias Grünewald. In: Konstanze Fliedl/Irene Fuß (Hg.): *Kunst im Text.* Basel/Frankfurt a. M. 2005 (b), 257–279.

Öhlschläger, Claudia: *Beschädigtes Leben – Erzählte Risse. W. G. Sebalds poetische Ordnung des Unglücks.* Freiburg i. Br. 2006.

Öhlschläger, Claudia: Medialität und Poetik des *trompe l'œil*. W. G. Sebald und Jan Peter Tripp. In: *Gegenwartsliteratur. Ein germanistisches Jahrbuch* 6 (2007), 21–43.

Pic, Muriel: *W. G. Sebald – l'image papillon.* Dijon 2009.

Ryan, Judith: Fulgurations: Sebald and Surrealism. In: *The Germanic Review* 82/3 (2007), 227–249.

Schwartz, Lynne Sharon (Hg.): *The Emergence of Memory. Conversations with W. G. Sebald.* New York 2007.

Tischel, Alexandra: Aus der Dunkelkammer der Geschichte. Zum Zusammenhang von Photographie und Erinnerung in W. G. Sebalds *Austerlitz.* In: Michael Niehaus/Claudia Öhlschläger (Hg.): *W. G. Sebald. Politische Archäologie und melancholische Bastelei.* Berlin 2006, 31–45.

Warburg, Aby: *Werke in einem Band,* hg. von Martin Treml/Sigrid Weigel/Perdita Ladwig. Berlin 2010.

Weigel, Sigrid: Der Blitz der Erkenntnis und die Zeit des Bildes. Die Bedeutung von Malerei und Mediengeschichte für Walter Benjamins Bilddenken. In: *Jahrbuch der Bayerischen Akademie der Schönen Künste* 26 (2012), 30–51.

Winkelvoss, Karine: Pathos et théâtralité dans la prose de Sebald. In: Lucie Campos/Raphaëlle Guidée (Hg.): *Europe. Revue littéraire mensuelle* 1009 (2013), 90–101.

Winkelvoss, Karine: »Die Schrecksekunde des Blitzlichts«. L'arrêt sur image chez Sebald, entre panique et illumination. In: Sylvie Arlaud/Mandana Covindassamy/Frédéric Teinturier (Hg.): *W. G. Sebald – Récit, histoire et biographie*

dans *»Die Ausgewanderten«* et *»Austerlitz«.* Paris 2015, 141–161.

Wohlfahrt, Irving: Anachronie. Interferenzen zwischen Walter Benjamin und W. G. Sebald. In: *Internationales Archiv für Sozialgeschichte der deutschen Literatur (IASL)* 33/2 (2008), 184–242.

Karine Winkelvoss

20 Intertextualität/Vernetzung

Intertextualität

Der Begriff Intertextualität bezeichnet im weitesten Sinne die Tendenz literarischer Texte, sich auf andere literarische oder auch nicht-literarische Texte zu beziehen. Obwohl der Begriff erst Ende der 1960er Jahre in das Instrumentarium der literaturkritischen Terminologie eingeführt wurde, untersuchte bereits die ältere Literaturkritik bestimmte Arten von intertextuellen Bezügen anhand der Analyse von Formen der Auseinandersetzung mit und Überarbeitung von spezifischen Vorgängertexten, wie sie sich z. B. in Parodie, Travestie, Zitat, Anspielung, Übersetzung oder Adaptation manifestierten (vgl. Pfister 1985, 10). Auch ältere Untersuchungsansätze wie Quellenforschung, Motivstudien oder Einflussstudien arbeiteten implizit mit rudimentären Vorformen einer Intertextualitätskonzeption, ohne den Begriff selber zu kennen. In seiner modernen Form geht das Konzept der Intertextualität auf die Untersuchungen des russischen Formalisten Michail Bachtin zurück, der spezifisch für die Gattung Roman eine Mehrstimmigkeit und Vielschichtigkeit diagnostizierte, die diese literarische Gattung als solche auszeichne. Nach Bachtin verkörpert der Roman einen explizit subversiven Sprach- und Literaturmodus, indem er eine ›Dialogizität‹ beinhalte, die in einem Spannungsverhältnis zur herrschenden Monologizität der umgebenden autoritären Kultur- und Politikformation stehe (vgl. 2 ff.; Scheiding 2005, 57 f.). Bachtin hebt in diesem Zusammenhang den produktiven Dialog hervor, den ein Text mit seinen Vorgängertexten unterhält; so behauptet er: »Der Text lebt nur, indem er sich mit einem anderen Text (dem Kontext) berührt. Nur im Punkt dieses Kontaktes von Texten erstrahlt jenes Licht, das nach vorn und nach hinten leuchtet, das den jeweiligen Text am Dialog teilnehmen läßt« (Bachtin 1979, 353). Bedeutsam ist hier, dass Bachtin bereits den Schnitt- oder Berührungspunkt der Texte als Raum auslegt, in dem Sinn-entfremdende und Sinn-erzeugende Interaktionen zustande kommen. Sein Begriff der Dialogizität verweist dadurch implizit auf eine Verflechtung von Aussagen und Stimmen, von denen schon die rudimentäre Form eines literarischen Textes – für ihn spezifisch die des Romans – als komplex verwobenes sprachliches oder diskursives Netzwerk geprägt ist.

Es ist das Verdienst der poststrukturalistischen Semiotikerin Julia Kristeva, im Rückgriff auf Bachtins Konzept der Dialogizität des Romans den Begriff In-

tertextualität geprägt und in den literaturwissenschaftlichen Diskurs eingeführt zu haben. In einem zuerst 1967 veröffentlichten Aufsatz mit dem Titel »Bachtin, das Wort, der Dialog und der Roman« verwendet sie diesen Terminus, um das Phänomen zu beschreiben, dass jeder literarische Text nichts anderes repräsentiere als ein »Mosaik von Zitaten«; jeder Text konstituiere sich grundsätzlich über Prozesse der »Absorption und Transformation eines anderen Textes« (Kristeva 1996, 337). In einem anderen Kontext bietet sie eine bündige Definition dieses Begriffs, wobei sie ähnlich wie Bachtin die produktive Interaktion zwischen Texten betont: »Wir nennen *Intertextualität* dieses textuelle Zusammenspiel, das im Inneren eines einzigen Textes abläuft« (Kristeva 1971, 500). Mit dem Konzept der Intertextualität radikalisiert Kristeva Bachtins Begriff der Dialogizität in vielerlei Hinsicht. Erstens hebt sie den konflikthaften Kontrast zwischen monologischen und dialogischen Sprachformen auf; zweitens verwirft sie die Einschränkung der Dialogizität auf das Genre des Romans; und drittens fasst sie den Begriff der Intertextualität so weit, dass er als konstitutiv für die Literatur als solche verstanden wird (vgl. Pfister 1985, 6 ff.). Aus Bachtins *textdeskriptivem* Begriff der Dialogizität entwickelt Kristeva also eine *texttheoretische* Konzeption von Literatur. Diese Zweiteilung zwischen textdeskriptiven und texttheoretischen Ansätzen prägt die literaturwissenschaftliche Auseinandersetzung mit Intertextualität in ihrem weiteren Verlauf (vgl. Scheiding 2005, 64). Für die interpretative Arbeit mit konkreten Texten dominiert allerdings eine textdeskriptive Vorgehensweise, und diese Richtung erweist sich auch als ausschlaggebend in den wissenschaftlichen Analysen zu Sebalds Werk. Allerdings unterstützt Kristevas Theorie der Intertextualität eine poststrukturalistische und postmoderne Sicht auf die Produktion und Rezeption von Literatur, insofern sie den Text als grundsätzlich dezentriert, disseminativ, uneinheitlich, disparat und als künstliche – aber auch potenziell kunstvolle – Zusammenstellung (›Mosaik‹) von fremdem, vorgefundenem Textmaterial auffasst. Literarische Autoren sind nicht mehr ›Genies‹, die ein Originalwerk mit eigenen Ideen und rhetorischen Mitteln *ex nihilo* oder aus der eigenen Einbildungskraft generieren, sondern Flickarbeiter, Verwalter oder Textmanager, die aus einem Arsenal von vorgefundenen Stoffen auswählen und dieses Fremdmaterial auf bedeutsame oder ästhetisch anspruchsvolle Weise neu zusammenstellen. Dies ist eine Vorstellung, die in vielerlei Hinsicht mit Sebalds Verständnis von seiner eigenen literarischen Praxis übereinstimmt. Insoweit Kristevas Theorie den Textbegriff im Sinne des Poststrukturalismus zu einer erweiterten Kultursemiotik hin öffnet, in der alle Kulturprodukte als ›Texte‹ aufzufassen sind (vgl. Pfister 1985, 7), gibt sie außerdem Impulse für eine Ausweitung des Intertextualitätskonzepts in Richtung auf Intermedialität, insbesondere den Dialog zwischen Text und Bild, der für Sebalds Werke von besonderer Brisanz ist (s. Kap. 26).

Intertextualität und Gedächtnisstudien

In den 1990er Jahren bekam das Intertextualitätskonzept durch Renate Lachmanns Zusammenführung von Intertextualität und textuellem/kulturellem Gedächtnis wesentliche neue Anstöße (vgl. Scheiding 2005, 64 ff.). Diese Verknüpfung wiederum ist von besonderer Relevanz für das Verständnis von Sebalds intertextueller Vorgehensweise. Denn sowohl intertextuelle wie intermediale Verfahren werden oft bei Sebald im Dienste einer kreativen Heraufbeschwörung von vergangenem Leben und vergessenen oder verdrängten historischen Konstellationen eingesetzt (Kaspar 2006; Öhlschläger 2005; Pearson 2008; Schedel 2004). Für Lachmann bildet der Gedächtnisbegriff die »konzeptuelle Voraussetzung für die Erfassung des kulturellen Sinns von Intertextualität«, und zwar in zweifacher Hinsicht, da es sich bei diesem Begriff sowohl »um die Interpretation der Intertextualität (konkreter Texte) als eines mnemonischen Raumes« handelt, »der sich zwischen den Texten entfaltet«, als auch »um den Gedächtnisraum innerhalb konkreter Texte, der durch die Intertexte aufgebaut wird« (Lachmann 1990, 10 f.). Sie verortet also einerseits Kristevas texttheoretische Konzeption der Intertextualität in einem Kontext des kulturellen Gedächtnisses, wobei die Schnittstellen zwischen Texten den Raum für eine produktive und geschichtsbezogene Sinnkonstitution darstellen. Andererseits arbeitet Lachmann mit einem textdeskriptiven Konzept, das die intertextuellen Beziehungen innerhalb eines konkreten Textes als einen spezifischen, textuell erzeugten Gedächtnisraum auffasst. In diesem Sinne kann sie apodiktisch behaupten: »Das Gedächtnis des Textes ist seine Intertextualität« (35). Jedoch darf man diesen intertextuellen Gedächtnisraum nicht als einfachen Speicher verstehen, in dem kulturelles Wissen statisch aufgehoben wird. Im Gegenteil, das kulturelle Gedächtnis wird sozusagen in neuen intertextuellen Konstellationen immer wieder ausgehandelt, denn die »Intertextualität der Texte

zeigt das Immer-Wieder-Sich-Neu- und Umschreiben einer Kultur, einer Kultur als Buchkultur und Zeichenkultur, die sich über ihre Zeichen immer wieder neu definiert« (36). In Anlehnung an Bachtins Vorstellung einer subversiven Dialogizität im Roman fasst Lachmann das intertextuelle literarische Gedächtnis als Infragestellung und Herausforderung von institutionalisierten Formen des Gedenkens auf: »[G]egen die verordneten Gedächtnishandlungen, die die offizielle Gedenkkultur erlaubt, lassen sich die individuellen Schreibhandlungen aufbieten, die die Epochengrenzen überschreitend einen chaotisch-direkten Dialog mit der Vergangenheit aufnehmen« (10). Die Beschreibkraft dieser Aussage für Sebalds konträre Einstellung gegenüber akzeptierten Formen des Gedenkens und gegen Geschichtsdarstellungen mit ideologischer Schlagseite – man denke z. B. an seine Kritik des Waterloo-Denkmals in *Die Ringe des Saturn* (vgl. RS 150 ff.) – liegt auf der Hand. Auch seine intertextuellen Entlehnungen werden oft im Dienste einer historischen Umschreibung eingesetzt, die das offizielle Gedächtnis gegen den Strich liest – wie z. B. seine Auseinandersetzungen mit Roger Casement und Joseph Conrad im selben Werk (vgl. 125 bzw. 127 ff.). Diese Episoden konkretisieren in besonders einleuchtender Weise, wie Sebald, im Einklang mit der Lachmannschen Theorie, literarische und historische Prätexte in seinem eignen Text miteinander ins Spiel bringt, um aus der daraus erzeugten intertextuellen Begegnung nicht nur die Geschichte der kolonialen Ausbeutung des Kongos wieder ins kulturelle Gedächtnis zu rufen, sondern diese Geschichte gleichzeitig kritisch zu durchleuchten.

Lachmann unterscheidet drei Arten des Umgangs mit Prätexten, welche diese produktive Sinnbearbeitung des kulturellen Gedächtnisses auf je verschiedene Weise fördern: »Partizipation« bezeichnet eine Einstellung, die eine »vollziehende Teilhabe an den Texten der Kultur« beinhaltet und sich an bekräftigender Wiederholung erfreut; »Tropik« benennt ein »Wegwenden« vom oder den Kampf gegen einen Vorläufertext; »Transformation« bezeichnet eine usurpierende Aneignung des fremden Textes, die ihn im kreativen Spiel verwandelt (vgl. Lachmann 1990, 38 f.). Es ist bezeichnend für die Vielfalt und Reichweite von Sebalds intertextuellen Verfahrensweisen, dass alle diese Kategorien in seinem Werk vertreten sind.

Sebalds Œuvre ist durchdrungen von einer Vielzahl von selbstreflexiven Auseinandersetzungen mit seiner eigenen literarischen Praxis, die fast ausnahmslos auf ein Verständnis seiner Schriften als intertextuelle und intratextuelle Vernetzungsgeflechte hinweisen. Auch Sebalds Aussagen über die künstlerische Methode anderer in seinen kritischen Aufsätzen haben häufig eine Relevanz für seine eigene literarische Vorgehensweise, sodass man von einer Art intertextuellen Beziehung zwischen seinen kritischen Schriften und seinen literarischen Texten sprechen könnte (vgl. Schmucker 2012, 227). Zentrale Überlegungen über das Verhältnis von Zitat und kulturellem Gedächtnis finden sich z. B. in seinem Aufsatz »Wie Tag und Nacht – Über die Bilder Jan Peter Tripps« (s. Kap. 47). Hier erklärt Sebald die Bedeutung von Tripps Kunst des bildlichen Zitats – er beschreibt Tripps Werk als »Andenkenschrein«, in dem er »Zitate aus dem eigenen Leben« versammelt – in einer verallgemeinernden Form, die zugleich ihre Relevanz für sein eigenes literarisches Schaffen suggeriert. »Das Andenken ist ja im Grunde nichts anderes als ein Zitat. Und das in einen Text (oder in ein Bild) einmontierte Zitat zwingt uns, wie Eco schreibt, zur Durchsicht unserer Kenntnisse anderer Texte und Bilder und unserer Kenntnisse der Welt. Das wiederum erfordert Zeit. Indem wir sie aufwenden, treten wir ein in die erzählte Zeit und in die Zeit der Kultur« (Log 184). Die Metapher des »Andenkenschreins« aus Zitaten trifft auf die literarischen Arbeiten Sebalds voll und ganz zu: Die Bedeutung der Intertextualität als Anregung für das Erforschen des kulturellen Gedächtnisses wird hier bündig zusammengefasst. Der markierte intertextuelle Bezug stimuliert in Sebalds Auffassung nicht nur eine breite Auseinandersetzung mit bekannten Texten und mit unserem historischen Verständnis der Welt, sondern er initiiert auch eine Belebung des kulturellen Gedächtnisses, insofern latente Bedeutungen auf der manifesten Ebene des kulturellen Wissens reaktiviert werden. Angewandt auf Sebalds eigene literarische Praxis bedeutet dies, dass die Vielzahl seiner intertextuellen Verweise eine rezeptionsästhetische Wirkung hat, die seine Leser dazu anstachelt, die Räume des kulturellen Gedächtnisses auf der Suche nach weiteren relevanten Bezügen und versteckten Verbindungslinien selbst zu durchschreiten. Wenn seine Leser »in die erzählte Zeit« seiner Texte eintreten, d. h. imaginativ an der erzählten Welt teilnehmen, werden sie in einen historisch geprägten, mit Zitaten und intertextuellen Anspielungen beladenen Gedächtnisraum transportiert, in dem sie dann auf der Suche nach Orientierung ihren eigenen Weg finden müssen.

Koinzidenzpoetik und Intertextualität

Sebalds Weltbild ist bestimmt durch den Glauben an die Bedeutungsträchtigkeit von Zufällen, die als eine dem rationalen Denken entgehende und entgleitende sublime Ordnungsstruktur aufgefasst werden können. In einem frühen Interview spricht er diese Problematik an, die sein ganzes Werk durchzieht. »Wenn sich bestürzende Koinzidenzen ergeben, hat man immer das Gefühl, daß sie doch etwas bedeuten müssen. Aber man weiß nicht, was. Wahrscheinlich sind es Phänomene, die sich am Rande des Lebens abspielen, wo das sogenannte normale Leben vom metaphysischen berührt wird. [...] In jedem Lebenslauf gibt es sehr unwahrscheinliche Zufälle, Überlappungen mit dem Leben von anderen, Elemente, die nicht mit dem Verstand zu erklären sind« (Ges 74). Diese Poetik des Zufalls hat Sebald vor allem in seinem ersten Prosawerk *Schwindel. Gefühle* praktiziert, wo Überlappungen im Leben der Schriftsteller Stendhal und Kafka auf geradezu unheimliche Weise auf Übereinstimmungen mit dem Leben und Denken des Erzählers treffen. Doch wäre es falsch, diese Zufälle als unaufgesuchte Einfälle oder Vorkommnisse zu interpretieren. Im Gegenteil, Zufälle müssen, wie Sebald in einem späteren Interview erklärt, aktiv aufgesucht werden: »Man muß den Zufall auch provozieren. Diese ganz einfache Aktion, daß man in den National Union Catalog hineinschaut, wenn man einen etwas seltsamen Namen hat wie ich, und schaut, ob es noch andere Personen dieses Namens gibt, ist eine Provokation des Zufalls« (213). Er führt diesen Gedanken weiter aus, indem er seine eigene nach Zufällen forschende Tätigkeit mit dem Spürsinn eines Hundes vergleicht, der kreuz und quer über ein Feld läuft, um das zu entdecken, was seine Nase wittert (vgl. 214). Sebalds intertextuelle Bezüge sind genau in diesem Sinne als provozierte Zufälle anzusehen. In einer Selbstreflexion des Erzählers in *All'estero* über seine kreative schriftstellerische Praxis wird gerade dieses Moment des bewussten Aufsuchens von unerwarteten Verbindungen betont. »Ich saß an einem Tisch nahe der offenen Terrassentür, hatte meine Papiere und Aufzeichnungen um mich her ausgebreitet und zog Verbindungslinien zwischen weit auseinanderliegenden Ereignissen, die mir derselben Ordnung anzugehören schienen« (SG 112). Die produktive literarische Arbeit besteht also nicht in dem imaginativen Entsinnen von fiktionalen Welten, sondern in der Entdeckung einer heimlichen Ordnung, die unterschwellig die vom Erzähler gesammelten Elemente und Gedankengänge in eine sinnvolle aber unterwartete Konstellation bringt (vgl. Kilbourn 2006, 43).

Marcel Atze hat diesen obsessiven Drang des Sebaldschen Erzählers nach überraschenden Verbindungen treffend einen »Beziehungswahn« genannt (Atze 1997, 152). In einer Analyse der Erzählung *All'estero* kann er zeigen, wie die Koinzidenzen, die Sebalds Erzähler auf der Ebene des Plots in seinem Leben und seinen Beobachtungen macht, auf der Ebene der Textstruktur durch »intertextuelle Koinzidenzen« untermauert werden (152). So gesehen spiegelt das intertextuelle Geflecht, das Sebalds Texte in ihrer literarästhetischen Struktur kennzeichnet, das Spiel mit Koinzidenzen auf der Inhaltsebene. In diesem Sinne kann man zurecht, wie Atze dies vorschlägt, von Sebalds »Koinzidenzpoetik« sprechen. Atze geht aber noch darüber hinaus, indem er darlegt, wie der »Beziehungswahn« von Sebalds Erzähler sich letztlich auch auf Sebalds Leser wie ein Virus überträgt (vgl. 152 f.), die dann auch ihrerseits in seinen Texten und in seiner fiktionalen Welt nach unwahrscheinlichen Verbindungen über Zeiten und Räume hinweg suchen. So werden Sebalds Leser zu kreativen Teilnehmern an seinem intertextuellen Netzwerk, die die vorgegebenen Verbindungen weiter ausspinnen und das Netzwerk dementsprechend ausbauen.

Charakter als intertextuelles Kompositum

Sebalds intertextuelle Praxis findet nicht nur auf der Ebene der Textstruktur statt, sondern sie wird auch in der Konstruktion seiner fiktionalen Charaktere auf eigenartige und produktive Weise eingesetzt. Dies gilt nicht nur für Figuren wie Max Aurach und Jacques Austerlitz, die, obwohl auf den Biographien wirklicher Personen aufgebaut, fiktionale Gebilde sind, sondern auch für Protagonisten wie Paul Bereyter aus der gleichnamigen Erzählung in *Die Ausgewanderten*, dessen Lebensgeschichte hauptsächlich der Biographie von Sebalds Volksschullehrer in Sonthofen, Armin Müller entlehnt ist. Wie Bereyter beging dieser in hohem Alter Selbstmord, indem er sich auf die Eisenbahngleise hinlegte (vgl. Agw 41). Schon das Alias, mit dem diese Figur in Sebalds Text versehen ist, beinhaltet einen intertextuellen Bezug auf eine der Geliebten von Henri Beyle, Angéline Bereyter, die sogar in Sebalds Geschichte »Beyle, oder das merckwürdige Faktum der Liebe« ausdrücklich erwähnt wird (vgl. SG 27). Auf diese Weise stiftet dieser Name zugleich einen verborgenen Bezug auf den unglücklich lieben-

den Stendhal – der dann stellvertretend für Paul Bereyters Liebesunglück einsteht – , weist aber indirekt auch zurück auf Sebalds früheren Text. Obwohl die Geschichte Bereyters im Allgemeinen der Biographie von Armin Müller treu bleibt, wie sie Sebald aus persönlichen Erfahrungen und aus seinen weiteren Recherchen kennt, wird diese überlagert mit Eigenschaften und Episoden, die aus dem Leben Ludwig Wittgensteins herangezogen werden. Das *tertium comparationis*, das diese Überlagerung hervorruft, ist die Tatsache, dass Wittgenstein, wie Müller, eine Zeitlang als Volksschullehrer in einem österreichischen Dorf arbeitete. Ein weiterer Bezugspunkt ist, dass beide zum Teil jüdische Vorfahren hatten. Auf jeden Fall überträgt Sebald eine Reihe von Charakteristiken und Episoden aus Wittgensteins Leben auf seinen Protagonisten Bereyter: z. B. sein unwahrscheinliches Geschick im Pfeifen von klassischer Musik (vgl. Agw 61), seine Vorliebe für Gartenarbeit (vgl. 85), seinen Gebrauch von Johann Peter Hebels *Rheinischem Hausfreund* als Zusatzlektüre für seine Schüler (vgl. 56 f.) und eine Anekdote, der zufolge Wittgenstein ein im Wald gefundenes Fuchsskelett präparierte und als Darstellungsmaterial in seinem Klassenzimmer einsetzte (vgl. 56). Durch diese Kombination, die aus zwei zufällig verwandten Lebensgeschichten ein Amalgam macht, geht auf Sebalds historisch unbedeutende fiktionale Figur etwas vom Ansehen einer weltweit bekannten Persönlichkeit über. Wichtiger noch, sie kehrt durch die Überlagerung von verwandten Figuren, in Analogie zu Francis Galtons berühmten ›composite photographs‹, gerade das Typische in diesen Figuren hervor. Dadurch wird die Individualität dieses Charakters in einer Weise verallgemeinert, dass sie dann einstehen kann für eine breitere Gruppe, was den Zugang zu diesem Charakter seitens der Leser erleichtert.

Sebald verfährt ähnlich mit den Charakteren Max Aurach und Jacques Austerlitz, doch in diesen Fällen beanspruchen die entlehnten Biographien nicht den Berühmtheitsgrad eines Ludwig Wittgenstein. Aurach besteht aus einer Zusammenführung eines persönlichen Bekannten Sebalds, seinem früheren Manchester Vermieter Peter Jordan, und dem Maler Frank Auerbach, dessen Werk und Arbeitsweise in Sebalds Text behandelt wird (Agw 237 ff.). Wiederum wird die Lebensgeschichte eines persönlichen Bekannten durch die Biographie einer öffentlich bekannten Persönlichkeit gelesen. Von Peter Jordan übernimmt Sebald außerdem die Memoiren seiner Tante Thea Gebhardt, die die textuelle Grundlage für das Tagebuch Luisa

Lanzbergs in dieser Erzählung bilden (vgl. 289–327; vgl. Gasseleder 2005). Durch diese Anleihen bzw. Überlagerungen von verschiedenen, aber wiederum verwandten Lebensgeschichten gewinnt Sebalds fiktionale Figur an Lebensnähe. Bei Austerlitz haben wir einen ähnlichen Fall, denn Sebald hat offen zugegeben, dass diese Figur ein Kompositum von »zweieinhalb Lebensgeschichten« bildet (Ges 196). Eine dieser Personen ist wieder eine persönliche Bekanntschaft Sebalds, ein Gelehrter, der wie Austerlitz Baugeschichte studierte; eine andere ist Susi Bechhöfer, eine Frau, die mit einem Kindertransport nach England geschickt wurde, ihre Lebensgeschichte in dem Buch *Rosa's Child* aufgezeichnet hat, was wiederum zur Basis für eine BBC-Dokumentation über den Kindertransport wurde (vgl. 197). Hinter der Figur Austerlitz verbirgt sich aber mit hoher Wahrscheinlichkeit eine weitere Person, der jüdisch-amerikanische Historiker Saul Friedländer, von dessen Autobiographie *Wenn die Erinnerung kommt* sich ein stark annotiertes Exemplar in Sebalds Bibliothek befindet. Wie Austerlitz war Friedländer in Prag geboren; er wurde als Kind durch seine Verschickung nach Frankreich vor dem Holocaust gerettet, wo er trotz seines Judentums als Christ erzogen wurde. Diese schon komplex amalgamierte Figur bekommt noch eine weitere intertextuelle Schicht, wenn sie, ähnlich wie im Falle von Paul Bereyter, ausdrücklich mit Eigenschaften des Philosophen Wittgenstein assoziiert wird (vgl. Aus 58 ff.). Besonders interessant an Sebalds Technik, fiktionale Charaktere als Komposita zu konstruieren, die auf der Basis von intertextuellen Überlagerungen gebildet werden, ist, dass Intertextualität hier keineswegs die literarische Konstruiertheit von Sebalds Texten unterstreicht, wie einige Kritiker behaupten (vgl. Pearson 2008, 264; Swales 2003, 82), sondern gerade im Gegenteil deren dokumentarischen Anspruch unterstreicht. Gerade die Künstlichkeit des intertextuellen Kompositums strahlt in diesen Fällen eine Aura von Authentizität aus. Allerdings beschwören gerade diese Fälle den Vorwurf des Plagiathaften besonders intensiv herauf.

Intertextuelle Vielfalt

Sebalds intertextuelle Praxis geht über gängige Theorien der Intertextualität hinaus, welche diese primär als innerliterarisches Phänomen auffassen (vgl. Lachmann 1990, 36; Pfister 1985, 6 f.), insofern er abgesehen von seiner Bezugnahme auf Literatur aus der Gesamtheit der westlichen Tradition auch in hohem Maße auf nicht-literarische Prätexte Bezug nimmt. Selbstverständlich nehmen literarische Größen wie Kafka (s. Kap. 42), Nabokov (s. Kap. 44), Chateaubriand, Thomas Browne u. a. eine privilegierte Stellung ein. In den meisten seiner literarischen Werke gibt es sogar Schriftsteller als intertextuelle Leitfiguren, deren Werk quasi einen Leitfaden konstituiert, der das sonst disparate (Inter-)Textmaterial zusammenhält. Kafkas fragmentarische Geschichte »Der Jäger Gracchus« hat diese Funktion in *Schwindel. Gefühle*, Nabokovs Autobiographie *Speak, Memory* in den *Ausgewanderten* und verstreute Werke von Thomas Browne und Jorge Luis Borges in *Die Ringe des Saturn*. Nur im Falle von *Austerlitz* lässt sich schwer ein in dieser Weise leitender Intertext identifizieren, es sei denn, man möchte dem Werk von H. G. Adler diese Stellung einräumen (vgl. Finch/Wolff 2014, 8–10). Ansonsten wird Sebalds intertextuelle Bezugnahme auf literarische Vorgängertexte zum Teil über seine literaturkritischen Arbeiten vermittelt. Peter Schmucker hat z. B. in detaillierten Analysen untersucht, wie Sebalds literaturkritische Aufsätze zu Autoren wie Adalbert Stifter, Franz Kafka, Hugo von Hofmannsthal, Ernst Herbeck und Robert Walser die intertextuellen Bezüge zu diesen Figuren in seinen literarischen Werken prägen (vgl. Schmucker 2012, 39–228).

Zusätzlich zu seinen ausdrücklich literarischen Verweisen verwendet Sebald auch gerne Autobiographien, Tagebücher, historische Darstellungen und Reiseberichte, Sachbücher, wissenschaftliche Untersuchungen bis hin zu Tourismusbroschüren und Zeitungsartikel als Teile seines intertextuellen Geflechtes. Für die intertextuelle Bastelei, wie Sebald seine literarische Praxis versteht, spielt die Textart eine im Verhältnis zum Textinhalt oder zur Bedeutungskoinzidenz untergeordnete Rolle. Mehr noch, Sebalds intertextuelle Praxis weitet sich auch in vielerlei Hinsicht auf Formen der Intermedialität aus (s. Kap. 26). Seine bekannte Vorliebe für die Integration von ausgedehnten Bildbeschreibungen in seine literarischen Werke, die schon mit seinem »Elementargedicht« *Nach der Natur* beginnt, kann durchaus als eine modifizierte Form der Intertextualität betrachtet werden. Schließlich importiert Ekphrasis das beschriebene Bild als fremdes, aber angeeignetes Textelement in das literarische Werk hinein, wo es dann in Beziehung zu anderen Textelementen, Bedeutungsinhalten und Motiven treten kann. Auch spielen kinematographische Verweise in zunehmendem Maß eine intertextuelle Rolle in Sebalds Schaffen. In *Austerlitz* nehmen z. B. die Marienbad-Episode (Aus 294–309) und die Auseinandersetzung mit der französischen Nationalbibliothek als Gedächtnisarchiv (vgl. 372; 387–395) Bezug auf Filme des französischen Regisseurs Alain Resnais, *L'Année dernière à Marienbad* und *Toute la mémoire du monde*. Letztlich kann man die zentrale Bedeutung von Sebalds Einsatz von intertextuellen Techniken als wohl adäquateste literarische Form für die Darstellung einer Geschichts- und Erinnerungsperspektive in der Zeit der »postmemory« auffassen. Wie dieser Begriff von Marianne Hirsch konzipiert wurde, beschreibt er eine Situation, in welcher der Zugang zur Vergangenheit schon immer über Texte, Erzählungen oder Lebensberichte anderer Menschen, oder auch über Photographien und andere Medien vermittelt ist (vgl. Hirsch 1997, 22). Sebalds literarische Texte erweisen sich in diesem Sinne als vielschichtige intertextuelle Vermittlungssysteme von Vergangenem.

Vernetzung

Intertextualität als literaturästhetisches Verfahren konstituiert sich prinzipiell als eine Struktur der Vernetzung, in welcher der manifeste Text seine Verwobenheit mit einem oder mehreren Prätexten erweist und mögliche Beziehungen zu diesen Vorgängertexten evoziert. Insofern erscheint der Text als diskursiver Knotenpunkt, der in ein Beziehungsgeflecht mit einem übergeordneten Netzwerk verwoben ist, das aus anderen Texten, literarischen Gattungen, ästhetischen Praktiken, Sprach- und Sinnaktualisierungen usw. besteht. In seinen intertextuellen Beziehungen weist der Text über sich hinaus und verweist auf seine Einbettung in ein größeres System, mit dem er in ein Verhältnis der wechselseitigen Beeinflussung tritt. Aber als Gewebe ist der Text auch selbst als Netzwerk zu verstehen, das aus Knotenpunkten und Verbindungslinien besteht, und das seine Kohärenz über Verknüpfungen zwischen seinen diversen Sprachelementen, Motiven, Themen, Strukturen und Bedeutungsinhalten herstellt. Als Netzwerk dieser Art ist der Text als Geflecht von *inner-* oder *intra*textuellen Beziehungen aufzufassen, die in vieler Hinsicht die interne Verweisungsstruktur eines enzyklopädischen Werkes nachahmen (vgl. Fuchs 2004, 261; Wrobel 1997, 301 f.; 346 f.). Erst die Interaktion zwischen dieser internen Selbstorganisation des Textes und seiner Einschreibung in eine ihm übergeordnete Diskursstruktur definiert den Text als Netzwerk. Denn es ist charakteristisch für Netze und Netzwerke, dass sie »so-

wohl geschlossen und selbstorganisiert, wie auch in weiteren Netzen eingelassen sind, mit denen sie sich austauschen und kommunizieren«, sodass es zur »Eigenart aller Netze« gehöre, »dass sie Vernetzungen von Netzen sind« (Böhme 2004, 20). Die Interaktion zwischen dem intertextuellen und dem intratextuellen Netzwerk eines literarischen Textes trägt wesentlich zu seiner übergreifenden Struktur und seiner verhältnismäßigen Kohärenz bei. Insoweit der Text sich in seinen intertextuellen Beziehungen als »Mosaik von Zitaten« (Kristeva 1996, 337) ausweist, zeigt er eine zentrifugale Tendenz zur Fragmentierung, Dezentrierung und Aufsplitterung in diskrete Textelemente, die nach einer alternativen Form der Ordnung verlangen. Bei Texten wie denen von Sebald, die ein besonders hohes Maß an intertextuellen Bezügen, Zitaten und Anspielungen enthalten, ist diese Gefahr der Desintegration besonders akut. Diese Tendenz zur Dispersion kann auf verschiedene Weise kompensiert werden, z. B. durch strikte Selektivität bei der Wahl der Prätexte, damit sie einen eigenen internen Zusammenhang vorweisen, oder durch eine Einheit stiftende Perspektive, Erzählhaltung oder Erzählstimme, die eine Art Harmonie aus dieser Diversität erzeugt. Für das literarische Schaffen Sebalds sind beide Tendenzen bedeutsam. Aber sein Werk ist auch von einem hohen Maß an *intra*textuellen Bezügen gekennzeichnet, die als Leitmotive, Gedankenkonstellationen, privilegierte Symbole, Bilder und Metaphern, oder auch als Struktur- und Sprachverweise vorkommen. Diese intratextuellen Bezüge geben dem Text einen zentripetalen Impuls, welcher der zentrifugalen Tendenz der intertextuellen Verweise entgegenwirkt. Wenn Netzwerke also komplexe Systeme sind, die eine delikate Balance zwischen Ordnung und Unordnung aufrechtzuerhalten streben (vgl. Böhme 2004, 22), so sind Sebalds literarische Texte als Musterbeispiele von komplexen inter- und intratextuellen Vernetzungsgebilden aufzufassen (vgl. Fuchs 2004, 264 f.).

Der Text Sebalds, der diese Dynamik eines in der Spannung zwischen Abbau und Aufbau regulierten Netzwerks sowohl thematisiert als auch in seiner ästhetischen Konstitution musterhaft darstellt, ist sein Reisebericht *Die Ringe des Saturn*. Schon die im Titel metaphorisch heraufbeschworenen Saturnringe konkretisieren ein System, das nur in der ausgleichenden Wechselwirkung von widerstrebenden Kräften bestehen kann. Darauf deutet das der Brockhaus-Enzyklopädie entnommene Epigraph, demzufolge diese Ringe aus Bruchstücken eines früheren Mondes bestehen, die den Planeten »in kreisförmigen Bahnen umlaufen« (RS 9). Der darauf folgende Verweis auf die »Roch'sche Grenze« (9) nimmt die Theorie des Astronomen Édouard Roche auf, nach der die Ringe Saturns eine zu einem stabilen Amalgam gebildete Sammlung von Fragmenten darstellen, weil sie an jener Grenze existieren, wo zwei sich entgegenwirkende Gezeitenwirkungen in einem Ausgleichverhältnis stehen (vgl. Gray 2010, 41 f.). Sebalds Text bringt später ein Beispiel für ein Kunstwerk, das aus einer analogen Dynamik von Zusammensetzung und Auseinandernehmen entsteht, und das vom Erzähler als bewunderungswürdiges ästhetisches Gebilde gelobt wird: nämlich ein »aus Hunderten von Seidenfetzchen zusammengesetztes, mit Seidenfäden besticktes oder vielmehr spinnennetzartig überwobenes Brautkleid«, das die Ashbury Schwestern zusammennähen (RS 253). Das ›Spinnennetzartige‹ des Brautkleids bezieht sich wörtlich auf die Thematik des Netzwerkes, die sich durch den gesamten Text zieht. Sie manifestiert sich z. B. in der *Quincunx*-Struktur, die Thomas Browne als verstecktes, vereinheitlichendes Ordnungsmuster hinter den materiellen Erscheinungen entdeckt (vgl. 31 f.), in den für den Heringsfang eingesetzten seidenen Fischnetzen (vgl. 73) oder auch in dem »Netz von Todesstrahlen«, das angeblich als Massenvernichtungsmittel auf der militärischen Station von Orford entwickelt wurde (275). Wie diese Beispiele zeigen, können Netzwerke sowohl positive als negative Auswirkungen haben; denn als »bloß organisierte Struktur sind Netzwerke gegen ihre Inhalte gleichgültig« (Böhme 2004, 33). Dieses Beispiel weist ferner auf eine zusätzliche Verästelung von Sebalds Vernetzungstechnik hin; denn die Illustration des *Quincunx* steht in einer Relation von Familienähnlichkeit mit einer Reihe von weiteren Illustrationen in diesem Text – z. B. mit der im Krankenhausfenster hängenden Gittermasche (vgl. RS 12 f.), dem durch ein Gitter aufgenommenen Bild einer gefangenen Wachtel (vgl. 50), der mit gespenstischen Verbindungslinien überzogenen Landschaft (vgl. 113) oder der in Quadranten eingeteilten Karte von der Gegend um Orford (vgl. 277). Das Thema des Netzwerks wird also nicht nur durch netzwerkartige intratextuelle Verbindungen unterstützt, sondern es wird intermedial bekräftigt durch ein in ausgewählten Abbildungen dargestelltes visuelles Beziehungsgeflecht, das selber als netzwerkliche Verkettung erkennbar ist und darüber hinaus die Vernetzung auch thematisiert (vgl. Gray 2009, 497 ff.).

Das Brautkleid der Ashbury Schwestern gibt sich nicht nur als Knotenpunkt für die intratextuelle Vernetzungsthematik zu erkennen, sondern es verweist außerdem implizit auf Claude Lévi-Strauss' Idee der *bricolage*, eine Konzeption, die Sebald gerne auf seine eigene literarische Verfahrensweise übertrug (s. Kap. 23). In einem Interview mit Sigrid Löffler bekennt Sebald ausdrücklich: »Ich arbeite nach dem System der Bricolage – im Sinne von Lévi-Strauss. Das ist eine Form von wildem Arbeiten, von vorrationalem Denken, wo man in zufällig akkumulierten Fundstücken so lange herumwühlt, bis sie sich irgendwie zusammenreimen« (Ges 84). Sich-Zusammenreimen bedeutet hier etwa: sich in eine Vernetzungsordnung bringen lassen, in der die Familienähnlichkeit unter den disparaten Elementen zum Vorschein kommt. Wir kennen ähnliche Beispiele aus anderen Werken Sebalds, etwa Austerlitz' Suche nach Familienähnlichkeiten in den monumentalen Bauwerken der europäischen Moderne (vgl. Aus 48), oder sein Spiel mit dem Hin-und-Her-Schieben von Photographien, bis sich aus ihrer Konstellation eine erkennbare Ordnung ergibt (vgl. 171 f.). Sebald versteht also unter Bastelei eine Art kaleidoskopische Vernetzung, in der aus einer endlichen Zahl von Elementen eine quasi unendliche Vielfalt von Beziehungsgeflechten hervorgehen kann; treffend beschreibt dieser Begriff die Praxis der Kombinatorik, welche auf paradigmatische Weise die inter- wie intertextuelle Vernetzung seiner literarischen Texte charakterisiert.

Literatur

Atze, Marcel: Koinzidenz und Intertextualität: Der Einsatz von Prätexten in W. G. Sebalds Erzählung ›All'estero‹. In: Franz Loquai (Hg.): *W. G. Sebald*. Porträt 7. Eggingen 1997, 151–175.

Bachtin, Michail M.: *Die Ästhetik des Wortes*. Frankfurt a. M., 1979.

Bechhöfer, Susi: *Rosa's Child. The True Story of One Woman's Quest for a Lost Mother and a Vanished Past*. London 1996.

Böhme, Hartmut: Einführung. Netzwerke. Zur Theorie und Geschichte einer Konstruktion. In: Jürgen Barkhoff/Hartmut Böhme/Jeanne Riou (Hg.): *Netzwerke. Eine Kulturtechnik der Moderne*. Köln 2004, 17–36.

Broich, Ulrich: Formen der Markierung von Intertextualität. In: Ulrich Broich/Manfred Pfister (Hg.): *Intertextualität. Formen, Funktionen, anglistische Fallstudien*. Tübingen 1985, 31–47.

Catling, Jo: Europäische Flânerien. W. G. Sebalds intertextuelle Wanderungen zwischen Melancholie und Ironie. In: Mereille Tabah/Sylvia Weiler/Christian Poetini (Hg.): *Gedächtnis und Widerstand: Festschrift für Irene Heidelberger-Leonard*. Tübingen 2009, 139–154.

Dehairs, Wouter: Literatur im Kontext? Kontext als Intertext. Analyse von W. G. Sebalds *Schwindel. Gefühle* und dessen Ethik des Erinnerns. In: Leopold Decloedt/Herbert

Van Uffelen/M. Elisabeth Weissenböck (Hg.): *Rezeption, Interaktion und Integration: Niederländischsprachige und deutschsprachige Literatur im Kontext*. Wien 2004, 271–287.

Finch, Helen/Wolff, Lynn: Introduction. The Adler-Sebald Intertextual Relationship as Paradigm for Intergenerational Literary Testimony. In: Helen Finch/Lynn Wolff (Hg.): *Witnessing, Memory, Poetics: H. G. Adler and W. G. Sebald*. Rochester, NY 2014, 1–21.

Friedländer, Saul: *Wenn die Erinnerung kommt*. München 1998.

Fuchs, Anne: Zur Ästhetik der Vernetzung in W. G. Sebalds *Austerlitz*. In: Jürgen Barkhoff/Hartmut Böhme/Jeanne Riou (Hg.): *Netzwerke. Eine Kulturtechnik der Moderne*. Köln 2004, 261–278.

Gasseleder, Klaus: Erkundungen zum Prätext der Luisa-Lanzberg-Geschichte aus W. G. Sebalds *Die Ausgewanderten*: Ein Bericht. In: Marcel Atze/Franz Loquai (Hg.): *Sebald. Lektüren*. Eggingen 2005, 157–175.

Gray, Richard T.: From Grids to Vanishing Points: W. G. Sebald's Critique of Visual-Representational Orders in *Die Ringe des Saturn*. In: *German Studies Review* 32/3 (2009), 495–526.

Gray, Richard T.: Writing at the Roche Limit. Order and Entropy in W. G. Sebald's *Die Ringe des Saturn*. In: *German Quarterly* 83/1 (2010), 38–57.

Hirsch, Marianne: *Family Frames. Photography, Narrative, and Postmemory*. Cambridge, MA 1997.

Kaspar, Judith: Intertextualitäten als Gedächtniskonstellationen im Zeichen der Vernichtung. Überlegungen zu W. G. Sebalds *Die Ausgewanderten*. In: Barbara Beßlich/Katharina Grätz/Olaf Hildebrand (Hg.): *Wende des Erinnerns? Geschichtskonstruktionen in der deutschen Literatur nach 1989*. Berlin 2006, 87–98.

Kilbourn, Russell J. A.: Kafka, Nabokov... Sebald. Intertextuality and Narratives of Redemption in *Vertigo* and *The Emigrants*. In: Scott Denham/Mark McCulloh (Hg.): *W. G. Sebald. History, Memory, Trauma*. Berlin 2006, 33–63.

Kristeva, Julia: Bachtin, das Wort, der Dialog und der Roman. In: Dorothee Kimmich/Rolf Renner/Bernd Stiegler (Hg.): *Texte zur Literaturtheorie der Gegenwart*. Stuttgart 1996. 334–348.

Kristeva, Julia: Probleme der Textstrukturation. In: Jens Ihwe (Hg.): *Literaturwissenschaft und Linguistik. Ergebnisse und Perspektiven*. Bd. II.2. Frankfurt a. M. 1971, 484–507.

Lachmann, Renate: *Gedächtnis und Literatur. Intertextualität in der russischen Moderne*. Frankfurt a. M. 1990.

Öhlschläger, Claudia: Unschärfe. *Schwindel. Gefühle*. W. G. Sebalds intermediale und intertextuelle Gedächtniskunst. In: *W. G. Sebald: Mémoire. Transferts. Images. Erinnerung. Übertragungen. Bilder*. Sonderausgabe von *Recherches Germaniques* 2 (2005), 11–23.

Pearson, Ann: ›Remembrance... is nothing other than a quotation‹. The Intertextual Fictions of W. G. Sebald. In: *Comparative Literature* 60/3 (2008): 261–278.

Pfister, Manfred: Konzepte der Intertextualität. In: Ulrich Broich/Manfred Pfister (Hg.): *Intertextualität. Formen, Funktionen, anglistische Fallstudien*. Tübingen 1985, 1–30.

Schedel, Susanne: *Wer weiß, wie es vor Zeiten wirklich gewesen ist? Textbeziehungen als Mittel der Geschichtsdarstellung bei W. G. Sebald*. Würzburg 2004.

Scheiding, Oliver: Intertextualität. In: Astrid Erll/Ansgar Nünning (Hg.): *Gedächtniskonzepte der Literaturwissenschaft. Theoretische Grundlegung und Anwendungsperspektiven*. Berlin 2005, 53–72.

Schmucker, Peter: *Grenzübertretungen. Intertextualität im Werk von W. G. Sebald*. Berlin/Boston 2012.

Swales, Martin: Intertextuality, Authenticity, Metonymy? On Reading W. G. Sebald. In: Rüdiger Görner (Hg.): *The Anatomist of Melancholy. Essays in Memory of W. G. Sebald*. München 2003, 81–87.

Wrobel, Dieter: *Postmodernes Chaos – Chaotische Postmoderne. Eine Studie zu Analogien zwischen Chaostheorie und deutschsprachiger Prosa der Postmoderne*. Bielefeld 1997.

Richard T. Gray

21 Fiktion – Dokument

Die Frage, inwiefern die Dichter lügen und lügen dürfen, hat eine lange Tradition. Seit Mitte des 20. Jahrhunderts wird sie mit Hilfe des Begriffs der Fiktion beantwortet: Literarische Texte werden als fiktionale Texte deklariert und die dort getätigten Aussagen werden z. B. sprechakttheoretisch als »fingierte Assertionen« (Searle 1982) bezeichnet. Literarische Kommunikation funktioniert, weil Fiktionalität eine Art Institution bzw. eine geteilte kulturelle Praxis ist; es wird etwas unterstellt, was Umberto Eco (metaphorisch) einen »Fiktionsvertrag« (Eco 1994, 103; vgl. Zipfel 2001, 283 ff.) genannt hat. Dieser Vertrag beinhaltet in seiner reinen Form, dass der Autor Feststellungen fingiert und der Leser diese Feststellungen als fingiert durchschaut, aber seinen Unglauben über diese Feststellungen suspendiert; das ist, nach der berühmten Formel des englischen Romantikers Samuel Coleridge, »the willing suspension of disbelief« (Eco 1994, 103).

Dieses Erklärungsmuster hat sehr deutlich den heterodiegetisch – in der dritten Person – erzählten Roman zum Paradigma: Auch wenn in einem ›realistischen‹ oder einem ›historischen‹ Roman viele Einzelheiten vorkommen können, deren Realitätsgehalt anderweitig verbürgt ist oder auf der Hand liegt, so handelt es sich gleichwohl insgesamt um eine fiktionale, in sich geschlossene Romanwelt, über die der Autor die vollständige Kontrolle ausübt. Auf homodiegetisch – in der ersten Person – erzählte Texte lässt sich dieses Modell nicht ohne weiteres anwenden. Schon Käte Hamburger hat argumentiert, dass diese als »fingierte Wirklichkeitsaussagen« nicht dem genuinen Bereich der »epischen Fiktion« zuzurechnen seien (Hamburger 1957/1987, 272). Offensichtlich trifft dies auf Autobiographien zu. Für Texte, in denen sich der Name des Erzählers mit dem des Autors deckt, wird seit Philippe Lejeune häufig – aber missverständlich – vom »autobiographischen Pakt« (Lejeune 1975/1994) gesprochen, der eine Zusage von Authentizität beinhalte (vgl. Klein/Martínez 2009, 3). Man hat dem entgegengehalten, Autobiographie sei immer »Maskenspiel« und die »Unterscheidung zwischen Fiktion und Autobiographie« scheine »keine Frage von Entweder-Oder« zu sein, »sondern unentscheidbar« (de Man 1979/1993 133). Neuere Entwicklungen in der erzählenden Literatur weisen auf eine Aufweichung der Grenze zwischen faktualen »Wirklichkeitserzählungen« (Klein/Martínez 2009) und fiktionalen Texten hin, die häufig mit dem Begriff der »Auto(r)fiktion«

(Wagner-Egelhaaf 2013) belegt werden. Dem entspricht der Ansatz von Käte Hamburger, die für Erzählungen in der ersten Person – anders als für die ›epische Fiktion‹ – eine »Skala von Fingiertheitsgraden« (Hamburger 1957/1987, 275) annimmt. Festzuhalten ist, dass dies die Idee des Paktes nicht einfach außer Kraft setzt, sondern vielmehr dessen Inhalt ungewiss werden lässt. Auf diesem Feld siedelt sich die Prosa von W. G. Sebald an.

Das Dokumentarische

Die Frage nach dem Dokumentarischen kommt bei Sebald schon deshalb ins Spiel, weil in seine Texte Abbildungen als Dokumente eingebaut werden. Das Wort Dokument leitet sich von dem lateinischen Wort *docere* ab. Das Dokument *lehrt* etwas. Es soll als Beweismittel dienen, indem es sich auf etwas bezieht. Die Wortbedeutung von *dokumentieren* als ›durch Dokumente beweisen‹ ist seit dem Beginn des 18. Jahrhunderts belegt (vgl. Fähnders 2007, 284). Rückt man die referenzielle Seite des Dokuments in den Vordergrund, so ergibt sich ein Spannungsverhältnis zum Fiktionalen, bei dem die Referenz gerade als unterbrochen definiert ist. Man kann diese prekäre Relation durch den Hinweis zu entschärfen suchen, dass »Fiktion und Dokument [...] keine symmetrischen Oppositionsbegriffe« sind, weil sie sich »auf verschiedenen Ebenen der Textbeschreibung verorten lassen« (Werle 2006, 113). Fiktionalität bezieht sich auf den Status eines Textes, das Dokumentarische hingegen bezeichnet eine Funktionsbestimmung.

Wichtig ist zunächst einmal festzuhalten, dass in gedruckter Literatur überhaupt und in Sebalds Büchern im Besonderen keine Dokumente als materielle Gegenstände, sondern eben höchstens (manipulierbare) *Repräsentationen* von Dokumenten – etwa Reproduktionen von Photos, Photokopien usw. – vorkommen. Grundsätzlich können sowohl *Bild-* wie auch *Textdokumente* in Büchern repräsentiert werden. Allerdings ist diese Unterscheidung relativ: Auf der einen Seite erscheint auch die Reproduktion eines Dokuments, das aus Text besteht, im Buch als Bild bzw. als Abbildung, d. h. als Fremdkörper innerhalb des Fließtextes. Wenn in *All'estero* die Rechnung eingerückt wird, die der Erzähler in der Pizzeria Verona zu bezahlen hatte (vgl. SG 94), so handelt es sich um ein Textdokument, das nicht nur wegen der handschriftlichen Zusätze Bildcharakter hat (auch wenn Sebald besonders in *Schwindel. Gefühle* die Übergänge zwischen Text und Bild bisweilen verwischt; vgl. Niehaus 2006). Auf der anderen Seite kann ein reines Bilddokument seine dokumentarische Funktion überhaupt nicht erfüllen, weil Bilder als solche nichts behaupten und nichts beweisen. Dass *diese* Frau auf einem Photo – so ein Beispiel Siegfried Kracauers (vgl. Kracauer 1927/1990, 84) – die eigene Großmutter ist (und nicht etwa ihre Freundin), ist eine Behauptung, die von dem Diskurs aufgestellt wird, in den das Photo als Beweisstück eingelassen ist. Auch vor diesem Hintergrund ist es zentral für Sebalds Verfahren der Integration von Abbildungen, dass diese grundsätzlich keine Legenden haben, in denen die dokumentarische Funktion der eingerückten Bilder – von einer Instanz, die nicht die des Erzählers wäre – explizit gemacht und spezifiziert würde. Eine Abbildung selbst kann nur insoweit einen Beweis antreten, als sie ihrerseits *lesbar* oder *sprechend* ist. Sebald hat in *Schwindel. Gefühle* das Maximum einer beweisenden Abbildung in seinen Text eingefügt, nämlich eine Reproduktion seines eigenen Identitätsdokuments, das ihm in *All'estero* am 4. August 1987 vom Generalkonsulat in Mailand ausgestellt wird (vgl. SG 135). Aus der Reproduktion eines solchen Dokuments folgt nicht, dass alles, was in diesem Text über das ›Ich‹ ausgesagt wird, als ›wahr‹ behauptet wird: Das meint das Konzept der Auto(r)fiktion.

Der Begriff der Dokumentarliteratur ist vor allem deshalb diffus, weil er in den frühen 1970er Jahren im emphatischen Sinne für literarische Texte verschiedener Gattungen eingeführt wurde, die nicht mehr auf ›bloßer Erfindung‹ beruhen, sondern sich der gesellschaftlichen Realität stellen wollten. Eine Kernfrage hierbei ist, inwiefern das Dokumentarische auch exponiert werden muss. Verbreitet ist die Auffassung, dass man von dokumentarischer Literatur »erst dann sprechen« kann, »wenn der ›zitierte‹ Stoff als Material erkennbar wird, im Text also Fremdbestandteile auftauchen, die Wirklichkeit nicht nur darstellen, sondern reproduzieren« (Miller 1992, 183). Nur dann lässt sich Dokumentarliteratur als Textsorte abgrenzen von dem weitaus verbreiteteren und älteren literarischen Verfahren, ohne deren Kenntlichmachung auf Dokumente zurückzugreifen (wie etwa Büchner in *Dantons Tod*). Nikolaus Miller versucht dieser Sachlage in einer »Poetik der Dokumentarliteratur« Rechnung zu tragen, in der ein komplexes Feld mit den drei Polen »Gestaltung«, »Montage« und »Publizistik« vorgestellt wird, das durch das Kriterium Erkennbarkeit/Nichterkennbarkeit des dokumentarischen Materials strukturiert ist (84 ff.).

Die Komplexität von Sebalds Verfahrensweisen im Umgang mit Dokumenten resultiert daraus, dass sie sowohl eine erkennbare als auch eine verdeckte Rolle spielen. In Millers Ansatz wären sie am ehesten dem Pol der Publizistik zuzuordnen. Nur die offen in den Text montierten Dokumente kann der Rezipient als solche in Betracht ziehen, um sich ein eigenes Urteil über sie und ihren dokumentarischen Wert zu bilden. Die in die Gestaltung eingearbeiteten Dokumente hingegen werden von ihm als der Kritik entzogene Bestandteile der erzählten Welt wahrgenommen. Sebald forciert dieses Spannungsverhältnis zwischen der »Exposition« (Miller 1982, 94) der Dokumente durch Reproduktion ihrer Materialität auf der einen und ihrer unsichtbar bleibenden »Verarbeitung« (94) auf der anderen Seite. Die Frage nach dem Dokumentarischen hängt daher bei Sebald eng mit derjenigen nach der Relation zwischen Text und Bild zusammen (s. Kap. 19). Allgemein gilt natürlich, dass die dokumentarische Montage die sprachliche Einheit eines Textes konterkariert und die Erzählinstanz tendenziell entmachtet. Indem das eingefügte Dokument bei Sebald zum Bild wird, wird der Text zwar unterbrochen, aber in seiner Einheitlichkeit umso mehr gewahrt, als die verdeckt verwendeten Dokumente in ihrer Verarbeitung dem Stil und der Schreibweise der Erzählinstanz weitgehend assimiliert werden (s. Kap. 22). Bei letzterem handelt es sich um ein Verfahren, das analog auch in Sebalds intertextuellem Umgang mit verdeckt oder offen zitierten bzw. referierten literarischen Texten zur Anwendung kommt, was die Grenze zwischen literarischem Prätext und Dokument bis zu einem gewissen Grade verwischt.

Sebald selbst hat immer wieder die Bedeutung des Dokumentarischen für sein eigenes Schreiben hervorgehoben und dabei durchaus auch die bundesrepublikanische Dokumentarliteratur im Blick gehabt. »Im Dokumentarischen«, schreibt er etwa in *Luftkrieg und Literatur*, »kommt die deutsche Nachkriegsliteratur eigentlich erst zu sich und beginnt mit ernsthaften Studien zu einem der tradierten Ästhetik inkommensurablem Material« (Luf 65). Peter Weiss, Uwe Johnson, Hans Magnus Enzensberger und Alexander Kluge wären hier als Beispiele zu nennen. Gleichwohl unterscheidet sich Sebalds Verfahren schon in seinen formalen Aspekten grundlegend von diesen Autoren. Am ehesten ist noch eine – von Sebald nicht geleugnete – Verwandtschaft zu Alexander Kluge zu diagnostizieren.

Die Besonderheit seines Verfahrens ist von der Forschung oft beschrieben worden. Lynn Wolff etwa fasst bündig zusammen, es sei nicht Sebalds Anliegen, »to create a fiction that is historically substantiated through documentation«; vielmehr problematisiere er eher den »writing process in addition to the standards by which we judge authenticity, documentary status, historical truth, and even truth in general« (Wolff 2009, 320). Als allgemeine Beschreibung gibt diese Einschätzung, die den Fiktionalitätsstatus dieser Prosa allerdings unentschieden lässt, sicherlich den *common sense* wieder. Dabei wird jedoch unterstellt, dass das Verfahren in allen vier Prosabüchern dasselbe ist. Diese Voraussetzung wird zwar durch den äußeren Anschein gestützt, erweist sich aber bei näherem Hinsehen als problematisch. Das Verhältnis zwischen Fiktion und Dokument kann nur von Fall zu Fall bestimmt werden, wobei sich eine eindeutige Entwicklungstendenz abzeichnet.

»Schwindel. Gefühle«

Während *All'estero* und *Il ritorno in patria* von allen Texten Sebalds am ehesten unter die Kategorie der Auto(r)fiktion subsumiert werden können, beruhen die Erzählungen aus dem Leben Stendhals und Kafkas notwendigerweise auf Dokumenten, die teils als Belegmaterial eingerückt, teils ausgewiesen und referiert, teils aber auch verdeckt zitiert werden. Vor allem in *Dr. K.s Badereise nach Riva* wird die Dokumentenbasiertheit der Darstellung geradezu ausgestellt. So heißt es etwa: »Wie Dr. K. die paar Tage in Venedig in Wirklichkeit zugebracht hat, wissen wir nicht« (SG 170). In Bezug auf den Besuch der »Kirche zur heiligen Anastasia« in Verona heißt es, es gebe »nirgends einen Anhaltspunkt«, dass er das »schöne Wandbild des heiligen Georg über dem Eingang zur Kapelle der Pellegrini angesehen hätte«. Und wenn unmittelbar darauf fortgesetzt wird: »Belegt werden könnte jedoch, daß es Dr. K. [...] einen Augenblick lang so vorkam [...]« (171) – so wird durch diese Wendung ostentativ vorab ein klassisches Fiktionssignal entkräftet, nämlich der Erzählbericht von fremden Bewusstseinsvorgängen.

Im Gespräch mit Andreas Isenschmid hat Sebald erklärt, das Buch sei »so eine Art fiktiver Text, teils biographisch, teils autobiographisch, teils essayistisch, teils handelt es sich um Bildbeschreibungen, teils handelt es sich um Reiseberichte und zum Teil auch um Versuche psychogrammatischer Art« (Ges 50). Obwohl er hier nur nichtfiktionale Textsorten aufzählt, bezeichnet er sein Buch halbherzig als fiktiv. Denn in diesem Buch werden Dinge erzählt, die *erkennbar* fiktiv sind, wie etwa die zumindest nachträglich identifizierbaren *Jäger Gracchus*-Reminszenzen in *Beyle oder das merckwürdige Faktum der Liebe* (SG 30) und in *All'estero* (147). In Sebalds Selbstkommentar handelt es sich hier um – keineswegs verborgene – »Nahtstellen«, an denen »sich das Fiktive mit dem Dokumentarischen oder mit dem Zitierten mehr oder weniger reißverschlußartig zusammensetzt« (Ges 56).

Sebald selbst hat diesen Umgang mit Fiktionalität auch biographisch bzw. textgenetisch begründet. Als Vertreter der Literaturwissenschaft habe er »gewisse Hemmungen« gehabt, sich »ans Erfinden zu machen«, weil das ja letztlich »eine gewisse Form der Schummelei und des absolut unwissenschaftlichen Vorgehens« (Ges 64) sei. Die zunächst entstandenen Texte über Kafka und Stendhal habe er als eine Art Fortführung seiner literaturkritischen Essays mit anderen Mitteln aufgefasst (147). Dass das Erfinden als »Schummelei« (oder, mit Bezug auf den Buchtitel, als ›Schwindel‹) gewissermaßen ›gedeckt‹ sein muss, wird an einer Stelle in *Dr. K's Badereise nach Riva* besonders deutlich. Dort wird behauptet, die »Mehrheit der Einwohner des Ortes« Desenzano hätten sich »zum Empfang des Vicesekretärs der Prager Arbeiterversicherungsanstalt auf dem Marktplatz versammelt« (SG 175), was durch eine eingerückte Photographie anscheinend dokumentiert werden soll. Tatsächlich wird diese Behauptung aber gerade durch das Photo *ad absurdum* geführt. In welcher Weise dieses Photo für Sebald ein die »Schummelei« rechtfertigendes Fundstück war, geht aus dem weiteren Kontext hervor. Die Photographie stammt aus Klaus Wagenbachs einige Jahre zuvor erschienenem Bildband über Franz Kafka, dem Sebald die meisten Photographien zu diesem Text entnommen hat. Bei Wagenbach liest man in der Legende: »Die Mehrzahl der Einwohner hat sich am 21. September 1913 zum Empfang des Vicesekretärs der Anstalt, Dr. Kafka, versammelt« (Wagenbach 1983, 152). Sebald hat also nicht nur das Photo, sondern auch die falsche Bildunterschrift aus dem Buch Wagenbachs übernommen. Es handelt sich um eine alte Ansichtskarte von Desenzano, die Wagenbach eigenen Angaben zufolge zufällig auf einem Flohmarkt gefunden und in ironischer Absicht mitsamt mystifizierender Legende eingeschmuggelt hat (vgl. Jakobs 2014, 315; Zisselsberger 2007, 300).

Sebald verfolgt in *Schwindel. Gefühle* insofern eine widersprüchliche Strategie, als die *ausgestellten* Akte des Fingierens einerseits zur Erhöhung der Glaubwürdigkeit des Übrigen beitragen sollen und andererseits zu einem allgemeinen Misstrauen gegenüber den dokumentierten und erzählten Sachverhalten führen können. Es ergibt sich also der scheinbar paradoxe Befund, dass das dokumentarische Material sowohl zur Offenlegung des Fingiertseins wie auch zur Verifikation Verwendung findet. In Gesprächen betont Sebald immer wieder, dass sich auch und gerade sehr unglaubwürdige Zufälle in *Schwindel. Gefühle* tatsächlich zugetragen haben und nicht erfunden seien. Zufälle, so erklärt er, hätten in der »Romanfiktion immer eine große Rolle gespielt«, aber man realisiere als Leser meistens, »daß diese Fiktionen Fiktionen sind, und also hergestellte Zufälle sind. Und um diesem Verdacht zu entgehen, nicht zuletzt darum, habe ich also zum Teil Dokumente und Bilder und Fotos mit in den Text hineingenommen, um das irgendwie verifizieren zu können« (Ges 63). Niederschlag des spezifischen Humors, der in *Schwindel. Gefühle* verschiedentlich zutage tritt, ist das Auftauchen eines solchen Verifikationsverlangens auch im Erzählten, wenn der Ich-Erzähler in *All'estero* einen Touristen darum bittet, ein Photo von der Pizzeria zu machen (vgl. SG 147 ff.), oder wenn er in »ohnmächtigen Zorn« darüber verfällt, dass er »keinerlei Beleg« (108) haben werde für die Existenz der Kafka ähnelnden Zwillinge.

Insgesamt lässt sich feststellen, dass der Montagecharakter des Textes in *Schwindel. Gefühle* deutlicher zu erkennen ist als in den folgenden Prosabüchern. Der Umgang mit dem Dokumentarischen findet gewissermaßen vor den Augen des Lesers statt. Dem entspricht auch, dass der Anteil des eigentlich photographischen Materials in *Schwindel. Gefühle* recht gering ist. Viele der knapp siebzig Abbildungen erfüllen tatsächlich auf ganz unterschiedliche Weise eine nachvollziehbare dokumentarische Funktion; andere werden auf eine irritierende Weise verfremdet – wie die dreifache Reproduktion der geöffneten Mundhöhle (vgl. SG 18) und des heiligen Georg (vgl. 275) oder die schemenhafte Barke des Jäger Gracchus (vgl. 186). Auch die Verarbeitung des dokumentarischen Textmaterials im Fließtext wird in der Regel deutlicher ausgewiesen als in den späteren Büchern. Das betrifft nicht nur die dokumentenbasierten Erzählungen zu Stendhal und Kafka, sondern ebenso die beiden autobiographischen Versuche. Immer wieder wird etwa durch Einschübe explizit gemacht, dass der Ich-Erzähler in einer Art *Précis* den Inhalt der Schrift Giacomos Casanovas über seine Flucht aus Bleikammern in Venedig wiedergibt (vgl. 66–71). Dass die sprachliche Angleichung des dokumentarischen Materials in solchen Passagen nur begrenzt stattfindet, ist mit verant-

wortlich dafür, dass *Schwindel. Gefühle* von allen Büchern Sebalds am wenigsten ›homogenisiert‹ wirkt.

»Die Ausgewanderten«

In den *Ausgewanderten* steht das Dokumentarische sowie die Frage nach der Fiktionalität unter anderen Vorzeichen: Alle vier Erzählungen dieses Buches sind nach einer Person aus dem persönlichen Umfeld des Ich-Erzählers benannt und widmen sich deren Biographie. Der Ich-Erzähler selbst tritt zwar als Nebenfigur, Gesprächspartner, Nachforschender und mithin als Zeuge auf, wird aber nicht mehr – wie in *Schwindel. Gefühle* – zum autofiktionalen Gegenstand der Darstellung. In *Schwindel. Gefühle* wird unmissverständlich deutlich gemacht, dass der Leser den Ich-Erzähler zunächst einmal mit dem Autor gleichsetzen soll. Es ist daher irreführend, ihn gleichwohl als fiktiven Erzähler zu bezeichnen. Inwiefern sich der Ich-Erzähler dann durch autofiktionale Operationen wie Stilisierung, Selektion, Rekombination, Einfügung erfundener Details usw. wiederum vom empirischen Autor unterscheidet, ist eine andere Frage, zu deren Beantwortung der Leser (solange es keine Sebald-Forschung und keine ihm gewidmeten Webseiten gibt) nicht die Mittel hat. In den *Ausgewanderten* ist die Verbindung zwischen dem Ich-Erzähler und der Person des Autors zwar auch gegeben, aber sie ist nicht thematisch und ergibt sich insofern eher indirekt aus zahlreichen biographischen Parallelen usw. Während in *Schwindel. Gefühle* mit der Reproduktion des Identitätsdokuments der autobiographische Pakt ironisch zitiert wird, bleibt der Ich-Erzähler in den Erzählungen der Ausgewanderten ohne Namen.

Für den Leser sind Dr. Henry Selwyn, Paul Bereyter, Ambros Adelwarth und Max Aurach Unbekannte. Er kann zunächst einmal nicht wissen, ob diese Figuren einen realen Referenten haben oder nicht. Sie sind keine historischen Personen wie Henri Beyle und Franz Kafka, bei denen man im Prinzip auch unabhängig von Sebalds Erzählung verifizieren kann, was über sie ausgesagt wird. Dokumente spielen hier eine geringere und eine andere Rolle. Die Erzählung über Dr. Henry Selwyn stützt sich – sieht man von dem reproduzierten Zeitungsausschnitt am Ende ab (vgl. Agw 37) – allein auf die summarisch wiedergegebenen mündlichen Mitteilungen des Protagonisten selbst, während den beigefügten Photographien keine konkrete Belegfunktion zukommt. In den übrigen Erzählungen besitzen Dokumente zwar einen größeren

Stellenwert, aber die Archive, aus denen sie stammen, sind nicht zugänglich – wie das Photoalbum von Mme. Landau (vgl. 68 ff.), das Agendabüchlein von Ambros Adelwarth (vgl. 187 ff.) oder das Tagebuch von Luisa Lanzberg (vgl. 289 ff.).

Reproduzierte Dokumente mit Textanteil, die in *Schwindel. Gefühle* sehr häufig vorkommen, sind in den *Ausgewanderten* eher selten. Von den etwa achtzig Abbildungen im Text sind nur dreizehn keine Photographien. Bei mehr als einem Viertel der Photos wird nahegelegt, dass sie vom Ich-Erzähler selber stammen. Die dokumentarische Beweiskraft der meisten Photographien bleibt in vielen Fällen zweifelhaft bzw. ihre Beweisfunktion tritt in den Hintergrund. Die Photos von den Hotels in Deauville beispielsweise (vgl. Agw 174 f.) bilden tatsächlich die genannten Hotels ab, haben aber eine eher illustrative Funktion – sie belegen z. B. nicht, dass der Ich-Erzähler, wie er behauptet (vgl. 171), Deauville im September 1991 tatsächlich besucht hat.

Die Forschung hat immer wieder darauf hingewiesen, dass die reproduzierten Abbildungen bei Sebald meist von einer absichtlich schlechten Qualität sind (s. Kap. 26) – unscharf (vgl. Agw 250), schlecht belichtet (vgl. 134, 266) oder für das Gezeigte zu kleinformatig reproduziert (vgl. 232). Die Gründe hierfür sind vielfältig, auch ästhetische Gesichtspunkte, etwa die Einheitlichkeit des Gesamteindrucks, spielen hier eine Rolle. Allerdings entspricht gerade in den *Ausgewanderten* die Qualität der meisten Photos durchaus derjenigen von üblichen Familien- oder Erinnerungsphotos (vgl. etwa 70, 71, 73, 108, 109, 118, 147). Eine Ausnahme ist das im Text thematisierte Photo, das den Ich-Erzähler selbst in einer Weise unterbelichtet zeigt, dass der Leser in seinem Begehren, dessen Identität mit dem Autor Sebald dokumentiert zu sehen, enttäuscht wird (vgl. 130).

Mehr noch wird das durch die Reproduktionen geweckte dokumentarische Begehren allerdings dadurch enttäuscht, dass oftmals gerade *nicht* dasjenige durch Abbildungen dokumentiert wird, was man in dokumentarischer Hinsicht erwarten würde. Am eklatantesten ist das am Ende des Buches, wenn bei der Beschreibung von Photographien aus dem Ghetto Litzmannstadt eine hervorgehoben wird, auf der drei webende Frauen zu sehen sind – die vom Ich-Erzähler schließlich als die drei Parzen apostrophiert werden –, die Photographie dem Rezipienten aber zugleich vorenthalten wird (vgl. Agw 355). Den Büchern Sebalds liegt eine ausgesprochen komplexe ›Dokumentationspolitik‹ zugrunde, die immer wieder Nebensächlich-

keiten belegt. Besonders auffällig sind in dieser Hinsicht die Photos vom Rathaus in Bad Kissingen und der dort geholten Schlüssel vom jüdischen Friedhof (vgl. 332 f.) –; Photos hingegen, die der Leser zu sehen begehrt – etwa Porträtaufnahmen von Dr. Henry Selwyn oder Max Aurach – werden nicht gezeigt. Die vom Ich-Erzähler gemachten Aufnahmen geben – sowohl in den *Ausgewanderten* als auch in den übrigen Büchern – grundsätzlich nicht seine Gesprächspartner wieder. Dies gilt für jeweils zentrale Figuren wie Dr. Henry Selwyn oder Max Aurach ebenso wie für Nebenfiguren wie Tante Fini (106), Dr. Abramsky (160 ff.) oder Mrs. Irlam (223 ff.). Bei den zahlreichen Gesprächspartnern in *Die Ringe des Saturn* und *Austerlitz* verhält es sich nicht anders: Den Stimmen wird niemals ein Gesicht gegeben. Umso bemerkenswerter ist daher die einzige Ausnahme von dieser Regel: die aus der Türkei stammende »Bootsführerin« auf der Fahrt zu der Saline von Bad Kissingen, die, wie explizit vermerkt wird, »es mir großzügigerweise gestattete, ein Bild von ihr aufzunehmen« (338 f.).

Die Text-Bild-Montage in den *Ausgewanderten* wie auch in den anderen Prosabänden Sebalds steht nicht im Dienste einer *Simulation* faktualen Erzählens. Einerseits zielt »die Verwendung von Photographien und Zeitungsartikeln auf eine Art dokumentarischen Hyper-Realismus«, andererseits zeigen die Erzählungen »das höchste Ausmaß von Stilisierung an« (Hutchinson 2008, 121). Möglich ist das nur, weil sie als homodiegetische Erzählungen *formal* gesehen fingierte Wirklichkeitsaussagen sind. Auch deshalb ist es nicht adäquat, diese Texte einfach als fiktional zu klassifizieren; die geforderte Rezeptionshaltung der ›willing suspension of disbelief‹ trifft auf sie nicht zu.

Anders als in *Schwindel. Gefühle* kommen in den *Ausgewanderten* allerdings keine ostentativ unwahren bzw. gefälschten Elemente mehr vor. Im Vergleich zur Wiederkehr des kafkaschen Jägers Gracchus in *Schwindel. Gefühle* verläuft das mysteriöse Wiederauftauchen des nabokovschen Schmetterlingsjägers in den *Ausgewanderten* sehr viel unscheinbarer und vermittelter (vgl. etwa Agw 319) und wird nicht über wörtliche Wiederholungen als Montage-Element hervorgehoben.

Mehrfach sind in der Sekundärliteratur zu den *Ausgewanderten* Inkonsistenzen im Verhältnis der Photographien zum Text festgestellt worden (Horstkotte 2002; Long 2003; Feiereisen/Pope 2007). In das Agendabüchlein von Onkel Adelwarth zum Beispiel wird das Porträt eines »etwa zwölfjährigen Derwisch[s]« (Agw 199) in Istanbul eingeschaltet. Zwar wird erklärt, wie dieses dokumentierende Photo entstanden ist, nicht aber, wie es in die Hände des Ich-Erzählers gelangt sein kann, der von seiner Tante Fini explizit nur das Agendabüchlein selbst »ausgehändigt« (186) bekommen hat. Man kann vermuten, dass sich Sebald über diese unscheinbar bleibende Inkonsistenz hinweggesetzt hat, weil es ihm vor allem darum ging, dieses Photo im Text unterzubringen. Ähnlich will der Ich-Erzähler etwa die »Lausanner Zeitung« (36) mit dem Artikel über die aus dem Gletscher wiederaufgetauchten sterblichen Überreste des Bergsteigers Nägeli zufällig gekauft haben, während die Photokopie (37) eindeutig einen Archiv-Stempel trägt (vgl. Feiereisen/Pope 2007, 165). Solche Details weisen darauf hin, dass sich die Geschichte nicht genau so zugetragen haben kann wie vom Ich-Erzähler behauptet. Sie passen Sebalds eigenem Bekunden nach in sein poetologisches Konzept, zu dem er in einem auf die *Ausgewanderten* bezogenen Gespräch mit Ralph Schock, auf den »Stellenwert [...] der Dokumente« in seinen Texten befragt, ausführt: »Also, viele dieser Dokumente sind tatsächlich Dokumente. Also zum Beispiel die Bilder aus Manchester, die Bilder der in Litauen umgebrachten Eltern des Malers Aurach sind tatsächlich diese Personen. Ich hätte es also nicht über mich gebracht, da irgendwelche fiktiven Figuren mit reinzunehmen... fiktive Geschichten über diese grauenhafte Geschichte zu erzählen wäre mir sehr fern gelegen. Andererseits gibt es sicher die eine oder andere Fotografie, das eine oder andere Dokument, was in anderer Absicht hineingegeben wird, wo also wirklich... das ist das Fälschungsmotiv, das heißt: auch die Verunsicherung des Lesers, um die es dabei geht. Der soll sich ja überlegen: Was ist wahr an diesen Geschichten, nicht? Es ist ein Foto drin von einer bayerischen Judenfamilie, die alle... also der ganze Clan steht da in einer Wiese. Und die haben alle Lederhosen und Dirndl an. Da könnte nun einer hergehen und sagen: Das ist ja wohl ein bißchen eigenartig, also so weit haben sie es ja wahrscheinlich mit der Assimilation nicht getrieben. Tatsächlich ist es ein authentisches Bild, nicht? Also, es lag mir eigentlich fern, da den Leser hinters Licht zu führen. Nur hier und da habe ich natürlich ein Bild, das ich selbst nicht zur Verfügung hatte, aber woanders gefunden hatte, und das in den Kontext gepaßt hat, dann doch herangezogen« (Ges 99).

Auch wenn Selbstkommentare dieser Art ihrerseits interpretationsbedürftig sind, treten die Konturen des Umgangs mit dem Dokumentarischen bei Sebald hier deutlich zutage. Sebald behauptet einen Leser im Auge zu haben, der sich überlegt, was »wahr an diesen Geschichten« ist, und mithin keine stabile Einstellung nach der Art einer gewollten Suspension des Unglaubens einnimmt: Er soll den Text weder einfach als dokumentarisch noch einfach als fiktional auffassen. Nur unter dieser Voraussetzung lässt sich überhaupt sinnvoll von einem »Fälschungsmotiv« sprechen. Damit einhergehend wird aber eine *Gewichtung* der reproduzierten Dokumente behauptet: Diejenigen, die sich auf den ›Kern‹ einer Figur und auf ihre Geschichte beziehen, zeigen »tatsächlich diese Personen«. Es erscheint als eine Frage der Ethik, dass nicht »fiktive Geschichten« über »irgendwelche fiktiven Personen« (Ges 99) erzählt werden. Die vier »Ausgewanderten« hat es demzufolge – wenn auch unter anderem Namen – ›wirklich‹ gegeben und sie sollen vom Leser auch nicht als fiktive Figuren aufgefasst werden. Davon unabhängig gibt sich Sebald die Lizenz, Bilder, die er – mit einer paradoxen Wendung – »selbst nicht zur Verfügung [...], aber woanders gefunden« (99) hat, in seine Erzählung einzubauen und sie damit anzureichern. Eine sozusagen legitime Fälschung liegt vor, wenn die Ersatz-Photographien dokumentarisch gesehen bis zu einem gewissen Grad äquivalent sind. In diesem Sinne lässt sich das Beispiel der bayerischen Judenfamilie mit Lederhosen und Dirndln (das Photo befindet sich in Agw 325) verstehen: Dass das Photo eine *jüdische* Familie zeigt (was man natürlich nicht sehen kann), *darf* nicht falsch sein, da es das *historische* Faktum dokumentiert, »wie weit« es die Juden »mit der Assimilation [...] getrieben« (Ges 99) haben; ob es sich hingegen, wie es in der Erzählung *Max Aurach* nahegelegt wird, tatsächlich um diese bestimmte »Münchner Viehhändlersippe« (Agw 325) handelt, steht auf einem anderen Blatt. Diese Unterscheidung verschiedener Grade von Referenzialität ist wesentlich für den Umgang Sebalds mit dokumentarischem Material, weil damit eine gewisse Verschiebbarkeit bzw. Substituierbarkeit legitimiert wird.

Bei den Abbildungen und insbesondere den Photographien besteht die ›Fälschung‹ lediglich in der Zuordnung zu den im Text behaupteten Sachverhalten, nicht in der Manipulation der Abbildungen selbst. Eine solche kommt in den *Ausgewanderten* nur ein einziges Mal vor und wird dort als Dokument einer Bildmanipulation thematisiert: die von den Nationalsozialisten gefälschte Aufnahme der Bücherverbrennung in Würzburg (vgl. Agw 275). Anders verhält es sich mit den nicht als Abbildungen in den Text integrierten Dokumenten, also vor allem den Ausschnitten aus dem Tagebuch von Ambros Adelwarth (186–215) und den Aufzeichnungen von Luisa Lanzberg

(289–327). Weder das Tagebuch noch die Aufzeichnungen existieren als Dokument in dieser Form. Für letztere gibt es eine Vorlage, die Sebald bearbeitet hat (Gasseleder 2005). Dass diese Aufzeichnungen – obwohl in der ersten Person gehalten – nicht als wörtliches Zitat aufzufassen sind, deutet der Ich-Erzähler einleitend an, wenn es heißt: »ich will versuchen, auszugsweise wiederzugeben, was die Schreiberin, die mit ihrem Mädchennamen Luisa Lanzberg geheißen hat, in ihnen von ihrem früheren Leben erzählt« (Agw 289). Bei den Tagebüchern von Ambros Adelwarth geht die Fälschung sehr viel weiter, da Sebald seiner eigenen Aussage zufolge die abgebildeten Passagen aus dem Agendabüchlein (194 f. und 200 f.) in Wahrheit selber geschrieben hat (vgl. Angier 1997, 48). Hier handelt es sich also zwar nicht um die Manipulation der Reproduktion, wohl aber um eine Manipulation des reproduzierten Dokuments selbst.

In einem anderen Gespräch zu den *Ausgewanderten* wird Sebald gefragt, warum er an der Fiktion festhalte und nicht einfach »zeithistorische Monographien« (Ges 85) verfasse. Sebalds Antwort darauf zeigt, dass sich seine Rechtfertigung fingierter Anteile gegenüber *Schwindel. Gefühle* (das ja auch keineswegs einer zeithistorischen Monographie ähnelt) deutlich verschoben hat: »Was die historische Monographie nicht leisten kann, ist eine Metapher oder Allegorie eines kollektiven Geschichtsverlaufes zu produzieren. Aber erst in der Metaphorisierung wird uns Geschichte empathetisch zugänglich« (85). Sie wird zugänglich, indem sie über *Figuren* vermittelt wird, die in einer Art Stellvertreterfunktion zur Ich-Figur stehen und in deren Geschichte sich der kollektive Geschichtsverlauf zugleich verdichtet (vgl. Hutchinson 2008, 117). Und um diese Verdichtung zu leisten, bedarf es der Akte des Fingierens im Umgang mit Dokumenten. Damit möchte Sebald aber eben nicht dem »Romanhaften« das Wort reden, da er »einen Horror vor allen billigen Formen der Fiktionalisierung« habe: »Mein Medium ist die Prosa, nicht der Roman« (Ges 85).

Um diese Akte des Fingierens näher zu charakterisieren, greift Sebald zu einem Bild: »Man braucht möglichst genaues, möglichst authentisches Material, um eine gute Geschichte machen zu können. Ich sehe das fast wie das Schneidermetier. Das Fiktive ist der Schnitt des Kleides, aber der gute Schnitt nützt nichts, wenn der Stoff, das Material schäbig ist. Man kann nur mit solchem Material arbeiten, das selbst eine Legitimationsbasis hat« (85). Im Idealfall ist demzufolge am Material nichts erfunden, sondern das gesamte Material ist im Dokumentarischen fundiert, es wird nur –

im Sinne des Verfahrens der *bricolage* (vgl. Seitz 2011, 158 ff.) – zugeschnitten (also passend gemacht) und neu zugeordnet (s. Kap. 23). Hierbei und bei der eigenmächtigen Ergänzung von Fehlendem – etwa den fingierten Passagen im Tagebuch von Ambros Adelwarth – muss der Autor eine Art ›Intuition‹ für sich in Anspruch nehmen, um sein Vorgehen vor sich und anderen als legitim erscheinen zu lassen. Ben Hutchinson hat darauf hingewiesen, dass Sebald bei der Lektüre eines Essaybandes des von ihm besonders geschätzten Autors Giorgio Bassani den Satz angestrichen habe, es ginge ihm darum, »poetische Intuition und Dokument einander so anzunähern, daß das eine die Farbe des andern annimmt« (Bassani 1991, 134; Hutchinson 2008, 121).

»Die Ringe des Saturn«

Mit den *Ausgewanderten* ist Sebalds spezifische Verfahrensweise im Umgang mit dem Verhältnis von Dokument und Fiktion etabliert. In den *Ringen des Saturn* trifft sie allerdings auf eine andere Konstellation, da es hier nicht um Lebensgeschichten von Figuren geht, sondern um eine Erweiterung und Transformation der Gattung Reisebericht, die grundsätzlich eher als eine faktuale Erzählform einzustufen ist. Damit entfällt im Prinzip die Notwendigkeit, Abbildungen, insbesondere Photographien, zum Zwecke der Detaillierung und Verdichtung den erzählten Figuren zuzuordnen. Dementsprechend fällt schon die Verteilung der etwas mehr als siebzig Abbildungen anders aus als in den *Ausgewanderten*: Ungefähr ein Drittel von ihnen werden – naheliegender Weise – als Aufnahmen deklariert, die der Ich-Erzähler auf seiner Wanderung durch den dünn besiedelten Osten Englands gemacht hat. Die übrigen Abbildungen bestehen zu etwa gleichen Teilen aus fremden Photographien und der Reproduktion sonstiger Dokumente verschiedenster Art. Die Qualität der Reproduktionen ist meist deutlich schlechter als in den *Ausgewanderten*, bisweilen kann man nur schemenhaft etwas erkennen (vgl. RS 120, 180), was ihren dokumentarischen Wert natürlich beeinträchtigt. Da Sebald keine Aufnahmen von seinen Gesprächspartnern einfügt und da es nicht um die Erzählung von Lebensgeschichten geht, gibt es in den *Ringen des Saturn* so gut wie keine Photographien von Personen und bei den wenigen Ausnahmen – vor allem Roger Casement (125 und 158), Algernon Charles Swinburne (195) und Edward FitzGerald (245) – handelt es sich um historische Personen, bei denen sich die Richtigkeit der Zuordnung nachprüfen lässt.

Eine direkte Beglaubigungsfunktion kommt den Abbildungen in den *Ringen des Saturn* kaum zu. Ein Grund, die Authentizität der Dokumente anzuzweifeln, besteht insofern nicht, als es keinen Bedarf für Akte des Fingierens gibt, weil der Text nicht als ›Metaphorisierung‹ des Geschichtsverlaufs in Lebensgeschichten von Figuren strukturiert ist. Das heißt nicht, dass in den *Ringen des Saturn* keine Mystifikationen bzw. Fälschungen vorkommen. Ausgestellte Akte des Fingierens wie in *Schwindel. Gefühle* sind hier zwar nicht auszumachen und auch für die Intention der Verunsicherung des Lesers gibt es keine wirklichen Anhaltspunkte, wohl aber kommt es zu Unterschiebungen und Bearbeitungen des Materials, um einzelnen Episoden ein höheres Maß an Dichte und eine bestimmte Richtung zu geben.

Wie man dieses Verfahren beurteilt, hängt davon ab, welcher Textsorte man die *Ringe des Saturn* zuordnet. Unproblematisch ist das Verfahren, wenn man das Buch – weil die Angabe »Wallfahrt« im Untertitel keine »eigene Textsorte« bezeichne – umstandslos als »Roman« auffasst (Werle 2006, 117), wie es Dirk Werle tut. Durch den Begriff der Auto(r)fiktion hingegen ist Sebalds Verfahren nur teilweise gedeckt, da Reisebeschreibungen in der ersten Person zwar autobiographische und insofern autofiktionale Bestandteile aufweisen (vgl. für die *Ringe des Saturn* Berghaus 2013), primär aber auf die Gegenstände der Außenwelt bezogen sind, die der Reisende zur Kenntnis nimmt. Man müsste den Begriff der Autofiktion daher im Sinne einer Auto-Heterofiktion (Weidner 2013) ausweiten, um *Die Ringe des Saturn* darunter zu subsumieren. Fest steht, dass diesem Buch ein »Programm« (Schütte 2011, 126) zugrunde liegt, durch das es den Charakter eines »geschichtsphilosophische[n] Traktats« (125) bekommt: Im »Durchstreifen der scheinbar peripheren ostenglischen Landschaft« werden »Anhaltspunkte eines abschüssigen Verfallsprozesses unserer Zivilisation« (127) gesucht und gefunden. Sie sind einer »schwermütige[n] Weltsicht« (129) einerseits zugänglich, sollen sie aber andererseits auch begründen. In welcher Weise zu diesem Zwecke Dokumente manipuliert werden, lässt sich anhand von zwei Beispielen deutlich machen.

Eine eindrückliche Episode in den *Ringen des Saturn* ist die Geschichte des Majors George Wyndham Le Strange, der bei der Befreiung des Lagers Bergen Belsen dabei gewesen sein soll. Auf einer Doppelseite (RS 78 f.) wird eine Photographie eingerückt, die eine schlecht erkennbare Menge toter Körper in einem Waldstück zeigt. Durch den Kontext wird nahegelegt, dass diese Photographie aus Bergen Belsen stammt und, mehr noch, gewissermaßen den grauenerregenden Anblick wiedergibt, der sich Le Strange seinerzeit geboten hat. Gleichwohl handelt es sich um keine der bekannten Aufnahmen von der Befreiung Bergen Belsens. Gerade weil hier ebenso eine *andere* Gräueltat dokumentiert worden sein kann, fungiert dieses Photo als adäquater Beleg für die den *Ringen des Saturn* zugrunde liegende Vorstellung von Geschichte als Katastrophe. Der Ich-Erzähler, der durch die Zeitung vom kürzlich erfolgten Tod des in der Gegend ansässigen Le Strange erfahren haben will, erzählt dessen weiteren Lebenslauf als den eines sich zunehmend aus jeder gesellschaftlichen Kommunikation zurückziehenden Sonderlings und stützt sich hierbei auf einen ebenfalls abgedruckten Zeitungsausschnitt (vgl. 81), in dem berichtet wird, dass Le Strange sein ganzes Vermögen seiner Haushälterin vermacht habe zur Belohnung dafür, dass diese ihre Mahlzeiten mit ihm »gemeinsam, aber unter Wahrung absoluten Stillschweigens« (80) eingenommen hätte. Implizit wird dieser weitere Lebensweg von Le Strange mit seinen unauslöschlichen Erfahrungen in Bergen Belsen in Zusammenhang gebracht. Inzwischen hat sich herausgestellt, dass dieser George Wyndham Le Strange eine fiktive Figur und der Zeitungsausschnitt mithin ein gefälschtes Dokument ist (vgl. Daub 2007, 320 ff.). Wenn man das weiß, mag der Nachname des Majors verdächtig klingen und die Initialen mögen auffällig an diejenigen des Autors Sebald erinnern, gleichwohl handelt es sich um eine verdeckte Mystifikation, die ohne weitere Erkundigungen nicht als solche erkannt werden kann. Ihr primärer Zweck besteht offensichtlich auch hier darin, den katastrophalen Geschichtsverlauf durch die Konstruktion einer von ihr traumatisierten *Figur*, die zugleich als Stellvertreter des Autors (nicht nur des Erzählers!) fungiert, durch Verdichtung (und Verschiebung) »empathetisch zugänglich« (Ges 85) zu machen.

Eine andere, obzwar damit verbundene Art des manipulatorischen Umgangs mit Quellen und Dokumenten zeigt das zweite Beispiel. Im Rahmen der Ausführungen und Überlegungen zur Heringsfischerei (vgl. RS 70–76) berichtet der Ich-Erzähler, er entsinne sich »genau, daß einer jener von schwarzem Gestrichel durchzitterten Kurzfilme, welche die Schulleiter in den fünfziger Jahren von den Kreisbildstellen ausleihen konnten«, anhand eines »Kutter[s] aus Wilhelmshaven«, den »Heringsfang als eine[n] der exemplarische[n] Schauplätze im Kampf des Menschen mit der Übermacht der Natur« (70) zeigte. Die Rede ist weiterhin von den sich »auftürmenden Wellen«, von »wüster Finsternis«, von Männern, die »in ihrem schwarzglänzenden Ölzeug heldenhaft arbeiten unter der einmal ums andere über sie hereinbrechenden Sturzsee« (70) usw. Für den Ich-Erzähler mythisiert der 1936 gedrehte, aber auch nach dem Zweiten Weltkrieg noch gezeigte Film nicht nur die heldenhafte Männergemeinschaft. Der Hering wird darüber hinaus einerseits zum verlogenen Emblem »für die grundsätzliche Unausrottbarkeit der Natur« (80) erkoren, andererseits stellt der Abtransport der Heringe in »Güterwagen« (71) zusammen u. a. mit der Titulierung des Herings als »ruhelosen Wanderer des Meeres« (71) überdies eine Verbindung zur Deportation der Juden her (vgl. Öhlschläger 2006, 187).

Tanja van Hoorn hat dieses Filmdokument aufgetrieben und konstatiert, Sebalds Erzähler stelle den Film »objektiv verfälschend dar«. Weder feiere der Film »die Heringsfischer als männliche Helden im existenziellen Kampf« noch sei er »durchweg dunkel« usw. Sebalds Erzähler habe »Filmszenen, die der eigenen Perspektive entgegenstehen [...], gar nicht gesehen [...] oder nicht erinnert oder jedenfalls nicht erzählt« (van Hoorn 2013, 413). Man habe es hier wie anderswo in den *Ringen des Saturn* »mit einem angeblich umfassend interessierten und quellenkundigen Erzähler« zu tun, »dessen scheinbar so präzise dokumentarische Darstellung sich jedoch zumindest zum Teil als erhebliche Quellen- und Geschichtsfälschung erweist« (413). Letztlich müsse man von einer »immer auch halb erlogenen und verfälschenden Dokumentarfiktion« (414) sprechen. Zwar beruht dieses Verdikt insgesamt auf einem Missverständnis und hinsichtlich der Passage über den Lehrfilm auf einer ungenauen Lektüre – so ist gar nicht von diesem Dokumentarfilm selbst die Rede, sondern nur von der Erinnerung an ihn –, gleichwohl kommt in ihm eine grundsätzliche Problematik zum Ausdruck: Die einseitige Suche des melancholischen Ich-Erzählers nach Belegen für die *historia calamitorum* muss eine Grenze haben, wenn er die für sein Unterfangen unabdingbare Vertrauenswürdigkeit als eine Art Instanz bewahren will.

»Austerlitz«

Oberflächlich gesehen kommt in *Austerlitz* dasselbe Verfahren hinsichtlich des Dokumentierens bzw. Fingierens zur Anwendung wie in den übrigen Büchern.

Tatsächlich jedoch gibt es tiefgreifende Veränderungen, die das Ergebnis einer Entwicklung sind, die sich von der Montage in *Schwindel. Gefühle* immer weiter entfernt. Das lässt sich bereits an äußeren Kennzeichen festmachen. In *Schwindel. Gefühle* sind nur ganz wenige Abbildungen selbsthergestellte Photos; in *Austerlitz* hingegen sind mehr als vier Fünftel der knapp neunzig Abbildungen Photographien, und bei den meisten von ihnen wird nahegelegt, dass sie der Ich-Erzähler oder die Titelfigur angefertigt haben. Der Autor nimmt das Dokumentieren damit in viel stärkerem Maße unter seine eigene Regie und verlässt sich weniger auf Fundstücke, die ihm der (provozierte) Zufall (Ges 213) zugespielt hat. Zudem spielen bei der Auswahl und Anordnung der Abbildungen insgesamt ästhetische Kriterien eine viel größere Rolle, wie etwa am Layout von Seiten mit mehreren Photos (Aus 7, 112) oder der Photostrecke mit Türen und Fenstern in Terezín (272–277) erkennbar ist. Insgesamt ist die Qualität der Abbildungen auch deutlich höher und dort, wo die Aufnahmen unscharf sind oder eine niedrige Auflösung haben, wird mitunter gerade diese Eigenschaft ausgestellt und damit ästhetisiert (154 f., 350 f.).

Austerlitz wirkt mit seinem äußeren Erscheinungsbild her deutlich homogenisierter als die früheren Bücher. Dem entspricht der Umgang mit schriftlichen Dokumenten innerhalb der Erzählerrede. Eingeschobene Dokumente, die, auch wenn sie bearbeitet oder fingiert sind, die Einheitlichkeit der Erzählerrede stets relativieren bzw. deren Tonlage anreichern und modulieren (wie etwa das Tagebuch von Ambros Adelwarth oder die Aufzeichnungen von Luisa Lanzberg) gibt es in *Austerlitz* nicht mehr. An ihre Stelle tritt die mündliche Rede von Figuren, die ihr Wissen und ihre Erfahrungen in einer Sprache und in einem Ton mitteilen, der sich von dem des Ich-Erzählers kaum unterscheiden lässt. Dieses als »periskopisch« bezeichnete Erzählverfahren, das Sebald von Thomas Bernhard übernommen hat (vgl. Ges 204; Hutchinson 2008, 121), dient nicht zuletzt dazu, die Kennzeichnung von dokumentarischem Material zu ersetzen. Aus der Schachtelung der Erzählebenen, die in ihrer Artifizialität immer wieder ausgestellt wird, wird gewissermaßen eine Kette von mehr oder weniger fassungslosen, aber vertrauenswürdigen Gewährsleuten konstruiert, die längst Vergangenes als eigene Erfahrungen bezeugen können, ohne dabei je ins Zentrum der Katastrophe zu gelangen. An die Stelle der dokumentarischen Vermitteltheit tritt eine den einheitlichen Gesamteindruck wahrende ästhetische Vermitteltheit.

Im eigentlichen Sinne wendet Sebald dieses periskopische Verfahren erst in *Austerlitz* an, aber es hat natürlich dort Vorläufer, wo Sebald Sachverhalte, die ihm durch Dokumente oder Dokumentationen zugänglich geworden sind, einer mehr oder weniger fiktiven Figur in den Mund legt. Ein gutes Beispiel ist der Gärtner William Hazel in den *Ringen des Saturn*, der in seiner überaus elaborierten Erzählung über den Bombenkrieg der Alliierten aus dem Stegreif mit einer Vielzahl exakter Zahlen aufwarten kann (vgl. RS 52 ff.). Eine vergleichbare Passage in *Austerlitz* ist der durch den Titelhelden vermittelte Bericht des Bibliotheksangestellten Henri Lemoine in der neuen Pariser Nationalbibliothek, der ausführlich über die vergessenen »Galéries d'Austerlitz« (Aus 404) auf diesem Gelände Auskunft gibt, in denen im Zweiten Weltkrieg die enteigneten Wertgegenstände der deportierten Juden gelagert wurden. Diese mündlich vermittelten Informationen sind eng angelehnt an einen Artikel von Alexander Smoltczyk im *ZeitMagazin* 5/1997 – mit signifikanten Abweichungen (Cowan 2009; Ritte 2015, 191 ff.). Eine etwas andere Vorgehensweise der Homogenisierung besteht darin, eine Dokumentation zwar explizit in den Text einzuführen, jedoch vermittelt über eine Figur. Paradigmatisch hierfür ist die Verwendung des epochalen Buches von Hans Günther Adler über Theresienstadt, das in *Austerlitz* einen zentralen Platz einnimmt (Nayhauss 2009, Finch/ Wolff 2014). Durch dieses Vermittlungsverfahren wird die *Lektüre* des Buches, dem Sebald auch einige Abbildungen entnommen hat, zu einer existenziellen Erfahrung, die durch die mangelnden Deutschkenntnisse des Protagonisten zusätzlich mit Bedeutung aufgeladen wird: »[S]ie war für mich beinahe so schwierig wie das Entziffern einer ägyptischen oder babylonischen Keil- oder Zeichenschrift« (Aus 334). Vor diesem Hintergrund ist es auch bezeichnend, dass es hier nicht mehr unmittelbar um Dokumente geht, sondern um Dokumentationen, die Reproduktionen von Dokumenten enthalten.

Der veränderte Umgang mit dem Dokumentarischen in *Austerlitz* hängt natürlich eng mit der Gesamtkonzeption dieses Buches zusammen, in der sich auch die Frage nach der Fiktionalität noch einmal anders stellt. Die ersten beiden Prosabände bestanden aus je vier Erzählungen, die unabhängig voneinander funktionieren und erst nachträglich durch verschiedene Mittel zu einem Buch verzahnt und vernetzt werden; in den *Ringen des Saturn* ist die Einheit des Buches durch die Fußreise des Ich-Erzählers gegeben, ohne dass weiteren Figuren eine tragende Rolle zukä

me; in *Austerlitz* hingegen verbürgt erstmals die Lebensgeschichte eines Protagonisten die Einheit des Buches. Man kann das, weil die »Anbindung der Handlung an eine einzige Lebensgeschichte zwangsläufig die Erzählform des Romans« annimmt, als einen »Rückschritt« bezeichnen (Schütte 2011, 177), es ist aber zugleich die Konsequenz einer Entwicklung. Sebald hat verschiedentlich betont, dass *Austerlitz* für ihn »kein Roman« sei, sondern »ein Prosabuch unbestimmter Art« (Ges 199), und in diesem Zusammenhang »die Nahtstelle zwischen Dokument und Fiktion« für sich reklamiert, an der »literarisch die interessanten Sachen entstehen« (198). Sebald möchte – kann man interpolieren – sein Buch weiterhin so aufgefasst sehen, dass es zwar Akte des Fingierens enthält, nicht aber ein Werk der Fiktion ist. Dass der Protagonist gleichwohl als Romanfigur wahrgenommen wurde, liegt zum großen Teil an der gesteigerten Artifizialität des Textes, die sich intradiegetisch etwa in der ostentativen Unwahrscheinlichkeit der sich wiederholenden zufälligen Begegnungen zwischen dem Ich-Erzähler und dem Protagonisten niederschlägt. In ihr darf man sozusagen den Vorboten der von Sebald bald nach dem Erscheinen des Buches getätigten Verlautbarung sehen, dass die Lebensgeschichte des Protagonisten in Wahrheit aus »zweieinhalb Lebensgeschichten« (Ges 196) zusammengesetzt ist. Dieses Verfahren der Fusionierung hatte Sebald bereits in der Erzählung *Max Aurach* angewandt, die teils auf seinen ehemaligen Vermieter in Manchester und teils auf den berühmten Maler Frank Auerbach zurückgeht (vgl. Angier 1997, 49), der dann auch gegen seine Verwendung als literarische Figur protestierte (weswegen der Name *Aurach* später in *Ferber* umgewandelt wurde). Ähnliches widerfuhr Sebald im Anschluss an die Veröffentlichung von *Austerlitz*, da eines der zweieinhalb Vorbilder – Susi Bechhöfer, die selbst ein Buch über ihre Geschichte publiziert hat (Josephs/Bechhöfer 1996/1998) – sich über die ungekennzeichnete Entwendung ihrer Biographie beklagt hat (vgl. Schütte 2011, 179). Dies sind aber lediglich Begleiterscheinungen des strukturellen Problems, dass Sebald erstens zunehmend dazu geführt wird, seine Erzählungen mit Hauptfiguren zu bestreiten, mit denen er als Ich-Erzähler in einen unmittelbaren mündlichen Austausch getreten sein kann (während Ambros Adelwarth und Paul Bereyter bereits tot sind, Kafka und Stendhal in einer vergangenen Zeit gelebt haben und der Forschungsreisende Steller und der Maler Matthias Grünewald aus *Nach der Natur* einer fast legendenhaften Vergangenheit angehören), und diese Figu ren zweitens zunehmend nach den mit ihnen verbundenen Zwecken der ›empathetischen‹ Zugänglichmachung von Geschichte gebildet und komponiert werden. Wenn man einen Roman schreibt, ist dies eine ganz gewöhnliche Vorgehensweise, nicht jedoch, wenn man für sich in Anspruch nimmt, mit ›authentischem Material‹ zu arbeiten.

Es verwundert nicht, dass Sebald in Gesprächen immer wieder auf die ethische Seite seiner Akte des Fingierens zurückgekommen ist. Wiederholt erklärt er, »daß Erfinden immer eine moralisch problematische Angelegenheit« (Ges 202) sei, dass die »ästhetische Authentizität« auf eine »untergründige, intime Weise mit dem Ethischen verbunden« sei (203 f.), dass das Schreiben »moralisch legitimiert sein muß, sich legitimieren muß auf jeder Seite« (236), dass man »immer nur am Einzelfall sehen« könne, ob eine Erfindung »legitim ist oder nicht« (222). Dabei hält er an der Rechtfertigungsfigur fest, dass »das Interesse des Erzählers nicht bei sich selbst ist, sondern bei den Personen, die er beschreibt, und daß es diese Personen – oder Personen, die sehr ähnlich sind wie diese Personen – tatsächlich gegeben hat und daß man diesen Personen eben auch auf diese Weise gerecht werden muß« (234). Einer Figur erfährt Gerechtigkeit, wenn sie auf der Basis von Empathie und Intuition poetisch verdichtet und angereichert wird. So können etwa in die Figur des Volksschullehrers Paul Bereyter, hinter dem sich mit geringen Abweichungen tatsächlich Sebalds Lehrer Armin Müller verbirgt, aufgrund von entdeckten Parallelen auch Versatzstücke aus der Biographie von Ludwig Wittgenstein einfließen (vgl. Angier 1997, 48 f.). Die Figur kann durch diese artifizielle Verdichtung eine besonders authentische Aura bekommen, die dem Dokumentarischen insofern nicht im Wege steht, als auch die Hinzufügungen aus der fremden Biographie ›authentisches Material‹ darstellen (s. Kap. 20), das man lediglich »adjustieren, an den Rändern beschneiden, etwas ausdehnen, intensivieren muß« (Ges 234).

In dem Maße jedoch, in dem die dokumentierte Figur aufhört, in diesem poetischen Prozess als irreduzibel widerständiges Element zu fungieren (indem zum Beispiel ein ›unpassendes‹ Element einfach eliminiert wird wie die Zwillingsschwester Susi Bechhöfers), wird sie zu einer fiktiven Figur, die mit dem ›authentischen‹ Material unterschiedlicher Provenienz lediglich ›behängt‹ wird und überdies Gefahr läuft, vom Autor auf einer bestimmten Ebene als eine Art Double des Ich-Erzählers konzipiert zu werden. Dafür, dass dies in *Austerlitz* weit mehr als in den vorangegange-

nen Büchern geschieht, gibt es strukturelle Gründe. Nicht nur, weil er im selben Ton und aus einer analogen »Empfindungsweise« (Niehaus 2015, 95 ff.) heraus spricht, ist Jacques Austerlitz dem Ich-Erzähler ähnlich – darin gleichen sich alle Figuren, denen bei Sebald das Wort verliehen wird (vgl. Niehaus 2008, 104) –, sondern vor allem deshalb, weil er darüber hinaus seine Suchbewegungen stellvertretend für den Ich-Erzähler bzw. Sebald ausführt.

Dies lässt sich schon auf der dokumentarischen Ebene ganz buchstäblich nachvollziehen. Einen Großteil der Photos, die im Buch dem seine Reisen dokumentierenden Protagonisten zugeschrieben werden, hat Sebald selbst aufgenommen. Auch von diesem Verfahren macht Sebald in *Austerlitz* zum ersten Mal Gebrauch. Jacques Austerlitz spricht wie der Ich-Erzähler, er macht Photos wie der Autor und er formuliert offensichtlich dessen Auffassung, wenn er erklärt, dass es ihm »immer unstatthaft« erschienen sei, »den Sucher der Kamera auf einzelne Personen zu richten« (Aus 113). Die zentrale Reise des Protagonisten nach Terezín *alias* Theresienstadt etwa haben nicht die realen Vorbilder für die Figur Austerlitz unternommen, sondern Sebald selbst, der auf diese Weise einen Teil des ›authentischen Materials‹ für sein Buch gewinnt. In dieser Konstellation besteht die Gefahr, dass Empathie und Intuition sich in Vereinnahmung und Bemächtigung verkehren. Ein Beispiel mag dies abschließend verdeutlichen. Bei seinem Besuch in Theresienstadt bzw. Terezín ist Jacques Austerlitz wie benommen vor der Schaufensterauslage des *Antikos-Bazar*. Über mehrere Seiten werden die »hundert verschiedenen Dinge« dieser auch photographisch dokumentierten Schaufensterauslage (vgl. Aus 276 f., 278, 280) beschrieben, und es kommt Austerlitz vor, »als müsste aus irgendeinem von ihnen, oder aus ihrem Bezug zueinander, eine eindeutige Antwort sich ableiten lassen auf die vielen, nicht auszudenkenden Fragen, die mich bewegten« (279). In ihrer Rezension von *Austerlitz* mit dem despektierlichen Titel *Der Waschbär der falschen Welt* kommt Iris Radisch auf diese Stelle zu sprechen und nennt die tiefgründigen Meditationen des »Theresienstädter Flaneurs bei seinem Antiquitätenbummel« unter anderem »zum Verzweifeln komisch« (Radisch 2001). Sebald, in einem Gespräch indirekt auf diese Kritik angesprochen, verteidigt sich mit den Empfindungen, die ihn selbst bei seinem Besuch in Terezín angesichts dieser Schaufensterauslage überfallen hätten: »Das ganze Geschäft, die ganzen Auslagen sind also vollgestopft – für mich ist das absolut unglaublich gewesen. Und daß dieses seltsame Brockenhaus dann auch noch den Namen ›Antikos Bazar‹ trägt und daß das im Zusammenhang mit dieser Geschichte der Verfolgung steht, das ist für mich ein unerhörtes Phänomen« (Ges 215). Sebald versucht also im Rekurs auf seine eigene Erfahrung die Authentizität des Materials zu begründen. Sie beruht darauf, dass – wie man mit Roland Barthes sagen könnte – ein nichtfiktionaler »Augenblick der Wahrheit« in ihm festgehalten wird (Barthes 2008, 178ff; vgl. Niehaus 2015, 97 ff.). Sebalds Poetik geht von der legitimen Verschiebbarkeit solcher Augenblicke aus. Der andere Zustand, in den die Schaufensterauslage den Protagonisten in *Austerlitz* versetzt, ist gewissermaßen die ›adjustierte‹ und ›intensivierte‹ Form des Zustandes, in den der Autor davor geraten ist. Dem entspricht auch die auf dem Sammeln von Material basierende Arbeitsweise Sebalds, wie man sie anhand seines Nachlasses rekonstruieren kann. Insbesondere nach dem liegengelassenen Korsika-Projekt, das mangels zentraler (fiktiver) Figur wohl in eine zu starke »konzeptionelle Nähe« (Schütte 2011, 177) zu den *Ringen des Saturn* geraten war, hat Sebald dort eingeführtes ›authentisches Material‹ in *Austerlitz* teilweise wiederverwendet und auf andere Figuren verschoben (s. Kap. 27; von Bülow 2008).

Im Falle des *Antikos Bazar* liegt die Problematik einer solchen Vorgehensweise auf der Hand, weil die ›Empfindungsweise‹ des Autors auf die Figur projiziert wird, die dann durch diese Figur wiederum eine Affirmation erfährt. Sie wird sozusagen in ihrer Inkommensurabilität vereinnahmt. Das macht Jacques Austerlitz zur (bloß) fiktiven und bis zu einem gewissen Grad sogar zur allegorischen Figur (vgl. Niehaus 2008, 113). Möglicherweise hat Sebald mit dem Gedanken gespielt, dies zu dokumentieren, da sich auf einem der Photos von der Schaufensterauslage, die er in das Buch aufgenommen hat (vgl. Aus 280), der Photograph andeutungsweise spiegelt und man – statt der Figur – den Autor zu erkennen meint.

Literatur

Angier, Carole: Wer ist W. G. Sebald? Ein Besuch beim Autor der *Ausgewanderten*. In: Franz Loquai (Hg.): *W. G. Sebald*. Eggingen 1997, 43–50.

Bassani, Giorgio: *Erinnerungen des Herzens*, hg. von Eberhard Schmidt. München/Zürich 1991.

Barthes, Roland: *Die Vorbereitung des Romans*. Vorlesung am Collège de France 1978–1979 und 1979–1980. Frankfurt a. M. 2008.

Berghaus, Stephan: Grenzgänge des Ich. Wanderungen zwischen Autobiographie und Autofiktion in W. G. Sebalds *Die Ringe des Saturn*. In: Martina Wagner-Egelhaaf (Hg.):

Auto(r)fiktion. Literarische Verfahren der Selbstkonstruktion. Bielefeld 2013, 207–233.

Cowan James L.: Sebald's Austerlitz and the Great Library. In: Gerhard Fischer (Hg.): *W. G. Sebald. Schreiben ex patria/Expatriate Writing*. Amsterdam/New York 2009, 193–212.

Daub, Adrian: ›Donner à Voir‹: The Logics of Caption in W. G. Sebald's *Rings of* Saturn and Alexander Kluge's *Devil's Blind Spot*. In: Lise Patt/Christel Dillbohner (Hg.): *Searching for Sebald. Photography after W. G. Sebald*. Los Angeles 2007, 306–330.

de Man, Paul: Autobiographie als Maskenspiel [1979]. In: Paul de Man: *Die Ideologie des Ästhetischen*. Frankfurt a. M. 1993, 131–146.

Eco, Umberto: *Im Wald der Fiktionen. Sechs Streifzüge durch die Literatur*. München 1994.

Fähnders, Walter: Dokumentarliteratur. In: *Reallexikon der deutschen Literaturwissenschaft*. Bd. 1. Berlin/New York 2007, 283–385.

Feiereisen, Florence/Pope, Daniel: True Fictions and Fictional Truths. The Enigmatic in Sebald's Use of Images in *The Emigrants*. In: Lise Patt (Hg.): *Searching for Sebald: Photography after W. G. Sebald*. Los Angeles 2007, 163–187.

Gasseleder, Klaus: Erkundungen zum Prätext der Luisa-Lanzberg-Geschichte aus W. G. Sebalds *Die Ausgewanderten*. In: Marcel Atze/Franz Loquai (Hg.): *Sebald. Lektüren*. Egging 2005, 157–175.

Hamburger, Käte: *Die Logik der Dichtung* [1957]. München [4]1987.

Helen Finch/Lynn Wolff (Hg.): *Witnessing, Memory, Poetics: H. G. Adler and W. G. Sebald*. Rochester, NY 2014.

Horstkotte, Silke: Pictorial and Verbal Discourse in W. G. Sebalds *The Emigrants*. In: *Iowa Journal of Cultural Studies* 2 (2002), 33–50.

Hutchinson, Ben: ›Seemann‹ oder ›Ackermann‹? Einige Überlegungen zu Sebalds Lektüre von Benjamins Essay *Der Erzähler*. In: Gerhard Fischer (Hg.): *Schreiben ex Patria/Expatriate Writing*. Amsterdam/New York 2009, 277–296.

Hutchinson, Ben: Sprachen. In: Ulrich von Bülow/Heike Gfrereis/Ellen Strittmatter (Hg.): *Wandernde Schatten. W. G. Sebalds Unterwelt*. Marbach 2008, 115–127.

Jakobs, Harald: *Irre Blicke – Intermedialität in W. G. Sebalds »Schwindel. Gefühle«*. Aachen [Diss.] 2014.

Josephs, Jeremy/Bechhöfer, Susi: *Rosas Tochter. Bericht über eine wiedergefundene Kindheit* [1996]. München 1998.

Klein, Christian/Martínez, Matías (Hg.): *Wirklichkeitserzählungen. Felder, Formen und Funktionen nicht-literarischen Erzählens*. Stuttgart 2009.

Kracauer, Siegfried: Die Photographie [1927]. In: *Schriften*, hg. von Inka Mülder-Bach. Bd. 5.2: *Aufsätze 1927–1931*. Frankfurt a.M 1990, 83–98.

Lejeune, Philippe: *Der autobiographische Pakt* [1975]. Frankfurt a. M. 1994.

Long, J. J.: History, Narrative and Photography in W. G. Sebalds *Die Ausgewanderten*. In: *Modern Language Review* 98/1 (2003), 117–137.

Miller, Nikolaus: Dokumentarische Literatur. In: *Literaturlexikon. Begriffe, Realien, Methoden*, hg. von Volker Meid. Gütersloh 1992, 183–185.

Miller, Nikolaus: *Prolegomena zu einer Poetik der Dokumentarliteratur.* München 1982.

Nayhauss, Hans-Christoph Graf v.: Adler und Sebald, Lichtenstein und Grass. Vom Umgang mit Dokumentationen bei der literarischen Produktion. In: Gerhard Fischer (Hg.): *W. G. Sebald. Schreiben ex patria/Expatriate Writing.* Amsterdam/New York 2009, 447–457.

Niehaus, Michael: Das fingierte Ich. Zum Problem des Fiktionalen in W. G. Sebalds *Austerlitz.* In: Sylvie Arlaud/Mandana Covindassamy/Frédéric Teinturier (Hg.): *Récit, histoire et biographie dans »Die Ausgewanderten« et »Austerlitz«.* Paris 2015, 83–102.

Niehaus, Michael: Figurieren. Geschichten und Geschichte. In: Ulrich von Bülow/Heike Gfrereis/Ellen Strittmatter (Hg.): *Wandernde Schatten. W. G. Sebalds Unterwelt.* Marbach 2008, 100–113.

Niehaus, Michael: Ikonotext. Bastelei: *Schwindel. Gefühle* von W. G. Sebald. In: Silke Horstkotte/Karin Leonhard (Hg.): *Lesen ist wie Sehen. Intermediale Zitate in Bild und Text.* Köln/Weimar/Berlin 2006, 155–176.

Öhlschläger, Claudia: *Beschädigtes Leben. Erzählte Risse. W. G. Sebalds poetische Ordnung des Unglücks.* Freiburg 2006.

Radisch, Iris: Der Waschbär der falschen Welt. In: *Die Zeit,* 5. April 2001.

Ritte, Jürgen: Betrachtungen zum Finale von W. G. Sebalds Roman *Austerlitz.* In: Sylvie Arlaud/Mandana Covindassamy/Frédéric Teinturier (Hg.): *Récit, histoire et biographie dans »Die Ausgewanderten« et »Austerlitz«.* Paris 2015, 185–2004.

Schütte, Uwe: *W. G. Sebald. Einführung in Leben und Werk.* Göttingen 2011.

Searle, John R.: Der logische Status fiktionalen Diskurses. In: John R. Searle: *Ausdruck und Bedeutung. Untersuchungen zur Sprechakttheorie.* Frankfurt a. M. 1982, 80–97.

Seitz, Stephan: *Geschichte als ›bricolage‹. W. G. Sebald und die Poetik des Bastelns.* Göttingen 2011.

van Hoorn, Tanja: Die Ringe des Saturn. In: Roland Borgards/Harald Neumeyer/Nicolas Pethes/Yvonne Wübben (Hg.): *Literatur und Wissen. Ein interdisziplinäres Handbuch.* Stuttgart 2013, 411–414.

von Bülow, Ulrich: Sebalds Korsika-Projekt. In: Ulrich von Bülow/Heike Gfrereis/Ellen Strittmatter (Hg.): *Wandernde Schatten. W. G. Sebalds Unterwelt.* Marbach 2008, 211–226.

Wagenbach, Klaus: *Franz Kafka. Bilder aus seinem Leben.* Berlin 1983.

Wagner-Egelhaaf, Martina (Hg.): *Auto(r)fiktion. Literarische Verfahren der Selbstkonstruktion.* Bielefeld 2013.

Weidner, Daniel: Bildnis machen. Autofiktionale Strategien bei Walter Kempowski, Uwe Johnson u. W. G. Sebald. In: Martina Wagner-Egelhaaf (Hg.): *Auto(r)fiktion. Literarische Verfahren der Selbstkonstruktion.* Bielefeld 2013, 163–182.

Werle, Dirk: Fiktion und Dokument. Überlegungen zu einer gar nicht so prekären Relation mit vier Beispielen aus der Gegenwartsliteratur. In: *DokuFiktion* 2 (2006), 112–122.

Wolff, Lynn: Literary Historiography. W. G. Sebald's Fiction. In: Gerhard Fischer (Hg.): *W. G. Sebald. Schreiben ex patria/Expatriate Writing.* Amsterdam/New York 2009, 317–330.

Zipfel, Frank: *Fiktion, Fiktivität, Fiktionalität. Analysen zur Fiktion in der Literatur und zum Fiktionsbegriff in der Literaturwissenschaft.* Berlin 2001.

Zisselsberger, Markus: Melancholy Longings. Sebald, Benjamin, and the image of Kafka. In: Lise Patt/Christel Dillbohner (Hg.): *Searching for Sebald. Photography after W. G. Sebald.* Los Angeles 2007, 280–301.

Michael Niehaus

22 Stil/Schreibweise

Die Literatur der Moderne hat feste Korrelationen von Stilen mit Themen, Gattungen und Sprechsituationen aufgelöst. An die Stelle der Lehre von der *elocutio* ist ein Stilbegriff getreten, der versucht einen »›Totaleindruck‹ spezifischer Sprachverwendung einzufangen« (Pfeiffer 1986, 691). Als hauptsächliche Quelle solcher Spezifik wurde entweder der Mensch angesehen, der in der Sprache ein transparentes und homogenes Medium des Ausdrucks seiner Subjektivität, Individualität und Persönlichkeit besitze. Oder aber der Stil wurde als ein Ensemble dominanter Äußerungsmerkmale gefasst, die für soziale Gruppen, Epochen oder Gattungen und Genres auszumachen seien. Stil wurde in der Literaturwissenschaft als eine hermeneutische Kategorie etabliert, die keine »eingrenzbaren Sachverhalte« (696) bezeichnet, sondern ein unbestimmtes Ensemble von Merkmalen und Eigentümlichkeiten eines Texts erfasst, das nicht in bloßen Formunterschieden aufgeht: »Der Stilbegriff stellt sich überall da ein, wo andere Begriffe zu versagen drohen« (711). Der simplifizierenden Unterscheidung von Form und Inhalt, die den Stil als Kleid, Hülle oder Ornament der Idee oder des Gedanken begreift (vgl. Müller 1981, 52–117), steht die Auffassung entgegen, dass es eine Pluralität und eine Abfolge von Stilen gebe, in denen Formen und Inhalte jeweils eine unauflösliche Verbindung eingegangen seien. Die Kategorie des Stils ist mit der Hypothek einer (latenten) Normativität belastet, wie sie u. a. durch Stillehren oder durch Kanonisierungen von Autoren und Texten dokumentiert ist.

Der Begriff Schreibweise, der den französischen Begriff *écriture* übersetzt, soll eine alternative Beschreibung der spezifischen Sprachverwendung leisten, die Kategorie des Ausdrucks umgehen, die Verschmelzung von Form und Inhalt herausstellen, die normativen Implikationen des Stil-Begriffs zugunsten einer Moral des Sprachgebrauchs abstreifen und eine produktionsästhetische und funktionale Perspektive auf die Sprachverwendung eröffnen (Barthes 2006, 15–66). So wenig die Schreibweise vom Dargestellten zu dissoziieren ist, so sehr ist sie als eine Arbeit an spezifischen Motiven, Themen und Problemstellungen zu begreifen, an denen sie entwickelt wird. Der Begriff der Schreibweise lenkt mithin das Augenmerk auf das Verhältnis von Äußerungsmodalität zur Äußerung, von Aussageweisen zu Aussagen oder auf den Übergang zwischen Diskursarten, und dient als Sammelbezeichnung für ein Ensemble rhetorischer Techniken,

literarischer Verfahren sowie performativer und medialer Strategien. Insofern erfordern die Analysen von Stil und Schreibweise auch medienwissenschaftliche Perspektiven, die den Blick öffnen für die Beziehung zwischen Schriftlichkeit und Mündlichkeit, für die Arten und Weisen, wie die Schreibweise in intermediale Relationen tritt, und für die Verhältnisse der Medien untereinander: Stil und Schreibweise treten in ein Feld medialer Differenzen ein.

Literaturkritik

Die Literaturkritik hat früh die Aufmerksamkeit auf Sebalds Stil und Schreibweise gelenkt. Sie bemerkt, dass Sebald »gewissermaßen im Frack« (Detering 1992, 2) schreibe, konstatiert einen »sad resigned rhythm« (Annan 1997), in dem sich eine melancholische und pessimistische Haltung ausdrücke, oder beanstandet einen »Ton, der doch relativ antiquiert wirkt« (Ges 101). Weder gewinnt sie an *Schwindel. Gefühle* »den Eindruck ein Buch aus dem 20. Jahrhundert zu lesen« (65) noch vermag sie die Spannung zwischen einem Stil, der sein Vorbild in der Literatur des 19. Jahrhunderts besitze, und den Sujets, Themen und Motiven der Prosa aufzulösen: »It's as if someone decided to use the technique of daguerretype to convey the appearance of today's cities and their inhabitants« (Simic 2005). Nicht zuletzt wurde der Verdacht geäußert, dass die stilistische Brillanz eine nur unzulängliche intellektuelle Durcharbeitung der Themen kaschiere: »Despite their abstruse lucubrations, they seem not to have been thought through« (Aciman 1998).

Sebald hat in Interviews und Gesprächen auf solche Kritik reagiert, indem er für seine Schreibweise eine handwerkliche Qualität reklamiert, die zuallererst die Voraussetzung gelingender Literatur sei (Ges 86, 101, 108). Diese Ostentation aufs Handwerk lässt offen, welche Merkmale und Kennzeichen für dessen Qualität einstehen, und vereinnahmt stattdessen den Topos, dass der Autor über eine Art absolutes Gehör für seine Sätze verfüge. Die Urszene der modernen »handwerkliche[n] Schreibweise« (Barthes 2006, 53), die als Flauberts *epreuve du gueuloir* überliefert ist (Fried 2012), kehrt in Sebalds Lob stilistischer und erzählerischer Souveränität, wie z. B. im Essay über Vladimir Nabokov, wieder: »Stundenlang mußte oft an einer knappen Folge von Worten gearbeitet werden, bis der Rhythmus bis in die letzte Kadenz stimmte« (CS 189). Die Spielregeln, denen die Auswahl und Platzierung der Wörter im Satz folgen, unterstünden einer Eigenlogik: Nabokov vergleiche die »Winkelzüge, die der Schriftsteller bei der Verfertigung eines solchen Satzes machen muß«, mit denen eines »Schachspiels, in dem die Spieler selber Figuren sind in einer Partie, die gelenkt wird von einer unsichtbaren Hand« (190).

Sebald ordnet sein eigenes bürgerliches »Stilhandwerk« (vgl. Barthes 2006, 52–54) in die Tradition des literarischen Realismus und der klassischen Moderne ein, für die ihm u. a. die Autoren Johann Peter Hebel, Adalbert Stifter und Gottfried Keller, Franz Kafka, Walter Benjamin, Thomas Bernhard und Vladimir Nabokov einstehen. Dieser persönliche Kanon liefert ein Reservoir von konkreten Formulierungen, Motiven, Sujets, Themen und Erzählungen, die in einen homogenen Personalstil eingeschmolzen werden, und dient als Maßstab für eine sowohl ästhetisch gelungene Literatur als auch eine literarische Ethik: »Ich hasse beispielsweise den deutschen Nachkriegsroman wie die Pest, er ist geschmacklos und verlogen« (Ges 77). Insbesondere vertritt Sebald die Überzeugung, dass eine glaubwürdige ethische Haltung zum Nationalsozialismus eine spezifische Schreibweise erfordere: »Much of German prose fiction writing, of the fifties certainly, but of the sixties and seventies also, is severely compromised, morally compromised, and because of that, aesthetically frequently insufficient« (Silverblatt/Sebald 2007, 83).

Die Kritik war jedoch besonders nach der Veröffentlichung von *Austerlitz* darüber uneins, ob Sebald seinem selbstgesetzten Anspruch auch genüge. Jedenfalls kontrastiert das stilistische Pathos, das seine Prosa zur Evokation einer Traumatisierung aufbietet (z. B. Aus 198 ff.), mit den Berichten von Überlebenden der Konzentrationslager und Ghettos, die zumeist durch Nüchternheit, Sachlichkeit und Abwesenheit von Selbstthematisierung gekennzeichnet sind. Zwar wurde Sebald in den Rang von Primo Levi erhoben und zum ›prime speaker of the Holocaust« (Eder 2011) erklärt. Dennoch provozierte der angestrebte Nexus von Schreibweise und ethischer Haltung den Verdacht, dass Sebald zwar die literarischen Verfahren souverän beherrsche, aber die überlegene moralische Position, die er mit dem Stilhandwerk verknüpfe und implizit für sich in Anspruch nehme, nicht einlöse: »So verfällt der Sebald-Leser [...] allzu leicht einer Täuschung Hineingezogen und gefangen von der wirklich wunderbaren Satzmelodie, glaubt er einem unbedingt moralischen Erzählen beizuwohnen, einer Art Weißem Ring der hohen Literatur, der sich um die Opfer der nationalsozialistischen Menschheitsverbrechen bekümmert« (Wirtz 2001, 531). Der »Meister des Periodenbaus« wurde als »Polemiker« gelesen, der einen versteckten »Angriff auf jede Art von öffentlicher Geschichtsschreibung« (Steinfeld 2001) führe.

Personalstil

Sebalds Stichworte zur eigenen Biographie und Poetik stecken einen Rahmen ab, in den auch der Stil-Begriff eingefügt werden kann. Die Unbestimmtheit des Stil-Begriffs bietet der biographischen Lektüre einen Rückhalt, der eine Entzifferung der Texte als Ausdruck des empirischen Autors stützt. Sebald selbst hat durch eine Konstruktion einheitlicher narrativer Stimmen und mittels semantischer Indikatoren eine gewisse Nähe seiner Ich-Erzähler zu seiner Person suggeriert. Hierdurch werden Effekte der Prosopopoiia verstärkt, die dem Ich-Erzähler ein Gesicht verleiht und den Leser eine Person halluzinieren macht (vgl. de Man 1993; Menke 2000, 137–216), sodass die Schreibweise insgesamt zur autobiographischen gravitiert. Dieser Anreiz zur Gleichsetzung des Autors mit Erzählstimmen und Erzählerfiguren hat in der sukzessiven Aufdeckung von autobiographischen Elementen in Lyrik und Prosa seine Fortsetzung gefunden (Anderson 2011; Sheppard 2011) und Lesarten genährt, die darin einen kohärenten Personalstil ausmachen, dessen »diction of extremism« Gegensätze umschließe: »Almost every sentence in this book [*Austerlitz*] is a cunning combination of the quiet and the loud« (Wood 2011). Was der stilistischen Einheit heterogener Elemente oder gegensätzlicher Aspekte ihre Konsistenz verleiht, kann jedoch ebenso durch eine Schreibweise erklärt werden, welche die Analogie und Wiederholung gegenüber der Entwicklung, die Assoziation und Explikation gegenüber der Schlussfolgerung oder die Konstellation und Koinzidenz gegenüber der historischen Chronologie favorisiert. Den engen Zirkel von Sebalds Selbstbeschreibungen und biographischen Deutungen haben Analysen der Erzählverfahren aufgesprengt, die eine kurzschlüssige Gleichsetzung des Autors mit Erzählstimmen oder Erzählerfiguren blockieren oder eine ideengeschichtliche Abkunft des Stils von der Kritischen Theorie aufzeigen.

Erzählte Rede und Nacherzählung

Sebald führt eine Innovation der modernen Erzählliteratur weiter, die eine freie Wahl des Stils ermöglicht. Flaubert hat mit den herrschenden Darstellungskonventionen gebrochen und die überlieferten Zuordnungen von Stilen und Sujets zugunsten einer jeweils situativ zu entwickelnden Schreibweise aufgelöst (Jurt 1995). An die Stelle eines Erzählers, der von einem partikularen oder gar überlegenen Standpunkt aus über seine eigene Diegese und Figuren innerhalb der Erzählung spricht, tritt eine Gesamtheit von rhetorischen Mitteln, literarischen Verfahren und performativen sowie medialen Strategien. Die Erzählstimme ist dergestalt konstruiert, dass die erzählte Rede die Reden, Gedanken und Empfindungen vollständig in einem unparteiischen, unpersönlichen und sachlichen Stil (vgl. Auerbach 2001, 449–459) assimiliert, der die Dinge so zeigt oder darstellt, wie sie tatsächlich seien und sich einem absoluten Blick darböten. Hierbei übernimmt der *style indirect libre* die Funktion, eine Mitsicht auf die Figuren und ihre Reden zu konstruieren, die an, durch und in Situationen, Handlungen und Äußerungen insbesondere aufzuzeigen vermag, was gerade nicht unmittelbar sichtbar ist oder nicht ausgesagt wird.

Sebald schafft mit seinen Nacherzählungen ein funktionales Äquivalent zu dem stilistischen Element des *style indirect libre* bzw. der erlebten Rede. Weil die (namenlosen) homodiegetischen Ich-Erzähler keine prägnante personale Kontur gewinnen und jeglicher unmittelbare sprachliche Ausdruck mittels wörtlicher Rede, Dialog oder Gespräch fehlt, nehmen die Techniken und Verfahren der Redeanführung eine Schlüsselstellung ein. Es wird ausschließlich der narrative Modus verwendet, in dem Äußerungen eben nicht wörtlich angeführt, sondern als erzählte Rede wiedergegeben werden. Während es in der indirekten Rede noch Markierungen wie das *verbum dicendi* gibt, die eine Orientierung für die Analyse der Redeanführung bieten, drohen ohne diese Anhaltspunkte die Redeanteile ineinander zu verfließen. Und während in der indirekten Rede die Äußerungsinstanzen zumeist noch unterscheidbar sind und Redeanführung und angeführte Rede auseinandergehalten werden können, sind im *style indirect libre* bzw. der erlebten Rede die Relationen zwischen den verschiedenen Äußerungen, die miteinander vermischt werden, nicht durch die grammatischen Regeln für die Redeanführung zu erklären (Pascal 1977). Es sind zwei oder mehrere Äußerungen anwesend und deren Unterscheidung ver

fließt. Weder kann der Status der stattgehabten Rede, die erzählt wird, klar bestimmt, noch rekonstruiert werden, welche wörtliche Rede überhaupt geäußert worden ist. Unklar bleibt, wer was sagt, wenn auch die Erzählung insgesamt der narrativen Stimme zugerechnet wird (vgl. Hulse 2011, 205).

Die erzählte Rede ist nicht als grammatische Form zu bestimmen, sondern muss als ein stilistisches Element der Literatur aufgefasst werden, das syntaktisch, grammatikalisch und semantisch ausgeformt wird. Als sprachliche Eigentümlichkeiten treten bei Sebald z. B. eine »oft eigenwillige, der deutschen Syntax teilweise zuwiderlaufende Satzgliedstellung« (205), das »Verwischen der Konjunktive« bzw. der »Mischkonjunktiv« (Zucchi 2007, 160) oder eine semantisch falsch gebrauchte Lexik (175) hervor. Obwohl die Mehrsprachigkeit der Texte, Neologismen (163 f.), der Gebrauch von älteren Formen des Deutschen (165–169; Catling/ Hibbitt 2011, 359), Regionalismen (Zucchi 2007, 165 f.) – wie z. B. »leutscheu« (Agw 165), »drei Viertel sechs Uhr« (223) oder »Mistkübel« (241) – historische Zeitschichten sowie Herkunft und Milieu von Figuren codieren, sind solche Markierungen in der Hüllform einer homogenen Erzählstimme aufgehoben, die zwar nur eine diffuse personale Kontur besitzt, aber dennoch eine Subjektivität markiert: Die Erzählstimme drückt einem Aggregat von Nacherzählungen literarischer Texte aus dem Kanon den Stempel eines einheitlichen Stils auf, sodass der Sebaldsche Erzähldiskurs eine gewisse Nobilitierung erfährt.

Die erzählte Rede steht insbesondere im Dienst der Nacherzählung. Was mit Sebalds spezifischem Gebrauch der erzählten Rede auf dem Spiel steht, scheint jedoch in Begriffen der Erzähltheorie kaum fassbar: Einerseits tritt an die Stelle eines Besitzmodells des Erzählens, das auf Urheber- und Autorschaft sowie Originalität, Vorrang und Innovation zielt, eine Art von unpersönlicher Erzählung, die nur mehr einem Kollektiv zuzurechnen ist. Andererseits sind in der Nacherzählung zwei distinkte Erzählungen anwesend, die weiterhin zu unterscheiden sind. Die Nacherzählung schafft einen freien, weder durch die grammatischen Regeln der Redeanführung noch die narratologischen Gesetzmäßigkeiten der erzählten Rede regulierten Wechselbezug. Wenn eine Erzählung zum Gegenstand des Erzählens wird, ist nicht ohne Weiteres zu entscheiden, ob das Erzählen von nichtsprachlichen Sachverhalten oder aber von sprachlichen Äußerungen erzählt. Diese eigentümliche Stellung der Nacherzählung treibt sie über den Rahmen des Erzählens hinaus und zieht sie auf das Feld von Gedächtnistheo rie und Medienwissenschaft, insofern nicht die Erinnerung das Medium der Erzählung ist, sondern das Erzählen, das etwas weitersagt und nacherzählt, zuallererst ein Gedächtnis konstituiert. Dieses wird dann zum Rückraum, aus dem heraus plötzlich auftauchende Beziehungen konstruiert werden, die nicht unmittelbar wahrnehmbar sind und eben nur im Schreiben hergestellt werden können.

Die Nacherzählung stellt gegenüber dem historischen Diskurs die Kontingenz und Ereignishaftigkeit der Vergangenheit heraus. Sebald folgt hierbei Spielregeln, die Punkt für Punkt gegen den historischen Diskurs arbeiten. Der historische Diskurs errichtet nämlich die Fiktion, dass die Instanz des Sprechers abwesend sei und löscht den Personenindikator dessen, der spricht; er errichtet die Illusion einer transparenten Repräsentation von Ereignissen, die ihrer Darstellung nicht nur chronologisch, sondern auch logisch vorgängig seien; und er erlegt den grammatischen Tempora eine Logik auf, in der die tatsächliche Beziehung zwischen dem Jetzt des Sprechens und den Ereignissen eingeklammert wird. Sebald hingegen codiert Erzähltempora um, sodass sie weder mit ihren grammatischen noch mit ihren narrativen Funktionen – sowohl im historischen als auch im narrativen Diskurs – übereinstimmen: »[U]nd es hätte mich nicht gewundert, wenn vor mir auf einmal der Vorhang aufgegangen und auf dem Proszenium beispielsweise der 28. Mai wieder heraufgekommen wäre, jener denkwürdige Tag, an dem dort draußen die holländische Flotte, das strahlende Morgenlicht hinter sich, aus dem über der See treibenden Dunst auftauchte und das Feuer eröffnete auf die in der Bucht von Southwold versammelten englischen Schiffe« (RS 94). Wenn das epische Erzählen dementiert, dass die erzählte Zeit ihren Maßstab in der Chronologie besitzt, sondern die Semantik der Erzähltempora vielmehr aus »sinnlogischen Verhältnissen« (Hamburger 1987, 66) zu erklären ist, treibt vor allem die Schreibweise den Unterschied zwischen erzählter Zeit und chronologisch-historischer Zeit hervor, etwa indem sie mittels Abverbien am Tempus die Aktionsart markiert. »Wahrscheinlich sind damals die Bewohner von Southwold, sowie die ersten Kanonenschüsse gefallen waren, hinausgeeilt vor die Stadt und haben das seltsame Schauspiel vom Strand aus verfolgt« (RS 94). Insbesondere kann die Schreibweise mit den Konventionen epischen Erzählens brechen: So ist Sebalds Präteritum kein episches, das seine grammatische Funktion, die Vergangenheit zu bezeichnen, zugunsten einer fiktiven, zeitlosen Gegenwärtigkeit auslöscht, son-

dern es bezeichnet ein unwiederholbares, vergangenes Geschehen, das entweder in der zeitlichen Perspektive eines Zu-spät oder der Perspektive einer Ereignishaftigkeit erscheint. Sebald setzt das Futur II ein, um am historischen Geschehen dessen Kontingenz freizulegen und die Möglichkeit eines alternativen Verlaufs festzuhalten: Das Futur II wird mittels adverbialer Mutmaßungen dergestalt moduliert, dass es nicht mehr eine vollendete Zukunft, die mit Notwendigkeit eintritt, sondern eine unterbestimmte Vergangenheit bezeichnet (Hünsche 2012, 218).

Poetische Sprachfunktion

Sebald hat freimütig eingeräumt, dass seine Schreibweise sich am Lesen entzündet und er seine Quellen und Materialien, die in seine Bastelei der Texte eingehen (Niehaus/Öhlschläger 2006), ästhetischen Gesichtspunkten unterwirft. Die Schreibweise ist das Resultat eines Arbeitsprozesses, der selbst geringste Details zu kontrollieren sucht, wie Materialien aus dem Nachlass demonstrieren (vgl. Sebald an Hulse, 7.5.1997, in: Hulse 2011, 200). So dokumentiert der Arbeitsprozess an der Übersetzung von *Die Ringe des Saturn* das Primat intendierter stilistischer Effekte über sachliche Details und referenzielle Bezüge, wenn Sebald etwa Schreibungen von Namen (vgl. z. B. RS 126; SG 256) abändert, zitierte Passagen in der Redeanführung umschreibt oder die Erzählstimmen ineinander übergehen lässt (vgl. Hulse 199 f., 205). Die »Strategien minimaler Textveränderung« (Hünsche 2012, 161) verunsichern eine Bewertung von offensichtlichen Fehlschreibungen wie »Louis Dumontin« statt »Louis Dumoulin« (RS, 151; vgl. Hünsche 2012, 172) und anderen referenziellen Unstimmigkeiten wie der Datierung eines Erdbebens in Oberitalien (vgl. SG 61; Niehaus 2007, 47) oder des Titels eines Gemäldes von William Turner (vgl. Aus 153), von denen nicht zu entscheiden ist, ob sie absichtlich eingebaut sind oder nicht. Die Entwürfe zum Korsika-Projekt, in denen ein Platzhalter (vgl. AK 166, 167, 172, 182 u. ö.) für noch auszuführende Formulierungen steht, demonstrieren eine Vorgängigkeit von syntaktischen und rhythmischen Strukturen gegenüber einer noch zu selektierenden Lexik bzw. den noch zu klärenden referenziellen Bezügen. Was in den Entwürfen auf der Ebene der Kombination der Wörter bzw. auf der syntagmatischen Achse aufscheint, ist eine Arbeit, welche die poetische Sprachfunktion in die Prosa einsenkt (Jakobson 1979).

Nach der Natur. Ein Elementargedicht besteht aus reimlosen Versen unterschiedlicher Länge mit uneinheitlichem und wechselndem Metrum. Während in solch einer Sprache von großer Prosanähe keine Dominanz der poetischen Sprachfunktion zu erwarten ist, prätendieren Verse zumeist eine poetische Qualität. Insofern markiert das Enjambement diesen Anspruch, auch wenn die Leistung des Enjambements damit keineswegs erschöpfend bestimmt ist. In den ersten Versen werden das Aufschlagen des Buchs mit der Verschließung der Retabel eines Altars, die rechte Druckseite mit der linken Außenseite des Diptychons, und der Rücklauf des Blicks beim Enjambement mit der Temporalität von Bild und Imagination chiastisch verschränkt und gleiten in eine Szene der *Enargeia* hinüber:»Wer die Flügel des Altars / der Pfarrkirche von Lindenhardt / zumacht und die geschnitzten Figuren in ihrem Gehäuse verschließt / dem kommt auf der linken Tafel der hl. Georg entgegen« (NN 7). So wenig der Vers mit der syntaktischen Gliederung kongruiert, so sehr tritt in der Sprache des Gedichts ein Periodenbau hervor, in dem Perioden mit Sinneinheiten konvergieren. Diese Syntax folgt den Empfehlungen der Rhetorik, die für Situationen der (mündlichen) Rede gelten: Die Perioden sollen mit der Atmung des Vortragenden korrespondieren und der Aufmerksamkeitskapazität des Zuhörers Rechnung tragen sowie »einen sowohl gebundenen als auch freien Rhythmus« (Cicero 2007, 395) erzeugen. Während in *Nach der Natur* das Enjambement die Syntax aufsprengt, wird in der späteren Prosa eine hypotaktische Syntax durch Perioden gegliedert: Die Pausen markieren den Verlauf der Form und zwingen zur Verlangsamung, Semantisierung und Reflexivierung des Lesens. Wie jedes Wort in einem Gedicht eine Perspektive auf alle anderen Wörter des Gedichts eröffnet und somit einen Knoten in einem Netz von Bezügen herstellt, zielt auch Sebalds Prosa auf eine Textur, in der alles mit allem virtuell verknüpft werden kann. Namen wie Austerlitz, Orte wie Venedig oder Daten wie der 20. Januar und Allerheiligen gewinnen in ihrer Überdetermination nicht nur eine symbolische Qualität, sondern reizen zu Assoziationen an, die ein durch semantische Schichten vorgezeichnetes Gewebe von Bezügen immer weiter verdichten (vgl. Anderson 2003, 107). Nicht zuletzt verleitet die innere und äußere Beziehung, in der Sebalds Schreibweise zu anderen Medien und Künsten – wie Malerei, Photographie oder Architektur – steht, zur Fortsetzung solcher Assoziationen: An die Stelle einer Konzeption, die eine strukturelle Koppelung von Erzählung bzw. Poesie und Bild vo-

raussetzt oder eine allgemeine und stabile Relation von Schrift und optischen Medien behauptet, treten lokale und spezifische Fügungen von Text und Abbildung, die eine »unbestimmte Bedeutsamkeit« (Pross 2010, 387) gewinnen, weil zwischen der Abbildung und der konkreten Textstelle, an der sie eingefügt ist, eine Überzahl von Relationen entsteht (Hünsche 2012). Insofern spannt Sebalds Schreibweise ostentativ ein Netzwerk auf, das zuletzt über das einzelne Buch und das Korpus des Werks hinausdrängt und eine nahezu unübersehbare Aufgabe stellt, nämlich herauszufinden, was alles zu dem Sebald-Netzwerk gehört und zu seinem Gelingen beiträgt (Dean 2003; https://sebald.wordpress.com).

Die Ordnung der Hypotaxe

Sebalds Syntax ist als das Äquivalent einer dialektischen Methode aufgefasst worden, wie sie in der Frankfurter Schule praktiziert wurde: Die »Dialektik wohnt ihr stilistisch inne« (Hutchinson 2009, 6). Die Einsicht, dass der wissenschaftliche Fortschritt mit einer fortschreitenden Zerstörung der Lebensgrundlagen und der allgemeine Zugewinn an Wissen und Erkenntnis mit einer anwachsenden Blindheit der Erkenntnissubjekte verzollt sei, besitze in der syntaktischen Struktur »je mehr, desto mehr« ihre privilegierte Aussageweise.

Die hypotaktische Syntax ist ein zweischneidiges Instrument, das ebenso in den Dienst aufklärerischer Intentionen wie phantasmagorischer Täuschungsabsichten treten kann. Sir Thomas Brownes hypotaktische Ausführungen über die weit verbreiteten Irrlehren seiner Zeit sollen den Leser in aufklärerischer Absicht in »ein Gefühl der Levitation« (RS 30) versetzen. Hingegen erzeuge eine komplexe Hypotaxe in *Austerlitz*, die über neun Seiten läuft und von Vorbereitungen in Theresienstadt berichtet, die auf Befehl der Nationalsozialisten unternommen wurden, um einer Delegation des Roten Kreuzes das Ghetto als ein »happy holiday camp for Jews« (Bell 2001, 213) zu präsentieren, ein sprachliches Äquivalent zum »mindless, busy haste of the regime in the camp« (213). Einerseits kann ein Satz, der ausspricht, wie eine täuschende Inszenierung erzeugt wird, die sich selbst vergessen machen soll, eben diese Täuschung ausstellen und entlarven. Andererseits verfügt die Hypotaxe selbst über das Potenzial zur Phantasmagorie, und sie kann ihre eigene Darstellungsleistung vergessen machen: Der »Sebald-Satz« erscheint wie »ein transparent schwebendes Gebilde« (Isenschmid 1994). Die Schreibweise produziert eine Unbestimmtheit und Überdetermination der Sinnangebote, die sowohl zu affirmativen als auch kritischen Lektüren anreizen. Angesichts der strikten moralischen Ansprüche, die Sebald ans Schreiben stellt, sticht allerdings heraus, dass die Erzählstimme – zitierend – eine politisch inkorrekte Lexik wie »Negerfrau« (SG 295), »Negerknabe[ ]« (Aus 8) und »Zigeuner« (SG 295; vgl. Schütte 2014) gebraucht und Kategorien der nationalsozialistischen Rassenlehre – ein »sogenannter Halbjude« (Agw 74) – verwendet (Jacobs 2006).

Sebalds Hypotaxen erzeugen eine sprachliche Ordnung, die noch nicht mit den Dingen und Sachverhalten, auf die referiert wird, gegeben ist. Der Satz wächst durch laterale, appositionelle Vermehrung an, ohne das Potenzial der Hypotaxe zur logisch-hierarchischen Gliederung zu verwirklichen. Im Satz dominieren unverbundene Reihungen über logische Verkettungen, Assoziationen über Explikationen und Schlussfolgerungen, lokale Übergänge über systematische Anschlüsse. Das Prinzip der Fortsetzung, das dem Erzählen inhärent ist, wird in eine digressive Erzählbewegung ausgemünzt, die selbst wiederum mit der hypotaktischen Schreibweise korrespondiert. Während das Erzählen in seiner Progression eine additive Reihung von Sequenzen ausbildet, die ihr Prinzip im schieren Nacheinander hat, tritt im retrospektiven Erzählen eine zunächst verborgene Ordnung hervor, die einen tieferen Sinn prätendiert.

Die Hypotaxe stellt eine formale sprachliche Einheit für Zufälligkeit, Koinzidenz und Nebeneinander bereit, die jedweden Konstellationen den Anschein eines verborgenen Sinns verleiht. So wie die formale Korrektheit einer Präposition schon hinreicht, um ihr einen Sinn zu verleihen, ohne dass ihre Wahrheit überprüft zu werden braucht, so verbürgt schon der grammatisch korrekte, hypotaktische Satz, dass in der Unwahrscheinlichkeit, über die eine Aussage getroffen wird, ein gewisser Sinn steckt: »Im Verlauf meiner weiteren Beschäftigung mit den Skizzenbüchern und dem Leben Turners bin ich dann auf die an sich völlig bedeutungslose, mich aber dennoch eigenartig berührende Tatsache gestoßen, daß er, Turner, im Jahr 1798, auf einer Landfahrt durch Wales, auch an der Mündung des Mawddach gewesen ist und daß er zu jener Zeit genauso alt war wie ich beim Begräbnis von Cutiau« (Aus 159 f.). Insofern legt der hypotaktische Satz auch ein sprachliches Fundament, auf dem die private Mythologie Sebalds errichtet ist. Kern dieser Mythologie ist, dass banale Geschehnisse, unscheinbare Be-

gebenheiten, unvorhersehbare Konstellationen und kontingente Ereignisse mit Bedeutsamkeit aufgeladen werden. Die Hypotaxe ist mithin auch Teil einer Antwort auf ein allgemeines Erzählproblem, das seit dem 17. Jahrhundert in der Romanpoetik persistiert: Wenn im Roman »ausgeprägte Formen von Unwahrscheinlichkeit« als »Indikatoren auf Sinnhaftigkeit« (Blumenberg 1979, 84 f.) dienen, wird eine Zufälligkeit, die vorgibt, gerade nicht literarisch konstruiert, sondern im Leben vorfindlich zu sein, zum Zeichen eines diffusen Sinns. Im Sebald-Netzwerk ist auch latent anwesend, was in den Büchern selbst in indirekter Weise vermittelt und in Andeutungen thematisiert, nicht aber expliziert wird: In diesen weit gespannten Raum der Anspielungen und Bezüge muss auch die *Shoah* eingetragen werden, die in der deutschen Nachkriegsliteratur lange Zeit verdrängt wurde.

Literatur

Aciman, André: Out of Novemberland [Rez. von W. G. Sebald, *The Rings of Saturn*, transl. by Michael Hulse, New Directions]. In: *New York Review of Books* 45/19 (3.12.1998).

Anderson, Mark M.: A Childhood in the Allgäu: Wertach, 1944–52. In: Jo Catling/Richard Hibbitt (Hg.): *Saturn's Moons. W. G. Sebald – A Handbook*. London 2011, 16–41.

Anderson, Mark M.: The Edge of Darkness: On W. G. Sebald. In: *October* 106 (2003), 102–121.

Annan, Gabriele: Ghosts [Rez. von W. G. Sebald, *The Emigrants*]. In: *New York Review of Books* 44/14 (25.9.1997).

Auerbach, Erich: *Mimesis. Dargestellte Wirklichkeiten in der abendländischen Literatur*. Bern ⁹2001.

Bell, Anthea: Translating Sebald – With and Without the Author. In: Jo Catling/Richard Hibbitt (Hg.): *Saturn's Moons. W. G. Sebald – A Handbook*. London 2011, 209–215.

Blumenberg, Hans: *Arbeit am Mythos*. Frankfurt a. M. 1979.

Cicero, Marcus Tullius: *De oratore/Über den Redner. Lateinisch-deutsch*, hg. und übers. von Theodor Nüßlein. Düsseldorf 2007.

de Man, Paul: Autobiographie als Maskenspiel. In: Paul de Man: *Die Ideologie des Ästhetischen*, hg. von Christoph Menke. Frankfurt a. M. 1993, 131–146.

Dean, Tacita: W. G. Sebald. In: *October* 106 (2003), 122–136.

Detering, Heinrich: Große Literatur für kleine Zeiten. Ein Meisterwerk: W. G. Sebalds *Die Ausgewanderten*. In: *Frankfurter Allgemeine Zeitung* vom 17.11.1992, Beilage, 2.

Eder, Richard: Excavating a Life. In: *New York Times* vom 28.10.2001.

Fried, Michael: *Flaubert's »Gueuloir«. On »Madame Bovary« and »Salammbô«*. New Haven/London 2012.

Hamburger, Käte: *Die Logik der Dichtung*. München 1987.

Hulse, Michael: Englishing Max. In: Jo Catling/Richard Hibbitt (Hg.): *Saturn's Moons. W. G. Sebald – A Handbook*. London 2011, 196–208.

Hünsche, Christina: *Textereignisse und Schlachtenbilder. Eine Sebaldsche Poetik des Ereignisses*. Bielefeld 2012.

Hutchinson, Ben: *W. G. Sebald. Die dialektische Imagination*. Berlin/New York 2009.

Isenschmid, Andreas: Der Sebald-Satz. In: *Neue Zürcher Zeitung* vom 5.8.1994.

Isenschmid, Andreas: Prosa zwischen Protokoll, Traum und Zitat. Melencolia. W. G. Sebalds *Schwindel. Gefühle*. In: *Die Zeit* vom 21.9.1990, 75.

Jacobs, Carol: Was heißt Zählen? W. G. Sebalds *Die Ausgewanderten*. In: Eva Horn/Bettine Menke/Christoph Menke (Hg.): *Literatur als Philosophie – Philosophie als Literatur*. München 2006, 173–191.

Jakobson, Roman: Linguistik und Poetik. In: Roman Jakobson: *Poetik. Ausgewählte Aufsätze 1921–1971*, hg. von Elmar Holenstein und Tarcisius Schelbert. Frankfurt a. M. 1979, 83–121.

Jurt, Joseph: »Une manière absolue de voir les choses«. Flaubert ou l'art pur. In: Daniel Jacob/Thomas Krefeld/Wulf Oesterreicher (Hg.): *Sprache, Bewußtsein, Stil. Theoretische und historische Perspektiven*. Tübingen 2005, 197–215.

Menke, Bettine: *Prosopopoiia. Stimme und Text bei Brentano, Hoffmann, Kleist und Kafka*. München 2000.

Müller, Wolfgang G.: *Topik des Stilbegriffs. Zur Geschichte des Stilverständnisses von der Antike bis zur Gegenwart*. Darmstadt 1981.

Niehaus, Michael/Öhlschläger, Claudia (Hg.): *W. G. Sebald. Politische Archäologie und melancholische Bastelei*. Berlin 2006.

Niehaus, Michael: Sebald's Scourges. In: Anne Fuchs/J. J. Long (Hg.): *W. G. Sebald and the Writing of History*. Würzburg 2007, 45–57.

Pascal, Roy: *The Dual Voice. Free Indirect Speech and its Functioning in the Nineteenth-Century European Novel*. Manchester 1977.

Pfeiffer, K. Ludwig: Produktive Labilität. Funktionen des Stilbegriffs. In: Hans-Ulrich Gumbrecht/K. Ludwig Pfeiffer (Hg.): *Stil. Geschichten und Funktionen eines kulturwissenschaftlichen Diskurselements*. Frankfurt a. M. 1986, 685–725.

Pitts, Terry: Vertigo. Where Literature and Art Intersect, with an Emphasis on W. G. Sebald and Literature with Embedded Photographs, https://sebald.wordpress.com.

Pross, Caroline: Fingierte Konjekturen. Der Philologe W. G. Sebald. In: Anne Bohnekamp et al. (Hg.): *Konjektur und Krux. Zur Methodenpolitik der Philologie*. Göttingen 2010, 369–389.

Schütte, Uwe: Sebalds Neger. In: *Volltext.Net* vom 7.12.2014, http://volltext.net/magazin/magazindetail/article/5346/ (5.2.2015).

Sheppard, Richard: The Sternheim Years: W. G. Sebald's Lehrjahre and Theatralische Sendung 1963–75. In: Jo Catling/Richard Hibbitt (Hg.): *Saturn's Moons. W. G. Sebald – A Handbook*. London 2011, 42–107.

Silverblatt, Michael: A Poem of an Invisible Subject. In: Lynne Sharon Schwartz (Hg.): *The Emergence of Memory. Conversations with W. G. Sebald*. New York 2007, 77–91.

Simic, Charles: The Solitary Notetaker [Rez. von W. G. Sebald, *Campo Santo*, transl. by Anthea Bell, Random House; W. G. Sebald: *Unrecounted*, transl. by Michael Hamburger, with lithographs by Jan Peter Tripp, New Directions]. In: *New York Review of Books* 52/13 (11.8.2005).

Steinfeld, Thomas: Die Wünschelrute in der Tasche eines Nibelungen. In: *Frankfurter Allgemeine Zeitung* vom 20.3.2011.

Wirtz, Thomas: Schwarze Zuckerwatte. Anmerkungen zu W. G. Sebald. In: *Merkur. Deutsche Zeitschrift für europäisches Denken* 55/26 (2001), 530–534.

Wood, James: Introduction. In: W. G. Sebald: *Austerlitz*. Special tenth Anniversary Edition with a new Introduction by James Wood, trans. by Anthea Bell, E-Book-Edition, published by Penguin 2011.

Zucchi, Matthias: Zur Kunstsprache W. G. Sebalds. In: Sigurd Martin/Ingo Wintermeyer (Hg.): *Verschiebebahnhöfe der Erinnerung. Zum Werk W. G. Sebalds*. Würzburg 2007, 163–181.

Armin Schäfer

23 Bricolage

»Ich arbeite nach dem System der Bricolage – im Sinne von Lévi-Strauss. Das ist eine Form von wildem Arbeiten, von vorrationalem Denken, wo man in zufällig akkumulierten Fundstücken so lange herumwühlt, bis sie sich irgendwie zusammenreimen« (Löffler 1993, 106; Ges 84). Mit diesen Sätzen aus einem viel zitierten Interview zu den *Ausgewanderten* bezeichnet W. G. Sebald das Basteln (frz. *bricolage*) als ein wesentliches Prinzip seines Schreibens (Niehaus/Öhlschläger 2006). *Bricolage* als Mittel der Geschichtsdarstellung im Werk W. G. Sebalds ermöglicht eine bestimmte historiographische Verfahrensweise, die einerseits unmittelbar in der Entwicklung des Begriffs in den Texten des französischen Ethnologen Claude Lévi-Strauss angelegt ist und die andererseits eingebettet ist in die grundsätzliche Fragestellung, wie sich eine gegenüber dem eigenen Erzählgegenstand verantwortliche, »richtige« Darstellung der Geschichte gewinnen lässt (Seitz 2011).

Wie Geschichte schreiben?

Die Frage nach dem angemessenen Verhältnis von Literatur und Geschichte ist von Sebald immer wieder gestellt worden. In dem oben zitierten Interview mit Sigrid Löffler antwortet er auf die Frage, was die literarische Erzählung von der geschichtswissenschaftlichen Monographie unterscheide: »Was die historische Monographie nicht leisten kann, ist, eine Metapher oder Allegorie eines kollektiven Geschichtsverlaufes zu produzieren. Aber erst in der Metaphorisierung wird uns Geschichte empathetisch zugänglich« (Löffler 1993, 106; Ges 84). Sebald hat sich in mehreren seiner essayistischen Texte unmittelbar mit der Erzählbarkeit von Geschichte auseinandergesetzt, explizit in dem erstmals 1982 publizierten Aufsatz *Zwischen Geschichte und Naturgeschichte. Über die literarische Beschreibung totaler Zerstörung* (CS 69–100), dessen Gedanken er fünfzehn Jahre später anlässlich der Züricher Vorlesungen, die später unter dem Titel *Luftkrieg und Literatur* veröffentlicht wurden, aufgreift und fortführt. Auch seine Untersuchungen zu Wolfgang Hildesheimer (vgl. CS 101–127), Peter Weiss (vgl. CS 128–148) und Jean Améry (vgl. CS 149–170) können unter der Frage nach Darstellbarkeit von Geschichte gelesen werden. Wesentliche Aussagen zu Sebalds Schreibweise lassen sich darüber hinaus in seiner Rede zur Eröffnung des Stuttgarter Literaturhauses *Ein Versuch der Restitution* (CS 240–248) finden, wenn er dort auf sein künstlerisches Vorbild Jan Peter Tripp rekurriert. Somit scheint es auch legitim, Sebalds Essay *Wie Tag und Nacht – Über die Bilder Jan Peter Tripps* (Log 169–188) als eine Folie im Hinblick auf sein eigenes Werk zu lesen. All diesen Texten ist gemeinsam, dass sie versuchen, Kriterien für eine angemessene Darstellung der »Abgründe der Geschichte« (Luf 86) im Spannungsfeld zwischen historiographischer Repräsentation und literarischer Imagination zu entwickeln und sie rückzubinden an die Forderung nach »Präzision und Verantwortung« (Luf 64), wie Sebald sie beispielhaft in Alexander Kluges Text *Der Luftangriff auf Halberstadt am 8. April 1945* umgesetzt sieht (vgl. CS 88–100).

Eine Geschichtsschreibung, die ihre Aufgabe ernst nimmt, muss sich darauf einlassen, wie sie ein »wahres Bild« der Vergangenheit gewinnen will. Diesem von Walter Benjamin in *Über den Begriff der Geschichte* formulierten Anspruch nähern sich die literarischen Texte Sebalds von *Nach der Natur* bis *Austerlitz*. Zunächst lässt sich aus ihnen *ex negativo* bestimmen, welche Formen der Geschichtsdarstellung sie als irreführend charakterisieren. Abgelehnt werden alle Verfahren, die die Illusion eines geschichtlichen Verstehens erzeugen, sei es durch ihre vordergründige Rationalität, ihren scheinbaren Realismus oder ihre vermeintliche Authentizität. Ein »wahres Bild« verfehlt zunächst eine rationalistische, auf wissenschaftliche Abstraktion zielende Darstellung, weil sie den Menschen hinter ihren Begrifflichkeiten und logischen Konstruktionen zum Verschwinden bringt, wie Sebald am Beispiel von Rembrandts *Anatomie*-Gemälde in den *Ringen des Saturn* (vgl. RS 22–27) deutlich macht, ebenso wie sie die Differenz zwischen sich und ihrem Erkenntnisgegenstand nivelliert, indem sie ihre systematisch-rationalen Ordnungskategorien als absolut setzt und damit das Besondere und Nicht-Identische unter die Herrschaft ihrer Begriffe zwingt. Genauso wenig zielführend ist eine vordergründig realistische Repräsentation von Geschichte, wie in der Reflexion von Austerlitz' Geschichtslehrer André Hilary über das eigene Ungenügen an seiner historiographischen Darstellung (vgl. Aus 101–106) deutlich wird. Diese Kritik findet sich wieder in den *Ringen des Saturn* bei den dort beschriebenen realistischen Seestücken und Schlachtendarstellungen (vgl. RS 94–97), denn ihre Darstellung konstruiert eine zentrale Beobachterperspektive und markiert damit eine Sichtweise, die zum Zeitpunkt des Geschehens nicht existiert, sondern im Nachhinein simuliert wird. Ebenso wenig lässt sich ein richtiges Bild der Vergangenheit durch eine auktoriale Perspektive gewinnen, die sich in die Protagonisten der Geschichte vergegenwärtigend einfühlt, weil sie in unzulässiger Weise die Grenze zwischen sich und dem Objekt ihrer Erkenntnis überschreitet, wie dies in der *Bereyter*-Erzählung (vgl. Agw 38–93) gezeigt wird. Und schließlich erweist sich auch der Augenzeugenbericht als vermeintlicher Garant einer authentischen Darstellung von Geschichte als unzuverlässig, weil er mit dem Problem der Erinnerungsfähigkeit wie der sprachlichen Ausdrucksfähigkeit verbunden ist, wie Sebald beispielhaft in der ersten Erzählung in *Schwindel. Gefühle, Beyle oder das merckwürdige Faktum der Liebe* (vgl. SG 5–37) demonstriert. Für den Zeitzeugen Henri Beyle alias Stendhal werden die Versuche, sich die Zeit seiner Teilnahme an den Napoleonischen Eroberungszügen zu vergegenwärtigen, zu einem unzuverlässigen Unternehmen. Historische Authentizität, so zeigt sich in dieser Erzählung, ist nur in ihrer künstlichen Nachbildung vermittelbar. Dieser Befund wird im Bild der Kristallisation als Ergebnis der Verwandlung eines natürlichen in einen künstlichen Gegenstand verdichtet. In seiner künstlichen Überformung ist der Text ebenso wie die kristallisierten Zweige in den Salzbergwerken von Hallein (vgl. SG 31–32) oder der Saline von Bad Kissingen in der Erzählung über Max Aurach in den *Ausgewanderten* (vgl. Agw 341–344) beides zugleich, Nachahmung der Natur ebenso wie ihre Aufhebung. Vertiefende Überlegungen zum Bild der Kristallisation als Beschreibung eines mimetischen Konzepts stellt Claudia Öhlschläger an in ihrem Band *Beschädigtes Leben. Erzählte Risse* (vgl. Öhlschläger 2006, 59 ff.).

Sebalds Geschichtspoetik geht deswegen aus von der grundsätzlichen Differenz zwischen Vergangenheit und Gegenwart. Geschichte verweigert sich einem eindeutigen verstehenden Zugriff, vielmehr steht der Historiker seinem Gegenstand fremd gegenüber, gerät ihm die Geschichte selbst zum Rätsel. Rätselhaft erscheint der generelle Verlauf der Geschichte ebenso wie die Art und Weise, in der die einzelnen Menschen darin involviert sind. Und nicht weniger rätselhaft sind die materiellen Hinterlassenschaften des geschichtlichen Prozesses, Texte und Bilder, Gegenstände und Gebäude. Kriterium für das Gelingen des literarischen Textes ist deswegen nicht eine bestimmte Wirklichkeits- oder Faktentreue, sondern die Stimmigkeit der dem Text eigenen »ästhetischen Wahrheit« (Huntemann 2001, 42). Inhalt und Form, *histoire* und *discours*, bedingen sich gegenseitig. Eine legitime

Geschichtsschreibung muss Auskunft geben über Konstruktionsmechanismen, die ihrer Darstellung zugrunde liegen (vgl. Wolff 2014, 54 f.). Die Mittel dazu werden in Sebalds literarischem Werk wesentlich im Rückgriff auf das Konzept der *bricolage* entwickelt, die als ein materielles und gleichzeitig ein gegenüber einer rationalistischen Logik alternatives Ordnungskonzept eingesetzt wird. Theoretisch reflektiert finden sich Funktion und Elemente der *bricolage* in Sebalds Essay über Ernst Herbeck (vgl. BU 131–148).

Bricolage bei Claude Lévi-Strauss

In seinem erstmals 1962 erschienenen Buch *Das wilde Denken* unterscheidet der französische Ethnologe und Strukturalist Claude Lévi-Strauss (1908–2009) zwei unterschiedliche Strategien, die Menschen in unterschiedlichen Zeiten und Kulturen anwenden, um die Welt dem Denken zu erschließen: Einerseits das wilde oder auch mythische Denken, das sich an sinnlich wahrnehmbaren Kategorien orientiert, andererseits das rationalistische oder auch wissenschaftliche Denken, das sich in der Folge des europäischen Rationalismus ab dem 17. Jahrhundert herausbildete, und das sich auf abstrakte unsinnliche Begriffe stützt. Beide Methoden sind hinsichtlich ihrer Ergebnisse verschieden, in Bezug auf ihren Erkenntniswert aber gleich hoch einzuschätzen. Lévi-Strauss rehabilitiert also das auf den ersten Blick ›unsinnig‹ wirkende Denken ›primitiver Kulturen‹, indem er dahinter eine analoge logische Struktur sieht wie im wissenschaftlichen Denken ›moderner Kulturen‹: »Anstatt also Magie und Wissenschaft als Gegensätze zu behandeln, wäre es besser, sie parallel zu setzen, als zwei Arten der Erkenntnis, die zwar hinsichtlich ihrer theoretischen und praktischen Ergebnisse ungleich sind [...], nicht aber bezüglich der Art der geistigen Prozesse [...]« (Lévi-Strauss 1973, 25). Die Funktionsweise des mythischen Denkens beschreibt Lévi-Strauss als eine Art intellektuellen Bastelns und illustriert dieses Bild in der Figur des Bastlers (frz. *bricoleur*), den er als einen Menschen definiert, der »[...] mit seinen Händen werkelt und dabei Mittel verwendet, die im Vergleich zu denen des Fachmanns abwegig sind« (29). Das französische Verb *bricoler* betont eine unbestimmte, offene Bewegung, deren Ausgang ungewiss ist: »In seinem ursprünglichen Sinn läßt sich das Verbum *bricoler* auf Billard und Ballspiel, auf Jagd und Reiten anwenden, aber immer, um eine nicht vorgezeichnete Bewegung zu betonen: die des Balles, der zurückspringt, des

Hundes, der Umwege macht, des Pferdes, das von der geraden Bahn abweicht, um einem Hindernis aus dem Weg zu gehen« (29). Damit ist die Unvorhersehbarkeit der Operationen des Bastlers beschrieben, der aus bereits gebrauchten Materialien etwas Neues formt, indem er es umfunktioniert und neu zueinander in Beziehung setzt. Der Bastler ist deswegen von dem Material abhängig, das ihm zur Verfügung steht, er muss mit dem auskommen, was für ihn verfügbar ist: »Die Eigenart des mythischen Denkens besteht [...] darin, strukturierte Gesamtheiten zu erarbeiten, nicht unmittelbar mit Hilfe anderer strukturierter Gesamtheiten, sondern durch Verwendung der Überreste von Ereignissen: ›odds and ends‹, würde das Englische sagen, Abfälle und Bruchstücke, fossile Zeugen der Geschichte eines Individuums oder einer Gesellschaft« (35). Die Mittel des Bastlers sind nicht im Hinblick auf ein fest umrissenes Projekt definierbar, sondern sind auf ihre mögliche Funktion hin ausgerichtet: »Jedes Element stellt eine Gesamtheit von konkreten und zugleich möglichen Beziehungen dar; sie sind Werkzeuge, aber verwendbar für beliebig viele Arbeiten [...]« (31). Nach dem Prinzip »das kann man immer noch gebrauchen« (30) sammelt und konserviert der Bastler seine Materialien. Je nach Bedarf löst er sie aus ihrem alten Zusammenhang, wobei sie Teile ihres ursprünglichen Verwendungszwecks bewahren können. Weil der Bastler angewiesen ist auf sein Material, begreift Lévi-Strauss das mythische Denken als eine »Wissenschaft vom Konkreten« (29). Die Materialität der Bastelei wird von ihm auf zwei Ebenen beschrieben, einerseits als eine tatsächlich materielle ›handwerkliche‹ Funktion, vor allem aber als eine Tätigkeit, die sich in der Zeichenhaftigkeit der Sprache abbildet. Der Vorrat an Bildern des mythischen Denkens entstammt der genauen Beobachtung der Umwelt und wird nicht aus abstrakten Begriffen entwickelt. Damit schafft das mythische Denken nicht aus sich selbst, sondern bleibt der Zeichenhaftigkeit der Sprache verhaftet, die das moderne Denken mit seinen Begrifflichkeiten überwunden zu haben glaubt: »Tatsächlich beruht zumindest eine der Arten, wie sich das Zeichen dem Begriff entgegenstellt, darauf, daß der Begriff in bezug auf die Wirklichkeit vollständig transparent sein will, während das Zeichen es zuläßt und sogar fordert, daß diese Wirklichkeit [...] durch den Menschen geprägt ist« (33). Nach Lévi-Strauss verbirgt der Begriff die eigene Konstruiertheit, wohingegen der Setzung des Zeichens etwas willkürliches anhaftet, was die Linguisitk als Arbitrarität charakterisiert. Dass das Zeichen in diesen oder jenen Bezug zur

Wirklichkeit gebracht wird, bleibt abhängig von seiner subjektiven Verwendung durch den Bastler. Das mythische Denken stellt sich zur Beschreibung der Wirklichkeit nicht über die Sprache, sondern bleibt abhängig von ihr, es ist angewiesen auf Zeichen und Bilder, auf die Reste vergangener Ereignisse, auf Abfälle und Bruchstücke, auf Spuren psychologischer oder historischer Vorgänge. Die Tätigkeit des mythischen Denkens besteht also in der Zerlegung von bestehenden Elementen und ihrer Rekombination und bildet damit einen unabschließbaren Vorgang von Analyse und Synthese: »Die signifikanten Bilder des Mythos sind, wie die Materialien des Bastlers, Elemente, die sich nach zwei Kriterien definieren lassen: *sie haben gedient*, als Wörter einer geformten Rede, die von der mythischen Reflexion ›demontiert‹ wird, so wie ein Bastler einen alten Wecker demontiert; und sie *können noch dienen*, zum gleichen Gebrauch oder zu einem anderen Gebrauch, sofern man sie ihrer ersten Funktion entkleidet« (49). Der Bastler ist abhängig von den Elementen, die er zu einer Einheit montiert. Er verzichtet auf die Ausübung von Herrschaft und bleibt »unter« den Dingen, weil sich seine Mittel nicht im Hinblick auf ein fest umrissenes Projekt bestimmen lassen, sondern sich ihre Bedeutung erst aus dem Arbeitsprozess heraus entwickelt. Somit gleicht er dem Sammler, der Fundstücke aufhebt, um sie bei passender Gelegenheit zu verwenden. Die Logik, mit der im mythischen Denken die Verbindungen zwischen Ereignissen gezogen werden, bleibt abhängig von flüchtigen, zufälligen Konstellationen, weil sich verschiedene Elemente immer wieder neu in wechselnde Beziehungen zueinander bringen lassen. Lévi-Strauss veranschaulicht dieses Vorgehen im Bild des Kaleidoskops: »Diese Logik arbeitet ein wenig nach der Art des Kaleidoskops: eines Instruments, das auch Abfälle und Bruchstücke enthält, mittels derer sich strukturale Arrangements herstellen lassen« (50). Unabschließbarkeit, Flüchtigkeit und Zeitlosigkeit sind wesentliche Eigenschaften des mythischen Denkens. Die Elemente, mit denen es arbeitet, sind bereits verwendet worden und können bei Bedarf jederzeit wieder verwendet werden. Ihren spezifischen Sinn erhalten sie dadurch, dass sie zueinander in Beziehung gesetzt werden. So gleicht das mythische Denken einem System von Spiegeln, »[...] die an einander gegenüberliegenden Wänden hängen und sich gegenseitig (sowie die Gegenstände in dem Raum, der sie trennt) widerspiegeln. Unzählige Bilder entstehen gleichzeitig, und keines ist dem anderen genau gleich [...]« (302). Sowohl im Bild des Spiegels als auch in dem des Kaleidoskops wird der utopische Anspruch auf Totalität illustriert, der für das mythische Denken grundlegende Bedeutung hat, weil nichts weggelassen und alles immer noch gebraucht werden kann.

Lévi-Strauss schreibt der *bricolage* auf dem Gebiet der Kunst einen »mythopoetischen Charakter« (Lévi-Strauss 1973, 30) zu. Das bedeutet, dass sich das wilde Denken in ›modernen‹ Kulturen als ein kunstschaffendes Verfahren erhalten hat: »Es gibt immer noch Zonen, in denen das wilde Denken, so wie die wilden Arten, relativ geschützt ist: das ist der Fall in der Kunst [...]« (253). Umgekehrt siedelt Lévi-Strauss die Kunst als Erkenntnisinstrument zwischen mythischem und wissenschaftlichem Denken an: »[...] denn jeder weiß, daß der Künstler zugleich etwas vom Gelehrten und etwas vom Bastler hat. Mit handwerklichen Mitteln fertigt er einen materiellen Gegenstand, der gleichzeitig Gegenstand der Erkenntnis ist« (36). Dabei erlaubt das Kunstwerk – im Gegensatz zur Wissenschaft – dem Betrachter eine ganzheitliche Erkenntnis, indem seine Entstehung invers zum wissenschaftlichen Arbeiten funktioniert. Während Wissenschaft in der Regel analytisch verfährt, bevorzugt Kunst ein umfassendes Vorgehen und stellt die Wahrheit des Ganzen vor die Erkenntnis seiner Teile. Das wilde Denken, könnte man im Umkehrschluss sagen, arbeitet mit Begriffen, »die in Bildern verdichtet sind« (304) und ihren Ausdruck in Metonymien und Metaphern finden: »Was uns als Verdichtung erscheint, ist das Kennzeichen eines Denkens, das die Worte, deren es sich bedient, ganz einfach ernst nimmt, während es sich für uns [...] um Wort-›Spiele‹ handelt« (305). Bei der Arbeit mit den Worten kommt es zu Verschiebungen zwischen den mit Resten alter Bedeutung aufgeladenen Elementen, es bleiben Sinngebungsreste: »Überkommenes und neue Intention verbinden sich in einem unaufhebbaren Verhältnis dialektischer Spannung« (Stierle 1971, 457). Das wilde Denken steht für eine Art der Kunst, die von keiner zielgerichteten Struktur bestimmt ist, sondern die ihre Form während ihres Entstehungsprozesses erst findet, sie laufend anpasst und verändert. Das Werk, das der Bastler schafft, ist deswegen untrennbar mit seiner Person verbunden, ebenso wie der Bastler abhängig ist von den Elementen, die er für seine Tätigkeit benötigt, so ist es die Arbeit des Ordnens und Zuweisens, die das Werk erst entstehen lässt: »[...] das Poetische der Bastelei kommt auch und besonders daher, daß sie sich nicht darauf beschränkt, etwas zu vollenden oder auszuführen; sie ›spricht‹ nicht nur *mit* den Dingen [...], sondern auch *mittels* der Dinge: indem sie durch die

Auswahl, die sie zwischen begrenzten Möglichkeiten trifft, über den Charakter und das Leben ihres Urhebers Aussagen macht. Der Bastler legt, ohne sein Projekt jemals auszufüllen, immer etwas von sich hinein« (Lévi-Strauss 1973, 34 f.).

Bricolage und Geschichte

Die Abhängigkeit des Dargestellten von demjenigen, der spricht, von dem Kontext, in den er das Dargestellte bringt, bezieht Lévi-Strauss im letzten Kapitel von *Das Wilde Denken*, »Geschichte und Dialektik«, unmittelbar auf die Frage nach einer ›richtigen‹ Geschichtsschreibung (vgl. Paul 2008, 307 ff.). Die Darstellung der Geschichte ist für ihn untrennbar mit demjenigen verbunden, der sie erzählt. Damit besitzt Historie keine Objektivität an sich, sondern bleibt ebenso abhängig von der Auswahl, die der Geschichtsschreiber trifft, wie von der Ordnung, in die er sie fügt: »Die Geschichte ist also niemals die Geschichte, sondern die Geschichte-für. Parteiisch, auch wenn sie es nicht wahrhaben will, bleibt sie unvermeidlich partiell, was auch eine Art der Parteilichkeit ist« (297). Am Beispiel der Chronik illustriert Lévi-Strauss, wie der Historiker sich an dem Problem geschichtlicher Diskontinuität abarbeitet: Jedes historische Datum ist eine Unterbrechung einer zeitlichen Abfolge, gleichzeitig drückt es eine bestimmte Qualität in Bezug auf zurückliegende oder kommende Ereignisse aus. Und zuletzt ist das geschichtliche Datum Bestandteil einer spezifischen Ordnung (etwa einer Epoche), zu der es gehört. Für sich genommen, »hätte ein historisches Datum keinen Sinn, da es auf nichts verwiese als auf sich selbst« (299). Bedeutung erhält das einzelne Ereignis erst aus der Relation, in die es gebracht wird. Diese Argumentation greift später Hayden Whites Studie *Auch Klio dichtet oder Die Fiktion des Faktischen* auf. Im Verlauf der Rezeption des *Wilden Denkens* ist damit ein Bewusstsein für die Problematik der sprachlichen Vermitteltheit von Geschichtsschreibung entstanden, von dem auch Sebalds Werk geprägt ist. Denn beide, Literatur und Geschichtsschreibung, müssen historische Ereignisse in eine bestimmte Ordnung bringen, um sie erzählen zu können. Damit kommen sie unter Legitimationsdruck, die Grenzen und Möglichkeiten der eigenen Darstellung zu thematisieren und offenzulegen.

Die Poetik des Bastelns

Die von Lévi-Straus entwickelten Bedeutungsebenen des Begriffs der *bricolage* werden von Sebald in vielfältiger Weise aufgegriffen. Ausgehend von der grundsätzlichen Differenz zwischen Vergangenheit und Gegenwart ebenso wie der innertextlichen Repräsentation und der außertextlichen Wirklichkeit von Geschichte nimmt eine ›authentische‹ Darstellung von Geschichte den ›Umweg‹ über ihre künstliche Bearbeitung, sie braucht den »synoptischen, künstlichen Blick« (Luf 35). Dieses bei Sebald im Bild der Kristallisation verdichtete Vorgehen korrespondiert mit der Ausstellung der Künstlichkeit des eigenen Textes, in der Zurschaustellung seiner Konstruktionsprinzipien, die ihren Ausgangspunkt in der Figur des Erzählers als derjenigen Instanz nimmt, durch die die dargestellte Geschichte als ›vermittelt‹ gekennzeichnet wird. Der Suchbewegung des Erzählers auf der Ebene der *histoire*, seinen Reisen und Recherchen, seiner Erfahrung von Geschichte im Raum und ihrer Bearbeitung mittels einer auf Ähnlichkeiten beruhenden Koinzidenzstiftung, entspricht das Ordnungsprinzip des *discours*, das den Text als ein System von zueinander in Beziehung stehenden Teilen – Texten und Bildern – organisiert, die sich wechselseitig überlagern, bestätigen, in Frage stellen oder aufheben (vgl. Seitz 2011, 110 ff.). So wie der Bastler mit vorgefundenem Material arbeitet und es in neue Zusammenhänge setzt, finden sich in Sebalds Werk Bilder und Dokumente unkommentiert und ohne Bildunterschrift in den Text montiert, womit die Praxis der *bricolage* ihre Verwandtschaft zum Montagebegriff zeigt. Die in den Text integrierten Abbildungen und Dokumente scheinen Geschichte unmittelbar zu repräsentieren und geben doch ihre eigentliche Bedeutung nicht preis, wie sich grundsätzlich die sich unter dem Blick des Erzählers konstituierende Geschichte als ein Rätselbild zeigt, das zwar mittels eines Systems von Ähnlichkeiten bearbeitet werden kann, um es in wechselnden Konstellationen zum Sprechen zu bringen, das aber seinen endgültigen Sinn verbirgt. Die metonymische Ordnung des Textes markiert den prekären Status einer geschichtlichen Erkenntnis, die sich einem endgültigen Zugriff auf den Gegenstand ihrer Darstellung verweigert und darin der Arbeit des Bastlers gleicht, der die Bruchstücke seines Materials in der Manier des Kaleidoskops zu immer neuen Bildern formt. Dieser dynamischen Ordnung des Bildmaterials entsprechen im Text jene »Verschiebungen in den Strukturen der Wörter und Sätze« (BU 139), mit denen Sebald die Verwendung der *bricolage* in seinem Aufsatz über Ernst Herbeck charakterisiert. So entsteht die Ordnung einer ›entstellten‹, auf Ähnlichkeiten und Verweisen basierenden Wirklichkeit, die sich als konstruiert zu erkennen gibt und jenseits einer begrifflichen Vernunft Möglichkeiten eines ›empathetischen‹, emotionalen Zugangs zur Geschichte eröffnet. Indem Sebalds Texte das Überlieferte als ein Veränderbares bewahren und in der Kombination verschiedener Sinnelemente immer neue Möglichkeiten des Bedeutens entwickeln, indem sie Geschichte also nicht in einem endgültigen Sinn fixieren, zeigt sich in ihnen die utopische Hoffnung, dass die ›andere Seite‹ von nicht sichtbaren Geschichtsverläufen sich in der fiktiven Ordnung des Textes unterbringen ließe: »Es gibt viele Formen des Schreibens; einzig aber in der literarischen geht es, über die Registrierung der Tatsachen und über die Wissenschaft hinaus, um einen Versuch der Restitution« (CS 248). Sebalds Texte bewahren damit eine gewisse Offenheit, sie präsentieren sich als unabschließbar und halten eine Vergangenheit gegenwärtig, die den Leser selbst zum Zeugen macht: »Das Andenken ist ja im Grunde nichts anderes als ein Zitat. Und das in einen Text (oder ein Bild) einmontierte Zitat zwingt uns [...] zur Durchsicht unserer Kenntnisse anderer Texte und Bilder und unserer Kenntnisse der Welt. Das wiederum erfordert Zeit. Indem wir sie aufwenden, treten wir ein in die erzählte Zeit und die Zeit der Kultur« (Log 184). Das Zitat als ein wesentliches Element der *bricolage* steht für deren Nähe zum Konzept der Intertextualität (s. Kap. 20), dass Texte nicht für sich alleine stehen, sondern in einer Beziehung zueinander, indem sie sich unmittelbar oder mittelbar zitierend aufgreifen, bearbeiten, fortschreiben oder verändern. Die Vielzahl der in Sebalds Werk aufgerufenen Stimmen bleibt jedoch gebunden an das Narrativ einer melancholisch perspektivierten Katstrophengeschichte (vgl. Schedel 2004, 176 f.). Das »rätselhafte Überdauern der Schrift« (RS 116) und ihre Fähigkeit, auf längst vergangene Spuren, Ereignisse und Dinge zu verweisen, wird in einer Passage aus den *Ringen des Saturn* auf den Punkt gebracht: »Jedesmal, wenn ich eine dieser Aufzeichnungen entziffere, wundere ich mich darüber, daß eine in der Luft oder im Wasser längst erloschene Spur hier auf dem Papier nach wie vor sichtbar sein kann« (116). Das Ereignis mag vergangen, eine bestimmte Referenz mag tilgbar sein, aber die grundsätzliche Referenzialität der Schrift bleibt bestehen. In der Zuschreibung neuer Bedeutungen setzt sich die unabschließbare Aufgabe des Bastlers fort.

Literatur

Benjamin, Walter: *Über den Begriff der Geschichte*. In: Walter Benjamin: *Gesammelte Schriften*. Bd. I, hg. von Rolf Tiedemann und Hermann Schweppenhäuser. Frankfurt a. M. 1974, 691–704.

Huntemann, Willi: Zwischen Dokument und Fiktion. Zur Erzählpoetik von Holocaust-Texten. In: *arcadia* 36/1 (2001), 21–45.

Kluge, Alexander: *Neue Geschichten. Hefte 1–18. ›Unheimlichkeit der Zeit‹*. Frankfurt a. M. 1977.

Lévi-Strauss, Claude: *Das wilde Denken*. Frankfurt a. M. 1973 (frz. 1962).

Löffler, Sigrid: Wildes Denken. In: *profil* 16 (1993), 106.

Niehaus, Michael/Öhlschläger, Claudia (Hg.): *W. G. Sebald. Politische Archäologie und melancholische Bastelei*. Berlin 2006.

Öhlschläger, Claudia: *Beschädigtes Leben. Erzählte Risse. W. G. Sebalds poetische Ordnung des Unglücks*. Freiburg i. Br./Berlin/Wien 2006.

Paul, Axel T.: Zeitreisen. Lévi-Strauss und die Geschichte. In: Michael Kauppert/Dorett Funke (Hg.): *Wirkungen des wilden Denkens. Zur strukturalen Anthropologie von Claude Lévi-Strauss*. Frankfurt a. M. 2008, 304–332.

Schedel, Susanne: »*Wer weiß, wie es vor Zeiten wirklich gewesen ist?*« *Textbeziehungen als Mittel der Geschichtsdarstellung bei W. G. Sebald*. Würzburg 2004.

Seitz, Stephan: *Geschichte als bricolage. W. G. Sebald und die Poetik des Bastelns*. Göttingen 2011.

Stierle, Karlheinz: Mythos als ›Bricolage‹ und zwei Endstufen des Prometheusmythos. In: Manfred Fuhrmann (Hg.): *Terror und Spiel. Probleme der Mythenrezeption*. München 1971, 455–472.

White, Hayden: *Auch Klio dichtet oder Die Fiktion des Faktischen. Studien zur Tropologie des historischen Diskurses*. Stuttgart 1986 (engl. 1978).

Wolff, Lynn L.: *W. G. Sebald's Hybrid Poetics. Literature as Historiography*. Berlin/Boston 2014.

Stephan Seitz

24 Polemik

Polemiken finden sich in fast allen Textsorten Sebalds: in den literaturwissenschaftlichen Studien, in seinen Rezensionen, Essays und Interviews sowie vereinzelt auch in der literarischen Prosa. Während in Sebalds frühen wissenschaftlichen Texten polemische Tendenzen dominieren, werden sie mit Beginn der literarischen Veröffentlichungen ab Ende der 1980er Jahre nur noch punktuell eingesetzt, erzeugten dabei aber ein umso größeres öffentliches Echo. Insbesondere der Essay über Alfred Andersch und die Vorlesungen *Luftkrieg und Literatur* haben auch aufgrund ihres polemischen Stils Debatten bis weit über Sebalds Tod ausgelöst (und zahlreiche Gegenpolemiken provoziert). Charakteristisch für fast alle Polemiken Sebalds ist eine Doppeladressierung: Angegriffen werden in ihnen zum einen ein Autor bzw. literarische Texte, zum anderen die Germanistik, der ein grundfalscher Blick auf ihren Gegenstand vorgeworfen wird. In den Polemiken der 1990er Jahre verbinden sich zudem Literatur- und Gesellschaftskritik.

Literaturwissenschaftliche Studien und Rezensionen

Bereits die Monographie über Carl Sternheim (1969) enthält die für Sebalds Polemiken zentralen Themen: Aus ethischer Perspektive wird Sternheims Werken eine (wenn auch ungewollte) Nähe zu NS-Kunst und Antisemitismus attestiert, der Stil der Texte als kitschig und melodramatisch beurteilt. Darüber hinaus wird dem Autor ›Egozentrik‹ schon deshalb vorgeworfen, weil er in seinem ersten Essay auch von sich selbst spricht (wie es später für Sebalds Essays typisch werden wird). Anders als in den Polemiken des für Sebald stilbildenden Thomas Bernhard richteten sich Sebalds Angriffe stets auf Autoren, die in der literarischen Öffentlichkeit als Gegner des Faschismus galten; dass sich unter den Kritisierten viele assimilierte jüdische Autoren finden (Jurek Becker, Peter de Mendelssohn, zudem mit Sternheim, Alfred Döblin und Hermann Broch zum Katholizismus konvertierte Juden), scheint mit einem in den 1970er Jahren verfolgten Projekt zur Erforschung der »verheerenden Auswirkungen der Assimilation auf ein ›deutsches Dichterleben‹« (Brief an Gershom Scholem, zit. nach Schütte 2014, 160) zu tun zu haben. Motiviert sind Sebalds Polemiken darüber hinaus von einem starken Ressentiment gegen die Germanistik. Wenn es über

Sternheim eingangs heißt, dass dem Autor »eine Ehrenloge in der deutschen Literaturgeschichte« (Ste 12) eingerichtet worden sei, wird damit sowohl eine Fallhöhe erzeugt, die der Polemik einen dramatischen Effekt verleiht, als auch Fachschelte betrieben – beide Strategien finden sich in allen Polemiken Sebalds. Indem Sebald der deutschen Literaturwissenschaft die übereifrige Bereitschaft vorwirft, »einen vom Hitlerregime diskreditierten Autor zu rehabilitieren, wahrscheinlich weil sie von dem untergründigen Gefühl verfolgt wird, daß ihre eigene Rehabilitation noch nicht zur Genüge vollzogen ist« (129), unterwirft er die Germanistik einer *double bind*-Situation – selbst der Anti-Nazismus wird von ihm als unterschwelliger Nazismus gedeutet. Dieser »Aburteilungsfuror« (Schley 2012, 177) des »angry young academic« ist kritisiert, mit Blick auf Sebalds Studienerfahrungen in der Freiburger Germanistik aber auch plausibilisiert worden (vgl. Schütte 2014, 13 ff.).

Von Sebalds dreißig zwischen 1971 und 1990 veröffentlichten wissenschaftlichen Rezensionen fällt rund die Hälfte kritisch aus, einige sind dezidiert polemisch. Gereizt reagiert Sebald immer dort, wo er »the methods of academic processing rather than an independent analysis« (Sebald 1973, 98) ausmacht (gelegentlich selbst dann, wenn ihn die Ergebnisse der Studie trotzdem überzeugen). Wo dem besprochenen Buch eine eigenständige und kritische Haltung gegenüber seinem Material zu fehlen scheint, zielt die Polemik des Öfteren auch auf die Person des Wissenschaftlers, dem grundsätzlich die Fähigkeit zu einem angemessenen Umgang mit Texten abgesprochen wird; bisweilen kanzelt Sebald den potenziellen Leser auf sarkastische Weise gleich mit ab: »only a bureaucratic mind will derive any pleasure from reading it« (Sebald 1971, 273). Zum Ausdruck kommt darin Sebalds Grundüberzeugung, nach der literarische Texte immer in eine reale Kommunikationssituation zwischen Autor und Leser eingebunden sind; dem wissenschaftlichen *common sense* einer Ausblendung des Autors widerspricht er vehement. Zeitlebens kritisiert er zudem die in Deutschland besonders strikte Trennung zwischen Literaturkritik und Literaturwissenschaft, wenn er – angelehnt an den anglo-amerikanischen *literary criticism* – auch von der Germanistik ethisch-ästhetische Werturteile einfordert. Stilistisch erinnern die polemischen Passagen vor allem anfangs an die elaborierte Syntax Adornos, bedienen sich aber auch komischer oder drastischer Pointen – so zeigt sich Sebald in seiner 1980 veröffentlichten Dissertation z. B. »restlos frustriert« (My 144) von vielen Texten Döblins.

Essays und literarische Texte

Die drei großen in den 1990er Jahren entstandenen Polemiken gegen Jurek Becker, Alfred Andersch und das vermeintliche Versagen der Nachkriegsliteratur in der Darstellung des Luftkriegs stehen in engem Zusammenhang mit Sebalds eigener literarischer Prosa. Das verbindende Leitmotiv ist die Erinnerungsproblematik: Sebald wirft Becker ein »Erinnerungsembargo« (Sebald 2010, 234), Anderschs Texten eine fatale »Deckerinnerung« (Luf 119) und fast der gesamten Nachkriegsliteratur eine »individuelle und kollektive Amnesie« (17) vor. Gleich in doppeltem Sinn fällt diese polemische Thematik auf fruchtbaren Boden: Zum einen schließt sie an den um 1990 besonders ›heißen‹ öffentlichen und wissenschaftlichen Erinnerungsdiskurs an, zum anderen entwerfen die Essays *ex negativo* ein Konzept gelingender Erinnerung, das Sebald vor allem mit *Die Ausgewanderten* und *Austerlitz* literarisch umzusetzen beabsichtigt (allerdings werden auch literarische Vorbilder benannt, insbesondere Jean Améry und Alexander Kluge). Wieder gelten die Polemiken mit Becker, Andersch und einigen Mitgliedern der Gruppe 47 etablierten Autoren, die gemeinhin für ihren kritischen Umgang mit dem Nationalsozialismus gelobt wurden (Autorinnen spielen dagegen in Sebalds affirmativen wie kritischen Essays keine Rolle).

Der erst postum veröffentlichte, um 1991 geschriebene Essay zu Becker zeigt zunächst, dass Sebald auch selbst jene Pauschalurteile formuliert, die er der Germanistik des Öfteren vorwirft: Beckers Romane zeichne eine »mir an der sogenannten DDR-Literatur seit jeher schon zuwider gewesene umgangssprachliche Leichtfertigkeit« (Sebald 2010, 226) aus. Noch deutlicher als in den früheren Polemiken tritt Sebald offensiv als Sprecher in Erscheinung, der seine engen ethisch-ästhetischen Maßstäbe in einem oft apodiktischen Tonfall an Beckers Gesamtwerk anlegt. Abgesehen von kritisierten Redundanzen und stilistischen Schwächen (»Ausrutscher«; »Patzer«; »peinliche Formulierungen«, 232) wirft Sebald den Texten und ihrem Autor eine unglaubwürdige Erzählhaltung, ›falschen Realismus‹ und ein »falsches, von nostalgischer Traurigkeit überglänztes« (231) Erinnerungsmodell vor. In den Fokus gerückt werden damit weniger Texteigenschaften als vielmehr eine für Sebalds Polemiken charakteristische Mischung aus »Psychopathografie, Sozialpsychologie und Ideologiekritik« (Simon 2005, 81), die auf den Schriftsteller als beispielhaften Träger eines falschen Bewusstseins zielt.

Besonders im Essay über Andersch wird Sebalds Konnex von Autor und Text zum schlagkräftigen Argument. Dabei ist der Essay nicht durchgängig polemisch, sondern verfolgt eine an den klassischen Aufbau der Tragödie erinnernde Spannungsregie mit polemischen Spitzen als Höhepunkt ungefähr in der Mitte des Essays. In der Exposition wird die für den polemischen Furor nötige Fallhöhe vor allem durch Selbstaussagen Anderschs erzeugt, in denen dieser den Wert der eigenen Texte noch über denen Thomas Manns ansiedelt. Sebald kommentiert das zunächst nicht, sondern fragt unter Hinweis auf die ambivalente Haltung der Literaturkritik nach der Bedeutung von Anderschs Werk – wiederum mit einem Seitenhieb auf die Germanistik, die »um diese Frage den für ihre Branche charakteristischen Eiertanz aufgeführt« (Luf 118) habe. Im Zentrum des Essays stehen dann zwei Vorwürfe (die Sebald zum Teil in Interviews wiederholt): Zum einen lautet die Anklage, dass Andersch seine jüdische Ehefrau durch die Scheidung 1943 erheblicher Gefahr ausgesetzt sowie für die eigene Karriere wechselweise verleugnet oder benutzt habe. »Haarsträubend« – ein Lieblingswort in Sebalds Polemiken, das über die Körpermetapher der Polemik physischen Nachdruck verleiht – und nicht frei »von deutscher Perversion« sei Anderschs »penetrante Selbstgerechtigkeit« (124 f.). Zum anderen wird vor diesem Hintergrund am Roman *Efraim* eine ›falsche‹ Identifikation des Autors mit einer jüdischen Opferfigur kritisiert (die so eindeutig freilich nicht ist, zumal Sebald in seinen Polemiken des Öfteren Zitate aus ihrem Kontext löst). Dazu kommt eine harsche Kompositions- und Stilkritik, da auch die anderen Texte des Autors primitiv und verlogen erzählt sowie »aufs geschmackloseste überfrachtet« (135) seien mit lasziven Adjektiven und Kitschformeln. Wenn in dem Roman *Die Rote* Auschwitz als »Hintergrundstaffage« zitiert werde, belege auch das die »Obszönität dieses hoffnungslos mißratenen Stücks Literatur« (139). In stilistischer Hinsicht stellt der Essay die variantenreichste Polemik Sebalds dar. Neben Superlativen kommen mehrfach rhetorische Fragen und konjunktivische, im Gestus defensive Formulierungen zum Einsatz, die in Kombination mit der komplexen Syntax zu einer außergewöhnlichen Eleganz der Erregung führen. Darüber hinaus wird am Andersch-Essay besonders deutlich, dass Sebald vornehmlich solche Literatur harsch kritisiert, die seiner eigenen nahe steht. Wie u. a. mehrere Interviews zeigen, hat Sebald gerade jene kompositorischen und stilistischen ›Fehler‹ gefürchtet, die er Andersch vorwirft – so den Übergang

von einem (angesichts der Holocaustthematik durchaus legitimen) Pathos zu peinlichem Kitsch. Insofern erweist sich die Andersch-Polemik, deren Entstehung zeitlich ins Umfeld von *Die Ausgewanderten* gehört, als produktive Schulung für das literarische Schreiben und entfaltet implizit Sebalds eigene Poetik (Hoffmann 2011). Der gescholtene Andersch ist für Sebald ein ›negativer Lehrmeister‹; neben Andersch und der Literaturwissenschaft ist Sebald als literarischer Autor der – verborgene – dritte Adressat der Polemik.

In den Züricher Vorlesungen *Luftkrieg und Literatur* beziehen sich die polemischen Passagen zunächst auf die ungerührten Reaktionen der Bevölkerung auf die Bombardierung deutscher Städte. Die unmittelbar Betroffenen hätten einen »ans Unmenschliche grenzenden Mangel an moralischer Empfindlichkeit« zum Ausdruck gebracht, der von Sebald mit dem Verhalten einer »Insektenkolonie« (Luf 48) verglichen wird. Kaum positiver fällt der Blick auf die literarische Darstellung in Romanen von Hermann Kasack u. a. aus, wobei Sebald nicht mehr nur das Misslingen eines Buchs konstatiert, sondern ein Verfahren ausmacht, mit dem die Literatur sich auf ganz grundsätzliche Weise »ihrer Berechtigung entzieht« (59). Wieder ist es mit Peter de Mendelssohn ein deutsch-jüdischer Autor, dem in besonders heftiger Polemik Peinlichkeiten, Melodramatik und ein Hang zu »erzdeutschem Rassekitsch« (63) vorgeworfen werden.

Auch in Sebalds literarischer Prosa finden sich vereinzelt polemische Tendenzen, so etwa in einer an Thomas Bernhard erinnernden Suade in *Austerlitz* über die französische Nationalbibliothek in Paris, deren Architektur als Ausdruck einer bücher- und menschenfeindlichen Geisteshaltung gedeutet wird (vgl. Aus 391–399). Dass einige Kritiker *Austerlitz* jene Tendenz zum ›schwarzen Kitsch‹ vorgeworfen haben, die fester Bestandteil von Sebalds Polemiken ist, gehört zur Dialektik der polemischen Aufklärung, die Sebald selbst mit Vorliebe ins Visier genommen hat – im vollen Bewusstsein darüber, dass der Polemiker (wie es über Bernhard und an anderer Stelle über Karl Kraus heißt) oft eine irritierende »Gebundenheit an die Gegenstände seiner Aversion« (BU 111) aufweist.

Die Objekte von Sebalds Polemiken sind kontinuierlich ›gewachsen‹: vom literaturwissenschaftlichen Expertendiskurs über kanonisierte Schriftsteller bis hin zu gesamt-gesellschaftlichen Phänomenen. Insbesondere die auch ethisch argumentierenden Polemiken der 1990er Jahre haben zu Sebalds Image einer moralischen Instanz beigetragen. Den Polemiken im Ganzen eine auf Machtgewinn zielende intentionale

Positionierungsstrategie zu unterstellen (so Schley 2012), lässt sich allerdings weder mit Selbstäußerungen belegen noch wird es den von Beginn an kritischen Reaktionen gerecht. Angefangen vom Sternheim-Buch, das in der ZEIT als »barer Unsinn« (Poljudow 1970, 15) abgeurteilt wurde, hat sich Sebald mit seinen als ›Größenwahn-Anwandlungen« (Durzak 2009, 444) gelesenen Polemiken in der wissenschaftlichen Community weithin selbst diskreditiert (vgl. schon Baier 1993), ja zum »Buhmann der Germanistik« (Schütte 2014, 477) gemacht. Gleichwohl haben sich die Polemiken insofern als produktiv erwiesen, als sie differenzierte Debatten – insbesondere über die ethisch-ästhetischen Qualitäten der Nachkriegsliteratur – ausgelöst haben (dokumentiert u. a. in Hage 2003; Döring/Joch 2011).

Literatur

Baier, Lothar: Literaturpfaffen. Tote Dichter vor dem moralischen Exekutionskommando. In: *Freibeuter* 57 (1993), 42–70.

Döring, Jörg/Joch, Markus (Hg.): *Alfred Andersch ›revisited‹. Werkbiographische Studien im Zeichen der Sebald-Debatte.* Berlin/Boston 2011.

Durzak, Manfred: Sebald – der unduldsame Kritiker. Zu seinen literarischen Polemiken gegen Sternheim und Andersch. In: Gerhard Fischer (Hg.): *W. G. Sebald: Schreiben ex patria/Expatriate Writing.* Amsterdam 2009, 435–445.

Hage, Volker: *Zeugen der Zerstörung. Die Literaten und der Luftkrieg.* Frankfurt a. M. 2003.

Hoffmann, Torsten: In weiter Ferne, so nah. W. G. Sebalds Stilkritik an Alfred Andersch. In: Jörg Döring/Markus Joch (Hg.): *Alfred Andersch ›revisited‹. Werkbiographische Studien im Zeichen der Sebald-Debatte.* Berlin/Boston 2011, 331–356.

Poljudow, Valerij: Eins mit seinen Gegner? Sebalds Sternheim-Polemik. In: *Die Zeit*, 14.8.1970, 15.

Sebald, Winfried Georg: [Rez.] Dürrenmatt, Frisch, Weiss. By Manfred Durzak. In: *Journal of European Studies* 3 (1973), 97–98.

Sebald, Winfried Georg.: Ich möchte zu ihnen hinabsteigen und finde den Weg nicht. Zu den Romanen Jurek Beckers. In: *Sinn und Form* 62 (2010), 226–234.

Sebald, Winfried Georg: [Rez.] Literarische Wertung. By J. Schulte-Sasse. In: *Journal of European Studies* 1 (1971), 273.

Schley, Fridolin: *Kataloge der Wahrheit. Zur Inszenierung von Autorschaft bei W. G. Sebald.* Göttingen 2012.

Schütte, Uwe *Interventionen. Literaturkritik als Widerspruch bei W. G. Sebald.* München 2014.

Simon, Ulrich: Der Provokateur als Literaturhistoriker. Anmerkungen zu Literaturbegriff und Argumentationsverfahren in W. G. Sebalds essayistischen Schriften. In: Marcel Atze/Franz Loquai (Hg.): *Sebald. Lektüren.* Eggingen 2005, 78–104.

Torsten Hoffmann

25 Reisen

Zur Genealogie der Reiseliteratur

Seit den ersten Anfängen der europäischen Literatur bilden Reisen zentrale Topoi. In der Bibel wie in der altgriechischen und römischen Literatur wird das Reisen häufig thematisiert – man denke etwa an die Argonauten, an Äneas, an den mosaischen Exodus, an die Vertreibung Kains, oder an die Flucht nach Ägypten. Vor allem sind es aber der Auszug, die Irrfahrten und die Heimkehr von Odysseus im Homerischen Epos, die als Urbild eines Erzählschemas gelten, das als Basis für unzählige, in den letzten drei Jahrtausenden geschriebene Texte dienten. Auch wenn es im Mittelalter vor allem Kreuz- und Wallfahrten waren, die den Anlass und das Erzählmuster für Reiseberichte lieferten, lassen sich schon im späten 13. Jahrhundert die Konturen einer neuen Art von Reisebericht erahnen, deren Schwerpunkt auf der Erforschung und Beschreibung von fremden Ländern und Völkern liegt. Seit der frühen Neuzeit und durch die Kolonialzeit hindurch wurden Reiseberichte dann zum integralen Bestandteil der Wissensproduktion, die mit der ›Entdeckung‹ der Neuen Welt und der Kolonisierung der südlichen Hemisphäre durch die europäischen Großmächte einherging. Erstaunlich ist die Vielfalt der Wissensgebiete, die in Reiseberichten abgesteckt werden: Geographie, Geologie, Ethnographie, Botanik, Zoologie, Politik, und politische Ökonomie, um nur einige zu nennen. Ihre Autoren waren dementsprechend Forscher, Ethnologen, Naturwissenschaftler und standen oft im Dienst europäischer Regierungen oder kommerzieller Förderer. Nicht notwendigerweise waren sie immer ›Reiseschriftsteller‹. Das, was wir heute unter ›Reiseliteratur‹ verstehen, entstand unter ganz anderen historischen Umständen.

Der Reisebegriff, der der modernen Gattung ›Reiseliteratur‹ zugrunde liegt, entsteht gleichzeitig mit der Entwicklung des Massentourismus in den mittleren Jahrzehnten des 19. Jahrhunderts. Das Reisen quasi um des Reisens willen gehörte schon seit dem 17. Jahrhundert zum Bildungsprogramm des europäischen und insbesondere des britischen Adels, dessen Sprösslinge nach Abschluss des Universitätsstudiums in Begleitschaft eines ›Tutors‹ eine ›Grand Tour‹ zu unternehmen pflegten. Zweck der Reisen war vorgeblich, wichtige Kulturstätten zu besuchen sowie in den feinen Kreisen der gesellschaftlichen Bildung der jungen Männer den letzten Schliff zu geben, in Wirklichkeit aber (auch), um Erfahrungen sinnlicherer Art zu sammeln (vgl. Buzard 2002, 38–41). Die Napoleonischen Kriege setzten dieser Form des Reisens ein jähes Ende und in den im Modernisierungsprozess begriffenen Nationalstaaten der postnapoleonischen Zeit wurde das Reisen rasch demokratisiert und umkodiert. Insofern das Leben für immer mehr Menschen von Arbeitsdisziplin und den zunehmenden Forderungen des Industriekapitalismus bestimmt wurde, bildete sich in der Ideologie des Liberalismus ein Kulturbegriff heraus, demzufolge Kultur die Rolle eines Zufluchtsraums einnahm, in dem man für die erbrachten Entbehrungen subjektiv entschädigt werden sollte (Buzard 2002; vgl. Wemhöner 2004, 8, 16). Die Kulturerfahrung also galt als eine Befreiung vom alltäglichen Sozial- und Arbeitsleben. Und der wirksamste Zugang zur Kultur bestand darin, zu reisen.

Im Herzen des modernen Reisediskurses liegt aber zugleich der Gegensatz zwischen ›Reisen‹ und ›Tourismus‹. Dieser Gegensatz lässt sich, wie Buzard zeigt, im Englischen mindestens bis ins 18. Jahrhundert zurückverfolgen und war bis 1842 in seiner heute gängigen Form voll entwickelt. Dasselbe gilt – mit einiger Verspätung – für die Verwendung des Begriffs im deutschen Sprachraum: Der erste belegte Gebrauch des Wortes ›Tourist‹ datiert aus dem Jahr 1800, der von ›Tourismus‹ aus dem Jahr 1811. Obwohl er sich präzise kaum definieren lässt, wird der Begriff ›Tourist‹ wiederholt als herabsetzende Bezeichnung für diejenigen Reisenden verwendet, die bestimmte Verhaltensmuster, Charakterzüge und Klassenmerkmale aufweisen. Der Tourist wird normalerweise als Mode- und Marketing-Opfer betrachtet, der blindlings in die Fußstapfen derjenigen authentischen Reisenden tritt, die ihm mit freiem Geist und offenen Augen vorausgegangen sind. Während der Reisende als kühner Sammler von einmaligen, authentischen Erfahrungen gilt, ist der Tourist nur eine verwöhnte Einheit der Freiheitsindustrie.

Analog zum Kontrastpaar Tourist-Reisender kann man auf der Ebene der Textualität typologisch und funktional zwischen Reiseführern und Reiseliteratur unterscheiden. Die Entwicklung einer kommerzialisierten Reiseindustrie in Europa, so wird argumentiert, habe eine funktionale Arbeitsteilung mit sich gebracht, derzufolge die formelhaften Handbücher eines Murray oder Baedeker praktische Auskunft in kodifizierter Form anboten, während sich die Reiseliteratur im eigentlichen Sinne zur subjektorientierenden Gattung entwickelte und die inneren Erlebnisse des Schriftstellers zunehmend in den Vordergrund rückte. Bianca Theisen führt diese gattungsgeschichtliche

Entwicklung auf die – die Risiken des Reisens stark reduzierenden – infrastrukturellen Verbesserungen des 18. und 19. Jahrhunderts zurück: Reiseberichte, so Theisen, waren als Informationsträger nicht mehr nötig und konnten sich auf die subjektive Welt- und Fremderfahrung des Autors konzentrieren (vgl. Theisen 2004, 166). Paul Fussell unterscheidet grundsätzlich zwischen ›guide books‹ und ›travel books‹. Gattungstheoretisch liegt der Unterschied darin, dass ›travel books‹ durch autobiographische Inhalte und eine erzählende Form gekennzeichnet sind, wohingegen ›guide books‹ ein nicht-autobiographisches, nicht-narratives Genre konstituieren. Rezeptionstheoretisch wenden sich nach Fussell ›guide books‹ an Leser, die dem im Buch beschriebenen Reiseweg selektiv zu folgen beabsichtigen, während ›travel books‹ eine Leserschaft voraussetzen, deren Verlangen nach dem Exotischen und Wunderbaren durch bloßes Lesen eines abenteuerromanmäßigen Reiseberichts gestillt werden kann (vgl. Fussell 1980, 202). Peter J. Brenner geht einen Schritt weiter, indem er der Reiseliteratur einen Funktionsverlust zuschreibt, der als Folge des Verlusts des Informationsmonopols zu verstehen ist, dessen sich Reiseberichte früher erfreuten (Brenner 1990).

Ein Seitenblick auf die Geschichte der Reiseliteratur zeigt, dass solche kategorialen Unterscheidungen auf einer starken Vereinfachung beruhen. Erstens sind seit John Mandevilles *Travels* (ca. 1350) die Grenzen zwischen Fiktion und Reisebericht immer porös gewesen. Zweitens waren, wie Stephen Greenblatt (1980) und Mary Louise Pratt (1992) gezeigt haben, subjektive Erfahrungen ein integraler Bestandteil von Reiseberichten der frühen Neuzeit und bildeten sich nicht erst im 18. Jahrhundert heraus. Von besonderem Interesse ist die Tatsache, dass Reiseliteratur schon in der Frühzeit des Massentourismus durch Verleger von Reiseführern angeeignet wurde. Durch die Hervorhebung der ›schönsten‹ Routen und das Vorschreiben dessen, was Touristen unbedingt sehen sollten, vermittelten die Reiseführer des 19. Jahrhunderts eine normative und durchaus konventionelle Reiseerfahrung (vgl. Enzensberger 1962, 188). Die von Baedeker und Murray veröffentlichten Reiseführer waren aber zudem mit Zitaten aus bekannten literarischen Reiseberichten bestückt; Murray gab auch eine Taschenbuchausgabe der Werke Byrons als Begleitband zu seinem Italienführer heraus (vgl. Buzard 1993, 119 f.). Indem ›Reisende‹ versuchten, gegen eine durchaus vermittelte Fremderfahrung zu rebellieren, kultivierten sie ihre antitouristischen *Performances* oft am Beispiel früherer Schriftsteller wie etwa Mme de Staël, Byron, Goethe, Rousseau, Bulwer-Lytton, u. a.. Die in Texten dieser und anderer Autoren dargestellten Szenen, Situationen und Figuren wurden, so Buzard, zu erkennbaren und austauschbaren Insignien innerhalb einer Kulturökonomie, in der ›Reisende‹ ihre Überlegenheit bewiesen, indem sie ihre Belesenheit und ihren Phantasiereichtum erkennen ließen (vgl. Buzard 1993, 114; vgl. Enzensberger 1962, 183 f.). Dadurch aber verfingen sie sich in einem zweifachen Widerspruch: Um ihre Individualität zu behaupten, waren sie gezwungen, die Gesten derer zu wiederholen, die ihnen vorangegangen waren; von Authentizität konnte kaum die Rede sein. Darüber hinaus brachte die Integration von Literatur in die Reiseführer das Kulturmonopol des Antitouristen, auf dem sein Status als ›Reisender‹ beruhte, ins Schwanken.

W. G. Sebalds Antitourismus

Der Begriff der Kultur umfasst aber nicht nur das ästhetische Objekt und dessen Rolle in der individuellen Identitätsbildung, sondern – aus anthropologischer Perspektive – auch die Gesamtheit der gestaltenden Leistungen einer bestimmten Gemeinschaft oder Epoche. Diese beiden Kulturbegriffe spielen eine wesentliche Rolle in Sebalds Texten, die zwar nicht im strengen Sinn der Gattung Reiseliteratur zuzuordnen sind, jedoch vom Diskurs des Reisens prominent bestimmt werden. Auf der einen Seite betonen Sebalds Erzählerfiguren die erhabene ästhetische Sensibilität, die sie vom bescheidenen Touristen unterscheidet. Auf der anderen Seite suchen Sebalds Erzähler die sogenannte ›back region‹ (MacCannell 1978), wo das authentische Leben unabhängig von der touristischen Infrastruktur weitergeht und wo die kulturellen Praktiken der Einheimischen unmittelbar erfahren werden können. Mittels dieser Strategien versucht Sebald, seiner Erzählerfigur den Status eines anspruchsvollen Reisenden und seinen Büchern den Status anspruchsvoller Reiseliteratur zu verleihen.

In den Texten W. G. Sebalds wird ständig gereist. John Zilcosky (2004) behauptet, dass Sebalds Reisen ›unheimlich‹ sind: die Erzähler suchen eine Fremderfahrung, um sich zu verlieren und sich wieder zu finden und dadurch die eigene Subjektivität zu sichern. Das misslingt dennoch immer, denn auch in der Fremde finden sie nichts als unheimliche Spuren der Heimat. Das erfasst aber nur einen Aspekt von Sebalds Reisediskurs. Seine Erzähler reisen aus thera-

peutischen Gründen, zu Forschungszwecken, und um kulturelles und ethnographisches Wissen anzuhäufen. Dabei sind sie aber ständig bemüht, sich mittels verschiedener antitouristischer Strategien von bloßen Touristen abzusetzen. Wie für den typischen Antitouristen ist auch für Sebald die Suche nach Kulturerfahrungen ausschlaggebend; ja sie gehört zu den Hauptmotivationen für die von Sebalds Erzählerfiguren unternommenen Reisen: Sie besuchen die Kulturstätten Europas, um bestimmte Gebäude bzw. Kunstwerke zu sehen. Sie bemerken aber allzu oft, dass jemand – am häufigsten ein Schriftsteller – schon vor ihnen da war, und diese Erfahrung stellt wiederum den Authentizitätsbegriff in Frage, auf dem der Antitourismus zu beruhen scheint. Das Aneignen von Kultur, das im Gegensatz zur touristischen Erfahrung der Heimat-in-der-Fremde und ihrem vorprogrammierten Abhaken von Sehenswürdigkeiten als genuine Reiseerfahrung gilt, gerät so in Widerspruch zur Authentizität. Denn das Wissen, das man im kompetenten Umgang mit Kultur erwirbt, ist nur innerhalb eines Systems von allgemein anerkannten Werten von Bedeutung und kann daher eigentlich nicht als Zeichen der authentischen Individualität fungieren. Das erkennen Sebalds Erzählerfiguren an, wenn sie sich des eigenen Verspätet-Seins bewusst werden.

Der Rückgriff auf bestehende Repräsentationen bietet also keine sichere antitouristische Strategie, denn er führt letzten Endes zu einem Gefühl verspäteter Wiederholung, sogar des Epigonentums. Das erfahren Sebalds Erzählerfiguren, wenn sie in die Fußstapfen anderer Schriftsteller treten. So wird der Erzähler in *All'estero* von Visionen Dantes heimgesucht (vgl. SG 43 f.), er bezieht sich auf die autobiographischen Schriften Casanovas (66–73) und die Reisetagebücher Grillparzers (65), um die eigene Venedig-Erfahrung verstehen zu können, und entdeckt Spuren von Franz Kafka an einem Ort, der profaner nicht sein könnte: im Pissoir des Bahnhofs von Desenzano (103). Auch der unübertreffliche antitouristische Kunstgriff – nämlich die Erklärung bitterer Enttäuschung, dass ein Ort an seinen literarisch vermittelten Ruf nicht herankommen kann – schlägt fehl, denn es stellt sich heraus, dass auch Grillparzer dieselbe Enttäuschung in seinem *Tagebuch auf der Reise nach Italien* zum Ausdruck gebracht hatte. »Wie er«, schreibt Sebalds Erzähler, »finde ich an nichts Gefallen, bin von allen Sehenswürdigkeiten enttäuscht und wäre, wie ich oft meine, viel besser bei meinen Landkarten und Fahrplänen zu Hause geblieben« (SG 65; die entsprechende Passage bei Grillparzer ist in Sebalds

Exemplar des *Tagebuchs auf der Reise nach Italien* unterstrichen). Diese Episode erweckt den Eindruck, dass die Welt in ihren eigenen Darstellungen vollkommen aufgegangen ist und dass schließlich die schematischsten Repräsentationen – gerade die Landkarten und Fahrpläne, die den Massentourismus erst ermöglichen – zu bevorzugen sind vor dem Versuch, mittels Reisen Authentisches zu erleben. Das Reisen bei Sebald ist ein selbstreflexiv thematisiertes, oft melancholisches Reisen in Spuren (Pfister 2006). Die Erzählerfiguren setzen ihre Reisen dennoch immer wieder fort. Sie untermauern ihre antitouristische Identität rhetorisch, indem sie auf ihrer Unterscheidung vom Durchschnittstouristen beharren und sich dadurch als Träger einer authentischen Kulturerfahrung individualisieren.

Exemplarisch in dieser Hinsicht ist der Besuch des Erzählers in dem Amphitheater auf der Piazza Bra in Verona. Indem er alleine in der obersten Bankreihe sitzt, beobachtet er eine Gruppe von Touristen unten im Orchester, die, wie er behauptet, überhaupt kein Interesse hat an dem, was der Reiseführer ihnen über die Architektur des Theaters zu berichten weiß. Der Erzähler aber profitiert von der ausgezeichneten Akustik des Theaters und vernimmt die Worte des Führers mit noch größerer Klarheit als die Touristengruppe, für die sie bestimmt sind (SG 86). Allein und für sich beansprucht er also einen privilegierten Zugang zur Kultur, verunglimpft gleichzeitig die Touristengruppe, die dermaßen banausenhaft ist, dass sie dem Reiseführer gar nicht zuhört. Diese Episode verkörpert die Hauptstrategien, die Sebalds Erzählerfiguren verwenden, um sich von bloßen Touristen abzugrenzen.

Erstens bestehen sie immer auf der räumlichen Entfernung zwischen sich und den Touristen, was auch als Symbol für ihre ideologische und kulturelle Überlegenheit zu verstehen ist. In Limone rudert sich der Erzähler von *All'estero* bei Einbruch der Dunkelheit bis in die Mitte des Gardasees hinaus, um sich in Kontemplation der hinter der Stadt hinaufragenden Berge zu verlieren (109 f.). Als er wieder ans Land kommt, eilt er in sein Hotelzimmer, um die betrunkenen deutschen Urlauber zu vermeiden (111). Später im selben Text gewährt ihm die Bibliothekarin der Biblioteca Civica in Verona Zutritt zu den Sammlungen, obwohl die Bibliothek eigentlich während der Ferienzeit geschlossen und also für den Durchschnittstouristen unzugänglich ist (138). In den *Ringen des Saturn* verweigert sich der Erzähler, nach Somerleyton House mit dem Auto zu fahren (obwohl – oder gerade weil –

»der gesamte Besucherbetrieb [...], naturgemäß, auf [Autofahrer] abgestellt ist«). Stattdessen reist er mit der Bahn als einziger Fahrgast in einem rüttelnden Dieseltriebwagen (RS 41 f.). (Auch hier kann er aber die Spuren früherer Reisenden nicht vermeiden: die Beschreibung der Reise ist der Darstellung einer ähnlichen Reise in J. B. Priestleys *English Journey* geschuldet, die in Sebalds Exemplar dieses Buches angestrichen ist: siehe Priestley 1979, 341 f.). Einmal am Bahnhof von Somerleyton angekommen, klettert er über die Mauer und kämpft sich durch das dichte Gestrüpp hindurch, um in den Park zu gelangen (vgl. RS 44). Wie überall in den *Ringen des Saturn* gibt es hier von Seiten des Erzählers eine systematische Verweigerung, sich an markierte Wanderwege zu halten, touristischen Reiserouten zu folgen und in häufig besuchten Hotels zu übernachten.

Zweitens werden Touristen als undifferenzierte Masse dargestellt. Die Touristen in Verona werden als »Kinderschar« (SG 86) bezeichnet, »ein wahres Heer von Touristen« (98) lagert auf dem Bahnhofsvorplatz von Venedig, Besucher nach Limone bilden »eine einzige buntfarbige Menschenmenge« (111), und Touristen stürzen sich »scharenweise« ins Veroneser Amphitheater (155). Auch in den *Ringen des Saturn* findet der Erzähler eine »Besucherschar« in Somerleyton House (RS 49). Diese Metaphorik der Masse steht dafür ein, dass die Touristen nicht nur ihrer Individualität, sondern auch ihres persönlichen Willens beraubt zu sein scheinen. So kennzeichnet die Bezeichnung »Kinderschar« (SG 86) etwa einen Moment der Infantilisierung. Die Somerleyton-Besucher werden sogar mit »verkleidet[en] Hund[en] oder Seehund[en] im Zirkus« verglichen (RS 44): Touristen erscheinen hier in Gestalt dressierter Tiere. Die fehlende Individualität und die geistige Unselbstständigkeit von Sebalds Touristen wird narrativ dadurch untermauert, dass der Blick auf sie fast ausschließlich äußerlich ist; Touristen verfügen über keine Innerlichkeit. Auf erzähltechnischer Ebene wird diesem Umstand durch die Unterscheidung zwischen der stummen Masse anonymer Touristen und dem vielschichtigen Erzählerbewusstsein Ausdruck verliehen, das in *All'estero* und besonders in den *Ringen des Saturn* ausführlich entfaltet wird.

Ein dritter, damit verbundener Punkt, ist der, dass Touristen auch als vollkommen unbeholfene Kultur-Konsumenten dargestellt werden. Sie sind nicht im Stande, die Oper von Verona zu schätzen und schenken dem Guide im Amphitheater keine Aufmerksamkeit. Die Erhabenheit der Berge hinter Limone bedeutet ihnen nichts und sie verbringen ihre ganze Zeit lieber in Bars und Tanzlokalen, sie »verweilen da und dort« auf ziellose Weise in Somerleyton House und scheinen nur an dem (vom Erzähler übrigens durch die völlig unnötige Verkleinerungsform verpönten) »Miniaturbähnchen« Gefallen zu finden.

Die Figuren, denen eine gewisse Autonomie eingeräumt wird, sind in der Regel die ganz normalen Alltagsmenschen, denen der Erzähler im Laufe seiner Reisen begegnet. Kurioserweise erwartet der Erzähler von den Einwohnern der Ortschaften, die er besucht, mit einem gewissen Argwohn betrachtet zu werden, eben weil er nicht wie ein Tourist aussieht: »Schließlich zieht jeder Fußreisende, auch heute noch, ja gerade heute und vor allem, wenn er nicht dem gängigen Bild des Freizeitwanderers entspricht, sogleich den Verdacht der Ortsansässigen auf sich« (RS 209). Gerade dieses Nicht-Tourist-Sein ist es aber, was die gelegentlichen spontanen Gespräche ermöglicht, die in zirkulärer Weise dann auch den privilegierten Status des Erzählers als Nicht-Touristen bestätigen, denn sie zeugen von seiner Fähigkeit, hinter die Kulissen zu blicken und mit ›Ortsansässigen‹ mehr oder weniger authentischen Kontakt aufzunehmen. Luciana, die Frau des Hotelbesitzers in Limone, legt eine ungemeine Dienstbeflissenheit und Fürsorglichkeit an den Tag, die erotische Züge annimmt (SG 112–115). Die türkischstämmige Bootsführerin in den *Ausgewanderten* verbreitet sich über die Gefahren der Stupidität, was auf das völlige Verständnis des Erzählers stößt: »Es käme selten vor,« sagt sie, »daß man könne mit einem Fahrgast ein Gespräch führen, und noch dazu ein verständiges« (Agw 340). Die Gespräche mit Malacchio (SG 73 f.) und Salvatore Altamura (149–157) in *Schwindel. Gefühle*, mit William Hazel (RS 52–55), Cornelis de Jong (229–231), und den Ashburys (251–264) in den *Ringen des Saturn* berühren alle Aspekte des Reisediskurses (im Gegensatz zum Tourismus): Dem Erzähler gelingt es, die Oberflächlichkeit der Tourismusindustrie zu überwinden, um eine authentische Erfahrung zwischenmenschlicher Kommunikation zu machen. Damit erreicht er die sogenannte ›back region‹, die von jedem modernen Reisenden gesucht wird. Und diese antitouristische Performanz beruht auf einem strengen erzähltechnischen Verfahren, das bestimmt, wer sprechen darf und wer nicht.

Migration und Erinnerung

Sebalds Erzähler sind nicht nur Antitouristen, sondern auch Migranten: Sie stammen alle aus Deutschland, wohnen aber in Großbritannien. Reisen stehen also am Anfang ihrer gegenwärtigen Existenz. Dasselbe lässt sich auch von den Protagonisten sagen, deren Biographien in den *Ausgewanderten* und in *Austerlitz* rekonstruiert werden, gleich ob sie Auswanderer sind (wie Henry Selwyn, Ambros Adelwarth, Tante Fini) oder Opfer der Verfolgung (Michael Hamburger, Jacques Austerlitz). Das Reisen ist mit Sebalds Erinnerungsdiskurs eng verflochten.

Im Jahre 1899 im Alter von sieben Jahren verlässt der erste von Sebalds vier Ausgewanderten, Henry Selwyn, sein Heimatdorf Grodno in Litauen und begibt sich auf die Reise nach New York. Er beschreibt den Auszug wie folgt: »Ich sehe, sagte er, wie mir der Kinderlehrer im Cheder, den ich zwei Jahre schon besucht hatte, die Hand auf den Scheitel legt. Ich sehe die ausgeräumten Zimmer. Ich sehe mich zuoberst auf dem Wägelchen sitzen, sehe die Kruppe des Pferdes, das weite, braune Land, die Gänse im Morast der Bauernhöfe mit ihren gereckten Hälsen und den Wartesaal des Bahnhofs von Grodno mit seinem frei im Raum stehenden, von einem Gitter umgebenen überheizten Ofen und den um ihn hergelagerten Auswandererfamilien. Ich sehe die auf- und niedersteigenden Telegraphendrähte vor den Fenstern des Zuges, sehe die Häuserfronten von Riga, das Schiff im Hafen und die dunkle Ecke des Decks, in der wir, soweit es anging unter den gedrängten Verhältnissen, häuslich uns anrichteten« (Agw 31).

Diese Passage ist in vierlerlei Hinsicht wichtig. Erstens ist der Erzählakt selber, der siebzig Jahre nach den darin geschilderten Ereignissen stattfindet, eine Folge des Heimwehs, von dem Selwyn erst im Alter befallen wird. Zweitens fangen alle Sätze mit der Formel »ich sehe...« an, was den überwiegend visuellen Charakter von Selwyns Gedächtnis hervorhebt. Drittens stellt diese Passage ein Erinnerungsmuster auf, das in den *Ausgewanderten* wiederholt zum Vorschein kommt, wenn die Protagonisten das verspätete Ans-Licht-Kommen von verschütteten Erinnerungen erfahren, wie in der Erzählung *Max Aurach*: »Die helle Betonbahn vor dem offenen Hangar, das tiefe Dunkel darinnen, die Hakenkreuze an den Rudern der Flugzeuge, die Einfriedung, wo er mit dem Häufchen der übrigen Passagiere habe warten müssen, die Ligusterhecke um diese Einfriedung herum, den Platzwart mit Schubkarren, Schaufel und Besen, die Bienenstöcke am

Rand des Flugfeldes, all das sehe er in schmerzlichster Schärfe vor sich, und er sehe sich selber hingehen über das kurze Gras in Richtung der weißen Ju52 der Lufthansa mir dem Namen Kurt Wüsthoff und der Nummer D-3051« (280).

Hier wie in der Selwyn-Passage wird die Reiseerfahrung auf eine Reihe von visuellen Szenen reduziert, die zwar chronologisch angeordnet, aber weder zeitlich noch räumlich kontinuierlich sind. Die Bedeutung dieses Fragmentarischen tritt hervor, als Aurach bemerkt: »Die bruchstückhaften Erinnerungsbilder, von denen ich heimgesucht werde, haben den Charakter von Zwangsvorstellungen« (270). Dadurch zieht er eine intertextuelle Verbindung zwischen dem eigenen Erinnerungsbegriff und dem von Sigmund Freud. Auch wenn Aurachs Gebrauch des Worts ›Zwangsvorstellung‹ jeglichen erotischen Inhalts entbehrt und dem Freudschen Zwangsvorstellungs-Begriff deshalb nicht vollkommen entspricht, bezeichnet ›Zwangsvorstellung‹ hier wie bei Freud das Bewusstwerden verdrängter Erinnerungen (siehe Freud 1994 83 f.; vgl. auch Aus 320). In *Jenseits des Lustprinzips* verwendet Freud das Wort ›heimsuchen‹, um das ungewollte Auftauchen von schmerzhaften Erinnerungen zu kennzeichnen. Im selben Text konstatiert er auch, dass die zwangsläufige und wiederholte Wiederkehr von detailreichen Erinnerungsbildern zu den Hauptsymptomen der traumatischen Neurose gehört. Während es in normalen Träumen fast immer – wenn auch in verschlüsselter Form – um Wunscherfüllung geht, drängt sich solchen Träumen das mit Unlust verbundene traumatische Erlebnis immer wieder auf, was mit dem Lustprinzip nicht vereinbar ist. Freud bemerkt dabei die zentrale Rolle des Zwangs, des Visuellen und der Latenz in der traumatischen Neurose, die auch in den *Ausgewanderten* thematisiert werden.

Die Reisen, die am Anfang von Selwyns und Aurachs Exilzeit stehen, haben also den Status von Urtraumata, die erst im Augenblick ihrer verspäteten Erinnerung durch den Protagonisten als solche erkennbar werden. Dieser traumatischen Erinnerungsstruktur entsprechen auf formaler Ebene die Zeitstruktur und die Verschachtelung der Erzählperspektiven. Die Erzähltechnik der *Ausgewanderten* besteht in der Integration zweier oder dreier Erzählebenen. Die Ermittlungen des Erzählers fungieren als Rahmen für einen oder zwei weitere Erzählstränge: erstens die Biographie der Hauptfigur, und zweitens die Lebensgeschichte eines Dritten, mittels derer die Geschichte der Hauptfigur erzählt wird (Tante Fini, Lucy Landau, Dr. Abramsky) oder die erst durch die Hauptfigur vermittelt wird (Luisa Lanzberg). Die langsam sich entfaltenden Binnenerzählungen von Selwyn und Aurach führen auf den Augenblick der Abreise zurück, der paradoxerweise sowohl den Ausgangs- als auch den Endpunkt von Aurachs und Selwyns Erzählungen konstituiert. Diese Endpunkte sind aber nur provisorisch; auf der Ebene der Rahmenerzählung sind es weitere Reisen des Erzählers, die in beiden Geschichten den eigentlichen Schluss liefern. In *Dr. Henry Selwyn* ist der Erzähler in der Schweiz unterwegs, als er auf einen Zeitungsbericht über Johannes Naegeli, Selwyns Freund und Mentor aus der Jugendzeit, stößt (Agw 36 f.). In *Max Aurach* führen die Beschreibungen von Bad Kissingen in den Tagebüchern Luisa Lanzbergs den Erzähler dazu, eine Reise nach dem Kurort zu unternehmen auf der Suche nach Spuren der jüdischen Gemeinde, die von Luisa so anschaulich geschildert wird. Er entdeckt bloß den vernachlässigten jüdischen Friedhof und Zeichen der kulturellen Amnesie, deren Sebalds Erzähler die Nachkriegs-Deutschen wiederholt beschuldigt (330–337). Wichtig daran ist, dass die Forschungs- und Rekonstruktionsarbeit des Erzählers ohne Reisen nicht möglich wäre; seine Mobilität ist es, die die Erfahrung der Migration und des Heimatverlustes erst erzählbar macht.

In seinem letzten großen Prosatext, *Austerlitz*, setzt sich Sebald mit der engen Verbindung zwischen Reisen, Erinnerung und Trauma noch ausführlicher auseinander. Noch stärker als Selwyn und Aurach erfährt Jacques Austerlitz eine Art verspätete Offenbarung der Wahrheit über seine Herkunft und Vergangenheit: Es stellt sich heraus, dass er aus dem von den Nationalsozialisten besetzten Prag mit einem Kindertransport nach Großbritannien gelangt ist. In einer der berühmtesten Episoden des Buches erlebt Austerlitz in dem Ladies Waiting Room der Liverpool Street Station eine Epiphanie, während der er sich als vierjährigem Jungen bei seiner Ankunft in England fünfzig Jahre zuvor begegnet (Aus 201). Diese Ankunft ist das Ende seiner Reise aus der Tschekoslowakei und zugleich der Anfang seines neuen Lebens als Adoptivsohn eines walisischen Predigers. »Ich entsinne mich nur«, sagt Austerlitz, »daß mir, indem ich den Knaben auf der Bank sitzen sah, durch eine dumpfe Benommenheit hindurch die Zerstörung bewußt wurde, die das Verlassensein in mir angerichtet hatte im Verlauf der vielen vergangenen Jahre, und daß mich eine fürchterliche Müdigkeit überkam bei dem Gedanken, nie wirklich am Leben gewesen zu sein, oder jetzt geboren zu werden, gewissermaßen am Vortag meines Todes« (198). Das Reisen wird hier umkodiert. Wichtig ist weniger die körperlich-räumliche Bewegung von Prag nach London, die Austerlitz vorm beinahe sicheren Tod gerettet hatte, als das Verlassensein, das Austerlitz als Ursprung von dem versteht, was er sein ganzes Erwachsenenleben hindurch als eine Art Scheinleben empfunden hat. Wenn die Flucht aus Prag den Wendepunkt im Leben des Protagonisten darstellt, so nimmt die Epiphanie selber die Position eines Dreh- oder Angelpunkts in der Erzählung ein. Denn im Gegensatz zu Selwyn und Aurach erfährt Austerlitz das Auftauchen verdrängter Erinnerungen als Wiedergeburt, nach der er sich erneut auf Reisen begibt – diesmal, um seine Mutter und seinen Vater zu finden und dadurch seinem »falschen englischen Leben« (357) zu entkommen.

Erste Station auf seiner Reise ist Prag, wo er sein ehemaliges Kinderfräulein Véra aufspürt, dann bricht er in Richtung Terezín auf, um das berüchtigte Ghetto Theresienstadt zu besuchen. Als er am Bahnhof von Lovosice aus dem Zug aussteigt, glaubt er, »immer weiter ostwärts und immer weiter zurück in der Zeit« (266 f.) gefahren zu sein. Diese Verzeitlichung des Raumes und die Verräumlichung der Zeit, die für Sebald wie für die moderne Zeitvorstellung im Allgemeinen typisch ist, bestimmt dann die zweite Hälfte von *Austerlitz*, wo das Reisen zunehmend zum Zeitreisen wird. Exemplarisch ist in diesem Zusammenhang Austerlitz' Eisenbahnreise von Prag über das Rheintal nach Hoek van Holland (310–323), die derselben Route wie der Kindertransport folgt und durch Landschaften hindurch fährt, deren Anblick eine verspätete Erklärung für rätselhafte, Austerlitz jahrelang »heimsuchende« Erinnerungsbilder und »Zwangsvorstellungen« (320) liefert. Noch einmal verwendet Sebald Begriffe Freudscher Provenienz, um die Wiederkehr des Verdrängten zu beschreiben. Im Gegensatz zu *Max Aurach* und *Dr. Henry Selwyn* aber bildet das Reisen nicht nur den Inhalt, sondern auch den Auslöser von Austerlitz' Erinnerungen; die leibhaftige Wiederholung früherer Reiseerfahrungen ist es, die es Austerlitz erst ermöglicht, in der vorbeiziehenden Landschaft des Rheintals das ›Original‹ der ihn heimsuchenden Bilder zu erkennen.

Die Rolle des Reisens in Sebalds Poetik der Erinnerung lässt sich nicht auf das Individualpsychologische reduzieren, denn die Zeitreisen seiner Erzähler und Protagonisten führen oft auch tief ins kulturelle Gedächtnis hinein. Die Spuren der Vergangenheit, die Sebalds Erzähler und Protagonisten im Laufe ihrer Reisen entdecken, sind nicht nur textueller, sondern auch materieller Art und deuten nicht nur auf die lite-

rarischen Vorgänger des Erzählers hin, sondern auch auf eine kollektive Vergangenheit, die sich in ruralen und städtischen Landschaften abgelagert hat (vgl. Gregory-Guider 2005, 426). Die von den Erzählern und Protagonisten besuchten Orte erweisen sich oft als unerwartet erinnerungsträchtig; das kulturelle Gedächtnis ist in die Topographie eingeschrieben. Das lässt sich anhand von *Austerlitz* zeigen: Bahnhöfe und Wartesäle, aber auch Festungen und die großen Repräsentativgebäude des 19. Jahrhunderts bilden ein »Netzwerk von kulturhistorischen Bezugspunkten« (Fuchs 2004, 49), die als Chiffre für die Austerlitz' Leben prägenden vorbewussten Zusammenhänge betrachtet werden können, gleichzeitig symptomatisch sind für Sebalds negative Geschichtsphilosophie.

Mit Aleida Assmann kann man also von einer »Wiederkehr des im Zuge der Modernisierung verdrängten Sinns für Orte und deren symbolischer Kraft« sprechen (Assmann 1999, 303). Bei Sebald aber sticht auch ein ausgeprägter Sinn für ›Nicht-Orte‹ hervor. Der Ethnologe Marc Augé unterscheidet zwischen dem ›anthropologischen Ort‹ und dem ›Nicht-Ort‹: anthropologische Orte haben symbolischen Wert und stabilisieren die Identität einer sozialen Gruppe zum Teil dadurch, dass sie als Träger des kulturellen Gedächtnisses funktionieren. Nicht-Orte werden bloß durchquert; sie sind weder symbol- bzw. erinnerungsträchtig noch identitätsbildend (Augé 1994, 92–126; vgl. Öhlschläger 137–142). Zu den Nicht-Orten gehören laut Augé Bahnhöfe, Autobahnen, Flughäfen, Museen, Bibliotheken. Aber gerade die Bahnhöfe, Museen und Bibliotheken sind es, die unter dem archäologischen oder historisierenden Blick von Sebalds Reisenden für die Erforschung des kulturellen Gedächtnisses besonders fruchtbar werden. So wird zum Beispiel die Liverpool Street Station zum Gedächtnisort in doppelter Hinsicht: erstens aufgrund von Austerlitz' Epiphanie; und zweitens, weil Austerlitz bei jedem Aufenthalt in dem Bahnhof versucht, sich die Insassen des früher auf demselben Grundstück stehenden und als Bedlam bekannten Spitals für Geisteskranke zu vergegenwärtigen und sich vorzustellen, »wo in dem später von anderen Mauern durchzogenen und jetzt abermals sich verändernden Raum die Kammern der Insassen dieses Asyls gewesen sind« (Aus 187). Dass es hier um eine kulturelle Erinnerung geht, wird aus dem darauf folgenden Textabschnitt deutlich: »oft habe ich mich gefragt, ob das Leid und die Schmerzen, die sich dort über die Jahrhunderte angesammelt haben, je wirklich vergangen sind, ob wir sie heute noch, wie ich biswei-

len an einem kalten Zug um die Stirn zu spüren glaubte, auf unseren Wegen durch die Hallen und über die
Treppen durchqueren« (187). Der Bahnhof wird zum
Speicher verschütteter Geschichten und vergangenen
Leids, die dem sensiblen Reisenden zugänglich sind.
Als exemplarischer Nicht-Ort lässt er sich also nicht
mehr einstufen. Ein anthropologischer Ort ist er aber
auch nur insofern, als er erinnerungsträchtig ist. Die
sozial stabilisierende Funktion von Augés anthropologischen Orten erfüllt die Liverpool Street Station
nicht; für Austerlitz wird dieser Bahnhof vielmehr
zum Störfaktor, der innerhalb der modernen Großstadt die Schmerzensspuren der Geschichte kognitiv
wie affektiv wahrnehmbar macht.

Auf der Ebene des Gesamtwerks entwirft Sebald eine ganz Europa umfassende Gedächtnistopographie,
und wie die Liverpool Street Station tragen zahlreiche
von Sebalds Erzählern und Protagonisten besuchte
Orte und Nicht-Orte Spuren einer durch Ver- und
Zerfall oder durch Katastrophen gekennzeichneten
Menschheitsgeschichte. Um einige Beispiele zu nennen: In *Austerlitz* verbirgt die Festung Breendonk in
Belgien die Geschichte des Holocaust und verkörpert
auch die Geschichte des Festungsbaus, die eine eigentümliche Mischung aus immer größer werdendem
Umfang bei immer geringer werdender strategischer
Wirksamkeit aufweist (20–40). Das Gelände, wo jetzt
die neue Pariser Bibliothèque nationale steht, war
während des Zweiten Weltkrieges ein Lager, in dem
die deutschen Besatzungskräfte das aus jüdischen
Wohnungen geholte Beutegut zusammengebracht
hatten (403). Somerleyton House in der englischen
Grafschaft Suffolk zeugt von der Geschichte des unregulierten viktorianischen Monopolkapitalismus
und des Kolonialismus (RS 45–50), ein Besuch in der
Küstenstadt Lowestoft führt zu Überlegungen zum
Aufschwung und Untergang des Heringfangs (70–77)
und ein Aufenthalt in den Slieve Bloom Mountains in
Irland veranlasst den Erzähler dazu, die letzten Tage
der anglo-irischen Grundbesitzer nachzuerzählen
(287–263). Komplementär dazu gibt es auch Orte, die
zwar kein Gedächtnis speichern, deren herunter-
gekommener Zustand aber historische Verluste registriert. Zum Beispiel findet der Erzähler der *Ausgewanderten*, dass das ehemals vornehme, in den Tagebüchern seines Großonkels Adelwarth beschriebene Hotel Roches Noires in Deauville (Normandie) angefangen
hat, in den Sand zu sinken und dass die Gesellschaft der
benachbarten Touristenstadt Trouville nur mehr aus
an einer ›Globus-Glücksreise‹ teilnehmenden japanischen Touristen besteht (Agw 173–177), was einen

starken Kontrast zu der mondänen und demi-mondä-
nen Gesellschaft der Zwischenkriegszeit bildet. Gleich
wo sie hinfahren, entdecken Sebalds Reisende Zeichen des Zerfalls, der Unmenschlichkeit, des Größen-
wahns und der Vergeblichkeit menschlichen Strebens.

Schlussbemerkung

Die Geschichte der Reiseliteratur hängt eng mit der
Entwicklung des Tourismus und insbesondere des
Antitourismus zusammen. Zum Teil sind Sebalds
Prosatexte, insbesondere *Die Ringe des Saturn* und
Schwindel. Gefühle, Beispiele eines antitouristischen
Reisediskurses: Die Erzähler dieser beiden Bücher
entsprechen weitgehend dem Stereotyp des Antitouristen, wenn auch auf selbstbewusste Weise, wie die
Anerkennung des eigenen Epigonentums deutlich
macht. Das erschöpft aber die Rolle des Reisens in Sebald Texten keineswegs, denn Sebald thematisiert
auch den Wert des Reisens für die individuelle wie die
kollektive Anamnese. Auf diese Weise überwindet er
den Dualismus Tourist-Antitourist. Dadurch, dass sie
ihre Migrations- und Exilgeschichten erzählen, erforschen seine Protagonisten die Spuren, die eine traumatische Erfahrung in ihrem Unbewussten hinterlassen hat. Und indem sie Europa bereisen, entwerfen Sebalds Erzähler eine Gedächtnistopographie, die gleichermaßen auf Spurensuche wie auf -deutung beruht.
Das Reisen in Spuren, von dem früher die Rede war,
ist also nicht nur eine Frage des antitouristischen Zu-
spät-Kommens, sondern auch ein zentraler Bestandteil von Sebalds Erinnerungspoetik auf individueller
wie kollektiver Ebene.

Literatur

Assmann, Aleida: *Erinnerungsräume: Formen und Wandlun-
gen des kulturellen Gedächtnisses*. München 1999.
Augé, Marc: *Orte und Nicht-Orte: Vorüberlegungen zu einer
Ethnologie der Einsamkeit*, übers. von Michael Bischoff.
Frankfurt a. M. 1994.
Brenner, Peter J.: *Der Reisebericht in der deutschen Literatur:
Ein Forschungsüberblick als Vorstudie zu einer Gattungs-
geschichte*. Tübingen 1990.
Buzard, James: *The Beaten Track: European Tourism, Litera-
ture, and the Ways to ›Culture‹ 1800–1918*. Oxford 1993.
Buzard, James: The Grand Tour and After (1660–1840). In:
Peter Hulme (Hg.): *The Cambridge Companion to Travel
Writing*. Cambridge 2002, 37–52.
Enzensberger, Hans Magnus: Eine Theorie des Tourismus.
In: *Einzelheiten I*. Frankfurt a. M. 1962, 179–205.
Freud, Sigmund: Bemerkungen über einen Fall von Zwangs-

neurose. In: Sigmund Freud: *Studienausgabe*. Frankfurt a. M. 1994. Bd. 7, 31–103.

Freud, Sigmund: Jenseits der Lustprinzips. In: Sigmund Freud: *Studienausgabe*. Frankfurt a. M. 1994. Bd. 3, 213–272.

Fuchs, Anne: *Die Schmerzensspuren der Geschichte: Zur Poetik der Erinnerung in W. G. Sebalds Prosa*. Köln/Weimar/Wien 2004.

Fussell, Paul: *Abroad: British Literary Traveling Between the Wars*. New York 1980.

Greenblatt, Stephen: *Marvellous Possessions: The Wonder of the New World*. Chicago 1991.

Gregory-Guider, Christopher C.: The ›Sixth Emigrant‹: Traveling Places in the Works of W. G. Sebald. In: *Contemporary Literature* 46 (2005), 422–449.

Grillparzer, Franz: *Tagebuch auf der Reise nach Italien*. In: Moritz Necker (Hg.): *Sämtliche Werke: Vollständige Ausgabe in 16 Bänden*. Leipzig o. J. Bd. 16, 124–174.

MacCannell, Dean: *The Tourist: A New Theory of the Leisure Class* [1976]. New York 1989.

Öhlschläger, Claudia: *Beschädigtes Leben. Erzählte Risse: W. G. Sebalds poetische Ordnung des Unglücks*. Freiberg i. Br. 2006

Pfister, Manfred: Autopsie und intertextuelle Spurensuche: Der Reisebericht und seine Vor-Stufen. In: Gisela Ecker/Susanne Röhl (Hg.): *In Spuren Reisen: Vor-Bilder und Vor-Schriften in der Reiseliteratur*. Berlin 2006, 11–30.

Pratt, Mary Louise: *Imperial Eyes: Travel Writing and Transculturation*. Abingdon 1992.

Priestley. J. B.: *English Journey* [1934]. Harmondsworth 1979.

Theisen, Bianca: Prose of the World: W. G. Sebald's Literary Travels. In: *Germanic Review* 79 (2004), 163–179.

Urry, John: *The Tourist Gaze*. London ²2002.

Wemhöner, Karin: *Paradiese und Sehnsuchtsorte: Studien zur Reiseliteratur des 20. Jahrhunderts*. Marburg 2004.

Zilcosky, John: Sebald's Uncanny Travels: The Impossibility of Getting Lost. In: J. J. Long/Anne Whitehead (Hg.): *W. G. Sebald: A Critical Companion*. Edinburgh 2004, 102–120.

J. J. Long

26 Photographie/Photographieren

Augenfälliges Merkmal vieler Texte W. G. Sebalds ist eine Fülle photographischer Bilder und Motive. Abbildungen nach photographischen Vorlagen durchziehen die Prosabände *Schwindel. Gefühle* (1990), *Die Ausgewanderten* (1992) und *Die Ringe des Saturn* (1995), die Essaysammlungen *Logis in einem Landhaus* (1998) und *Luftkrieg und Literatur* (1999) sowie den Roman *Austerlitz* (2001). Photographien werden bei Sebald nicht nur abgebildet, sie sind auch Objekt und Auslöser von Handlungen und Betrachtungsweisen, und sie dienen als Modell für Prozesse der Erinnerung, für das Schreiben und für den Blick auf die Welt. Zu einer Durchlässigkeit der Bilder für das Schreiben und des Schreibens für die Bilder tragen zahlreiche Ekphrasen, Bildbetrachtungen und Reflexionen über Bilder in Sebalds Texten bei, über das Sehen und über das, was sich dem Sehen entzieht: das Unsichtbare, das Nicht-Gewußte, die Vergangenheit, zu der Sebalds Photographien einen unsicheren Zugang stiften.

Die Photographie ist im Werk Sebalds Teil eines Spektrums von Integrationsformen bildlicher und schriftsprachlicher Ausdrucksweisen, die sich zu einem bildsprachlichen Gesamttext, einem Phototext verbinden. In diesem Spektrum kommen der Photographie unterschiedliche Funktionen zu. Photographien sind materielle *Objekte*, die gehandhabt, gesammelt, verloren, weitergegeben, getauscht und in Alben sortiert werden. Sie lassen sich in ihrer Dinglichkeit und Motivik sowie im Kontext von Genres und Sammlungen beschreiben. Die Photographie ist aber auch ein *Medium* mit einer anderen Repräsentationslogik, einer anderen technischen Herstellung und anderen Ausdrucksqualitäten als denen des literarischen Textes. Photographien laden zu unterschiedlichen Rezeptionsweisen ein: der Schau und kontemplativen Versenkung ebenso wie der konzentrierten, detaillierten Lektüre. Schließlich ist die Photographie eine *Praxis*, deren Motivwahl und Aufzeichnungsmodus dem Schreiben entgegengestellt werden kann, und sie stiftet besondere Praktiken der Textgestaltung. Die analoge Photographie stellt eine Sonderform von Bildlichkeit dar, die zeigt, was einmal da gewesen sein muss. Sebalds Texte nehmen zu dieser Beglaubigungsfunktion eine ambivalente Stellung ein. Photographien dienen bei Sebald immer wieder als Anlass für Erinnerungen; Figuren und Erzähler schreiben ihnen darüber hinaus die Fähigkeit zu, einen realen – nicht nur metaphorischen oder okkasionellen – Zugang zur

Vergangenheit zu stiften. Gleichzeitig enthalten Sebalds Texte jedoch Hinweise darauf, dass dieser magischen Sicht der Photographie nicht zu trauen ist. Eine differenziertere Vorstellung der Photographie und ihrer Möglichkeiten erwächst insbesondere aus der Interaktion von Bildlichkeit und Schriftlichkeit in Sebalds Photo-Text-Collagen, die dem Leser eine eigenständige Einschätzung ermöglicht.

Motive und Genres: »Schwindel. Gefühle«

Breit ist die Palette photographischer Abbildungsmotive im Werk Sebalds. Neben einer Vielzahl von Landschafts-, Gebäude- und Städteaufnahmen, die vom Autor mit einer einfachen Kamera aufgenommen wurden, finden sich zahlreiche Porträt- und Gruppenporträt-Aufnahmen, deren Vorlagen Sebald auf Flohmärkten gekauft haben dürfte, daneben historische Postkarten, aber auch Photographien von anderen Bildtypen sowie Photographien von Schrift, Text und Büchern. Auf den ersten Blick wirken die reproduzierten Photos in Sebalds Texten oft dilettantisch – unscharf, über- oder unterbelichtet, detailarm, unpassend. Bildunterschriften und Nachweise, die Herkunft und Entstehungskontext beleuchten könnten, fehlen durchweg. Die meisten Photographien bei Sebald sind weder ästhetisch noch anschaulich. Selbst Bilder, die etwas zu dokumentieren scheinen, behalten immer ein Unschärfemoment. Diese Evidenzverweigerung ist Teil der Aussageabsicht Sebalds, der gezielt photographische Konventionen durchkreuzt, um eine eigene Vorstellung der Photographie zu entwickeln. Das Unterlaufen medialer Grenzen, die Vielfalt von Bezügen zwischen Photographie bzw. Photokopie und Erzählung, die Sebald durch die Montage von Bild und Text ebenso wie durch direkte Verweise in der Erzählung steuert, schließlich die Undeutlichkeit und Unterdeterminiertheit der Photographien selbst verdichten sich dabei zu einem Raum der Unschärfe in und um die Photographien (Öhlschläger 2005). Aus dieser Unschärfe heraus entwickelt Sebald die für ihn zentralen Themen Erinnerung, Zeitlichkeit, Herkunft und Identität – Themen, deren Ursprung im Bereich autobiographischer Erfahrung liegt, die bei Sebald aber den zunehmend überindividuellen Charakter einer Epochensignatur annehmen.

Sebalds literarisch-photographisches Experiment setzt zu Beginn des Bandes *Schwindel. Gefühle* nicht mit einer Photographie, sondern mit der Reproduktion einer Gravüre ein. Die in einigem Abstand zum oberen Seitenrand mittig plazierte, schwarz-weiße Abbildung geht dem Einsatz der Erzählung *Beyle oder das merckwürdige Faktum der Liebe* nicht nur buchgestalterisch voran; der erste Satz (»Mitte Mai des Jahres 1800 zog Napoleon mit 36000 Mann über den großen St. Bernhard [...]«, SG 7) scheint aus den sich am unteren Bildrand drängenden Reiterfiguren nachgerade organisch hervorzutreten, während die Bewegung der Armee in einer Gegenbewegung von unten nach oben, also vom Text weg strebt. Im weiteren Verlauf enthält Sebalds erster Phototext zahlreiche unterschiedliche Bildtypen, denen gemein ist, dass sie schwarz-weiß sind, Bilder in Graustufen (Zinfert 2010), die immer wieder in den Text der Erzählung übergehen. Auch Sebalds Erzählen verläuft in Graustufen, wenn es sich den Lebensläufen Anderer in einer Mischung aus vermittelten Berichten Dritter, verspäteter Unterhaltung, Spekulation und Ungewissheit annähert. Durch die Farbgebung entsteht zudem eine optische Angleichung von Bild und Text, die Bilder in Erzählen übergehen und vermeintliche Mediengrenzen verschwimmen lässt. Das Erzählen scheint dabei als Weg aus der ersten Abbildung hervorzutreten und sich entlang einer Serie von Bildern zu entfalten, die an einigen Stellen wie Piktogramme ein Wort oder einen Satz ersetzen.

Innerhalb dieser Reihe von Bildtypen beginnt sich im Verlauf von *Schwindel. Gefühle* eine Bildvorstellung herauszukristallisieren, die vor allem Photographien betrifft, deren Beweiskraft in Frage stellt und stattdessen die Verbindung der Photographie zum Irrationalen und Unkontrollierbaren betont. Beispielsweise wird die erste Porträtphotographie in *Schwindel. Gefühle* im Kontext der Biographie eines Geisteskranken eingeführt, des schizophrenen Dichters Ernst Herbeck. Die Photographie zeigt Torso und Hände eines Mannes im zerknitterten Anzug; die Abbildung des Kopfes wird dem Leser jedoch vorenthalten (SG 46). An der Stelle der Abbildung des Gesichts befindet sich eine Beschreibung des Hutes Herbecks. In diesem Ersetzungsverfahren wird der Anspruch der Porträtphotographie, Individualität abzubilden, doppelt negiert. Zum einen entspricht Herbeck nicht der westlichen Vorstellung vom autonomen Individuum, sein Leben vollzieht sich fremdbestimmt in verschiedenen Anstalten. Zum anderen ist die Photographie gerade um den Teil beschnitten, der besonders stark mit Individualität in Verbindung gebracht wird, das Antlitz. In Wahrheit handelt es sich auch gar nicht um eine Photographie Herbecks, sondern Robert Walsers. Ohnehin kann eine gesichtslose Photographie nicht als

Porträt fungieren; vielmehr ist es die Erzählung, die ein literarisches Porträt Herbecks liefert.

In einem späteren Interview hat Sebald davon gesprochen, dass von den photographischen Fundstücken, die er in seine Texte einsetzt, »ein ungeheurer Appell ausgeht, eine Forderung [...] zu erzählen« (Ges 165). Beim Schreiben, so Sebald weiter, erkenne er »Möglichkeiten, von den Bildern erzählend auszugehen, in diese Bilder erzählend hineinzugehen, diese Bilder statt einer Textpassage zu subplantieren und so fort« (166). Die Photographien werden in dieser Vorstellung zu einem aktiven, aber auch zu einem veränderlichen Teil des Schreibprozesses, das Erzählen zu einer Folge oder Antwort ihrer Ansprache, die auf die Bilder ebenso zu wie von ihnen wegführen kann. Geschickt verschleiert diese Selbstpräsentation allerdings Sebalds gezielte Suche und Auswahl von Bildmotiven, die ihrer Anrede vorausgegangen sein muss. Diese Auswahl verdankt sich einer ganz bestimmten Photo-Ästhetik, genauer Anti-Ästhetik, deren erste Ansätze bereits in *Schwindel. Gefühle* sichtbar werden – einer Ästhetik des Unscharfen, Unbedeutenden und Unpassenden. Insgesamt herrscht in *Schwindel. Gefühle* zwar noch ein Ausprobieren von Möglichkeiten im Umgang mit Bildern, doch zwei Motivkomplexe, die in Sebalds folgenden Arbeiten besondere Bedeutung erlangen, werden hier bereits angerissen: das Augenmotiv und das Motiv des Unorts. Auf ihnen basiert Sebalds besondere Umgangsweise mit den Genres der Porträtphotographie, der Landschafts- und Städtephotographie, die zentrale Konventionen in der photographischen Darstellung des Menschen und seiner Welt dekonstruiert.

Zwischen Individuum und Typus: »Die Ausgewanderten«

Das photographische Porträt ist kein einheitliches Genre, sondern changiert zwischen den Konventionen der Porträtmalerei, die in der Anfangszeit der Photographie und bis ins 20. Jahrhundert hinein teilweise übernommen werden, der erkennungsdienstlichen Funktion, die Photographien als Instrumente staatlicher Biopolitik innehaben, und den Möglichkeiten der Schnappschussphotographie mit einfachen Kameras seit der Mitte des 20. Jahrhunderts. Die zahlreichen Einzel- und Gruppenporträtphotos in Sebalds zweiter Erzählsammlung *Die Ausgewanderten* zeugen von der Spannung des photographischen Porträts zwischen dem Anspruch, Individualität auszudrü-

cken und der Anpassung an einen Typus, der öffentlichen und sozialen Erwartungen entspricht (Long 2007). Zu dieser Spannung trägt die Herkunft der Bilder aus dem Kontext von Familienalben bei. Das Familienalbum stiftet eine Form rudimentärer Narrativität, die Photographien von Individuen in Schemata erwartbarer Lebensläufe ordnet. Doch die brüchigen Lebensläufe in *Die Ausgewanderten* stehen quer zu solchen bürgerlichen Konventionen. Auch bricht Sebald wiederholt aus der Spannung des Albums zwischen Individualität und Typologie aus, wenn er Photographien verwendet, die weder die Individualität seiner Figuren bebildern noch typenhafte Konformität signalisieren. Dabei wird die Vorstellung einer Anrede durch Bilder differenziert weiterentwickelt.

Der Appell der meisten Photographien in *Die Ausgewanderten* bleibt unbestimmt, weil der Leser für eine Entzifferung der porträtierten Personen und ihrer Beziehungen untereinander viel zu wenige Informationen erhält. Doch einige wenige Photos werden so präsentiert, als könnten sie einen echten Zugang zur Individualität oder Eigentümlichkeit des Dargestellten eröffnen – für den Erzähler, aber auch für seine Leser; das zumindest behauptet die Erzählung. Insbesondere betrifft diese Behauptung das Auge des Malers Max Aurach in der vierten, gleichnamigen Erzählung (Agw 265). Der Erzähler, der Aurach seit seiner Studienzeit kennt, entdeckt Jahre später ein Photo Aurachs in einer Zeitungsbeilage. Aus dem dunklen, halb von der Kamera wegblickenden Auge Aurachs, von dem ein vergrößerter Ausschnitt in der Erzählung abgebildet ist, glaubt der Erzähler einen Appell zu empfangen, auf den er reagiert, indem er Aurach über dessen Leben befragt. Der Blick in das Auge wird zu einem wechselseitigen Blick, wenn aus ihm ein Dialog auch der Stimmen erwächst. Die Erzählung geht dabei zunächst aus dem Schauen des Porträtphotos hervor; das eigentliche Porträt, die Darstellung der Individualität Aurachs liegt aber nicht in der Photographie, sondern entsteht im Gespräch zwischen Aurach und dem Erzähler. In diesem Dialog bleibt die Perspektive des betrachtenden Erzählers dominierend; seine melancholische Weltsicht konditioniert die vermittelte Weitergabe der Geschichte Aurachs ebenso wie die Wahl des Bildausschnitts mit Aurachs Auge (Horstkotte 2005).

Unheimliche Orte: »Die Ringe des Saturn«

Ähnlich, wie das Augenmotiv das Genre Porträtphotographie problematisiert, dekonstruieren die zahlreichen Unorte in Sebalds Photographien verbreitete Erwartungen an die photographischen Genres Landschafts- und Städtephotographie. Diese Dekonstruktion steht im Zentrum photographischer Praktiken in Sebalds drittem Erzählband *Die Ringe des Saturn*, der von einer Reise durch den Osten Englands berichtet – einer Reise durch nicht-touristische Gegenden (s. Kap. 25), die keine Sehenswürdigkeiten bieten (Kraenzle 2007). Die Photographien in diesem Band zeigen einen leeren, wüsten, ungeordneten und funktionslosen Raum: leere Strände, von Autos umstellte, menschenverlassene Bahnhöfe, heruntergekommene und verbarrikadierte Gebäude. Die reproduzierten Ansichten wirken zufällig, asymmetrisch, sind nicht ästhetisch. So bilden die Photographien nicht nur Unorte ab, die sich in einer dem Verfall preisgegebenen ruinösen Randzone zwischen Stadt und Land, Kultur und Natur befinden; die Photographien werden, indem sie sich der Konvention des Pittoresken verweigern, selbst zu einem Unort innerhalb des Reiseberichts.

So unterläuft Sebald gezielt die Genre-Erwartungen, die an Photographien gerichtet werden. Seine Landschaftsphotographien sind unterdeterminiert, werden nicht präzise lokalisiert, zeigen keinen erkennbaren Ort und verweigern sich traditionellen Erwartungen an piktoriale Reisesouvenirs. Umgekehrt werden zahlreiche detailliert beschriebene Ansichten in *Die Ringe des Saturn* überhaupt nicht photographisch dokumentiert. Beispielsweise ist das Herrenhaus Somerleyton Hall nur durch einen Stich bebildert (vgl. RS 47), sein angeblicher Verfall durch die Photographie eines Vogels im Käfig repräsentiert (vgl. 50). Auf diese Weise thematisiert Sebald sowohl die Grenzen der Wahrnehmung und ihren fließenden Übergang zur Imagination als auch die Verwandlung scheinbar dokumentarischer Photographien in Objekte einer formalen Ästhetik. Wie Mark Anderson festgestellt hat, scheinen Sebalds Photographien im Verlauf des Erzählens stets aus einem Nirgendwo zu kommen (Anderson 2003). Sie illustrieren den Text weniger, als dass sie einen irritierend versetzten Kontrapunkt zur Erzählung herstellen, der nicht nur das Wesen des photographischen Bildes selbst, sondern auch die Unterscheidung zwischen Realität und Fiktionalität im Erzählen fraglich werden lässt.

Jenseits der Aura: »Austerlitz«

In *Austerlitz* führt Sebald schließlich verschiedene Themen und Motive zusammen, die sein Werk in Verbindung mit Photographien durchziehen. Insbesondere der Umgang mit Porträtphotographien und mit Städte- und Landschaftsphotos wird dabei weiter pointiert. Porträtphotos tauchen in der Diegese überraschend und wie von selbst auf, können jedoch umgekehrt nicht aufgesucht werden – Austerlitz' Suche nach einem Bild seiner Mutter führt ins Leere, weil die schließlich gefundene Photographie kein authentisches, sondern ein inszeniertes Bild liefert; eine Chiaroscuro-Aufnahme, auf der die Mutter gespenstisch aus dem Nichts aufzutauchen scheint, ohne als Individuum kenntlich zu werden (Aus 357). Auch andere Porträtphotographien in *Austerlitz* werden in einen Zusammenhang nicht mit Anschaulichkeit und Beglaubigung, sondern mit Theatralität und Inszenierung, mit Exotismus und mit Karnevaleske gestellt. So wird Austerlitz selbst durch ein Kinder-Kostümphoto als kleiner Page repräsentiert (262), nicht jedoch als der Erwachsene, dem der Erzähler begegnet. Sebalds Leser können sich aus der reproduzierten Photographie kaum ein Bild des Protagonisten machen, sondern sind auf dessen Beschreibung durch den Erzähler angewiesen. Ebenso wie die Verkleidung des kleinen Pagen dient dessen Photographie, die auch den Schutzumschlag der Erstausgabe illustriert, als eine Art Verhüllung oder Deckerinnerung. Sie kann deshalb als Symptom der Herkunfts- und Erinnerungslosigkeit des Protagonisten gelesen werden, deren Überwindung in den Gesprächen zwischen Austerlitz und dem Erzähler nur teilweise gelingt.

Innerhalb der Romanhandlung taucht das Pagenphoto überraschend in einer Ausgabe der Balzac-Novelle *Le colonel Chabert* auf – einer Erzählung über die Wiederkehr eines Totgeglaubten. Austerlitz selbst formuliert bei der Betrachtung des Pagen-Photos eine Vorstellung der Photographie als aktivem Agenten der Erinnerung, die ganz derjenigen des Autors Sebald entspricht – »als hätten die Bilder selbst ein Gedächtnis und erinnerten sich an uns« (Aus 262), während Austerlitz sich an seine Pagenrolle bezeichnenderweise nicht erinnern kann. Doch auch das Gedächtnis der Photographie erweist sich als trügerisch oder leer, besteht es doch letztlich nur aus der Suggestion einer latent vorhandenen Erinnerung, zu der Austerlitz, so oft er das Photo mit der Lupe betrachtet, keinen Zugang gewinnt. Seine Sprach- und Begriffslosigkeit kann nur durchbrochen werden, wenn die Vergangenheit sich von außen seiner bemächtigt. Das geschieht in Träumen und epiphanen Momenten, die Austerlitz an Erinnerungsorten wie seiner Geburtsstadt Prag oder dem Londoner Bahnhof Liverpool Street Station überfallen, an dem Austerlitz 1939 als Kindertransport-Kind ankam. Doch kommt es auch in der Festungsstadt Terezín, dem ehemaligen Theresienstadt, zu einer »Wiederkunft der Vergangenheit« (265), obwohl Austerlitz dort noch nie gewesen ist und folglich keine verborgenen Erinnerungen an Theresienstadt besitzen kann. Die Wiederkehr der Vergangenheit basiert in *Austerlitz* nicht (immer) auf dem psychologischen Prozess des Erinnerns, sondern stellt eine vom Individuum unabhängige Manifestation in Form gespenstischer Erscheinungen dar, für die Austerlitz lediglich das Medium bildet.

Auch die Photographien, die diese Episoden bebildern, stellen eine Form von Wiederkehr dar, illustrieren jedoch zugleich deren komplexe und ambivalente Bedingungen. Denn gerade die Bilder der Liverpool Street Station und von Terezín bringen besonders emphatisch die Verweigerung der Photographie zum Ausdruck, dem Leser etwas zu zeigen (das Wesen eines Menschen, die Stimmung einer Landschaft, die Geschichte eines Ortes). Terezín, dessen Besuch im Roman unmittelbar auf die Geschichte vom Fund der Pagenphotographie folgt, wird in Austerlitz' Erzählung zum paradigmatischen Unort, »weniger eine befestigte als eine getarnte, großenteils schon in den sumpfigen Boden des Inundationsgebietes gesunkene Stadt« (Aus 268f). Ausdrucksvoll bebildert eine Serie von acht halb- bis ganzseitigen Photographien eine Stadt, die ausschließlich aus öden, menschenleeren, verfallenen und verbarrikadierten Häusern besteht. Für diese Art der Städtedarstellung gibt es ein berühmtes Vorbild: Eugène Atgets Photographien von menschenleeren Straßenszenen des ›alten‹ Paris, die zwischen 1897 und den 1920er Jahren eine der Moderne weichende Stadt kartierten. Nach der Interpretation Walter Benjamins dokumentieren Atgets Bilder nicht nur das Verschwinden einer Wirklichkeit, sie sind selbst Mittel seiner Entwirklichung. Atget, so schreibt Benjamin in seiner *Kleinen Geschichte der Photographie*, »suchte das Verschollene und Verschlagene«, seine Photographien »saugen die Aura aus der Wirklichkeit wie Wasser aus einem sinkenden Schiff« (Benjamin 1977, 378). In Benjamins surrealistischer Lesart erhielt die Photographie hier zum ersten Mal in ihrer Geschichte eine ideologische Dimension: vielleicht ist nicht alles so, wie es scheint. Die Leere der atgetschen Bilder mache einem »politisch geschulten

Blick das Feld frei, dem alle Intimitäten zugunsten der Erhellung des Details fallen« (379).

Ähnlich, wie Atget ganz Paris als Museum einer im Verschwinden begriffenen Vergangenheit sah, wird auch Terezín in *Austerlitz* zu einem unheimlichen Unort, an dem Vergangenheit und Gegenwart einander in Form gespenstischer Erscheinungen durchdringen. Diese Erfahrung der Vergangenheit kann nicht kontrolliert aufgesucht werden. Dem aufzeichnenden Blick des Photographen zeigen sich nur verschlossene Tore, und in dem Theresienstädter Museum lernt Austerlitz nichts Neues. Erst als er am Abend auf dem verlassenen Stadtplatz steht, scheint es ihm mit einem Mal »mit der größten Deutlichkeit so, als wären [die Ghettobewohner] nicht fortgebracht worden, sondern lebten, nach wie vor, dichtgedrängt in den Häusern« (Aus 285). Eine Wiederkehr der Vergangenheit findet in dieser Episode gerade nicht in den Photographien statt, die den blockierten Zugang zu den Terezíner Festungsbauten ebenso illustrieren, wie sie metaphorisch für Austerlitz' blockiertes Inneres einstehen (Duttlinger 2004). Nur in Traum und Phantasie und »an der Schwelle des Erwachens« ist es Austerlitz möglich, »in das Innere eines solchen Terezíner Kasernenbaus [hineinzusehen]« (Aus 276). In dem Essay *Campo Santo* beschreibt Sebald photographische Bilder als ein Medium »gespenstischer Erscheinungen«, die in der Photographie »vermittels einer sehr fragwürdigen Zauberkunst« materialisiert seien (CS 28). In seinen Erzähltexten werden Photographien immer wieder in einen Zusammenhang mit Geistererscheinungen gestellt (vgl. Barzilai 2004, 2006). Damit scheint Sebald sich auf den Aura-Begriff aus Benjamins *Kleiner Geschichte der Photographie* zu beziehen, nach der der Betrachter von Photographien »unwiderstehlich den Zwang [fühlt], in solchem Bild das winzige Fünkchen Zufall, Hier und Jetzt, zu suchen, mit dem die Wirklichkeit den Bildcharakter durchsengt hat, die unscheinbare Stelle zu finden, in welcher, im Sosein jener längstvergangenen Minute das Künftige noch heut und so beredt nistet, daß wir, rückblickend, es erkennen können« (Benjamin 1977, 371). Bei Sebald bleibt diese Verbindung, die Photographien zur Vergangenheit stiften, jedoch latent. Seine Bilder zeigen kein »*Es-ist-so-gewesen*«, wie Roland Barthes – ein zweiter wichtiger Gewährsmann Sebaldscher Phototheorie – es der Photographie zugeschrieben hat (vgl. Barthes 1989, 87). Auch die häufige Inkongruenz zwischen reproduzierten Photographien und ihren narrativen Kontexten durchkreuzt das Evidenzversprechen der Photographie (Klebes 2004). Die unscheinbaren Stellen nisten bei Sebald weniger in den Bildern, als dass sie vom Betrachter in einem offenen Prozess in die Bilder hinein und auch wieder herausgelesen werden. Die Entwicklung photographischer Bilder in der Dunkelkammer, bei der Bilder auftauchen und fixiert werden, aber auch wieder verschwinden können, ist in *Austerlitz* wiederkehrende Metapher für diese Latenz (Duttlinger 2004). In diesem Wechselspiel überwiegt jedoch der Aspekt des Verschwindens und Vergessens: das »Sosein jener längstvergangenen Minute« (Benjamin 1977, 371) kann bei Sebald nicht in einer Photographie aufgesucht werden.

Photographische Praktiken

Diese ambivalente Sicht der Photographie wird bei Sebald weniger in direkten Aussagen über Photographien oder in den Bildern selbst entwickelt, als dass sie aus dem Wechselspiel zwischen Photographie und Text hervorgeht. Der aktive Charakter dieses Wechselspiels lässt sich in einer Reihe von Praktiken und Umgangsweisen mit Photographien verdeutlichen: Praktiken des Photographierens und des Sammelns von Photographien, des Abbildens, Bearbeitens und Fälschens, des Spurenlegens und der Anordnung. Dass Sebald die Herkunft seiner Abbildungen nie durch Bildnachweis offenlegt, macht kenntlich, dass Photographien für ihn grundsätzlich eine Form von *found footage* darstellen – ein vorgefundenes visuelles Material, das erst durch seine erzählerische Integration mit Bedeutung aufgeladen, zugleich aber auch fiktionalisiert wird.

Von *Schwindel. Gefühle* bis zu *Luftkrieg und Literatur* fungiert die Photographie vor allem als Medium und Text, während Tätigkeiten des Photographierens oder der photographische Entwicklungsprozess nur selten eine Rolle spielen. Mit der photographierenden Figur Austerlitz rückt Sebald nun auch die Praktiken des Photographierens, Archivierens und der Weitergabe von Photographien in den Fokus, die in den früheren Erzählungen eher im Hintergrund standen. Bereits beim ersten Treffen des namenlosen Erzählers mit Austerlitz wird dieser als Photograph eingeführt, der – ausgestattet mit einer besonders antiquarischen Kamera, einer »alte[n] Ensign mit ausfahrbarem Balg« (Aus 11) – Aufnahmen von den dunklen Spiegeln im Wartesaal des Antwerpener Bahnhofs photographiert. Später betrachten der Erzähler und Austerlitz gemeinsam dessen Sammlung von Photographien,

bevor Austerlitz dem Erzähler schließlich den Schlüssel zu seiner Wohnung mit der Aufforderung übergibt, dort »die schwarzweißen Bilder [zu] studieren, die als einziges übrigbleiben würden von seinem Leben« (410). Obwohl gerade die Aufnahmen der dunklen Spiegel sich nicht unter den im Roman abgebildeten Photographien finden, lassen sich in *Austerlitz* zahlreiche Verbindungen zwischen abgebildeten und beschriebenen Photos herstellen, oft über weite Distanzen hinweg (Duttlinger 2004).

Die dokumentarische Funktion von Photographien wird grundsätzlich problematisch, wenn der Nachweis ihrer Herkunft fehlt. In *Die Ringe des Saturn* finden sich wiederholt Fälle einer ›Fälschung der Perspektive‹, etwa wenn die Photographie eines Kirchturms im Kontext der Vineta-Geschichte um die untergegangene Stadt Dunwich (vgl. RS 188) in Wahrheit den Kirchturm von Eccles (Norfolk) zeigt (vgl. Catling 2003, 21). Explizit wird in *Die Ausgewanderten* über Praktiken der Fälschung reflektiert, wenn ein Zeitungsphoto, das die nationalsozialistische Bücherverbrennung vom Mai 1933 dokumentieren soll, von den Figuren als bearbeitetes Bild erkannt wird. In dieser Fälschungsgeschichte wird einmal mehr Sebalds dialektisches Verständnis der Photographie deutlich. Üblicherweise dienen retuschierte Photographien dazu, Geschichtsfälschungen den Anschein des Wahren zu geben. In diesem Fall jedoch bebildert die gefälschte Photographie paradoxerweise ein tatsächliches historisches Geschehen. Der Gegensatz von Authentizität und Fälschung wird damit subtil ausgehöhlt; für Sebalds Leser führt das zu der widersprüchlichen Rezeptionsanweisung, der Photographie (weil sie gefälscht sein kann) generell mit Misstrauen zu begegnen, doch gerade dieser Photographie (weil sie die Fälschbarkeit von Photographien veranschaulicht) zu trauen.

Immer wieder laden Photographien in Sebalds Texten ihre Betrachter dazu ein, jenen vom Autor gelegten Spuren zu folgen, die Photographie und Text, Photographie und vorenthaltene Referenz, Photographien und andere Bilder miteinander verbinden – oder auch nicht. So werden Sebalds Leser produktiv in dessen intermediale Praktiken eingebunden. Gleichzeitig etablieren die von Sebald ausgelegten Spuren, beispielsweise die photographischen Abbildungen von Gebäuden, Personen oder Gemälden, ein Referenzsystem von Bezügen, das immer wieder über die Texte hinausweist. Die photographischen Abbildungen zitieren materielle Bilder, auf denen sie basieren, und sie verweisen im Modus von Ähnlichkeiten, Verwandtschafts- und Spiegelbeziehungen auf andere Bilder und auf ikonographische Traditionen. Zitate, die auch Sebalds Erzähltext durchziehen, verweisen zurück auf die Vergangenheit, dienen aber zugleich als Form von Vergegenwärtigung. Die Verweiskraft der Photographie auf ein »Es-ist-so-gewesen« (Barthes 1989) integriert ein reales oder historisches Substrat in die Texte, das den Anschein von Authentizität erweckt und das Zitieren zugleich als performative Geste inszeniert: Die Photographien werden dem Leser gezeigt, und zwar an ganz bestimmten Stellen. Die künstlichen Formen der Einbettung von Photographien führen zu einer Literarisierung und Fiktionalisierung von Photographien, auch und gerade solcher, die konventionell als Medien historischer Evidenzerzeugung betrachtet werden. Das betrifft beispielsweise die Photographie des befreiten Lagers Bergen-Belsen in *Die Ringe des Saturn* (RS 78 f.). Sie ist eingebettet in die Paraphrase eines Zeitungsberichtes über die Lagerbefreiung und zeigt einen Nadelwald, auf dessen Boden eine große Anzahl teilweise mit Decken bedeckter Leichen liegt. Die geschichtswissenschaftliche Bildforschung hat Lagerphotographien als Gedächtnisikonen mit hohem Wiedererkennungswert beschrieben (Brink 1998), doch diese Photographie zeichnet sich gerade durch eine Unschärfe aus, die einfache Identifikationen des Bildinhalts verhindert. Es handelt sich um eine weitgehend unbekannte Photographie, die wenig visuelle Informationen preisgibt. Offenbar wurde das Photo gerade nicht als Dokument zur Herstellung von Evidenz ausgewählt, sondern im Gegenteil wegen seiner Weigerung, als Evidenz zu funktionieren. Diese Weigerung wurde noch durch die wahrscheinlich absichtlich herbeigeführte schlechte Reproduktionsqualität verstärkt. In seiner Studie *Bilder trotz allem* hat der Bildwissenschaftler Georges Didi-Huberman klandestine Photographien aus dem Vernichtungslager Auschwitz als Zusammentreffen von Wahrheit und Intransparenz gedeutet; wegen ihrer Unschärfe illustrieren diese Bilder für Didi-Huberman weniger das, was sie zeigen, als die Umstände ihrer Entstehung – Umstände, unter denen es nicht möglich war, scharfe Dokumentarphotographien zu machen (Didi-Huberman 2007). Die Lagerphotographie bei Sebald dagegen entstand mutmaßlich nachträglich; die Befreiung der Lager ist gut dokumentiert, und Sebald hätte ebensogut ein detailreicheres Bild auswählen können. Dass sich die aufgehäuften Leichen auf der grob gerasterten Abbildung in *Die Ringe des Saturn* in eine amorphe Masse aufzulösen scheinen, ist Teil des Sebaldschen Bildpro-

gramms. In einem Interview hat Sebald erläutert: »Ich will ja nicht Bilder von hoher photographischer Qualität in die Texte einbauen, sondern es sind einfach Dokumente von Fundstücken, etwas Sekundäres. Es ist eigentlich ganz schön, wenn dieses Undeutliche irgendwie in die Bilder eingeht« (Ges 169).

Die narrative Einbindung der Abbildungen und deren genaue Plazierung in Sebalds Büchern schafft einerseits ein formales Gleichgewicht zwischen Bild und Text. Andererseits stellt der aus Bild und Text komponierte Phototext den Leser stets aufs Neue vor die Herausforderung, semantische Verbindungslinien zwischen den Abbildungen und den Erzählungen zu ziehen. Da solche autonomen Abbildungen keine spezifische Entsprechung im Text haben, wird der Leser genötigt, selbst eine Beziehung zwischen der Photographie und einer Textpassage seiner Wahl oder aber zwischen der Photographie und dem ganzen Text herzustellen. Die Photographien sind dadurch gleichzeitig unter- und überdeterminiert, denn wo Bilder nicht durch Bildunterschriften in ihrer Bedeutung eingeengt oder dominiert werden, entfalten sie ein Bedeutungsspektrum, das über das einer reinen Illustration weit hinausreicht. So werden die Photographien zum integralen Teil eines zwischen Fiktionalität und faktualer Information ambivalent schillernden Gesamttextes. Doch werden die Photographien und andere visuelle Quellen dem subjektiven Blick und der narrativen Stimme des Erzählers nie vollständig unterworfen, weil die bimediale Form der Repräsentation eine Quelle der Sichtbarkeit einführt, die dem Auge des Lesers unmittelbar zugänglich ist und die ekphrastische Repräsentation mentaler Vorstellungen des Erzählers somit umgeht. Zudem erhält der Leser im Arrangement von Bild und Text die Freiheit, verschiedenen Lektürepfaden durch die Topographie des Phototextes zu folgen (Horstkotte 2008). Damit werden auch widerständige Lektüren möglich.

Medium und Medialität

Vom Beginn des 20. Jahrhunderts bis zum Ende der analogen Ära stellen Photographien die verbreitetste und zugänglichste Form von Visualität dar. Doch die Faszination für die akkurate, auswahllose Aufzeichnung, die von Photographien ausgeht, täuscht über gewisse Schwierigkeiten hinweg. Tatsächlich können wir keine Photographie ansehen, ohne ein Konzept von der Photographie als einem besonderen Bildtypus und von der Art zu haben, in der das photographische

Bild Bedeutung erlangt. Im Laufe des 20. Jahrhunderts sind sehr unterschiedliche Theorien und Konzepte der Medialität der Photographie entwickelt worden, mit denen Sebald sich intensiv auseinandergesetzt hat; seine Arbeitsbibliothek im Deutschen Literaturarchiv Marbach trägt deutliche Spuren dieser Auseinandersetzung. Diese Theorien der Photographie lassen sich zur besseren Orientierung grob unterscheiden in moderne und postmoderne. Die moderne Sicht beschreibt Photographien als mechanisch produzierte, authentische Bilder mit einem hohen Dokumentationswert, die in einer privilegierten Beziehung zum Realen stehen. Sie zeichnen sich durch Technologie und Objektivität aus. Roland Barthes beispielsweise spricht in seinem berühmten Photographie-Buch *Die helle Kammer* davon, dass das, was die Photographie zeigt, einmal da gewesen sein muss (Barthes 1989). Postmoderne Medientheorien sehen in der Photographie dagegen keine Abbildungen von Dingen, die eine autonome Existenz außerhalb des photographischen Bildes haben, sondern ›Simulakren‹ (Baudrillard 1992), Bilder von Bildern, Kopien ohne Original. Das sich wandelnde Bild von der Photographie begleitet den Umbruch von der analogen zur digitalen Photographie, macht in der Rückschau aber auch Besonderheiten der analogen Photographie deutlich. In einer digitalen Ära wird die Photographie in eine Vielfalt medialer Strategien transformiert, ihr exploratorischer Charakter tritt zugunsten flamboyanter Zurschaustellung zurück. Die Photographie liefert nicht mehr das Zitat einer Erscheinung, sondern nur noch eine vorläufige Aufzeichnung, die immer wieder verändert werden kann. Digitale Photographien sind keine abgegrenzten Objekte, sondern auf verschiedenen Plattformen zugänglich – allgegenwärtig und ortlos zugleich. Deutlicher als je zuvor tritt die Photographie um die Wende zum 21. Jahrhundert damit als ein Medium hervor, das Wirklichkeit nicht darstellt und interpretiert, sondern eine eigene ephemere Wirklichkeit erzeugt.

Photographiegeschichtlich stehen Sebalds Photographien genau in diesem Umbruch. Doch scheinen sie merkwürdig unberührt von der Transformation der Photographie und dem Wandel ihres Verständnisses. Sebalds Photographien sind in erheblichem Ausmaß alte Photographien, die Schwarz-Weiß-Photos einer verblichenen Ära. Neben mehr oder weniger dilettantischen Schnappschüssen und mit Erinnerungen aufgeladenen Familienphotographien finden sich in seinen Texten immer wieder auratisierte Photos wie dasjenige des Auges Max Aurachs – Photographien,

die als Einzelbilder aus dem Zusammenhang photographischer Praktiken und ihrer technischen Reproduzierbarkeit gelöst werden und denen ein echter Zugang zu vergangener Wirklichkeit zugesprochen wird. Diese Photographien sind keine flüchtigen Objekte, sondern Gegenstand anhaltender, kontemplativer Schau, die in Phantasien und Träume übergeht. Sebalds Photographien sind keine Retro-Bilder, sie ignorieren ganz einfach die in den 1990er Jahren aufkommende digitale Photographie. Das endende 20. Jahrhundert ist Sebalds Bezugspunkt, nicht das beginnende 21. – seine Photographien schauen zurück, nicht voraus.

Dennoch ist die Photographie bei Sebald kein nostalgisches Medium. Sebalds Bücher zeugen von einer differenzierten Auseinandersetzung mit den Photographietheorien der Moderne. Seine Photographien sind in ein dichtes diskursives Netz aus Vorstellungen über die Photographie verwoben, das vor allem aus Thesen und Zitaten Walter Benjamins und Roland Barthes' besteht. Von ihnen bezieht er die Vorstellung von der Photographie als einem Gedächtnismedium, das Zugang zur Vergangenheit stiftet, ebenso wie das melancholische Bild der Vergangenheit selbst. Auch Sebalds magische Sicht der Photographie entstammt der Photographietheorie Benjamins, der technisch reproduzierbaren Bildern einerseits die Aura des Authentischen und Einmaligen absprach, andererseits in seiner *Kleinen Geschichte der Photographie* in einer dialektischen Bewegung gerade die »exakteste Technik« der Photographie als Quelle eines »magischen Wert[es]« bezeichnete, »wie für uns ihn ein gemaltes Bild nie mehr besitzen kann« (Benjamin 1977, 371). An dieses dialektische Bild der Photographie knüpft Sebald an, wenn er in seinen Texten Photographien immer wieder so einsetzt, dass sie einer vermeintlichen Authentizität beraubt werden, nichts Sichtbares zeigen, nicht als Beweis oder Dokument funktionieren. Damit entwickelt Sebald eine komplexe Sicht auf die Photographie, die sich in den Medientheorien der Moderne bereits findet, in deren Rezeption aber oft vergessen worden ist.

Literatur

Anderson, Mark M.: The Edge of Darkness. On W. G. Sebald. In: *October* 106 (2003), 103–121.

Barthes, Roland: *Die helle Kammer. Bemerkung zur Photographie*. Frankfurt a. M. 1989.

Barzilai, Maya: Facing the Past and the Female Spectre in W. G. Sebald's *The Emigrants*. In: *W. G. Sebald – A Critical Companion*, hg. von Jonathan J. Long und Anne Whitehead. Seattle 2004, 203–216.

Barzilai, Maya: On Exposure. Photography and Uncanny Memory in W. G. Sebald's *Die Ausgewanderten* and *Austerlitz*. In: Scott Denham/Mark McCulloh (Hg.): *W. G. Sebald: History – Memory – Trauma*. Berlin/New York 2006, 205–218.

Baudrillard, Jean: *Transparenz des Bösen. Ein Essay über extreme Phänomene*. Berlin 1992.

Benjamin, Walter: *Kleine Geschichte der Photographie*. In: Walter Benjamin: *Gesammelte Schriften*, Bd II.1, hg. von Rolf Tiedemann und Hermann Schweppenhäuser. Frankfurt a. M. 1977, 368–385.

Brink, Cornelia: *Ikonen der Vernichtung. Öffentlicher Gebrauch von Fotografien aus nationalsozialistischen Konzentrationslagern nach 1945*. Berlin 1998.

Catling, Jo: Gratwanderungen bis an den Rand der Natur. W. G. Sebald's Landscapes of Memory. In: Rüdiger Görner (Hg.): *The Anatomist of Melancholy. Essays in Memory of W. G. Sebald*. München 2003, 19–50.

Didi-Huberman, Georges: *Bilder trotz allem*. München 2007.

Duttlinger, Carolin: Traumatic Photographs. Remembrance and the Technical Media in W. G. Sebald's *Austerlitz*. In: Jonathan J. Long/Anne Whitehead (Hg.): *W. G. Sebald – A Critical Companion*. Seattle 2004, 155–171.

Horstkotte, Silke: Transgenerationelle Blicke. Fotografie als Medium von Gedächtnistradierung in *Die Ausgewanderten*. In: Ruth Vogel-Klein (Hg.): *W. G. Sebald: Mémoire. Transferts. Images. (Erinnerung. Übertragungen. Bilder.)*. Straßburg 2005, 47–64.

Horstkotte, Silke: Photo-Text Topographies. Photography and the Representation of Space in W. G. Sebald and Monika Maron. In: *Poetics Today* 29/1 (2008), 49–78.

Klebes, Martin: Infinite Journey: From Kafka to Sebald. In: Jonathan J. Long/Anne Whitehead (Hg.): *W. G. Sebald – A Critical Companion*. Seattle 2004, 123–139.

Kraenzle, Christina: Picturing Place. Travel, Photography, and Imaginative Geography in W. G. Sebald's *Rings of Saturn*. In: Lise Patt/Christel Dillbohner (Hg.): *Searching for Sebald: Photography after W. G. Sebald*. Los Angeles 2007, 126–145.

Long, Jonathan J.: *W. G. Sebald: Image, Archive, Modernity*. Edinburgh 2007.

Öhlschläger, Claudia: Unschärfe. Schwindel. Gefühle. W. G. Sebalds intermediale und intertextuelle Gedächtniskunst. In: Ruth Vogel-Klein (Hg.): *W. G. Sebald. Mémoire. Transferts. Images. (Erinnerung. Übertragungen. Bilder)*. Straßburg 2005, 11–23.

Sebald, Winfried Georg: »Aber das Geschriebene ist ja kein wahres Dokument«. Ein Gespräch mit dem Schriftsteller W. G. Sebald über Literatur und Photographie. In: *Neue Zürcher Zeitung*, 26./27.2.2000.

Zinfert, Maria: Grauzonen. Das Schreiben von W. G. Sebald: Versuchsanordnung mit schwarzweißen Fotografien. In: Raul Calzoni/Massimo Salgaro (Hg.): »*Ein in der Phantasie durchgeführtes Experiment*«. Literatur und Wissenschaft nach Neunzehnhundert. Göttingen 2010, 321–335.

Silke Horstkotte

27 Arbeitsweise

Seiner Schwester gegenüber charakterisierte W. G. Sebald seine Arbeitsweise mit einem Vergleich aus der Volkskunst: »Weißt Du, das ist ganz einfach. Ich mach's wie die Allgäuer. Das ist ein Fleckerlteppich. Da gehe ich dann ein paar Schritt zurück und sage: Na, jetzt braucht's wieder a bisserl a Blau« (Aebischer/Sebald 2005, 217). Sehr genau ist diese Beschreibung nicht. Auch der Begriff der *bricolage* von Claude Lévi-Strauss, auf den sich Sebald in ähnlichen Zusammenhängen berief (Ges 84; Mosbach 2008, 156–212; Schedel 2004, 80–83), besagt vor allem, dass er seine Produktionsmethode als eine Neustrukturierung von bereits vorhandenen Elementen verstand. Aber wie sie sich konkret vollzog, bleibt offen. Da er seinen Nachlass selbst für die Nachwelt vorbereitete und viele Arbeitsstufen nicht überliefert hat (s. Kap. 10), lässt sich die Genese seiner Werke und damit seine Arbeitsweise nicht lückenlos rekonstruieren. Eine gewisse Ausnahme stellen die Materialien zum »Korsika-Komplex« dar, an denen sich seine Arbeitsmethode besser als an anderen Werken studieren lässt.

Nachdem W. G. Sebald seinen Prosaband *Die Ringe des Saturn* in Druck gegeben hatte, reiste er vom 3. bis 17. September 1995 nach Korsika, offenbar mit der Absicht, nach dem Muster der »englischen Wallfahrt« ein essayistisches Reisebuch über die Mittelmeerinsel vorzubereiten. In den folgenden Monaten trug er »allerhand Zeug zusammen zur Natur- und Menschenkunde der Insel Korsika« (Sebald an Schlüter, 17.5.1996). Nach anderthalb Jahren Arbeit und einem zweiten Besuch auf der Mittelmeerinsel erklärte er das Vorhaben für gescheitert: »Je mehr ich daran herumbastelte, desto minder kam es mir vor. Jetzt muß ich etwas neues anfangen & hoffe, dass es mir nicht noch mal so geht« (Sebald an Schlüter, 12.12.1996).

Tatsächlich finden sich in Sebalds Nachlass zwei *boxfiles* mit der Aufschrift »Korsika«. Sie enthalten neben zwei Textfragmenten umfangreiche Materialien, Zeitungsausschnitte, Kopien, Bilder, Landkarten, Exzerpte und Notizen, die zeigen, nach welchen poetologischen Strategien er seinen Stoff in mehreren Ansätzen organisiert und verdichtet, Themen und Figuren einführt oder fallen lässt, Motive verschiebt und Formulierungen ausprobiert. Das Korsika-Projekt erklärt nicht nur die ungewöhnlich lange Pause zwischen Sebalds letzten beiden großen Büchern *Die Ringe des Saturn* (1996) und *Austerlitz* (2001), sondern erweist sich als *missing link*. Denn vieles von dem, was der Autor hier entwickelt und schließlich verworfen hat, taucht in überraschenden Zusammenhängen in *Austerlitz* wieder auf.

Den Materialien lässt sich entnehmen, dass Sebald vor allem Belege für die unheilvolle Koexistenz von zivilisatorischen Projekten und archaischen Praktiken sammelte. Trotz der katholischen Kirche haben sich alte Totenkulte erhalten, trotz Napoleon und *code civil* regiert noch immer die Blutrache. Der Kampf gegen die Natur hat nicht aufgehört: Jagdgebräuche zeugen von ungebrochener Mordlust, Waldbrände von blinder Zerstörungswut. Weder die hier zum Ausdruck kommende »poetische Zivilisationskritik« (Öhlschläger 2006, 175–191) noch ihre konkreteren Themen werden Sebald-Leser überraschen, denn sie gehören zu jenen Vorstellungskomplexen, von denen sich alle seine Erzähler gleichermaßen fasziniert zeigen. Offensichtlich handelt sich um ein mehr oder weniger einheitliches System von mehrfach determinierten, ›überwertigen‹ Ideen, die zu immer neuen Darstellungen, Kombinationen und autobiographischen Herleitungen zwingen, ohne dass sie damit jemals erklärt und erledigt wären. Es lässt sich kaum entscheiden, ob beispielsweise die Anziehungskraft des Feuers tatsächlich von einem frühen Erlebnis des Autors herrührt, wie es das ›Elementargedicht‹ *Nach der Natur* (1992) nahelegt, oder ob das bei Sebald allgegenwärtige Motiv primär als Allegorie katastrophaler Historie aufzufassen ist. In jedem Fall haftet dem mythischen Element etwas Unerklärliches an (Rovagnati 2005). Bestimmte Grundmotive, so scheint es, steuern in der Art einer ›Privatmythologie‹, eines transzendentalen Kategoriensystems oder einer unbewussten generativen Grammatik die Wahrnehmungen und Assoziationen und stiften als Kristallisationskerne Zusammenhang und Bedeutung.

Weil Sebald sein Interesse an speziellen Motiven kaum reflektiert, entsteht der Eindruck, als würden sie seine Erzähler mit fast penetranter Zufälligkeit verfolgen. So begegnet dem Erzähler am Anfang des ersten Textfragments immer wieder ein unheimlicher Buckliger, der ihn zunehmend beschäftigt. Er erinnert ihn an seine Kindheit und an eine frühere Reise; zugleich wird mit dem Volkslied vom »Bucklicht Männlein« und der impliziten Anspielung auf Walter Benjamin eine Reihe literarischer Vorformulierungen ins Spiel gebracht, die prinzipiell unabschließbar ist. Mit der Figur des Verfolgers nimmt Sebald außerdem ein Motiv auf, dem bereits in den quasi autobiographischen Reisebeschreibungen seines Buches *Schwindel. Gefühle* eine zentrale Rolle zukam. Nur auf der Oberfläche sind die wiederholten Begegnungen mit dem Buck-

ligen dem Zufall geschuldet, in Wirklichkeit handelt es sich um ein kalkuliertes ästhetisches Verfahren: Durch Wiederholung und Variation werden relativ wenige Grundmotive mit Sinn aufgeladen, persönliche Erlebnisse und Lektüreerfahrungen, Natur- und Weltgeschichte scheinen unauflösbar miteinander verschmolzen.

Schon vor der Reise konnte Sebald den Korsika-Büchern von Ferdinand Gregorovius, Dorothy Carrington und anderen entnehmen, dass er hier Material für seine Themen finden würde. Seine Quellensammlung offenbart, wie weit sich seine Interessengebiete ausdehnten. Mit Theodor von Neuhoff, Pasquale Paoli und seinem Bewunderer Jean-Jacques Rousseau sollte anscheinend die korsische Geschichte des 18. Jahrhunderts und damit die Aufklärung ins Zentrum gerückt werden. Ausgehend von Napoleon, von dem er sich auch sonst fasziniert zeigt (Fuchs 2004, 183–191), wollte Sebald vermutlich verschiedene Weltherrschafts-Phantasien behandeln. Das dazugehörige Konvolut enthält unter anderem einen Zeitungsartikel über den Architekten und Kulturphilosophen Herman Sörgel, der um 1930 Europa zur Weltmacht »Atlantropa« umgestalten wollte. Durch die Absenkung des Mittelmeers sollten riesige Ländereien und – mittels gigantischer Staudämme – unerschöpfliche Energiequellen gewonnen werden. Da Sörgel von 1946 bis zu seinem Tod 1952 ein »Atlantropa-Institut« in Oberstdorf betrieb, wo Sebald wenig später zur Schule ging, gibt es auch hier gewissermaßen einen persönlichen Bezug.

Die Kopie einer biographischen Broschüre zeigt, dass Sebald sich für Danielle Casanova interessierte, die auf Korsika und in Frankreich als Galionsfigur der Résistance und der Frauenbewegung gilt. 1909 in Ajaccio geboren, trat sie während ihres Studiums in Paris der »Jeunesses Communistes« bei, wurde 1936 Sekretärin der »L'Union des jeunes filles de France« und schloss sich nach dem Einmarsch der Deutschen der Résistance an. 1942 wurde Danielle Casanova verhaftet und nach Auschwitz deportiert, wo sie am 24. Januar 1943 an Typhus starb. Einige Hinweise zur Konzeption dieser Figur gibt Sebalds Exemplar von Dorothy Carringtons *The dream-hunters of Corsica*. An der Stelle, wo die Autorin die Tradition der »warlike women« erläutert und als modernes Beispiel Danielle Casanova nennt (81), ergänzt Sebald handschriftlich: »She ought to have known her«. Vermutlich wollte er die Figur der Danielle Casanova mit korsischen Totenkulten in Verbindung bringen.

Auf einem anderen Blatt exzerpierte er mehrere

Sätze aus Nathalie Sarrautes Erinnerungsbuch *Enfance*, die er möglicherweise ebenfalls adaptieren wollte. Sarraute schildert, wie sie 1910 mit acht Jahren ihre Mutter und ihre russische Heimat verlassen musste, weil ihr Vater mit ihnen nach Paris auswanderte. In einer von Sebald abgeschriebenen Passage berichtet sie, wie sie sich als Schülerin in Paris – fast in einem Akt der Seelenwanderung – mit Napoleon identifiziert. Bei der Betrachtung einer großen Karte der Schlacht von Austerlitz, die sie in ihrem Zimmer aufgehängt hat, sieht sie sich selbst plötzlich »verkörpert durch den etwas fetten, dickbäuchigen Napoleon, aber ich sah ihn nicht, ich selbst war es, die mit seinen Augen durch das Fernrohr sah und Befehle gab...« (Sarraute 1984, 280). In den überlieferten Textfragmenten fehlen diese Details, daher bleibt unklar, auf welche Weise der Autor sie in seine Fiktion integrieren wollte.

Zu den Fragen, die Sebalds Materialsammlung aufwirft, gehört auch die, warum dort der französische Staatspräsident François Mitterrand des Öfteren vorkommt. In den Erzählfragmenten fehlt sein Name, dafür ist in *Austerlitz* an einer Stelle die Rede vom »Selbstverewigungswillen des Staatspräsidenten«, der seinen architektonischen Ausdruck im missglückten Neubau der französischen Staatsbibliothek gefunden habe (Aus 388). Sebald hielt von Mitterrand, dessen Tod in die Zeit des Korsika-Projektes fiel, offenbar nicht viel. Seine zwielichtige Rolle zwischen Résistance und Vichy-Regierung mag ihn ebenso abgestoßen haben wie sein autoritärer, von Allmachtsphantasien geleiteter Regierungsstil. Sollte Mitterrand im Korsika-Projekt sozusagen die napoleonische Linie in der Gegenwart repräsentieren? Immerhin fungiert in *Austerlitz* jene Bibliothek, die seit 1996 Mitterrands Namen trägt, als Abschluss einer Serie menschenverachtender Bauwerke, in denen die Geschichte des 19. und 20. Jahrhunderts ihren Ausdruck findet (vgl. Aus 387–405; Hutchinson 2009, 207 f.). Nach oder während der Phase der Materialsammlung, die von Anfang an auch bildliche Darstellungen einschloss, begannen erste Versuche, den Stoff zu organisieren. Einer erhaltenen Gliederung (vgl. Abb. in von Bülow 2008, 218) entsprechen sieben Konvolute, in denen der Autor seine gesammelten Materialien einordnete.

Für die erste erhaltene Textfassung wählte Sebald die Form des Tagebuchs (vgl. AK 129–158). Allerdings handelt es sich zum größten Teil wohl schon um eine Überarbeitung; nur die letzten fünf Manuskriptblätter, die sich in Papierformat, Schriftbild und Schreibstil deutlich von den übrigen unterscheiden, wirken wie Reste von Aufzeichnungen, die tatsächlich spontan vor Ort entstanden sind. Offensichtlich widerspricht die Tagebuchform Sebalds artifizieller Schreibweise, die Spontaneität und Unmittelbarkeit suggeriert. Je mehr er am Text arbeitete, je mehr Quellen und Bezüge er integrierte, desto weniger ›authentisch‹ musste das Tagebuch wirken. Vielleicht hat er aus diesem Grund die Überarbeitung kurz vor dem Ende abgebrochen.

Die sogartige Faszination, die von Sebalds Texten auf viele Leser ausgeht, beruht in prosodischer Hinsicht vor allem auf der Variation von syntaktischen Grundmustern. Der Spannungsbogen des Satzes wird immer wieder durch Umstellungen, Einschübe und Ergänzungen unterbrochen und in mehrere Teilbögen zerlegt. Hat man die Stimme bereits gesenkt, weil man glaubte, das Ende des Satzes erreicht zu haben, folgt noch ein Nachtrag, den man, um den Zusammenhang des Satzes nicht zu zerstören, nach kurzem Luftholen in tieferer Stimmlage anschließen muss – auf diese Weise gleicht die Satzmelodie einer scheinbar ins Bodenlose hinabführenden Kaskade (vgl. Zimmermann 2012, 219–235). Dieser eigentümliche Sprechrhythmus ist im überarbeiteten Tagebuchtext wesentlich ausgeprägter als in der skizzenhaften Schlusspassage.

Während andere Autoren ihre Texte sofort im Zusammenhang niederschreiben, korrigieren und dann gegebenenfalls erneut abschreiben, arbeitete Sebald in der ersten Schreibphase gewöhnlich weniger am gesamten Text als an einzelnen Sätzen. Für die Eröffnungssätze von *Die Ringe des Saturn* beispielsweise sind nicht weniger als acht Vorstufen erhalten. Oft verwendete er ein Blatt nur für die Formulierung eines einzelnen Satzes, auf den er sich so, unbeirrt vom Textzusammenhang, konzentrieren konnte. Ausgehend von dieser Arbeitsweise lässt sich erklären, warum seine Sätze, die meist komplexe, weitgehend geschlossene Sinngefüge enthalten, auch ohne ihren Kontext verständlich wären. Damit hängt eine gewisse Serialität seines Erzählens zusammen: Anders als in Prosawerken, die eine lineare Geschichte entwickeln, ließen sich in Sebalds Texten viele Passagen auch in geänderter Reihenfolge vorstellen. Erst wenn alle Sätze formuliert waren, schrieb er den Text zusammenhängend ab, immer mit der Hand und meist auf liniertem Papier im DIN-A-Format, wobei er hier und da erneut korrigierte. Diese erste durchgängige Textfassung stimmt mit dem gedruckten Text in der Regel weitgehend überein. Durch Symbole sind auch bereits die Stellen festgelegt, an denen Abbildungen einzufügen sind.

Im zweiten Entwurf zum Korsika-Stoff gibt Sebald die Tagebuchform auf, hält aber am Modell der Reise von 1995 fest (vgl. AK 159–209). Die wichtigste Veränderung ist zweifellos die Einführung der Figur des Piloten Gerald Ashman bzw. Douglas X., der allerdings nach Betreten der Insel bald wieder aus dem Gesichtskreis des Erzählers verschwindet. Da zuvor der »Rückflugplan« besprochen wurde, darf man annehmen, dass der Pilot am Ende des Textes noch einmal in Erscheinung treten sollte, was allerdings nicht geschieht. Generell wirkt das Textfragment in sich unausgewogen. Aber gerade seine ästhetische Unvollkommenheit ist aufschlussreich für Sebalds Verfahren, die Elemente seiner »Privatmythologie« erzählerisch zu organisieren. Denn hier treffen die beiden Grundformen seines Erzählens aufeinander: der Reisebericht und die Biographie.

Traditionell beruhen die Erzählmodelle der Reise und des Lebenslaufs auf der Erzeugung von Spannung, die sich aus der Frage ergibt, ob es dem Helden gelingt, die Hindernisse zu überwinden und das Ziel der Reise oder das Glück des Lebens zu erreichen. Solche Fragen stellen sich bei Sebald von vornherein nicht, denn zu den Eigenarten seiner Figuren gehört es, dass sie es aufgegeben haben, bestimmte Ziele zu verfolgen. Wo sich dennoch Handlungszusammenhänge andeuten, werden sie vom Erzähler sofort durch Abschweifungen, Erinnerungen und Assoziationen in den Hintergrund gedrängt. Im Gegensatz zu Erzählungen, die auf die Spannung des offenen Endes setzen, sind Sebalds Texte rückwärtsgewandt, die Gegenwart ist vor allem Wiederholung und Ausgangspunkt für Analogien und Erinnerungen. Im Allgemeinen schildert ein Reisebericht eine Vielzahl von Menschen und Dingen in ihrem räumlichen Nebeneinander; die Biographie dagegen erzählt von einer Person im zeitlichen Ablauf ihres Lebens. Diese Erzählmodelle bleiben bei Sebald zwar grundsätzlich erkennbar, werden allerdings oft erheblich variiert (vgl. Ceuppens 2009, 78 f.; Zilcosky 2004). Seine Reisenden halten sich oft ausführlich bei einzelnen Personen und ihren Schicksalen auf und wechseln beim Erzählen die Zeitebenen. Wo das Material nach dem Muster des Lebenslaufs strukturiert wurde, verselbstständigen sich regelmäßig die Beschreibungen von Dingen, Örtlichkeiten und Personen, die mit der Hauptperson nur in losem Zusammenhang stehen.

Sebalds zweiter Korsika-Text beginnt nach dem Modell der Biographie, wechselt aber nach dem Verschwinden des Piloten unvermittelt zum Reisebericht. Nur am Anfang fungiert der Erzähler als Biograph, als Copilot, der seiner Figur über die Schulter schaut und sich ihr Leben erzählen lässt. Doch die Beschreibung des Nachtflugs tritt schon bald in den Vordergrund. Für die Details diente vor allem Antoine de Saint-Exupérys *Vol de nuit* als Quelle, zugleich ist der Text enzyklopädisch angelegt. Während des Anflugs auf die Insel wird von der Erschaffung einer Welt aus interstellarem Staub erzählt, darauf folgt die Trennung von Finsternis und Licht, Wasser und Land. Auf dem Erdboden setzt der Erzähler seine fast biblisch anmutende Natur- und Menschheitsgeschichte mit der Beschreibung von Pflanzen und Tieren fort, um sie – wiederum aus beachtlicher Höhe – mit der Verwüstung der Erde durch den Menschen abzuschließen.

Es macht offenbar einen Unterschied, ob ein dem Autor nahestehender Erzähler eine solche Vision auf eigene Verantwortung entwirft oder einer Figur in den Mund legt. Bei Sebald lässt sich nur bei sehr genauem Lesen trennen, wo der Erzähler und wo eine Figur spricht, denn ihre Ansichten sind sich zum Verwechseln ähnlich. Seine Erzähler lernen durch ihre Figuren kaum eine neue Weltsicht kennen, sondern lassen sich von ihnen vor allem die eigene Meinung bestätigen. Den Opfern der Geschichte wie den Exzentrikern, die aus der Gesellschaft ausgewandert sind, kommt die Rolle von Heiligen zu: Sie besteht vor allem darin, bekannte Überzeugungen durch eine Leidensgeschichte zu beglaubigen.

Eine weitere Besonderheit der Prosa Sebalds besteht darin, dass er den Anschein der Kontingenz und Unabhängigkeit des Erzählten vom Erzähler behauptet und durch Abbildungen und nachprüfbare Daten zu belegen scheint, obwohl er seine Quellen durch Auswahl, Arrangement und Interpretation oft erheblich bearbeitet hat. Vergleicht man seinen ersten Entwurf mit dem zweiten, so bemerkt man, dass er zahlreiche neue Materialien einarbeitet, Episoden, Figuren, Motive und Details ausgetauscht oder reduziert hat, um das Textgewebe zu verdichten und neue Verknüpfungen zu seinen früheren Büchern herzustellen. Die Beschreibung korsischer Jagdgebräuche nimmt beispielsweise ein typisches Sebald-Motiv erneut auf und verbindet es mit einer Interpretation von Flauberts *La Légende de Saint Julien l'Hospitalie*. Prozessionsspinner stellen die Verbindung zum Kapitel über die Seidenraupen in *Die Ringe des Saturn* und zu den Schmetterlingen in *Die Ausgewanderten* her. Und auch das für diesen Autor zentrale Thema des Fliegens wird gegenüber der Tagebuchfassung erheblich ausgeweitet.

Der Autor scheint in der Rolle des Erzählers, des zufälligen ›Copiloten‹ seiner Figuren, zu verschwinden und sich vorwiegend rezeptiv zu verhalten, obwohl er die ›Erzählmaschine‹ in Wirklichkeit nicht nur steuert, sondern selbstverständlich auch konstruiert hat. Zu seinen gelegentlichen Hinweisen auf diese Doppelbödigkeit seines Erzählens gehört im zweiten Korsika-Text der Vergleich des Erzählens mit der Kombinationskunst des Schachspiels (vgl. AK 182). Verallgemeinernd lässt sich sagen, dass bei Sebald am Anfang nicht eine Figur oder ein Handlungsablauf steht, sondern eine Ansammlung von Wirklichkeitsausschnitten und Zitaten, die dann erst im Lauf der Arbeit nach schwer zu durchschauenden Regeln ausgewählt, abgewandelt, konfiguriert und schließlich einem Lebenslauf oder einer Reiseroute zugeordnet werden.

Nach dem Abbruch des Projekts benutzte Sebald die vorhandenen Materialien und Entwürfe als Steinbruch (Meyer 2003; Görner 2008). Nicht nur die Einzelveröffentlichungen, die im ersten Teil des Bandes *Campo Santo* wieder versammelt wurden, sondern auch der 1998 erschienene Rousseau-Essay *J'aurais voulu que ce lac eût été l'Ocean* (Log 43–74) und die 2001 publizierte Rede *Moments musicaux* (CS 223–239) gehen auf das Korsika-Projekt zurück. Wörtliche Auszüge aus der Biographie des Piloten Gerald Ashman (*alias* Douglas X.) exportierte Sebald außerdem in seinen Essay *Feuer und Rauch* (*Frankfurter Rundschau*, 29.11.1997), der eine Vorform seines Buches *Luftkrieg und Literatur* (1999) darstellt.

Einige Passagen aus den Korsika-Entwürfen tauchen in neuen Zusammenhängen in *Austerlitz* wieder auf. Einmal mehr zeigt sich, dass Sebalds Methode, jedes erzählte Ereignis genau in Raum und Zeit zu situieren, keineswegs deren Authentizität beweist, sondern als Kunstmittel dazu dient, einen *effet du reel* zu erzeugen. So übernimmt er in verwandelter Form einige Details aus der Erzählung des Piloten in die Jugendgeschichte seiner Hauptfigur Jacques Austerlitz, die dieser an zwei aufeinanderfolgenden Tagen im Londoner Great Eastern Hotel vor dem Erzähler ausbreitet (vgl. Aus 57–169). Es ist wohl kein Zufall, dass diese fiktiven Monologe auf den Dezember 1996 datiert sind, also auf jene Zeit, in der Sebald das Korsika-Projekt aufgegeben hatte.

Wenn Austerlitz im Hotel von seinem Schulfreund Gerald Fitzpatrick erzählt und davon, wie dieser ihn in den 1950er Jahren zu sich nach Hause auf den Landsitz Andromeda Lodge eingeladen habe, fühlt man sich an den Beginn des zweiten Korsika-Textes erinnert (vgl. AK 159 ff.), obwohl das Anwesen nun nicht mehr bei Norwich, sondern weit entfernt an der walisischen Küste verortet wird. Die Familie ist aus-

gesprochen naturinteressiert, daher lernt Austerlitz viel über Pflanzen und Tiere. Doch während der Reisende auf Korsika in landes- und naturkundlichen Büchern Erklärungen für seine Beobachtungen fand, hat der junge Austerlitz das Glück, gesprächsweise unterrichtet zu werden (vgl. Aus 131–138).

Gerald Fitzpatrick erzählt – vermittelt durch Austerlitz und den Ich-Erzähler – ganz ähnlich wie der Pilot im Korsika-Text von seiner frühen Leidenschaft für Flugtauben (vgl. AK 164 f.; Aus 113 f., 164 f.). Anfang der 1960er Jahre – inzwischen ist er in einem Genfer Forschungsinstitut tätig – fliegt er mit Austerlitz in seinem kleinen Flugzeug von Cambridge bis zur Südgrenze Englands. Bei der Beschreibung des Nachtflugs und der Sternenwelt bedient sich Sebald zahlreicher Formulierungen aus dem zweiten Korsika-Text (vgl. Aus 165–168). Offensichtlich ist die Figur des Gerald Fitzpatrick eine Weiterentwicklung des Korsika-Piloten. Doch es gibt eine weitere Figur, die diesen Anspruch erheben kann. Am zweiten Tag erzählt Austerlitz im Londoner Hotel, wie er mit seinem Geschichtslehrer (und Napoleon-Kenner) André Hilary in der Nähe von Oxford ein verfallenes Anwesen namens Iver Grove besuchte. Der Besitzer, James Mallord Ashman, zeigte ihnen – genau wie seinerzeit im Korsika-Fragment Gerald Ashman (vgl. AK 161 ff.) – das Observatorium seines Großvaters, berichtete von seinem Interesse an der Selenographie, insbesondere an den Mondkarten von John Russell, von seinen nächtlichen Billardspielen mit sich selbst und von der Zerstörung der Uhr (vgl. Aus 152–157).

Sebald hat nicht nur die biographischen Einzelheiten der Figur Gerald Ashman, sondern auch seinen Namen in *Austerlitz* auf die beiden Figuren *Gerald* Fitzpatrick und James Mallord *Ashman* aufgeteilt. Durch die Fiktion des Gesprächs im Hotel werden ihre Geschichten allerdings erzähltechnisch so ineinander verschachtelt, dass die verschiedenen Figuren, Orte und Zeiten kaum auseinanderzuhalten sind und dieser Abschnitt im Leben von Austerlitz am Ende als ein relativ selbständiges Ganzes erscheint, als idyllische Welt der Flugträume und Naturstudien. Von der Astronomie über die Botanik und Zoologie bis hin zur menschlichen Geschichte fehlt – ähnlich wie im Korsika-Projekt (oder auch in Stifters *Nachsommer*) – kein Bereich des Universums.

Unvermutet taucht fast am Ende des Lebensberichts von Austerlitz eine weitere Episode aus dem Korsika-Projekt auf. Um 1989 sieht die Hauptfigur nach einem Krankenhausaufenthalt in der Nähe des Gare d'Austerlitz in einem leeren Hof – genau an der

Stelle, wo ab 1996 die Bibliothèque de France stehen wird – eine Aufführung des Wanderzirkus Bastiani (vgl. Aus 383–387). Sie gleicht in vielen Einzelheiten und Formulierungen jener Zirkusvorstellung im zweiten Korsika-Entwurf (vgl. AK 184 ff.). Der zweite Satz »Andante sostenuto« aus Franz Schuberts Klaviersonate in B-Dur (D 960), der dabei im Mittelpunkt stand, wird in *Austerlitz* allerdings nicht erwähnt.

Diese wenigen Beispiele mögen verdeutlichen, warum Sebald seine Arbeitsmethode als *bricolage* bezeichnete (Seitz 2011). Er sammelte in der ersten Phase noch ohne festen Plan Zitate, Wirklichkeitspartikel, Bilder und Sätze, die er dabei aus ihrem ursprünglichen Zusammenhang löste. Im zweiten Schritt variierte und kombinierte er die isolierten Sprach- und Vorstellungselemente und passte sie in ein Erzählmodell ein. Dieser Vorgang konnte sich auch mehrmals wiederholen, die gefundene Form ließ sich leicht wieder auflösen, um ihre Elemente in neuer Weise zusammenzustellen. Weil die fiktiven Personen und Handlungen der Organisation eines bereits vorgeformten Stoffes dienen, wirken sie letztlich austauschbar. Was Sebalds Prosa unverwechselbar macht, liegt eher am Anfang und am Ende des Arbeitsprozesses: die Stoffauswahl, die von einem eigentümlichen Motiv-System gesteuert wird, und die durchgängige Perspektive einer »melancholischen Position« (Niehaus 2006, 185), die sich vor allem im Sprachstil ausdrückt.

Literatur

Aebischer-Sebald, Gertrud Th.: »Ein Fleckerlteppich«. Interview mit Ruth Vogel-Klein. In: Ruth Vogel-Klein (Hg.): *W. G. Sebald: mémoire, transferts, images.* Strasbourg 2005, 217.

Carrington, Dorothy: *The Dream-Hunters of Corsica.* London 1995.

Ceuppens, Jan: *Vorbildhafte Trauer. W. G. Sebalds »Die Ausgewanderten« und die Rhetorik der Restitution.* Eggingen 2009.

Fuchs, Anne: *Die Schmerzensspuren der Geschichte. Zur Poetik der Erinnerung in W. G. Sebalds Prosa.* Köln/Weimar 2004.

Görner, Rüdiger: »Leere Reisekoffer und gedächtnislose Gegenwart«. W. G. Sebalds Topographien im Korsika-Projekt. In: Irene Heidelberger/Mireille Tabah (Hg.): *W. G. Sebald. Intertextualität und Topographie.* Berlin 2008, 111–123.

Hutchinson, Ben: *W. G. Sebald – Die dialektische Imagination.* Berlin/New York 2009.

Meyer, Sven: Editorische Notiz. In: Winfried Georg Sebald: CS, 262–263.

Mosbach, Bettina: *Figurationen der Katastrophe. Ästhetische Verfahren in W. G. Sebalds »Die Ringe des Saturn« und »Austerlitz«.* Bielefeld 2008.

Niehaus, Michael: W. G. Sebalds sentimentalische Dichtung. In: Michael Niehaus/Claudia Öhlschläger (Hg.): *W. G. Sebald. Politische Archäologie und melancholische Bastelei.* Berlin 2006, 173–187.

Öhlschläger, Claudia: *Beschädigtes Leben. Erzählte Risse. W. G. Sebalds poetische Ordnung des Unglücks.* Freiburg i. Br./Berlin/Wien 2006.

Rovagnati, Gabriella: Canetti, Sebald und die Quellen des Feuers. In: Marcel Atze/Franz Loquai (Hg.): *Sebald. Lektüren.* Eggingen 2005, 116–121.

Sarraute, Nathalie: *Kindheit.* Köln 1984.

Schedel, Susanne: »*Wer weiß, wie es vor Zeiten wirklich gewesen ist?*«. *Textbeziehungen als Mittel der Geschichtsdarstellung bei W. G. Sebald.* Würzburg 2004.

Seitz, Stephan: *Geschichte als bricolage – W. G. Sebald und die Poetik des Bastelns.* Göttingen 2011.

von Bülow, Ulrich: Sebalds Korsika-Projekt. In: Ulrich von Bülow/Heike Gfrereis/Ellen Strittmatter (Hg.): *Wandernde Schatten. W. G. Sebalds Unterwelt.* Marbach 2008, 211–224.

Zimmermann, Ben: *Narrative Rhythmen der Erzählstimme. Poetologische Modulierungen bei W. G. Sebald.* Würzburg 2012.

Zilcosky, John: *Sebald's Uncanny Travels. The Impossibility of Getting Lost.* In: J. J. Long/Anne Whitehead (Hg.): *W. G. Sebald – A Critical Companion.* Edinburgh 2004, 102–120.

Ulrich von Bülow

28 Poetik der Dinge

Durch das gesamte Werk W. G. Sebalds ziehen sich katalogartige Aufzählungen von teils heterogenen, häufig an signifikanten Orten versammelten Gegenständen, was in der Rezeption zu Kontroversen geführt hat: An einer zentralen Stelle in Sebalds letztem Buch *Austerlitz* fährt die gleichnamige Hauptfigur auf der Suche nach ihrer Vergangenheit nach Terezín, dem ehemaligen Lager Theresienstadt. Am Stadtplatz verharrt Austerlitz lange vor den Schaufenstern des Antikos Bazar, eines Trödelladens. In den Auslagen sind nicht zusammengehörige Gegenstände aufgehäuft, von »verschieden großen Messingmörser[n]« über »Seemuschelkästchen« und »Hirschhornknöpfe« bis zu einem »auf einem Aststummel hockend[en] [...] ausgestopfte[n], stellenweise schon vom Mottenfraß verunstalteten Eichhörnchen, das sein gläsernes Knopfauge unerbittlich auf mich gerichtet hielt« (Aus 280). Beigegeben sind dem Text Photographien dieser Schaufenster. Austerlitz studiert »die hundert verschiedenen Dinge, als müßte aus irgendeinem von ihnen, oder aus ihrem Bezug zueinander, eine eindeutige Antwort sich ableiten lassen auf die vielen, nicht auszudenkenden Fragen, die mich bewegten« (279). Die Literaturkritik hat diese Beschreibung auf den von Walter Benjamin im *Passagen-Werk* entworfenen Typus des Sammlers bezogen und moniert, die »Benjaminsche Welterschließung durch den Blick des Pretiosensammlers« lasse sich »nur um den Preis unerhörter Naivität auf ein Konzentrationslager« anwenden (Radisch 2001). Aus der Sicht von Sebalds Werk lässt sich feststellen, dass hier viele Fäden einer von Sebald entworfenen Poetologie der Dinge, die auch auf den Holocaust zu beziehen ist, zusammenlaufen.

Dinge im Frühwerk und in den Essays

Bereits in Sebalds literarischem Erstlingswerk, dem »Elementargedicht« *Nach der Natur*, finden sich lange Aufzählungen von Dingen und Gegenständen: die Registrierung des Hausrats Matthias Grünewalds durch den Frankfurter Magistrat, »eine Ansammlung verschiedenster Dinge« (NN 19). Im zweiten Teil über den Naturforscher Georg Wilhelm Steller wird von der »Wirkung verlassener Dinge / in einem fremden Raum« (55) auf diesen berichtet.

Der Literaturwissenschaftler Sebald hat sich bereits vor dem Erscheinen seines literarischen Werkes mehrfach auf Autoren bezogen, bei denen die Auf-

merksamkeit für die Dinge eine bedeutsame Rolle spielt. Am wichtigsten ist dabei Adalbert Stifter. In seinem 1985 im Band *Die Beschreibung des Unglücks* erschienenen Essay *Bis an den Rand der Natur. Versuch über Stifter* spricht Sebald vom »eigenartige[n] Objektivismus der Stifterschen Prosa«, die sich »den Dingen in der Hoffnung auf Dauer« verschreibe (BU 18). Er diagnostiziert dieses Phänomen, das sich in der »skrupulöse[n] Registrierung winzigster Details« äußere (18), jedoch als Symptom für die »Auflösung der metaphysischen Ordnung« (18) bzw. (im Essay zur Eschatologie bei Stifter) die Angst davor (166): »Die Prosa des *Nachsommers* liest sich wie ein Katalog letzter Dinge, denn alles erscheint in ihr unterm Aspekt des Todes bzw. der Ewigkeit« (23). Im – ursprünglich bereits 1981 erschienenen – Essay über den schizophrenen Dichter Ernst Herbeck verweist Sebald auf Freud: »Die Versammlung von Allerleirauh erfolgt in der unterschwelligen Absicht, vermittels eines Verfahrens der Verdichtung und Verschiebung von den Wörtern zu den Dingen zurückzugelangen« (133).

In Sebalds erstem Prosaband *Schwindel. Gefühle* spielen die Dinge nur eine vergleichsweise nebensächliche Rolle. Der Ich-Erzähler aus *Il ritorno in patria* sagt lediglich von sich selbst, er wisse nicht, »was es ist an bestimmten Dingen oder Wesen, das mich manchmal so rührt« (SG 200). Später erörtert er mit einem ihm aus seiner Jugend bekannten Einwohner von W. »die mögliche Herkunft und Geschichte« (257) der Dinge auf einem Dachboden, von denen er meint, »daß die gesamte Versammlung der verschiedensten Dinge bis zu dem Augenblick, da wir eingetreten waren, sich in Bewegung, in einer Art Evolution befunden« (254) hätten. Zu diesen Gegenständen gehört eine »alte Schneiderpuppe« (258), über die ein Verweis auf Kafkas Erzählung *Der Jäger Gracchus* hergestellt wird. Schon hier ist erkennbar, dass viele Dinge bei Sebald nicht (nur) für sich selbst stehen, sondern eine über sich hinausweisende Funktion besitzen.

Wichtige Hinweise auf Sebalds (Gedächtnis-)Poetik der Dinge finden sich dagegen im Band *Unheimliche Heimat. Essays zur österreichischen Literatur* (1991). Im Essay über Peter Altenberg, ursprünglich 1989 in der *Neuen Rundschau* publiziert, gibt Sebald einen Verweis auf Walter Benjamins *Passagen-Werk*, um Altenbergs Fetischismus zu erläutern: »Benjamin hat [...] die Transformationen des Gefühlslebens skizziert, die sich vollziehen, wenn ein bloßes Objekt, ein Andenken, zum Komplement, wo nicht gar zum Ersatz des Erlebnisses wird« (UH 70). Daraus folge nach Benjamin »die Inventarisierung der Vergangenheit als tote Habe in einer Reliquiensammlung« (70), so Sebald mit Verweis auf eine Stelle in Benjamins *Zentralpark* (Benjamin 1991, 681).

Wesentlich näher an Sebalds eigener Position in seinem literarischen Werk ist eine Äußerung im Essay über Gerhard Roths Roman *Landläufiger Tod* (1984), zuerst 1986 in der Zeitschrift *manuskripte* erschienen. Hier wird den Dingen mit einem Hinweis auf einen »metaphysische[n] Augen- und Überblick« ein Eigenleben zugesprochen, das »eine Zeitlang unser Verhältnis zur Welt verkehrt. Im Schauen spüren wir, wie die Dinge uns ansehn, verstehen, daß wir nicht da sind, um das Universum zu durchdringen, sondern um von ihm durchdrungen zu sein« (UH 158). Den Dingen wird hier (mit Benjamin gesprochen) die Fähigkeit zugeschrieben, den Blick aufzuschlagen. Als Voraussetzung dafür wird hier »die Fähigkeit, sich selbst und gar alles vergessen zu können«, genannt, »die Entfernung des Subjekts also, im Schauen, aus der Welt« (158), was zur Erkenntnis der »geheimnisvolle[n] Autonomie der Dinge« (159) führe.

Aura und ›nature morte‹. Anordnung der Dinge im Raum

Wiederaufgenommen wird dieser Gedanke in der Erzählung *Max Aurach* aus dem Band *Die Ausgewanderten* (1992). Als der Ich-Erzähler als junger Mann nach Manchester kommt, steigt er im Hotel Arosa ab. Dessen Inhaberin führt ihn in eine »fensterlose Kammer, in welcher ein mit Briefschaften und Schriftstücken überquellender Rolladensekretär, eine mit verschiedenem Bettzeug und Candlewickdecken vollgestopfte Mahagonitruhe, ein uraltes Wandtelefon, ein Schlüsselbrett und, in einem schwarzlackierten Rahmen, eine großformatige Fotografie eines schönen Heilsarmeemädchens ein, wie es mich dünkte, eigenmächtiges Dasein führten« (Agw 224). Besondere Bedeutsamkeit erhält für den Ich-Erzähler »eine sogenannte *teas-maid*, Weckeruhr und Teemaschine zugleich« (227), deren phosphoreszierendes Zifferblatt »in einem mir aus der Kindheit vertrauten stillen Lindgrün« (227) leuchtet. Dieses »ebenso dienstfertige wie absonderliche Gerät« (228) sorgt »durch sein bloßes Dastehen untertags« dafür, »am Leben fest[zu]halten« (228).

Im Verlauf der Erzählung wird die Institution Hotel zu einem Erinnerungsort gemacht, der mit Vladimir Nabokov und dessen Autobiographie *Speak, Memory* ebenso verbunden ist wie über das Midland Hotel in Manchester mit Auschwitz. Das Eigenleben der Dinge, das in *Die Ausgewanderten* über das Hotel-Motiv mit einem der bewussten Erinnerung nicht zugänglichen Gedächtnisspeicher verbunden ist, wird auch an die Hauptfigur der Erzählung, den jüdischen Maler Aurach geknüpft, der von sich sagt, »[n]ichts sei ihm so unerträglich wie ein Haus, in dem abgestaubt wird, und nirgends befinde er sich wohler als dort, wo die Dinge ungestört und gedämpft daliegen dürfen unter dem grausamenten Sinter, der entsteht, wenn die Materie, Hauch um Hauch, sich auflöst in nichts« (Agw 238). Das endliche Sich-Auflösen der Materie ins Nichts steht hier in einem dialektischen Wechselverhältnis zur Beharrungsqualität der Dinge, wenn man sie nur in Ruhe lässt.

In *Die Ringe des Saturn* (1995) wird dem englischen Philosophen und Dichter Sir Thomas Browne (1605–1682) eine ähnliche Auffassung zugeschrieben: »Dergleichen von der Strömung der Zeit verschonte Dinge werden in der Anschauung Brownes zu Sinnbildern der in der Schrift verheißenen Unzerstörbarkeit der menschlichen Seele, an der der Leibarzt, so befestigt er sich weiß in seinem christlichen Glauben, insgeheim vielleicht zweifelt« (RS 38 f.; Olejniczak Lobsien 2011). Ähnlich wie bei Stifter wird hier Brownes Hinwendung zu den Dingen, die sich im Text in einem langen Katalog von als Grabbeigaben gefundenen Gegenständen äußert, als Ausdruck des Zweifels an der metaphysischen Ordnung der Welt gedeutet. Darauf zu beziehen ist dann wohl, was der Ich-Erzähler an eine Aufzeichnung von Dingen knüpft, die in Michael Hamburgers Speisekammer aufbewahrt werden: »Und beim Hineinblicken in die eine besondere Anziehungskraft auf mich ausübende Speisekammer, wo auf den größtenteils leeren Stellagen ein paar Gläser mit Eingewecktem verdämmerten und ein paar Dutzend sehr kleine rotgoldene Äpfel auf dem Brett vor dem von einem Eibenbaum verdunkelten Fenster leuchteten, ja strahlten wie die Äpfel in dem biblischen Gleichnis, ergriff die zugegebenermaßen gänzlich vernunftwidrige Vorstellung von mir Besitz, daß mich diese Dinge, das Feuerreisig, die Kartonagen, die eingeweckten Früchte, die Seemuscheln und das Rauschen in ihrem Innern überdauert hatten und daß ich von Michael geführt wurde durch ein Haus, in dem ich vor langer Zeit einmal logiert haben mußte« (RS 220). Hier ist es kein Zweifel an der christlichen Vorstellung von der ›Unzerstörbarkeit der menschlichen Seele‹ wie bei Browne, der zum Ausdruck kommt, aber doch etwas, was in Bereiche jenseits der praktischen Alltagsrationalität führt: »Aber so geschwind, wie einem dergleichen Gedanken kommen, so geschwind lösen sie sich in der Regel auch wieder auf. Jedenfalls habe ich sie während der vergangenen Jahre nicht weiterverfolgt, vielleicht weil man sie, ohne irrsinnig zu werden, gar nicht weiterverfolgen kann« (220).

Im Essay über Gottfried Keller in dem Band *Logis in einem Landhaus* (1998) erwähnt Sebald die berühmten Sammlungen ›demodierter Gerätschaften‹, die Keller im Magazin der Frau Margret im *Grünen Heinrich* und der Lade der Züs Bünzlin in *Die drei gerechten Kammacher* beschreibt. Diese »verdämmernden Dinge«, schreibt Sebald dazu, »haben ihren Warencharakter längst eingebüßt und sind gewissermaßen schon in die Ewigkeit eingegangen« (Log 104). Hier verbindet sich ein marxistischer Begriff, der zu den wichtigsten der Kritischen Theorie gehört, mit dem Hinweis auf den die Vergänglichkeit überdauernden Charakter der dem Gebrauch und der Nützlichkeit entzogenen Gegenstände. Für Sebald sind die Dinge weder in ihrem ursprünglichen Gebrauchsnoch in ihrem Tauschwert von Bedeutung, sondern in ihrer »Einmaligkeit und Dauer« (Benjamin 1991, 479), die sich dann einstellt, wenn sie der »Flüchtigkeit und Wiederholbarkeit« (479), die für Walter Benjamin Ausdruck auch des ›Warencharakters der Kunst‹ sind (vgl. Donat 2007, 818), entzogen bleiben. Sie gewinnen dann eine Aura, die Benjamin in *Das Kunstwerk im Zeitalter seiner technischen Reproduzierbarkeit* an »dem Begriff einer Aura von natürlichen Gegenständen« (818) zu illustrieren versucht, was auch für Sebalds Poetik der Dinge von Relevanz ist.

Die aufschlussreichsten Anmerkungen Sebalds zu seiner (Gedächtnis-)Poetik der Dinge finden sich ebenfalls im Band *Logis in einem Landhaus*, im Essay *Wie Tag und Nacht – Über die Bilder Jan Peter Tripps*. »In den Stilleben Tripps geht es nicht darum, daß der Maler seine Kunst und Herrschaft zur Ausübung bringt an irgendeiner mehr oder weniger zufälligen Assemblage, sondern es geht um das autonome Dasein der Dinge, zu denen wir, als blindwütige Arbeitstiere, in einem untergeordneten und abhängigen Verhältnis stehen. Da die Dinge uns (im Prinzip) überdauern, wissen sie mehr von uns als wir über sie; sie tragen die Erfahrungen, die sie mit uns gemacht haben, in sich und *sind* – tatsächlich – das vor uns aufgeschlagene Buch unserer Geschichte« (Log 173). Die Bilder des mit Sebald befreundeten Malers Jan Peter Tripp stehen in der Tradition der *trompe l'œil*-Malerei. Sebald hat Tripps illusionistische Kunst selbst als ein Vorbild bezeichnet: »Tripp hat mir damals einen von ihm gefertigten Stich als Geschenk mitgegeben, und

auf diesen Stich, auf dem der kopfkranke Senatspräsident Daniel Paul Schreber zu sehen ist mit einer Spinne in seinem Schädel – [...] – auf diesen Stich geht vieles von dem, was ich später geschrieben habe, zurück, auch in der Art des Verfahrens, im Einhalten einer genauen historischen Perspektive, im geduldigen Gravieren und in der Vernetzung, nach der Manier einer nature morte, anscheinend weit auseinander liegender Dinge« (Sebald 2008, 11 f.). Im Tripp-Essay wird deutlich, dass das »Aufzählen der Dinge« (Log 7) kein Selbstzweck ist, keine manieristische Praktik der Anhäufung pretiöser Gegenstände, sondern dass für Sebald in den Dingen die Vergangenheit zwar nicht unmittelbar zugänglich, aber doch anschaubar wird. Dabei ist zu beachten, dass es nicht die Dinge der Realität selbst sind, die diesen Charakter bekommen, sondern er wächst ihnen zu durch ihre Transformation in die Kunst. »Ein roter Handschuh, ein abgebranntes Zündhölzchen, eine Perlzwiebel auf einem Schneidbrett, diese Dinge tragen alle Zeit in sich, sind durch die passionierte Geduldsarbeit des Malers gewissermaßen für immer gerettet« (183). Das gilt genauso für die Prosa Sebalds, die die Dinge sprachlich arrangiert, und auch für die den Büchern beigegebenen Photographien, die ebenfalls Transformationen darstellen. Das reflektierte Bild des Photographen, wie es bei der Photographie des Antikos-Bazars von Terezín in *Austerlitz* sichtbar wird, verweist auf diesen Prozess. Daher ist es nicht die in die Dreidimensionalität vorstoßende, »mehr oder weniger zufällige[ ] Assemblage« der Avantgarde, die bruchstückhafte Alltagsgegenstände auf einer Fläche zusammenführt, sondern die bewusst hergestellte und einem Transformationsprozess unterworfene Konstellation, die dieses für Sebald bewirken kann: »Dem Thema des Todes verbunden ist das der vergehenden, der vergangenen und verlorenen Zeit, die in den Bildern Jan Peter Tripps, ganz nach der Vorschrift Prousts, aufgehoben wird, indem ephemere Augenblicke und Konstellationen ihrem Ablauf entzogen werden. [...] Die Erinnerungsaura, die sie umgibt, verleiht ihnen den Charakter von Andenken, in denen Melancholie sich kristallisiert« (Log 183). Nicht zufällig wird hier neben Proust mit dem Begriff der Aura (wie mit dem der Rettung) auf Walter Benjamin verwiesen, für den – wie er u. a. am Werk Prousts deutlich macht – die Erinnerung ebenfalls die Ereignisse der Vergangenheit nicht wiederholt, sondern sie in neuer Form gestaltet (vgl. Schöttker 2000, 265). Benjamins Kategorie der *correspondance* wird von Sebald gewissermaßen ins Räumliche, zur Konstellation, gewendet.

Zu Benjamin tritt Merleau-Ponty, auf den Sebald selbst verweist. »Die *nature morte* ist bei Tripp, weit deutlicher als je zuvor, das Paradigma unserer Hinterlassenschaft. An ihr geht uns auf, was Maurice Merleau-Ponty in *L'Oeil et L'Esprit* den ›regard préhumain‹ genannt hat, denn umgekehrt sind in solcher Malerei die Rollen des Betrachters und des betrachteten Gegenstands. Schauend gibt der Maler unser allzu leicht fertiges Wissen auf; unverwandt blicken die Dinge zu uns herüber. ›Action et passion si peu discernables‹, schreibt Merleau-Ponty, ›qu'on ne sait plus qui voit et qui est vu, qui peint et qui est peint.‹« (Log 174; Merleau-Ponty 2003, 286: »Es gibt tatsächlich eine Inspiration und Exspiration des Seins, ein Atmen im Sein, eine Aktion und Passion, die so wenig voneinander zu unterscheiden sind, daß man nicht mehr weiß, wer sieht und wer gesehen wird, wer malt und wer gemalt wird.«) Nahezu wörtlich wiederholt Sebald hier eine (oben bereits zitierte) Passage aus dem Essay von 1986 über Gerhard Roths Roman *Landläufiger Tod*, auch dort schon unter Verweis auf Merleau-Ponty. »In Jan Peter Tripps Bildern konkretisiert sich damit ein amorphes Sichtbarkeitsverhältnis, insofern jedes Einzelding eine unsichtbare Kehrseite hat, die das Auge des Malers offen zu legen vermag« (Öhlschläger 2012, 173). Es ist aber zu beachten, dass auch in der *nature morte*, dem Stillleben, Gegenstände zueinander gruppiert, in eine Konstellation gebracht werden, was die Feststellung, der dargestellte Gegenstand gebe »nicht etwas wieder, was der Maler aktiv in ihn hineingelegt hatte, sondern der Maler tritt im performativen Akt der Darstellung hinter das Ding und dessen autonomes Dasein zurück« (172), relativiert. Dennoch stellt sich die Frage, wie das Abgeben der Autorität an die Dinge im Medium der Schrift realisiert werden kann. Öhlschläger verweist hier auf Sebalds von Tripp übernommenes Verfahren der Verfremdung, das »eine[n] doppelten Effekt« zeitige: »Die Suggestion wird zum notwendigen Bestandteil einer Lesbarkeit der Welt, die der Erzähler wiederum beispielhaft vorführt« (174).

In einem Prosatext aus dem Jahre 2000, der von zwei Bildern Jan Peter Tripps (*Das ungeschriebene Gebot, Endspiel*; vgl. die Abbildungen in CS 211 und 213) ausgeht, deren Zentrum eine Makrele auf einer gemaserten Tischplatte und geschlossene Hände bilden, drückt sich eine stärkere Skepsis gegenüber einer solchen Lesbarkeit aus. Sebald unternimmt hier bezeichnenderweise keine Ekphrasis oder eine Ausdeutung von Tripps Bildern, sondern schreibt einen kurzen – suggestiven – Prosatext über eine Segeltour, auf der

Makrelen gefangen werden sollen. Gegen Ende heißt es: »Wie sich die Dinge in Wahrheit verhalten, das freilich steht auf einem anderen Blatt. Keiner von uns weiß letztlich, wie er dem anderen auf den Teller kommt oder was in der geschlossenen Hand seines Gegenübers an Geheimnissen verborgen ist. Selbst wenn wir der Ichthyomantie uns verschreiben, zum Sezierbesteck greifen, die Makrele vorsichtig zerlegen und das Eingeweideorakel befragen, werden wir schwerlich Antwort erhalten, denn blind und stumm blicken sie uns nur an, die Dinge – die Maserung im gehobelten Holz, der silberne Armreif, die alternde Haut, das gebrochene Auge –, und verraten uns nichts von dem Geschick unserer Gattung« (CS 213 f.). Auch hier finden wir wiederum das Motiv der uns ansehenden Dinge, die aber ihr Geheimnis doch nicht preisgeben. Dass es aber überhaupt ein Geheimnis gibt, suggerieren sowohl die Bilder Tripps als auch die Texte Sebalds.

Endpunkt von Sebalds (Gedächtnis-)Poetik der Dinge, die einen der wichtigsten Aspekte seiner Poetik der Dinge ausmacht, ist *Austerlitz* (2001). Zu Beginn des Romans finden wir den Ich-Erzähler in Antwerpen, von wo aus er sich zur Festung Breendonk begibt, das die Titelfigur Jacques Austerlitz als das »letzte Glied in der Kette« (Aus 27) bezeichnet, als letztes Beispiel einer bestimmten Form von Festungsarchitektur, die zur Zeit ihrer Fertigstellung kurz vor dem Ersten Weltkrieg schon obsolet, anachronistisch geworden war, weil sie in einem Krieg des 20. Jahrhunderts zur Verteidigung längst nicht mehr taugte. Aber die deutschen Okkupationstruppen hatten dort 1940 ein Straflager eingerichtet, das bis 1944 bestand und seit 1947 als nationale Gedenkstätte und Museum des belgischen Widerstands diente. Der Ich-Erzähler findet an diesem Gedächtnisort Beklemmendes: »Selbst jetzt, wo ich mich mühe, mich zu erinnern, wo ich den Krebsplan von Breendonk mir wieder vorgenommen habe und in der Legende die Wörter *ehemaliges Büro, Druckerei, Baracken, Saal Jacques Ochs, Einzelhaftzelle, Leichenhalle, Reliquienkammer* und *Museum* lese, löst sich das Dunkel nicht auf, sondern verdichtet sich bei dem Gedanken, wie wenig wir festhalten können, was alles und wie viel ständig in Vergessenheit gerät, mit jedem ausgelöschten Leben, wie die Welt sich sozusagen von selber ausleert, indem die Geschichten, die an den ungezählten Orten und Gegenständen haften, welche selbst keine Fähigkeit zur Erinnerung haben, von niemandem je gehört, aufgezeichnet oder weitererzählt werden« (34 f.). Wie das Hotel in *Max Aurach* oder das Schaufenster des Trödelladens in Terezín wird das Fort Breendonk bei Sebald zu einem Gedächtnisspeicher, an dessen dort aufbewahrten Gegenständer ›Geschichten haften‹, »Geschichten zum Beispiel [...] wie die von den Strohsäcken, die schattenhaft auf den übereinandergestockten Holzpritschen lagen und die, weil die Spreu in ihnen über die Jahre zerfiel, schmäler und kürzer geworden waren, zusammengeschrumpft, als seien sie die sterblichen Hüllen derjenigen, so erinnere ich mich jetzt, dachte ich damals, die hier einst gelegen hatten in dieser Finsternis« (35). Erst Jahre danach erfährt er von einer solchen konkreten Geschichte: Jean Améry ist hier gefoltert worden, wovon dieser in seinem Buch *Jenseits von Schuld und Sühne. Bewältigungsversuche eines Überwältigten* berichtet. Erst dieser Bericht und das durch ihn vermittelte historische Wissen machen aus dem Fort in Belgien mit seinen dort noch erhaltenen Dingen wie den Strohsäcken auf den Holzpritschen einen spezifischen Gedächtnisort. Sebald erweitert diese Verbindung aus realem Ort und gelesenem Buch zu einer Konstellation, die über die individuelle Leidensgeschichte Amérys hinausgeht: Er paraphrasiert eine Passage aus Claude Simons Roman *Le Jardin des Plantes*, in dem dieser von der Folterung eines Mannes in Dachau berichtet, der seinen Schmerz später in Bilder umgesetzt hat, die Simon wiederum beschreibt. Die schmerzende Erinnerung wird bei Simon ästhetisiert, wird aber dadurch an andere Topoi des Schmerzes anknüpfbar. In Sebalds Roman werden ein realer Ort mit seinen Gegenständen, »an denen Geschichten [...] haften«, ein Bericht über etwas, das an diesem Ort geschehen ist, und eine Passage aus einem fiktionalen Text (die wieder eine reale Quelle haben mag), so miteinander in Beziehung gesetzt, dass die ganze Konstruktion eine Tiefe bekommt, die die drei (Text-)Orte für sich genommen nicht haben. Die Dinge in Fort Breendonk werden in eine Konstellation eingefügt, die die Dinge über sich hinaus weisen lassen und einen ästhetisch geformten Gedächtnisraum konstituieren. Wichtig ist die Anordnung der Dinge im Raum, einem konkreten Raum der Realität wie im Fort Breendonk oder dem Hotel Arosa in Manchester, letztlich aber im Raum des literarischen Textes.

Die Vernetzung der Dinge im Text

Austerlitz' Suche nach seinen Eltern und seiner verdrängten Vergangenheit führt ihn schließlich nach Terezín (Theresienstadt), wohin seine Mutter von Prag aus deportiert wurde und vor jene Schaufenster des Antikos Bazars. Dessen Beschreibung als »Stillleben« wird nun vor dem Hintergrund der Entwicklung von Sebalds (Gedächtnis-)Poetik der Dinge erkennbar: »Sehen konnte ich freilich nur, was in den Auslagen zur Schau gestellt war [...]. Aber selbst diese vier, offenbar vollkommen willkürlich zusammengesetzten Stilleben, die auf eine, wie es den Anschein hatte, naturhafte Weise hineingewachsen waren in das schwarze, in den Scheiben sich spiegelnde Astwerk der rings um den Stadtplatz stehenden Linden, hatten für mich eine derartige Anziehungskraft, daß ich mich lange nicht losreißen konnte und, die Stirne gegen die kalte Scheibe gepreßt, die hundert verschiedenen Dinge studierte, als müßte aus irgendeinem von ihnen eine eindeutige Antwort sich ableiten lassen auf die vielen, nicht auszudenkenden Fragen, die mich bewegten« (Aus 278 f.). Die Beschreibung des Antikos Bazars ist eine selbstreferenzielle, metatextuelle Darstellung von Sebalds Poetik, an der »über den Umweg der Dinge die Erkenntnis *fehlender* Erinnerung« umgesetzt wird (Körte 2005, 192). In den dem Text beigegebenen Photographien spiegeln sich nicht nur die erwähnten Linden, sondern auch der Photograph. Intertextuell steht diese Passage in Verbindung mit Sebalds Essay über Bruce Chatwin (2000), wo es heißt: »Am entscheidensten aber waren in der Entwicklung Chatwins zum Schriftsteller sicher die frühen Augenblicke der puren Faszination, wenn der Knabe sich in das Speisezimmer der Großmama Isobel schlich und, durch sein eigenes undeutliches Spiegelbild hindurch, das auf den Etageren der Mahagonivitrine ausgebreitete Sammelsurium von Gegenständen bestaunte, die sämtlich aus der fremdesten Ferne kamen. Von einigen wußte man nicht zu sagen, woher sie stammten oder zu was sie gedient hatten, anderen hafteten apokryphe Geschichten an« (CS 218). Chatwin tritt hier als Wahlverwandter Sebalds in Erscheinung und was Sebald aus Nicholas Shakespeares Chatwin-Biographie zitiert, ist unmittelbar auf ihn selbst zu beziehen: »Das verschlossene Glasvertiko mit seinen rätselvollen Dingen wurde, so schreibt Shakespeare, zur zentralen Metapher sowohl für den Inhalt als auch für die Form von Chatwins Arbeit« (219), »die Transformation der gefundenen Fragmente in geheimnisreich signifikante Mementos, die uns erinnern an das, wovon wir, als Lebende, ausgeschlossen sind« (220). Die Formulierung von den Gegenständen, von denen man nicht weiß, »woher sie stammten und zu was sie gedient hatten«, ruft Lévi-Strauss' Definition der *bricolage* auf: »Die signifikativen Bilder des Mythos sind, wie die Materialien des Bastlers, Elemente, die sich nach zwei Kriterien definieren lassen: *sie haben gedient*, als Wörter einer geformten Rede, die von der mythischen Reflexion ›demontiert‹ wird, so wie ein Bastler einen alten Wecker demontiert; und sie *können noch dienen*, zum gleichen Gebrauch oder zu einem anderen Gebrauch, sofern man sie ihrer ersten Funktion entkleidet« (Lévi-Strauss 1986, 49). Sebald hat in einem Gespräch in Bezug auf seine Kombination von Bild- und Textmaterialien das Prinzip der *bricolage* für sich selbst in Anspruch genommen: »Ich arbeite nach dem Prinzip der Bricolage – im Sinne von Lévi-Strauss. Das ist eine Form von wildem Arbeiten, von vorrationalem Denken, wo man in zufällig akkumulierten Fundstücken so lange herumwühlt, bis sie sich irgendwie zusammenreimen« (Ges 84). Das entspricht der »Transformation der gefundenen Fragmente« – bei Chatwin ist ein solches z. B. »ein Stück rotbraunen Fells, das, eingewickelt in Seidenpapier, in einer Pillenschachtel aufbewahrt wurde« (CS 219) – in »geheimnisreich signifikante Mementos«. Von diesen kann auch suggeriert werden, sie würden vorgefunden wie die photographierte Konstellation der Dinge im Terezíner Schaufenster, doch zum rätselhaft bedeutsamen Memento wird die Versammlung der Dinge nur durch ihre Konstellierung im literarischen Text, durch die »Vernetzung [...] anscheinend weit auseinander liegender« (Sebald 2008, 11 f.) und vergessener Dinge im Gewebe des Textes.

Emblematisch dafür ist die Faszination des Protagonisten in *Austerlitz* für Orte, »die eher zur Vergangenheit als in die Gegenwart gehören. Wenn ich beispielsweise irgendwo auf meinen Wegen durch die Stadt in einen jener stillen Höfe hineinblicke, in denen sich über Jahrzehnte nichts verändert hat, spüre ich beinahe körperlich, wie sich die Strömung der Zeit im Gravitationsfeld der vergessenen Dinge verlangsamt. Alle Momente unseres Lebens scheinen mir dann in einem einzigen Raum beisammen« (Aus 363). Sebalds ›Poetik der Dinge‹ versucht solche Orte als Text-Orte zu kreieren.

Literatur

Benjamin, Walter: *Das Kunstwerk im Zeitalter seiner technischen Reproduzierbarkeit*. In: Walter Benjamin: *Gesammelte Schriften*. Bd. I.2, hg. von Rolf Tiedemann und Hermann Schweppenhäuser. Frankfurt a. M. 1991, 471–508.

Benjamin, Walter: *Zentralpark*. In: Walter Benjamin: *Gesammelte Schriften*. Bd. I.2, hg. von Rolf Tiedemann und Hermann Schweppenhäuser. Frankfurt a. M. 1991, 655–690.

Donat, Sebastian: *Warencharakter*. In: Jan-Dirk Müller u. a. (Hg.): *Reallexikon der deutschen Literaturwissenschaft*. Bd. III. Berlin/New York 2007, 817–819.

Dunker, Axel: *Das fiktionale Gedächtnis der Dinge*. Zu W. G. Sebalds *Austerlitz*. In: Sabine Kyora/Axel Dunker/Dirk Sangmeister (Hg.): *Literatur ohne Kompromisse. ein buch für jörg drews*. Bielefeld 2004, 455–468.

Körte, Mona: »*Un petit sac*«. W. G. Sebalds Figuren zwischen Sammeln und Vernichten. In: Marcel Atze/Franz Loquai (Hg.): *Sebald. Lektüren*. Eggingen 2005, 176–194.

Lévi-Strauss, Claude: *Das wilde Denken*. Aus dem Französischen von Hans Naumann. Frankfurt a. M. [6]1986.

Merleau-Ponty, Maurice: *Das Auge und der Geist. Philosophische Essays*. Neu bearbeitet, kommentiert und mit einer Einleitung hg. von Christian Bermes. Hamburg 2003.

Öhlschläger, Claudia: Medialität und Poetik des *trompe l'œil*. In: Yahya Elsaghe/Luca Liechti/Oliver Lubrich (Hg.): *W. G. Sebald*. Darmstadt 2012, 167–186 [2007].

Olejniczak Lobsien, Verena: Nekroprosa. Fragen nach den letzten Dingen in Später und Früher Neuzeit: W. G. Sebald und Sir Thomas Browne. In: *ZfG* 24 (2011), 169–186.

Radisch, Iris: Der Waschbär der falschen Welt. W. G. Sebald sammelt Andenken und rettet die Vergangenheit vorm Vergehen. In: *Die Zeit*, 15/2001, 5.4.(2001), 55–56.

Schöttker, Detlev: Erinnern. In: Michael Opitz/Erdmut Wizisla (Hg.): *Benjamins Begriffe*. Frankfurt a. M. [2]2002, 260–298.

Sebald, Winfried Georg: *Zerstreute Reminszenzen. Gedanken zur Eröffnung eines Stuttgarter Hauses*, hg. von Florian Höllerer. Stuttgart 2008.

Axel Dunker

29 Malerei

Unter den Abbildungen, die Sebald in seine Texte integriert, finden sich außer Photographien auch bekannte Gemälde, Bildausschnitte oder Verweise aus dem Bereich der europäischen Malerei und Kunst. Die Liste der von Sebald in seinen Texten aufgerufenen Künstler und Bildwerke ist lang und durchaus heterogen: Mit Giotto di Bondone (1266–1337), Antonio Pisanello (1395–1455), Peter Vischer d. Ä. (1455–1529), Matthias Grünewald (1470–1528), Albrecht Dürer (1471–1528) und Albrecht Altdorfer (1480–1538) bilden das späte Mittelalter und die Malerei der Renaissance einen Schwerpunkt, mit Pieter Brueghel d. Ä. (1525–1569), Lucas van Valckenborch (1535–1597), Rembrandt (1606–1669), Jan Brueghel d. J. (1601–1678), Pietro Paolini (1603–1681), Jacob van Ruisdael (1628/29–1682) und Giovanni Battista Tiepolo (1696–1770) die Malerei der Frühen Neuzeit und des Barock. Matthias Grünewalds Werke und Biographie sind Gegenstand des Langgedichts *Wie der Schnee auf den Alpen* in Sebalds Gedichtband *Nach der Natur*. Als Maler des 19. Jahrhunderts begegnet uns an prominenter Stelle Gottfried Keller, dessen Fragment gebliebenes Gemälde *Ideale Baumlandschaft* von 1849 zweiseitig in Farbe in Sebalds Essay über den Realisten in *Logis in einem Landhaus* reproduziert ist (Log 112 f.). Der Essay über Mörike wiederum integriert eine zweiseitige farbige Reproduktion einer idealisierten Landschaftsdarstellung des Biedermeier von Julius Schoppe mit dem Titel *Blick auf Salzburg* aus dem Jahr 1817 (80 f.). In die Erzählung *Max Aurach* aus den *Ausgewanderten* wird eine Reproduktion des Gemäldes *Die Eiche des Vercingetorix* (*Le chêne de Vercingetorix*, 1864) von Gustave Courbet in verkleinertem Format aufgenommen (Agw 268); sie korrespondiert gleichsam als »Zwillingsbild« (Jacobs 2005, 182) mit der Photographie, die den Erzählband *Die Ausgewanderten* eröffnet und einen großen Baum zeigt, dessen Zweige in ein Areal von Grabmälern hineinreichen (7). Außerdem nennt und zeigt Sebald an verstreuten Stellen seines Werks weitere Maler des 19. Jahrhunderts und ihre Kunstwerke, wie William Turners Aquarell *Funeral at Lausanne* aus dem Jahr 1841 (Aus 159), Zeichnungen des Schweizers Johann Salomon Hegi (Log 121) und eine kolorierte Karikatur von Johannes Ruff (98). Sebalds Malerfreund Jan Peter Tripp nimmt als Künstler der Gegenwart und Freund Sebalds eine besondere Rolle ein, ihm widmet der Autor einen ganzen Essay mit dem Titel *Wie Tag und Nacht – über die Bilder Jan Peter Tripps*, der in den Essayband

Logis in einem Landhaus aufgenommen wurde. Weitere Bezüge auf die Malerei Tripps finden sich in *Campo Santo* und *Nach der Natur* (s. Kap. 47). Die zeitgenössische Malerin Anita Albus sowie die Surrealisten René Magritte und Paul Delvaux bilden weitere Bezugspunkte zu Sebalds Auseinandersetzung und Zitation hyperrealistischer Malerei. Die Biographie des 1931 in Berlin geborenen jüdischen Malers Frank Auerbach, der dank eines Kindertransports nach Großbritannien der Ermordung durch die Nazis entgehen konnte, bildet den Hintergrund von Sebalds Erzählung *Max Aurach* in *Die Ausgewanderten*. Als weitere Künstler des 20. Jahrhunderts begegnen uns Peter Weiss (CS 130 ff.), der italienische Maler und Graphiker Gastone Novelli (Aus 38 ff.) und der Maler, Zeichner und Illustrator Quint Buchholz. Für Buchholz' Projekt *BuchBilderBuch* (Buchholz 2004) hat Sebald den kurzen, mit der Fiktionalisierung des Schreibakts befassten Text *La cour de l'ancienne école* geschrieben, der in *Campo Santo* aufgenommen wurde (CS 53).

Konfigurationen des Bildlichen zwischen Vorstellung und Realität

Neben die in den Text als Reproduktion integrierten Bilder oder Bildausschnitte treten bei Sebald häufiger Bildbeschreibungen, die im Text nicht illustriert werden. Dazu gehören der *Isenheimer Altar* des Matthias Grünewald, *Die Alexanderschlacht* und *Lot und seine Töchter* von Albrecht Altdorfer in *Nach der Natur*, Giovanni Battista Tiepolos *Die heilige Thekla befreit Este von der Pest* (SG 61 f.) und sein Fresko im Treppenhaus der Würzburger Residenz (SG 205 f.; Agw 275 f.), Paul Delvaux' *Schlafende Venus* (Agw 264), Jacob Izaakszoon van Ruisdaels *Ansicht von Haarlem mit Bleichfeldern* (RS 102 f.) oder Lucas van Valckenborchs *Ansicht der Stadt Antwerpen im Winter* (Aus 19 f.).

Unter den Bildern wiederum, die in Sebalds Texten abgebildet werden, finden sich Ausschnitte aus Antonio Pisanellos Fresko *Der Aufbruch des Heiligen Georg zum Kampf mit dem Drachen* (1434–1438) in der Cappella Pellegrini der Chiesa Sant' Anastasia in Verona in *Schwindel. Gefühle* (SG 91) sowie Engel aus der Szene *Compianto sul cristo morto* aus den Fresken Giottos in der Kapelle der Scrovegni in Padua (100). In der letzten Erzählung von *Schwindel. Gefühle* mit dem Titel *Il ritorno in patria* erwähnt Sebald verschiedene, die Arbeit und den Krieg heroisierende »Holzerbilder«, die im »alten Engelwirt« in seiner Geburtsstadt

Wertach hingen, und Wandmalereien mit zum Teil allegorischen Darstellungen des in den 1930er Jahren zu Berühmtheit gelangten Heimatmalers Hengge (233 ff.) sowie ein Ausschnitt des im Heimatmuseum Wertach befindlichen Historiengemäldes von der *Schlacht auf dem Lechfeld* von Franz Sales Lochbihler, »wo der Fürstbischof Ulrich mit seinem Schimmel über einen am Boden liegenden Hunnen hinwegreitet und auf dem auch alle Pferde diese irren Augen haben« (236 f.). Der Erzähler, der sich in dieser Erzählung nicht zuletzt wegen der Nennung seines Geburtsortes und seines Geburtshauses in »W.« als Sebald zu erkennen gibt, bekundet, dass diese Angst einflößenden, »vernichtenden« »Holzhauer- und Kreuzigungsbilder« (236) sowie die *Schlacht auf dem Lechfeld* sich besonders einprägten, da sie »ziemlich die einzigen Bilder gewesen sind« (236), mit denen er als Kind in der Provinz konfrontiert wurde. Die Wiederbegegnung mit ihnen steigert sein Unbehagen bis ins fast Unerträgliche.

Zuweilen sieht der Erzähler Landschaftsbilder im Schlaf, die den Charakter von Traumbildern haben (SG 59 ff.). Die »polyphone« Bildbetrachtung der *Alexanderschlacht* von Albrecht Altdorfer im dritten Teil des Triptychons mit dem Titel *Die dunckle Nacht fahrt aus* (NN 96 ff.) wird wiederum in den Kontext einer gleichsam mystischen Traumsequenz gestellt (vgl. Hünsche 2012, 235). Oder aber Landschaftswahrnehmungen überlagern sich, wie in der Erzählung *All'estero*, mit solchen tatsächlich existierender Gemälde. Während seiner Zugfahrt durch die Alpen etwa wacht der Erzähler mit dem Gefühl auf, »daß der Zug, der sich so lang mit gleichmäßiger Geschwindigkeit durch die Täler gewunden hatte, nun aus dem Gebirge heraus- und in die Ebene hinunterstürzte. Ich riß das Fenster herab. Krachend schlugen mir Nebelfetzen entgegen. Wir befanden uns in einer halsbrecherischen Fahrt. Bläulichschwarze Steinmassen gingen in spitzen Keilen bis an den Zug heran. Ich beugte mich hinaus uns suchte vergebens ihre Gipfel. Dunkle schmale zerrissene Täler öffneten sich, Bergbäche und Wasserfälle, weiß stäubend in der kaum gebrochenen Nacht, waren so nah, daß der Hauch ihrer Kühle das Gesicht erschauern machte« (SG 61). Angesichts dieser erhabenen, Faszination mit Schrecken verbindenden Naturansicht, die alle Implikationen einer »Naturgeschichte« der Zerstörung (s. Kap. 33) in sich birgt, fühlt sich der Erzähler an ein sich »vor wenigen Monaten erst« (61) zugetragenes Erdbeben erinnert, das aber tatsächlich bereits am 6.5.1976, also gut vier Jahre vor der Reise des Erzählers durch Oberitalien,

stattgefunden hat (vgl. Niehaus 2007, 47). Die wahrgenommenen Zerstörungen und die »aus den Alpentälern herauskommenden niedrigen Wolken, die sich hinstreckten über das verwüstete Gelände« leiten zum Motiv des diffusen Lichts über und verbinden sich in der Vorstellung mit Erinnerungen des Erzählers an das Gemälde Tiepolos mit dem Titel *Die heilige Thekla befreit Este von der Pest* (1759), das »die von der Pest heimgesuchte Stadt Este« mit einem im Hintergrund qualmenden Vulkan zeigt, »wie sie, äußerlich unversehrt, in der Ebene liegt« (SG 61 f.). Es folgt hier eine detaillierte Bildbeschreibung auf der Grundlage des im Dom in Este befindlichen Originals Tiepolos. Der Erzähler fokussiert das diffuse, wie »durch einen Schleier von Asche« gemalte Licht (62), womit die für Sebald bekannte »Clair-obscur-Ästhetik« aufgerufen wird, wonach »nur dadurch Klarheit, gleichsam Traumsicherheit entsteht, dass sich der Blick erst durch ›Nebel und Schleierhaftes‹ hindurcharbeitet« (Boehncke 2003, 48). Im rechten vorderen Zentrum des Bildes, so erinnert der Erzähler, befindet sich eine »pesttote Mutter«, die ihr noch lebendes Kind im Arm hält, eine Ikone des Schmerzes, die auf die aus der christlichen Ikonographie bekannte *mater dolorosa* anspielt und die Reise des Erzählers ins Ausland (*All'estero*) zu einer Art Passionsweg stilisiert. Dieser Befund bestätigt sich durch die Aufmerksamkeitslenkung auf die Figur der heiligen Thekla, die »in ihrer Fürbitte für die Bewohner der Stadt, das Gesicht aufwärts« kehrt zu den »himmlischen Heerscharen«, über die der Erzähler bemerkt, dass sie uns, »wenn wir hinsehen wollen, einen Begriff geben von dem, was sich über unseren Köpfen vollzieht« (SG 62). Allerdings spart der Erzähler die Beschreibung des himmlischen Geschehens, das sich über den Köpfen der Protagonisten in der monumentalen Öffnung des oberen Bildraums vollzieht, narrativ aus. In den Vordergrund rücken nicht der heilsgeschichtliche Kontext mit dem auf einer von Engeln getragenen Wolke erscheinenden Gottvater, sondern die Attribute einer ›Naturgeschichte der Zerstörung‹ (vgl. Niehaus 2007, 47–50), wie der »qualmend[e] Gipfel« des Vulkans und der »Schleier von Asche« es nahelegen. (SG 62). Der Ich-Erzähler taucht schließlich ein in die Bildrealität, indem er die Rolle der zu Gott betenden Thekla gewissermaßen verdoppelt und einerseits in einer »dem 17. bis 18. Jahrhundert angehörige[n] Diktion« eine Fürbitte an die u. a. Schutzheilige »gegen jede Art von Feuer« (Schmucker 2012, 318) richtet, bei der es sich um ein Zitat, wie man sie auf der Rückseite gängiger Heiligenbildchen findet, handeln dürfte: »Heilige

Thekla, bitt für uns, auf daß wir von aller *ansteckenden* Sucht und unversehenem Tod sicher erlediget und von allem Anlauf des Verderbens barmherzig erlöset werden. Amen« (SG 62). Allerdings wird auch diese religiös anmutende Geste rasch durch die Schilderung einer pragmatischen Handlung unterbrochen und nicht wieder aufgenommen (62). Der Passionsweg, den der Erzähler vollzieht, strebt einem Zustand der Erlösung und Erleichterung zu, der aber, wie in der »englischen Wallfahrt« *Die Ringe des Saturn*, sich nicht einstellen mag (s. Kap. 6). Landschaft, fiktionalisierte Geschichte und Bilderinnerung verdichten sich zu einer die Grenzen von Raum und Zeit auflösenden, bildhaften Wahrnehmung, die, wie Sebald es in seinem Essay über Jan Peter Tripp mit dem Titel *Wie Tag und Nacht* (1998) formuliert hat, »Ambiguität«, »Polyvalenz« und »Resonanz« zuläßt, die »Transzendierung dessen, was nach einem unumstößlichen Satz der Fall ist« (Log 178).

Erzeugung von Wirklichkeitseffekten

Dass Malerei und Photographie in einem Konkurrenzverhältnis zueinander stehen und sich voneinander unterscheiden, hat Sebald ausdrücklich in seinem Essay über Jan Peter Tripp dargelegt. Anders als die Photographie unterhalte die Kunst keinen ausdrücklichen Referenzbezug zur Wirklichkeit: Entgegen des affirmativen und mimetischen Zugs der Photographie favorisiere sie jene »glücklichen Fehler«, die einen Zugang zum »metaphysische[n] Unterfutter der Realität«, also zum Unsichtbaren, erlauben (Log 179; 181). Ein eindrückliches Beispiel für die Erfahrung, dass sich an der Kunst die Vorstellungskraft des Betrachters gewissermaßen schlagartig entzünden und durch ein Sich-Hinein-Versenken in das Bild mögliche Realität überscharf deutlich werden kann, liefert Sebalds Reisebericht Die *Ringe des Saturn* an jener Stelle, da der Erzähler in der Kuppelrotunde der historischen Gedenkstätte auf dem Schlachtfeld von Waterloo ein panoramahaft aufgespanntes Schlachtengemälde betrachtet. Von einem »imaginären Mittelpunkt der Ereignisse« aus eröffnet sich hier eine »Art Bühnenlandschaft«, die »lebensgroße Rösser in dem von Blutspuren durchzogenen Sand, außerdem niedergemachte Infanteristen, Husaren und Chevaulegers mit vor Schmerzen verdrehten oder schon gebrochenen Augen« zeigt, die Gesichter, Ausrüstung und Uniformen »allem Anschein nach authentisch« (RS 151). Die Ansicht des den Hintergrund der gesamten Rotunde ein-

nehmenden Riesengemäldes des französischen Marinemalers Louis Dumontins aus dem Jahr 1912 bestätigt den Eindruck, dass »die Kunst der Repräsentation von Geschichte« auf einer »Fälschung der Perspektive« beruhe (151 f.). Paradigmatisch wird hier deutlich, wie Sebald gerade aus einer jede Wirklichkeit verfehlenden, ›falschen‹ Perspektive die Suggestion einer zum Leben erwachenden Geschichte entstehen lässt: Der Text gleitet in das grammatikalische Präsens hinüber und belebt von einer erhöhten Warte aus das auf dem Schlachtengemälde dargestellte kriegerische Schauspiel: »In der Nacht nach der Schlacht muß hier ein vielstimmiges Röcheln und Stöhnen zu hören gewesen sein« (152). Gleichwohl ergibt sich kein »deutliches Bild« (153) dessen, wie es wirklich gewesen ist. Erst im Zustand künstlich herbeigeführter ›Blindheit‹ steigen Bilder auf, die über künstlerische Darstellungen hinausgehen und fast überscharf Wirklichkeit als Fiktion entstehen lassen: »Erst als ich die Augen schloß, sah ich, daran erinnere ich mich genau, eine Kanonenkugel, die auf schräger Bahn eine Reihe von Pappeln durchquerte, daß die grünen Zweige zerfetzt durch die Luft flogen. Und dann sah ich noch Fabrizio, den jungen Helden Stendhals, blaß und mit glühenden Augen in der Schlacht herumirren und einen vom Pferd gestürzten Obristen, wie er sich gerade wieder aufrafft und zu seinem Sergeanten sagt: Ich spüre nichts als nur die alte Wunde in meiner rechten Hand« (153). Die fiktionale Zitation wörtlicher Rede und die Referenz auf die Erfahrung körperlichen Schmerzes evoziert den Eindruck unmittelbarer Authentizität.

Ein weiteres Mittel zur imaginären Erzeugung von Wirklichkeitseffekten besteht in der Präsentation unscharfer, verschwommener Bilder, wie sie dem Leser etwa in der photographischen Reproduktion eines Seestücks in den *Ringen des Saturn* (RS 95) begegnen. Der Erzähler imaginiert eine Seeschlacht im Mai 1672, bei der die holländische Flotte auf die in der Bucht von Southwold versammelten Schiffe das Feuer eröffnet, und kommt zu dem Ergebnis, dass die Schlachtenmalerei, wie er sie im Marinemuseum von Greenwich studiert habe, die Wirklichkeit des historisch Geschehenen verfehle. »Selbst gefeierte Schlachtenmaler wie Storck, van der Velde oder de Loutherbourg [...] vermögen [...] keinen wahren Eindruck davon zu vermitteln, wie es auf einem der mit Gerät und Mannschaften bis zum äußersten überladenen Schiffe zugegangen sein muß, wenn brennende Masten und Segel niederstürzten [Bild] oder Kanonenkugeln die von einem unglaublichen Leibergewimmel erfüllten Zwischendecks durchschlugen«

(95 f.). Das reproduzierte Seestück, das Susanne Schedel als einen Ausschnitt aus Willem van de Veldes dem Jüngeren *The Burning oft he HMS Royal James at the Battle of Sole Bay, 28 May–7 June 1672* identifiziert hat (vgl. Schedel 2003, 167), lässt diesem Befund entsprechend keine klare Sicht auf das Geschehen zu: »[...] the historical painting masks the havoc wrought by the battle and the suffering that was endured by the seamen involved in the engagement« (Fuchs 2006, 175). Mag der gemalte Feuernebel schon den Eindruck von Unschärfe erwecken, der Überblick über das ganze historische Geschehen, den das Panorama zu liefern vorgibt, verstellt zudem den Blick auf die ›Wahrheit‹: »Diese Szene verkehrt den in der panoramatischen Situation potenzierten Anspruch auf authentische Darstellung in sein Gegenteil« (Hünsche 2012, 173). Christina Hünsche spitzt den Sachverhalt der Unlesbarkeit von Bildern in Sebalds Texten und darüber hinaus die »Ungefügtheit« des Text-Bild-Gefüges in einer poststrukturalistischen Lektüre dahingehend zu, dass die Schlacht, der »Agon«, das Leitprinzip von Sebalds intermedialem Verfahren sei: Text und Bild untergrüben, zerstörten und zerrütteten sich gegenseitig. Gerieten Schlachtenbilder bei Sebald materiell in den Text, führten diese das »irgendwie Unwahre der Augenzeugenberichte«, das »aus den stereotypen Wendungen« entstehe (Luf, 34), »regelrecht vor Augen« (Hünsche 2012, 220).

Auch die Bildbeschreibung des in den *Ringen des Saturn* einmal über zwei Seiten, und dann im Ausschnitt abgebildeten Rembrandt-Gemäldes *Die Anatomiestunde des Dr. Nicolaas Tulp* (RS 24 ff.) unterstreicht Sebalds Interesse an künstlerischen Strategien der Fälschung, die paradoxerweise im Blick des Betrachters den Eindruck von Präzision entstehen lassen. Am Beispiel dieses im Mauritshuis in Den Haag hängenden Gemäldes zeigt der Erzähler, dass es gerade dort, wo es »nach dem Leben« gemalt zu sein scheint, »umkippt in die krasseste Fehlkonstruktion« (27). Der Künstler habe die Komposition vorsätzlich dahingehend durchbrochen, dass er die straffällige Hand des dargestellten Delinquenten »geradezu grotesk disproportioniert« und »anatomisch gänzlich verkehrt« darstellt (27). Diese mit ästhetischen Mitteln umgesetzte Fehlkonstruktion fokussiere die Gewalt, die über Aris Kindt hinweggegangen sei. Sebald folgt in seiner Beschreibung des Gemäldes zunächst der »für die neuere Forschung grundlegenden ikonologischen Studie von William Heckscher« über Rembrandts Anatomiedarstellung (Mülder-Bach 2007, 295), stellt aber dann dem Leser aus der Perspektive

des Künstlers das Moment der Gewalt lebendig vor Augen, ein Moment, das Mülder-Bach poetologisch wendet, indem sie die im Text angelegten unterschiedlichen Modi des Sehens, das Aufgebot unterschiedlicher Medien (Tafelbild, theatralische Szene, anatomischer Atlas, Diagramm, Photographie) sowie die sich eröffnenden Verknüpfungen mit anderen Passagen des Reiseberichts als Sebalds eigenes Verfahren beschreibt (295 f.). Angesprochen ist damit auch jenes ästhetische Prinzip, das Sebald in seinem Essay über Jan Peter Tripp explizit erläutert und von dem er selbst immer wieder Gebrauch macht: Aus Abweichungen und Verschiebungen ergibt sich ein Bild von Wirklichkeit, das unsichtbare Dimensionen erst sichtbar macht, sie an die Oberfläche bringt.

Ein weiteres Verfahren der Präsentation von Bildender Kunst in Sebalds Texten besteht aus ihrer Fragmentierung, wie beispielsweise im Fall der ausgeschnittenen Augenpartie eines im Musée Stendhal in Grenoble befindlichen Porträts von Stendhal (um 1802) (vgl. Nerlich 1993, 33), die in den Text *Beyle oder das merckwürdige Faktum der Liebe* direkt eingeblendet wird (SG 15). Das Bildfragment ersetzt das Wort »Augen«: »Selbst seine [Beyles, C.Ö.] weit auseinanderliegenden [Bild] deretwegen er zu seinem Leidwesen oft *Le Chinois* genannt wird, scheinen auf einmal kühner, nicht mehr auf eine imaginäre Mitte zu gerichtet« (15). Der Hinweis auf die »imaginäre Mitte«, die gewissermaßen im Gesichtsfeld den Sitz der Augen kennzeichnet, hat eine für Sebalds Poetik programmatische Bedeutung, denn der Erzähler stellt, wie etwa im posthum erschienenen Band *Unerzählt* oder zu Beginn von *Austerlitz*, immer wieder die Augen und den »forschenden Blick«, der zuweilen ungerichtet bleibt, in den Vordergrund. Augen und Blicke fungieren, so heißt es dort, als Medien »der reinen Anschauung und des reinen Denkens«, die das »Dunkel [...] durchdringen, das uns umgibt« (Aus 7), und können, wie das Beispiel Stendhal zeigt, zum Auslöser für mit Imaginationen angereicherte Narrationen werden. Am Vergleich der in seinem Kopf vorherrschenden Bilder von der Schlacht von Marengo mit der Ansicht der »wahrhaftig« stattgefundenen Ereignisse bei der Begehung des Schlachtfeldes lässt Sebald seinen Protagonisten Beyle alias Stendhal eine Differenz erfahren, die in diesem »ein noch niemals zuvor gespürtes, schwindelartiges Gefühl der Irritation« verursacht (SG 22). Der Abgleich zwischen Vorstellungswelt und sogenannter Realität erzeugt Schwindel, und doch werden Einbildungen immer wieder zugunsten der historischen Realität dergestalt aufgewertet, dass ihnen eine prognostische Bedeutung zukommt (vgl. 23 f.). Auch Giottos Fresko der Beweinung Christi in der Kapelle des Enrico Scrovegni in Padua wird nur ausschnitthaft gezeigt. Die Aneinanderreihung dreier, im Original auf unterschiedlichen Ebenen angeordneten Engel aus Giottos Fresko der Beweinung Christi (100), wirkt auf den Leser wie ein Tryptichon der »lautlose[n] Klage«, »die seit nahezu siebenhundert Jahren von den über dem unendlichen Unglück schwebenden Engeln erhoben wird. Wie ein Dröhnen war diese Klage zu hören in der Stille des Raums. Die Engel selbst aber hatten die Brauen im Schmerz so sehr zusammengezogen, daß man hätte meinen können, sie hätten die Augen verbunden. Und sind nicht, dachte ich mir, die weißen Flügel mit den wenigen hellgrünen Spuren der Veroneser Erde das weitaus Wunderbarste von allem, was wir uns jemals haben ausdenken können? *Gli angeli visitano la scena della disgrazia* [...]« (100 f.). Das Motiv der verbundenen Augen, die sich gewissermaßen vom Eindruck der Realität lösen, um die unermessliche Dimension des Schmerzes über alles Unglück der Erde zu erfassen und diesen – das Oxymoron verweist darauf – in einer paradoxen Wendung lautlos herauszuschreien scheinen, ist hier ebenso bedeutsam wie die manieristische Gebärdensprache der Engel, die von dem, was sie sehen, so erschüttert zu sein scheinen, dass sie beten, klagen, sich verbergen. Sebald spart das eigentliche Zentrum des Geschehens, die Beweinung des toten Christus, der nach christlicher Vorstellung als Opfer der Welt gegeben wurde, um diese zu erlösen, aus, und doch lenken die drei nebeneinander gereihten Engel mit ihren kleinen, fast übergroß wirkenden Köpfen im Sinne einer allegorischen Verdichtung das Augenmerk des Lesers ganz auf den Modus der Klage, der durch ihre Gebärdensprache unterstrichen wird. Zugleich verweisen die Engel als himmlische Geschöpfe auf eine in Sebalds Werk immer wieder anzutreffende, »lautlose« (100) metaphysische Dimension irdischen Daseins. Auch die in *Schwindel. Gefühle* abgebildete, als florales Ornament gerahmte Figur eines »hereinbrechenden Engels« (157), die im Kontext einer Erzählung des Veronesers Salvatore über historische Aida-Aufführungen steht, gehört in diese Reihe. In einer profanen Perspektive liefern die Ausschnitte der Engelsdarstellungen im Sinne des von Carlo Ginzburg auch für die Kunstgeschichte geltend gemachten Indizienparadigmas mit seiner Bedeutung des Details (vgl. Ginzburg 2002, 8 f.) den Nachweis, dass es mit der Behauptung der sich im Schmerz zusammengezogenen Augenbrauen

seine Richtigkeit hat. Sebalds Erzähler und seine Protagonisten erkunden denn auch – wofür beispielsweise die Bewunderung für die »hoch entwickelte Realismuskunst« (SG 88) Pisanellos spricht, oder die Aufmerksamkeit Austerlitz' für die »winzigen Figuren« (Aus 20) auf Lucas van Valckenborchs Gemälde *Ansicht von Antwerpen mit zugefrorener Schelde* (1590) – die Kunstwerke am Leitfaden von Details, eine Vorliebe, zu der sich Sebald beispielsweise in seinem Essays über Joseph Roth bekannte: »Wenn es in der Kunst überhaupt um irgendetwas geht, [...] so geht es um die Treue zum Detail« (UH 116).

Das Passionsgeschehen mit einer Fokussierung des körperlichen Schmerzes, der für die melancholische Disposition des Erzählers einsteht, bildet auch den Mittelpunkt von Sebalds Zitation des *Isenheimer Altar* von Matthias Grünewald in der Erzählung *Max Aurach* in *Die Ausgewanderten*. Der *Isenheimer Altar* Grünewalds wird hier zum Auslöser einer Auseinandersetzung mit der ›Physiognomie‹ des Schmerzes, die Aurachs Lebensgeschichte und seine Arbeitsweise als Künstler bestimmt. Seine einzige Auslandsreise, so Aurach, habe ihn nach Colmar geführt, um die »Grünewaldbilder« auszustudieren (Agw 252 f.). In Grünewalds Trauerlandschaft allegorisiert sich Aurachs schmerzhafte Existenz: »Die extremistische, eine jede Einzelheit durchdringende, sämtliche Glieder verrenkende und in den Farben wie eine Krankheit sich ausbreitende Weltsicht dieses seltsamen Mannes war mir, wie ich immer gewußt hatte und nun durch den Augenschein bestätigt fand, von Grund auf gemäß. Die Ungeheuerlichkeit des Leidens, das, ausgehend von den vorgeführten Gestalten, die ganze Natur überzog, um aus den erloschenen Landschaften wieder zurückzufluten in die menschlichen Todesfiguren, diese Ungeheuerlichkeit bewegte sich nun auf und nieder in mir nicht anders als die Gezeiten des Meers. Dabei begriff ich allmählich, auf die durchbohrten Leiber schauend und auf die vor Gram wie Schilfrohr durchgebeugten Körper der Zeugen der Hinrichtung, daß an einem bestimmten Grad der Schmerz seine eigene Bedingung, das Bewußtsein, aufhebt und somit sich selbst, vielleicht – wir wissen sehr wenig darüber« (253). Der Duktus einer einfühlenden, das dargestellte Geschehen narrativ transformierenden Mimesis beherrscht auch den ersten Teil von Sebalds literarischem Erstlingswerk *Nach der Natur. Ein Elementargedicht* (1988), in dem ein sprechendes Ich der im Dunkeln liegenden Identität des Matthias Grünewald nachspürt. Mit Mitteln einer altertümlichen Rhetorik und der Zitation historischer Quellen evoziert der

Sprecher eine assoziative Annäherung an die nicht gezeigten Bildtafeln Grünewalds und an die Affektsprache der auf ihnen abgebildeten Leiber. ›Pathosformeln‹ vergleichbar avancieren Hand- und Körpergebärden der dargestellten Figuren zu Signaturen körperlicher und seelischer Leiderfahrung.

Das Motiv des letztlich durch keine Sprache repräsentierbaren Schmerzes begegnet wiederum in dem künstlerisch gestalteten, lang gezogenen »A« des Gastone Novelli, das in *Austerlitz* im Kontext der von Jean Améry in der Festung Breendonk erlittenen Folterqualen zu stehen kommt (Aus 40). Die in *Max Aurach* integrierte Kohlezeichnung, die in einem exzessiven, noch figurativen Stil ein Porträt zeigt, kann ihrerseits allegorisch gelesen werden: In einem unermüdlichen, tagtäglichen Prozess des Darstellens und Auslöschens erstellt der Künstler eine »Ahnenreihe grauer, eingeäscherter, in dem zerschundenen Papier nach wie vor herumgeisternder Gesichter« (Agw 239 f.): »Es wunderte mich immer wieder, wie Aurach gegen Ende eines Arbeitstages aus den wenigen der Vernichtung entgangenen Linien und Schatten ein Bildnis von großer Unmittelbarkeit zusammenbrachte, und noch weitaus mehr wunderte mich, daß er dieses Bildnis unfehlbar am darauffolgenden Morgen, sobald nur das Modell seinen Platz eingenommen hatte, wieder auslöschte, um aus dem durch die fortgesetzte Zerstörung bereits stark beeinträchtigten Hintergrund von neuem die für ihn, wie er sagte, letztlich unbegreiflichen Gesichtszüge und Augen seines von diesem Arbeitsprozeß oft nicht wenig in Mitleidenschaft gezogenen Gegenübers herauszugraben« (239).

Die Forschung hat, bezogen auf den Vorgang des Zeichnens, darauf hingewiesen, dass die palimpsestartige, aus Ablagerungen und Restbeständen hervorgebrachte Erzeugung neuer Strukturen in Sebalds Arbeitsweise ihr Pendant hat: »Diese Darstellung und der zu ihr hinführende Arbeitsprozeß, der zugleich der Textprozeß des Autors Sebald ist, haben offenkundig alle unabdingbaren Charakteristika des klassischen Palimpsests, das als Grundmuster der Sebaldschen Textarbeit immer wieder durch die Druckseiten schlägt« (Jeziorkowski 2004, 224).

Schauen als Passion

Ein Hauptaugenmerk bei der Rezeption bildender Kunst liegt bei Sebald auf dem »Schauen«, das im doppelten Sinn immer wieder zu einer Passion wird: Zum einen treibt es den Erzähler, wie in *Schwindel. Gefühle,*

an bestimmte Orte zu Kunstwerken bestimmter Künstler: »Die nächstfolgenden Tage beschäftigte ich mich so gut wie ausschließlich mit meinen Nachforschungen über Pisanello, deretwegen ich mich entschlossen hatte, nach Verona zu fahren. Die Bilder Pisanellos haben in mir vor Jahren schon den Wunsch erweckt, alles aufgeben zu können außer dem Schauen« (SG 88). Andererseits macht der Erzähler gerade in der Begegnung mit der bildenden Kunst auch die leidvolle Erfahrung, dass sich Momente der Deutlichkeit und Klarheit – oftmals durch äußere Umstände bedingt – nur zeitweise einstellen. Das Fresko Pisanellos in der Chiesa Sant‹ Anastasia, das »über dem Eingang zur Kapelle der Pellegrini« hängt, in die »[s]elbst mitten am hellsten Nachmittag« kaum »ein Strahl Tageslicht durchdringt«, ist zunächst nur diffus erkennbar. »Durch das Einwerfen von Tausend-Lire-Münzen in einen Blechkasten kann es aber illuminiert werden auf eine gewisse, manchmal sehr lang und manchmal sehr kurz erscheinende Zeit« (89). Die Betrachtung des Freskos ist auf einen Moment künstler Erleuchtung konzentriert, Bildbetrachtung bei Sebald immer wieder eingelassen in ein Spannungsfeld von Verdunklung und Erleuchtung.

Analog scheint sich die Fülle des Ausdrucksgehalts eines Bildes erst aus Zonen der Leere zu erschließen (vgl. auch Kellers *Ideale Baumlandschaft*, Log 112 ff.). So lasse die Leere, in die das fragmentarisch gebliebene Fresko ausufert, »nach wie vor das Entsetzen erahnen, das die Bewohner der palästinensischen Stadt Lydda der Legende nach damals erfüllt hat« (SG 90). Es folgt eine detaillierte Bildbeschreibung des Freskos, das den Heiligen Georg zeigt, wie er gerade im Begriff ist auszuziehen gegen einen Drachen, den er im Auftrag der Königstochter töten soll. Gezeigt werden dem Leser jedoch einzig die Augenpaare des Heiligen Georg, der seinen Blick nach links und damit der räumlich-zeitlichen Ordnung des gesamten Freskos zufolge in die Zukunft richtet, und das linke Auge der Principessa, die im Halbprofil gezeigt wird. Anders als im Original sind die Bildausschnitte nicht horizontal, sondern vertikal angeordnet, unterbrochen vom Text, von dem sie sich abgrenzen und in den sie doch eingebunden sind. Der »abschweifende männliche Blick« wird durch diese Anordnung auch formal von der »Beschlossenheit des weiblichen« abgesetzt (91). Wir haben es hier mit Fragmenten zu tun, die, zumal es sich erneut um Augen handelt, den Eindruck einer imaginären Schau auf ein unsichtbares Ganzes evozieren, das dem Betrachter verborgen bleibt. Strukturelle Verbindungen zu Sebalds posthum erschienenem

Band *Unerzählt*, der 33 von Jan Peter Tripp angefertigte Radierungen von Augenpaaren von Personen aus privaten und öffentlichen Kontexten mit 33 aphoristisch anmutenden Textminiaturen kombiniert (s. Kap. 47), ergeben sich hier unmittelbar. Das Motiv des Auges und dessen Sehkraft nimmt bei Sebald den Stellenwert einer »Schlüssel-Metapher« für die Tätigkeit des Erinnerns und die Zeugenschaft ein (Köhler 2003).

Über den Stellenwert von Kunstwerken in Sebalds Œuvre ist in der Forschung viel diskutiert worden. Während Christina Hünsche das Verhältnis zwischen Text und Bild als ein agonales bestimmt und auf die unhintergehbaren Zwischenräume aufmerksam macht, die das Text-Bild-Gefüge einem performativen Prozess unterziehen, vertritt Anne Fuchs die These, dass Werken der bildenden Kunst in Sebalds Texten die Bedeutung zukomme, die Erfahrung von Verlust zu sublimieren. In einem doppeldeutigen Spiel der Begriffe »sublime« und »sublimation«, wie es Kristeva in ihrer Freud-Lektüre vorgeschlagen hat, eröffneten sie einen Bereich des Erhabenen, der das Objekt transzendiere und in dem sich das verlorene und trauernde Ich wieder zu stabilisieren vermag (vgl. Fuchs 2006, 176 f.). Andere wiederum (Mülder-Bach 2007) verweisen auf die Signifkanz von Bildern und Bildausschnitten für Sebalds vielschichtige und netzförmige Ästhetik, die letztlich darauf ausgerichtet ist, Wirklichkeit mit Präzision zu verfehlen bzw. Sichtbares durch Verschiebungen neu zu justieren.

Warum Sebald einige Gemälde ganz oder nur in Ausschnitten zeigt, andere, wie beispielsweise den prominent verhandelten *Isenheimer Altar* des Matthias Grünewald oder *Die Alexanderschlacht* Albrecht Altdorfers in *Nach der Natur*, gar nicht, gibt Anlass zu Spekulationen. Festzuhalten bleibt, dass, wie im Fall von Giotto, Grünewald und Tiepolo die entscheidenden Szenen sakralen Inhalts mit Gottvater, Christi Tod, Beweinung und Auferstehung nicht gezeigt werden, sondern nur teilweise im Text darauf Bezug genommen wird. In jedem Fall aber öffnet sich damit in Sebalds Werk zwischen Text und Bildern ein Freiraum der Bild-Text-Lektüre, der sich, obwohl er einem »mimetischen Spiel mit Ab- und Anwesenheiten im Kontext intermedialer Befragungen und Zuweisungen« (Hünsche 2012, 226) folgt, gegen jede Form einer szientistischen Vereindeutigung verwahrt.

Literatur

Boehncke, Heiner: Clair obscur. W. G. Sebalds Bilder. In: *Text + Kritik* 158 (2003): W. G. Sebald, 43–62.

Buchholz, Quint: *BuchBilderBuch. Geschichten zu Bildern.* München/Wien 2004.

Fuchs, Anne: W. G. Sebald's Painters: The Function of Fine Art in His Prose Works. In: *The Modern Language Review* 101/1 (2006), 167–183.

Ginzburg, Carlo: *Spurensicherung. Die Wissenschaft auf der Suche nach sich selbst.* Aus dem Italienischen von Gisela Bonz und Karl F. Hauber. Berlin 2002.

Hünsche, Christina: *Textereignisse und Schlachtenbilder. Eine sebaldsche Poetik des Ereignisses.* Bielefeld 2012.

Jacobs, Carol: Was heißt Zählen. W. G. Sebalds *Die Ausgewanderten.* In: Bettine Menke/Christoph Menke/Eva Horn (Hg.): *Literatur als Philosophie – Philosophie als Literatur.* Paderborn 2005, 173–191.

Jakobs, Harald: Irre Blicke – Intermedialität in W. G. Sebalds *Schwindel. Gefühle* (2014), darwin.bth.rwth-aachen.de/opus3/volltexte/2014/5060/pdf/5060.pdf (16.9.2016).

Jeziorkowski, Klaus: Wiederholte Beschriftung. Beobachtungen zu Text- und Bildnis-Strukturen bei W. G. Sebald und zum Schreiben in mehreren Etagen. In: Joachim Jacob/Pascal Nicklas (Hg.): *Palimpseste. Zur Erinnerung an Norbert Altenhofer.* Heidelberg 2004, 221–232.

Köhler, Andrea: Die Durchdringung des Dunkels. In: W. G. Sebald/Jan Peter Tripp: »*Unerzählt* 33 Texte und 33 Radierungen.* Mit einem Gedicht von Hans Magnus Enzensberger und einem Nachwort von Andrea Köhler. München 2003, o. S.

Mülder-Bach, Inka: »Der große Zug des Details. W. G. Sebald: *Die Ringe des Saturn*«. In: Edith Futscher/Stefan Neuner/Wolfram Pichler/Ralph Ubl (Hg.): *Was aus dem Bild fällt. Figuren des Details in Kunst und Literatur.* Friedrich Teja Bach zum 60. Geburtstag. München 2007, 283–309.

Nerlich, Michael: *Stendhal. Mit Selbstzeugnissen und Bilddokumenten.* Reinbek bei Hamburg 1993.

Niehaus, Michael: Sebald's Scourges, in: Anne Fuchs/J. J. Long (Hg.): *W. G. Sebald and the Writing of History.* Würzburg 2007, 45–57.

Öhlschläger, Claudia: »Cristallisation, c'est l'opération de l'esprit«. Stendhals Theorie der Liebe und ihre Bedeutung für W. G. Sebalds Poetik der Einbildung. In: Peter Freese im Auftrag des Rektorats der Universität Paderborn (Hg.): *Paderborner Universitätsreden.* Nr. 98. Paderborn 2005 (a).

Öhlschläger, Claudia: W. G. Sebald – Matthias Grünewald. In: Konstanze Fliedl/Irene Fußl (Hg.): *Kunst im Text.* Basel/Frankfurt a. M. 2005 (b), 257–279.

Öhlschläger, Claudia: Medialität und Poetik des trompe l'oeil. W. G. Sebald und Jan Peter Tripp. In: *Jahrbuch Gegenwartsliteratur* 6 (2007): W. G. Sebald, 21–43.

Öhlschläger, Claudia: W. G. Sebald. In: Konstanze Fliedl/Marina Rauchenbacher/Joanna Wolf (Hg.): *Handbuch der Kunstzitate. Malerei, Skulptur, Fotografie in der deutschsprachigen Literatur der Moderne.* Bd. 2 L–Z. Berlin/Boston 2011, 719–721.

Schedel, Susanne: »*Wer weiß, wie es vor Zeiten wirklich gewe-*

sen ist?« Textbeziehungen als Mittel der Geschichtsdarstellung bei W. G. Sebald. Würzburg 2003.

Schmucker, Peter: *Grenzübertretungen. Intertextualität im Werk von W. G. Sebald.* Berlin/Boston 2012.

Weber, Markus R.: Die fantastische befragt die pedantische Genauigkeit. Zu den Abbildungen in W. G. Sebalds Werken. In: *Text + Kritik* 158 (2003): W. G. Sebald, 63–75.

Claudia Öhlschläger

30 Architektur

Sebalds Werk zeugt von einem melancholischen Blick auf (sub-)urbane Architektur: Häufig stehen der Zerfall, die ungebrochene Monstrosität oder die Lesbarkeit des architektonischen Erbes im Vordergrund. Der Akademiker Sebald schrieb sein literarisches Werk zu einer Zeit, als sich die Kulturwissenschaften im Zuge der *memory studies* und des *spatial turn* erneuert haben. Die in das Werk eingestreuten Betrachtungen zum Verhältnis von Architektur und Gedächtnis können sicherlich als literarische Intervention in diesem Feld neu erprobter akademischer Zugänge zu oftmals mit der Shoa oder dem Kolonialismus in Verbindung stehenden traumatischen Geschehnissen gelesen werden. Folgt man Cord-Friedrich Berghahn, ist Architektur »ein struktureller Schlüssel« (Berghahn 2014, 273) für das Verständnis von Sebalds Gesamtwerk. Steigert sich die strukturelle Komplexität der »narrativen Anlage«, wie in der letzten Prosaveröffentlichung *Austerlitz*, gewinne auch die strukturelle Verzahnung von erzählter und erzählerischer Architektur an Bedeutung (vgl. 273).

Das Architekturarchiv

Eine besondere Vorliebe hat Sebald für im Niedergang befindliche Stadtlandschaften. Vom literarischen Erstling an wird urbane Architektur thematisiert: In *Nach der Natur* wird ein düsteres Bild von Manchester skizziert, der von Staatsmann Benjamin Disraeli noch verherrlichten Industriemetropole des 19. Jahrhunderts. Dieses Bild wird in der längeren Erzählung *Max Aurach* in *Die Ausgewanderten* noch vertieft. Die Stadt wirkt wie ein »einziges Totenhaus oder Mausoleum« (Agw 223). Im Fokus stehen »ganze Straßenzüge mit vernagelten Fenstern und Türen und ganze Viertel, in denen alles niedergerissen war« (222). Dabei spielt die Prosa des Autors stets in der Grauzone zwischen Fakt und Fiktion. In der Erzählung verarbeitet Sebald die Lebensdaten des Künstlers Frank Auerbach und kombiniert diese mit denen des ebenfalls vor den Nazis geflüchteten Architekten Peter Jordan, bei dem der Autor selber in Manchester gewohnt hat (vgl. Schütte 2011, 110).

Die meisten Architekturdaten finden sich in *Austerlitz*. Auch hier spielt Sebald mit den Fakten (vgl. Cowan 2010, 1–2). So verlegt er fälschlicherweise den Baubeginn des Brüsseler Justizpalastes in die 1880er Jahre, vermutlich um ihn besser mit der belgischen

Kolonialgeschichte synchronisieren zu können (vgl. Berghahn 2014, 283). Auffällig in diesem Buch ist die intensive Auseinandersetzung mit dem architektonischen Erbe des 19. Jahrhunderts. Monumentalbauten wie der Antwerpener Zentralbahnhof oder der Brüsseler Justizpalast werden vor dem Hintergrund ihrer Entstehungszeit betrachtet, dem Höhepunkt des großbürgerlichen Kapitalismus, als ob bereits von Anfang an ein verfehltes Fortschrittsversprechen darin angelegt sei (vgl. Maier 2004, 293). Für den Architekturhistoriker Austerlitz »war die Welt mit dem Ausgang des 19. Jahrhunderts zu Ende. Darüber wagte ich mich nicht hinaus, trotzdem ja eigentlich die ganze Bau- und Zivilisationsgeschichte des bürgerlichen Zeitalters, die ich erforschte, in die Richtung der damals bereits sich abzeichnenden Katastrophe drängte« (Aus 201).

Sebald verwendet gerne Reihen bestimmter Bautypen. In *Die Ausgewanderten* sind es Hotels, in *Die Ringe des Saturn* (1997) eher Herrenhäuser; die Figur Austerlitz konzentriert sich auf die »Familienähnlichkeiten« (Aus 48), die er vor allem zwischen öffentlichen historistischen Gebäuden herstellt. Diese Typenunterscheidung entspricht der Typenlehre Nikolaus Pevsners aus dessen funktionsorientierter *History of Building Types* (1976, vgl. Berghahn 2014, 282). Im Gegensatz zu *Die Ringe des Saturn* wird in *Austerlitz* Architektur aus unterschiedlichen Epochen behandelt, was das Vergleichsverfahren noch stärker hervorhebt. Die pseudotransparente Glasarchitektur der neuen Pariser Nationalbibliothek (*Site François Mitterrand*) macht einen ebenso »babylonischen« (Aus 391) und monströsen Eindruck wie der Brüsseler Justizpalast, die »größte Anhäufung von Steinquadern in ganz Europa« (Aus 42).

Kontinuität und Diskontinuität wechseln sich bei den Darstellungen der Architektur ab. Es wird häufig an die Nutzung des Geländes vor dem Bau erinnert, die im übertragenen Sinne bezeichnend für die Biographie des Hauptprotagonisten ist (vgl. Gerigk 2014, 103). So stehen der Haupttrakt der *Liverpool Street Station* in London und das benachbarte *Great Eastern Hotel* auf dem Gelände eines Klosters, zu dem ein »Krankenspital für verstörte oder sonst ins Elend geratene Personen« gehörte (Aus 187). Auf dem Gelände der neuen Pariser Nationalbibliothek stand »bis zum Kriegsende ein großes Lager, in dem die Deutschen das gesamte von ihnen aus den Wohnungen der Pariser Juden geholte Beutegut zusammenbrachten« (403).

Die Befestigungsanlage Breendonk in der belgischen Provinz Antwerpen, die der Erzähler am Anfang und am Ende besucht, wurde von den Nationalsozialisten als Abschiebungslager und Foltergefängnis genutzt (Aus 22). Bevor der Erzähler dahin zurückkehrt, erläutert Austerlitz ihm die josephinische Festung Theresienstadt, die Breendonk an Größenwahn noch übertrifft und ebenfalls im Zweiten Weltkrieg zum Konzentrationslager wurde. Im NS-Propaganda-Film *Der Führer schenkt den Juden eine Stadt* (vgl. Aus 348) werden die guten Lebensverhältnisse im Lager hochstilisiert. Im Laufe der Erzählung wird klar, dass die Architekturgeschichte »mit den psychischen Verdrängungsmechanismen und Erinnerungsprozessen« korreliert (Berghahn 2014, 287).

»Raumgewordene Vergangenheit«

Die Pracht der historischen Bauten als Ausdruck der westlichen Zivilisation und des freien Handels geht in den Schriften Sebalds immer auch mit einer Kapitalismus- und Kolonialismuskritik einher (vgl. z. B. RS 170). Diese kritische Lesart der Baugeschichte intensiviert Sebald noch in *Austerlitz*. Dadurch ist Sebalds Nähe zu Walter Benjamins geschichtsphilosophischer Perspektive auf die Architektur des 19. Jahrhunderts offensichtlich (vgl. Arnold-de Simine 2006).

Wie in Benjamins Fragment *Passagen* ist die Stadtlandschaft für Sebald »raumgewordene Vergangenheit« (Benjamin 1991, 1041), in der sich Erlebtes palimpsestartig ablegt. Claudia Öhlschläger hat Benjamins fragmentarisch gebliebenen Text *Der Saturnring oder Etwas vom Eisenbau* (1928) aus dem *Passagen-Werk* als Prätext für Sebalds Buch *Ringe des Saturn* (1997) offengelegt (vgl. Öhlschläger 2006, 189 f.). Darin überträgt Benjamin die industrielle Konstruktionsweise der Eisen- und Glasarchitektur des 19. Jahrhunderts, wie sie sich in Bahnhofs- und Markthallen, Passagen und anderer Großstadtinfrastruktur manifestiert habe, fortschrittskritisch auf die industrielle Produktionskultur überhaupt. Diese Entwicklung hat eine unwiderrufliche Kluft zwischen die Welt der künstlerischen Stilformen und der Ingenieursformeln geschlagen (Benjamin 1991, 1062).

In *Die Ringe des Saturn* widmet sich Sebald einem herausragenden Beispiel dieser Architektur und konzentriert sich dabei auf Bauformen, »die sich im Gewand des Natürlichen präsentieren, [...] sich als zweite Natur maskieren« (Öhlschläger 2006, 191). Mit seinem melancholischen Blick beschreibt der Erzähler die Schönheit der funktionslos gewordenen, verfallenen Residenz von Somerleyton, einem Märchenpalast aus Glas und Stahl, konstruiert mit fließenden Übergängen zwischen Drinnen und Draußen, die für die Illusion einer harmonischen Ausgewogenheit zwischen fortschrittlicher technischer Konstruktion und »natürlichem Wachstum« (RS 46) stehen sollten. In Sebalds Universum lässt sich eine unaufhebbare Dialektik zwischen Natur und Kultur, Fortschritt und Zerstörung an der Baugeschichte nur als Verfallsgeschichte ablesen. Benjamins Anerkennung für das revolutionäre Potenzial der Architektur fehlt bei Sebald völlig, was nicht ohne Widerspruch rezipiert wurde (vgl. Arnold-de Simine 2006, 166).

In *Die Ausgewanderten* interpretiert die Figur Paul Bereyter das Projekt des französischen Architekten Claude-Nicholas Ledoux, der im 18. Jahrhundert in Arc-et-Senans eine Saline mitsamt Wohnanlagen für die Arbeitnehmer plante. Während Michel Foucault in *Surveiller et Punir* (1975) das utopische Konzept von Ledoux als Musterbeispiel par excellence der genuin modernen panoptischen Überwachung und Disziplinierung der Arbeitnehmer interpretiert (vgl. Long 2006, 230), sind die nur teilweise realisierten Bauten für Bereyter bloß Ausdruck einer unablässigen »Vernichtung und Zerstörung des natürlichen Lebens« (Agw 230 f.).

Die Nähe Sebalds zu Benjamin reicht bis zum Schreibverfahren, das sich im Unentschieden zwischen Erzählung und Theoretisierung, zwischen individuellem und kollektivem Gedächtnis bewegt. Dieses Verfahren gipfelt in *Austerlitz* in einer »Koinzidenzpoetik« (Berghahn 2014, 276), bei der fragmentierte Architekturbetrachtungen von Austerlitz analogisiert werden, ohne dass noch eine Logik entstünde, die sie zu Stationen einer abschließbaren individuellen Geschichte machte. So wirkt der heute seines »Wissens als Personalkantine dienende Wartesaal« des Antwerpener Zentralbahnhofes auf den Erzähler wie »ein zweites Nocturama« (Aus 9), das sich direkt neben dem Bahnhof im Antwerpener Zoo befindet. Wiederholt spricht der Erzähler bei solchen auch in der Erinnerung persistierenden Bildüberschneidungen mit einer Photographiemetapher von einer »Überblendung« (9; vgl. McGonagill 2014, 102).

In seinem 1979 geschriebenen Essay *Summa Scientiae. System und Systemkritik bei Elias Canetti* reflektiert Sebald über eine Poetik, die sich gegen das vollendete Werk wehrt, das in den zitierten Worten von Canetti »eine Vergewaltigung« alleine schon durch seine »bloße Masse« (GU 99) sei. Gerade dieser totalitäre Werk-Anspruch drohe die jüdische Tradition zu zerstören, die sich mittels »des Exkurses, des Kommentars und des Fragments« (101) eher auf die literarische Form und die Schrift konzentriert (vgl. Berghahn 2014, 289). Im gleichen Text greift Sebald auch auf Canettis *Essay über die architektonische Wunschwelt, die Speer für Hitler entwarf* zurück, worin dieser die paranoische Werkauffassung des dritten Reichs als »eine[n] erst im Zustand der Zerstörung seine volle Grandiosität entfaltenden Baustil[]« (CS 77 f.; vgl. Hutchinson 2009, 77 f.) beschreibt. Für Sebald ist zunächst unterschiedslos alle moderne Architektur Ausdruck der selbstzerstörerischen Zwangsideen der Moderne (vgl. Hutchinson 2009, 78). Obwohl in *Austerlitz* direkt auf Albert Speers Ruinentheorie angespielt wird (Aus 28), fehlen dessen Bauten völlig in dem Buch; an deren Stelle tritt gewissermaßen der Justizpalast des – während der Realisierung des Projekts wahnsinnig gewordenen – belgischen Architekten Joseph Poelaert.

Letztendlich versinkt Austerlitz in der ›bloßen Masse‹ seiner Architekturforschungen. Ironischerweise kann er seine Forschung nicht in einem Werk festhalten, weil er genauso in einem Verdrängungszwangssystem der eigenen Realität gefangen ist wie die Bauherren der Verteidigungsanlage Breendonk, die letztlich mehr Leben ausgelöscht hat als sie retten konnte (vgl. Berghahn 2014, 290). Die »überfrachteten Regale« (Aus 47) seines überfüllten Arbeitszimmers sind Zeichen dafür, dass Austerlitz nicht systematisch geforscht, sondern sich vielmehr »eine Art von Quarantäne- und Immunsystem« gebildet hat, das ihn schützt »gegen alles, was in irgendeinem, sei es noch so entfernten Zusammenhang stand mit der Vorgeschichte [s]einer auf immer engerem Raum sich erhaltenden Person« (Aus 201 f.; vgl. Kilbourn 2004, 147).

Nicht-Orte und Heterotopien

Architekturräume sind zwar bei Sebald alternativlos als Vermittlungsinstanz für die Erinnerung zu verstehen, weniger jedoch als Gedächtnisstütze im Sinne der klassischen topologischen Erinnerungstechnik. Austerlitz etwa kommt es so vor, als gäbe es anstelle einer Zeit »verschiedene [...] ineinander verschachtelte Räume, zwischen denen die Lebendigen und die Toten, je nachdem es ihnen zumute ist, hin und her gehen können« (Aus 265). Die im Werk aufgeführten Architekturdenkmäler stehen stets in einem angespannten Verhältnis zum kulturellen Gedächtnis. Sie eignen sich nur bedingt als *lieux de mémoire* im

Sinne von Pierre Nora, also als Orte, an denen sich der Erinnerungsdiskurs einer Gesellschaft besonders öffentlich wirksam herauskristallieren kann (vgl. Crawshaw 2008, 171). Sie sind aber nicht nur Fehlplanungen auf der Ebene ihrer späteren Nutzung, sondern auch auf der Ebene der Erinnerungsdiskurse, die sie von vornherein erzeugen sollten. Besonders augenfällig wird das bei der Beschreibung des Antwerpener Zentralbahnhofes von 1905. Zwar wirke die Kuppel im Stile des römischen Pantheons des Architekten Louis Delacenserie auf den Besucher immer noch so, als betrete er eine dem »Weltverkehr geweihte[ ] Kathedrale« (Aus 16), die herunterblickenden Gottheiten der Industrie, des Handels und des Kapitals aber werden im Lichte der Belgischen Kolonialgeschichte, die den Bau überhaupt ermöglichte, wohl kaum noch erglänzen.

Gerne werden die von Sebald thematisierten Räume als Nicht-Orte im Sinne von Marc Augé aufgefasst (vgl. Niehaus 2006, 325; Lukas 2013). Bei den Bahnhöfen, Wartehallen, Hotels oder Lagern handelt es sich um Transiträume, die keine kollektive Identität auf der Basis einer geteilten Geschichte zulassen, sondern als Vertragsräume lediglich isolierte Personen nach bestimmten Ein- und Ausschlusskriterien gleichschalten. Das gilt sicherlich für die öffentliche Architektur in *Austerlitz*, jedoch nur bedingt für die Kriegsarchitektur: Die Festungsbauten wurden nur vorübergehend als Internierungs- und Abschiebelager genutzt, allerdings haben sie durch ihre lange Baugeschichte ihren Zweck als perfekte Verteidigungswaffe verfehlt; spätestens der Luftkrieg hat diese Anlagen überflüssig gemacht.

Die Beschreibung der Lager Breendonk und Theresienstadt, aber auch die Darstellung der neuen französischen Nationalbibliothek lassen sich leicht mit Foucaults Begriff der Heterotopie (Foucault 2006, 320) beschreiben. Es sind Gegenorte, in denen eine real-konkrete Utopie oder Dystopie verwirklicht wurde. Sie setzen der normalen Raumwirklichkeit etwas entgegen, wodurch die jeweilige Normalität in Frage gestellt werden kann. Die Pariser Bibliothek ist schlecht an die Stadt angebunden und liegt in einer Art »Niemandsland« (Aus 388). Sie sei nicht nur ein Gegenort des Kuppelbaulesesaals der alten Bibliothek, sondern der Lesekultur überhaupt. Austerlitz vergleicht die Bibliothek nicht zufällig mit der prototypischen Heterotopie, dem Schiff, das in der Weite des Ozeans auf sich selbst angewiesen ist (vgl. 389; Zimmermann 2014, 182 f.). Von »Promenadendeck« (Aus 391) aus, dem windanfälligen erhöhten Platz zwischen den vier Tür-

men der Bibliothek, hat Austerlitz Schwierigkeiten, die Rolltreppe zu finden, die hinunter zum Empfangsbereich führt. Dort muss er zunächst einen Sicherheitscheck und ein zeitaufwendiges bürokratisches Ritual über sich ergehen lassen, bevor er dann mit seinem komplizierten Recherchebegehren in einer separaten »Kabine« (391) empfangen wird. Auch diese In- und Exklusionsmaßnahmen kennzeichnen die Heterotopie. Austerlitz ist sich allerdings bereits in der alten Bibliothek im Unklaren darüber, ob er sich als Benutzer auf einer »Insel der Seligen« oder eher in einer »Strafkolonie« (368), zwei gegensätzlichen heterotopen Formen, befindet. In der neuen Bibliothek erweist sich die mächtige Akkumulation von Wissen hinter der komplizierten Verwaltungsmaschinerie jedoch als unbrauchbar. Die neue Bibliothek tendiere dazu, den Leser als potenziellen Feind ausschließen zu wollen, wie Austerlitz vom Bibliothekar Henri Lemoine erfährt (vgl. 400). Hier weicht die Darstellung von Foucaults Auffassung über Machtdiskurse ab: Der Wissensapparat ist ihm zufolge keineswegs auf solche Maßnahmen angewiesen, um seine Macht zu sichern (vgl Zimmermann 2014, 187).

(Sub-)urbane Architektur wird in Sebalds Werk als »Psychographie« (McGonagill 2014, 118) der Kultur und der von ihr geprägten Subjekte reflektierbar. Palimpsestartig überlagern sich historische, literarischinformierte, reale und imaginäre Ebenen. Alle zusammen heben sie die »Tiefendimension historischer Erinnerungsebenen wie auch deren epistemische Undurchdringbarkeit« (118) hervor. Die Bauwerke taugen nur als Symbol unendlich-digressiver Identitätsdiskurse. Austerlitz beschreibt die Architektur mit Begriffen, die genau zu den labyrinthisch-unendlichen Gefängnisdarstellungen à la Piranesi passen. Hinter den Erinnerungen, die ihn im *Ladies Waiting Room* in der *Liverpool Street Station* in London »ankamen«, verbergen sich »noch weiter zurückreichende Dinge«, »immer das eine im andern verschachtelt, gerade so wie die labyrinthischen Gewölbe, die ich in dem staubgrauen Licht zu erkennen glaubte, sich fortsetzten in unendlicher Folge« (Aus 196). Verschiedene Bildelemente Piranesis werden wörtlich benannt: »Gewölbe und gemauerte Bogen, die Stockwerke über Stockwerke trugen, Steintreppen, Holzstiege und Leitern, die den Blick immer weiter hinaufzogen, Stege und Zugbrücken, die die tiefsten Abgründe überquerten und auf denen winzige Figuren sich drängten, Gefangene« (Aus 194). In ähnlicher Weise wird der Brüsseler Justizpalast beschrieben, dessen »innere[n] Verwinkelung« »jedes Vorstellungsvermögen« übersteigt

(Aus 44). Das Gebäude ist bekannt für seine »Korridore und Treppen [...], die nirgendwo hinführten, und türlose Räume und Hallen, die von niemandem je zu betreten seien und deren ummauerte Leere das innerste Geheimnis sei aller sanktionierten Gewalt« (Aus 43). Diese Beschreibung stilisiert das Gebäude zu einer an Kafkas *Schloss* erinnernden »Allegorie für die Petrifizierung undurchschaubarer Herrschaftshierarchien« (McGonagill 2014, 113).

Institutionelle Architektur

Es greift zu kurz, Sebalds Texte als Kritik monumentaler Architektur zu lesen. Nicht nur käme man dann mit dem Verhältnis von Autor und Erzähler in Schwierigkeiten. Der Erzähler und die Protagonisten haben darüber hinaus ein zu affektiv ausgeprägtes Verhältnis zu den architektonischen Räumen, in denen sie sich bewegen. Neben dem Widerstand gegen die durch sie verkörperte Gewalt- und Weltordnung können die Räume auch Erinnerungen hervorrufen. Von der Darstellung dieser Ambivalenz lebt Sebalds Universum.

Einen besonderen Stellenwert in diesem Kontext hat Austerlitz' Beschreibung des *Ladies Waiting Room*. Spätestens hier wird klar, dass Architektur in diesem Buch latent immer im Zeichen des Biographischen steht. Im Zuge seiner Assoziationen über öffentliche Architektur erinnert sich die Hauptperson in dem Raum proustartig an seine Ankunft als Flüchtlingskind in England im Zuge der Judenverfolgung. Hier wird auch offensichtlich, dass seine wissenschaftliche Präokkupation mit Architektur zwischen Monumentalität und Katastrophe im Lichte dieser traumatischen Erfahrung gesehen werden muss. Durch dieses Trauma sind Raum und Zeit unzertrennlich miteinander verbunden. Wie so oft bei Sebald spielt auch hier der Zufall eine Rolle: Die Bahnhofsarchitekturerzählung, die im Antwerpener Bahnhof in *Salle des pas perdus* (Aus 19) begann, erfüllt sich als passende Bezeichnung im Zuge der Ereignisse im Londoner Bahnhof für die mediale Speicherfunktion von Warteräumen (vgl. Gerigk 2014, 89).

Die öffentlichen Gebäude sind bei Sebald häufig Staatsinstitutionen, die aber ihre Hauptfunktion im Sinne von Arnold Gehlen stets verfehlen, nämlich uns zu entlasten, indem sie uns einen Platz zuweisen und Entscheidungen abnehmen. Sie bleiben Nicht-Orte, Durchgangs- oder Zwischenstationen oder Studienobjekte, ohne dass der Einlass eine Instituierung für das Subjekt bedeutet (vgl. Niehaus 2006, 324). »Soweit ich zurückblicken kann«, so sagt der Einwanderer Austerlitz, »habe ich mich immer gefühlt, als hätte ich keinen Platz in der Wirklichkeit, als sei ich gar nicht vorhanden« (Aus 265).

Nachdem er im Warteraum der *Liverpool Station* von seiner *mémoire involuntaire* ergriffen worden ist und sich als Knabe auf der Bank sitzen sieht, imaginiert Austerlitz seine Wiedergeburt: Er hat den Gedanken »nie wirklich am Leben gewesen zu sein oder erst jetzt geboren zu werden« (Aus 198). Michael Niehaus deutet die Geburtsszene mit dem psychoanalytischen Institutionentheoretiker Pierre Legendre so, dass es zu diesem Akt des *vitam instituere* einer dritten Instanz bedarf, die Austerlitz den Subjektstatus verleiht (Niehaus 2006, 332 f.). Diese Funktion übernehme der Nicht-Ort, der es ihm wie ein leerer Spiegel ermöglicht, »to identify himself as a non-place« (333), indem er sich selbst als einen anderen wahrnehmen kann. Die Szene tritt an die Stelle des Traumas und gibt der Beschäftigung mit Architektur auf der Suche nach den Spuren seiner Eltern einen Grund.

Warum sich allerdings der Ich-Erzähler am Ende noch einmal das Antwerpener Nocturama und die Festung Breendonk anschaut, ist im Gegensatz zu Austerlitz' Besuch in Prag und Theresienstadt weniger klar. Er suggeriert selber, dass es vielleicht der Anblick eines grau gewordenen belgischen Schäferhundes als Begleitung einer kleinwüchsigen Wärterin auf einem jüdischen Friedhof in London gewesen ist, der ihm den Impuls gegeben hat (vgl. Aus 411). Mit dieser letzten Station seiner Reise entfernt sich der Erzähler nicht nur räumlich von der Möglichkeit einer kausalen romanhaften Einordnung von Austerlitz' Lebensweg. Sebald wählt, wie auch schon in den *Ausgewanderten*-Erzählungen, wieder die Erzähllogik der Koinzidenz, in der sich architektonische Stätten ohne zwingenden Grund andienen. Letztendlich wehrt sich der Autor stets gegen eine Form der Abschließbarkeit eines Werks. Damit verneigt er sich vor einer modernen jüdischen Tradition, die den Fokus eher auf die fragmentarische Schrift legt (vgl. Berghahn 2014, 289). Auf den letzten beiden Seiten von *Austerlitz* beschreibt der Erzähler einen von den Nazis als Lager benutzten Festungsbau in Litauen. Ein Pariser Gefangener namens Max Stern hat auf der Kalkwand seinen Namen und ein Datum eingeritzt. Bezeichnenderweise handelt es sich um den präferierten Rufnamen und den Geburtstag des Autors (vgl. Schütte 2011, 219).

Literatur

Arlaud, Sylvie: Topographies du sujet dans *Austerlitz* et *Die Ausgewanderten* de W. G. Sebald: L'architecture entre construction du collectif et déconstruction de l'individu. In: Sylvie Arlaud/Frédéric Teinturier: *W. G. Sebald – Récit, histoire et biographie dans »Die Ausgewanderten« et »Austerlitz«*. Paris 2015, 205–226.

Arnold-de Simine, Silke: Remembering the Future: Utopian and Dystopian Aspects of Glass and Iron Architecture in Walter Benjamin, Paul Scheerbarth, and W. G. Sebald. In: Christian Emden/Catherine Keen/David Midgley (Hg.): *Imagining the City. Vol. 1: The Art of Urban Living*. Oxford 2006, 149–169.

Augé, Marc: *Nicht-Orte. Aus dem Französischen von Michael Bischoff. Mit einem Nachwort Marc Augés zur Neuausgabe*. München 2010.

Battiston, Régine: L'architecture de guerre dans *Austerlitz* de W. G. Sebald. In: Jacqueline Bel (Hg.): *Actes et machines de guerre. Les Cahiers du Littoral 13*. Boulogne-sur-Mer 2012, 15–26.

Benjamin, Walter: *Passagen*. In: Walter Benjamin: *Das Passagen-Werk. Gesammelte Schriften*. Bd. V.2, hg. von Rolf Tiedemann. Frankfurt a. M. 1991, 1041–1043.

Berghahn, Cord-Friedrich: »Ein böser, nichtendenwollender Traum«: Architektur in der Prosa W. G. Sebalds. In: Robert Krause/Evi Zemanek (Hg.): *Text-Architekturen. Baukunst (in) der Literatur*. Berlin/New York 2014, 270–292.

Cowan, James L.: Sebald's *Austerlitz* and the Great Library: History, Fiction, Memory. Part I. In: *Monatshefte* 102/1 (2010), 51–81.

Cowan, James L.: Sebald's *Austerlitz* and the Great Library: History, Fiction, Memory. Part II. In: *Monatshefte* 102/2 (2010), 192–207.

Crawshaw, Robert H.: Lieux de mémoire, monuments et monumentalisme: la portée symbolique de l'architecture et de l'archive dans l'*Austerlitz* de W. G. Sebald. In: F. McIntosh-Varjabédian/Joëlle Prugnaud (Hg.): *Les monuments du passé: traces et représentations d'une histoire dans la littérature*. Lille 2008, 169–183.

Gerigk, Anja: *Architektur liest Literatur. Intermediale Diachronien vom 19. ins 20. Jahrhundert*. Würzburg 2014.

Foucault, Michel: Von anderen Räumen (1967). In: Jörg Dünne/Stephan Günzel (Hg.): *Raumtheorie: Grundlagentexte aus Philosophie und Kulturwissenschaften*. Frankfurt a. M. 2006, 317–329.

Hutchinson, Ben: *W. G. Sebald. Die dialektische Imagination*. Berlin/New York 2009.

Kilbourn, Russell J. A.: Architecture and Cinema: The Representation of Memory in W. G. Sebald's *Austerlitz*. In: J. J. Long/Anne Whitehead (Hg.): *W. G. Sebald. A Critical Companion*. Seattle 2004, 140–154.

Long, Jonathan J.: Disziplin und Geständnis: Ansätze zu einer Foucaultschen Sebald-Lektüre. In: Michael Niehaus/Claudia Öhlschläger (Hg.): *W. G. Sebald. Politische Archäologie und melancholische Bastelei*. Berlin 2006, 217–237.

Lukas, Katarzina: Sprache – Gedächtnis – Architektur. Metonymische Präsenz und metaphorische Bedeutung in W. G. Sebalds Roman »Austerlitz« (2001). In: Grzegorz Pawłowski/Magdalena Olpińska-Szkiełko/Silvia Bonacchi (Hg.): *Mensch – Sprachen – Kulturen. Beiträge und Materialien der internationalen wissenschaftlichen Jahrestagung des Verbandes Polnischer Germanisten*. Warschau 2012, 217–239.

Lukas, Katarzina: Das Gedächtnis der Architektur. Zur identitätsstiftenden und -störenden Kraft von Nicht-Orten im Roman »Austerlitz« von W. G. Sebald. In: Miriam Kanne (Hg.): *Provisorische und Transiträume: Raumerfahrung ›Nicht-Ort‹*. Berlin 2013, 131–149.

Maier, Anja K.: »Kahn ohne Steuer« W. G. Sebalds Roman »Austerlitz«. In: Anja Maier/Burkhardt Wolf (Hg.): *Wege des Kybernetes. Schreibpraktiken und Steuerungsmodelle von Politik, Reise, Migration*. Münster 2004, 277–301.

McGonagill, Doris: »In einer Art Niemandsland«: Stadtlandschaft und Erinnerungsszene im Erzählwerk W. G. Sebalds. In: *Jahrbuch für Internationale Germanistik* 46/1 (2014), 99–119.

Niehaus, Michael: No Foothold. Institutions and Buildings in W. G. Sebalds Prose. In: Scott Denham/Mark R. McCulloh (Hg.): *W. G. Sebald: History – Memory – Trauma*. Berlin/New York 2006, 315–335.

Nora, Pierre: Zwischen Geschichte und Gedächtnis: Die Gedächtnisorte. In: Pierre Nora: *Zwischen Geschichte und Gedächtnis*. Berlin 1990, 11–33.

Öhlschläger, Claudia: »Der Saturnring oder Etwas vom Eisenbau«. W. G. Sebalds poetische Zivilisationskritik. In: Michael Niehaus/Claudia Öhlschläger (Hg.): *W. G. Sebald. Politische Archäologie und melancholische Bastelei*. Berlin 2006, 189–204.

Ritte, Jürgen: Endspiel in der Bibliothek. Betrachtung zum Finale von W. G. Sebalds Roman *Austerlitz*. In: Sylvie Arlaud/Frédéric Teinturier: *W. G. Sebald – Récit, histoire et biographie dans »Die Ausgewanderten« et »Austerlitz«*. Paris 2015, 185–203.

Schütte, Uwe: *W. G. Sebald. Einführung in Leben und Werk*. Göttingen 2011.

Zimmermann, Elias: W. G. Sebalds babylonische Bibliothek. Kritik an einem heterotopischen Raum der Moderne. In: *Prospero. Rivista di Letterature e Culture straniere* XVII (2012), 177–201.

Wim Peeters

IV Themen und Diskurse

31 Melancholie

Historischer Abriss

Bereits die antiken Ursprünge ihrer Tradition weisen Melancholie als eine genuin anthropologische Kategorie aus, die im Dienst der Beschreibung und Erkenntnis des Menschen steht (vgl. Wagner-Egelhaaf 1997, 4). Seine modellhafte Kontur gewinnt der abendländische Melancholie-Diskurs im ›klassischen‹ Vier-Elemente-Schema. Dieses hatte jedoch einen synthetisierenden, mehr als zwei Jahrtausende umfassenden Prozess diverser Adaptionen zu durchlaufen, bis es zu seiner kohärenten Form der Vermittlung von Körpersäften, Temperamenten, Lebensaltern und Jahreszeiten gelangen konnte. Grundlegend galt den antiken Autoren stets die unmetaphorische Vorstellung der ›schwarzen Galle‹ als eines konkret vorhandenen Bestandteils des menschlichen Körpers, der gemeinsam mit dem Phlegma, der gelben Galle und dem Blut die Harmonie der ›quattuor humores‹ bildete. Die Antike verwendete unterschiedliche, nebeneinander bestehende Versionen dieses Schemas, die je nach Kontext herangezogen wurden und keineswegs frei von inhaltlichen Widersprüchen waren. Erst die Eklektiker des zweiten nachchristlichen Jahrhunderts, insbesondere Galen, wirkten hier kanonisierend (vgl. Klibansky/Panofsky/Saxl 1994, 39 f.; Wagner-Egelhaaf 1997, 32). Mit seiner berühmten Eröffnungsfrage, warum alle geistig hervorragenden Männer der Philosophie und Politik, der Dichtung oder der Künste offenbar Melancholiker seien, avanciert das pseudo-aristotelische, Theophrast zugeschriebene *Problem XXX,1* zum ausgewiesenen Prototext und paradigmatischem Bezug aller späteren Melancholiereflexion. Verdienst und bleibende Wirkung dieses Textes ist es, der besonderen Beziehung der Melancholie zum geistigen Leben Ausdruck verschafft und diese Disposition von pathologischen Erklärungsmustern strikt geschieden zu haben (vgl. Klibansky/Panofsky/Saxl 1994, 93).

Die mittelalterliche Melancholiereflexion tritt mit dem theologisch fundierten Konzept der *acedia* in Erscheinung. Geprägt von der Lebensweise anachoretischer Mönche und erstmals beschrieben durch Evagrius Ponticus (345–399 n. Chr.), wird *acedia* interpretiert als Einbuße der vom Gläubigen geforderten

Lesbarkeit der Welt im Sinne eines heiligen Textes: ein hermeneutisches Defizit, das aus einer der Melancholie zugeschriebenen Bindung an Immanenz resultiere, welche als regelrecht materialverhaftet vorgestellt wurde. Eine solche »Unfähigkeit zur Metapher« (Bader 1990, 8) bedeutet aber nichts weniger als den Verlust jedweder metaphysisch begründeter Hoffnung auf spirituelles Heil und Erlösung (vgl. Wagner-Egelhaaf 1997, 42 f.) und wurde daher als »Trägheit des Herzens« zu den Todsünden gezählt (vgl. Benjamin 1991 I/1, 332). Demgegenüber knüpft der Florentiner Neuplatonismus an die von *Problem XXX,1* vollzogene geistige Nobilitierung der Melancholie an. Die Grunderfahrung des erwachenden humanistischen Bewusstseins, wonach der neue Menschentypus eines autarken, nur sich und seinem Intellekt verpflichteten ›homo literatus‹ den Extremen einer gesteigerten Selbstbejahung einerseits, verschärftem Selbstzweifel andererseits unterliege, führt zur Entdeckung der neuen geistigen Form des Genies, das unter den positiv konnotierten Zeichen von Melancholie und Saturn steht (vgl. Klibansky/Panofsky/Saxl 1994, 356–358). So kommt Marsilio Ficino – Übersetzer Platons und Plotins – in seinen einflussreichen, auch Albrecht Dürers Melancholie-Darstellung prägenden (493) drei Büchern *De vita triplici* zu der Feststellung, dass gerade die schwarze Galle das Denken dazu befähige, forschend ins Zentrum der Dinge vorzustoßen, es unter dem astralen Einfluss Saturns aber auch zum Verständnis höchster Sphären erhoben werden könne (374). Genießt schon Ficinos labil zwischen Genie und Wahnsinn gespannter Melancholiker aufgrund seines Status als ›Saturnkind‹ eine besondere Affinität zur Gedächtniskunst, schlägt sich diese mnestische Qualität in Robert Burtons 1621 erstmals erschienener *Anatomy of Melancholy* literarisch derart nieder, dass gedächtniskonstitutive Funktionen auf Textebene elaboriert und mittels ausgeprägter Zitatstruktur reflektiert werden. Die selbstbezügliche, durch die Autormaske des fiktiven Democritus Junior verlautbarte Aussage Burtons, er schreibe über Melancholie, um Melancholie zu vermeiden, er produziere literarisch also dasjenige, was er zu kurieren vorgibt, ist als Indiz einer melancholischen Textfiguration zu werten, die auf die materiale Verfasstheit des Textes reflektiert.

Zum Modell eigener textueller Repräsentanz gerät

hier insbesondere das poetologische Bild des Labyrinths, das sich synoptischer Übersicht versperrt und in seiner Sinnstruktur des Nebeneinander bereits auf modernes strukturalistisches Textverständnis verweist (vgl. Wagner-Egelhaaf 1997, 21), mithin die Unmöglichkeit vorwegnehmend, außerhalb des »unendlichen Textes zu leben«, mit der Roland Barthes den Begriff des Intertextes charakterisiert hat (vgl. Barthes 1974, 94; s. Kap. 20). Wo aber Sinn und Bedeutung sich nicht mehr quasi naturgegeben von selbst offenbaren, fällt dem melancholischen Subjekt die Aufgabe der Weltdeutung zu. Umso mehr, als sich ihm zwischen bildlichem Sein und Bedeuten der hermeneutische »Abgrund der Allegorie« aufzutun beginnt (Benjamin 1991 I/1, 342). Vor dem Hintergrund eines ungewiss gewordenen Heilversprechens, der Glaubenserschütterungen von Reformation, Gegenreformation und Dreißigjährigem Krieg, aber auch angesichts intensivierter rationalistischer und naturwissenschaftlicher Welterfassung, entzieht sich den Dingen der verbindliche Anspruch dauernder Bedeutung – Umstände und Bedingungen von Sinnproduktion, die Walter Benjamins *Ursprung des deutschen Trauerspiels* mit besonderem Hinblick auf das 17. Jahrhundert geltend macht (s. Kap. 45). Fortscheitender Sinnentleerung setzt Benjamin allegorische Sinnaufladung entgegen. Ist der Gegenstand unfähig, noch einen Sinn auszustrahlen, kommt ihm an Bedeutung das zu, was der Allegoriker ihm verleiht (vgl. Benjamin 1991 I/1, 359). Dies veranschaulicht Benjamin mit der Figur des Melancholikers, der sich leidvoller Welterfahrung durch Kontemplation entzieht und in ausdauernder Versunkenheit unablässig deutend die toten Dinge zu retten versucht (334). Der melancholische Allegoriker begibt sich des Anspruchs auf Totalität und erkennt das Einzelne als Fragment, das seiner Rekonstruktion harrt. Wandelt allegorische Vieldeutigkeit damit einerseits am »Abgrund des bodenlosen Tiefsinns« (404), eröffnet sich andererseits die befreiende Möglichkeit, neue bedeutungsvolle Verbindungen zu konstituieren. So vermag es Benjamin zufolge der allegorische Tiefblick, Dinge und Werke mit einem Schlag in »erregende Schrift« zu verwandeln (352), der die Tendenz eigne, zum Bildhaften zu drängen (vgl. Kramer 2013, 57). In Benjamins naturgeschichtlich fundiertem Konzept einer »Säkularisierung der Melancholie« sieht Theodor W. Adorno (s. Kap. 38) schließlich den Übergang von philosophischer Kontemplation zu einer kritisch-engagierten Haltung vollzogen (vgl. Adorno 2016, 188).

Melancholische Wahlverwandtschaften

Sebald-Lesern wird die poetisch grundlegende Funktion der Melancholie für dessen literarisches Werk wohl zunächst als Gegenstand der Darstellung auf figurativer Ebene am deutlichsten entgegentreten. So drängt es den autornahen Erzähler regelmäßig ins Weite: Die vage Hoffnung, dort über eine »ungute Zeit« hinwegzukommen, treibt den Erzähler von *All'estero* nach Wien (SG 39). Der Entschluss, bei der Rückkehr nach England den Weg über sein Heimatdorf W. zu nehmen, ist zu Beginn von *Il ritorno in patria* mit der zufälligen Erscheinung eines Naturphänomens verknüpft (SG 187). Eine Fußreise durch Suffolk soll helfen, innerer Leere zu entkommen (RS 11) und die »belgischen Exkursionen« in *Austerlitz* sind neben Studienzwecken auch Gründen geschuldet, die dem Erzähler unerfindlich bleiben (Aus 9). Die Tradition kennt die Affinität des Melancholikers zu weiten Reisen (vgl. Benjamin 1991 I/1, 326), die auch explizit – z. B. von Robert Burton – als probate Mittel der Linderung empfohlen werden (vgl. Klibansky/Panofsky/Saxl 1994, 98; Burton 1988, 233). Die Kontingenz des Reiseanlasses ist Indiz, auch von äußeren Faktoren bestimmt zu sein und für solche »Reisen des unzureichenden Grundes« insofern bezeichnend, als die Position des erzählenden Subjekts durch den Umstand charakterisiert ist, die eigene Empfindungsweise wohl feststellen, aber nicht begründen zu können (vgl. Niehaus 2006, 183).

Mittels Analogie konstruiert der Ich-Erzähler zudem melancholische ›Wahlverwandtschaften‹. So weist z. B. *Nach der Natur* nicht nur den Erzähler als Saturngeborenen aus, auch die Lebensläufe Grünewalds und Stellers sind entsprechend codiert und mit dem des Dichters durch Korrespondenzen überkreuzt. In *Austerlitz* dienen Bild und Anmutung des Sprachkritikers Ludwig Wittgenstein als vermittelnder Vergleich, um die Begegnung des Erzählers mit dem Protagonisten als eine melancholische Wahlverwandtschaft zu begründen (Aus 64). Auf diese Weise lenkt Sebald die Rezeption seiner Werke im Sinne einer spezifisch melancholisch geprägten Literatur, deren Gesamteindruck auch die Person des Autors einschließt (vgl. Niehaus 2006, 182; Preuschoff 2015, 64).

Melancholie und Widerstand

Wenn auch Sebalds Figuren die melancholische Position ausnahmslos als eine Opferposition ausweisen
(vgl. Niehaus 2006, 182 f.), die gegebene diskursive
Breite somit keineswegs ausschöpfen, haftet dem Me-
lancholie-Begriff kraft seiner Tradition eine Unschärfe an, die es lohnenswert erscheinen lässt, nach Sebalds eigener Definition zu fragen. Zugleich wird Melancholie so nicht nur als Gegenstand, sondern auch
als Mittel der Darstellung greifbar. Im Vorwort zu *Die
Beschreibung des Unglücks* charakterisiert er Melancholie als ›Überdenken des sich vollziehenden Unglücks‹ und als »eine Form des Widerstands« (BU 12).
Auf die hier vollzogene Korrelation von Melancholie
und Widerstand hat die Forschung mit geradezu diametralen Positionen reagiert: Würdigt Irene Heidelberger-Leonard einerseits Sebald als »Melancholiker
im Widerstand«, dessen Haltung von »militanter Zeit-
genossenschaft« geprägt sei (Heidelberger-Leonard
2001, 122), so erhebt Peter Morgan den einer Benjaminschen Polemik entlehnten Vorwurf einer ›linken
Melancholie‹ (vgl. Morgan 2005, 91; Benjamin 1991
III, 279–283), die sich analog dem Melancholie-Ver-
ständnis von Wolf Lepenies in resignative Geste und
purer Passivität äußere, gesellschaftliche Zustände
zwar in Frage stelle, sich politischer Aktion jedoch
enthalte (vgl. Lepenies 1998, 11). Eine eingehendere
Lektüre dieser essayistischen Passage, die zwar österreichische Schriftsteller würdigt, jedoch im Sinne einer programmatischen Setzung (vgl. Pflaumbaum
2014, 232) auch poetologisch an Sebalds literarisches
Werk angelegt werden kann, vermag dem abstrakten
Begriff des ›Widerstands‹ Kontur zu verleihen. Es
zeigt sich, dass dieser weder politisch »reaktiv« noch
»reaktionär« zu fassen ist, wohl aber mit einem erklär-
ten ethischen Anspruch einhergeht (s. Kap. 39). Melancholie siedelt Sebald zunächst im Rang einer ästhetischen Qualität auf dem »Niveau der Kunst« an, wo
sie fortschrittskritisch als reflexiver, unverwandt fo-
kussierender Wahrnehmungsvorgang in Erscheinung
tritt, der »starren Blicks [...] noch einmal nachrechnet,
wie es nur so hat kommen können« (BU 12). Mit seiner definitorischen Engführung von »Trostlosigkeit«
und »Erkenntnis«, die beide als ›identische Exekutiven‹ erkannt werden, eröffnet Sebald der literarischen
Beschreibung des Unglücks zugleich eine ihr immanente Möglichkeit zu seiner Überwindung (12). Mit
dem Begriff der »Motorik« (12), welcher Erkenntnis
und Trostlosigkeit unterliegen, nimmt Sebald auf
Benjamin Bezug, der in *Ursprung des deutschen Trau-*

erspiels darunter ein vom empirischen Subjekt gelös-
tes und »innig an die Fülle eines Gegenstandes gebun-
denes Fühlen« versteht (Benjamin 1991 I/1, 318; vgl.
Wohlfahrt 2008, 188). Im Unterschied zu Sebalds
Konzeption einer widerständig fungierenden Melancholie bringt Benjamin jedoch die Beharrlichkeit melancholischer Versenkung ursächlich mit dem Gefühl
der Liebe in Verbindung (vgl. Benjamin 1991 I/1,
318). Das an die »Kategorie der Lehre und des Lernens« gekoppelte Medium der Schrift verweist in Sebalds Charakterisierung als rettender »Buchstabenbrücke zwischen Unglück und Trost« neben den er-
kenntnisleitenden Funktionen der Melancholie zudem auf einen rezeptionsästhetischen Aspekt, welcher
auf die pädagogisch motivierte Hoffnung gründet,
dass »es einen Sinn hat, etwas weiterzugeben« (BU
13). Der ethischen Akzentuierung nach noch deutlicher spricht Sebald andernorts vom spezifischen Vermögen des melancholischen Blicks, über »die Grenze
des Todes« zu schweifen, und im Dienst des literarischen Versuchs einer »Restitution« das Andenken derer zu erhellen, denen »das größte Unrecht widerfuhr«
(CS 248).

Melancholischer Blick

Das große Zutrauen, das Sebald in die melancholisch
codierte Wahrnehmung setzt, mag angesichts defizitä-
rer Befunde des psychopathologischen Melancholie-
Diskurses verwundern: So weist z. B. die phänomeno-
logisch orientierte Melancholiedeskription Hubert
Tellenbachs – die eine auffallende Kongruenz mit der
Krankengeschichte des Erzählers in *Die Ringe des Saturn* hat (vgl. Mosbach 2008, 132–140) – eine empfin-
dungsbestimmende Dichotomie von beklemmender
Enge und leerer Weite als signifikanten Zustand melancholischer Krisen aus (vgl. Tellenbach 1956, 295),
dem sich ein »Levitationserleben« zur Seite stellen
kann (16). Ebenso präzisiert Tellenbach melancholischen Wirklichkeitsverlust als paradoxen Zustand
fortgesetzten Entrückt-Werdens und gleichsam ste-
hender Bewegung in der »Nichtigkeit der Angst«
(296). Wie aber verträgt sich eine solchermaßen pa-
thogene Verfassung, die den Betroffenen bei entzoge-
ner Bodenhaftung regelrecht zu paralysieren vermag
(293), mit Sebalds ethisch-programmatischem Anspruch einer widerständigen Haltung? Inwieweit können Zustände pathologischer Desintegration überhaupt ästhetisch fruchtbar gemacht werden? Wiederum geben die poetologischen Reflexionen der Litera-

turessays Auskunft. Als ein Negativbeispiel literarischer Darstellung subjektiv ›entrückter‹ Zustände führt Sebald in *Helle Bilder und dunkle* (BU 165–186) die Beschreibung der Ballonfahrt aus Stifters Erzählung *Der Condor* an. Diese widmet sich einer vom Höhenrausch ausgelösten Beeinträchtigung der Wahrnehmung und verhandle dies zwar in »bildhafter, bezeichnenderweise jedoch nicht in diskursiver Sprache« (173). Inwieweit pathologisches Sehen, das der Handke-Essay *Unterm Spiegel des Wassers* (115–130) als denkbar präziseste Form der Wahrnehmung würdigt, auch die Funktion einer literarischen Umschrift der Welt leisten kann (122), hängt Sebald zufolge vom Grad der Einsicht in dasjenige »Dilemma« ab, wonach der Mensch an den Dingen nicht mehr besitze, als das Echo seiner eigenen Fiktionen (123). Kraft der Reflexion müssen also diejenigen Wirklichkeitspartikel, mit denen ein realistischer Text umgeht, auch als Teil seiner literarischen Konstruktion erkannt und ausgewiesen werden. Folglich ist das reflexive Vermögen einer zumindest graduellen Distanznahme gegenüber der eigenen Desintegration Voraussetzung dafür, einen zunächst krankhaft intensivierten Wahrnehmungsmodus für den produktiven Versuch einer »empathetischen Beschreibung« (116) ästhetisch nutzen zu können. Beispielhaft ist in *Die Ringe des Saturn* eine solche reflexive Distanz durch den gut einjährigen zeitlichen Abstand gegeben, aus dem heraus die Schilderung der eigenen Krankengeschichte erfolgt. Wiederholt betont dort der Erzähler den Als-ob-Charakter seiner Desintegration und stellt mittels nachträglicher Rationalisierungen und Rekonstruktionen äußerer Faktoren die artifizielle Struktur seines Erlebens aus. Im Zuge fortgesetzter Transkribierung gelingt es dem Erzähler, sich vom literarischen Krankheitsfall zum »melancholischen Literaten« umzudefinieren (Mosbach 2008, 144 f.).

Die dem pathologischen Blick bescheinigte Präzision und Permanenz des Notats (BU 122) gründen in einem spezifisch melancholischen ›Beziehungswahn‹, der bloße Dinge und Kontingenzen zeichenhaft aufzuladen und die ihnen so beigelegte Bedeutung referenziell an das wahrnehmende Subjekt rückzubinden vermag: ein durch das Norwicher Krankenhausfenster zu erkennender Kondensstreifen bietet sich zunächst als hoffungsvolle »weiße Spur« dar, die jedoch aus reflexiver Rückschau negative biographische Umdeutung erfährt (RS 29). Ebenso scheint dem Erzähler, die in halbwachem Zustand nur ungenügend rezipierte BBC-Dokumentation über Roger Casement sei ungeachtet ihrer öffentlichen Ausstrahlung eigens an ihn

adressiert, woraus er den persönlichen Auftrag einer Rekonstruktion der Lebensgeschichte des irischen Freiheitskämpfers ableitet (125–127). Vorgänge solch zeichenhafter Aufladung führen zu einer graduellen identifikatorischen Aneignung des Objekts. Indem Grenzen der Außen- und Innensicht durchlässig werden, die scheidende Positionierung von Subjekt und Objekt verschwimmt, wird die empathische Durchdringung einer fremden Perspektive möglich. Der winzige Augenblick, in dem die Lähmung eines durch die Schritte des Erzählers aufgescheuchten Hasen in panische Fluchtbewegung umschlägt, markiert so den Augenblick, in dem die kreatürliche Angst auch den Erzähler durchdringt und seinem detailliert verzeichnenden Blick eine das gewohnte Begriffsvermögen überfordernde Bildfolge evoziert. Wird somit einerseits das subjektive Ereigniszentrum in den Blickwinkel des flüchtenden Tieres ausgelagert, werden dem Tier andererseits im Vorgang der Aneignung menschliche Züge verliehen. So verstörend die plötzliche Überlappung der Perspektiven dem Erzähler erschienen sein mag, dem erst nach etlicher Zeit das Blut zu »rauschen« aufhört, so gering nimmt sich die Affizierung der stilistischen Textebene aus, deren wohlgeordnete Hypotaxe den programmatisch geforderten Grad an Distanzierung vorbildhaft einlöst (279 f.).

Nähe und Distanz

Insbesondere in *Die Ringe des Saturn* ist das melancholisch indizierte Wechselspiel von empathischer Detailästhetik und ›entrückter‹, gleichsam synoptischer Distanznahme als ambivalentes Prinzip der Textkonstruktion anzutreffen, das die epistemischen, vor allem geschichtspoetisch relevanten Potenziale beider Pole kritisch ausleuchtet: Die historische Inszenierung der Gedenkstätte von Waterloo zwingt den Erzähler zunächst in einen vorgegebenen, imaginären Mittelpunkt, von dem aus sich das künstlerisch reproduzierte Schlachtengeschehen panoramatisch in vorgeblicher Gänze entfaltet. Seine Skepsis an diesem ästhetischen Modus historischer Vergegenwärtigung, die einer den Betrachter vereinnahmenden Geschichtsschreibung entsprungen scheint, lässt ihn zu einem subjektiven Standpunkt detailorientierter Imagination wechseln. Eindringlicher als die leblos empfundene Präsentation der öffentlichen Gedenkstätte erhebt nun eine imaginierte, der vermittelnden Kraft des Details vertrauende Szenerie ihrerseits Anspruch auf geschichtliche Repräsentation. Doch auch ihre vorgebliche historische Nähe erweist sich als fiktional, als Produkt literarischer Imagination nämlich, die mit der Nennung eines Protagonisten aus Stendhals *Kartause von Parma* auch explizit ausgewiesen wird (RS 153). Wenn auch dieser melancholisch-involvierten Perspektive die Rekonstruktion ›wahrer‹ Geschehnisse verschlossen bleibt, so besteht ihr wesentlicher Unterschied zur panoramatisch-erhabenen Sichtweise einer ›offiziellen‹ Geschichtsschreibung darin, die eigene Fiktionalität als Konstruktionsprinzip ebenso offen zu legen, wie die zugrunde liegende Suchbewegung nach historischer Authentizität (s. Kap. 23).

Allegorie und Bricolage

Die besondere Bedeutung des Melancholiekonzepts, das vorstehend unter den Aspekten einer auf ambivalenten Wahrnehmungsperspektiven aufruhenden Detailästhetik sowie eines bedeutungsgenerierenden ›Wahrnehmungszwanges‹ rekonstruiert wurde, umreißt Sebald in der Möglichkeit, eine Methode spezifisch subjektiver Geschichtserzählung generieren zu können. Erlaube doch die Melancholie, »reflexiv zu sein, und in Form gewisser Basteleien, die man im Kopf anstellt, versuchsweise Sachen zu entwickeln« (Ges 205). Sebald skizziert hier eine poetologisch grundlegende Verschränkung der dialektischen Bewegung von melancholischer Distanzierung und Involvierung mit dem Gestus der *bricolage*, die von Claude Lévi-Strauss mit dem Bild einer »wilden« oder »mythischen« Denkweise eingeführt und als »eine Art intellektueller Bastelei« umschrieben wird (Lévi-Strauss 1973, 29). Konzipiert als eine Form der Ordnungsgenerierung, die dem rationalistischen wissenschaftlichen Diskurs alternativ und gleichrangig gegenübersteht, ist die *bricolage* methodisch prädestiniert für Sebalds widerständiges, insbesondere aufklärungs- und zivilisationskritisches Melancholieverständnis. Ist rationalistischer Wissenschaft an analytisch-abstrahierender Reduktion und schematischer Vereinheitlichung gelegen, vermag holistisch gerichtetes ›wildes Denken‹ hingegen Kontingenz nahezu unbegrenzt aufzunehmen und im Sinne einer subversiv-befreienden Qualität Protest gegen wissenschaftliche Verfahren der Bedeutungsgenerierung zu erheben (vgl. Lévi-Strauss 1973, 35 f.). Das auch als Analogiedenken charakterisierte Verfahren der *bricolage* (vgl. Lévi-Strauss 1973, 303) operiert innerhalb einer unaufhörlichen Rekonstruktion derselben Materialien, wobei mit den fortlaufend umgewidmeten Bruchstücken stets ver-

gangenen Zwecken neue funktionale Rollen zugewiesen werden (vgl. Lévi-Strauss 1973, 34). Das Vorgehen, strukturierte Gesamtheiten aus Bruchstücken zu erarbeiten, die Lévi-Strauss als »fossile« Geschichtszeugen ausweist (Lévi-Strauss 1973, 35), steht somit in Korrespondenz zum Verfahren beständiger Rekonfiguration und Resignifikation, wie sie sich durch den Blick des melancholischen Allegorikers vollziehen. Melancholisch-allegorische Sinnaufladung und ›wildes Denken‹ treten bei Sebald als affine, über den Aspekt des Fragments vermittelte Modi einer explizit artifiziellen Sinnproduktion in Erscheinung. Der Reisebericht *Die Ringe des Saturn* liefert Beschreibungen mehrerer ästhetischer Projekte und melancholisch konnotierter Artefakte, die das Prinzip einer strukturellen Verschränkung von Melancholie und *bricolage* veranschaulichen und zugleich die poetologische Funktion einer Selbstbespiegelung des Textes hinsichtlich seiner Ordnung und Faktur erfüllen: So verdeutlicht das unter Hervorhebung seiner Machart geschilderte, aus unzähligen Seidenfetzen zusammengenähte Brautkleid der Ashbury-Schwestern (RS 253) sowohl den Duktus des ›bricolierenden‹ Arbeitens, verweist aber ebenso auf einen nach Benjamin bezeichnenden Zug melancholischer Allegorie, nämlich deren »Ostentation der Faktur«, aus der als Stückwerk die verarbeiteten Fragmente »starren« (Benjamin 1991 I/1, 362); die ihrer obsessiven Detailästhetik wegen unvollendet bleibende Modellrekonstruktion des historischen Jerusalemer Tempels erweist sich dem empathischen Rezipienten gerade in ihrem fragmentarischen Zustand als Katalysator einer verlebendigten Schau der Vergangenheit (RS 288–294). Auch die in *Die Ausgewanderten* (s. Kap. 5) geschilderte Arbeitsweise des Malers Max Aurach, dessen Figurationen aus einem palimpsestartig gesättigten Bildträger emanieren, verdient in diesem Kontext Erwähnung (Agw 239 f.).

Melancholie und Rettung

Die vorstehenden Beispiele poetologischer Selbstreflexion stellen auf je eigene Weise das Paradox aus, wonach Produktion auf Destruktion beruhe, diese zur Voraussetzung zu haben scheint. Dies kann einerseits als Darstellung der Janusköpfigkeit melancholischer Disposition verstanden werden, die zwischen Produktivität und abrupter Zerstörung zu schwanken vermag (vgl. Pflaumbaum 2014, 280). Andererseits nimmt das prekäre Verhältnis einer ›produktiven Zerstörung‹ auf die bei Benjamin geschichtsphilosophisch zentrale Darstellungsform der Allegorie Bezug, welche das geschlossene Ordnungssystem einer ›herrschenden‹ Geschichtschreibung, die in »unheiliger Allianz« (Pethes 1999, 316) mit den Gewinnern des Geschichtsprozesses steht, zugunsten der Wahrnehmung des Eliminierten, Abgedrängten und Vergessenen aufzubrechen vermag. Sebalds Projekt einer melancholischen Fortschrittskritik weicht jedoch von Benjamins politischrevolutionärem Konzept einer ›Rettung durch Destruktion‹ ab, insofern stellenweise der zerstörerische Akt allegorischen Sammelns von einer konservatorischen Tendenz abgelöst wird, welche die Dinge eine auratisch aufgeladene Stellvertreterposition für die vergangene Geschichte einnehmen lässt. Der bedeutungssuchende, aber vergeblich bleibende Blick Austerlitz' in die Auslage eines Theresienstädter Trödelladens, der sich zuletzt der Hoffnung auf einen verewigten, »immer gerade jetzt sich ereignenden Augenblick der Errettung« nähert (Aus 285), kann als ein Beispiel für eine solche Tendenz zur Mythologisierung der Dinge (vgl. Lemke 2008, 267) angeführt werden, die dem genuin destruktiven Vorgang der Allegorisierung entgegenläuft. Allerdings muss betont werden, dass Sebalds Verständnis der Dinge als kondensierte Geschichte – der Tripp-Essay *Wie Tag und Nacht* (s. Kap. 47) würdigt die Dingwelt als autonomen Träger menschlicher Erfahrung (Log 173) – diesen keine statische Rolle zumisst, sich vielmehr aus ihrer dynamisch-beziehungsstiftenden Korrespondenz untereinander einen schockhaft zu erlebenden Moment der Erkenntnis erhofft (vgl. Preuschoff 2015, 203). Hierbei kommt Benjamins ›dialektisches Bild‹ (vgl. Hillach 2000) ebenso zum Tragen, wie Barthes' Konzept des *punctum*, das als irritierend gesetztes Detail eine Bedeutungskonstruktion sowohl verstärken, als auch subvertieren kann und an Sebalds Prosa funktional insbesondere dort angelegt werden kann, wo Detailfülle nicht vollständig in ›Bedeutung‹ aufgeht (Ceuppens 2006, 243). So kann die in Terezín feilgebotene Porzellanfigur eines berittenen Helden durchaus als Allegorie einer tatkräftigen Rettung aus höchster Not gedeutet werden, wie sie in Benjamins Novelle *Das Taschentuch* beschrieben wird (vgl. Benjamin 1991 IV/2, 741–745; s. Kap. 45). Jedoch bezeichnet der allegorische Abgrund, der sich hinter der nur halbdurchlässigen, den Betrachter reflexiv sich selbst vorhaltenden Scheibe auftut, zugleich diejenige paradigmatische Zäsur, der Sebalds Schreiben als ein melancholisches Schreiben nach Auschwitz zwangsläufig unterworfen ist: Das Bewusst-Sein darüber, dass keine politische

Tathandlung, kein noch so aktives Einschreiten das Geschehene mehr abzuwenden vermag. Konnte Benjamin im *Passagen-Werk* noch die »Vergegenwärtigung vergangener Zusammenhänge« als »Probe auf die Wahrheit des gegenwärtigen Handelns« sehen, die den »Sprengstoff« der Geschichte zur Entzündung bringt (Benjamin 1991 V/1, 495), so ist Sebalds Prosa bei allen inhaltlichen, theoretischen und methodischen Parallelen zu Benjamin von einer solch dezidiert revolutionären Haltung weit entfernt. Bei Sebald reduziert sich der politische Impetus auf eine ästhetisch gegründete Erinnerungskultur (s. Kap. 32), die ihren Anspruch im Sinne eines rezeptionsästhetischen Appells durch das poetische Medium einer als widerständig konnotierten und ethisch motivierten Melancholie erhebt.

Literatur

Adorno, Theodor W.: *Zur Lehre von der Geschichte und von der Freiheit* [2006]. Frankfurt a. M. [4]2016.

Bader, Günter: *Melancholie und Metapher. Eine Skizze*. Tübingen 1990.

Barthes, Roland: *Die Lust am Text*. Frankfurt a. M. 1974.

Benjamin, Walter: *Das Passagen-Werk*. In: Walter Benjamin: *Gesammelte Schriften*. Bd. V.1, hg. von Rolf Tiedemann und Hermann Schweppenhäuser. Frankfurt a. M. 1991.

Benjamin, Walter: *Das Taschentuch*. In: Walter Benjamin: *Kleine Prosa. Baudelaire-Übertragungen. Gesammelte Schriften*. Bd. IV.2, hg. von Rolf Tiedemann und Hermann Schweppenhäuser. Frankfurt a. M. 1991, 741–745.

Benjamin, Walter: *Linke Melancholie. Zu Erich Kästners neuem Gedichtbuch*. In: Walter Benjamin: *Kritiken und Rezensionen. Gesammelte Schriften*. Bd. III, hg. von Rolf Tiedemann und Hermann Schweppenhäuser. Frankfurt a. M. 1991, 279–283.

Benjamin, Walter: *Ursprung des deutschen Trauerspiels*. In: Walter Benjamin: *Abhandlungen. Gesammelte Schriften*. Bd. I.1, hg. von Rolf Tiedemann und Hermann Schweppenhäuser. Frankfurt a. M. 1991, 203–409.

Burton, Robert: *Die Anatomie der Melancholie*. Mainz 1988.

Ceuppens, Jan: Realia. Konstellationen bei Benjamin, Barthes, Lacan – und Sebald. In: Michael Niehaus/Claudia Öhlschläger (Hg.): *Poltische Archäologie und melancholische Bastelei*. Berlin 2006, 241–258.

Heidelberger-Leonard, Irene: Melancholie als Widerstand. In: *Akzente. Zeitschrift für Literatur* 48 (2001), 122–130.

Hillach, Ansgar: Dialektisches Bild. In: Michael Opitz/Erdmut Wizisla (Hg.): *Benjamins Begriffe*. Erster Band. Frankfurt a. M. 2000, 186–229.

Klibansky, Raymond/Panofsky, Erwin/Saxl, Fritz: *Saturn und Melancholie. Studien zur Geschichte der Naturphilosophie und Medizin, der Religion und der Kunst*. Frankfurt a. M. [2]1994.

Kramer, Sven: *Walter Benjamin zur Einführung* [2003]. Hamburg [4]2013.

Lepenies, Wolf: *Melancholie und Gesellschaft. Mit einer neu-*

en Einleitung: *Das Ende der Utopie und die Wiederkehr der Melancholie.* Frankfurt a. M. 1998.

Lemke, Anja: Figurationen der Melancholie. Spuren Walter Benjamins in W. G. Sebalds *Die Ringe des Saturn.* In: *ZfdPh* 127/2 (2008), 239–267.

Lévi-Strauss, Claude: *Das wilde Denken.* Frankfurt a. M. 1973.

Morgan, Peter: The Sign of Saturn. Melancholy, Homelessness and Apocalypse in W. G. Sebald's Prose Narratives. In: *German Life and Letters* 58/1 (2005), 75–92.

Mosbach, Bettina: *Figurationen der Katastrophe. Ästhetische Verfahren in W. G. Sebalds »Die Ringe des Saturn« und »Austerlitz«* Bielefeld 2008.

Niehaus, Michael: W. G. Sebalds sentimentalische Dichtung. In: Michael Niehaus/Claudia Öhlschläger (Hg.): *Politische Archäologie und melancholische Bastelei.* Berlin 2006, 173–187.

Pethes, Nicolas: *Mnemographie. Poetiken der Erinnerung und Destruktion nach Walter Benjamin.* Tübingen 1999.

Pflaumbaum, Christoph: *Melancholisches Schreiben nach Auschwitz. Studien zu Wolfgang Hildesheimer, Jean Améry und W. G. Sebald.* Würzburg 2014.

Preuschoff, Nikolai Jan: *Mit Walter Benjamin. Melancholie, Geschichte und Erzählen bei W. G. Sebald.* Heidelberg 2015.

Tellenbach, Hubert: Die Räumlichkeit der Melancholischen. Über Veränderung des Raumerlebens in der endogenen Melancholie & Analyse der Räumlichkeit melancholischen Daseins. In: *Der Nervenarzt* 27 (1956), 12–19; 289–298.

Wagner-Egelhaaf, Martina: *Die Melancholie der Literatur. Diskursgeschichte und Textfiguration.* Stuttgart/Weimar 1997.

Wohlfahrt, Irving: Anachronie. Interferenzen zwischen Walter Benjamin und W. G. Sebald. In: *IASL* 33/2 (2008), 184–242.

Florian Stegmaier

32 Gedächtnis/Erinnerung

Sebalds Poetik der Vergangenheit

Wenn man in den historisch-theoretischen Abhandlungen, die sich mit der Beziehung zwischen der Geschichte und dem auf die *Shoah* bezogenen Gedächtnis auseinandersetzen, eine Entsprechung zu der ethischen und poetischen Perspektive in Sebalds Werken sucht, erscheint die Studie von Dominick La Capra, *History and Memory after Auschwitz* (1998), als besonders einschlägig. La Capra unterscheidet im Hinblick auf die Geschehnisse des Zweiten Weltkrieges zwischen den Annäherungsweisen von Historikern zum einen, und den primären bzw. sekundären Zeitzeugen zum anderen, wobei er die Frage aufwirft, wie man die Fiktion mit wirklich stattgefundenen Ereignissen verknüpfen kann. Dabei bezieht er sich besonders auf die Schriftsteller, Regisseure und Künstler, die sich mit dem Völkermord an den Juden (s. Kap. 36) auseinandergesetzt haben und dank ihrer Erzähl- bzw. Darstellungsstrategien den Schrecken der Vergangenheit gerecht geworden sind. Seiner Ansicht nach ist es vorrangig, zu vermeiden, dass das »sublime Negative«, das sich auf die *Shoah* bezieht, zu einer zweischneidigen Waffe wird und zu Formen des »Fetischisierens des Antisemitismus« anregt (La Capra 1998, 52).

In einem Interview mit Volker Hage sagte Sebald wenige Monate vor seinem Tod: »Die Reproduktion des Grauens oder besser: die Rekreation des Grauens, ob mit Bildern oder mit Buchstaben, ist etwas, das im Prinzip problematisch ist. Ein Massengrab läßt sich nicht beschreiben« (Hage 2003, 38). La Capra hält die Zeugenschaft der Überlebenden für wichtiger als jede andere Form der Erinnerung durch Monumente oder offizielle Gedenkfeierlichkeiten, weil sie auf direktere Weise die Trauer des Einzelnen wiedergibt und einen Versuch der Überwindung des Traumas in Gang setzt. Aus diesem Grund wählt er auch sehr sorgfältig das auf Auschwitz bezogene Vokabular und betrachtet sowohl die Begriffe *Holocaust* wie *Shoah, final solution* oder *Judeocide* als nicht angemessen, um das ungeheure Verbrechen, das die Nazifaschisten an der Menschheit begangen haben, zu beschreiben.

In *Die Ausgewanderten* (1992) bezieht sich der Erzähler zunächst auf die Zeit, in der er 1970 seinen Dienst als Dozent an der East Anglia Universität in Norwich antrat (ein Eintrag, der mit der Biographie Sebalds übereinstimmt). Im Verlauf der erzählten Geschichten tritt er gegenüber den vier Emigranten-Figuren (Dr. Henry Selwyn, Paul Bereyter, Ambros Adelwarth, Max Aurach), in denen Sebald die realen Erfahrungen von mindestens ebenso vielen von ihm wirklich interviewten Personen verarbeitet hat, völlig in den Hintergrund. Über die *Shoah* hinaus, mit der im Titel indirekt auf eine »Migration in die Welt der Toten« verwiesen wird, betreffen die in *Die Ausgewanderten* berührten Themen generell eine Gedächtnisaktivität, welche Erfahrungen wie »Entwurzelung«, »Vertreibung«, »Dislokation« und »Heimatverlust« (Schütte 2011, 88) umfasst (s. Kap. 35). Noch in einem Gespräch mit Uwe Pralle im Jahre 2001 bringt Sebald seine Missbilligung gegenüber Martin Walser zum Ausdruck, dem zufolge man ein halbes Jahrhundert nach Ende des Zweiten Weltkrieges einen Schlussstrich unter die Aufarbeitung der Vergangenheit als Sühne für die Schuld der *Shoah* ziehen sollte (Ges 259).

Sebald schreibt Geschichten über Individuen, von denen her sich wiederum Geschichte schreibt, denn deren vornehmlich schmerzliche Lebenserfahrungen sind von großen historischen Ereignissen geprägt worden. Während der Historiker sich auf die Vergangenheit konzentriert, den eigenen Gegenstand der Analyse erschafft und die Modalität der begrifflichen Strategien, mit denen er diesen darlegen wird, vorausbestimmt, verbirgt Sebald die eigene Präsenz im Text, indem er sich bevorzugt in die Obhut eines Alter Ego begibt, das zum Darsteller einer »erzählten Geschichte« wird, in der Vorstellung und Wirklichkeit fruchtbar zusammenlaufen.

Sebald zeigt in seinem Œuvre ein ›mitfühlendes‹ Gedächtnis. Indem er im Dazwischen von Fakten und Fiktionalisierungen arbeitet, sind ihm die kleinen Details wichtig, dank derer sich im Sinne Roland Barthes' ein *l'effet du réel*, der Effekt einer greifbar nahen Wirklichkeit herstellt (vgl. Meyer 2003, 75). Er nimmt die Ereignisse um die Katastrophe ins Visier, das Trauma, das Vergessen (besonders in Bezug auf den Zweiten Weltkrieg und die deutsche Situation) mit der präzisen Aufgabe, das Gewissen derjenigen zu wecken, die sich nur allzu leicht bereit gezeigt haben, die Vergangenheit zu verdrängen. Vor allem aber geht es ihm um die Erinnerung an die Juden (vgl. Taberner 2004, 181–202), die der nazifaschistischen Gewalt zum Opfer gefallen oder ihr entkommen sind, sowie – in ganz anderer Weise – an die von den Bombardierungen gegen Ende des Zweiten Weltkriegs heimgesuchte deutsche Zivilbevölkerung. Gedenken ist somit eng an eine Ethik des Erinnerns gebunden (Fuchs 2004), und die wichtigste Aufgabe ist der Kampf gegen das Vergessen

(vgl. Agazzi 2005, 69–91). Sebald ist sich bewusst, dass eine Reflexion über die Vergangenheit sich mit den »Bedingungen der Wahrheitsproduktion« konfrontieren muss, die die »Rekonstruktion von historischem Wissen« betreffen (Niehaus/Öhlschläger 2006, 9).

Sebald verwendet Erzählstrategien, die den Leser mit der Welt der Toten in Berührung bringen und ermöglicht auf diese Weise eine Beziehung zwischen Erinnerung und Andenken. Seien es die *revenants* in Gestalt von bekannten Schriftstellern, die Sebald in seinen Texten durch verborgene Anspielungen auf ihre Werke oder ihre Person erscheinen lässt, seien es die Zeugen einer Vergangenheit, die nicht vergeht, weil nicht die ganze Wahrheit über die Opfer angehört wurde: Die Toten befreien sich aus ihrem Zustand als *displaced persons* im kollektiven Gedächtnis, weil sie dank der fiktionalen Strategie einer Art ›Geisterbeschwörung‹ dem Vergessen entrissen werden.

Gedächtnis und Erinnern

Für das Verständnis von Sebalds Konzept des Erinnerns, wie er es innerhalb seiner Prosatexte konstruiert, ist es angebracht, den Begriff »Gedächtnis« zu reflektieren. Sebald hat ihn mittels eindrücklicher Vergleiche und Metaphern zu fassen versucht. In einem Interview mit Eleanor Wachtel heißt es: »We're living exactly on the borderline between the natural world from which we are being driven out, or we're driving ourselves out of it, and that other world which is generated by our brain cells. And so clearly that fault line runs right through our physical and emotional makeup. And probably where these tectonic plates rub against each other is where the sources of pain are. Memory is one of those phenomena« (Wachtel 2007, 56). Das Vorhaben, erwartete und unvorhergesehene Ereignisse bei der Rekonstruktion der Vergangenheit miteinander in Verbindung zu bringen, resultiert auch aus dem Wunsch, eine Folgerichtigkeit in der Unordnung des Erlebten zu suchen (Ges 74–75). Diese Suche produziert eine Erzähl-Textur, die Fragmente von Geschichten zusammenfügt und nach dem Prinzip der *bricolage* (s. Kap. 23) im Sinne von Lévi-Strauss aufgebaut ist (vgl. Niehaus/Öhlschlager 2006, 9; Ges 84). Die intertextuelle Struktur, die Sebalds Texte kennzeichnet, ergibt sich weitgehend aus der Zitation diverser literarischer Quellen, den Prätexten (vgl. Schedel 2004, 22 f.), die den Prozess des Sich-Erinnerns immer wieder neu in Gang bringen. Sebald verlässt sich jedoch nicht auf die pure literarische Erfindung; er bedient sich auch glaubwürdiger Assoziationen von Vorfällen und Personen, von Ereignissen und Erlebnissen, die den Geschichten von Figuren in den Werken anderer Autoren entlehnt sind.

Der Stoff wird dabei dergestalt präsentiert, dass die aus verschiedenen Epochen stammenden Ereignisse in einer ›periskopischen‹ Gegenwart erscheinen: Der Betrachter stellt sich an den Rand der dargestellten Ereignisse, wie es in den *Kalendergeschichten* von Hebel geschieht. Das periskopische Erzählen impliziert gleichzeitig, dass die Erzählungen von Zeitzeugen über eine Person oder über die Geschehnisse der Vergangenheit in der Erzählung des Erzählers zusammengeführt werden. Dadurch entsteht die narrative Struktur eines Palimpsests (vgl. Jeziorkowski 2004, 221–232), die es erlaubt, ein mit Details angereichertes Bild der Vitae solcher Personen zu rekonstruieren. An sinnlicher Evidenz gewinnen Sebalds Text dort, wo das Erinnerungsverfahren an die Kombination von photographischen Abbildungen mit dem geschriebenen Wort oder die Ekphrasis mit Bezug auf malerische Sujets gekoppelt wird (vgl. Denneler 2004, 227–246; Öhlschläger 2005, 11–23). Die von Sebald angewandten Gedächtnisstrategien zur Schaffung eines unheimlichen Zusammenhangs, eines *flou*-Effekts, bedienen sich der Erzähltechniken der Aberration (Irren – Herumirren), der Konturlosigkeit, der Variation und Wiederholung sowie der nachträglichen Koinzidenz (vgl. Wohlleben 2006, 139).

Sebald hat im Jahr seines Unfalltodes geäußert, dass es seine Auswanderung nach England war, die es ihm ermöglichte, den Blick auf die Vergangenheit als eine abgeschlossene und somit leicht ex post analysierbare Erfahrung zu richten und er damit auf die Notwendigkeit antworten konnte, das Schweigen über die mit dem Zweiten Weltkrieg verbundenen kriminellen Taten zu brechen (Ges 252 f.). Das Gefühl, in seinem Schreiben zwischen einem »nicht mehr« und einem »noch nicht« zu leben, hat sich durch seine besondere Herkunft aus einer im Süden Deutschlands liegenden und an Österreich angrenzenden Region, dem Allgäu (s. Kap. 40), wo man die hochdeutsche Sprache oft nicht beherrscht und einen für viele schwer verständlichen Dialekt spricht, noch verschärft. Peter Weiss bildete den ersten Bezugspunkt bei dem Versuch, den über die nazifaschistische Periode gefallenen Nebel zu lichten, wie Sebald bemerkte (255), der sich deshalb bevorzugt mit jüdischen oder halbjüdischen Autoren auseinandergesetzt hat, um die diesbezüglichen historisch-kulturellen Kontexte ins Gedächtnis zurückzurufen; man denke besonders an Kafka (s. Kap. 42), Celan oder Jean Améry (s. Kap. 46), der in *Austerlitz* explizit genannt wird, mit der Erinnerung an seine erlittene Folter und seinen Selbstmord.

Benjamins *Erzähler*-Essay (vgl. Benjamin 1977, 385–410) hat Sebalds narratives Verfahren ganz offensichtlich beeinflusst. Die Bedeutung Benjamins für Sebalds literarisches Programm kann man an einigen in diesem Essay enthaltenen theoretischen Prinzipien ablesen, nämlich insofern als: (1) das ursprüngliche Erzählen nützliche Anleitungen für das Leben bereit hält; (2) die Erzählung auf die psychologische Analyse verzichten muss, wenn sie möchte, dass ihre Inhalte in das kollektive Gedächtnis aufgenommen werden und dort ihr universeller Charakter bewahrt bleibt; (3) das Gedächtnis das epische Vermögen *par excellence* ist; 4) die Erinnerung die Kette der Tradition schmiedet, die das Geschehene von Generation zu Generation überliefert (vgl. Hutchinson 2009, 35 ff.).

Das ganze Werk Sebalds ist dem Komplex Gedächtnis und Erinnerung gewidmet. Wenn man aber versucht, genau zu bestimmen, welche Passagen in seinem Werk seiner Lebenserfahrung am nächsten sind, so ließe sich sagen, dass sie sich im dritten Teil des poetischen Triptychons *Nach der Natur* (1988) finden lassen. Hier rekonstruiert Sebald die Augenblicke von schönen und schlechten Zeiten in seiner Familie während der beiden Weltkriege, um dann zu den vagen Erinnerungen an seine Kindheit im Allgäu und an die im Schutt liegenden Städte Deutschlands zu kommen. Außerdem findet man sie im zweiten und vierten Teil von *Schwindel. Gefühle* (1990), die mit *All'estero* und *Il ritorno in patria* überschrieben sind und von seinen Reisen in den Jahren 1980 und 1987 berichten, und schließlich – weniger ausgeprägt – im Incipit der meisten Kapitel der *Ringe des Saturn* (1995), in denen über die verschiedenen Etappen seiner 1992 in England vorgenommenen Wallfahrt berichtet wird. In *Austerlitz* (2001) hingegen werden die Konturen der persönlichen Erfahrung unsicherer, da Sebald sich in die Obhut eines Ich-Erzählers begibt, der mit dem Protagonisten Austerlitz ins Gespräch tritt. Dennoch beginnt auch dieses Werk mit einem autobiographischen Bezug auf eine in der zweiten Hälfte der 1960er Jahre von England nach Belgien unternommenen Reise.

Raum und Zeit: Topographien der Erinnerung

Einer der geeignetsten Begriffe, um Sebalds Pilgerrolle durch Raum und Zeit zu definieren, ist der Begriff »Nachgänger«, insofern sein Erzähler sich durch ein dichtes Geflecht von Daten, Vorfällen, Nachrichten, Chroniken und Bildern der Vergangenheit hindurcharbeitet, um sich auf die Suche nach individuellen Geschichten zu begeben (vgl. Steinfeld 2003, 84). Wenn die Bedingung dieses raum-zeitlichen Durchbruchs eine »kosmische Synchronisation« ist, so ist sein Effekt ein vielschichtiges Bewusstsein, das die entferntesten Orte der Zeit und des Raums erreicht. Was die Erinnerungsorte betrifft, kann man sagen, dass Sebald die nostalgische Monumentalisierung (*nostos*), die einen Ort zum Anlass für die kollektive Erinnerung aus politischer, religiöser oder militärischer Sicht werden lässt, vermeidet und stattdessen eine »situative« Beziehung mit dem Raum der Erinnerung herstellt, die typisch für die reflektierende Nostalgie (*algia*) ist. Die Erinnerungsorte lösen Reflexionen, aber auch Gefühle aus, die die Form von Déjà-vu-Erlebnissen, oder – wenn sie noch ausgedehnter und undeutlicher sind – von Schwindelanfällen annehmen: »Sich angesichts eines Ortes zu erinnern kann dabei dreierlei bedeuten: seine räumlichen Merkmale wiederzuerkennen (das ist...), eine konkrete Orterfahrung zu erinnern (hier war...) oder aufgrund von Assoziationen einen anderen Ort bzw. dort gemachte Erfahrungen erinnern (dort war...)« (Degen 2009, 29). Die reflexive Nostalgie liebt es, bei den Ruinen und Gegenständen der Erinnerung zu verweilen, die von der vergangenen Zeit gleichsam mit einer Patina überzogen wurden, welche ihnen eine besondere Aura verleiht und somit den Ort als Stillleben (vgl. Agazzi 2008, 377–390; Scott 2013, 203–230) fixiert. Diese Annäherungsweise schlägt sich auch in den Photographien nieder, die der Autor in seinen Texten präsentiert, in Schwarz-Weiß und manchmal unscharf, um der Vergangenheit einen verblichenen Charakter zu verleihen (vgl. Boehncke 2003, 43–62; Patt 2007).

Es sind ganz verschiedene Kulissen, vor denen die Geschichten Sebalds spielen: In Italien und der Heimatlandschaft des Allgäu in *Schwindel. Gefühle*, bis hin zu England im Reisebericht *Die Ringe des Saturn*, der auch erzählerische Exkursionen an ferne Orte wie China und das koloniale Afrika enthält. Die Örtlichkeiten reichen weiter von Manchester (Max Aurach in *Die Ausgewanderten*) bis hin zu Belgien und der Tschechoslowakei in *Austerlitz*, wo der Protagonist am Ende schließlich auf der Suche nach seinem Vater in Paris anlangt. Die Biographien der in der Erzählung involvierten Individuen sind von Situationen gekennzeichnet, die sie dazu gezwungen haben, auszuwandern; in anderen Fällen von Situationen, die sie aus Not, oder weil die Stunde einer Lebensumkehr für sie geschlagen hat, dazu gebracht haben, sich ins Ausland zu begeben. Zur letzten Gruppe zählen Schriftsteller wie Kafka und Stendhal (den ersten verschlägt es wegen seines schlechten Gesundheitszustandes nach Riva del Garda, der andere schließt sich dem italienischen Feldzug Napoleons an). Innerhalb dieser Konstellationen bilden die Bewegungen des Ich-Erzählers zu Fuß oder mit der Eisenbahn die Voraussetzung für die Begegnung mit seiner idealen oder realen Bezugsperson (vgl. Schmitz-Emans 2007, 241–270); in der Tat ist der Ausgangspunkt, um Geschichten zu erzählen, meist die Annäherung an den Anderen. Dabei ergreift der Ich-Erzähler entweder das Wort oder er macht sich bereit für das Anhören von Geschichten, in denen die Vergangenheit des Anderen als Echo widerhallt (vgl. Catling 2009, 139–154). In anderen Fällen werden die gesammelten Zeugnisse durch eine Person vermittelt, die nicht mit dem Protagonisten der Biographie übereinstimmt, wie es bei Paul Bereyter und Ambros Adelwarth in den *Ausgewanderten* geschieht; durch diese »temporale und psychologische Distanz zwischen dem Erzähler und den biographierten Personen gerät die Machtposition des Erzählers ins Schwanken« (Long 2006, 234).

Die Orte, die der Erzähler aufsucht, sind niemals idyllisch (vgl. Arnds 2010, 322–344): Bis auf kurze Intervalle, in denen die Erzählerstimme erklärt, sich dem Gefühl eines Unbehagens oder dem Gespür einer herannahenden Katastrophe entzogen zu haben, evoziert jede Landschaft eine dichte Atmosphäre des Leidens. Wie Odysseus, der der Versuchung entflieht, auf der Insel der Lotophagen zu verbleiben, wo er sich dem Vergessen hingeben könnte und einen sicheren Bestimmungs- und Zufluchtsort erobert hätte, muss der Wanderer in Sebalds Erzählungen seinen Weg stets fortsetzen, weil seine Reise mit der Rekonstruktion vergangener Vorfälle und Lebensgeschichten koinzidiert, die durch seine Spurensuche ans Licht gebracht werden müssen.

In *All'estero* führt die Zugreise von Wien nach Venedig den Erzähler durch die desolaten Landschaften des Friaul, wo es 1976 ein Erdbeben gegeben hatte. Venedig und Verona, wo er ankommt, evozieren grauenvolle Erinnerungen, wenn er etwa an den Kerker der Piombi denkt, in dem Casanova eingesperrt war, oder an die furchtbare Arena, die sich gespensterhaft mit düsteren Präsenzen füllt. Auf der Rückreise in Richtung Österreich hört er das Echo der Schlachten des Ersten Weltkriegs wie ein Hämmern in den Schläfen. Auch der Versuch auf einer zweiten Reise im Jahr 1987 seinen Argwohn gegenüber den von den Touristen als so sublim gepriesenen italienischen Orten zu überwinden, führt zu keinem besseren Ergebnis. Italien bietet aber auch Augenblicke der Freude, z. B. als sich der Erzähler über die Leichtigkeit seines Schreibens in Limone wundert, da er dort Ruhe und Inspiration gefunden hat, oder als er sich in der Veroneser Bibliothek ungestört der Lektüre von lokalen Zeitungen aus dem Jahr 1913 widmen kann. Die Nähe zwischen dem Tod und den Landschaften des Allgäu, die der Ich-Erzähler wiedersieht, als er sich nach sehr langer Abwesenheit zu einem Besuch seines Geburtsorts W. (Wertach) entscheidet, wird besonders offensichtlich, wenn sich Sebald daran erinnert, dass er als Schulkind in der Nachkriegszeit die Kriegs- und Naturkatastrophen mit den genauen Daten und Opferzahlen aufschreiben musste, die sich an diesem Grenzort zu Österreich in den letzten vierhundert Jahren ereignet haben (SG 273).

In *Die Ausgewanderten* öffnet sich aus dem Zentrum der Orte, von denen die Exilgeschichten der Protagonisten ausgehen, ein weiter Blick auf andere Gedächtnishorizonte. Mit jeder Figur werden besondere Orte des Gedächtnisses verbunden, die metaphorisch auf die Zerstörung oder den Tod verweisen. Die Ereignisse, die das Leben von Dr. Selwyn betreffen, werden von dem Photo eines Friedhofs eingeleitet (Agw 7), während einige Seiten später die Bilder eines verlassenen Tennisplatzes zu sehen sind (12 f.). In diesem Umfeld lebt Dr. Selwyn, der sich in eine Einsiedelei, nämlich in einen im Garten errichteten Steinturm, zurückgezogen hat, um der Gattin zu entfliehen, von der er sich im Laufe der Jahre zunehmend entfremdet hat. Einige Anspielungen auf die Werke von Giorgio Bassani (1916–2000) – vor allem *Gli occhiali d'oro* (1958) und *Il giardino dei Finzi-Contini* (1962) – führen auf die Themen Verfolgung und Homosexualität zurück, die den Hintergrund der Geschichte des Doktors bilden. Ben Hutchinson spricht eher von einer »Wahlverwandtschaft« zwischen den beiden Autoren als von einem direkten Einfluss von Bassani auf Sebalds Werk und hebt dabei drei Haupttopoi hervor: »Landschaftsbeschreibungen; Beschreibungen eines elegischen Gefühls der Vergänglichkeit und Nostalgie; und Andeutungen des kommenden Antisemitismus« (Hutchinson 2009, 59).

Ein starkes Zeichen, das mit dem Schicksal von Paul Bereyter verbunden ist, ist die Eisenbahn. Da der Transport der Juden zu den Konzentrationslagern vermutlich auch das Los der von Paul geliebten Helen Hollaender war, fühlt er sich unaufhaltsam dazu getrieben, sein Leben auf den Gleisen zu beenden, umgeben von einer für Sebald alles andere als tröstlichen alpinen Landschaft. Das Leben von Ambros Adelwarth ist von den Verheißungen einer Flucht zu exotischen Orten und von einem provisorischen Glück an der Seite des Milliardärs Cosmo Salomon geprägt, der aber, einmal in dem gelobten Land Jerusalem angekommen, dort nur Zeichen der Entweihung und des Niedergangs vorfindet: »Die neueren Bauten sind von einer schwer zu beschreibenden Häßlichkeit. In den Straßen große Mengen von Unrat« (Agw 203). Der Tempel von Jerusalem, auf den in Sebalds Werken mehrfach Bezug genommen wird, fungiert als der Vermittler eines exemplarischen Gedächtnisses, da er sowohl ein Ort der göttlichen Heiligkeit als auch der historischen Erinnerung ist. Aleida Assmann erinnert daran, wie nach der Zerstörung des Tempels die Torah dessen Platz mit der Funktion eines »mobilen Tempels« oder »transportabler Heimat« einnahm; diese Tatsache »ermöglichte später das Überleben der jüdischen Gemeinden im Exil« (Assmann 1999, 306).

Die Geschichte von Max Aurach schließlich, dem die längste Erzählung gewidmet ist (Agw 217–355), ist vor allem mit der englischen Stadt Manchester verbunden, wo der Künstler Zuflucht gefunden hat, nachdem er der Deportation entkommen war, der seine in Deutschland gebliebenen Eltern zum Opfer fielen. Daher rührt seine Reiseangst, die er nur einmal für einen Besuch in Colmar überwindet, um dort den Isenheimer Altar von Matthias Grünewald zu besichtigen, sowie seine Entschlossenheit, diese graue, von Schornsteinen beherrschte Stadt, nicht mehr zu verlassen. Schütte bemerkt: »Manchester wird zum allegorischen Ort, an dem Aurach sein Leben im Schatten der Shoah fristet« (Schütte 2011, 115).

In *Die Ringe des Saturn* beginnt die Wallfahrt zu Fuß in der Grafschaft Suffolk, führt weiter Richtung Lowestoft und macht auf dem Großgrundbesitz von Somerleyton Halt, geht dann längs der Küste weiter, um das zwischen Lowestoft und Southwold gelegene Benacre Broad zu erreichen und wird dort provisorisch unterbrochen. Die Naturgeschichte der Zerstörung, mit der sich *Die Ringe des Saturn* auseinandersetzen wollen, erlaubt teils grauenerregende Exkursionen in andere Epochen und geographische Kontexte, die sich zu einer wahrhaftigen »Topografie des Schreckens« der europäischen Geschichte formieren. Diese ›Topographie des Schreckens‹ überschneidet sich mit dem *Quincunx* Thomas Brownes, dem Raster, in das Sebald seine Idee einpasst, dass »Die Unsichtbarkeit und Unfassbarkeit dessen, was uns bewegt, ein letzten Endes unauslotbares Rätsel« sei (RS 29). Das betrifft auch Thomas Browne, der unsere Welt nur als Schattenbild einer anderen ansah. Die Tatsache, dass Browne sich mit archäologisch-ethnologischen Forschungen befasst, um die Welt als »empirisches Studienobjekt« zu analysieren und »die Empirie in den Dienst einer metaphysischen Weltsicht zu stellen (Fuchs 2004, 103), bietet nun eine Möglichkeit, der Frage nach dem Grund der menschlichen Neigung zur Selbstzerstörung nachzugehen. Es werden die ökonomischen und politischen Ursachen thematisiert, die Menschen dazu gebracht haben, ihresgleichen, Tiere und große Teile des Ökosystems, zum Zweck ihrer Herrschaft und Expansion zu vernichten. Der Blick wird zuerst auf die Rekonstruktionen von Verbrechen gegen die Menschheit gelenkt, die an den englischen Küsten beginnen und sich bis zu den Balkangebieten ausweiten, in der Erinnerung an die Massaker an Serben, Juden und Bosniern, die nach 1942 von den kroatischen Ustascha verübt wurden. Die Aufmerksamkeit richtet sich dann auf den Kongo, einem Land entfesselter Ausbeutung von Rohstoffen, die in den letzten zwanzig Jahren des 19. Jahrhunderts unter der Herrschaft Leopolds des II. ihren Höhepunkt hatte. Mit einer anfänglichen Abschweifung im zehnten Teil des Werks, in dem die im *Museum Clausum* oder *Bibliotheca Abscondita* enthaltenen Kuriositäten von Browne dargestellt sind, endet das Protokoll des Ich-Erzählers, der die Geschichte der Kultur der Seidenraupe entwirrt, die über Jahrhunderte von den Chinesen kontrolliert und dann heimlich nach Europa importiert wurde. Es ist zugleich der Moment, in dem *Die Ringe des Saturn* fertig gestellt werden, der 13. April 1995. Das Ausmaß der in diesem Buch beschriebenen schwindelerregenden Desorientierung, die durch das Aufflammen vieler aus verschiedenen Epochen stammender Ereignisse hervorgerufen wird, kommt deutlicher denn je auf den letzten Seiten zum Vorschein, auf denen unter diesem Datum ein Stillstand der geschilderten Geschehnisse eintritt. Die von Sebald entworfenen langen Zeitspannen, in denen er vor unseren Augen seine Analyse einer von der Intoleranz der Menschen verursachten Zerstörung wichtiger Lebensgrundlagen langsam entfaltet, verleihen dem Reisebericht den Charakter eines *Liber Mundi*, wie Browne es in seiner Arbeit aufgefasst hatte.

Der Protagonist von Sebalds letztem Prosawerk *Austerlitz* – ein Experte für Architektur und ein Gelehrter, der von den Strategien fasziniert ist, die die Menschheit angestrebt hat, um ihre eigene politische und ökonomische Größe in Bauwerken zu zelebrieren – erläutert zu Beginn des Buches dem Ich-Erzähler, dem er 1967 in der *Salle des pas perdus* im Zentralbahnhof von Antwerpen begegnet, die symbolische Bedeutung der zahlreichen steinernen Schildwerke, die die Wände des Antwerpener Bahnhofs dekorieren. Der Wartesaal hat für ihn das Aussehen eines Purgatoriums, in dem die Seelen dazu gezwungen sind, auf einen Passagierschein zu warten, um zu dem begehrten Ziel zu gelangen. Dies ist auch der Zustand von Austerlitz selbst, der in einer schwebenden Raum-Zeit-Dimension lebt, die ihn daran hindert, sich seine Vergangenheit in der kausalen Linie des »Sehens«, des »Erkennens«, des »Erinnerns« und des »Begreifens« anzueignen (vgl. Mosbach 2008, 261). Diese mentale Blockade, die bei einigen der schon erwähnten Figuren Sebalds pathologisch ist, ist durch das Trauma der »unmöglichen Flucht« seiner Eltern verursacht. Die Schnittpunkte des Raster-Schemas des *Quincunx* von Thomas Browne bilden jene Zonen, in denen die temporale Dyskrasie (die Verzögerung von Austerlitz bei der Entdeckung der eigenen Identität) und die strukturelle Imperfektion (ein anderer Bestimmungsort als der ursprüngliche, als er als Kind nach England geschickt wird) zusammenkommen und es Austerlitz stufenweise ermöglichen, zur Entdeckung der Wahrheit über seine Vergangenheit zu gelangen. Austerlitz' Art des Argumentierens ähnelt eindeutig der Brownes, da er »aus der Zerstreutheit heraus die ausgewogensten Sätze« entwickelt und die »erzählerische Vermittlung seiner Sachkenntnisse die schrittweise Annäherung an seine Art Metaphysik der Geschichte« darstellt, »in der das Erinnerte noch einmal lebendig« wird (Aus 18–19). Gerade weil er ein Bauexperte und ein guter Kenner des Prozesses der Refunktionalisierung von zivilen Bauten zu Kriegszwecken ist, zeigt Austerlitz eine besondere Sensibilität für die Geschichte, die in den Mauern der für öffentliche Zwecke bestimmten Gebäude verborgen ist, fast als ob er die verschiedenen Schichten, auf denen sie errichtet sind, mittels Röntgenstrahlen durchleuchten könnte. Unter der Liverpool Street Station zum Beispiel kommen auf dem antiken Areal des Bedlam die Fundamente einer alten Klinik für Geisteskranke mit menschlichen Überresten zum Vorschein; die Bibliothèque Nationale von Paris, die sich Austerlitz als eine abscheuliche Struktur in Form eines Ozeandampfers (389) präsentiert, erhebt sich auf der alten Rangierfläche zwischen der Gare d'Austerlitz und dem Pont Tolbiac, auf der sich ein Lager befand, in dem die Deutschen die den Juden geraubten Güter stapelten (403). Die militärischen Befestigungsanlagen, unter denen vor allem das Fort Breendonk (27–40) in Belgien herausragt, in dem der Schriftsteller Jean Améry gefoltert wurde, sowie die Festung von Terezín (Aus 268–285), sind das klaustrophobische und schreckliche Symbol einer Gewalt, das metonymisch auf die *Shoah* verweist.

Literatur

Agazzi, Elena: *Erinnerte und rekonstruierte Geschichte. Drei Generationen deutscher Schriftsteller und die Frage der Vergangenheit.* Göttingen 2005.

Agazzi, Elena: Natura morta. Die Stille der zerstörten Natur bei Adalbert Stifter, Gerhard Roth und W. G. Sebald. In: Sabine Schneider/Barbara Hunfeld (Hg.): *Die Dinge und die Zeichen. Dimensionen des Realistischen in der Erzählliteratur des 19. Jahrhunderts. Für Helmut Pfotenhauer.* Würzburg 2008, 377–390.

Angier, Carole: Who is W. G. Sebald? (1996–1997). In: Sharon Lynne Schwartz (Hg.): *The Emergence of Memory. Conversations with W. G. Sebald.* New York 2007, 63–75.

Arnds, Peter: While the Hidden Horrors of History are Briefly Illuminated: The Poetics of Wandering in *Austerlitz* and *Die Ringe des Saturn*. In: Markus Zisselberger (Hg.): *The Undiscover'd Country. W. G. Sebald and the Poetics of Travel.* New York 2010, 322–344.

Assmann, Aleida: *Erinnerungsräume. Formen und Wandlungen des kulturellen Gedächtnisses.* München 1999.

Benjamin, Walter: *Der Erzähler. Betrachtungen zum Werk Nikolai Lesskows.* In: Walter Benjamin: *Illuminationen. Ausgewählte Schriften 1.* Frankfurt a. M. 1977, 385–410.

Boehncke, Heiner: Clair obscur. W. G. Sebalds Bilder. In: *Text + Kritik* 158 (2003), 43–62.

Catling, Jo: Europäische Flânerien: W. G. Sebalds intertextuelle Wanderungen zwischen Melancholie und Ironie. In: Mireille Tabah (Hg.): *Gedächtnis und Widerstand. Festschrift für Irene Heidelberger-Leonhard.* Tübingen 2009, 139–154.

Degen, Andreas: Was ist ein Erinnerungsort? Zu Begriff und Theorie topographischen Erinnerns in politischer und phänomenologischer Hinsicht. In: Eva Kosziszky (Hg.): *Orte der Erinnerung. Kulturtopographische Studien zur Donaumonarchie.* Szombathely 2009, 15–31.

Denneler, Iris: Dichtkunst – Bildkunst: zu einem Aspekt der ästhetischen Verfahrensweise W. G. Sebalds am Beispiel der *Ausgewanderten*, der *Ringe des Saturn* und *Austerlitz*. In: *Literatur für Leser* 27 (2004), 227–246.

Fischer, Gerhard: W. G. Sebald's Expatriate Experience and His Literary Beginnings. In: Gerhard Fischer (Hg.): *W. G. Sebald: Schreiben ex patria/Expatriate Writing.* Amsterdam/New York 2009, 15–26.

Fuchs, Anne: *Die Schmerzensspuren der Geschichte. Zur Poetik der Erinnerung in W. G. Sebalds Prosa.* Köln 2004.

Hage, Volker: Volker Hage im Gespräch mit W. G. Sebald. In: *Akzente* 50 (2003), 35–50.

Hutchinson, Ben: *W. G. Sebald. Die dialektische Imagination.* Berlin 2009.

Jeziorkowski, Klaus: Wiederholte Beschriftung. Beobachtungen zu Text- und Bildnis-Strukturen bei W. G. Sebald und zum Schreiben in mehreren Etagen. In: Joachim Jacob/Pascal Nicklas (Hg.): *Palimpseste.* Heidelberg 2004, 221–232.

La Capra, Dominick: *History and Memory after Auschwitz.* Ithaca/London 1998.

Long, Jonathan J.: Disziplin und Geständnis. Ansätze zu einer Foucaultschen Sebald-Lektüre. In: Michael Niehaus/Claudia Öhlschläger (Hg.): *W. G. Sebald. Politische Archäologie und Melancholische Bastelei.* Berlin 2006, 219–239.

Meyer, Sven: Fragmente zu Mementos. Imaginierte Konjekturen bei W. G. Sebald. In: *Text + Kritik*, 158 (2003), 75–81.

Mosbach, Bettina: *Figurationen der Katastrophe. Ästhetische Verfahren in W. G. Sebalds »Die Ringe des Saturn« und »Austerlitz«.* Bielefeld 2008.

Niehaus, Michael/Öhlschläger, Claudia (Hg.): *W. G. Sebald. Politische Archäologie und Melancholische Bastelei.* Berlin 2006.

Öhlschläger, Claudia: Unschärfe: Schwindel. Gefühle: W. G. Sebalds intermediale und intertextuelle Gedächtniskunst. In: *Recherces Germaniques Hors Série* 2 (2005), 11–23.

Patt, Lise: *Searching for Sebald: Photography after W. G. Sebald.* Los Angeles 2007.

Schedel, Susanne: »*Wer weiß, wie es vor Zeiten wirklich gewesen ist?« Textbeziehungen als Mittel der Geschichtsdarstellung bei W. G. Sebald.* Würzburg 2004.

Schmitz-Emans, Monika: Sebalds Landschaften. In: *Colloquium Helveticum* 38 (2007), 241–270.

Scott, Clive: Still Life, Portrait, Photograph, Narrative in the Work of W. G. Sebald. In: Jeannette Baxter/Valerie Henitiuk/Ben Hutchinson (Hg.): *A Literature of Restitution. Critical Essays on W. G. Sebald.* Manchester 2013, 203–230.

Schütte, Uwe: *W. G. Sebald. Einführung in Leben und Werk.* Göttingen 2011.

Steinfeld, Thomas: W. G. Sebald. In: *Akzente* 50 (2003), 81–87.

Taberner, Stuart: German Nostalgia? Remembering German-Jewish Life in W. G. Sebald's *Die Ausgewanderten* und *Austerlitz*. In: *Germanic Review* 79 (2004), 181–202.

Wachtel, Eleanor: Gorsth Hunter (interview 1997). In: Sharon Lynne Schwartz (Hg.): *The Emergence of Memory. Conversations with W. G. Sebald.* New York 2007, 37–61.

Wohlleben, Doren: »*Effet de flou«. Unschärfe als literarisches Mittel der Bewahrheitung in W. G. Sebalds »Schwindel. Gefühle«.* Berlin 2006.

Elena Agazzi

33 Naturgeschichte

Der Begriff der »Naturgeschichte« umfasst die Gesamtheit der Wissensgebiete rund um die Entstehung und Entwicklung der Erde, des Pflanzen- und Tierreichs, also die der Biologie, Paläontologie, Ökologie, Archäologie, Meteorologie, Physik etc. zufallenden wissenschaftlichen Bereiche. Er ist damit ein zentraler Begriff der wissenschaftlichen Welterfassung, wurde bis ins 19. Jahrhundert häufig verwendet, später vom ahistorischen Begriff der jeweiligen Naturwissenschaft abgelöst. W. G. Sebalds Verwendung muss als Bestandteil seiner Beschäftigung mit den übergreifenden Themen Natur, Geschichte, Erinnerung, Holocaust und Traumata verstanden werden.

Verortung des Begriffes im Werk W. G. Sebalds

In W. G. Sebalds Werk, vor allem in seinen Essays, kommt der Begriff der Naturgeschichte häufiger vor; höchste Prominenz hat er aber in seinen Züricher Poetikvorlesungen aus dem Spätherbst 1997 erlangt, zwei Jahre später unter dem Titel *Luftkrieg und Literatur* als Essayband publiziert. *On the Natural History of Destruction* ist dann auch der Titel für die englischsprachige Ausgabe des Bandes. Der darin titelgebende Essay *Luftkrieg und Literatur* (s. Kap. 14), in dem Band nur noch um die biographische Abhandlung *Der Schriftsteller Alfred Andersch* ergänzt, basiert auf Sebalds Aufsatz *Zwischen Geschichte und Naturgeschichte. Versuch über die literarische Beschreibung totaler Zerstörung mit Anmerkungen zu Kasack, Nossack und Kluge* aus dem Jahre 1982, unter modifiziertem Titel ebenfalls in der Essay-Sammlung *Campo Santo* (s. Kap. 8) publiziert. Darin thematisiert er die Auswirkungen des Luftkriegs der Alliierten im Zweiten Weltkrieg sowie deren Verarbeitung in der deutschsprachigen Nachkriegsliteratur.

Dass von vielen Literaturwissenschaftlerinnen und -wissenschaftlern der antiquiert wirkende Begriff in W. G. Sebalds Werk als zentrales Thema verstanden wird, ist auf dessen intensive und prägende Auseinandersetzung und Aneignung der Theorien Theodor W. Adornos und insbesondere Walter Benjamins (s. Kap. 45) zurückzuführen, die sich in den zwanziger und dreißiger Jahren des 20. Jahrhunderts damit befasst hatten.

Walter Benjamins ›Naturgeschichte‹

Walter Benjamin geht es in seiner 1926 erschienenen, von der Frankfurter Universität abgelehnten Habilitationsschrift zum *Ursprung des deutschen Trauerspiels* im Barock unter anderem darum, die Stilfigur der Allegorie als Prophezeiung der »Wendung von Geschichte in Natur« (Benjamin 1974, I.1, 358), des Aufkommens einer Natur-Geschichte, die auf der Seite des Betrachters von Melancholie und dem Gefühl der Trauer begleitet wird, darzustellen. Die Bindung dieser Stilfigur an alles Historisch-Kulturelle – im Gegensatz zum Symbol und seiner Ausrichtung am Natürlichen – wird von dem Autor in seiner Studie folgendermaßen interpretiert: »Während im Symbol mit der Verklärung des Unterganges das transfigurierte Antlitz der Natur im Lichte der Erlösung flüchtig sich offenbart, liegt in der Allegorie die facies hippocratica der Geschichte als erstarrte Urlandschaft dem Betrachter vor Augen. Die Geschichte, in allem was sie Unzeitiges, Leidvolles, Verfehltes von Beginn an hat, prägt sich in einem Antlitz – nein in einem Totenkopfe aus. [...] Das ist der Kern der allegorischen Betrachtung, der barocken, weltlichen Exposition der Geschichte als Leidensgeschichte der Welt; bedeutend ist sie nur in den Stationen ihres Verfalls. Soviel Bedeutung, soviel Todverfallenheit, weil am tiefsten der Tod die zackige Demarkationslinie zwischen Physis und Bedeutung eingräbt« (343).

Geschichte ist demnach, was Benjamins Engel der Geschichte vor sich sieht: »eine einzige Katastrophe«, wo »eine Kette von Begebenheiten vor *uns* erscheint« (Benjamin, I.2, 697). In seiner Abhandlung *Der Erzähler. Betrachtungen zum Werk Nikolai Lesskows*, erschienen 1937, geht es dem Philosophen um eine literatur- und kulturtheoretische Auseinandersetzung mit narrativen Strategien. Am Beispiel von Johann Peter Hebels Erzählung *Unverhofftes Wiedersehen* führt Benjamin aus, wie Geschichten auf die Naturgeschichte als Referenzrahmen des Erzählens zurückverweisen. Anders als der Historiker ist Benjamins Erzähler darum bemüht, die von ihm wie oben verstandene Naturgeschichte in das Erzählen einzubetten. In Hebels Erzählung geschieht dies beispielsweise dadurch, dass die Zeitspanne der fünfzig Jahre, die zwischen dem Tod und der Wiederkehr der Leiche des Verlobten der alten Frau vergehen, mit einer langen Reihe zeitlicher – natürlicher wie historischer – Ereignisse wiedergegeben wird: »Unterdessen wurde die Stadt Lissabon in Portugal durch ein Erdbeben zerstört, und der Siebenjährige Krieg ging vorüber, und Kaiser

Franz der Erste starb, und der Jesuiten-Orden wurde aufgehoben und Polen geteilt, und die Kaiserin Maria Theresia starb [...]« (Hebel 1983, 157). Benjamin führt zu dieser Auflistung aus: »Tiefer hat nie ein Erzähler seinen Bericht in die Naturgeschichte gebettet als Hebel es in dieser Chronologie vollzieht. Man lese sie nur genau: Der Tod tritt in ihr in so regelmäßigem Turnus auf wie der Sensenmann in den Prozessionen, die um Mittag um die Münsteruhr ihren Umzug halten« (Benjamin 1974, II.2, 451).

Anschließend an eine solche Beschreibung der natürlichen Todgeweihtheit alles Geschichtlichen geht es Benjamin darum, aus dem erfahrungsentleerten Kontinuum der Herrschaftsgeschichte einzelne, bislang unterdrückte Momente herauszuschälen, zu (re-) konstruieren, sie in ein »dialektisches Bild« mit der Jetztzeit zu setzen und so zu einem Einfallstor einer neuen, erfüllten Erfahrung werden zu lassen. In dessen Folge bildete ein paradiesischer Stillstand das zeitlose Ende der Naturgeschichte. Sicherlich ist es auch sein jüdischer Hintergrund, der Benjamin dazu anhält, die Zukunft auf diese Weise in der Vergangenheit zu suchen. Er führt selbst dazu aus: »Bekanntlich war es den Juden untersagt, der Zukunft nachzuforschen. Die Thora und das Gebet unterweisen sie dagegen im Eingedenken« (Benjamin 1974, I.2, 704).

Theodor W. Adornos ›Naturgeschichte‹

Theodor W. Adorno, der im Sommersemester 1932 ein Seminar zum *Ursprung des deutschen Trauerspiels* anbietet, nimmt den Begriff der Naturgeschichte von Walter Benjamin auf und bringt ihn gegen eine Wiederaufnahme überkommen geglaubter idealistischer Prämissen ins Spiel. Damit verortet sich der Philosoph im zeitgenössischen Kontext einer allgemeinen Revision des historistischen Geschichtsbegriffes und des ontologisierenden Naturbegriffs des 19. Jahrhunderts. In seinem Vortrag *Die Idee der Naturgeschichte* aus dem Jahre 1931 stellt Adorno einem »Auseinanderfallen der Welt in Natur- und Geistsein oder Natur- und Geschichtesein, wie es gebräuchlich ist vom subjektivistischen Idealismus her«, die konkrete Verschränkung von Natur und Geschichte gegenüber. Dieser Zusammenfall einer planend-vorausschauenden Staaten- oder Gruppenlenkung und einer kreatürlichen Vergänglichkeit, im christlichen Weltbild einander gegenüberliegende Fixsterne am Himmelszelt, geht der Dialektik von Naturbeherrschung und -verfallenheit voraus, die von Adorno später in der *Dialektik der*

Aufklärung entwickelt wird. Deren Einheit lässt sich denken, indem man versucht, »das geschichtliche Sein in seiner äußersten geschichtlichen Bestimmtheit [...] selber als ein naturhaftes Sein zu begreifen, oder wenn es gelänge, die Natur da, wo sie als Natur scheinbar am tiefsten in sich verharrt, zu begreifen als ein geschichtliches Sein«. Die beiden abstrakten Begriffe werden konkretisiert und zur Deckung gebracht: »Der tiefste Punkt, in dem Geschichte und Natur konvergieren, ist eben in jenem Moment der Vergänglichkeit gelegen« (Adorno 1990, 354 ff.). Und in Anspielung auf Georg Lukács heißt es: »Unter dem radikalen naturgeschichtlichen Denken aber verwandelt sich alles Seiende in Trümmer und Bruchstücke, in eine solche Schädelstätte, in der die Bedeutung aufgefunden wird, in der sich Natur und Geschichte verschränken [...]« (360).

W. G. Sebalds Begriff der Naturgeschichte

Sebald macht sich die derart von Adorno und Benjamin bestimmten Begriffe der Geschichte und Naturgeschichte wie die »ontologische Wendung«, das Sein als Naturgeschichte zu bestimmen, zu eigen. Seine Anknüpfung an dessen Geschichts- wie auch Erzähltheorie führt er in *Unheimliche Heimat* aus: »Benjamin war der Auffassung, dass der wahre Erzähler nicht der Geschichte, sondern der Naturgeschichte tributpflichtig sei« (UH 115). Natur wie Geschichte sind auch bei Sebald »mit dem Mal der Vergänglichkeit« (359) versehen. Natur ist orientierungslos und ohne Ziel, als ob sie »kein Gleichgewicht kennt, / sondern blind ein wüstes / Experiment macht ums andre / und wie ein unsinniger Bastler schon / ausschlachtet, was ihr grad erst gelang« (NN 24). Körperliche und psychische Krankheiten sowie eine ganze Reihe »andere[r] pathologische[r] Phänome[.] der Natur« (BU 149) sorgen für die Effektivität ihrer existenziellen Experimentierlust: das »Antoniusfeuer[.], / eine[.] Infektion des Blutes, die / zu einem Abfaulen der Glieder führte / und neben der Lepra [...] die Epilepsie / und die [...] Lustseuchen«. Die Strategie der Natur, ihr »Ausprobieren, [...] / Sprossen, / Sichforttreiben und Fortpflanzen, / auch in und durch uns und durch / die unseren Köpfen entsprungenen Maschinen« (NN 20 ff.). Hier bezieht Sebald auch die seiner Meinung nach nächste Evolutionsstufe des Menschen, die Maschinen, in sein Konzept einer Naturgeschichte mit ein, wobei diese Weiterentwicklung wiederum als Ausweis der zerstörerischen Kräfte dieser Naturgeschichte gedeutet wird.

Sebald folgt den beiden Philosophen in ihrem Bestreben, Natur und Geschichte einander anzunähern. Geschichte ist für ihn nichts, was unabhängig von Natur stattfinden könnte, kein Sonderfall der Naturgeschichte, sondern in diese eingebettet. Das bedeutet weder, dass Geschichte aus der Verschränkung mit der Natur einen neuen Sinn bezieht, »natürlich« oder »göttlich« wird, noch, dass sie den menschlich-vernünftigen Gegenentwurf zu dem chaotischen Verdauungsmechanismus der Natur bildet. Konzepte wie Fortschritts- oder Heilsgeschichte spielen hier keine Rolle mehr. Geschichte bei Sebald ist zu einem beträchtlichen Teil katastrophal, diskontinuierlich und unvernünftig, denn die Fähigkeiten und Möglichkeiten des Menschen sind zu begrenzt, um sie lenken zu können: »jede Erkenntnis umgeben von einem undurchdringlichen Dunkel« (RS 30). Jedwede menschliche Entscheidung, und sei sie von den höchsten Staatenlenkern, wird von Risiken begleitet, die erst im Nachhinein zu überschauen sind. Sicherheit, Planbarkeit oder Vorhersehbarkeit von Abläufen gibt es grundsätzlich nie. In jedem Moment kann sich deswegen die »lautlose[.] Katastrophe, die sich / ohne ein Aufhebens vor dem Betrachter vollzieht« (NN 77), ereignen.

In einem Interview mit Volker Hage formuliert W. G. Sebald Adornos Kritik an einem überkommenen Geschichtsbegriff um und führt dazu aus: »Wir wissen ja inzwischen, daß Geschichte nicht so abläuft, wie die Historiker des 19. Jahrhunderts uns das erzählt haben, also nach irgendeiner von großen Personen diktierten Logik, nach irgendeiner Logik überhaupt. Es handelt sich um ganz andere Phänomene, um so etwas wie ein Driften, um Verwehungen, um naturhistorische Muster, um chaotische Dinge, die irgendwann koinzidieren und wieder auseinanderlaufen. Und ich glaube, daß es für die Literatur und auch für die Geschichtsschreibung wichtig wäre, diese komplizierten chaotischen Muster herauszuarbeiten. Das ist nicht auf systematische Weise möglich. Plötzlich blinkt etwas auf: Man sieht, wie absurd das von uns organisierte gesellschaftliche Leben ist, abgrundtief absurd« (Hage 2003, 43).

Dass auch die Geschichte bzw. die Zivilisation und die Naturgeschichte durch derlei ›Verwehungen‹ an ein Ende kommen können, wird mehrfach im Werk Sebalds erwähnt. Dann fällt Geschichte in eins mit einer Naturgeschichte des Seins und Werdens, aus der sie einst entstanden war, »wobei es letzten Endes keinen Unterschied macht, ob die Katastrophe von der Natur ausgeht oder vom Verlauf der Geschichte«. Die Geschichte der Menschheit wird von Sebald »nur als

eine besonders virulente und vielleicht die letzte Phase der Naturgeschichte« (UH 154) begriffen. Denn auch in Bezug auf das Ganze der Naturgeschichte beobachtet Sebald Verfall. Mit der Erfindung des Intellekts hat sich »das Leben immer weiter von den einfachen, eleganten Lösungen der Frühgeschichte der Evolution entfernt«. Der Verlauf der Naturgeschichte ist dem Autor zufolge im späteren Abschnitt ihrer Entwicklung bei dem »primitive[n] Machwerk« des Menschen angekommen, ihrem vorletzten Werk, bevor dann die Maschinen die Macht übernehmen. Der »Erwerb der Fähigkeit, über das eigene Leben nachzudenken, machte aus dem negativen Gradienten der Naturhistorie vollends eine abschüssige Bahn« (Sebald 1986, 198).

Die Poetik der Naturgeschichte

Welche Art von Poetik entwickelt Sebald nun vor diesem geschichtsphilosophischen Hintergrund? In der Literatur, wie sie ihm vorschwebt, geht es darum – wie er hier zu den Texten Alexander Kluges formuliert –, die Wahrheit der Naturgeschichte auszusprechen, »den großen Zug der fatalen Tendenz bisheriger Geschichte *im Detail* kenntlich zu machen« (CS 99) und die »Schmerzensspuren, die sich [...] in unzähligen feinen Linien durch die Geschichte ziehen« (Aus 20), nachzuzeichnen.

Sebalds Protagonisten sind dementsprechend unermüdliche Reisende, Fährtenleser und Kartographen, aber auch Opfer und Zeugen vergangener Gewalt- und Herrschaftsformen. Die Gesellschaft, in der sie sich bewegen, verschließt sich dem in ihren Atlanten aufgezeichneten Wissen und vertritt stattdessen eine Erinnerungsstrategie der Herrschaft, der Nationalgeschichte, der Chronologie und der narrativen Geschlossenheit. Darin werden Stätten des Eingedenkens systematisch zerstört und Individuen verbannt, wenn sie dem widersprechen. Sebalds Charaktere begeben sich, manchmal einem ihnen »selber nie verständlichen inneren Antrieb« (Aus 148) gehorchend, auf eine Suche nach ihren eigenen, fremden und gesellschaftlichen Traumata. Sie erzählen Ereignisse, »ohne große und kleine zu unterscheiden« und tragen »damit der Wahrheit Rechnung, daß nichts was sich jemals ereignet hat, für die Geschichte verloren zu geben ist« (Benjamin 1974, I.2, 694). Sie widmen sich dem »Gedächtnis der Namenlosen« (ebd., I.3, 1241) der Geschichte, und interessieren sich für die Rückseite der Macht, für Abseitiges, Fragmentarisches, Kosmopolitisches und Achronologisches.

Auch formal ist diese archäologische Suchbewegung in die Vergangenheit umgesetzt: Die entsprechende Darstellungsart ist die kaleidoskopische *bricolage* (s. Kap. 23), eine analoge, vorrationale wie materielle Suche als Bastler, Sammler und Antiquar nach Korrespondenzen und Knotenpunkten in der Geschichte (s. Kap. 20). In der Erzählsprache wird der »Klang« vergangener Zeiten »nochmals evoziert« (Köhler 1997). Das Kreisen einer in sich verschachtelten Syntax zwischen Gegenwart und Vergangenheit ermöglicht eine Annäherung des von der Zeit (und durch den Raum) Getrennten in der Sprache.

Die zu dem literarischen »Versuch der Restitution« (CS 248), vergleichbar vielleicht mit Benjamins »dialektischem Bild«, von Vergangenem notwendig zugehörige Aporie wird vom Autor gleich mitgenannt: »sollte man wirklich [...] in irgendeiner gar nicht denkbaren systematischen Form, berichten, [...] so brauchte es dazu eine endlose Zeit« (Aus 104). Daraus folgt entsprechend, »daß nichts von dem, was die Geschichte erzählt, wahr wäre« (148). Die Rekonstruktion des Ephemeren anhand diverser Erinnerungsmedien und Repräsentationen wie Orten, Gebäuden, Bildern, Filmen oder Texten kann immer nur als unablässiger Versuch der Annäherung an die historische Wahrheit verstanden werden, dessen Scheitern notwendigerweise vorprogrammiert ist. Gleichzeitig verlangt diese besondere, inoffizielle Form von Historiographie dem Verfasser einiges an psychischer Stabilität ab, da er jederzeit Gefahr läuft, »die unverstandene Niedergeschlagenheit derer zu erben, denen sein Zuspruch gilt« (CS 118). Melancholie (s. Kap. 31) ist wie bei Walter Benjamin die Stimmungslage, in der diese »allegorische« Geschichtsschreibung verfasst ist. Hat man in schwermütiger Versenkung den überlieferten Dingen und Materialien der Geschichte ihr Geheimnis erst einmal abgerungen, ist wieder eine neue Fährte der Zerstörung freigelegt.

Der Luftkrieg und die Naturgeschichte der Zerstörung

Die Untersuchung der Spuren, die der Zweite Weltkrieg hinterlassen hat, ist für W. G. Sebald auch eine Selbsterkundung: »Bei Kriegsende war ich gerade ein Jahr alt und kann also schwerlich auf realen Ereignissen beruhende Eindrücke aus jener Zeit der Zerstörung bewahrt haben. Dennoch ist es mir bis heute, wenn ich Photographien oder dokumentarische Filme aus dem Krieg sehe, als stammte ich, sozusagen, von ihm ab und als fiele von dorther, von diesen von mir gar nicht erlebten Schrecknissen, ein Schatten auf mich, unter dem ich nie ganz herauskommen werde« (Luf 83). Die Katastrophe des Zweiten Weltkriegs ist für den Autor eine (transgenerationelle) Keimzelle der eigenen Identität wie auch der der deutschen Nachkriegsgesellschaft. Dieser eignet sowohl im individuellen wie auch im kollektiven Sinn eine lebenslange Störung der Erinnerungsfunktion, eine Traumatisierung. Sie bildet einen weiteren Bestandteil dessen, was W. G. Sebald als »Naturgeschichte der Zerstörung« in der zweiten Hälfte des 20. Jahrhunderts bezeichnet.

Seinem Universitätskollegen, dem Zoologen und militärischen Regierungsberater Lord Solly Zuckerman (1904–1993), als nicht ausgeführtes Studienprojekt ›Über die Naturgeschichte der Zerstörung‹ zugeschrieben, widmet sich Sebald im entlegenen Ostengland selbst dem Anliegen. Er wendet sich dem Teil des Zweiten Weltkriegs zu, der für ihn wohl am engsten mit der eigenen Biographie (vgl. u. a. die Luftkriegserfahrung seiner schwangeren Mutter, beschrieben in *Nach der Natur*, 73 ff.) verbunden ist, dem Luftkrieg über Deutschland. Zuckerman habe sich an die 1978 in seiner Autobiographie *From Apes to Warlords* geäußerte Idee bei Sebalds Anfrage in den 1980er Jahren nicht mehr genau ›entsinnen‹ können. Als konkrete Erinnerung blieben ihm nur die Bilder »des schwarzen, inmitten der Steinwüste aufragenden Doms [...] und das eines abgetrennten Fingers, den er auf einer Schutthalde gefunden hatte« (Luf 42). Damit ist das historiographische Projekt ein ganz konkret aus traumatisch geprägter Geschichte durch den Autor gerettetes Projekt.

In der Folge entschließt sich der 1944 geborene W. G. Sebald, der *terra incognita*, die der Luftkrieg anscheinend in der kollektiven Psyche der Betroffenen hinterlassen hat, im Sinne Zuckermans, der sich dieser Aufgabe nicht gewachsen sah, wie er schreibt, nachzugehen. Im Luftkrieg glaubt Sebald ein Thema gefunden zu haben, das Benjamins Theorie der modernen *Choc*-Erfahrung und einer erfahrungsentleerten Erinnerung als auch die »allegorische« Geschichtsbetrachtung zu bestätigen scheint. Nun ergibt sich als Aufgabe für die Nachgeborenen seiner und der nächsten Generationen, im Nachhinein ein Bild zu zeichnen und das »nationale[.] Bewußtsein[.]« (Luf 19) dafür zu öffnen, was vielen der Betroffenen und Zeugen dieser »totale[n] Zerstörung« (14) unmöglich war, niederzuschreiben. Der Luftkrieg eignet sich hierfür auch deshalb so gut, weil seine physischen Zerstörungen im Stadtbild als Allegorien der traumatischen Leerstellen im Bewusstsein der Stadtbewohner dienen können.

Sebalds Streitschrift *Luftkrieg und Literatur* (s. Kap. 14) dreht sich dabei nicht nur um die psychohistorische These einer allgemeinen Traumatisierung der deutschen Bevölkerung durch den Luftkrieg, sondern auch um das Scheitern der deutschen Nachkriegsliteratur. Diese habe sich erstens durch eine »durchgehende[.] Vermeidung oder Verhinderung« (Luf 108) der Thematisierung des Luftkriegs hervorgetan und zweitens keine angemessene literarische Darstellungsweise dafür gefunden. In dieser harschen Kritik des Literaturwissenschaftlers muss man die poetologischen Präferenzen und Abgrenzungen des Schriftstellers W. G. Sebald mitlesen. Es ist nachgewiesen, dass Sebald hier eine ganze Reihe von Autoren wie Dieter Forte oder Walter Kempowski unberücksichtigt lässt, weil sie sich nicht in sein Argumentationsmuster eingliedern lassen.

Es ist Sebalds Auffassung, dass es zur Aufgabe des Schriftstellers gehört, sich »der genauesten Revokation der längst vom Vergessen geholten Dinge« (CS 189) verschrieben zu haben. Dahinter steht die Idee, aus der Folge der »heute schleichend sich ausbreitenden Katastrophen« (Luf 51), der historischen Zeit als abgedichteter ewiger Wiederkehr zerstörerischer Kräfte, das gezeichnete Bild jener Erinnerung mit seinem Potenzial für ein Ausbrechen aus dem Terror des Chronos entgegenzuhalten.

Die meisten der in *Luftkrieg und Literatur* genannten Schriftsteller der Nachkriegszeit können die derart an sie herangetragene gesellschaftliche Verantwortung nicht schultern. Außer Heinrich Böll haben sich laut Sebald unmittelbar nach dem Krieg nur noch Hermann Kasack, Hans Erich Nossack und Peter de Mendelssohn mit dem Topos der zerstörten deutschen Nachkriegsstadt befasst. Hermann Kasack habe sich dabei in einer faschistisch geprägten Sprache der »Mythisierung einer in ihrer Rohform der Beschreibung sich verweigernden Wirklichkeit« verschrieben, Nossack sei »der Versuchung, die realen Schrecken der Zeit durch Abstraktionskunst und metaphysischen Schwindel zum Verschwinden zu bringen« (Luf 59 ff.), verfallen, und de Mendelssohns »rückhaltlose Fiktionalisierung des Themas« führe in die literarisch wertlose »Kolportage«. Auch die avantgardistische, künstlich-stilisierte Sprache in den Texten Arno Schmidts verberge und fliehe die Wirklichkeit, statt sie zu entbergen.

Einzig der »konkret-dokumentarische Charakter« der Texte Hubert Fichtes und die »archäologische Arbeit Alexander Kluges« (70 ff.) hätten das Potenzial, dem Leser eine Ahnung der Wirklichkeit des Luftkrieges zu vermitteln. Das liege daran, dass sie sich durch ihre (pseudo-)dokumentarische, collagenhafte Vorgehensweise und den Rückgriff auf »authentische[.] Fundstücke« (Luf 72) einer falschen Ästhetisierung und Mythisierung der Wirklichkeit verschließen und dadurch einer Literatur der »konkreten Erinnerung« (63) verschreiben können.

Sebalds sehr spezifische Vorstellung der Darstellungsweise einer »Naturgeschichte der Zerstörung«, »wie sie Solly Zuckerman seinerzeit vorschweben mochte«, geht es primär darum, »in sehr konkreter Form de[n] Prozeß der Degradation sichtbar« (Luf 49) zu machen, der die Opfer und Zeugen der Angriffe erfasste. Ziel dieser Darstellung ist es demnach, »sich heute eine auch nur halbwegs zureichende Vorstellung zu machen von dem Ausmaß der während der letzten Jahre des zweiten Weltkriegs erfolgten Verheerung der deutschen Städte« (11). Das gelinge nicht nur mithilfe einer »Übersicht über die technischen, organisatorischen und politischen Voraussetzungen für die Durchführung von Großangriffen aus der Luft, mit einer wissenschaftlichen Beschreibung des bis dahin unbekannten Phänomens der Feuerstürme, mit einem pathographischen Register der charakteristischen Todesarten oder mit verhaltenspsychologischen Studien über den Flucht- und Heimkehrinstinkt« (43). Dazu brauche man genauso den »synoptischen, künstlichen Blick« (35), den eine bestimmte Art von Autoren aufweise. Die Beschreibung des Luftkrieges vor dem Hintergrund der Chronik der »Naturgeschichte der Zerstörung« sollte eine fiktionsreduzierte und von Subjektivität befreite sein, die sich möglichst vielfältiger, multiperspektivischer, wissenschaftlicher, technischer, historischer und psychologischer Quellen sowie einer sachlich-distanzierten Sprache bedient. Sie sollte auch die kleinsten Funde ihrer archäologischen Ausgrabungsarbeit »auf den Abraumhalden unserer kollektiven Existenz« (73) mit Bedeutung versehen, dabei der Erkenntnis vertrauend, dass Erfahrung heute nur noch auf vermittelte, ›künstliche‹ Weise ex post zu erlangen und weiterzugeben ist.

Sebald entfernt sich in seinen Ausführungen zum Thema scheinbar weitestmöglich vom eigentlichen Thema, folgt den Digressionen des Alltags, dem Unscheinbaren, Unbeachteten, um dann von dort aus den Bogen zurück zum eigentlichen Thema zu schlagen. So widmet er sich genau den Fluchtbewegungen der obdachlos gewordenen Bevölkerung, den sanitären Bedingungen, der Kleidungssituation, der Lage der Flora und Fauna, den Zoos, der Bedeutung der Musik in der Öffentlichkeit sowie der Eigendynamik der Industrieproduktion. Er zieht eigene und verschiedenartige fremde Erinnerungen, Zeitdokumente, Literatur und Archivphotos heran, um den historischen Gegebenheiten so »nah« wie möglich zu kommen. Auf diese Weise versucht er, »einen unverwandten Blick auf die Wirklichkeit« (62) der Zeit werfen zu können, gleichzeitig herausstreichend, dass die Augenzeugen des Geschehens nur unzuverlässige Informationsquellen sein können, denn gerade »aus dergleichen Erinnerungsbruchstücken [wird] begreiflich, daß es unmöglich ist, die Tiefen der Traumatisierung in den Seelen derer auszuloten, die aus den Epizentren der Katastrophe entkamen« (103). Die Wirklichkeit einer »Naturgeschichte der Zerstörung« kann von den teilnehmenden Subjekten immer nur im Schock erfasst und erfahren werden und bedarf notwendigerweise der Ergänzung von außen.

Worin liegt nun das Ziel von Sebalds ›unverwandtem Blick auf die Wirklichkeit‹ des Luftkriegs? Vergleicht man den 1982 erschienenen Aufsatz »Zwischen Geschichte und Naturgeschichte« und den Essay *Luftkrieg und Literatur* von 1997, lassen sich leichte Veränderungen bei der Beantwortung dieser Frage feststellen: Dem jüngeren Sebald geht es noch stärker darum, gesellschaftliche Lernprozesse auszulösen, die aus der Beschäftigung mit der betrachteten Literatur hervorgehen und an deren Ende die gesellschaftliche Befreiung von Herrschaft, die Abschaffung von Gewalt und der Ausbruch aus einer *historia calamitatum* stehen. Diese kritisch-aufklärerische Intention, das Beharren auf uneingelösten sozialpolitischen Möglichkeiten, die durch Literatur und Kunst in (kollektive) Erinnerung gebracht werden können, machen in *Luftkrieg und Literatur* einem stärker »naturhistorischen Denken« Platz. Dass »die gewissermaßen unter unserer Hand sich entwickelnden und dann anscheinend unvermittelt ausbrechenden Katastrophen in einer Art Experiment den Punkt vorwegnehmen, an dem wir aus unserer, wie wir so lange meinten, autonomen Geschichte zurücksinken in die Geschichte der Natur« (Luf 79), daran besteht kaum noch ein Zweifel. 1982 hatte Sebald in Auseinandersetzung mit den Texten Alexander Kluges noch geschrieben: »Der Lernprozeß, der sich im nachhinein vollzieht, ist vielmehr [...] die einzige Möglichkeit, die im Menschen sich regenden Wunschvorstellungen umzubiegen auf die Antizipation einer Zukunft, die nicht schon von der aus der verdrängten Erfahrung resultierenden Angst besetzt wäre« (CS 95).

Man kann in Sebalds Aneignung von Benjamins und Adornos Geschichtsbegriff und dessen literarischer Ausarbeitung in einer »Rekapitulation der Naturgeschichte des menschlichen Denkens« (UH 156) leicht ein über die bloße historische Darstellung konkreter Fakten und Daten und deren Interpretation sich erhebendes Konzept einer »Metaphysik der Naturgeschichte, die [...] den Grundprinzipien seiner Ästhetik der Erinnerung zuwiderläuft« (Fuchs 2004, 160), erkennen, wie es Anne Fuchs oder auch Andreas Huyssen tun. Wenn Geschichte per se katastrophisch ist, ist die Erinnerungsarbeit nur noch für das Archiv und entbehrt jeglicher gesellschaftlicher Relevanz. Der Autor wird zum Archivar des Status quo, der sich aus zynischen oder nostalgischen Motiven an seiner eigenen Aktensammlung delektiert. Sebald hat vor allem gegen Ende seines Schreibens vielleicht nicht immer »der Verlockung einer rein naturhistorischen Interpretation jüngster historischer Entwicklungen« (CS 100) widerstehen können. Das mag daran gelegen haben, dass die Geschichtstheorie, wie sie Benjamin und Adorno ein halbes Jahrhundert zuvor entwickelt hatten, den gesellschaftlichen Verhältnissen der 1980er und 1990er Jahre nicht genügend angepasst wurde, es mag auch an der »post-utopischen Ära« (Joachim Fest) gelegen haben, die Sebald im Anschluss an die enttäuschten sozialpolitischen Hoffnungen von 1968 das Begreifen von Realität mehr und mehr als »naturgeschichtlich« bestimmen ließ.

Literatur

Adorno, Theodor W.: *Die Idee der Naturgeschichte*. In: Theodor W. Adorno: *Gesammelte Schriften*. Bd. I, hg. von Rolf Tiedemann unter Mitwirkung von Gretel Adorno/Susan Buck-Morss/Klaus Schultz. Frankfurt a. M. 1990, 345–365.

Benjamin, Walter: *Gesammelte Schriften*. Unter Mitwirkung von Theodor W. Adorno/Gershom Scholem hg. von Rolf Tiedemann und Hermann Schweppenhäuser. Frankfurt a. M. 1974.

Fuchs, Anne: ›Die Schmerzensspuren der Geschichte‹. Zur Poetik der Erinnerung in W. G. Sebalds Prosa. Weimar/Wien/Köln 2004.

Hage, Volker: Volker Hage im Gespräch mit W. G. Sebald. In: *Akzente* 50/1 (2003), 35–50.

Hebel, Johann Peter: *Aus dem Schatzkästlein des Rheinischen Hausfreundes*. Berlin 1983.

Huyssen, Andreas: On Rewritings and New Beginnings: W. G. Sebald and the Literature About the Luftkrieg. In: *Zeitschrift für Literaturwissenschaft und Linguistik* 124 (2001), 72–90.

Köhler, Andrea: Katastrophe mit Zuschauer: Ein Gespräch mit dem Schriftsteller W. G. Sebald. In: *Neue Zürcher Zeitung*, 22.–23.11.1997.

Sebald, Winfried Georg: Tiere, Menschen, Maschinen. Zu Kafkas Evolutionsgeschichten. In: *Literatur und Kritik* 205/6 (1986), 194–201.

Sebald, Winfried Georg: Zwischen Geschichte und Naturgeschichte. Versuch über die literarische Beschreibung totaler Zerstörung mit Anmerkungen zu Kasack, Nossack und Kluge, In: *Orbis litterarum* 37 (1982), 345–366.

Patrick Baumgärtel

34 Krieg und Gewalt

Krieg und Gewalt bestimmen von jeher die Menschheit. Die Annahme, der Krieg sei das »Andere des zivilen Normalzustandes« (Koch 2007, 10), erscheint fragwürdig bzw. erweist sich als Trugschluss aus der verhältnismäßig langen Friedenszeit nach einem katastrophalen 20. Jahrhundert als Höhepunkt einer langen Kette kriegerischer Geschehnisse (Welzer 2013). Dies führt mitten hinein in das Sebaldsche Textuniversum, das mit einer Reihe von (historischen) Schauplätzen der Gewalt aufwartet. Jedoch sollte nicht der Eindruck entstehen, Sebald verhandle auf möglichst kulturpessimistische Weise (nur) die Unzulänglichkeiten einer überheblichen Menschheit. Vielmehr sind die Bezugsgrößen Krieg und Gewalt in Sebalds Texten die Folie, über den Zusammenhang von Geschichte und kulturellem wie individuellem Gedächtnis zu reflektieren und kritisch Historisierungsprozesse zu beleuchten (Fuchs/Long 2007). Als eine wichtige Referenz erweist sich Elias Canettis »Pathographie von Macht und Gewalt«. Ihm gelingt es, die »historische Wissenschaft«, die dazu neigt, »den durch Gewalt zur Geschichte gewordenen Wahnsinn zu neutralisieren«, als »eine gesteigerte Form von paranoischer Äußerung« zu entlarven (BU 93; vgl. Canetti 1990). Die Sebaldschen Texte – die literarischen ebenso wie die essayistischen und wissenschaftlichen – weisen ein hohes Problembewusstsein für die (Unver-)Mittelbarkeit vergangenen Geschehens auf. Sie verhandeln ›Geschichte‹ als »unglückliche Homonymie« der deutschen Sprache, in der »die gelebte Erfahrung, deren getreue[r] Bericht, ihre lügnerische Fiktion sowie ihre wissenschaftliche Erklärung« (Rancière 1994, 10), mithin Geschichte und Geschichten, schwer unterscheidbar zusammenkommen.

Gewalt. Bestimmung

Ist der Begriff ›Geschichte‹ mehrdeutig, so zeichnet sich ›Gewalt‹ begrifflich durch »Uneindeutigkeit« aus (vgl. Heitmeyer/Soeffner 2004, 11). Auch dies ist sprachlich begründbar: Als »Verfügungsgewalt haben« vom indogermanischen ›val-‹ abgeleitet ist ›Gewalt‹ ein an sich rechtsneutraler Begriff, der über die Zeit hinweg zur Übersetzung unterschiedlicher, einander widerstehender Rechtstermini vor allem aus dem Lateinischen diente (Röttgers 1974, 562). Etymologisch vereinigt ›Gewalt‹ in sich die so unterschiedlichen Begriffe *potestas* als rechtmäßige bzw. Amtsgewalt und *violentia* als ausgeübte Gewalt. Qua Etymologie erschwert sich ihre Bestimmung durch ihre Nähe zur Macht, zur Herrschaft, zur Kraft, zum Zwang, zum Widerstreit, zur Polemik und zum Konflikt (vgl. Waldenfels 2000, 10). Offenbar ist die Frage nach dem, was sie sei, *per se* verfehlt, da es sich nicht um eine »ontologische, sondern eine quasi-moralische, ethische Kategorie« handelt, die »in ein komplexes Geflecht der diskursiven Ordnungen« (Hirsch 2000, 68) eingebunden und nur vor deren Hintergrund, im jeweiligen zeitlichen und kulturellen Kontext greifbar ist. Einigkeit besteht in der Forschung indes darin, dass es Gewalt gibt, dass sie relational und ubiquitär ist und dass ihr Dreh- und Angelpunkt der Mensch ist. Er übt die Gewalt aus, erleidet sie – und interpretiert sie. Gleich ob absichtsvoll oder -los, individuell oder kollektiv, persönlich oder strukturell ausgeübt, erlitten oder interpretiert, dreht sich genauer gesagt alle Gewalt um den menschlichen – auch kollektiven – Leib, dessen »*verletzbare Leiblichkeit* das historische und interpersonale Kontinuum« bildet, das »Konstitutivum der Gemeinschaft und Gesellschaft gleichermaßen ist« (75).

Krieg und Gewalt bei W. G. Sebald. Eine Bestandsaufnahme

Genauso wie Geschichte setzt sich Literatur interpretierend zu Gewalt ins Verhältnis. Jene ›verletzbare Leiblichkeit‹ als Bedingung der Möglichkeit von Gewalt ist für die Rolle der Gewalt in Sebalds Texten wesentlich. Um sie dreht sich in Sebalds Œuvre alle Verhandlung von Gewalt, die sich als »Schmerzensspuren [...] in unzähligen feinen Linien durch die Geschichte« zieht (Aus 20). Seine Texte konzentrieren sich mit unverhohlener und einem melancholischen Gestus vorgetragener Modernekritik auf jene Prozesse, die in Gewalt mündeten (s. Kap. 31); dort, wo es um ›Regulierungen‹ im schlechten Sinne von Unterdrückung und um Niederschlagung geht, setzen die Texte an. Sie thematisieren die Allgegenwart von Gewalt, die »in ihrer Vernichtungspotenz [...] zum Signum des 20. Jahrhunderts geworden« ist (Baberowski 2015, 78). Doch das wäre zu kurz gegriffen. Zwar ist das 20. Jahrhundert das Epizentrum der Gewalt in Sebalds Texten, die Shoah ihr Kern. Doch erweist sich Sebald als ein ›Longue-Durée-Historiker‹ (vgl. Long 2007, 174), dessen um Vernichtung und Zerstörung ziehende Bahnen auch weit vor die Moderne, in zeitlich und räumlich entlegene Gefilde zurückreichen.

Die literarischen Texte verwenden auffällig viele präzise Datierungen, mit denen sie sich bis an die Grenzen der Unübersichtlichkeit in Zeit und Raum weit aufspannen. Dennoch fehlt ihnen das Bemühen um eine veritable Vergangenheitsillusion. Um ›Geschichte‹ als etwas grundlegend Nachträgliches und Konstruiertes offenzulegen, das nur aus zweiter Hand zu haben ist, verfolgen sie die »bis weit in die Vergangenheit zurückgehenden Spuren der Zerstörung« (RS 11). In den so entstehenden Erzählnetzen löst sich Geschichte in Geschichten auf, Schauplätze vervielfachen sich in räumlichem und zeitlichem Sinn zu gleichermaßen dichten wie lückenhaften Geflechten. Mit den verschiedenen Formen und Räumen von Gewalt, die in diesen Geflechten verwebt werden, legen die Texte ein hohes Problembewusstsein für das Begriffsspektrum und das Ein- wie Ausschlussprinzip von Gewalt offen. Zu nennen sind z. B. die strukturelle, sprachliche Gewalt des Gerüchts (z. B. 80 f., 96, 125 ff.; Agw 183 ff.) oder im Gegenteil des (Ver-)Schweigens, das eines der Traumatisierung (s. Kap. 35) oder der Tabuisierung (Luf) sein kann. Gleichermaßen spielen für die Topographie der Texte Gewalt bergende Räume eine wichtige Rolle, wie z. B. das Gefängnis (SG 65 ff.), das Krankenhaus und die Psychiatrie (Agw 150; Aus 382), das Labyrinth (SG 127; RS 206), das Museum (RS 20; Aus 346; CS 8 ff.), aber auch das Archiv und die Bibliothek (Agw 244, 275; RS 275; Aus 207 ff., 386–405), die Schule (Agw 41 ff.; CS 51 ff.; Aus 86 ff.) sowie Architekturen des Verfalls und Ruins (z. B. Agw 204, 269; RS 187ff; Aus 150 ff.). Unter den Genannten wird insbesondere der Krieg mit den ihm zugehörigen Formen und Räumen – u. a. der Festung als »Emblem der absoluten Gewalt« (Aus 23) und dem Kriegsmahnmal (SG 21 ff.; RS 150 ff.) – eingesetzt, um die von jeher herrschende Allgegenwart von Gewalt als ungute Verbindung zu Fortschrittsglauben und Disziplinierungsmaßnahmen erzählend zu umreißen. Bei einer Bestandsaufnahme entsteht der Eindruck, es habe immer nur kurze Friedensphasen, Pausen nach der letzten und vor der nächsten kriegerischen Auseinandersetzung gegeben – »weil es ja immer, wenn man gerade die schönste Zukunft sich ausmalt, bereits auf die nächste Katastrophe zugeht« (270). Der Bogen wird gespannt von der zweiten Zerstörung Jerusalems als »Projekt der Niederlegung des Lebens« (Agw 209), über die Schlacht zwischen Römern und Jazygen (RS 323), über die Schlacht auf dem Lechfeld (SG 236), zum Burenkrieg (RS 49), zum Russisch-türkischen Krieg (137) und der Schlacht von Silistra (Log 18), zur Schlacht bei Issos (CS 130; NN 96 ff., RS 323), zum

Dreißigjährigen Krieg (NN 11; RS 34 ff.), zum Irlandkonflikt seit seinen Anfängen (RS 158) bis zum irischen Unabhängigkeitskrieg (255). Es reihen sich die Schlacht bei Sempach (Log, 133), die Schlacht bei Balaklava (RS 196), der deutsche Bauernkrieg und die »sonderbare« Schlacht von Frankenhausen ein, »in der kaum ein Reisiger fiel, / die Leiber der Bauern aber / zur Hekatombe sich türmten« (NN 31), die Belagerung von Khartoum (RS 176), die Verfolgung der Hugenotten (332), das Massaker von Amritsar (349), der mit geschätzten 20–30 Millionen Toten besonders opferreiche Taiping-Aufstand, dessen »blutige[s] Grauen jedes Vorstellungsvermögen [übersteigt]« (169), sowie – unter weiteren anderen – der Opiumkrieg als Überlegenheitsdemonstration »der westlichen Geschütze« (170).

Letztgenannter fortschrittsgläubiger Machtdemonstration mag die Relevanz geschuldet sein, die den meist wirtschaftsbedingten Kriegen der Europäer seit der Frühen Neuzeit, wie dem Dritten Englisch-Niederländischen Krieg 1672–74 (RS 93 ff.), zukommt. Insbesondere werden mehrfach die kriegerischen Expansionsbewegungen thematisiert. Hier äußert sich die Kritik an einer »aus dem Dunkel, wie sie meinte, ins Licht hinaustretenden Gesellschaft« auf ganzer Linie (22), stellen doch die im Namen des Fortschritts verursachten Gräuel der kolonialistischen Bestrebungen in ihren »herzzerreißenden« Einzelheiten »die biblischen Leidensgeschichten weit in den Schatten« (154).

Eine wichtige Koordinate in der Sebaldschen »Schreckenschronik« (SG 273) ist der »Napoleonmythos«, er breitet sich unübersehbar über die Texte hinweg aus (vgl. z. B. 18 ff., 179, 259; RS 150 ff.; Log 21, 25, 78; Aus 102 ff.; CS 14, 33). Doch erscheinen »die von Napoleon geschlagenen Schlachten« zwar zunächst »in einem anderen Licht als das grauenvolle Blutbad der Revolution«, nämlich »nicht behaftet mit dem Stigma [...] der irrationalen Gewalt, sondern quasi überstrahlt von einer höheren Vernunft« (Log, 31), so ist auch das Lichtvolle dieses »korsische[n] Komet[en]« (Aus 101) nur eine Illusion. Die Napoleonischen Kriege sind zusammen mit der »Erhebung der Deutschen« (Log 34) der untrügliche Wendepunkt, an dem alles auf »eine abschüssige Bahn« gerät und sich die »Geschichte« als »das Martyrologium der Menschheit« herausstellt (34). Es ist diese Einschätzung der Geschichte als abwärts ins Dunkel sich drehende Entwicklung, deretwegen Sebalds Duktus an Benjamins *Angelus Novus* gemessen wird (Lemke 2008; Bock 2013; Benjamin 1974; Luf 79 f.; s. Kap. 45).

Hierin erklärt sich zudem der prominente Platz, den die Sebald-Forschung Napoleon, gewissermaßen als Scharnier in Hinsicht auf die Shoah, einräumt (Öhlschläger 2005).

Verfolgt man diese Linie weiter, dann führt jene ›Erhebung der Deutschen‹ 1870/71 unmittelbar zum Ersten und Zweiten Weltkrieg und damit an den Punkt, an dem »die Geschichte [...] ihrem Ende zugeht« (SG 156). Die auf das Attentat an Franz Ferdinand von Österreich – der »rapideste[n] Form der Gewalt« (Sofsky 1997, 105), auf nichts anderes aus als auf die Vernichtung des Gegenübers – folgenden Kriegsjahre stellen sich als »Unglückschronik« (RS 118) dar, die alle »nur erdenklichen Formen des gewaltsamen Todes« enthält (116; NN 72; Agw 23 f.). Einen beinahe größeren Stellenwert als der Erste Weltkrieg selbst hat das Kriegsvorjahr 1913 (Agw 23, 133 ff., 153; SG 101, 151, 163 ff., 211). Es wird als spürbarer Wendepunkt inszeniert, an dem »wie eine Natter durchs Gras [...] der Funken die Zündschnur entlang[lief]« (SG 142). In dieser Koordinate konfligieren der um den nachfolgenden Krieg wissende heutige Blick und die zeitgenössische Hoffnung auf eine vergangene, friedvolle Zukunft (vgl. Agw 186 ff.). So kommt mit der Zahl 1913 ein kontrafaktisches Moment in die Texte, das sich dem Wissen widersetzt, dass der »reale Verlauf der Geschichte [...] dann natürlich ein anderer gewesen [ist]« (RS 270). Letzterer jedoch führt nach einem Ersten sogar zu einem Zweiten Weltkrieg. Dieser ist mit vielen Schauplätzen präsent, so z. B. den »Kampfhandlungen auf dem europäischen Festland« (Aus 84), dem Vordringen der roten Armee (RS 349), den deutschen Luftangriffen auf Großbritannien (232), dem Luftangriff auf Nürnberg am 27./28. August 1944 (NN 73) als Teil des *area bombings* (RS 52 ff.), mit sich der Wissenschaftler und Essayist Sebald ausführlich und kontrovers diskutiert auseinandersetzte (s. Kap. 14). Die um die Gewalt kreisenden Euphemismen wie »Säuberungsaktionen« (RS 119) und »sogenannt[e] Kriegshandlungen« (121) spitzen sich auf den Holocaust zu.

Abermals wird der Gegensatz von Hell und Dunkel ausgespielt. Er ist an die quasi-messianische Heilserwartung des deutschen Volks geknüpft, dem sich in einer »anscheinend zwingenden Logik [...] die Aussicht auf ein Weltreich« mit »glanzvollsten Laufbahnen« und »rollenden Siegen« eröffnete (Aus 252 f.). Diese ›zwingende Logik‹ der Auserwähltheit führt zu zunehmenden Repressalien und Pogromen gegen die jüdischen Mitbürger, zu ihrer Deportation (Agw 73, 79 f., 274, 266; RS 125; Aus 248 ff., 406 ff.) und Ermordung. Betrachtet man »die Moderne als Ermöglichungsraum zerstörerischer Gewalt« (Baberowski 2015, 96), ist der Holocaust ihre »reine Form« (Bauman 2002, 255), die hier als das unbegreifbare, aber logische Ende einer langen »Tradition / der Verfolgung der Juden [...]« (NN 12) formuliert wird. Wenn er auch der »blind[e] Fleck[ ]« (Agw 80) des Erzählens ist (s. Kap. 35), gilt dem Holocaust die ganze Aufmerksamkeit (Jacobs 2004). Das zeigt sich bei den literarischen Texten in der Figurenzeichnung, bei den essayistischen und wissenschaftlichen in den Vorbildern und Vordenkern. Viele von ihnen sind Überlebende, Ermordete, Nachkommen von Überlebenden der Shoah. In ihrer »Randständigkeit« (Luf 17) und »Vereinzelung« (Aus 294) haben diese Sonderlinge »in ihrem nur provisorisch eingerichteten Leben« (60) allesamt »the emigrant status already before they emigrate« (Niehaus 2006, 316; Hein 2014, 273 ff.). Ihr Überleben ist sehr fragil und mündet wiederholt in einen Suizid, der als Gewalt gegen die eigene Leiblichkeit zur Sprache kommt bzw. angedeutet wird.

Sinnbild des Holocaust ist die Eisenbahn, sein Raum ist das Konzentrationslager (z. B. Agw 352 ff.; RS 77 ff.; Aus 331 ff.). An diesem »extraterritorialen Ort« werden die »Verformung des gesellschaftlichen Lebens« (Aus 335) und die »Verschrottung« (RS 121) des Menschen systematisch betrieben. Im Raum des Lagers kommt mit der Tortur eine Form der Gewalt zum Tragen (Aus 38 ff.), die die Leiblichkeit negiert. Sie ist darauf aus, die Leiblichkeit durch Objektivierung des Leibs abzuschaffen und, so Jean Améry, dessen Foltererfahrungen im Lager von Breendonk Sebald intertextuell aufruft, um Jemand durch »Verfleischlichung des Menschen« (Améry 2002, 74) in Etwas zu verwandeln (vgl. Öhlschläger 2006, 101–110). Weil sie »die Todeskontradiktion auslöscht« (Améry 2002, 75), hat die Tortur zudem als ahistorische Größe über die Texte hinweg eine enge Verbindung zur Hinrichtung bzw. Marter, der sie vorangeht (vgl. RS 177 f., 321; NN 17, 26 f.; Agw 253 f.; Aus 128) oder folgt (vgl. RS 22 f.).

Erzählungen von der Schlacht

Man könnte vermuten, Sebalds Œuvre bestehe aus einem einzigen Gemetzel und Kriegsgetümmel. Aber jener Negierung der Leiblichkeit gilt aller Widerstand der Sebald'schen Texte, sie verfolgen einen »Versuch der Restitution« (CS 240 ff.). Jede Thematisierung von Gewalt fokussiert auf ihre Opfer, ohne sich indes mit

ihnen gemein zu machen. Daher – und auch dies ist Teil der Verweigerung einer Vergangenheitsillusion – bleibt Vieles vom Genannten nur *en passant* erwähnt, eben: genannt. Gleichsam werden zwischen weitläufig voneinander entfernten vergangenen Begebenheiten unwahrscheinlichste Verbindungen geknüpft: So z. B. ist die Seidenraupe, selbst Opfer eines komplexen »Tötungsgeschäfts« (RS 348), Mittlerin zwischen den verfolgten, dank ihrer Seidenzuchtkunst rettenswerten Hugenotten einerseits und der weit späteren »fortschreitenden Aufrüstung einer unabhängigen Wehrwirtschaft« der Nationalsozialisten andererseits (347). Es entsteht ein zwischen kursorischen Nennungen und ans Ausufernde grenzenden Verstrickungen balancierendes Erzählsystem, das jene verletzte Leiblichkeit immer auch als Entzug, als unterhalb der Geschichte der Sieger lagernd thematisiert.

Um eine Gegengeschichte zu entwerfen, beziehen sich Sebalds Texte wiederholt auf den Topos der Schlacht, über den die Auseinandersetzung mit Krieg und Gewalt vielgestaltig verläuft, wie die Bestandsaufnahme zeigt. Allein zwei Bücher, *Austerlitz* und *Campo Santo*, fokussieren sie schon vom Titel her. Aber warum der Topos der Schlacht, wenn sich doch alles um den Holocaust dreht, von dem sie, sollte man meinen, wegführt? Statt ein dem Erzählen eigenes »Vermeidungssystem« (Aus 282) zu markieren, ist sie das geeignete, weil zeitlich wie räumlich begrenzte – aber eben nicht überschaubare, weil in viele einzelne Wahrnehmungen zerfallende – Dispositiv, um zu verdeutlichen, dass die Geschichte auf Dokumenten beruht, von denen keines das Ereignis selbst ist (vgl. Veyne 1971, 14). An der Schlacht wird das Gegenspiel von unüberschaubarem als unhintergehbarem Geschehen und geschichtlicher Tradierung manifest. Letztere wird sich immer nur mit stereotypischen Formulierungen behelfen können, hinter denen »die in ihrer extremen Kontingenz unbegreifliche Wirklichkeit der totalen Zerstörung verblaßt« – ein Problem, das Sebald auch an der deutschen Nachkriegsliteratur in Bezug auf den Luftkrieg herausgearbeitet hat (vgl. Luf 34; Baumgärtel 2010, insbes. 145–182).

Darin erklärt sich das – offene oder verdeckte – Herbeizitieren von Autoren wie Stendhal, Tolstoi, Sterne, Balzac, Chateaubriand oder auch Schiller, die eine jeweils ambivalente Beziehung zum Krieg, zur Schlacht und zum Ereignis haben. Da ist z. B. Jacques Austerlitz' Geschichtslehrer André Hilary, der an der Unmöglichkeit verzweifelt, ein Schlachtganzes darzustellen, weshalb einem »nie etwas anderes übrig[bleibe], als das, wovon man nichts wisse, zusammenzufassen in dem lachhaften Satz ›Die Schlacht wogte hin und her‹ oder einer ähnlich hilf- und nutzlosen Äußerung« (Aus 105). Wiederholt sind die Napoleonischen Kriege die »Bühne des Welttheaters« (CS 52; RS 150 ff., 318), um der Geschichte ein Hantieren mit »Versatzstücken« (Aus 105, RS 151, Luf 59) nachzuweisen, »die von anderen schon oft genug auf der Bühne herumgeschoben worden sind« (Aus 105). Eindrücklich sind auch die Besuche von Kriegsdenkmälern, die abermals Elias Canetti als einen wichtigen Gewährsmann ausweisen, auch zur Bestimmung des zugrunde gelegten Begriffs von Krieg. Anders als Clausewitz, der den Krieg zwar relational als »Kampf zweier Ringender« (Nohn 1976, 1233) denkt, ihm aber nicht den Willen zu töten zugrunde legt, ist in Canettis Kriegstheorie »ein Töten von *Haufen*« (Canetti 1990, 72) alleiniges Ziel. Sebald konzediert Canetti daher, dass er »das Faszinosum der Macht in ihrer reinsten Ausprägung in Verbindung gebracht [hat] mit der steigenden Zahl der von ihr angehäuften Opfer« (Luf 28). Dieser »Wettbewerb der wachsenden Massen« (Canetti 1990, 72) ist für die Schlacht und den Versuch einer Restitution insofern von Belang, als Canetti aus ihr die Etymologie der Schlacht bzw. des Schlachtfelds als Gemeinschaft der »auf dem Schlachtfeld Gebliebenen« (73) entwickelt, jenen also, die von der Schlacht nicht berichten können, sondern eine Gemeinschaft der Toten bilden – »Heerzüge dieser Unerlösten« (Aus 379) bevölkern Sebalds Texte.

Mit Canettis idealem Machthaber, der allein »auf einem riesigen Leichenfeld lebend noch steht« (Canetti 1990, 498), richtet der Erzähler in *Die Ringe des Saturn* die Perspektive von oben herab auf das vormalige Schlachtfeld, allerdings um festzustellen, dass »wir, die Überlebenden, [...] alles von oben herunter« sehen, ohne jedoch auch nur eine Vorstellung, »ein deutliches Bild« davon zu erlangen, »wie es war« (RS 152 f.). Ein deutlicheres Bild ergibt sich für den Erzähler auf diesem »Totenberg« erst, als er die Augen schließt und Stendhals Fabrice del Dongo an sich vorbei übers Schlachtfeld stolpern sieht. Damit imaginiert er eine paradigmatische Figur für das Auseinanderfallen der Schlacht in Erleben und Diskurs, erfährt doch Fabrice erst aus der Zeitung, dass er an einer Schlacht teilgenommen hat, und inkorporiert so das Zugleich von Teilnahme und Versäumnis eines Ereignisses (vgl. auch SG 7 ff.).

Die Schlacht ist das Modell für die Unzulänglichkeit historischer Vermittlung und die besondere Kategorie des Ereignisses, das sowohl als Produktion von Geschichte als auch als deren Unterbrechung gedacht werden muss (Hünsche 2012).

Zeigen der Schlacht

Der – stets vergebliche – Wunsch nach einem deutliche(re)n Bild der Vergangenheit führt zur intermedialen Erzählstrategie, zum Einsatz von Bildern (der Vergangenheit), unter denen die Schlachtenbilder abermals einen eigenen Platz behaupten. Die spezifischen Probleme geschichtlicher Darstellung schlagen sich in Sebalds Texten sowohl als Sagbarkeits- als auch als Sichtbarkeitsdiskurse nieder. In die literarischen wie auch essayistischen und wissenschaftlichen Texte sind Photographien bzw. ›Bilder‹ eingelassen. Dies gilt als besonders charakteristisch für das Sebaldsche Œuvre und ist ein Schwerpunkt der Sebaldforschung. Notwendig verweisen nun Photographien auf eine dem Text äußere Wirklichkeit. Jedoch setzt sich mit ihnen, als quasi-dokumentarischen Einlassungen, keine Faktifizierung der Texte in Gang. Im Gegenteil dient die Faktizität des Bildmaterials dazu, den Leser als Betrachter herauszufordern (Ceuppens 2002; Lethen 2006). Die Bilder werden als faktuale Supplemente fiktionalisiert, nicht nur also in den Buch-, sondern auch in den Textraum eingelassen, indem z. B. durch typographische Strategien wie Verjüngungen hin zum oder Verbreiterungen weg vom Bild oder durch sprachliche, deiktische Gesten allenthalben enge illustrative Text-Bild-Verhältnisse erzeugt werden, die die kontextuelle Wandelbarkeit des eingefügten Bildmaterials thematisieren. Dies zeigt sich insbesondere an den Historienbildern, die neben anderen Gemälden in die Texte aufgenommen werden.

Der Krieg beherrscht die Motivik von Historienbildern weitgehend. Auch dem Leser der Sebaldschen Texte begegnen Historienbilder zumeist als Schlachtenszenen, z. B. sind einige Schlachten aus der Bestandsaufnahme Referenzen auf Schlachtengemälde (NN 96 ff.; SG 18 ff., 236; RS 49, 93 ff., 150 ff., 323). Sie visualisieren die Kritik der Sebaldschen Texte an historischen Stillstellungen und Sichtweisen und illustrieren eine defizitäre Praxis, mit der die »gewaltig ausgreifenden und ausholenden Posen [zur] Heroisierung des Krieges« (SG 233) gegen die Unzugänglichkeit der Vergangenheit eingesetzt werden (Schedel 2004). Die Schlachtenbilder arbeiten also an ihrer eigenen Verwerfung mit, indem sie die »Kunst der Repräsentation der Geschichte« als »auf einer Fälschung der Perspektive« (RS 152) beruhend darbieten und ein ums andere Mal auch als Gattungsexempel für jene aus dem Dunkel ins Licht tretende Gesellschaft einstehen müssen (vgl. 230). Zugleich, und das ist der interessantere Teil ihrer Handhabung, entwenden die Texte diese »puren Fiktionen« (95) der an ihnen geübten Kritik und befragen sie auf eine bildinhärente Formulierung der »Vorteile einer fiktiven Vergangenheit« (91). Die Schlachtenbilder werden Teil einer poetologischen Strategie, um gegen den photorealistischen Anspruch des ›Es ist so gewesen‹ ein ›Als ob es so gewesen wäre‹ einzusetzen. An und mit ihnen, durch Zuschnitt auf das, was der Text an ihnen zeigen will, durch ihre Einbettung in ein aus Formulierungen im Futur II und Konjunktiv gestricktes Netz aus Vermutungen jenseits des Gezeigten und über es hinaus, wird die Kritik an einer spezifischen künstlerischen Stillstellung in eine Reflexion auf die Kontingenz des Geschehens überführt. So offenbart sich hinter der kritischen Auseinandersetzung mit der historischen Entwicklung von Text-Bild-Verhältnissen die Problematisierung mimetischer Operationen, die letzthin auch Fragen textueller Darstellbarkeit selbst thematisiert.

Der Gewalt als Gegenstand kommen die Texte weder erzählend noch zeigend mit Schockeffekten bei, wie sie der Wissenschaftler Sebald an Döblin kritisiert (s. Kap. 16; vgl. Mosbach 2009, 114 ff.). Statt sich in konkreten Darstellungen beschreibend zu ergehen, frappiert eher die distanzierte, vermittelte und hoch reflektierte Haltung gegenüber vergangenen Gräueln, die nicht nur dazu dient, die »Repräsentation der Geschichte« (RS 152) zu kritisieren, sondern auch mit anderen Mitteln für den literarischen Diskurs einen eigenen Platz zu reklamieren. Diesen Platz beanspruchen sie mittels Strategien der textuellen Selbstbefragung auf die angewendeten narrativen Verfahren. Angelegt sind die literarischen Texte als Niederschriften eines autobiographisch konzipierten Ich-Erzählers, der, von Schreibskrupeln und einem nicht immer verlässlichen Erinnerungsvermögen geplagt, in ein Geflecht von Reiseberichten, Zufallsfunden, Rechercheergebnissen, Gesprächs- und Lektürewiedergaben führt. Im Ich-Erzähler überkreuzen sich auf der obersten Erzählebene testimoniale Funktion und desorganisierende Strategien des Erzählens (s. Kap. 22). In dieser Selbstbefragung blicken sie kritisch auf die Poetisierbarkeit historischer Prozesse und das mögliche Versagen von deren Zugang zur repräsentierten Vergangenheit. Weil sie diese metafiktional zu nennende Selbstbefragung ausdrücklich an eine Problematisierung historisierender Prozesse knüpfen, wurden Se-

balds Texte schon recht früh in der Forschung als Beispiele historiographischer Metafiktion behandelt (Hammer 2000; Hauenstein 2014; Wolff 2014).

Literatur

Améry, Jean: Die Tortur. In: Irene Heidelberger-Leonard (Hg.): *Jean Améry. Werke. Bd. 2: Jenseits von Schuld und Sühne. Unmeisterliche Wanderjahre. Örtlichkeiten*, hg. von Gerhard Scheit. Stuttgart 2002, 55–85.

Baberowski, Jörg: *Räume der Gewalt*. Frankfurt a. M. 2015.

Bauman, Zygmunt: Über die Rationalität des Bösen: Interview mit Zygmunt Bauman. In: Peter Beilharz (Hg.): *Zygmunt Bauman*. Bd. 2. London 2002.

Baumgärtel, Patrick: *Mythos und Utopie: Zum Begriff der »Naturgeschichte der Zerstörung« im Werk W. G. Sebalds*. Frankfurt a. M. u. a. 2010.

Benjamin, Walter: *Über den Begriff der Geschichte*. In: Walter Benjamin: *Gesammelte Schriften*. Bd. I.2, hg. von Rolf Tiedemann und Hermann Schweppenhäuser. Frankfurt a. M. 1974, 691–704.

Bock, Wolfgang: Vom Atemschöpfen im Totenhaus oder: Der Chronist des steten Niedergangs. In: Christian Schulte/Winfried Siebers (Hg.): *Figuren der Erinnerung. Studien zum Werk W. G. Sebalds*. Wien/Berlin 2013, 41–54.

Canetti, Elias: *Masse und Macht* [1960]. Frankfurt a. M. 1990.

Ceuppens, Jan: Im zerschundenen Papier herumgeisternde Gesichter. Fragen der Repräsentation in W. G. Sebalds »Die Ausgewanderten«. In: *Germanistische Mitteilungen* 55 (2002), 79–99.

Fuchs, Anne/Long J. J. (Hg.): *W. G. Sebald and the Writing of History*. Würzburg 2007.

Hammer, Martin: *Die Wiederkehr der Geschichte in den Prosatexten von W. G. Sebald. Die Problematisierung historischer Repräsentation durch historiographische Metafiktion*. München 2000.

Hauenstein, Robin: *Historiographische Metafiktionen: Ransmayr, Sebald, Kracht, Beyer*. Würzburg 2014.

Hein, Christian: *Traumatologie des Daseins. Zur panoptischen Darstellung der Desintegration des Lebens im Werk W. G. Sebalds*. Würzburg 2014.

Heitmeyer, Wilhelm/Soeffner, Hans-Georg: Einleitung: Gewalt. Entwicklungen, Strukturen, Analyseprobleme. In: Wilhelm Heitmeyer/Hans-Georg Soeffner (Hg.): *Gewalt*. Frankfurt a. M. 2004, 11–17.

Hirsch, Alfred: Notwendige und unvermeidliche Gewalt? Zur Rechtfertigung von Gewalt im philosophischen Denken der Moderne. In: Mihran Dabag/Antje Kapust/Bernhard Waldenfels (Hg.): *Gewalt. Strukturen, Formen, Repräsentationen*. München 2000, 55–80.

Hünsche, Christina: *Textereignisse und Schlachtenbilder. Eine sebaldsche Poetik des Ereignisses*. Bielefeld 2012.

Jacobs, Carol: What Does It Mean to Count? W. G. Sebald's *The Emigrants*. In: *MLN* 119/5 (2004), 905–929.

Koch, Lars: Krieg als Imaginationsraum. In: Lars Koch/Marianne Vogel (Hg.): *Imaginäre Welten im Widerstreit. Krieg und Geschichte in der deutschsprachigen Literatur seit 1900*. Würzburg 2007, 10–14.

Lemke, Anja: Figurationen der Melancholie. Spuren Walter

Benjamins in W. G. Sebalds »Die Ringe des Saturn«. In: *Zeitschrift für deutsche Philologie* 2 (2008), 239–268.

Lethen, Helmut: Sebalds Raster. Überlegungen zur ontologischen Unruhe in Sebalds *Die Ringe des Saturn.* In: Claudia Öhlschläger/Michael Niehaus (Hg.): *W. G. Sebald. Politische Archäologie und melancholische Bastelei.* Berlin 2006, 13–31.

Long, Jonathan James: *W. G. Sebald. Image, Archive, Modernity.* Edinburgh 2007.

Mosbach, Bettina: Blinder Fleck – Zur Reflexion der Gewalt der Darstellung bei W. G. Sebald. In: Gerhard Fischer (Hg.): *W. G. Sebald. Schreiben ex partria / Expatriate Writing.* Amsterdam/New York 2009, 109–132.

Niehaus, Michael: No Foothold. Institutions and Buildings in W. G. Sebald's Prose. In: Scott Denham/Mark McCulloh (Hg.): *W. G. Sebald. History – Memory – Trauma.* Berlin 2006, 315–334.

Nohn, Ernst August: Krieg II. In: Joachim Ritter/Karlfried Gründer (Hg.): *Historisches Wörterbuch der Philosophie.* Bd. 4: I–K. Basel 1976, Sp. 1233–1234.

Öhlschläger, Claudia: ›Die Bahn des korsischen Kometen‹. Zur Dimension ›Napoleon‹ in W. G. Sebalds literarischem Netzwerk. In: Hartmut Böhme (Hg.): *Topographien der Literatur. Deutsche Literatur im transnationalen Kontext.* Stuttgart/Weimar 2005, 536–558.

Öhlschläger, Claudia: *Beschädigtes Leben, erzählte Risse. W. G. Sebalds poetische Ordnung des Unglücks.* Freiburg/Berlin/Wien 2006.

Rancière, Jacques: *Die Namen der Geschichte. Versuch einer Poetik des Wissens.* Frankfurt a. M. 1994.

Röttgers, Kurt: Gewalt. In: Joachim Ritter/Karlfried Gründer (Hg.): *Historisches Wörterbuch der Philosophie.* Bd. 3: G–H. Basel 1974, Sp. 562–570.

Schedel, Susanne: *»Wer weiß, wie es vor Zeiten wirklich gewesen ist?«: Textbeziehungen als Mittel der Geschichtsdarstellung bei W. G. Sebald.* Wien/Weimar/Köln 2004.

Sofsky, Wolfgang: Gewaltzeit. In: Trutz von Trotha (Hg.): *Soziologie der Gewalt.* Opladen 1997, 102–121.

Veyne, Paul: *Comment on écrit l'histoire.* Paris 1971.

Welzer, Harald: Krieg. In: Christian Gudehus/Michaela Christ (Hg.): *Gewalt. Ein interdisziplinäres Handbuch.* Stuttgart/Weimar 2013, 32–40.

Waldenfels, Bernhard: Aporien der Gewalt. In: Bernhard Waldenfels/Mihran Dabag/Antje Kapust (Hg.): *Gewalt. Strukturen, Formen, Repräsentationen.* München 2000, 9–24.

Wolff, Lynn L.: *W. G. Sebalds Hybrid Poetics. Literature as Historiography.* Berlin u. a. 2014.

Christina Hünsche

35 Trauma

Im Zentrum von W. G. Sebalds Schreiben stehen häufig die Abwesenheit und das Schweigen: durch die Überlagerung abwesender Narrative und Zusammenhänge einerseits und das Schweigen, das sich im Nachkriegsdeutschland eingenistet hat, andererseits. Sebalds Texte, die paradoxerweise Schweigen ausdrücken, sind Spiegelbild und Mahnmal zugleich: Prominent vertreten sind die Themen der alliierten Luftangriffe auf Deutschland während des Krieges (zur Debatte um die Reaktionen auf *Luftkrieg und Literatur* s. Kap. 14) sowie das Aufdecken der zum Schweigen gebrachten Geschichte, womit beide Themengebiete das Trauma deutscher (Nach-)Kriegsgeschichte aus Sebalds Blickwinkel repräsentieren. Das Trauma in Sebalds Werk ist nicht das eines Augenzeugen, sondern kann vielleicht am besten – angelehnt an Marianne Hirschs Gedächtniskonzept des ›Postmemory‹ – als ›Posttrauma‹ bezeichnet werden: Die traumatisierenden Erlebnisse hat Sebald nicht selbst gehabt, er ist aber dennoch stark geprägt von ihnen – einerseits durch deren Omnipräsenz und andererseits gerade durch das Schweigen, das sich nach Kriegsende insbesondere bei der Elterngeneration einstellte. Die vereinnahmende Wirkung der Erinnerungen und des Traumas der Elterngeneration wird auch durch Hirschs Konzept hervorgehoben (s. Kap. 32). Das ursprüngliche Trauma kann für Sebald daher nur indirekt angegangen werden, was sich thematisch wie auch stilistisch vor allem über die Vermehrung der Erzählebenen manifestiert.

Traumatheorien

Unter Trauma ist nicht lediglich ein Erlebnis von ausufernder Gewalt zu verstehen, sondern auch ein durch seine Form als verspätet wiedererlebtes Ereignis, das zum Zeitpunkt des Geschehens nicht rational verarbeitet werden konnte. Diese Latenz oder Nachträglichkeit wurde bereits von Sigmund Freud in seiner Arbeit *Erinnern, Wiederholen und Durcharbeiten* beschrieben. Obgleich Freud selbst hier keine Traumatheorie aufstellt, beschreibt er Ereignisse, die »seinerzeit ohne Verständnis erlebt worden sind, *nachträglich* aber Verständnis und Deutung gefunden haben«. Und man werde »durch die zwingendsten Motive aus dem Gefüge der Neurose genötigt, an sie zu glauben« (Freud 1991, 129). Freud beschreibt weiter, dass diese verspätete Reaktion auch eine sich wiederholende ist. Das traumatische Ereignis, das von den Patienten also verspätet und wiederholt als authentisch und präsent empfunden wird, muss bei der Behandlung in die Vergangenheit zurückverfolgt werden und als »Motiv fürs Erinnern« seine Existenzberechtigung zurückerhalten (vgl. Freud 1991, 134). Sich ebenfalls auf Freuds Traumakonzept berufend, das er in *Jenseits des Lustprinzips* und *Der Mann Moses und die monotheistische Religion* weiter ausarbeitet, betonen Dori Laub wie auch Kai Erikson und Cathy Caruth, die die Traumaforschung im Kontext des Holocausts in den 1990er Jahren wieder aufleben ließen, dass das traumatisierende Ereignis zum Zeitpunkt seines Eintretens nicht voll verarbeitet wurde. Da mit dem Ereignis nicht abgeschlossen werden konnte, haben Überlebende damit zu kämpfen, dass das Trauma sie in der Gegenwart einholt (vgl. Laub 1992, 69; Erikson 1995, 184; Caruth 1996, 16 ff.). Auf diese Beobachtungen Freuds, die die frühe Traumaforschung zum Holocaust in den 1990er Jahren aufgriff, folgten weitere Verfeinerungen einer möglichen Traumatheorie. Alle hierbei vorgelegten Definitionen haben gemein, dass sie wichtige Elemente des Trauma-Konzepts aufgreifen, aber immer auch ein anderes wichtiges Charakteristikum vernachlässigen (müssen).

Eine erste Kategorisierung innerhalb der Traumatheorien ist eine Unterscheidung von inhaltlichen und strukturellen Merkmalen. Der inhaltlichen Seite folgend, geht Aleida Assmann zufolge ein Trauma »auf lebensbedrohliche und die Seele tief verwundende Erfahrungen von extremer Gewalt zurück, deren Wucht den Reizschutz der Wahrnehmung zerschlägt« (Assmann 2006, 93 f.). Damit konzentriert sich Assmann auf den Aspekt der Gewalt. Die Politikwissenschaftlerin Jenny Edkins hingegen verfasste eine umfassendere Definition, die ebenfalls den Bereich der Literatur einschließen kann. Edkins definiert das Trauma als etwas, das über eine Situation der Hilflosigkeit und Gewalt hinausgeht. Vielmehr werden bis dato beschützende Kräfte zu Peinigern und die Gemeinschaft, der man sich zugehörig fühlte, stellt sich gegen einen. Als Beispiel sei die Familie genannt, die sich vom instinktiven Ort der Geborgenheit zu einer Gefahrenzone wandeln kann und damit ein traumatisches Erlebnis darstellt (vgl. Edkins 2003, 4). Edkins bewegt sich mit ihrer Definition auf einer allgemeineren Ebene als Assmann und schließt somit Assmanns Ansatz der physischen und psychischen Gewalt mit ein, bleibt aber gleichzeitig offen für weitere Ursachen, die bis hin zu einem Freud'schen Mutterkomplex reichen können.

Auch der bekannte Ansatz Alexander und Margarete Mitscherlichs, den sie 1967 in ihrem Werk *Die Unfähigkeit zu trauern* entwickelten, lässt sich mit Edkins' Definition vereinbaren. In ihrem Text, der Sebald gut bekannt war und den er selbst in *Luftkrieg und Literatur* zitiert (vgl. Luf 97), beleuchten und erklären Alexander und Margarete Mitscherlich aus der Perspektive der Psychoanalyse die Traumatisierung Deutschlands, wenden also psychoanalytische Konzepte des Individuums auf ein Kollektiv an. In ihrer Ausarbeitung geht es nicht um den individuellen Täter, sondern um das mit einer gewissen Schuld beladene Volk. Sie beschreiben die Starre nach dem Krieg als narzisstischen Reflex auf das traumatische Erlebnis des Verlusts des Führers, mit dem eine »Ich- oder Selbstverarmung und -entwertung« einherging (Mitscherlich/Mitscherlich 2007, 34 f.). Als Folge dieser traumatischen Erfahrung wurden »Notfallreaktionen, Vorgänge, die dem biologischen Schutz des Überlebens sehr nahe, wenn nicht dessen psychische Korrelate sind«, aktiviert (Mitscherlich/Mitscherlich 2007, 35). Sie sollten oder mussten einerseits das Volk vor dem Zusammenbruch in Schuldgefühlen bewahren, andererseits aber hätte nach einer gewissen Zeit gleichwohl Trauerarbeit angesichts der Opfer stattfinden müssen, um das Trauma tatsächlich zu überwinden, was 1967 allerdings kaum in Aussicht stand. Auch wenn Alexander und Margarete Mitscherlich nur selten selbst von einem Trauma sprechen, haben sie erkannt, dass die zuvor erwähnte Latenzzeit des Traumas abgelaufen war und es nunmehr Deutschlands Aufgabe sein musste, ebendiese Geschichte aufzuarbeiten, wozu sie mit ihrem Werk selbst entscheidend beitrugen.

Die Bedeutung des Traumas auf kollektiver Ebene zeigt erneut Parallelen auf zur Gedächtnistheorie und insbesondere zum Werk Maurice Halbwachs'; individuelle Herangehensweisen sind immer auch kollektive und auch Erikson bestätigt, dass das Trauma kollektiv erfahren werden kann, beispielsweise wenn die traumatischen Wunden der Einzelnen als Gruppe eine bestimmte Stimmung oder ein übergreifendes Bewusstsein bilden, das mehr ist als seine Einzelteile. Damit hat Trauma auch eine soziale Dimension (vgl. Erikson 1995, 185).

Von Halbwachs' und Eriksons Überlegungen zur sozialen Dimension des Traumas ausgehend, stellt sich nun die Frage, wie Traumabewältigung stattfinden kann, und damit auch nach Form und Struktur des Traumas. Wie oben bereits beschrieben, handelt es sich bei einem Trauma strukturell um ein Erlebnis, das nicht rational verarbeitet werden konnte und verspätet wieder an das Bewusstsein dringt, wodurch das Gefühl entsteht, dass man von der Vergangenheit verfolgt bzw. eingeholt wird. Die Schlussfolgerung ist daher naheliegend, dass es für die Bewältigung eines Traumas notwendig ist, dieses bewusst wahrzunehmen und wieder in rationale Denkstrukturen einzugliedern: Es muss rekontextualisiert werden. Dabei muss auch das bis dahin gestörte Verhältnis zum Gedächtnis wiederhergestellt werden (vgl. Feehily 2009, 189). Ob dieser Prozess tatsächlich eine heilende Wirkung hat, wird angezweifelt: Aleida Assmann betont die Unmöglichkeit einer vollständigen Traumabewältigung (vgl. Assmann 2006, 94), ebenso verweist Robert Eaglestone darauf, dass vor allem seit der Etablierung des Begriffs Trauma als medizinischem Begriff die Illusion besteht, Traumata seien heilbar (vgl. Eaglestone 2008, 96).

Wenngleich die Frage nach der Möglichkeit, von einem Trauma geheilt zu werden, weiter im Raum steht, so lässt sich das Thema Aufarbeitung dennoch in einen produktiven Zusammenhang bringen, gerade in Bezug auf Postmemory und Posttrauma, also die nachfolgenden Generationen betreffend. Wenn Nachträglichkeit ein Hauptmerkmal des Traumas darstellt, es also nur verspätet als solches zu erkennen ist, kann Aufarbeitung vielleicht gerade nur durch die jüngeren Generationen erfolgen, die mit den Spätfolgen des Traumas in Form von Erzählungen, Handlungen und Symptomen der vorangehenden Generation zurechtkommen müssen (vgl. Hirsch 2001, 12). Dies stellt das Posttrauma nicht mit dem Trauma des Opfers gleich und befreit auch nicht den traumatisierten Augenzeugen von seinem Trauma, kann das Kollektiv aber aus seiner von den Mitscherlichs beobachteten narzisstischen Schockstarre herausholen.

Trauma in »Austerlitz« und »Die Ausgewanderten«

In Sebalds fiktionalen Texten begeben sich die Protagonisten regelmäßig auf Spurensuche. Dies gestaltet sich als archäologisches Erinnerungsprojekt, indem sie beabsichtigt oder unbeabsichtigt auf von verschiedenen Narrativen überlagerte und verspätet wieder auftauchende Geschichten und Schicksale stoßen. Das traumatische Objekt wird aber niemals geborgen, was in Sebalds Pessimismus und offenen Enden reflektiert wird. Dora Osborne analysiert *Die Ausgewanderten* vor dem Hintergrund von Lacans Traumatheorie und deutet den Text als Verlust: einerseits durch das Entwurzeltsein des Emigranten und andererseits als Teil einer »post-postwar« Erzählung (vgl. Osborne 2013, 106). Dr. Henry Selwyn beispielsweise wird selbst von unterdrückten Erinnerungsfetzen an die Auswanderung aus Litauen eingeholt (vgl. Agw 31) und der Erzähler, Selwyns Gesprächspartner, beschreibt als Reaktion auf die Nachricht über Selwyns Suizid, wie »gewisse Dinge so eine Art [haben], wiederzukehren, unverhofft und unvermutet, oft nach einer sehr langen Zeit der Abwesenheit« (Agw 36); letzteres ist, wie u. a. Ben Hutchinson ausgeführt hat, eine deutliche Anspielung auf Johann Peter Hebels Kalendergeschichte *Unverhofftes Wiedersehen* – eine weitere eingebettete »Naturgeschichte der Zerstörung« (Hutchinson 2009, 42; auch Öhlschläger 2006, 51 f.). In einer analogen Weise wird auch der Leser von wiederkehrenden und werkübergreifenden Motiven in Sebalds Werken eingeholt, die so ein Netzwerk des Traumas bilden (vgl. Whitehead 2004, 117–139). Paul Bereyter in *Die Ausgewanderten* findet zu Lebzeiten keine Plattform, auf der eine Erinnerungsarbeit stattfinden könnte, und seine Opferidentität sowie deren Aufarbeitung wird ihm verwehrt. Bereyters Geschichte wird so zwangsläufig zu einer traumatischen, da sie laut Christina Szentivanyi keinen Platz im öffentlichen Diskurs findet, bis der Erzähler, ein ehemaliger Schüler Bereyters, nach dem Tod seines Lehrers mit Recherchen zu dessen Hintergrund beginnt (vgl. Szentivanyi 2006, 362). Hier findet sich das von Sebald häufig verwendete Motiv der Eisenbahn und der Bahngleise. Obgleich sich Bereyter erst viele Jahre nach Ende des Zweiten Weltkriegs umbringt, indem er sich auf die Gleise legt, steht die Bahn bei Sebald immer in einer ambivalenten Beziehung zum Nationalsozialismus und Holocaust: einerseits durch Tod und Deportation, andererseits als Rettung wie im Falle Max Aurachs oder dem Jungen Austerlitz.

Im Falle Austerlitz' wie auch der anderen Emigranten argumentiert Michael Niehaus, dass es kein zugrunde liegendes traumatisierendes Ereignis im eigentlichen Sinne gibt, sondern insbesondere Austerlitz' Erlebnis im Ladies Waiting Room lediglich Platz und Funktion eines Traumas übernimmt (vgl. Niehaus 2006, 333). Dieser Blickwinkel erlaubt es, Austerlitz' Trauma auf die Entdeckung seiner wahren Identität zurückzuführen: Die Familie, bei der er in Wales aufwächst, hat ihn aufgenommen, nachdem er während der Judenverfolgung mit einem der Kindertransporte aus Deutschland in Großbritannien angekommen war. Er sieht sich »als das von seinem vertrauten

Leben von einem Tag auf den anderen abgesonderte Kind« und leidet unter einem »Gefühl des Verstoßen- und Ausgelöschtseins« (Aus 326). Austerlitz versucht nun, diesen doppelten Identitätsverlust dadurch zu kompensieren, dass er sich bemüht, mehr über das Schicksal seiner Eltern herauszufinden. Seine Recher- chen führen ihn durch ganz Europa, unter anderem nach Prag zu seinem ehemaligen Kindermädchen und nach Theresienstadt, dem letzten bekannten Aufent- haltsort und vermutlichen Todesort seiner Mutter. Die Tatsache, dass Austerlitz von seiner Mutter ge- trennt wurde, ist von zentraler Bedeutung, da es einer- seits eine Enttäuschung durch die, die ihn beschützen sollten, darstellt, andererseits, wie Wolf Wucherpfen- nig aufzeigt, auf das Trauma als narzisstische Störung verbunden mit dem Mutterkomplex verweist (vgl. Wucherpfennig 2004, 155). Ähnlich deutet auch Dora Osborne in ihren Überlegungen zum Trauma des Pro- tagonisten in *Austerlitz* Freuds Analyse des *Fort/da- Spiels* und den damit verbundenen Verlust der Mutter als frühestes Trauma (vgl. Osborne 2013, 31). Die Nä- he des Traumakonzepts, wie es in *Austerlitz* vorzufin- den ist, zu Jenny Edkins' Traumadefinition, der zufol- ge der Peiniger eine bis dato schützende Instanz oder Person war, zeigt sich auch darin, dass Jean Amérys Leidensgeschichte im Text aufgegriffen wird. In *Aus- terlitz* wird betont, dass Amérys Psyche insbesondere darunter litt, dass seine Folterer zu der Gesellschaft gehörten, zu der er sich bis dato ebenfalls zugehörig gefühlt hatte (vgl. Szentivanyi 2006, 360 f.). Auch dies trägt dazu bei, dass die eigene Heimat zur unheimli- chen wird (s. Kap. 12).

Eine wichtige Rolle kommt in allen Texten dem Er- zähler zu, der als Zuhörer und Therapeut fungiert, aber auch selbst traumatisiert sein kann. Durch die Staffelung der Erzählebenen baut Sebald eine Distanz auf, die die Distanz des Protagonisten zum traumati- schen Kern stilistisch widerspiegelt. Anne Fuchs ist al- lerdings skeptisch, dass Sebalds selbstreflexives Schreiben ausreicht, um Identifikation zu verhindern (vgl. Fuchs 2004, 32) und verweist damit auf eine ver- wandte Debatte, die zeigt, dass insbesondere in Bezug auf das Thema Trauma streng zwischen Empathie und Identifikation unterschieden werden muss. Claire Feehily beispielsweise sieht in Sebalds Text eine starke Emotionalität und Identifikation zwischen Leser und Figuren, da der Leser bei den vielen Erzählern leicht den Überblick verlieren kann und damit auch das ur- sprüngliche Trauma und das traumatisierte Subjekt aus dem Blick verliert (vgl. Feehily 2009, 190). Auch Christiane Weller argumentiert wie folgt: »Die Melan-

cholisierung des Zeugen fließt zusammen mit einer Traumatisierung des Zeugen, sei es in der Figur Aus- terlitz', des Ich-Erzählers, oder auch im Leser. [...] Dies erlaubt es dem Leser, teilzuhaben am Phantasma des Ursprungs«, dem Trugbild, das auf ein Objekt ver- weist, »das verloren scheint, ohne dass gesagt werden könnte, ob es jemals existent gewesen wäre« (Weller 2009, 507). Damit seien beispielhaft die beiden For- schungspositionen aufgeführt, denen zufolge die Er- zählebenen bei Sebald einerseits eine angemessene Distanz bewahren, andererseits aber auch die über- lagernden Narrative ineinandergreifen, wodurch die Distanz regelmäßig durchbrochen wird.

Sprache als ›jämmerliche Krücke‹

Wenn das Trauma auf Strukturebene dadurch ge- kennzeichnet ist, dass es sich in bestehende kognitive Schemata nicht integrieren lässt und separat von Be- wusstsein und abrufbaren Erinnerungen gespeichert wird (vgl. Feehily 2009, 189), versucht Traumalitera- tur einerseits das Trauma in den Kontext des Rezi- pienten zu integrieren, andererseits kann dieses Un- ternehmen nie ganz gelingen: Die Repräsentation und Rekontextualisierung eines Traumas – also eines Ge- genstandes, der sich dadurch definiert, eine solche Re- kontextualisierung zu verweigern – scheint auto- matisch zum Scheitern verurteilt. Es verwundert da- her nicht, dass genau dieses Dilemma auch zum Ge- genstand von Texten gemacht werden kann. In dieser Hinsicht ragt Sebalds Werk, wenn man Szentivanyi folgt, heraus: Sie erkennt in seinem Werk die mora- lische Pflicht und sozio-kulturelle Notwendigkeit ei- nes Autors, die Verschüttungen und das Schweigen des institutionalisierten, kollektiven Gedächtnisses zu bezeugen, und im literarischen Schaffen die Aufgabe, nach angemesseneren Arten der Repräsentation zu suchen (vgl. Szentivanyi 2006, 357). Sebalds Texte zei- gen ein Bewusstsein für diese Problematik, indem sie Erzählungen von Zeitzeugen und Überlebenden so- wie authentische Dokumente einbetten und zeigen, wie beispielsweise Primo Levis und Jean Amérys lite- rarische und essayistische Arbeiten immer nur eine partielle Errettung mit sich führen. Insofern nämlich die Versprachlichung des Traumas dieses aufhebt, be- deutet jede Form der sprachlichen Vermittlung ein »Abweichen von der Wahrheit« (Fuchs 2004, 29). Die Versprachlichung bringt daher eine Verschleierung des Traumas mit sich, da Dissoziation und Latenz, die wichtige strukturelle Kriterien des Traumas sind, verdeckt werden. Da sprachlich keine vollständige Zeugenschaft geleistet werden kann, mag der Suizid als einzig logische Konsequenz angesehen werden (vgl. Szentivanyi 2006, 353).

In *Luftkrieg und Literatur* kritisiert Sebald vehement, dass die extreme und unbegreifliche Natur der totalen Zerstörung in den sprachlichen Darstellungen »hinter einschlägigen Formulierungen wie ›ein Raub der Flammen‹, ›verhängnisvolle Nacht‹ [...] [oder] ›das furchtbare Schicksal der deutschen Städte‹« verblasst. Diese Wendungen, so Sebald, verdecken und neutralisieren »die über das Fassungsvermögen gehenden Erlebnisse« (Luf 34). Sebald rechtfertigt diese kritische Haltung gegenüber konventioneller Sprache und Form damit, dass jemand, der das nach den Bombenangriffen in Trümmern liegende Dresden gesehen hat, wohl kaum mit »ungetrübtem Verstand« davongekommen sei und daher das Weiterfunktionieren der bisherigen Sprache in Augenzeugenberichten Zweifel an deren Authentizität wecken müsse (Luf 35). Als Mittel gegen diesen konventionellen Stil und gegen »pseudoästhetische[] Effekte« (Luf 64) bietet sich laut Sebald ein dokumentarischer Stil an, wie er sich auch in seinem literarischen Schaffen zeigt.

Robert Eaglestone führt die Schwierigkeit, das Trauma sprachlich darzustellen, letztlich auf unterschiedliche Sprachsysteme zurück: *signifié* und *signifiant* hätten sich verschoben, sodass der Außenstehende das Zeichensystem nicht versteht, dessen der traumatisierte Überlebende sich bedient; *Schmerz* beispielsweise mag in beiden Sprachsystemen existieren und umschrieben werden können, kann von dem Außenstehenden aber nicht vollständig und authentisch nachempfunden werden (vgl. Eaglestone 2008, 17 ff.). Sebalds Figuren sind daher immer wieder von einer Form von Sprachkrise geprägt, die an Hugo von Hofmannsthals *Chandos-Brief* erinnert (vgl. Hutchinson 2009, 109) und auch auf die Problematik der sprachlichen Darstellung eines Traumas verweist: Der Erzähler in *Schwindel. Gefühle* empfindet sein Geschriebenes als »das sinnloseste, leerste und verlogenste Gekritzel« (SG 114) und auch Austerlitz klagt: »Keine Wendung im Satz, die sich dann nicht als eine jämmerliche Krücke erwies, kein Wort, das nicht ausgehöhlt klang und verlogen« (Aus 177). Eine konkrete Ausprägung dieser Sprachkrise ist Austerlitz' Lektüre von H. G. Adlers Buch über das Ghetto in Theresienstadt, das er auf Deutsch liest: Er kommt kaum voran, was er auf große Sprachprobleme zurückführt. Er empfindet das Deutsche in Adlers Buch genauso schwer wie das »Entziffern einer ägyptischen oder babylonischen Keil- oder Zeichenschrift« (Aus 334). Durch den Vergleich mit der ägyptischen Sprache wählt Austerlitz ein Schriftsystem, bei dem Zeichen und Bezeichnetes noch klar verbunden und eben nicht willkürlich sind, was ursprünglich auch für die Keilschrift galt (vgl. Walker 1987, 10). Dies verweist auf die Unzulänglichkeit nicht nur der modernen, sondern aller Schriftsysteme. Fuchs betont zugleich die Bedeutung des Körpers, der sich zwar »den Regeln des geordneten Diskurses widersetzt« aber dennoch lesbar ist (Fuchs 2004, 23). So könnten beispielsweise wiederkehrende Erschöpfungszustände oder Augenkrankheiten, die bei fast allen Figuren und Protagonisten Sebalds auftauchen, entsprechend gedeutet werden. Obgleich mehrere Jahre zwischen Austerlitz' Zusammenbruch und seinem Gespräch mit dem Erzähler liegen, kann Austerlitz' Zuverlässigkeit jedoch angezweifelt werden, wenn wenige Zeilen weiter der Erzähler Austerlitz ein ausgezeichnetes Deutsch attestiert: »Austerlitz artikulierte diese deutschen Schachtelwörter zu meiner Verwunderung ohne jedes Zögern und ohne die geringste Spur eines Akzents« (Aus 334). Dies ist genauso wundersam wie das plötzliche Wiederaufleben seiner tschechischen Sprachkenntnisse nach dem Zusammentreffen mit seinem früheren Kindermädchen in Prag. Austerlitz' Unzuverlässigkeit spiegelt daher einerseits die Erinnerung als *mémoire involontaire* als Symptom des Traumas wieder, aber andererseits auch die Unzuverlässigkeit dieser einholenden Erinnerung.

Schwindelgefühle

Ein in vielen Texten Sebalds wiederkehrendes Symptom des Traumas ist schließlich das Schwindelgefühl. Es tritt insbesondere dann auf, wenn verschiedene Zeit- und Erzählebenen aufeinandertreffen und die nicht greifbare traumatische Vergangenheit gerade durch ihre Abwesenheit besonders hervortritt. Die anfängliche »Verwirrung der Gefühle« am »Abgrund der Zeit« (Aus 156; 157), die Austerlitz' Geschichtslehrer in Iver Grove empfindet, springt auf Austerlitz über, als dieser vor dem Haus seiner ersten Kindheit in Prag steht. Er empfindet das Gefühl als »glückhaft[ ] und zugleich angstvoll[ ]« (Aus 219), es führt in jedem Fall aber zu einem physischen Erschöpfungsgefühl. Austerlitz erleidet mehrere Nervenzusammenbrüche, die alle in Verbindung zu seiner Vergangenheitsaufarbeitung gebracht werden können. Ein ähnliches Schwindelgefühl empfindet auch der Bibliotheksangestellte Henri Lemoine im 18. Stock der Pariser Nationalbibliothek, der »Sog des Abgrunds« wird ihm zur »Strömung der Zeit« (Aus 402). Diese prominenten Beispiele finden Vorgänger beispielsweise in *Schwindel. Gefühle* in Bezug auf die Differenz zwischen Vorstellung und Realität, die bei Henri Beyle ein »noch niemals zuvor gespürtes, schwindelartiges Gefühl der Irritation« auslöst (SG 22). Wenn es auch nicht unmittelbar in Schwindel resultiert, so findet sich doch die »Strömung der Zeit« auch in *Die Ringe des Saturn* wieder (RS 239). Das traumatische Objekt wird verschoben auf einen »extraterritorialen Ort« (RS 49), durch den Sebald nicht nur Anknüpfungsmöglichkeiten an die Traumata des Zweiten Weltkriegs findet, sondern auch an die mit dem Kolonialismus, den chinesischen Herrschern oder dem Massaker von Amritsar ausgelösten Traumata. Schließlich verbindet Sebald verschiedene Erzählstränge in einem abschließenden Kommentar zum »Tötungsgeschäft« (RS 348) und zur Trauer-Tradition. Insofern wird Simon Cooke zufolge die Wallfahrt in den *Ringen des Saturn* zum Thana-Tourismus (Cooke 2010). *Die Ausgewanderten* begehen Suizid, *Schwindel. Gefühle* endet mit dem Traum eines alles vernichtenden Feuers und Austerlitz begibt sich auf die Suche nach dem Schicksal seines Vaters: Sebalds Texte bieten dem Leser damit keine kathartische Befreiung aus dem Zustand des Traumas, sondern den Verweis auf eine »auf immer verlorene[] Heimat« (RS 350). Auch weil das Trauma die Heimat hat unheimlich werden lassen, ist das Schwindelgefühl ein durch Desorientierung und Exil gegebenes räumliches Symptom der Nachträglichkeit und Latenz, woraus sich auch ein Schreibauftrag und -zwang aus der Peripherie heraus ergibt (vgl. Klebes 2009, 73). Verweigert sich eine Gesellschaft diesem Auftrag und hält sie sich zurück mit Erinnerungs- und Wiederaufarbeitungsarbeit, führt diese Unterdrückung der traumatischen Vergangenheit unweigerlich zu einer erneuten Traumatisierung, bzw. zum kulturellen Verfall dieser Gesellschaft (vgl. Szentivanyi 2006, 352). Tabuisierung ist ein für Sebald wichtiges Stichwort, das insbesondere in *Luftkrieg und Literatur* behandelt wird. Wucherpfennig fasst wie folgt zusammen: »Die Kritik am fehlenden Realismus der Darstellung ist letztlich nicht literarisch-ästhetischer Art, sondern moralischer; die schablonenhafte Beschreibung oder die Verlegung des schrecklichen Geschehens in die Reiche symbolischen Raunens oder nachexpressionistischer Sprachspiele dienten, so Sebald, der Verdrängung und damit der Errichtung eines deutschen Tabus« (Wucherpfennig 2004, 160). Se-

bald beklagt, dass die BRD »die in der Zeit ihrer Vorgeschichte gemachten Erfahrungen einem perfekt funktionierenden Mechanismus der Verdrängung überantwortet hat« (Luf 20). Wenn ein Trauma nach einer gewissen Latenzzeit wieder an die Bewusstseinsebene zu dringen versucht, wird das Tabu durch erneute Verdrängung und Unterdrückung erschaffen. Sebald beschreibt den Tabuisierungsmechanismus ferner als »Selbstanästhetisierung« (20) und hebt damit die bewusste Entscheidung gegen die Aufarbeitung hervor, während die ursprüngliche Unterdrückung des traumatischen Ereignisses einer instinktiven Reaktion zum Selbstschutz entspricht. Sebald erkennt einzig das Schweigen der Überlebenden und Zeugen an, »die aus den Epizentren der Katastrophe entkamen« (103).

Aus Sebalds Agenda in Hinblick auf das Thema Trauma sind allerdings unterschiedliche Schlussfolgerungen gezogen worden. So argumentiert z. B. Wucherpfennig, dass es Sebalds Ambition ist, das Trauma zu bewahren (Wucherpfennig 2004, 160) und David Kaufmann deutet die Melancholie Sebalds und seiner Figuren als eine Fehlinterpretation von Benjamins ›Engel der Geschichte‹, da nach einem externen Grund für die grundlose Verstimmung gesucht und dieser im kollektiven Trauma gefunden werde (Kaufmann 2008). Dennis Walder stellt die Omnipräsenz des Traumas in Sebalds Werk in den Vordergrund, die trotz Aufarbeitungsbemühen nicht abzuschütteln sei (vgl. Walder 2011, 113). In diesem Fall ist das Trauma nicht beschränkt auf die Generation der Zeitzeugen, sondern kann – ganz im Sinne Hirschs – übergehen auf folgende Generationen. Dies ist insbesondere dann der Fall, wenn der Holocaust nicht als singuläres Trauma betrachtet wird, sondern in einer Vielzahl von Traumata auf verschiedenen Ebenen wirkt(e). Gleichwohl impliziert Walders Ansatz, dass die Texte Sebalds von dem Bestreben getragen seien, das Trauma aufzuarbeiten und dadurch aufzulösen und eben nicht zu bewahren. Das Werk soll dem Leser das Trauma also nicht nur aufzeigen, sondern ihn auch davon befreien, was aber immer zum Scheitern verurteilt ist. Mary Griffin Wilson gibt einen Überblick zu traumabezogenen Deutungen der Photographien in Sebalds Werk und schlussfolgert, dass beispielsweise Austerlitz' Subjektivität weniger psychologische Interiorität widerspiegelt, sondern vielmehr selbst eine Art Plattform ist, auf der verschiedene Erzählstränge und Motive zusammentreffen und nebeneinander bestehen (vgl. Wilson 2013, 66). Eine weitere Auffassung, beispielsweise vertreten durch Claire Feehily, greift über den textimmanenten Rahmen hinaus und bezieht den Rezipienten mit ein, dessen Aufgabe und Verantwortung darin bestehe, sich weiterhin mit der Vergangenheit und ihrer Bewältigung auseinander zu setzen. Sebalds Werk stelle daher, wie viele andere Erinnerungstexte, eine Schnittstelle des kollektiven Gedächtnisses mit persönlicher Betroffenheit und Trauma dar (vgl. Feehily 2009, 177) und auch Simona Mitroiu meint, dass in Sebalds Texten persönliches Erinnern als eine Strategie zur Bewältigung des kollektiven Trauma präsentiert wird (Mitroiu 2014). Die unterschiedlichen Forschungsperspektiven weisen einerseits auf die Komplexität von Sebalds Œuvre hin, sind aber andererseits auch Symptom ihres eigenen theoretischen Ansatzes: Der Bereich der Traumaforschung ist keineswegs klar abgesteckt und lässt eine Vielzahl von verschiedenen Herangehensweisen zu, sodass die theoretischen Grundlagen manchmal stark voneinander abweichen können. Dennoch weisen die Texte zur Traumatheorie häufig in die gleiche Richtung: Sebalds Texte tragen dazu bei, die Erinnerungsarbeit aufrechtzuerhalten, um dem Kreislauf der kollektiven und generationenübergreifenden Traumatisierung zu entkommen.

Literatur

Assmann, Aleida: *Der lange Schatten der Vergangenheit. Erinnerungskultur und Geschichtspolitik.* München 2006.

Caruth, Cathy: *Unclaimed Experience. Trauma, Narrative, and History.* Baltimore 1996.

Cooke, Simon: Sebald's Ghosts: Traveling among the Dead in *The Rings of Saturn.* In: *Journeys* 11 (2010), 50–68.

Eaglestone, Robert: *The Holocaust and the Postmodern.* Oxford 2008.

Edkins, Jenny: *Trauma and the Memory of Politics.* Cambridge 2003.

Erikson, Kai: Notes on Trauma and Community. In: Cathy Caruth (Hg.): *Trauma. Explorations in Memory.* Baltimore 1995, 183–199.

Feehily, Claire: ›The surest engagement with memory lies in its perpetual irresolution‹. The Work of W. G. Sebald as Counter-Monument. In: Gerhard Fischer (Hg.): *W. G. Sebald: Schreiben ex patria / Expatriate Writing.* Amsterdam 2009, 177–192.

Freud, Sigmund: Erinnern, Wiederholen und Durcharbeiten [1914]. In: Anna Freud (Hg.): *Gesammelte Werke X.* Frankfurt a. M. [7]1991, 125–136.

Fuchs, Anne: *Die Schmerzensspuren der Geschichte. Zur Poetik der Erinnerung in W. G. Sebalds Prosa.* Köln/Weimar/Wien 2004.

Hirsch, Marianne: Surviving Images. Holocaust Photographs and the Work of Postmemory. In: *The Yale Journal of Criticism* 14 (2001), 5–37.

Hutchinson, Ben: *W. G. Sebald. Die dialektische Imagination.* Berlin 2009.

Kaufmann, David: Angels Visit the Scene of Disgrace. Melancholy and Trauma from Sebald to Benjamin and Back. In: *Cultural Critique* 70 (2008), 94–119.

Klebes, Martin: No Exile. Crossing the Border with Sebald and Améry. In: Gerhard Fischer (Hg.): *W. G. Sebald: Schreiben ex patria / Expatriate Writing.* Amsterdam 2009, 73–90.

Laub, Dori: Bearing Witness, or the Vicissitudes of Listening. In: Shoshana Felman/Dori Laub (Hg.): *Testimony. Crises of Witnessing in Literature, Psychoanalysis, and History.* New York 1992, 57–74.

Mitroiu, Simona: Narrative Identity and Trauma. Sebald's Memory Landscape. In: *The European Legacy* 19 (2014), 883–900.

Mitscherlich, Alexander/Mitscherlich, Margarete: *Die Unfähigkeit zu trauern. Grundlagen kollektiven Verhaltens* [1967]. München/Zürich [20]2007.

Niehaus, Michael: No Foothold. Institutions and Buildings in W. G. Sebalds Prose. In: Scott Denham/Mark McCulloh (Hg.): *W. G. Sebald. History – Memory – Trauma.* Berlin/New York 2006, 315–335.

Öhlschläger, Claudia: *Beschädigtes Leben. Erzählte Risse. W. G. Sebalds poetische Ordnung des Unglücks.* Freiburg i. Br. 2006.

Osborne, Dora: *Traces of Trauma in W. G. Sebald and Christoph Ransmayr.* Leeds 2013.

Szentivanyi, Christina M. E.: W. G. Sebald and Structures of Testimony and Trauma: There are Spots of Mist That No Eye can Dispel. In: Scott Denham/Mark McCulloh (Hg.): *W. G. Sebald. History – Memory – Trauma.* Berlin/New York 2006, 351–363.

Walder, Dennis: *Postcolonial Nostalgias. Writing, Representation and Memory.* New York 2011.

Walker, C. B. F.: *Cuneiform.* Berkeley, CA/London 1987.

Weller, Christiane: Die Melancholie des Ortes. Stadt, Gewalt und Erinnerung. In: Gerhard Fischer (Hg.): *W. G. Sebald: Schreiben ex patria / Expatriate Writing.* Amsterdam 2009, 493–507.

Whitehead, Anne: *Trauma Fiction.* Edinburgh 2004.

Wilson, Mary Griffin: Sheets of the Past. Reading the Image in W. G. Sebald's *Austerlitz.* In: *Contemporary Literature* 54 (2013), 49–76.

Wucherpfennig, Wolf: W. G. Sebalds Roman *Austerlitz.* Persönliche und gesellschaftliche Erinnerungsarbeit. In: Wolfram Mauser/Joachim Pfeiffer (Hg.): *Erinnern.* Würzburg 2004, 153–163.

Melanie Dilly

36 Holocaust

Vor allem international gilt W. G. Sebald als Holocaust-Autor. Sowohl die publizistische wie auch die wissenschaftliche Rezeption haben immer wieder betont, dass die Vernichtung der europäischen Juden im Zentrum von Sebalds Werk stehe: Der Holocaust sei der »still-point« von *Die Ausgewanderten* (Gunther 2006), das »meta-narrative of the Holocaust [...] stands in the heart of Sebald's work« (Williams 2001, 71). Innerhalb der Holocaust-Literatur nimmt Sebald einen wichtigen Platz ein, er gilt als der »Good German« (Prager 2000, Denham 2006), der die Verdrängung der Vergangenheit beende: »The language of silence is broken and a long delayed melancholy emerges« (Schlant 1999, 19); teils wird er gar als »Prime Speaker oft the Holocaust« neben Primo Levi gestellt (Richard Eder, zit. nach Denham 2006, 266).

Solche Emphase hat auch Unbehagen ausgelöst und scheint andere Dimensionen von Sebalds Schreiben in den Hintergrund zu drängen. Immer wieder ist daher ein nüchterner und unbefangener Blick auf Sebalds Texte gefordert worden – allerdings dürfte im Bereich der Holocaust-Literatur eher Befangenheit die Regel sein: Es ist zu vermuten, dass jene Emphase wie dieses Unbehagen selbst schon Teil eines Zusammenhangs sind, in dem Besetzung und Abwehr, Projektion, Befangenheit und Unbehagen besonders intensiv und nicht zu neutralisieren sind. Gerade wenn man diese Ambivalenzen in die Betrachtung einbezieht, kann man nicht nur die Funktions- und Wirkungsweise von Sebalds Texten besser verstehen, sondern mithilfe dieser auch kritische Einsichten in den Umgang mit der Vergangenheit gewinnen. Denn Sebalds Texte sind hier gleichermaßen symptomatisch wie idiosynkratisch: Sie lassen sich als Holocaust-Literatur verstehen, stellen diese Kategorie aber auch in Frage. Um das zu verstehen, soll im Folgenden erstens kurz umrissen werden, was unter Holocaust-Literatur verstanden wird, bevor dann zweitens Sebalds literaturkritische Äußerungen zu dieser Literatur und drittens seine Verfahren indirekter Darstellungen in seinen literarischen Texten charakterisiert werden. Dabei erweisen sich zwei Themen sowohl für die Holocaust-Literatur wie auch für Sebald als besonders zentral und sollen exemplarisch vertieft werden: dasjenige der Zeugenschaft und das Verhältnis von Opfern und Tätern.

Holocaust-Literatur

Als Holocaust-Literatur bezeichnet man die Gesamtheit literarischer Texte, die sich mit der nationalsozialistischen Vernichtungspolitik auseinandersetzt (Young 1992). Dabei sind beide Teile des Kompositums uneindeutig: Holocaust meint teilweise die Vernichtung der Juden, teilweise das ganze Spektrum von Gewalt auch gegen Sinti und Roma, Homosexuelle etc.; ›Literatur‹ wird selten im engeren Sinne fiktionaler Texte verstanden, überwiegend werden auch die faktualen Zeugenberichte einbezogen, teilweise auch die wissenschaftliche Aufarbeitung der Ereignisse. Offensichtlich ist ›Holocaust-Literatur‹ kein klassischer Gattungsbegriff, er ist aber funktional effektiv, weil er einen bestimmten Textkorpus (etwa für schulische Curricula) identifiziert; er reflektiert poetologisch, dass die Texte dieser Gruppe sich stark aufeinander beziehen und damit eine eigene Tradition bilden und durch bestimmte epistemologische, ethische, politische und poetologische Implikationen charakterisiert sind. Schon die beiden Wortbestandteile markieren dabei Probleme: ›Holocaust‹, weil der Begriff – ursprünglich ein biblischer Begriff für das ›Brandopfer‹ – eine problematische Metapher ist, die das Geschehen religiös (eben als ›Opfer‹) figuriert und zur Sakralisierung, aber auch zur Verallgemeinerung neigt (etwa im ›Rinder-Holocaust‹); ›Literatur‹, weil die Grenze von faktualen und fiktionalen Texten verwischt wird, aber auch die Möglichkeit der Literatur überhaupt in Frage gestellt wird, seit Adorno konstatiert hatte, es sei »barbarisch«, nach Auschwitz ein Gedicht zu schreiben.

Vor allem seit den 1980er Jahren gibt es eine umfangreiche und intensive Debatte über den Holocaust und die »limits of representation« (Friedlander 1992), die in der Literatur- und Kulturtheorie breit rezipiert wurde: Nach zwei Jahrzehnten der Untersuchung kultureller Repräsentationen trat die Frage auf, inwiefern sich die Vernichtung der Juden einer solchen Repräsentation entziehe: als ein unvergleichbares, irrationales Geschehen, das sich gegen Erklärungsversuche sperre, kaum Spuren hinterlassen habe und in der Nachkriegsgesellschaft dem Vergessen verfallen war. Der Holocaust erscheint im Rückblick als »Zivilisationsbruch«, der die Selbstverständlichkeiten der westlichen Zivilisation erschüttert habe – ein »Zerbrechen ontologischer Sicherheit« (Diner 2007, 13), das auch die überlieferten Kategorien der Repräsentation in Frage stellt.

Für die literarische Darstellung haben diese Probleme Konsequenzen, die sich oft als Paradoxien ausdrücken: Der Gegenstand der Holocaust-Literatur erscheint als das Undarstellbare, das sich der Erinnerung entzieht und diese zugleich fordert, als radikal wirklich und unabbildbar zugleich. Die Holocaust-Literatur ist durch einen »Traumatic Realism« geprägt (Rothberg 2000), der zugleich den Faktizitätscharakter des Dargestellten und die Unmöglichkeit seiner Darstellung betont und höchst skeptisch gegenüber den klassischen realistischen Erzähl- und Beschreibungsverfahren ist. Produktiv ist dieser Diskurs, weil er nicht nur ästhetische und moralische Fragen verbindet, sondern auch verschiedene Epistemologien und Poetologien: auf der einen Seite die typisch moderne Skepsis gegenüber der Repräsentation, auf der anderen Seite gerade die Betonung der Notwendigkeit von Darstellung und Wiedergabe.

Eine paradigmatische Rolle für die Diskussion hat dabei Claude Lanzmanns Film *Shoah* (1985) gespielt, der programmatisch darauf verzichtet, Dokumentarmaterial aus den Lagern zu zeigen oder gar das Leben im Lager zu inszenieren, sondern »genau bei der Unmöglichkeit, diese Geschichte zu erzählen«, ansetzt (Lanzmann 2000, 105). Solches Ansetzen bei der Unmöglichkeit prägt bereits den für Sebald besonders wichtigen Zugang von Peter Weiss, für den auch der Zusammenhang von Bild und Wort von zentraler Bedeutung ist. In seiner *Laokoon*-Rede assoziiert Weiss die Unausdrückbarkeit des Schmerzes mit der Stummheit der Skulptur, sucht aber in deren Beschreibung zugleich eine »Möglichkeit, die Fesselung zu lockern« (Weiss 1968, 183). Bild und Wort verweisen also gegenseitig aufeinander: Das Bild zeigt, was (noch) nicht sagbar ist, die Worte machen sagbar, was im Bild (fast) verstummt ist; beides in einer Situation der Gefährdung, denn »hinter jedem Wort hing die Gefahr des Verstummens« (187).

Das Schweigen der Nachkriegsliteratur in Sebalds Literaturkritik

So zentral der Holocaust für Sebalds Texte ist, so wenig wird er direkt thematisch und so vorsichtig ist der Autor, sich darüber zu äußern. Biographisch ist Sebalds Verhältnis generationstypisch: Die Vernichtung der Juden sei in seiner Jugend beschwiegen worden, kommentarlos seien ihm die Bilder von der Befreiung von Bergen-Belsen gezeigt worden. Eine »reflektierte Auseinandersetzung mit der deutschen Vergangenheit« habe er erst durch die Lektüre von Literatur begonnen, zunächst von Peter Weiss, dann auch von

Jean Améry, Paul Celan und anderen (Ges 255 ff.); als entscheidenden Impuls beschreibt Sebald die zufällige Entdeckung, dass der Großvater Amérys wie der eigene aus Hohenems kam (201). Es handelt sich also um einen biographisch motivierten, privaten und zögernden Zugang, der auf Nachforschung und langsamer Annäherung beruht und in dem die Literatur eine wichtige Rolle spielt.

Später hat Sebald in einem Interview geäußert, die Vernichtung der Juden sei kein »Unikum«: »[S]ie hat sich mit einer gewissen Folgerichtigkeit herausentwickelt aus der europäischen Geschichte und sich dann, aus diesem Grund auch, hineingefressen in die europäische Geschichte« (260). Der Holocaust steht im Kontext einer Geschichte der Zerstörung, welche die europäische Moderne darstellt, und zu der er ein komplexes zeitliches Verhältnis hat: Er hat sich aus der Geschichte »hinausentwickelt« und zugleich in die Erinnerung an sie »hineingefressen«, wo er sich nachträglich als ein, wenn nicht als *der* zentrale Erinnerungsort etabliert. Entscheidend dafür ist das Phänomen der Latenz, welches gerade das deutsche Gedächtnis des Holocaust bestimmt. Sebalds Äußerungen über Holocaust und Holocaust-Literatur gehen in der Regel weniger vom Problem der Darstellung aus – vom »Grundproblem des Schreibens wie man das Grauen übersetzt in Worte« (123) –, sondern vom Vergessen und der Verweigerung der Auseinandersetzung mit der Vernichtung der Juden in der Nachkriegszeit, wie sie etwa von Alexander und Margarethe Mitscherlich in *Die Unfähigkeit zu Trauern* (1967) diagnostiziert wurde (vgl. CS 101 ff.).

Das Schweigen über den Holocaust ist vor allem konstitutiv für die deutsche Nachkriegsliteratur und damit für das Medium, in dem sich Sebald dem Phänomen annähert. Die Literatur der 1950er und 1960er Jahre verharre aufgrund ihres Vergesens und Verschweigens auf »unzulänglichem ästhetischen und moralischem Niveau« (Sebald 1990, 115). Auch über die nachgeholte Vergangenheitsbewältigung der 1970er und 1980er Jahre konstatiert Sebald kritisch, »daß die Betriebsamkeit, mit der die Literatur ›Ausschwitz‹ jetzt als *ihr* Territorium reklamierte, in mancher Hinsicht nicht weniger widerwärtig war als die in ihr voraufgehende Weigerung, auf das unerhörte Thema sich einzulassen« (CS 150). So stelle etwa Grass' Versuch, in *Aus dem Tagebuch einer Schnecke* (1972) die jüdischen Opfer zu erinnern, lediglich einen »Exkurs« dar, der »etwas mühselig konstruiertes, etwas von einer historischen Pflichtübung« an sich habe (119). Wiederholt hebt Sebald hervor, »daß aus der sogenannten ›Bewältigung der Vergangenheit‹ ohne den Beitrag von Autoren jüdischer Provenienz wahrscheinlich nicht allzuviel geworden wäre« (79). Diese Autoren – vor allem Peter Weiss und Jean Améry (Heidelberger-Leonhard 2005), aber auch Wolfgang Hildesheimer, Elias Canetti und H. G. Adler (Filkins 2013) – sind für Sebald von großer Bedeutung nicht nur als authentische Stimmen der Opfer, sondern auch als jüdische Autoren, die ihre unsichere Zugehörigkeit und ihr ambivalentes Verhältnis zur Heimat produktiv machen (s. Kap. 37). Besonders wichtig ist dabei, dass sie alle – so in einem Aufsatz über Améry – von »inhaltsschwersten Einsichten in die irreparable Verfassung der Opfer« ausgehen, »aus der allein sich die wahre Natur des Terrors mit einer Präzision sich extrapolieren läßt« (CS 151). Dem Gedächtnis der Opfer wird also nicht (nur) aus moralischen Gründen der Vorzug gegeben, sondern auch, weil es allein erlaubt, den Terror zu beschreiben – freilich nur aufgrund seiner Beschädigung, die diese Beschreibung wiederum erschwert. Es ist dieser Bezug von beschädigter Subjektivität und radikaler Wirklichkeit, den Sebald dann auch in seinen literarischen Texten produktiv machen wird.

Die intensive Beschäftigung mit den genannten Autoren wird auch darin deutlich, dass er sie in seine Texte aufnimmt, indem er etwa einen Satz von Améry über die Tortur zitiert (Aus 42), oder Adlers Beschreibung von Theresienstadt in einem langen Satz paraphrasiert (338–350, vgl. Hessing/Lenzen 2016, 245 ff.). Das markiert nicht nur die Angewiesenheit der literarischen Texte auf eine dokumentarische Grundlage und Recherchearbeit – der aus Adlers Beschreibung reproduzierte Lageplan (Aus 336 f.) zeigt deutliche Arbeitsspuren –, sondern stellt Sebalds Text auch in die Tradition der Holocaust-Literatur, die sich gerade durch solche Bezugnahmen konstituiert.

Anti-Realismus und indirekte Darstellung

Liest man Sebalds Texte im Kontext der Holocaust-Literatur, so wird deren antirealistische Natur deutlich: An die Stelle der fiktionalisierenden Erzählung oder Beschreibung des Geschehens treten verschiedene Verfahren indirekter Darstellung, deren komplexes Zusammenspiel über das Verhältnis von Notwendigkeit und Unmöglichkeit der Darstellung reflektiert. Solche gewissermaßen – gegenüber der Narration – reduzierten Verfahren sind etwa Benennung, Bildmontage und Topographie.

Die Bedeutung der Benennung ergibt sich bereits aus der Tatsache, dass die Erinnerung an den Holocaust mit der Metonymie ›Auschwitz‹ verbunden ist, ein Name, der in Sebalds Texten gerade dadurch präsent ist, dass er nie explizit genannt wird. Insbesondere *Austerlitz* ist vom »ausgesparten Wort und Ort Auschwitz« bestimmt (Klüger 2003, 100), weil zahllose »Akronyme des ungenannten Todestopos Auschwitz« (Hessing/Lenzen 2015, 199) wie ›Aychenwald‹, den ›Auschowitzer‹ Quellen und dem Namen des Protagonisten den Text durchziehen. Die Namensverschiebung kann dabei auch als Arbeit an der ›Einzigartigkeit‹ von ›Ausschwitz‹ verstanden werden, denn als (ungenannter) Name ist ›Ausschwitz‹ zugleich einzigartig und verbindet sich mit dem reichen Umfeld seiner Decknamen.

Ähnlich wie die Metonymie der Namen spielt auch eine Verschiebung der Bilder eine zentrale Rolle. Mit ihr zeigt Sebald den Assoziationsprozess, der den Holocaust als Gedächtnisinhalt bestimmt. Deutlich wird diese Praxis etwa an zwei Bildern aus *Die Ringe des Saturn,* die verendende Heringe (vgl. RS 71 f.) und die Leichenberge von Bergen Belsen (78 f.) zeigen und damit eine optische »Koinzidenz« stiften, die »rätselhaft und provokativ zugleich« ist (Öhlschläger 2006, 187). Dabei ist besonders das doppelseitige Bild von Bergen Belsen im eigentlichen Sinne kontextlos: Es steht allein auf der Seite und interagiert somit nicht mit dem Text und dessen Lektüre, sondern unterbricht sie als kurz aufblitzendes Schockbild. Solche Bildmontage erlaubt es auch, die sakrale Aufladung des Holocaust zu bearbeiten, wenn etwa ein Bild der Zelte beim Auszug aus Ägypten neben Bilder von Barackenlagern gestellt (Aus 81 ff.) und die heilige Gründungsgeschichte Israels mit der Unheilsgeschichte vermischt wird.

Name und Bild verbinden sich im Ort, der in Sebalds Texten ebenfalls metonymische Prozesse der Verschiebung, aber auch Verfahren der Strukturierung und Ordnung hervorruft. Topographische Momente sind für Sebalds Texte generell zentral Sie werden oft als Suchbewegung durch den Raum, als Reise oder Wanderung inszeniert; dabei spielt das (schon bei Lanzmann zentrale) Bildfeld der Eisenbahn eine wichtige Rolle. So fungiert Paul Bereyters Märklinanlage als »Sinn- und Abbild von Pauls deutschem Unglück« (Agw 91; vgl. Hessing/Lenzen 2015, 160 ff.). *Austerlitz* ist insgesamt organisiert durch das Netzwerk der (Antwerpener, Londoner, Pariser) Bahnhöfe und die Bewegungen des Erzählers und des Protagonisten durch die »Verlusträume« Mitteleuropas (Juhl 1995, 653). Dabei werden auch die Orte selbst zu zentralen

Momenten einer »Topographie des Schreckens«, in denen sich Gewaltpraktiken und Diskurse verdichten (vgl. Öhlschläger 2006, 111 ff.; Fuchs 2004, 47 ff.). Das Fort Breendonk erscheint dem Erzähler als »eine einzige monolithische Ausgeburt der Hässlichkeit und der blinden Gewalt« (Aus 35), die rationale Festungsarchitektur von Theresienstadt ist für Austerlitz das »Modell einer von der Vernunft erschlossenen, bis ins geringste geregelten Welt« (288). Beide Orte erscheinen aber auch als verlassene und stumme Orte: »das Auffälligste und mir bis heute Unbegreifliche« an Terezín ist die »Leere« (274), wie die begleitenden Bilder verschlossener Türen unterstreichen, die »sämtlich, wie ich zu spüren meinte, den Zugang versperrten zu einem noch nie durchdrungenen Dunkel« (280).

Zeugenschaft

Eine der markantesten Charakteristika der Holocaust-Literatur ist die Aufwertung der Zeugenschaft, in der sich poetologische, epistemologische und moralisch-politische Momente überschneiden (Baer 2000). Im Gegensatz zum umfassenden Quellenmaterial seitens der Täter ist die Erinnerung der Opfer fast ausschließlich durch Zeugen vermittelt, die freilich den eigentlichen Kern der Vernichtung als Überlebende gerade nicht bezeugen können. Das Paradox der Zeugenschaft liegt darin – so Primo Levi – dass die wahren Zeugen diejenigen sind, die umgebracht worden sind (vgl. Sebald 1990, 121). Das führt zu einer Ab- oder Überbewertung der Zeugen: Zunächst waren ihre Berichte so unglaubwürdig, dass ihnen niemand glaubte; später wurde die ›Aufarbeitung‹ der Verbrechen zunehmend exklusiv auf ihre Schultern gelegt. Wenn dabei individuelle Erinnerung auf juristische Verfahren stößt, lässt sich besonders deutlich beobachten, dass der Opferstatus bzw. die Traumatisierung des Zeugen seine objektive Funktion untergräbt, während umgekehrt gerade die Gerichtssituation dazu genutzt werden kann, die Stimmen der Opfer in ein Narrativ einzubinden und die Zuhörer zu ›sekundären Zeugen‹ zu machen.

Sebald spricht oft von den Zeugen und betont dabei, dass die Darstellung des Schreckens von »Einsichten in die irreparable Verfassung der Opfer« auszugehen habe (CS 151). Irreparabel ist vor allem das Gedächtnis der Opfer affiziert – und damit eben jenes Vermögen, das sie zu Zeugen machen kann –, weil »das Erinnerungsvermögen von Überlebenden meist bestimmt ist von Lagunen der Amnesie einerseits und

unauslöschlichen Bildern andererseits« (Sebald 1990, 121; vgl. auch Ges 163). Der Zeuge schwankt also beständig zwischen zu wenig oder zu viel Erinnerung. Sebalds Texte bilden das nach im rhythmischen Wechsel zwischen der Überfülle der Details und den zentralen Leerstellen bzw. dem kaum versiegenden Sprachstrom und der immer wieder beschworenen Schwierigkeit zu sprechen.

Sebalds Texte erzählen aber nicht nur die Schicksale von Zeugen und Zeugnissen, sondern bedienen sich selbst einer Erzählsituation, die als »therapeutisches Erzählen« (Long 2003, 122), als »Zeugenschaft als Zuhörerschaft« (Fuchs 2004, 31ff) oder als »stellvertretende Zeugenschaft« (Heidelberger-Leonhard 2008, 21) charakterisiert und in den Zusammenhang des »postmemory« gestellt wird, also des oft medial vermittelten Gedächtnisses der zweiten Generation (Crownshaw 2004, Kaplan/Herrero-Matoses 2014): Der Sebaldsche Erzähler hört den Überlebenden zu und gibt ihr Zeugnis an die Leser weiter. Das charakteristische periskopische Erzählen durch die Stimmen anderer Personen ist dabei durch ein beständiges Oszillieren geprägt: Einerseits lenkt die beständig wiederkehrende Inquit-Formel »sagte er« den Fokus immer wieder auf den ursprünglichen Sprecher, andererseits lässt die stilistische Homogenität des Textes die ursprüngliche Situation in Vergessenheit geraten gegenüber der Präsenz der Erzählung selbst. Die Erzählung wird hier zum Medium einer indirekten Zeugenschaft; die Präsenz der (überwiegend photographischen) Bilder im Text unterstreicht dabei »the privileged but precarious role of the technical media in the representation and rememembrance of the Holocaust and in processes of memory more generally« (Duttlinger 2014, 164).

Allerdings ist Sebald in seinen poetologischen Äußerungen höchst zurückhaltend, sich selbst als (sekundären) Zeugen zu charakterisieren und bezeichnet sich eher als Nachforschenden, als Zuhörer oder – mit Hinweis auf Hans Blumenbergs *Schiffbruch mit Zuschauer* (1979) – als jemanden, der »am Rande steht, zuschaut, berichtet wie es ist, wie es war« (Ges 157), nicht ohne zu bemerken, dass sich daraus »selbstverständlich« auch »eine gewisse moralische Problematik ergibt« (157). Denn wie schon Primo Levi betont hat, bewegt sich der Zuschauer immer schon in der »Grauzone«, in der die Unterschiede zum Kollaborateur oder gar Profiteur verschwimmen können (vgl. Levi 1993, 103).

Solche Differenzierungen können vor einer Idealisierung von Sebalds Verfahren warnen und daran erinnern, dass auch das Zuhören ein fiktives ist und von daher wohl besser von fiktionaler als von stellvertretender Zeugenschaft zu sprechen wäre. Darüber hinaus gilt festzuhalten, dass sich Sebalds Schreiben von der eigentlichen Gewalterfahrung weit entfernt hält: Auch die Figuren, denen der Erzähler das Wort gibt, berichten von inneren Beschädigungen und großem Leiden, die Vernichtung selbst wird aber eher durch das Zitieren anderer faktualer Texte, wie beispielsweise der Aussagen Amérys und Adlers dargestellt.

Zu erwägen ist weiterhin, ob die erwähnte Erzählsituation weniger dem – ohnehin moralisch problematischen – Versuch dient, sich selbst auf die Seite der Zeugen zu stellen oder eher dem poetologischen Interesse, das Zeugenschaftsverhältnis selbst zu erzählen. Wenn dieses Verhältnis die Beschädigung des Zeugen impliziert, so muss auch diese Beschädigung miterzählt werden; das geschieht, indem der Erzähler selbst von den Problemen des Zeugnisses affiziert wird, indem er sich aber auch qua Erzähler selbst in eine unvertretbare Position stellt, da der Leser nur vermittelt durch ihn Zugang zum wiedererzählten Zeugnis hat. Dabei entspricht gerade das erwähnte Oszillieren zwischen den Ebenen nicht nur der verunsichernden Erfahrung, welcher der Ebenen nun dem Zeugnis zuzurechnen ist, sondern irrealisiert die ganze Situation.

Auch die vielfältigen dokumentarischen Verfahren und der höchst markante »Autoreffekt« (McIsaak 2004) bzw. die »autofiktionalen« Momente (Weidner 2014) in Sebalds Texten haben wohl weniger das Ziel, ihren Autor zu einem Teil der erzählten Welt zu machen oder gar die Authentizität des Erzählten zu bestätigen – im Gegenteil tragen sie dazu bei, auch dieses Erzählen selbst zu verunsichern, weil sie einander widersprechende Lektüreweisen (faktual oder fiktional?) zu fordern scheinen. Als Austerlitz im Schaufenster des Trödlers von Terezín eine Porzellanminiatur betrachtet, in der ein Reiter eine Frau aus der Gefahr rettet – eine deutliche Referenz auf Weiss' *Laokoon*-Rede –, zeichnet sich auf der im Text abgebildeten Photographie »schwach und kaum kenntlich mein eigenes Schattenbild« ab (Aus 285) – ein Schatten, den der Leser abwechselnd für ein Bild des Protagonisten, ein Porträt des Autors oder eine Abbildung einer beliebigen Figur halten wird. Solche Gesten können als Versuch verstanden werden, die wesentliche Unsicherheit des Zeugnisses zu simulieren und dieses aus der »intellektuellen Sperrzone der ›Authentizität‹« (Baer 2000, 19) zu befreien. Zeugenschaft ist vor allem deshalb eine poetisch produktive Figur, weil »gerade

an der Nahtstelle zwischen Dokument und Fiktion literarisch die interessantesten Dinge entstehen (Ges 198); umgekehrt ist es »das Geheimnis der Fiktion, daß man nie genau weiß, wo die Trennungslinie verläuft (Ges181).

Täter und Opfer

In den letzten Jahrzehnten ist die lange tabuisierte Vernichtung der Juden zu einem zentralen Teil des deutschen wie auch des transnationalen Gedächtnisses geworden. Das war mit einer Aufwertung des Opfergedächtnisses verbunden, deren mitunter irritierende Konsequenzen Ulrike Jureit und Christian Schneider gezeigt haben: »Indem der Holocaust die Bedeutung eines negativen Referenzpunkts bekam, wurde die Identifikation mit den Opfern zu einer Grundfigur des Erinnerns« (Jureit/Schneider 2010, 24). Der Fall Wilkomirski, die Debatten über die Holocaust-Gedenkstätte und die zunehmende Tabuisierung des Diskurses seien durch eine »generationelle Selbstermächtigungsstrategie« (87) geprägt, durch die die Kinder der Täter sich selbst zu Opfern erklären und eine Gedenkkultur hervorbringen, »die sich den widersprüchlichen und emotional ambivalenten Anteilen des Erinnerns kaum stellt, sondern ein auf Identifikation und Versöhnung ausgerichtetes Gedenken in den Mittelpunkt rückt« (29).

Auch wenn diese Diagnose nicht unumstritten ist, ist es fruchtbar, Sebalds Texte in diesem Kontext zu sehen, anstatt sie, wie es häufig geschieht, als endlich vollzogene Vergangenheitsbewältigung zu betrachten. Denn im Zeichen der Opferidentifizierung sind Sebalds Texte keine Ausnahme mehr, sondern eher symptomatisch, zugleich zeigen sie auch jene widersprüchlichen und ambivalenten Züge, die im deutschen Gedenken vermisst werden.

Sebald selbst hat 1993 betont, das »Novum« seines Versuchs, den Überlebenden eine Stimme zu geben, liege in der Tatsache, »daß er von nichtjüdischer Seite kommt« (Ges 83), eine Formulierung, die ihren Sprecher nicht zu den Opfern zählt, ohne sich in die Reihe der Täter zu stellen. Explizit kritisiert er Versuche, fiktiv im Namen der Opfer zu sprechen wie in Alfred Anderschs *Ephraim* (1967) oder gar im Fall Wilkomirski: »ich glaube halt nicht, daß man sich die Identität eines Opfers zulegen kann« (222). Die Forschung ist hier freilich recht kontrovers und argumentiert etwa, dass die Rollen in *Die Ausgewanderten* gefährlich verwirrt würden, während *Austerlitz* die Differenz wahre (Tabener 2000), oder dass Sebalds Betonung der Empathie zum Verlust kritischer Differenzen führe: »Just as there are limits imposed on the sensible depiction of the Holocaust, one should consider whether there are boundaries around the empathy that an author can sensibly display« (Prager 2000, 76). Andere betonen, dass sich Sebald »weder eine stellvertretende noch eine sekundäre Zeugenschaft« anmaße (Hessing/Lenzen 2015, 214) und »den Graben der zweigeteilten Erinnerung« nicht überschreite: »Er eignet sich fremdes Leid nicht an« (243 f.).

Dabei darf die moralische Frage nach der Legitimität des Sebaldschen Vorgehens nicht die Analyse von dessen Verfahren ersetzen. Es sind wesentlich solche der Verunsicherung: Das periskopische Erzählen und die autofiktionalen Gesten lassen sich weder auf Identifizierung noch auf Distanz festlegen, sondern arbeiten gerade mit der Unsicherheit der Zuschreibungen. Insofern bleibt auch die Identifizierung mit dem Opfer wesentlich eine unsichere, die suggeriert und gleichzeitig negiert wird. So wie es zum Erzählen der Zeugenschaft gehört, die Unsicherheit des Bezeugten mitzuerzählen, so wird auch das Verhältnis von Zeugen erster und zweiter Ordnung in Frage gestellt.

Gerade aus dieser Verschleifung der narrativen Instanzen, die Zeugenschaft zugleich voraussetzt und untergräbt, lässt sich auch ein anderes Moment von Sebalds Poetik verstehen, dass zu den irritierendsten gehört: die Differenz von Gegenstand und Sprache. Während Sebalds Skepsis gegenüber der Fiktion sich noch durchaus im Rahmen des Anti-Realismus verstehen lässt, stellt seine sprachliche Diktion eine weitgehende Ausnahme in der Holocaust-Literatur dar: Er setzt nicht auf die modernistischen Strategien von Verknappung, Reduktion und Fragment, sondern bedient sich einer reichen und komplexen Prosa, die oft als Parodie der Prosa des 19. Jahrhunderts oder gar als Kitsch bezeichnet wurde.

Sebalds Auskünfte zu diesem Verfahren sind zurückhaltend, nur selten – und bezeichnenderweise nicht im Zusammenhang mit dem Holocaust – beschreibt Sebald die rhetorische Funktion dieser Diktion: Indem »der Klang des 19. Jahrhunderts nochmals evoziert wird und zusammengespannt mit der Beschreibung der Katastrophen« entstehe »eine leicht nachvollziehbare Repräsentation« des »Zivilisationsbruches«, der mit der Moderne einhergehe (Ges 159). Auch dieses Verfahren würde also einer Ästhetik der negativen Darstellung folgen, in der das Schreckliche durch das Schöne Profil gewinnt.

Unausgesprochen bleibt dabei freilich, dass dieses Verfahren im Fall des Holocaust seine Bedeutung verändert. Denn nicht nur scheint die massive Ästhetisierung die Authentizität des Zeugnisses in Frage zu stellen. Darüber hinaus ist das Deutsch, in dem Sebald schreibt, in diesem Kontext nicht lediglich der »Klang des 19. Jahrhunderts«, sondern auch die Sprache der Täter – nicht die Sprache ihrer Befehle, aber diejenige, die sie nach und neben ihrem Tun genießen und feiern konnten. Das Undenkbare – und gerade den assimilierten deutschen Juden Unvorstellbare – des Zivilisationsbruches bestand ja nicht zuletzt darin, dass sich die in der dichterischen Sprache kondensierte ›Kultur‹ und die Inhumanität keineswegs ausschlossen. Für viele, wenn auch keineswegs für alle Überlebenden und Nachkommen blieb die deutsche Sprache daher dauerhaft beschädigt und das Verhältnis zu ihr ein höchst schmerzvolles.

Im Kontext der Holocaust-Literatur ist Sebalds Sprache daher nicht nur eine nostalgische Anhänglichkeit, sondern eine potenzielle Provokation und ein kritischer Gestus. Unabhängig davon, ob Sebalds Schreiben die Zeugnisse der Überlebenden politisch oder ästhetisch vereinnahmt – sprachlich ist das fraglos der Fall, und zwar umso mehr, je unauffälliger das geschieht. Dass die vom Erzähler wiedergegebenen Gespräche mit Austerlitz erst auf französisch, dann auf Englisch geführt werden, erfährt der Leser erst im Nachhinein; auch Aurach hat Deutsch seit seinem Abschied aus Deutschland »nicht ein einziges Mal mehr gesprochen«, sodass ihm »nur ein Nachhall, nur ein dumpfes, unverständliches Murmeln und Raunen« der Sprache geblieben ist (Agw 271). Diese Differenz der Sprachen wird bei Sebald blind gemacht. Folgt das einer wirkungsästhetischen Absicht, indem etwa der sich im Verlauf der Lektüre einstellende stilistische Genuss Momente des Befremdens und der Bestürzung auslösen soll? Oder erprobt seine Sprache die Möglichkeit, »die Hypothek, mit dem der Nationalsozialismus die Sprache der deutschen Nachkriegsliteratur belastet hat, zu umgehen« (Korff 1998, 197)?

Bezeichnend ist es, dass diese Sprache für die englischsprachigen Leser – und damit für den dominanten Teil der Diskussion über Holocaust-Literatur – kaum auffällig war. Das war nicht nur deshalb der Fall, weil das Sebalds Stil inhärente parodistische Moment in der Übersetzung nur schwer erkennbar ist; sondern weil der Text als übersetzter Text auch die Sprache der Täter verlässt: In der englischen Übersetzung lesen wir Austerlitz' Bericht in der Sprache, in der er ihn auch dem Erzähler berichtet hat; der irritierende Umweg über die Sprache der Täter ist verschwunden. Erst die Übersetzung macht Sebald daher zu einem transnationalen Klassiker der Holocaust-Literatur; in dieser Übersetzung verschwindet aber auch eines der markantesten und provozierendsten Momente seines Schreibens.

Ungelöst

Der Holocaust ist kein zeitloser Gegenstand und seine Darstellung kein Problem, das man ›lösen‹ kann. Wie der Umschwung von Verleugnung zu Opferidentifizierung zeigt, wandelt sich die Erinnerung an die Vernichtung der Juden und wird sich – nicht zuletzt durch das Aussterben der Zeitzeugen – weiter wandeln. Auch ist die Repräsentation der Vernichtung durch Paradoxien geprägt, die kaum überwunden werden können. Sebalds Texte dürfen genau deswegen als paradigmatisch für die ›Gattung‹ der Holocaust-Literatur gelten, weil sie an Paradoxien arbeiten, die auch für die anderen Texte aus ihrem Umfeld typisch sind, nicht aber als endlich gefundene Lösung für ein Problem, die nun einfach zu wiederholen oder in der Lektüre zu affirmieren wäre. Zugleich stellen sie die Kategorie der Holocaust-Literatur auch in Frage, nicht nur, weil sie von einem Deutschen und auf Deutsch verfasst sind, sondern weil sie zentrale Charakteristika, die dieser Literatur zugesprochen werden – etwa Authentizität – zugleich aufrufen und unterlaufen. Sie sind Ausdruck der Zeit: der Emphatisierung der Zeugen und der Identifizierung mit dem Opfer, aber sie relativieren diese Tendenzen zugleich und verunsichern die mühsam hergestellten Übereinkünfte – das dürfte generell die Funktion der Literatur sein. Im Kontext der Holocaust-Literatur wird dabei auch besonders deutlich, dass Sebalds Schreiben zwischen der Bindung an die hochspezifische deutsche Geschichte und der ›Weltliteratur‹ changiert. In welche der beiden Richtungen sich künftige Lektüren entwickeln und ob sich dieses Schreiben als dauerhaft erweisen wird, wird die Zukunft zeigen.

Literatur

Sebald. W. G.: Jean Amery und Primo Levi. In: Irene Heidelberger-Leonard: *Über Jean Amery*. München 1990, 115–123.

Baer, Ulrich (Hg.): ›*Niemand zeugt für den Zeugen‹. Erinnerungskultur nach der Shoah*. Frankfurt a. M. 2000.

Crownshaw, Richard: Reconsidering Postmemory: Photography, the Archive, and Post-Holocaust-Memory in W. G. Sebald's Austerlitz. In: *Mosaic* 37/4 (2004), 215–236.

Denham, Scott: Die englischsprachige Sebald-Rezeption. In:

Michael Niehaus/Claudia Öhlschläger (Hg.): *W. G. Sebald. Politische Archäologie und melancholische Bastelei*. Berlin 2006, 259–268.

Diner, Dan: *Gegenläufige Gedächtnisse. Über Geltung und Wirkung des Holocaust*. Göttingen 2007.

Duttlinger, Carolin: Traumatic Photography. In: Yahya Elsaghe/Oliver Lubrich (Hg.): *W. G. Sebald. Neue Wege der Forschung*. Darmstadt 2014, 149–166.

Filkins, Peter: Twisted Threads. The Entwined Narratives of W. G. Sebald and H. G. Adler. In: Jeannette Baxter/Valerie Henitiuk/Ben Hutchinson (Hg.): *A Literature of Resitution. Critical Essays on W. G. Sebald*. Manchester 2013, 149–165.

Friedlander, Saul (Hg.): *Probing the Limits of Representation. Nazism and the Final Solution*. Cambridge, MA 1992.

Fuchs, Anne: *Die Schmerzensspuren der Geschichte. Zur Poetik der Erinnerung in W. G. Sebalds Prosa*. Köln 2004.

Gunther, Stefan: The Holocaust as the Still point of the World in W. G. Sebald's *The emigrants*. In: Scott Denham/Mark McCulloh (Hg.): *W. G. Sebald: History, Memory, Trauma*. Berlin/New York 2006, 279–290.

Heidelberger-Leonard: Jean Amérys Werk. Urtext zu W. G. Sebalds *Austerlitz*. In: *Recherches Germaniques* 2005 (Hors serie Nr 2), 117–128.

Heidelberger-Leonard, Irene: Zwischen Aneignung und Restitution. In: Irene Heidelberger-Leonard/Mireille Tabah (Hg.): *W. G. Sebald: Intertextualität und Topographie*. Münster 2008, 9–23.

Hessing, Jakob/Lenzen, Verena: *Sebalds Blick*. Göttingen 2015.

Juhl, Eva: Die Wahrheit über das Unglück. Zu W. G. Sebald *Die Ausgewanderten*. In: Anne Fuchs, Theo Harden: *Reisen im Diskurs. Modelle der literarischen Fremderfahrung von den Pilgerberichten bis zur Postmoderne*. Heidelberg 1995, 640–659.

Jureit, Ulrike/Schneider, Christian: *Gefühlte Opfer. Illusionen der Vergangenheitsbewältigung*. Stuttgart 2010

Kaplan, Brett Ashley/Herrero-Mattoses, Fernando: Holocaust Postmemory. W. G. Sebald and Gerhard Richter. In: Jenni Adams (Hg.): *The Bloomsbury Companion to Holocaust Literature*. London u. a. 2014, 139–158.

Klüger, Ruth: Wanderer zwischen falschen Leben. Über W. G. Sebald. In: *W. G. Sebald, Text + Kritik* 158/IV (2003), 95–102.

Korff, Sigrid: Die Treue zum Detail. W. G. Sebalds *Die Ausgewanderten*. In: Stephan Braese (Hg.): *In der Sprache der Täter. Neue Lektüren deutschsprachiger Gegenwarts- und Nachkriegsliteratur*. Opladen 1998, 167–197.

Lanzmann, Claude: Der Ort und das Wort. In: Baer, Ulrich: ›*Niemand zeugt für den Zeugen‹. Erinnerungskultur nach der Shoah*. Frankfurt a. M. 2000, 101–118.

Levi, Primo: *Ist das ein Mensch?* München 1993.

Long, Jonathan J.: History, Narrative, and Photography in W. G. Sebald's *Die Ausgewanderten*. In: *Modern Language Review* 98/1 (2003), 117–137.

McIsaac, Peter M.: Autorschaft und Autorität bei W. G. Sebald. In: Klemens Kammler (Hg.): *Deutschsprachige Gegenwartsliteratur seit 1989. Zwischenbilanzen. Analysen. Vermittlungsperspektiven*. Heidelberg 2004, 139–151.

Öhlschläger, Claudia: *Beschädigtes Leben, Erzählte Risse.*

W. G. Sebalds poetische Ordnung des Unglücks. Freiburg i. Br. 2006.

Prager, Brad: The Good German as Narrator. On W. G. Sebald and the Risks of Holocaust Writing. In: *The New German Critique* 96 (2005): *Memory and the Holocaust,* 75–102.

Rothberg, Michael: *Traumatic Realism. The Demands of Holocaust Representation.* Minneapolis 2000.

Schlant, Enerstine: *The language of Silence. West German Literatur and the Holocaust.* London 1999.

Taberner, Stuart: German Nostalgia? Remembering German-Jewish Life in W. G. Sebald's *Die Ausgewanderten* and *Austerlitz.* In: *Germanic Review* 79/3 (2004), 181–203.

Weidner, Daniel: Bildnis machen. Autofiktionale Strategien bei Walter Kempowski, Uwe Johnson und W. G. Sebald. In: Martina Wagner-Egelhaaf (Hg.): *Auto(r)fiktion. Literarische Verfahren der Selbstkonstruktion.* Bielefeld 2013, 163–182.

Weiss, Peter: Laokoon oder Über die Grenzen der Sprache. In: Peter Weiss: *Rapporte.* Frankfurt a. M. 1968, 170–187.

Williams, Arthur: Das korsakowsche Syndrom. Remembrance and Responsibility in W. G. Sebald. In: Helmuth Schmitz (Hg.): *German Culture and the Uncomfortable Past. Representation of National Socialism in Contemporary Germanic Literature.* Aldershot u. a. 2001, 65–86.

Young, James E.: *Beschreiben des Holocaust. Darstellung und Folgen der Interpretation.* Frankfurt a. M. 1992.

Daniel Weidner

37 Judentum

Jüdische Figuren und Themen, jüdische Motive und Erfahrungen spielen in Sebalds Texten eine wichtige, wenngleich nicht immer manifeste und selten eindeutige Rolle. Seine frühen literaturkritischen und -geschichtlichen Texte durchzieht der Versuch, der jüdischen Erfahrung einen Ort in der Geschichte der deutschen Literatur zu geben; seine literarischen Texte enthalten auffällig zahlreich jüdische Stimmen und Referenzen. Solche Bezüge stehen oft im Zusammenhang mit der Vernichtung der europäischen Juden (s. Kap. 36), dürfen aber darauf nicht reduziert werden. Werkbiographisch spricht einiges für eine umgekehrte Entwicklung: dass es gerade Sebalds Beschäftigung mit jüdischen Autoren war, von der aus er sich dem Holocaust näherte. Gedächtnispolitisch wäre die Identifikation des Judentums mit dem Holocaust eine Reduktion, die umso problematischer ist, je mehr sie die Juden zu bloßen Objekten von Sinnzuschreibungen macht. Sebald aber, so Ruth Klüger, beschäftige sich mit jüdischem Schicksal, weil es für ihn »nicht Ausnahme, sondern paradigmatisch für den modernen Menschen« sei (Klüger 2003, 97). Intendiert ist also gerade keine Sakralisierung der toten Juden, sondern eine Auseinandersetzung mit der Vielfalt jüdischen (Über-)Lebens.

Dan Diner hat allgemein von einer »negativen Symbiose« gesprochen, um die Tatsache zu beschreiben, dass sich die deutsche und die jüdische Erfahrung auch und gerade nach der Shoah so eng aufeinander beziehen (Diner 1987). Eingeschlossen in diese Formulierung sind die zahlreichen Diskurse über die »Deutsch-Jüdische Symbiose« aus der ersten Hälfte des 20 Jahrhunderts, in denen jüdische Autoren eine kulturelle Verwandtschaft von Juden und Deutschen imaginierten (Schulte 1993) – eine Vorstellung, die positiv wie negativ das Selbstverständnis von Juden und Deutschen bestimmte: als Sehnsuchtsort der jüdischen Assimilation oder als Schreckbild, durch dessen Abwehr man sich seines Deutschtums versicherte. Die Idee der Symbiose wurde so zum Verhandlungsplatz verschiedener Zuschreibungen, Idealisierungen und Dämonisierungen, die oft ambivalent, doppelbödig und schwer zu entziffern sind – zumal im Rückblick, nach der Vernichtung der deutschen Juden. Schon 1966 hatte Gershom Scholem dagegen polemisiert, dass ehemals verfemte Autoren in den Kanon der deutschen Literatur aufgenommen würden: »Nachdem sie als Juden ermordet worden sind, werden sie nun in einem posthumen Triumph zu

Deutschen ernannt, deren Judentum zu betonen ein Zugeständnis an die antisemitischen Theorien wäre« (Scholem 1970, 22). Gegen eine rückblickende Idealisierung insistierte er darauf, dass das deutsch-jüdische Verhältnis ein problematisches gewesen war und nicht erst durch den Nationalsozialismus gewissermaßen von außen zerstört wurde. Inzwischen ist die Vereinnahmung (aber nicht unbedingt die Idealisierung) selten, die Jüdischen Studien haben sich auch in der Literaturwissenschaft erfolgreich etabliert und die deutsch-jüdische Literatur ist ein eigenes Untersuchungsgebiet geworden. So begrüßenswert diese Aufmerksamkeit ist, so problematisch sind freilich mit solcher Ausdifferenzierung einhergehende Tendenzen, deutsch-jüdische Literatur als eigenständiges ›Fachgebiet‹ zu betreiben. Sebald selbst hat sich – lange vor dieser Entwicklung – gegen die »Fehlrechnung« verwehrt, »derzufolge man denkt, diese Judenproblematik gehöre in eine eigene Schuhschachtel und der Rest der Welt hat nichts damit zu tun« (Ges 93). Seine Texte haben in diesem Kontext offensichtlich ein Irritationspotenzial, stammen sie doch von einem offensichtlich und explizit nicht-jüdischen Autor, der sich aber immer wieder in diese Tradition stellt. Umgekehrt bedeutet das freilich, dass die Beschäftigung mit Jüdischem bei Sebald diesen Kontext berücksichtigen muss. Sie kann nicht einfach im Sammeln und Rubrizieren jüdischer ›Motive‹, ›Ideen‹ oder ›Einflüsse‹ bestehen, sondern muss diese im Zusammenhang der Ideen von Symbiose und Assimilation betrachten. Wichtig ist das nicht zuletzt deshalb, weil sich hier ein vielleicht nicht zentraler, aber recht spezifischer und erstaunlich kohärenter Zusammenhang abzeichnet, der sich durch die gesamte Entwicklung und durch die verschiedenen Texte und Genres von Sebalds Schreiben hindurchzieht.

Literaturgeschichte und die Dialektik der Assimilation

Jakob Hessing hat herausgearbeitet, dass Sebald sich bereits früh mit Spuren der jüdischen Erfahrung in der Literaturgeschichte auseinandergesetzt hat und dabei die Dynamik der deutsch-jüdischen Beziehungen als entscheidendes Moment für das Verständnis von Autoren wie Sternheim, Döblin, Altenberg, Kafka oder Broch zu rekonstruieren versuchte (Hessing/Lenzen 2015). Sebalds höchst kritische Haltung gegenüber der Nachkriegsgermanistik ist nicht zuletzt darin begründet, dass diese Aspekte in deren For-

schung ausgeblendet wurden; gegen dieses Vergessen beruft sich Sebald auf Autoren wie Theodor W. Adorno, Walter Benjamin und Gershom Scholem, deren Denkfiguren auch später seine Essays und literarischen Texte durchziehen. Insbesondere die Lektüre Benjamins in den 1960er Jahren – noch lange vor dessen großer Prominenz – dürfte für Sebald von großer Bedeutung gewesen sein und ist in der Forschung inzwischen umfassend aufgearbeitet (s. Kap. 45; Preuschoff 2016).

Deutlich wird das in Sebalds Qualifikationsschriften. So liest er Sternheim als pathologischen Fall, dessen scheinbar widersprüchliche Charakteristika sich als Momente »eines einzigen Phänomens« verstehen ließen: nämlich »der mißlungenen Assimilation« (Ste 48). Allerdings bleibt die Beschreibung hier weitgehend abstrakt und der Text zeigt eine gewisse Unsicherheit im Gebrauch von Kategorien wie ›Selbsthass‹, ›Anpassung‹ etc.: Die »jüdische Binnensprache«, in der sich etwa Autoren wie Stefan Zweig über Sternheim äußerten, »bleibt für ihn eine Fremdsprache« (Hessing/Lenzen 2015, 36). Auch in seiner Dissertation über Döblin, in der von Benjamin und Adorno entwickelte Kategorien wie Mythos, Naturgeschichte, Allegorie und Schockästhetik eine tragende Rolle spielen, bestimmt die misslungene Assimilation die »Religion des Exils« (Myt 59). Letztlich, so Sebald kritisch, sei Döblin der »Selbstverleugnung« (73) erlegen und habe nicht versucht, »wie Freud, Kafka oder Benjamin die riskante Dialektik einer jüdisch-deutschen Existenz [...] bewußt durchzuhalten« (74). Insbesondere Döblins »Präokkupation mit dem Schuldproblem« betrachtet Sebald als »Anzeichen einer zunehmenden Affinität zur christlichen Religion« (78), die schließlich zu dessen Konversion geführt habe.

Sebald beschränkt sich dabei nicht mehr auf die Sozialgeschichte der Assimilation, sondern greift auch auf Kategorien aus der jüdischen Tradition zurück, um Döblins Werk zu verstehen. So erklärt er etwa das Zerstörerische in Döblins Werk durch den jüdischen Messianismus, den Sebald – unter wiederholtem Rekurs auf Gershom Scholem – als »Katastrophentheorie« (Myt 60) charakterisiert. Mit Benjamin wiederum stellt Sebald den Messianismus in die Nähe der Utopie und betont, dass »eine messianische Religion des Exils, die auf Erlösung in der Geschichte abzielte, mit dem politischen Entwurf des utopischen Sozialismus, der Döblin so nahelag, sich durchaus produktiv hätte vereinen lassen« (68). Aber die Zuwendung zur Schuldfrage (und damit: zum Christentum) gehe bei Döblin einher mit der »Aufgabe der Hoffnung auf eine

Erlösung der gesellschaftlichen Gesamtheit, wie sie im jüdischen Messianismus ihren Platz hat, zugunsten der Erlösung des einzelnen Individuums« (80). Sebald folgt auch hier Scholems Entgegensetzung von jüdischer politischer und christlicher innerlicher Erlösung – ohne freilich die von Scholem daraus gezogene Konsequenz des Zionismus mehr als im Vorbeigehen zu erwähnen.

Wie stark diese Thematik Sebald beschäftigt, zeigt ein Brief, den Sebald 1972, kurz vor Abschluss der Dissertation, an Gershom Scholem schreibt und der ein weit gestecktes Arbeitsprogramm entwickelt: Er plane, »die ›Innenwelt‹ der Assimilation in konzisen essayistischen Exkursen« zu untersuchen, die Autoren von Mendelssohn bis Peter Weiss behandeln sollen (zit. nach Hessing/Lenzen 2015, 43). Scholem antwortet reserviert, er wisse nicht genau, wie dieses Unternehmen vorgehen würde – alles hänge hier vom »Standpunkt« ab – und »welche Ihre sachlichen theologischen und historischen Kenntnisse über das Judentum sind« (45). Offensichtlich legt das einen Finger in die Wunde, denn gerade das Ausmaß, in dem Sebald sich in seiner Dissertation auf Scholem stützt, zeigt die Beschränktheit seines Wissens über das Judentum; die ›Binnensprache‹ versteht er nur indirekt – in Gestalt von Essays, die Scholem für das deutschsprachige Publikum schrieb. Ein weiterer Austausch kommt dann auch nicht zustande, und Sebald realisiert das angegebene Programm nicht, macht allerdings die denkerischen Impulse fortan in anderen poetologischen und literarhistorischen Zusammenhängen fruchtbar: »[Ü]ber Juden schreibt er nicht in jüdischer Perspektive, sondern im Kontext seiner eigenen Fragestellungen« (Hessing/Lenzen 2015, 80).

Besonders auffällig ist das in der Essaysammlung *Unheimliche Heimat*. Verbindendes Element der Untersuchungen ist der schwierige Heimatbegriff der österreichischen Literatur, der auch – aber keineswegs ausschließlich – dadurch bedingt sei, dass dieses Thema »für Schriftsteller jüdischer Provenienz während des gesamten Zeitalters der Assimilation und Westwanderung tatsächlich von übergeordneter Bedeutung gewesen ist« (UH 12). Das Thema der Heimatlosigkeit wird dabei mit der jüdischen Semantik des Exils verbunden, die konkrete Prozesse der Migration und Vertreibung bezeichnet, aber auch religiös-metaphysische Züge hat (Liska 2013). Dass sich für die österreichisch-jüdischen Autoren »Kritik und Treue« zur Heimat »aufs genaueste die Waage« hielten (UH 14), zeige sich etwa in den »tiefgehenden Ambivalenzen« der Ghettogeschichte: »Die Sehnsucht nach dem

neuen bürgerlichen Zuhause trägt in sich die Nachtrauer um die aufgegebene alte Welt und ein gewisses Unbehagen darüber, daß mit der Öffnung des Ghettos, das so lange die einzige Wohnstatt hatte sein können, nun eine neue Zerstreuung sich anbahnt« (40 f.). An Peter Altenberg zeige sich die Problematik einer Assimilation, die über das bürgerliche hinaus sich an aristokratischen Werten orientiere. Die Barnabas-Familie aus Kafkas *Schloss* entfalte eine »synoptische Soziologie des jüdischen Volkes«, das als »gedrückte Minderheit« versucht, seine Lage zu »rationalisieren« und zu »rechtfertigen« (98). Und über Hermann Broch fällt Sebald ein ähnlich scharfes Urteil wie über Döblin, nicht zuletzt aufgrund von Brochs Übertritt zum katholischen Christentum.

Sebald erörtert in seinen literaturkritischen Essays aber nicht nur die Dynamik der Assimilation, sondern bettet auch Kategorien der jüdischen Tradition in seine Untersuchung ein. Neben der des Exils greift er etwa auf die Kategorie der »Lehre« bzw. des »Lernens« zurück, die für die österreichische, nicht aber die deutsche Literatur wichtig sei (BU 13). So stehe etwa Canettis Werk »in einer langen jüdischen Tradition, in der der Ehrgeiz des Schriftstellers nicht auf das von ihm geschaffene Werk, sondern auf die Erhellung der Schrift geht« (101), und dessen literarische Form daher eher der Kommentar und das Fragment sei. Wieder geht das auf Scholem zurück: Für diesen ist im Judentum »nicht das System, sondern der Kommentar [...] die legitime Form, unter der die Wahrheit entwickelt werden kann [...]. Die Wahrheit muß an einem Text entfaltet werden, in dem sie vorgegeben ist« (Scholem 1970a, 101).

Noch dichter ist die Verbindung von moderner Literatur und jüdischer Tradition in einem Essay Sebalds über Kafkas *Schloss*, der mit den Kategorien von Exil und Messianismus arbeitet, wobei er sich vor allem auf eine briefliche Auseinandersetzung zwischen Benjamin und Scholem bezieht, die bis heute als zentral nicht nur für die Deutsch-Jüdische Debatte, sondern auch für das Verhältnis von Literatur und Religion gilt (Weidner 2014). Zur Diskussion stand dabei, inwiefern Kafka eine Welt gänzlich ohne Transzendenz und Hoffnung zeige, oder ob nicht – etwa in Kafkas Rede vom ›Gesetz‹ und der ›Lehre‹ oder in seiner parabolischen Schreibweise – noch ein Überrest der Überlieferung präsent sei, der nur noch gelte, aber nichts mehr bedeute, den Kafka aber nichtsdestotrotz tradiere. Auch Sebald deutet die Kafkasche Welt als in sich geschlossene, in welcher der Gedanke einer Befreiung »um so unabdingbarer ist, je unmöglicher es wird, ihre Idee in die Praxis zu übertragen« (UH 90). Diese Hoffnung im Hoffnungslosen verbindet Sebald mit dem Messianismus, der kein Dogma sei, sondern »Tradition im authentischen Sinn des Wortes, veränderbar und in sich widersprüchlich, trotz allem aber sich selber treu in der unverwandten Fixierung auf sein Ziel: die Erlösung aus dem Exil der Geschichte« (91). Der Landvermesser, hebräisch Moshoyakh, gleiche dabei der in sich widersprüchlichen Gestalt des Messias, der immer erwartet werde, sein Ziel aber nie erreiche: »Der Ursprung des Messianismus in der Verzweiflung ist der innere Grund seines notwendigen Versagens, seiner Inkongruenz mit sich selbst« (98 f.). Damit sind also Exil und Erlösung, Melancholie und Hoffnung aufeinander bezogen; zugleich wird hier auch der Zusammenhang deutlich, in dem die historische Erfahrung von Exil und Assimilation einerseits und die theologisch-metaphysischen Kategorien wie Messianismus andererseits zueinander stehen.

Eric Santner hat in einer umfassenden Studie den Zusammenhang von Ohnmacht und Hoffnung bei Sebald im Kontext der Paradoxien der deutsch-jüdischen Situation nachgezeichnet, die durch die Krise der Tradition nur verschärft werde: »[I]t seems that the process of assimilation that German Jews underwent over the course of the long nineteenth century occured, in large measure, as a kind of double bind in which jews were in effect told: ›Be like me! You can't be like me!‹« (Santner 2006, 39). Das Leben zwischen solchen widersprechenden Imperativen und mit einer beschädigten Tradition, die – gemäß der Scholemschen Formel – nur noch gilt, aber nichts mehr bedeutet, sei dabei paradigmatisch für das spätmoderne, ganz auf seine Kreatürlichkeit zurückgeworfene Subjekt, das auch Sebalds Texte bevölkere.

Jüdische Welten und literarischer Messianismus

In Sebalds literarischen Texten gibt es eine Fülle von jüdischen Gestalten und zahlreiche Motive aus der biblischen Tradition oder der jüdischen Geschichte, die hier nicht im Einzelnen nachgewiesen werden können. Wichtiger sind insbesondere die erwähnten Denkfiguren von Exil, Messianismus und Erlösung, die auch eine zentrale poetologische Bedeutung haben. Naturgemäß sind Bezugnahmen auf diese Figuren dabei wenig eindeutig, sondern von Entstellung und Verfremdung geprägt, die nicht (nur) äußerlich

hinzugefügte Techniken der Verrätselungen sind, sondern deutsch-jüdische Konstellation immer schon prägen. Das zeigt sich etwa in *Schwindel. Gefühle*, wo Sebald eine Szene aus einem Kafka-Brief zitiert: Beschrieben wird ein junger Jude, der aus gefühltem Deutschtum und mit erotischem Interesse ausgeht; dabei greift der Text »a stereotypical association between Jewishness and homosexuality« (Garloff 129) auf und »eroticizes the man's relationship to German Culture« (131), die als eine Art perverses Begehren erscheint.

In *Die Ausgewanderten* sind die Figurationen des Exils zentral und omnipräsent. Dabei scheint die ›Auswanderung‹ als höchst ambiger Ausdruck, dessen Bedeutung zwischen dem religiös-metaphysischen Gedanken des Exils einerseits, der historischen Emigration und Vernichtung andererseits, changiert (s. Kap. 36). Trotz ihrer Traumatisierung transportieren die Figuren dabei auch komplexe Formen jüdischen Wissens und jüdischer Zugehörigkeit; sie sind nicht einfach ›Opfer‹, vielmehr geht es Sebald darum, »die Gradationen dieser Verhältnisse zwischen Deutschen und Juden auszuloten« (Ges 93).

Erzählt werden sehr verschiedene Biographien von Emigranten, wobei Jüdisches für sie selber, aber auch für die Erzählung ganz unterschiedliche Funktionen hat: Henry Selwyn hat die litauische Heimat in der Nähe von Grodno Ende des 19. Jahrhunderts verlassen und seine – angedeutete – jüdische Herkunft verschwiegen; er wird erst im hohen Alter von Heimweh geplagt. Bei Paul Bereyter wird die jüdische Dimension gewissermaßen retrospektiv erzählt, indem der Erzähler nach Erhalt der Todesnachricht Bereyters Geschichte zu rekonstruieren versucht, die sich gerade an der Grenze von Judentum und Deutschtum bewegt: Von den Nationalsozialisten aufgrund seiner jüdischen Großmutter aus dem Schuldienst suspendiert, muss er als ›Vierteljude‹ nichtsdestotrotz Militärdienst an der deutschen Ostfront leisten. Aber nicht nur die Zuschreibungen werden fluide, auch die Nachforschungen des Erzählers gestalten sich immer komplizierter. Erzählbar wird die Geschichte erst durch die Vermittlung einer Jugendfreundin Bereyters, die eine typische Geschichte der Assimilation erzählt: Pauls Vater sei ins Bürgertum aufgestiegen und dann 1936 aus »Wut und Angst« gestorben (Agw 79), Paul selbst habe nach seinem Einsatz im Krieg eine »Rückkehr« nach Deutschland versucht, die von der Erzählerin als »Aberration« bezeichnet wird (83) und die letztlich für seinen Tod verantwortlich sei. Paul verkörpert die Symbiose, er sei zugleich ein »echter

Melammed« (83) gewesen – also ein jüdischer Lehrer – und »von Grund auf ein Deutscher« (84). Erst nach dem Krieg habe ihn die Auseinandersetzung mit den deutsch-jüdischen Autoren endgültig zu der Überzeugung gebracht, »daß er zu den Exilierten und nicht nach S. gehörte« (88).

Auch die Geschichte von Max Aurach ist durch eine indirekte Annäherung an das Thema geprägt, die mit Spaziergängen des Erzählers im ehemaligen »Judenviertel« von Manchester beginnt (Agw 232), wo er Aurach trifft, der ihm bald von den ambivalenten Emotionen seiner Jugend in den dreißiger Jahren in Deutschland erzählt: »Gleichermaßen erfüllt von Bewunderung, Zorn, Sehnsucht und Ekel, habe ich zunächst als Kind und dann als Heranwachsender stumm in der je nachdem jubelnden oder von Ehrfurcht ergriffenen Menge gestanden und meine Unzugehörigkeit als Schande empfunden« (272). Im weiteren Verlauf übergibt Aurach dem Erzähler die ihm hinterlassenen Jugendaufzeichnungen seiner Mutter Luisa Lanzberg, deren Lektüre für ihn selbst zu schmerzhaft sei, die der Erzähler aber auf den folgenden vierzig Seiten versucht »auszugsweise wiederzugeben« (289).

Bei den Erinnerungen Lanzbergs handelt es sich nicht nur insofern um eine Ausnahme in Sebalds Werk, als sich der Erzähler in der Folge fast völlig zurückhält und zum reinen Kopisten wird. Die geschilderte Jugend erscheint darüber hinaus als ruhig und weitgehend unbeschädigt: Erzählt wird ein Leben, das durch familiären Alltag und Zusammenhalt geprägt ist, aber auch durch die selbstverständlich erzählten Rituale wie Sabbatgebräuche (296 f.) und jüdische hohe Feste (296 f., 300 f.). Es ist die Welt der Assimilation, wo der Vater die Landwirtschaft aufgibt und den »endgültigen Übertritt in das bürgerliche Leben« (312) durch Umzug in eine Städtische Villa vollzieht; wo die Sabbatkerzen neben den Werken des »Lieblingsdichters Heine« (292) stehen; wo man das Kind ohne Bedenken in die christliche Kinderbewahranstalt schickt, aber sozial doch weitgehend unter sich bleibt; wo am Sabbat auch mal eine Zigarre geraucht (297), aber die Verlobung der Tochter mit einem Nichtjuden als der »so gut wie bereits vollzogene Austritt aus dem Judentum« (321) erscheint, der nur unter Bedauern gestattet wird. Es dürfte kein Zufall sein, dass der einzige Fall einer solchen nicht zerrissenen, sondern geradezu geordneten Welt in Sebalds Werk durch eine jüdische Welt dargestellt wird. Diese Welt erscheint der Verfasserin im Rückblick, »als hätte sie sich ausgedehnt über eine nach allen Richtungen un-

begrenzte Zeit, ja, als währte sie weiter, bis in diese Zeilen, die ich jetzt schreibe, hinein« (311). Sie lässt dabei nicht nur den Erzähler weitgehend zurücktreten, sondern ermöglicht ihm sogar eine rituelle Teilnahme, wenn er am Ende des Textes das Grab Lanzbergs auf dem jüdischen Friedhof findet: »Ich habe nicht gewußt, was denken, doch eh ich die Stelle verließ, habe ich, wie es Sitte ist, einen Stein auf den Grabstein gelegt« (337).

Ambros Adelwarth ist selbst nicht Jude, ist aber als Butler reicher Juden um die Welt gereist, wobei auch klassische Topoi jüdischer Erinnerung auftauchen: insbesondere Jerusalem, wo Ambros als Begleitung seines Freundes Cosmo hinreist. Dabei bewegen sich die beiden Reisenden dort zwar im Rahmen einer sakramentalen Topographie und besuchen wichtige Pilgerorte, finden aber insgesamt nur »Verfall, nichts als Verfall, Marasmus und Leere« (Agw 204) vor, ein Verfall, der im weiteren bereits auf die »Zerstörung« (209) nach der römischen Eroberung Jerusalems um 70 u. Z. zurückgeführt wird. Der traditionell mit der Rückkehr nach Jerusalem verbundene Glaube an die Erlösung sieht sich also mit dessen Zerstörung konfrontiert, die auch als Figur der Krise der Tradition betrachtet werden kann.

Jerusalem ist auch in *Die Ringe des Saturn* präsent, wobei sowohl die religiöse Bedeutung als auch die poetologische Konnotation deutlich expliziter ist. Ein doppelseitiges Bild zeigt die Innenansicht des Jerusalem-Tempels, den Alec Garrard, ein »methodistischer Laienprediger« (RS 286) nachbaut. Der Erzähler beschreibt detailliert, wie »der Tempel seiner Vollendung entgegenwächst« (288); betont wird dabei, dass das Werk aufgrund der Größe und Detailliertheit des Modells nur unmerklich langsam voranschreite. In Garrards Worten: »[D]ie Arbeit, die noch zu leisten ist, ist nach wie vor ungeheuer, ja man könnte sagen, daß sie mir heute, aufgrund meiner immer genauer werdenden Kenntnis, in jeder Hinsicht schwerer zu bewältigen scheint als vor zehn oder fünfzehn Jahren« (290). Denn es handele sich wirklich um Arbeit, nicht um irgendeine Form von Inspiration: »just research really and work, endless hours of work« (291). Scheidend wünscht der Erzähler »That we can go on and on, all the way to Jerusalem« (295), aber sein Weg endet in einem Hotelzimmer in der nächsten Kleinstadt. Diese Passage kann als Allegorie der erinnernden (Wieder-) Herstellung des Vergangenen verstanden werden, aber auch als Modell der eigenen Textarbeit, die sich als Montage von Einzelheiten und Fragmenten der Wirklichkeit versteht.

Gerade dieses Nebeneinander von Verfall und Restitution stellt die Frage nach dem Zusammenhang von Exil und Messianismus. Es ist auch eine politische Frage: »The relevant question with respect to Sebald is whether his way of constructing our historical situation leaves open the possibility of an event, a radical shift of perspective whereby something genuinely new could emerge. Is there really a place of the ›weak messianic power‹ in Sebald's universe, or does the very way he constructs our situation [...] foreclose such an opening?« (Santner 2006, 133). Ganz in der Folge von Benjamin sieht Santner dabei das Moment des Zufalls, der kleinen Verschiebung und vor allem des Eingedenkens in Sebalds Texten als Elemente, die eine solche ›messianische‹ Hoffnung in der Hoffnungslosigkeit markieren.

Solche Motive zeigen sich im ganzen Werk: vielleicht am deutlichsten in *Austerlitz*, wo sich die Hoffnung etwa auf die Unterbrechung der Zeit richtet: Er habe sich, so Austerlitz, »gegen die Macht der Zeit stets gesträubt« und sich vom »sogenannten Zeitgeschehen« ausgeschlossen, »in der Hoffnung [...], daß die Zeit nicht verginge, nicht vergangen sei, daß ich hinter sie zurücklaufen könne, daß dort alles so wäre wie vordem oder, genauer gesagt, daß sämtliche Zeitmomente gleichzeitig nebeneinander existierten, beziehungsweise, daß nichts von dem, was die Geschichte erzählt, wahr wäre« (Aus 152).

Der Zustand der Gleichzeitigkeit oder Überzeitlichkeit steht im Zentrum der »poetics of suspension« Sebalds (Eschel 2003), in der dem Fließen der Zeit das Gedächtnis und die Epiphanien der Erinnerung entgegengesetzt werden. Sebald greift dabei auch immer wieder auf Benjamins Ausdruck des »Eingedenkens« zurück, der für Benjamin die unvermittelte und immer mögliche ›rettende‹ Erinnerung an die Vergangenheit markiert. Als Austerlitz etwa im Schaufenster des Trödlers von Terezín die Allegorie der Rettung entdeckt (s. Kap. 36), werden ihm auch die anderen Gegenstände lesbar: »So zeitlos wie dieser verewigte, immer gerade jetzt sich ereignende Augenblick der Errettung waren sie alle« (Aus 285). Die ›Rettung‹, auf die sich die Hoffnung richtet, ist so ewig wie der Messianismus: immer möglich, sich permanent ereignend, aber auch immer schon verfehlt. Dafür steht nicht zuletzt die Photographie als Medium des Augenblicks, die das Geschehen abbildet und überliefert, dabei aber auch ›mortifiziert‹. Ob dieser Gedanke einer ambivalenten Epiphanie mit Gewinn auf den jüdischen Messianismus bezogen werden kann, wie das Benjamin im berühmten Anhang zu seinen *Thesen*

über den Begriff der Geschichte tut – für die Juden sei »jede Sekunde die kleine Pforte, durch die der Messias treten konnte« (Benjamin 1974, 704) – bleibt eine Frage für die Benjamin-Philologie wie für das jüdische Denken. Für Sebald gilt wie schon in seiner Beschäftigung mit der Assimilation, dass sein Zugang zum jüdischen Messianismus ein hochgradig vermittelter ist.

Nach Jakob Hessing ist Sebald das Judentum »immer fremd geblieben« (Hessing/Lenzen 92). Fremdheit bedeutet dabei Anziehung und Widerstand zugleich, sie impliziert den Wunsch nach Annäherung, aber auch eine durchaus produktive Distanz. Vor allem ist das Judentum für Sebald durch eine Fremdheit zu sich selbst interessant, die es in verschiedenen Hinsichten zu einem wichtigen Gegenstand seines Schreibens macht: Als Emigrant ist ihm das Judentum gerade durch seine Dialektik der Nicht-Zugehörigkeit wichtig; als Erinnernder als Verlorenes, das nur noch als Spur präsent ist; als deutschsprachiger Schriftsteller, weil durch die ›negative Symbiose‹ jüdische und deutsche Geschichte miteinander verknüpft sind.

Literatur

Benjamin, Walter: *Gesammelte Schriften*. Bd. I, hg. v. von Rolf Tiedemann und Hermann Schweppenhäuser. Frankfurt a. M. 1974.

Diner, Dan: Negative Symbiose. Deutsche und Juden nach Auschwitz. In: Dan Diner (Hg.): *Ist der Nationalsozialismus Geschichte?* Frankfurt a. M. 1987, 185–197.

Eshel, Amir: Against the Power of Time. The Poetics of Suspension in W. G. Sebald's *Austerlitz*. In: *New German Critique* 88 (2003), 71–79.

Garloff, Kaja: Kafka's Crypt. W. G. Sebald and the Melancholy of Modern German Jewish Culture. In: *The Germanic Review*. 82/2 (2007), 123–141.

Hessing, Jakob/Lenzen, Verena: *Sebalds Blick*. Göttingen 2015.

Klüger, Ruth: Wanderer zwischen falschen Leben. Über W. G. Sebald. In: *Text + Kritik* 158/IV (2003), 95–102.

Liska, Vivian: Exil und Exemplarizität – Jüdische Wurzellosigkeit als Denkfigur. In: Doerte Bischoff/Susanne Komfort-Hein (Hg.): *Literatur und Exil – Neue Perspektiven*. Berlin/Boston 2013, 239–255.

Preuschoff, Nicolai Jan: *Mit Walter Benjamin. Melancholie, Geschichte und Erzählen bei W. G. Sebald*. Heidelberg 2016.

Santner, Eric: *On Creaturely Life. Rilke, Benjamin, Sebald*. Chicago/London 2006.

Scholem, Gershom: Juden und Deutsche. In: Gershom Scholem: *Judaica II*. Franfurt a. M. 1970, 20–46.

Scholem, Gershom: Offenbarung und Tradition als religiöse Kategorien im Judentum. In: Gershom Scholem: *Über einige Grundbegriffe im Judentum*. Frankfurt a. M. 1970, 90–120 [Scholem 1970a].

Schulte, Christoph (Hg.): *Deutschtum und Judentum. Ein Disput unter Juden aus Deutschland*. Stuttgart 1993.

Weidner, Daniel: »Nichts der Offenbarung«, »inverse« und »Unanständige Theologie«. Kafkaeske Figuren des Religiösen bei Adorno, Benjamin, Scholem und Agamben. In: Manfred Engel/Ritchie Robertson (Hg.): *Kafka und die Religion der Moderne / Kafka: Religion and Modernity* (Oxford Kafka Studies 3). Würzburg 2014, 155–176.

Daniel Weidner

38 Kritische Theorie

In W. G. Sebalds Werk spielen vielfältige Bezüge zur Kritischen Theorie seit seiner Studienzeit eine einflussreiche und maßgebliche Rolle. Sowohl in den literaturkritischen Studien als auch im literarischen Œuvre belegen zahlreiche Verweise, intertextuelle Referenzen sowie Andeutungen, indirekte Zitate und Gedankenstreifzüge eine markante Sympathie und Nähe zum Fundament dieser Theorietradition. Auf diese Zusammenhänge ist in der Forschungsliteratur vielfach hingewiesen worden, wenngleich bislang keine vollständige und systematische Gesamtdarstellung hierzu vorliegt (Schütte 2011; Seitz 2011).

In einem Gespräch mit Uwe Pralle aus dem Jahr 2001 formuliert Sebald einen Kerngedanken dieser Attraktion, wenn er darauf hinweist, dass neben der sachlichen Abstraktionsform der Wissenschaft und ihrer Materialakkumulation die »Interpolation einer radikal subjektiven Erfahrung in diesen Diskurs« (Ges 255) von Nöten sei. Angesprochen wird hier die erforderliche Durchdringung der materialistischen, gegenständlichen Seite der Weltaneignung durch die maßgeblichen Subjektivitätsformen (Trauer, Leid, Hoffnung, Lust etc.), womit zugleich eine theoretisch-diskursive Seite und eine zentrale poetisch-literarische Perspektive in Augenschein genommen werden, die sich beide aus dem Energiestrom der kritischen Denktradition speisen. Im Kern geht es darum, im Rahmen eines aufgewerteten mittelbaren, »nicht-mimetische[n] Konzept[s] der Biografik« (Fuchs 2004, 122), Pathologien der Unvernunft und deformierter Subjektivitäten (Öhlschläger 2006) im Kontext gesellschaftlich bedingter und verursachter Beschädigungen ausfindig zu machen.

Von Anfang an ist Sebald darum bemüht, gegenüber einer stumm machenden Geschichtsfatalität und desaströsen Gesellschaftstotalität noch mögliche rationale Lernprozesse auszuloten, die es ermöglichen, vernünftige Gedanken zu entfalten gegen ein entmündigendes Dogma permanenter Herrschaft und gegen die Allmacht eines ubiquitären ungesteuerten Gewaltzusammenhangs. In seiner Dissertation *Der Mythus der Zerstörung im Werk Döblins* wird die »Widerstandskraft der Melancholie« (Sebald 1980, 112) als Teil einer humanistischen Weltsicht reklamiert und gegen Döblins resignativen Hyperrealismus in Anschlag gebracht, um dessen »Verketzerung des kritischen ›Ich‹ [...] als eine Konzession an jene biologische Weltsicht« zu attestieren, »die auch dem Irrationalismus faschistischer Philosophie und Rhetorik den Weg bereitete« (Myt 113). Kritisiert wird auf diese Weise Döblins Mimesisverständnis in seiner Essaysammlung *Unser Dasein* als ein ambivalentes, das auf der einen Seite zwar im mimetischen Drang auf »ältere Formungen, auf Pflanzliches, Tierisches, Mineralisches, Astrales, Anorganisches [...] die Neigung zum Zerfall, zur Auflösung, zu Hingabe an unsere Grundelemente« (113), wie es bei Döblin heißt, eine regressive Tendenz ausmacht. Jedoch vermöge Döblin auf der anderen Seite nicht den für sein eigenes Werk »fatalen Widerspruch einer Identität von ›wahrem Sein‹ und Tod« (Sebald 1980, 113) zu durchschauen. Diese Kritik rekurriert unmittelbar auf einen Gedanken aus der *Dialektik der Aufklärung* (Adorno/Horkheimer 1969), wenn von der drohenden Gefahr eines Angleichens ans Versteinerte und Tote als eines Umschlages der Mimikry in Mimesis die Rede ist. Sebald stimmt Adornos und Horkheimers Gedankenfigur zu, dass durch die Mimesis an die bedrohliche Natur und ans Erstarrte und Tote eine wiederholende regressive Unterwerfung durch Angleichung eingeübt wird, die eine Position distanzierter Kritik nicht mehr ermöglicht. An Döblins »Emigration aus dem Ich ins Objekt« (Myt 113) wird vor der Folie der *Dialektik der Aufklärung* der Mangel dialektischer Gedankenarbeit und eine apokalyptische Tendenz zur Mythisierung von Natur und sozialer Zusammenhänge kritisiert.

Destruktive Naturgeschichte

Anfang der 1980er Jahre verschiebt sich der Schwerpunkt der kritischen Perspektive von einer aufklärerischen Haltung durch eine erhellende Stimme der Vernunft hin zu einer grundlegenden allgemeinen Kritik der Moderne insgesamt sowie zur Naturgeschichte der Zerstörung. Die Rede ist hierbei von einer unabwendbaren apokalyptischen Gefährdung der Gegenwart aufgrund zivilisatorischer Fehlprogrammierungen und anthropogenetischer Pathologien (Baumgärtel 2010). Zu beachten ist, dass Sebalds Affinität zu Adornos Gedanken nicht zu einer philosophisch gehaltvollen Konzeption negativer Dialektik führt, sondern den Weg einer kritisch verstandenen Melancholie einschlägt, zumal sein Kritikbegriff normativ nicht ausgewiesen und die eigene Position nicht Teil der dialektischen Reflexion wird (vgl. Schley 2012, 154).

So lässt sich etwa im Langgedicht *Nach der Natur* dezidiert eine Perspektive ausmachen, die sich selbst radikalmelancholisch verabsolutiert. Ausweglose Widersprüche zwischen Natur und Gesellschaft werden hier nicht als sich vermittelnde Oppositionen in einem dialektischen Sinne und mit unvorhersehbaren Folgen aufgefasst. Als unabwendbar und geklärt erscheint vielmehr, dass die ordnende Naturrache sich gegen das desaströse Menschenwerk auflehnt und somit Natur sich wieder mit sich selbst versöhnen kann. Mit Adorno verbindet Sebald zwar nach wie vor eine fortschrittsskeptische Grundhaltung, die ubiquitäre Gewaltverhältnisse und Zerstörungsereignisse in den Mittelpunkt der Wahrnehmung stellt, jedoch lässt sich nicht erkennen, dass auch die unablässige Dialektisierung partikularer Phänomene und Ereignisse betrieben wird, wie sie für Adornos Denken konstitutiv ist. Vielleicht mag es übertrieben sein, davon zu sprechen, Sebald habe im Zuge einer gnostisch-naturgeschichtlich inspirierten Entpolitisierung die »Weltgeschichte des Leidens« ebenso mythisiert wie Gewaltzusammenhänge in einer naturmythischen Dimension verabsolutiert, wodurch die »Verbindung mit Begriffen wie Ich, Rationalität und Kritik« (Baumgärtel 2010, 8) verloren gegangen sei. Wenn man dementgegen in Anschlag bringen will, dass sich die Koordinaten und Maßstäbe der kritischen Sichtweise in Richtung der Orientierungsmarken Melancholie und Eingedenken verschoben haben, ohne jedoch die Bezüge zum kritischen Denken und Analysieren gänzlich aufgegeben zu haben, dann muss von einer Modulation und Variation der besonderen Kritikperspektive gesprochen werden, nicht jedoch von deren Negation.

Mit der Tradition der Frankfurter Schule bleibt Sebald vor allem durch den emphatischen Begriff der Naturgeschichte und die Denkfigur der Rettung durch Erinnerung verbunden, worin sich die signifikante Nähe zu Walter Benjamins Denkuniversum (vgl. Schmucker 2012, 240 ff.; Wohlfahrt 2009) zeigt. Wenn in *Campo Santo* über Nabokov ausgeführt wird, er sei um die »Errettung eines jeden Bildes« (CS 186) bemüht, dann ist damit auch das Zentrum von Sebalds Erinnerungspoetik gegen den zivilisatorisch anhaltenden Gewalt-, Verblendungs- und Vergessensprozess selbst umschrieben (Fuchs 2004). Sebalds eigentümliche Vermengung von Geschichte und metaphysischer Naturgeschichte zielt darauf ab, den gesamten Zivilisationsprozess in den Blick zu nehmen und nicht bloß historische Epochen und Phasen. Eine solche Sichtweise korrespondiert mit Grundströmungen der jüdisch-theologischen Auffassungen, wie sie bei Walter Benjamin vorzufinden sind und vor allem von den Repräsentanten der Kritischen Theorie nach ihrer Rückkehr aus dem Exil vertreten wurden. Für den jungen Literaturwissenschaftler W. G. Sebald stellen

Ideen aus diesem Umkreis einen doppelten Impuls dar, da zum einen der deutschen Nachkriegsphilologie neue Denkhorizonte erschlossen werden, zum anderen speisen sich aus dem innovativen kritisch-intellektuellen Input Widerstandskräfte gegen die politische Restaurationsdürre der 1950er und 1960er Jahre.

Rekonstruiert man die vielfältigen, verschachtelten und durchaus komplexen Rezeptionsspuren und Gedankenechos der Kritischen Theorie in Sebalds Gesamtwerk hinsichtlich benennbarer Zentralmotive, so steht die Kritikfigur einer »Naturgeschichte der Zerstörung«, von der in *Luftkrieg und Literatur* explizit die Rede ist, im Vordergrund. Daraus folgt auch die Annahme, die dominante Thematisierung des Holocaust sei nur die folgerichtige Zuspitzung dieses Basistheorems einer krisenhaft verlaufenden und destruktiv sich entfaltenden transhistorischen Mutation (vgl. Hutchinson 2009, 38). In begriffsgeschichtlicher Hinsicht, darauf weist Baumgärtel zu Recht hin (vgl. Baumgärtel 2010, 21 ff.), ist hierfür Adornos Vortrag *Die Idee der Naturgeschichte* (1931) (Adorno 1973) relevant, in dem die idealistische Trennung von Naturgeschichte und Historie negiert wird und die Rückverwandlung von Geschichte in dialektische Natur gedacht werden soll.

Zentrum dieser ontologischen Negation ist die Dialektisierung des Archaisch-Mythischen und des Geschichtswandels im Horizont der Endlichkeit und des Todes, allerdings nicht mehr im Horizont teleologisch-substanzialistischer Annahmen. Für Sebald ergibt sich hieraus die Gewissheit, die Kontinuitätslinien desaströser zivilisatorischer Naturbeherrschung führten im Verbund mit ohnehin wirksamen Naturtendenzen, die durch die verwaltete Gesellschaft negativ befördert werden, zu einem ebenso fatalen wie unabwendbaren Naturgeschichtskollaps. Dessen inhärente Zwangslogik bestehe darin, die Verfallsgeschichte der menschlichen Zivilisation als eine apokalyptische Renaturalisierung zu antizipieren. Die intelligiblen Arbeitsmittel eines solchen Unterfangens, den Quellcode menschlichen Leidens und Unglücks zu schreiben, sind die Analysen über die Aufklärung der Aufklärung, des Umschlages menschlicher Vernunft in Unvernunft und der Selbstzerstörungspotenziale menschlicher Zivilisation.

Diesen Gedanken radikalisiert Sebald so weit, dass etwa in der Essaysammlung *Unheimliche Heimat* mit Blick auf Joseph Roths Roman *Das falsche Gewicht* davon die Rede ist, der Zivilisationsfortschritt bringe mehr »Unrecht und Unglück über uns« (UH 63) als das ohnehin gegebene natürliche. Aus dieser Perspektive erscheint die Moderne *in toto* als letzte Stufe einer

Naturverfallshistorie, deren emanzipatorische und Fortschritt ermöglichende Horizonte obsolet geworden seien. Einem Gedanken Adornos aus dem kurzen Briefwechsel (1967/68) mit Sebald folgend (vgl. Atze/Loquai 2005, 12 ff.), sieht Andreas Huyssen in diesem kulturpessimistischen Fatalismus einen Befund dafür, dass Sebald in der Kritikform selbst dem Objekt seiner Kritik unglücklich verhaftet bleibt (vgl. Huyssen 2001, 84, Bauer 2006). Trotz dieser undialektischen und geradezu gnostischen Idee einer unabweisbaren und naturhistorisch fundierten Katastrophik bleiben grundsätzliche Bezüge zur *Dialektik der Aufklärung* sichtbar. Wenn z. B. die Totalitarismen und der Holocaust, der nahezu die gesamte Textur der Sebaldschen Werke grundiert, als Folgen einer verdinglicht-instrumentellen Fehlentwicklung der Moderne aufgefasst werden und nur die Erinnerung und das Eingedenken noch einen Zugang zur Idee einer möglichen Rettung und Erlösung gegenüber den ubiquitären Verblendungs- und Verdinglichungszusammenhängen durch eine sich verabsolutierende Tauschabstraktion der bürgerlich-kapitalistischen Epoche offenhält.

Melancholisches Erinnern

Sowohl die Nähe zu Walter Benjamins minimalmessianischer geschichtsphilosophischer Sichtweise als auch zu Adornos quasitheologischen Versöhnungsgedanken korrespondiert mit Sebalds Erinnerungspoetik insofern, da es immer darum gehen soll, Vergangenes durch das Kunstgedächtnis als Lebendiges zu retten, um es weder dem paralysierenden Vergessen noch einer falschen Fortschrittsgewissheit preiszugeben. Doch auch hier ist der interne Widerspruch zur Kritischen Theorie sichtbar, wenn etwa nachdrücklich auf die Gedächtnisemphase der Literatur rekurriert wird, diese jedoch in der Nähe einer intentionalen Archivarfunktion verortet bleibt, die mit Adornos ästhetischem Autonomiepostulat der Kunst vermutlich nicht ohne Weiteres in Einklang gebracht werden kann. Dieser Widerspruch lässt sich allerdings verstehen, wenn man in Rechnung stellt, dass Sebald die Sphäre des Ästhetischen als eine versteht, in der es vor allem um ethische Fragen geht (UH 115).

In unmittelbar gedanklicher Nähe zu Walter Benjamin wird besonders die Erinnerung bei Sebald in den Rang einer dennoch begrenzt hoffnungsvollen Gegenstrategie zum Bann der verhängnisvollen Naturgeschichte gestellt. Insgesamt lässt sich wohl behaupten, dass Sebald auf diesen gleichermaßen Theorie-,

Mentalitäts- und Kunstkomplex Erinnerung, der als eine rekonstruktive Form rettender Bewahrung unsichtbar gewordener Wirklichkeitsschichtungen verstanden wird, deutlich mehr Aufmerksamkeit richtet als auf die theoretische Klärung seines Verständnisses von Kritik selbst.

Für diesen Befund ist ebenso die Benjaminsche Unterscheidung von Gedächtnis und Erinnerung maßgeblich wie das Theorem des Erfahrungsverlustes in der Moderne. Denn auch wenn das historische Subjekt über ein reichhaltiges Gedächtnismaterial verfügt, aufgrund des Erfahrungsschwundes moderner Subjektivität, ausgelöst durch die anschwellenden Vernichtungsszenarien und Bedrohungslagen, ist das Kontinuum zwischen Gedächtnis und Erinnerung unterbrochen und gestört. Ebenso wie es in Benjamins Geschichtsphilosophie nicht um eine wie auch immer geartete historische Gesamtschau geht, sondern um partikulare Initialzündungen am Unabgegoltenen und Uneingelösten des Vergangenen, um von einem historisch aufgeladenen Gegenwartsstandpunkt aus Zukunftsperspektiven erschließen zu können, so zielt Sebalds ebenso beharrliche wie emphatische literarische Erinnerungsarbeit auf den »Setzkasten der vergessenen Dinge« (Aus 222), der sich im übertragenen Sinne durchaus aus Benjamins »Trümmerhaufen« (Benjamin 1991, I.2, 698) der Geschichte speist, von dem in den Thesen *Über den Begriff der Geschichte* die Rede ist.

Eine weitere auffällige paradigmatische Überschneidung zwischen Benjamins Theorieraum und Sebalds kritischer Erinnerungspoetik besteht im melancholischen Konzept der Allegorie. Im *Ursprung des deutschen Trauerspiels* spricht Benjamin von »einer Wendung von Geschichte in Natur« (GS I,1, 358), und diese allegorisch-melancholische Perspektive markiert Sebalds Perspektive insofern, als die Kontingenz und Immanenz der Geschichte mit ihren kontinuierlichen Äquivalenten »vergangenen Unheils« (Adorno 1989, 65) stets auf den einen Punkt der gegenwärtigen geschichtsvergessenen Katastrophe hinausläuft, sodass dem Melancholiker kein naturverbundener Trost über die natürliche Endlichkeit mehr zur Verfügung steht. Sebalds melancholisch-allegorische Erzähler sondieren und registrieren die abgestorbene Dingwelt und versehen diese mit einer aufs gebannte Ganze abzielenden Zeichenhaftigkeit. Die topographischen Schattenzonen ehemaliger Judenviertel in *Die Ausgewanderten* etwa repräsentieren eine Benjaminsche Allegorie, durch die eine totale Vernichtungs- und Auslöschungspraxis des Holocaust mit der geschichts-

vergessenen Gegenwartsarchitektur, dem Erfahrungsmangel und Erinnerungsverlust verbunden wird.

Eine »Wendung von Geschichte in Natur« liegt in solchen Erzählpassagen insofern vor, als Geschichte im Gewand einer zerrütteten Urlandschaft allegorisiert wird.

Erkenntnis und Erfahrung

Für Sebald ist vor allem der metatheoretische Zusammenhang von Geschichte und Gedächtnis bzw. Erinnerung von Belang, wie er insbesondere in *Luftkrieg und Literatur* verhandelt wird. Grundlage dieses Erzählkonzeptes einer »retrospektiven Erfahrungsbildung, die letztlich dem Kalkül der bremsenden Reflexion folgt« (Baumgärtel 2010, 148), ist nicht länger bloß ein wie auch immer ausgerichtetes historisches Wissen oder Bewusstsein. Zentral ist eher ein Gedächtnisbewusstsein als autonoetisches Gedächtnis, das historische Zusammenhänge ihrerseits historisiert, um die eigene ethische Bedeutsamkeit weiß und diese in einer poetischen Heuristik an die angemessen erscheinende ästhetische Form anbindet, nämlich durch einen »synoptischen, künstlichen Blick« (Luf 33) mikrologisch zu erzählen. Sein Anteil an einer weitergeführten Post-Holocaust-Erinnerungsdignität im Kontext der Kritischen Theorie besteht im Kern darin, die Naturgeschichte der Zerstörung mit der Totalität der Gesellschaftstraumatisierung in Berührung zu bringen. Dieses kritische Bemühen um ein gleichermaßen nichthistoristisches wie fortschrittsungläubiges Eingedenken im Sinne Benjamins prägt sodann auch die vier großen Erzählwerke *Schwindel. Gefühle*, *Die Ausgewanderten*, *Die Ringe des Saturn* und *Austerlitz*.

Hinsichtlich der literarischen Luftkriegsnarrative ist Sebalds Kritik an der ideologieverdächtigen Beschreibungsmetaphysik der Nachkriegsautoren (Andersch, Kasack, de Mendelssohn) und seine Zustimmung zum konstruierten Distanzdokumentarrealismus eines Hubert Fichte und Alexander Kluge daran ausgerichtet, den Status der Totalzerstörung gleichermaßen in allen äußeren und inneren Lebenssphären in Augenschein zu nehmen. Sebalds Bewunderung für Kluges *Der Luftangriff auf Halberstadt am 8. April 1945* im Essay *Zwischen Geschichte und Naturgeschichte. Versuch über die literarische Beschreibung totaler Zerstörung mit Anmerkungen zu Kasack* basiert auf dessen Bruch mit einer »dem bürgerlichen Weltbild verpflichtete[n] Form romanhafter Fiktion« (CS 88).

Betrachtet man die vorgetragenen Argumente Sebalds, so wird deutlich, dass Kluge durchaus als literarischer Repräsentant der Kritischen Theorie gelesen wird. Es wird dabei u. a. thematisiert, dass vom Erzähler der persönliche Standpunkt in Bezug zu kollektiven Abläufen nur durch die Rekonstruktion der komplexen Vorgeschichte von Ereignissen sowie durch Bezüge auf die Gegenwart und mögliche Zukunftsperspektiven im Rahmen eines vollständigen Wirklichkeitszugriffs geltend gemacht werden könne. Angesprochen ist damit zugleich eine »Recherche verlorener Zeit, vermittels derer die traumatisch-schockhaften Erfahrungen, die von den Betroffenen in komplizierten Verdrängungsprozessen der Amnesie überantwortet werden, herübergeholt werden in die von der verschütteten Historie konditionierte gegenwärtige Wirklichkeit« (CS 90).

Die hierin liegende Erkenntnis im Sinne der Kritischen Theorie speist sich erstens aus der Annahme, reale Erfahrung sei aufgrund der übermächtigen Zerstörungstotalität nur mittelbar über spätere Lernvorgänge möglich, nicht jedoch unmittelbar im Zerstörungsgeschehen selbst herzustellen. Weiterhin korrespondiert dieses Realitätsverständnis mit der konstruktiv-analytischen Intention, »den organisatorischen Aufbau eines solchen Unglücks« (CS 92) sichtbar und verstehbar zu machen, obwohl die ethischen Fragen nach Verantwortung noch gar nicht hinreichend gestellt und geklärt werden konnten. Wenn Sebald mit Blick auf Kluges unkonventionelles Erzählprogramm von einer »kritischen Dialektik zwischen Gegenwart und Vergangenheit« (CS 98) anhand einer detailgenauen Rekonstruktion des Fatalen spricht, die erst *a posteriori* ebenso geschichtsreflektierte, gegenwartspraktikable wie zukunftsrelevante Lernprozesse auslösen könne, betont er sogar explizit die Differenz zu einer möglichen naturhistorischen Sichtweise, die Kluge zugunsten einer anthropogenetischen Perspektive eben gerade nicht einnehme.

Insgesamt kreist Sebalds Denken im Kern um eine dialektische Fortschrittskritik, dass nämlich »der Fluch des unaufhaltsamen Fortschritts [...] die unaufhaltsame Regression« (Adorno/Horkheimer 1969, 42) sei, wie es an zentraler Stelle in der *Dialektik der Aufklärung* heißt. Allerdings werden Positivierungsperspektiven, die bei Kluge als jeweils mögliche Auswege aus dem Bann vermeintlich unveränderlicher Wirklichkeit erscheinen und bei Benjamin als minimaler Erlösungsmessianismus gedacht werden, nicht übernommen.

Eine weitere Quelle dieser Fortschrittsnegation wird in *Die Ringe des Saturns* angesprochen, indem die Skepsis gegenüber einem perennierenden menschlichen Erkenntnisfortschritt durch die Ahnung begründet wird, »daß wir die Unwägbarkeiten, die in Wahrheit unsere Laufbahn bestimmen, nie werden begreifen können« (RS 217). Die menschliche Geschichte als einen profanen Einzelfall der Naturgeschichte aufzufassen und die Fortschrittsidee als eine kulturelle Illusion gegenüber der Realdialektik historischer Prozesse zu desillusionieren sowie im literarischen Werk das ausgegrenzte Material mittels einer »empathetischen Hinwendung zum Bruchstück« (Öhlschläger 2006a, 204) als zu bewahrendes Nichtidentisches zu archivieren, sind die beiden markanten Bezüge zum theoretischen Magnetfeld der Kritischen Theorie.

Literatur
Adorno, Theodor W.: *Die Idee der Naturgeschichte*. In: Theodor W. Adorno: *Philosophische Frühschriften*, hg. von Rolf Tiedemann. Frankfurt a. M. 1973, 345–365.
Adorno, Theodor W.: *Minima Moralia. Reflexionen aus dem beschädigten Leben*. Frankfurt a. M. 1989.
Adorno, Theodor W./Horkheimer, Max: *Dialektik der Aufklärung*. Frankfurt a. M. 1969.
Atze, Marcel/Loquai, Franz (Hg.): *Sebald. Lektüren*. Eggingen 2005.
Bauer, Karin: The Dystopian Entwinement of Histories and Identities in W. G. Sebald's Austerlitz. In: Scott Denham/Mark McCulloh (Hg.): *W. G. Sebald. History – Memory – Trauma*. Berlin 2006, 233–250.
Baumgärtel, Patrick: *Mythos und Utopie: Zum Begriff der »Naturgeschichte der Zerstörung« im Werk W. G. Sebalds*. Frankfurt a. M. 2010.
Benjamin, Walter: *Gesammelte Schriften*. 7 Bde. Frankfurt a. M. 1991.
Fuchs, Anne: *Die Schmerzensspuren der Geschichte. Zur Poetik der Erinnerung in W. G. Sebalds Prosa*. Köln 2004.
Hutchinson, Ben: *W. G. Sebald – Die dialektische Imagination*. Berlin/New York 2009.
Huyssen, Andreas: On Rewritings and New Beginnings: W. G. Sebald and the Literature About the Luftkrieg. In: *Zeitschrift für Literaturwissenschaft und Linguistik* 124 (2001), 72–90.
Öhlschläger, Claudia: *Beschädigtes Leben. Erzählte Risse. W. G. Sebalds poetische Ordnung des Unglücks*. Freiburg 2006.
Öhlschläger, Claudia: Der Saturnring oder Etwas vom Eisenbau. W. G. Sebalds poetische Zivilisationskritik. In: Michael Niehaus/Claudia Öhlschläger (Hg.): *Politische Archäologie und melancholische Bastelei*. Berlin 2006a, 189–204.
Schmucker, Peter: *Grenzübertretungen. Intertextualität im Werk von W. G. Sebald*. Berlin/Boston 2012.
Schley, Fridolin: *Kataloge der Wahrheit. Zur Inszenierung von Autorschaft bei W. G. Sebald*. Göttingen 2012.

Schütte, Uwe: *W. G. Sebald. Einführung in Leben und Werk.* Göttingen 2011.

Seitz, Stephan: *Geschichte als bricolage. W. G. Sebald und die Poetik des Bastelns.* Göttingen 2011.

Wohlfahrt, Irving: Anachronie. Interferenzen zwischen Walter Benjamin und W. G. Sebald. In: *Internationales Archiv für Sozialgeschichte der deutschen Literatur* (IASL) 33/2 (2009), 184–242.

Jens Birkmeyer

39 Ethik des Schriftstellers

Ethik, Ästhetik und Poetik

W. G. Sebald spricht explizit sehr selten von Ethik, allenfalls in seinen Essays in Auseinandersetzung mit anderen Schriftstellern: Seine These »Es geht also im Bereich der Ästhetik letzten Endes immer um ethische Fragen« (UH 115) ist jedoch programmatisch und durchzieht sein gesamtes literarisches, literaturwissenschaftliches und literaturkritisches Werk. »Dass die komplizierte Frage des Verhältnisses von Ethik und Ästhetik« nicht schon viel früher gestellt wurde, obgleich sie doch »von zentraler Bedeutung gewesen« (Luf 52) sei, wirft Sebald den Zeitgenossen Thomas Manns und Lesern des *Doktor Faustus* vor. Auf die ethischen Implikationen ästhetischer Entwürfe in literarischen Texten (vgl. Öhlschläger 2009, 10) macht er hiermit aufmerksam, auf das komplexe Beziehungsgeflecht von Ethik und Ästhetik, das im literaturtheoretischen Diskurs seit den 1990er Jahren eine große Rolle spielt (z. B. Gumbrecht 1994).

Dieses Verhältnis von Ethik und Ästhetik muss dabei von Fall zu Fall neu verhandelt werden, wobei Ethik als Reflexionstheorie der Moral (Niklas Luhmann) gerade keine normativen Wertmaßstäbe und Handlungsanweisungen meint, sondern deren kritische Infragestellung: Die Relation Ethik und Ästhetik lässt sich als kongruent beschreiben (die Ästhetik unterstützt die ethische Aussage oder verstärkt diese sogar), als komplementär (die Ästhetik setzt da ein, wo die explizite Ethik an ihre Grenzen stößt und führt sie mit anderen Mitteln fort) oder als konträr (die Ästhetik verhält sich widerständig zur Ethik und setzt so einen kritischen Reflexionsprozess in Gang). Von allen drei Verhältnisbestimmungen macht Sebald auf faszinierende, innovative Weise Gebrauch. Daher verwundert es nicht, dass sich die Literaturwissenschaft nach ihrem *ethical turn* (Lubkoll/Wischmeyer 2009) in der Auseinandersetzung mit der Gegenwartsliteratur häufig dem Werk des Literaten und Literaturwissenschaftlers W. G. Sebald zugewendet hat: Hier spielt Ethik sowohl auf der Inhalts- als auch auf der Darstellungsebene eine Rolle und führt zugleich ästhetische Theorieansätze der Postmoderne weiter.

Ethik bleibt dabei auf dreierlei Weise an Narration gebunden: Erstens ist die Narration das Medium, in dem über ethische Sachverhalte gesprochen wird. Zweitens ist die Ethik das kritische Analyseinstrument, um narrativ vermittelte moralische Phänomene zu beurteilen. Und drittens eignet der Ethik eine narrative

Dimension, da diese eine primäre Zugangsweise zum handelnden Menschen darstellt (vgl. Joisten 2007, 9–21; Öhlschläger 2009, 11). Denn Literatur bietet dank ihrer fiktiven Beschaffenheit Modellsituationen des Denkens und Handelns, entwirft und beurteilt diese immer wieder neu, praktiziert also – in Form einer narrativen Ethik – eine Reflexion von Moral.

Eine Ethik des Schriftstellers muss daher auf verschiedenen Ebenen verortet werden: Der Schriftsteller kann Gegenstand der Ethik (*genitivus obiectivus*) sowie Produzent der Ethik (*genitivus subiectivus*) sein. Ersteres ist in Sebalds literaturwissenschaftlichen Aufsätzen der Fall (BU, UH, Log), in denen er Literaten des 19. und 20. Jahrhunderts einer kritischen Analyse unterzieht und deren Leben sowie Werk zum Gegenstand von – auch ethischen – Kontroversen macht. Letzteres lässt sich vor allem in seinen poetologischen Schriften beobachten, die sich in Stil und Haltung von seinem literarischen Werk oft kaum unterscheiden. Insgesamt ist es für W. G. Sebald nämlich typisch, dass Objekt- und Subjektebene immer wieder ineinandergreifen: Wo er andere Schriftsteller charakterisiert, gibt er zugleich Merkmale seiner eigenen Poetik preis. Seine Literaturkritik kann regelrecht als verdeckte Autobiographie bezeichnet werden (vgl. Schütte 2014, 22). Eine weitere Grenzverwischung nimmt Sebald zwischen dem Schriftsteller (Autor) und dem Erzähler vor. Der in der Erzählprosa dominante Ich-Erzähler scheint aufgrund biographischer, oft durch Dokumente (vermeintlich) verifizierter Referenzen Sebald selbst zu sein, was mittels fiktionaler Brechungen dann aber wieder dementiert wird. Die Ethik des Schriftstellers (*genitivus subiectivus*) ist somit immer auch die Ethik des – oft unzuverlässigen – Erzählers. Diese Unzuverlässigkeit wird bei Sebald besonders raffiniert im Bild-Text-Verhältnis inszeniert, wenn Sebald falsche textuelle Referenzen für angeblich authentische Materialien angibt. Hiermit lenkt er die Aufmerksamkeit auf die Materialität, Machart und den Entstehungsprozess seiner Texte. Den oft qualvollen (vgl. auch das Photo des schreibenden Zweitklässlers, Agw 255), trotz aller Bemühungen nicht gegen Unleserlichkeit, bzw. Unverständlichkeit gefeiten Akt der Verschriftlichung, die *écriture*, macht Sebald zum Gegenstand seiner Erzähltexte: »*Ce que tu écris mal, Séraphine! Comment veux-tu qu'on puisse de lire?*« (CS 52). W. G. Sebalds Ethik des Schriftstellers lässt sich somit nicht trennen von einer prozessualen Ethik des Schreibens sowie von einer Ethik des Erzählens, die gerade vom *Unerzählt[en]* (Unz), von den Lücken, Rissen und Rändern, ihren Ausgang nimmt.

Ethik, Moral und (Literatur-)Kritik

W. G. Sebald publizierte als Germanist seit Mitte der 1980er Jahre Aufsätze zur österreichischen Literatur von Stifter bis Handke (BU, UH, Log), die inhaltlich, aber auch methodisch oft auf gezielte Konfrontation und Provokation hin angelegt sind. Er selbst reflektiert und rechtfertigt dies als ein »fallweise[s] Verfahren«, das »ohne viel Skrupel seine analytische Methode wechselt« und dabei die »traditionelle Grenzlinie« zwischen Literatur und Wissenschaft in »vorbedachte[r] Rücksichtslosigkeit« (BU 9) übergeht. Innerhalb der Literaturwissenschaft hat ihm diese »Rücksichtslosigkeit« einige Feinde eingebracht. Sebald selbst entwickelt sein Verhältnis zu seinem Fachbereich aus entweder starker Abwertung oder naher Identifikation heraus: Die empathische Wertung stellt er neben, wenn nicht gar über die sachliche Analyse und bezieht eine moralische, mitunter auch moralisierende Position, die er in einer Vorrede zu einer Lesung von dem von ihm geschätzten Dichterkollegen Michael Hamburger im Jahr 1998 wie folgt begründet: »dass Zuneigung und Sachverstand einander nicht ausschließen, dass eine gewisse Befähigung zum richtigen Schreiben nicht reicht, dass es so etwas gibt wie eine Moralität des Ästhetischen, die, letztlich, auf der wahren Anschauung der Dinge beruht« (*Tages-Anzeiger* vom 22.5.1998, zit. nach Catling/Hibbitt 2010, 344). Eine derartige »Moralität des Ästhetischen« lokalisiert Sebald nicht nur auf der produktions-, sondern auch auf der rezeptionsästhetischen Seite: Heidegger, den Sebald nicht einmal beim Namen nennt, sondern mit »Hüter und Heger des deutschen Geistes«, als »Freiburger Rektor mit dem Hitlerbärtchen« (344) ironisiert, nennt er aufgrund von dessen – Sebald zufolge missglückter – Hölderlin-Rezeption als Repräsentanten einer »falschen Anschauung« (344). Mit Werturteilen, nicht nur das Werk, sondern auch die Person des Schriftstellers betreffend, hält sich Sebald keineswegs zurück. Am berühmtesten ist seine Kritik an Alfred Andersch (1914–1980), dem er »ein von Ehrgeiz, Selbstsucht, Ressentiment und Ranküne geplagtes Innenleben« (Luf 146 f.) zuschreibt und eine fragwürdige Inszenierung als Widerstandkämpfer vorwirft. Dieser von Sebald initiierte posthume Schriftsteller-Streit ist bis heute nicht beigelegt und wird auf internationalen Fachtagungen kontrovers diskutiert: Dort hält man Sebald gerne vor, dass seine hehren Ansprüche an moralische Integrität überzogen seien, zumal er selbst dank seiner späten Geburt nie in den Nationalsozialismus verwickelt war (Hildebrand, FAZ

24.11.2010). Die ihm posthum vorgeworfenen Ansprüche auf moralische ›Integrität‹ stellt Sebald selbst allerdings nie. Ganz im Gegenteil entlarvt er in seinem Andersch-Essay die auf Max Weber zurückgehende und oft missinterpretierte ›Wertfreiheit‹ in ihrer Scheinhaftigkeit: »Wenn ein moralisch kompromittierter Autor den Bereich der Ästhetik als wertfrei reklamiert, sollte das seinen Lesern zu denken geben« (Luf 135). Weiter zugespitzt, könnte man sagen, dass es eine wertfreie Ästhetik für Sebald gar nicht geben kann, da es »im Bereich der Ästhetik letzten Endes immer um ethische Fragen« (UH 115) geht. Allerdings wertet Sebald, anders als in seinen literarischen Schriften, sehr stark – und dies nicht immer auf der Grundlage der von ihm reklamierten »wahren Anschauung der Dinge«, sondern auf der Basis biographischer Fakten, wobei er das – ethisch – ›gute Leben‹ zur Bedingung für die – auch ästhetisch – ›gute Literatur‹ macht.

Während W. G. Sebald in seinen Erzählungen und Romanen mit Ich-Figuren experimentiert, die sich ihres Standorts in der Welt immer neu versichern müssen und sich dessen niemals gewiss sein können, bezieht er in seinen »resentimentgeladenen Polemiken und moralisierenden Rufmordversuchen« (Schütte 2011, 222) klar Position. Der Vorläufigkeit und – aufgrund ihrer oft verletzenden Schärfe – Angreifbarkeit seiner Thesen ist sich Sebald als opponierender Junggermanist (vgl. seine Abschluss- und Qualifikationsarbeiten zu Carl Sternheim und Alfred Döblin) genauso bewusst wie als in Norwich etablierter Literaturprofessor: Wenn er seinen heftig umstrittenen, 1997 in Zürich gehaltenen Poetik-Vorlesungen *Luftkrieg und Literatur* bei ihrer Drucklegung zwei Jahre später ein Nachwort folgen lässt, in dem er diese charakterisiert »als eine unfertige Sammlung diverser Beobachtungen, Materialien und Thesen, von der ich vermutete, daß sie in vielem der Ergänzung und Korrektur bedürfte« (Luf 75), ist dies keine bescheidene Koketterie oder gar Gestus selbstkritischer Zurücknahme. Im Gegenteil verschärft dieses Nachwort Sebalds kurz darauf folgende unnachgiebige Versicherung, dass er sich »in [s]einer Auffassung bestätigt« fühle, »daß sich die Nachgeborenen, wenn sie sich einzig auf die Zeugenschaft der Schriftsteller verlassen wollten, kaum ein Bild machen könnten vom Verlauf, von den Ausmaßen, von der Natur und den Folgen der durch den Bombenkrieg über Deutschland gebrachten Katastrophe« (75). Kritik an der »gesamtgesellschaftlicher Aberration« (90) meint in Sebalds literaturkritischen Schriften folglich kein differenziertes

Wahrnehmen, eine literarische Ethik, die moralische Argumente hinterfragt, relativiert und multiperspektivisch bricht. Vielmehr kommt sie einem nicht selten moralisierenden, dezidierten Urteilen und Aburteilen gleich, das aber gerade wegen seiner mutigen, provokativen Polemik ethische Grundsatzdiskussionen auszulösen vermag.

Ethik und Essay: Assimilation und Aberration

Der Essayist W. G. Sebald distanziert sich zunehmend sowohl innerlich als auch stilistisch vom literaturwissenschaftlichen Schreiben: Verbannt er in *Die Beschreibung des Unglücks* (1985) die Fußnoten noch an das Ende, verzichtet er in *Logis in einem Landhaus* (1998) ganz auf sie. Sein Verhältnis zu den dort in literarischen Essays porträtierten und über Ähnlichkeitsstrukturen (vgl. Log 137 f.) miteinander verbundenen Schriftstellern ist das der »Wertschätzung« (5). Als Begründung für die Zusammenstellung gerade dieser Autoren, deren Bogen sich »über zweihundert Jahre« (5) spannt, führt Sebald eine rezeptionsästhetische an, nämlich die »Ausblicke von solcher Schönheit und Intensität, wie sie das Leben selber kaum liefern kann« (7). Literatur erscheint ihm nicht nur als Ersatz für das Leben, sondern mehr noch – zumindest augenblicksweise – als dessen ästhetisch überformte Steigerung. Sebald bedient sich hierbei eines narrativen Verfahrens, das er bereits in seiner ersten Erzählsammlung *Schwindel. Gefühle* (1990) anwendet: Dort lässt er den Ich-Erzähler, der zahlreiche biographische Analogien zum Autor aufweist, poetologisch reflektieren über »Verbindungslinien zwischen weit auseinanderliegenden Ereignissen, die [...] derselben Ordnung anzugehören schienen« (SG 107). Walter Benjamins metaphysisch und anthropologisch perspektivierte »Lehre vom Ähnlichen«, auf die Sebald in seinem Walser-Essay in *Logis in einem Landhaus* mit seinem Begriff des »Vexierbild[s]« (Log 138) wörtlich anspielt (vgl. Benjamin 1977, 208 f.), steht sowohl in seinen Prosa- als auch in seinen Essaybänden Pate. Allerdings operiert Sebald gelegentlich bewusst mit moralisch unstatthaften Analogien, wenn er beispielsweise in *Die Ringe des Saturn* Holocaustopfer zum Heringsfang in Bezug setzt (RS 70 ff.). Meist gehen derartige Assimilationsprozesse einher mit einer »ethischen Empathie« (Schley 2012, 446), indem Sebald die »Trauerlaufbahn« (Log 139) von Opfern oder von in der Geschichte marginalisierten Personen schreibend rekonstruiert und somit dem Vergessen entzieht. Der porträtierende Essay eignet sich als Form hierfür besonders gut: Seit jeher ist er »intellektuelle Selbstbiographie« (Hocke 1988, 18). »[M]ethodisch-unmethodisch« (Adorno 1974, 21) unterminiert der Essay (lt. *exagium*: Versuch, Wagnis, Wägen) jegliche szientifische Gewissheit und schafft für ein Möglichkeitsdenken Raum, dem es nicht um das Erfassen der Wahrheit, sondern um deren Suche, ihr approximatives Umkreisen geht, um »das unmögliche Geschäft der Wahrheitsfindung« (BU 11). Bereits Robert Musil verortete den Essay im Spannungsfeld von Ethik und Ästhetik (Musil 1978, 1334), also denjenigen beiden Größen, auf die W. G. Sebald seine gesamte Poetik ausrichtet (vgl. Wohlleben 2005, 23–37).

Neben der Assimilation stellt die »Aberration« (Luf 90) bei Sebald ein wichtiges poetologisches Schreibverfahren dar: In seinem Essay über den Maler Jan Peter Tripp reflektiert Sebald »jene glücklichen Fehler, aus denen sich dann unversehens das System einer der Wirklichkeit entgegengesetzten Darstellung ergibt« (Log 179). Das Abweichen von der Norm, dem Rechten und Richtigen, birgt trotz seines Potenzials, unsichtbare Zusammenhänge sichtbar zu machen und in ein kritisches Licht zu rücken, allerdings Gefahren: handelt es sich doch um ein »risikoreiches Spiel [...], bei dem mit einer falschen Bewegung leicht alles vertan ist« (182). Sinnbild hierfür ist die einer gleichnamigen Erzählung Franz Kafkas entnommene Figur des untoten Jäger Gracchus, die alle vier Erzählungen der *Schwindel. Gefühle.* leitmotivisch durchzieht. Aufgrund einer falschen Drehung, eines möglicherweise auch moralischen Fehltritts, verfehlt der Todeskahn des Jägers die Fahrt. Seinem Ziel nähert er sich immer nur fast, treibt als Grenzgänger – gleich dem Essayisten – sein Leben lang auf Um- und Abwegen, durchlebt und durchleidet körperlich die Aberration (vgl. Wohlleben 2005, 316–322).

Ethik, Erzählen und Existenz

Nicht nur dem Essayisten, auch dem Literaten W. G. Sebald geht es um »Schmerzensspuren« (Aus 24), um eine existenzielle Spurensicherung, die weit über die spielerische Spurensuche eines postmodernen Kriminalromans hinausreicht, indem sie den »metaphysische[n] Augen- und Überblick« (UH 158) sucht. Diese übergeordnete »Position des Erzählers« – so setzt schon der erste Prosaband *Schwindel. Gefühle.* ein – ist jedoch eine nachträglich konstruierte, denn selbst auf

»Erinnerungsbilder« sei »nur wenig Verlaß«: »Freilich wird Beyle, als er sich auf diesem Punkt befand, die Sache so nicht gesehen haben, denn in Wirklichkeit ist, wie wir wissen, alles immer ganz anders« (SG 10). Der »Schwindel der Wahrheit« (Wohlleben 2005), der den Ich-Erzähler regelmäßig überkommt, ist primär kein physiologisches, sondern ein heuristisches (die Erkenntnis betreffendes) und zugleich ethisches Problem: Erzählen und Existenz müssen sich ihrer gegenseitig stets von neuem versichern, ein riskantes Wechselspiel, das selbst nach dem Tod nicht zum Stillstand kommt: In seinem Essay über Robert Walser spricht Sebald von der »jenseits des Todes noch fortwirkende[n] Ungesichertheit der Walserschen Existenz«, von einer »Leere«, die überall hindurch wehe (Log 132). Eine derartige »Leere« will, wenn nicht gefüllt, so wenigstens approximativ erfahrbar gemacht werden, in Erzählungen und Bildern. Es geht um eine Vergegenwärtigung dessen, was die »Neigung« hat, »sich zu verdünnisieren« (133). Zwei sich komplementär ergänzende Erzählverfahren bringt Sebald hierbei zur Anwendung: den *effet de réel* (Roland Barthes) und den, so sei er hier genannt, *effet de flou*. Der Realismus-Effekt (*effet de réel*) erreicht nur dann höchste Entfaltung, wenn er sich des Unschärfe-Effekts (*effet de flou*) bedient (vgl. Wohlleben 2006, 139). Denn die Authentizität der – sei es erzählerisch imaginierten oder photographisch reproduzierten – Bilder kommt nicht dadurch zustande, dass sie sich faktisch an der Realität überprüfen lassen, sondern dass sie, gerade weil sie mittels Erzählverfahren der Aberration von dieser abweichen, als Erzählimpulse dienen, um der »Leere« etwas entgegen zu setzen. Der in der postmodernen Literatur nicht unüblichen Ästhetik des Verschwindens wird bei Sebald eine Ethik der Präsentifikation (Vergegenwärtigung) und, wie in den Abbildungen besonders offensichtlich, Materialisierung gegenüber gestellt: Durch »Kataloge der Wahrheit« (Schley 2012) versucht Sebald, der sich entziehenden Welt für kurze Momente habhaft zu werden, sich der erzählerischen Existenz zu versichern: Seine detailgetreuen Beschreibungen erzeugen eine Widerständigkeit, die wiederum eine Entschleunigung, eine Verlangsamung des Geschehens, eine Stillstellung der Zeit zur Folge hat (vgl. Öhlschläger 2006, 13). Der hieraus oft resultierende Zustand der Melancholie, den Sebald als eine produktive »Form des Widerstands« (BU 12) betrachtet, ermöglicht eine Reflexion auf das sich vollziehende Unglück: »Die Beschreibung des Unglücks schließt in sich die Möglichkeit zu seiner Überwindung ein« (12). Angewiesen bleibt eine derartige Überwindung auf das »Medium der Schrift« (12), auf die »Buchstabenbrücke zwischen Unglück und Trost« (13). Auf einem solchen Brückenbau basiert die Ethik des Schriftstellers, seine hoffnungsvolle »Haltung, die dafür einstehen kann, daß es einen Sinn hat, etwas weiterzugeben« (13). Denn Schreiben ist – trotz aller Gefahren moralischer Aberration – unaufhörlicher ethischer Auftrag und existenzielles Grundbedürfnis zugleich: »Es scheint kein Kraut gewachsen gegen das Laster der Schriftstellerei; die ihm Verfallenen fahren in ihm fort« (Log 6).

Literatur

Adorno, Theodor W.: *Der Essay als Form*. In: Theodor W. Adorno: *Noten zur Literatur. Gesammelte Schriften*. Bd. II, hg. von Rolf Tiedemann. Frankfurt a. M. 1974, 9–33.

Benjamin, Walter: *Lehre vom Ähnlichen*. In: Walter Benjamin: *Gesammelte Schriften*. Bd. II.1, hg. von Rolf Tiedemann und Hermann Schweppenhäuser. Frankfurt a. M. 1977, 204–210.

Catling, Jo/Hibbitt, Richard (Hg.): *Saturn's Moons. W. G. Sebald – A Handbook*. London 2011.

Gumbrecht, Hans Ulrich (Hg.): *Ethik der Ästhetik*. Berlin 1994.

Hildebrand, Kathleen: Schriftsteller-Streit. Die Identitätsräuber. W. G. Sebald hat seinem Kollegen Alfred Andersch eine fragwürdige Inszenierung als Widerstandskämpfer vorgeworfen. In Frankfurt wurde der posthume Autoren-Streit jetzt bei einer Tagung verhandelt. In: *faz.net*, veröffentlicht am 24.11.2010. http://www.faz.net/aktuell/feuilleton/buecher/autoren/schriftsteller-streit-die-identitaetsraeuber-11068011.html. (21.03.2016)

Hocke, Gustav René: Die französische Essayistik. In: Gustav René Hocke (Hg.): *Der französische Geist. Die Meister des Essays von Montaigne bis Girandoux* [1938]. Zürich 1988, 5–27.

Joisten, Karen (Hg.): *Narrative Ethik. Das Gute und das Böse erzählen*. Berlin 2007.

Lubkoll, Christine/Wischmeyer, Oda (Hg.): ›*Ethical turn*‹? *Geisteswissenschaften in neuer Verantwortung*. München 2009.

Musil, Robert: [Über den Essay]. In: Robert Musil: *Gesammelte Werke in neun Bänden*. Bd. 8: Essays und Reden. Reinbek bei Hamburg 1978, 1334–1337.

Öhlschläger, Claudia: *Beschädigtes Leben. Erzählte Risse. W. G. Sebalds poetische Ordnung des Unglücks*. Freiburg i. Br./Berlin/Wien 2006.

Öhlschläger, Claudia (Hg.): *Narration und Ethik*. München 2009.

Schley, Fridolin: *Kataloge der Wahrheit. Zur Inszenierung von Autorschaft bei W. G. Sebald*. Göttingen 2012.

Schütte, Uwe: *W. G. Sebald. Einführung in Leben und Werk*. Göttingen 2011.

Schütte, Uwe: *Interventionen. Literaturkritik als Widerspruch bei W. G. Sebald*. München 2014.

Wohlleben, Doren: *Schwindel der Wahrheit. Ethik und Ästhetik der Lüge in Poetik-Vorlesungen und Romanen der Gegenwart. Ingeborg Bachmann, Reinhard Baumgart, Peter Bichsel, Sten Nadolny, Christoph Ransmayr, W. G. Sebald, Hans-Ulrich Treichel*. Freiburg i. Br./Berlin 2005.

Wohlleben, Doren: Effet de flou. Unschärfe als literarisches Mittel der Bewahrheitung in W. G. Sebalds *Schwindel. Gefühle*. In: Michael Niehaus/Claudia Öhlschläger (Hg.): *W. G. Sebald. Politische Archäologie und melancholische Bastelei*. Berlin 2006, 127–143.

Doren Wohlleben

40 Heimat

»Der Heimatbegriff ist verhältnismäßig neuen Datums. Er prägte sich in eben dem Grad aus, in dem in der Heimat kein Verweilen mehr war, in dem einzelne und ganze gesellschaftliche Gruppen sich gezwungen sahen, ihr den Rücken zu kehren und auszuwandern. Der Begriff steht somit, wie das ja nicht selten der Fall ist, in reziprokem Verhältnis zu dem, worauf er sich bezieht. Je mehr von der Heimat die Rede ist, desto weniger gibt es sie« (UH 11 f.). Dieses Zitat aus Sebalds Einleitung zu seiner Essaysammlung *Unheimliche Heimat* verweist bereits auf die Tücken des Heimatbegriffs und kann als eine grundlegende Beschreibung ihrer Problematik – auch über Sebalds Werk hinaus – gelesen werden.

›Heimat‹ erscheint uns heute als ein ambivalenter Begriff, der nicht mehr einer eindeutigen politischen Richtung zugeordnet werden kann. Die Unübersetzbarkeit von ›Heimat‹ in andere Sprachen, die daher auf Umschreibungen angewiesen ist, um die semantische Dichte des Wortes zur Geltung zu bringen, lässt ›Heimat‹ vorerst als ein deutsches Phänomen erscheinen. Neuere Forschungen haben das Phänomen allerdings stärker aus einer historischen und komparatistischen Perspektive untersucht, um dem Konzept eine historische Tiefe und kulturelle Breite zu geben (Bauer/Gremler/Penke 2014; vgl. Gebhard/Geisler/Schröter 2007, 9–56 für eine ausführliche Rekonstruktion der historischen Wandlungen des Konzepts ›Heimat‹). Es bleibt jedoch festzuhalten, dass ›Heimat‹ eine bemerkenswerte »Konstanz im kulturellen Leben« gerade im deutschsprachigen Raum aufweist und als »Fluchtpunkt von so heterogenem semantischem Material und so heterogenen Referenzbezügen« betrachtet werden kann (vgl. Ecker 1997, 8). Diese Heterogenität führt allerdings dazu, dass von ›Heimat‹ weniger im Sinne eines klaren und eindeutigen Begriffs gesprochen werden kann, während sie eher als »Assoziationsgenerator« verstanden werden sollte (vgl. Gebhard/Geisler/Schröter 2007, 9). Es lassen sich dennoch ›Koordinaten‹ angeben, die die »Unschärfe« (10) des Konzepts ›Heimat‹ strukturieren: »*Raum, Zeit* und *Identität* drängen sich angesichts der Deutungsgeschichte von Heimat als Vokabeln auf, die Dimensionen angeben, welche sich durch die verschiedensten Heimatkonzeptionen durchziehen und an die sich verschiedene Bestimmungen anlagern« (10). Gebhard, Geisler und Schröter weisen zudem darauf hin, dass die Trias von »*Raum, Zeit* und *Identität*« durch die »Trias *Verlust – Distanzierung – Reflexion*«

ergänzt werden sollte, »will man den Rahmen dafür abstecken, wie und unter welchen Bedingungen Heimat thematisiert wird und womöglich werden kann« (11). Sebalds Auseinandersetzung mit dem Phänomen ›Heimat‹ lässt sich bemerkenswerterweise genau ausgehend von den Begriffen ›Raum‹, ›Zeit‹, ›Identität‹ und den Erfahrungen von ›Verlust‹, ›Distanzierung‹ und ›Reflexion‹ deuten.

Betrachtet man die Entwicklungen, die die verschiedenen Komposita wie ›Heimatfilm‹, ›Heimatliteratur‹, ›Heimatpflege‹ aufweisen, so bemerkt man auch hier eine Bewegung vorwiegend von ideologisch aufgeladenen Kampfbegriffen hin zu kulturellen Kategorien der Selbstreflexion (vgl. Ecker 1997, 7–31). Sebalds Œuvre thematisiert Heimat in diesem letztgenannten Sinn, indem er ihre inhärente Ambivalenz nachzeichnet.

Die Ambivalenz der Heimat in Sebalds Werk

In Sebalds Werk ist Heimat nicht nur eine räumliche, sondern vor allem eine zeitliche Kategorie. Beide Dimensionen werden für Sebald selbst, für sein literarisches Alter Ego, für die von ihm behandelten Autoren und für viele der Figuren, die seine Texte ›bevölkern‹, durch eine – meistens gewaltsame und traumatische – Zäsur gestiftet. Dieser Zäsur folgt das, was sich im allgemeinen Sinne als Erfahrung der ›Expatriation‹ beschreiben lässt – ein Begriff, den Sebald 2001 prominent in einem Interview verwendet (vgl. Ges 252). Durch diese Erfahrung wird Heimat vorerst räumlich als ferne, zeitlich als vergangene verstanden. Sebald führt, autobiographisch begründet, den Begriff der »Zeitheimat« ein, um den Zeitraum seiner frühen Kindheit von 1944 bis 1950 und deren Verortung in der Kriegs- und Nachkriegszeit zu markieren (vgl. 177). Die zeitliche Dimension der Heimat lässt sich aber nicht nur auf die Vergangenheit reduzieren, da sie nicht allein als vergangene (und verlorene) thematisiert wird, sondern stellenweise auch als utopische erscheint (vgl. Log 22). Eine Wiederaneignung der Heimat nach der stattgefundenen Zäsur, die ihrerseits auf verschiedene Formen der Expatriation (Emigration, Exil) verweist, scheint Sebald selbst und seinen Figuren verwehrt, wie sich in *Schwindel. Gefühle*, *Die Ausgewanderten* und *Austerlitz* nachzeichnen lässt. Vielmehr liest sich der Titel von Sebalds zweiter Essaysammlung zur Österreichischen Literatur, *Unheimliche Heimat*, als programmatischer Hinweis auf die einzig als entfremdet noch erfahrbare Heimat.

Dies gilt nicht nur retrospektiv, sondern auch mit Blick auf die Suche nach einer neuen Heimat nach der Zäsur. Biographisch kommt hierbei Sebalds Erfahrung als *expatriate* in England (und zuvor in der Schweiz) eine zentrale Bedeutung zu. Die Erkundung der Grafschaft Suffolk, wie sie in den *Ringen des Saturn* beschrieben wird, lässt sich allerdings nicht als eine geglückte Aneignung einer ›neuen‹ Heimat – im Sinne vielleicht einer ›Wahlheimat‹ – deuten, sondern wieder als eine Erfahrung der Unmöglichkeit von Heimat. Auch in den deutlicher autobiographisch markierten Äußerungen wird die Fremdheit Englands wiederholt zum Gegenstand gemacht (vgl. z. B. Ges 253; CS 250). Einen Gegenbegriff zur (ambivalenten) Heimat bildet der Begriff ›Vaterland‹, welcher in Sebalds Thematisierung seines Verhältnisses zu Deutschland verwendet wird (vgl. bes. CS 240–248; 249 f.).

Die Erfahrung der Unmöglichkeit von Heimat führt zu einer weiteren Unterscheidung, die sich mit der bereits angeführten zwischen räumlicher und zeitlicher Kategorie berührt: derjenigen zwischen einer »natürlichen« und einer »gesellschaftlichen Heimat« (vgl. UH 15). Während die verloren gegangene »gesellschaftliche Heimat« unter bestimmten Bedingungen – und nur in verwandelter Form – wieder ›restauriert‹ werden kann, droht der »natürlichen Heimat« eine durch den Zivilisationsprozess bedingte und irreversivble Zerstörung. ›Natur‹ als natürlicher Lebensraum des Menschen, als Voraussetzung für das Leben überhaupt, wird als allen Menschen gemeinsame Heimat verstanden. In ihr sind die Unterschiede aufgehoben, die stattdessen die gesellschaftlichen Heimat*en* (ein Plural der bei der »natürlichen Heimat« nicht denkbar wäre) beispielsweise durch Inklusions- und Exklusionsmechanismen strukturieren. Der Verlust der »natürlichen Heimat« geht ebenfalls mit der Vorstellung einer Zäsur einher, die den Zivilisationsprozess Sebald zufolge zu charakterisieren scheint. *Die Ringe des Saturn* erweisen sich als exemplarische Erkundung dieses Zerstörungsprozesses.

Allein diese wenigen Hinweise reichen aus, um die Ambivalenz von Heimat – bis hin zur Frage nach ihrem ›Realitätsgehalt‹ – hervorzuheben. Sebald selbst weist in *Unheimliche Heimat* verstärkt auf diese Ambivalenz hin (vgl. UH 11–16) und merkt an, wie aufgrund »der Vielfalt der ethnischen und politischen Denominationen [...], die Vorstellung von dem, was Heimat einmal war, ist oder sein könnte, bis auf den heutigen Tag in einer Weise schwankt, daß eine systematische Vermessung dieses Geländes auf erhebliche Schwierigkeiten stoßen würde« (11).

Expatriation

In der Sebald-Forschung findet der Begriff der ›Expatriation‹ – um eine Reflexion der Autor-Erzähler-Konstruktion bereichert – ebenfalls Anwendung: »Eine Ambivalenz in Bezug auf den Ort, den man Heimat nennt, ist eine typische Erfahrung für eine Person, die im Ausland lebt, also *ex patria*, und die ich im Folgenden mit dem englischen Ausdruck *expatriate* bezeichnen möchte« (Fischer 2009, 28). So ist der von Gerhard Fischer herausgegebene Band, aus dem die zitierte Stelle stammt, insgesamt dieser Thematik gewidmet: *W. G. Sebald. Schreiben ex patria / Expatriate Writing.* In Anlehnung an soziologische und psychologische Bestimmungen wird darin eine allgemeine Charakterisierung der Figur des *expatriate* geliefert, deren Züge wiederum eine grundlegende Ambivalenz des Begriffs Heimat sichtbar werden lassen: »Die paradoxe Tatsache, dass der originäre Platz der Herkunft einem gleichzeitig auf Dauer präsent und fremder als alles andere vorkommen kann, belegt die besondere Erfahrungsstruktur des *expatriate*. Der *expatriate* lebt in einem Zustand permanenter Grenzüberschreitung und Liminalität« (28). Dabei gilt es besonders hervorzuheben, dass diese Figur in ihrer Liminalität nicht mit derjenigen des Exilanten gleichgesetzt werden darf. Der *expatriate* teilt mit dem Exilanten bestimmte Verlusterfahrungen (29), jedoch unterscheidet er sich von diesem dadurch, dass ihm »die Möglichkeit, für immer zurückzukehren [...], jederzeit offen« steht (29; vgl. zur Problematisierung der Kategorie des ›Exils‹ Klebes 2009).

Zu den Verlusterfahrungen zählt Fischer »Heimatverlust«, »Verlust oder Erosion der Sprache«, »Verlust der Familienbeziehungen«, »Verlust der kulturellen Identität« (Fischer 2009, 29). Zugleich weist er darauf hin, dass die Kondition des *expatriate* stets auch die Möglichkeit der Öffnung hin auf das Fremde, der Begegnung mit dem Anderen und der daraus folgenden Bereicherung beinhaltet (30; vgl. auch Ecker 2006, 77). Die besondere Situation des *expatriate* lässt sich mit Sebalds Worten als »provisorische Existenz« (Ges 253) beschreiben, deren Eigenheit allerdings darin besteht, auf Dauer gestellt zu sein. Dieser Zustand evoziert die Figur des Jägers Gracchus, die leitmotivisch *Schwindel. Gefühle* durchzieht (vgl. 60), aber auch solche Figuren wie Austerlitz. Die »provisorische Existenz« ermöglicht eine »Doppelsicht«: »[...] ein Phänomen von zwei Seiten zu sehen, aus dem Blickpunkt der alten Heimat und aus der Perspektive der neuen« (Fischer 2009, 34). Sebald beschreibt sein Verhältnis zu

Deutschland ebenfalls in diesem Sinne: »Der Zaungast sieht immer mehr als die Leute, die auf der Party sind. Einerseits gehöre ich dazu, durch die Sprache, durch die Herkunft, durch den Paß [...], aber andererseits laufe ich hier herum als ein irgendwie Hereingeschneiter« (Ges 91).

Die Ambivalenz des *expatriate* kennzeichnet Sebalds Werk, besonders in der Kopräsenz von Gegenwärtigkeit und Fremdheit von Heimat. Die melancholischen, selbstreflexiven und hypochondrischen Züge des Sebaldschen Erzählers lassen sich ebenfalls als »Symptome der psychischen Disposition von expatriates« (Fischer 2009, 29) deuten. Die Interdependenz von Expatriation und Heimat wird bereits in Sebalds Auseinandersetzung mit Jean Améry deutlich: »Améry definiert Heimat als das, was man um so weniger braucht, als man es hat, was wiederum heißt, dass alle positiven Verlautbarungen zu diesem Thema fast von vornherein verdächtig sind und dass man das, was Heimat einem bedeutet oder hätte bedeuten können, nur ex negativo, im Exil erfahren kann« (UH 134). Heimat lässt sich bei Sebald folglich nicht von der Erfahrung der Fremde und, damit zusammenhängend, der Fremdheit des Eigenen trennen.

Heimat und Vaterland – Peripherie und Zentrum

In seinen Äußerungen zu Wertach weist Sebald auf die Abgelegenheit des Ortes hin (Ges 59) – eine Abgelegenheit, die nicht nur geographischer, sondern auch sprachlicher, kultureller und zum Teil sogar historischer Natur ist. In seinen Schriften wird der eigene Herkunftsort wiederholt als peripherer Ort markiert, beispielsweise als »Provinz« (NN 83) oder als ›Grenzgebiet‹ (vgl. LL 76; Ges 254). Sein Blick auf Deutschland wird durch diese kulturell und geographisch periphere Position bestimmt. Das Periphere prägt nicht nur seinen biogeographischen Ausgangspunkt, sondern auch seinen Aufenthalt in England (vgl. Schütte 2011, 17). Während für Sebald das Konzept von Heimat im räumlichen und zeitlichen Sinne mit Wertach verbunden ist, bleibt Deutschland von Anfang an eine ›abstrakte‹ Größe, eine »*quantité inconnue*« (Ges 100). In Sebalds privater Autobio-topo-graphie wird das Verhältnis zwischen beiden als eins von »Randzone« und »Zentrum« bestimmt (vgl. 245).

Bezeichnenderweise wird in *Ein Versuch der Restitution* (CS 240–248) die Fremdheitserfahrung, die Sebald von Kindheit an mit Deutschland verbindet, durch die Figur des eigenen Vaters eingeleitet, der 1947 aus französischer Kriegsgefangenschaft zurückgekehrt war, aufgrund seines Berufs allerdings nur die Wochenenden bei der Familie verbrachte und somit von seinen Kindern ebenfalls als Fremder wahrgenommen wurde (vgl. Schütte 2011, 17). In Sebalds Erinnerung tritt ein Städtequartett auf, worin die Namen einzelner deutscher Städte mit den entsprechenden, aus der Vorkriegszeit stammenden Photographien wichtiger Gebäude wiedergegeben waren. Bereits auf der Ebene des Namens wird die Fremdheit kenntlich gemacht – somit auch der Unterschied zur Heimat: »Ich entsinne mich, daß ich unter diesen Namen [Oldenburg, Wuppertal, Worms], die so ganz anders waren als Kranzegg, Jungholz und Unterjoch, auch später lang nichts vorstellen konnte als das, was auf den jeweiligen Spielkarten abgebildet war [...]« (CS 241). Diese »dunkelbraunen Abbilder der Städte«, so Sebald weiter, haben früh in ihm »die Idee erweckt[ ] von einem finsteren Vaterland« (241), die später nicht mehr aufgehoben wird.

Die periphere Lage Wertachs führte dazu, dass in Sebalds Kindheit Reisen in größere deutsche Städte eher selten stattfanden: »[...] und so kam es, daß mir mein Vaterland, bis ich es mit einundzwanzig Jahren verließ, ein weitgehend unbekanntes, irgendwie abgelegenes und nicht ganz geheueres Territorium geblieben ist« (243). Deutschland sei ihm »von Anfang an fremd« (Ges 253) und »von jeher unbegreiflich[ ]« (SG 276) gewesen. Erst seit der Zeit in der Schweiz und in England, so Sebald in seiner 1996 gehaltenen *Antrittsrede vor dem Kollegium der Deutschen Akademie* (CS 249 f.), nimmt eine Reflexion über sein »Vaterland« (250) ihren Gang; aber auch diese Reflexionen markieren nur die ›Abstraktheit‹ Deutschlands: »Die ganze Republik hat für mich etwas eigenartig Irreales, so ungefähr wie ein nicht enden wollendes Déjà-vu« (250).

Bei der Betrachtung Deutschlands greift Sebald auf kulturkritische Deutungsmodelle zurück. Das »deutsche Land« wird so als »bis in den letzten Winkel aufgeräumte[s] und begradigte[s]« beschrieben, als »restlos aufgeteilte[s] und nutzbar gemachte[s] Land«, durch Rationalisierung und Unpersönlichkeit geprägt (vgl. SG 276 f.) und in Kontinuität zur vom Faschismus begünstigten Homogenisierung stehend (vgl. Ges 91). Wenn Sebald die Faktoren erwähnt, die dennoch seine Bindung an Deutschland markieren, dann sind es die Familie mit ihrer »deutschen Vorgeschichte [...], die man nicht einfach ablegen kann«, sowie die Sprache (vgl. 253). Doch auch diese Bindungen werden problematisiert, besonders wenn man das Verhältnis zur Sprache betrachtet. Die von Sebald verwendete deutsche Sprache versteht er als »Kunstsprache«, die ihrerseits durch eine doppelte Fremdheit gekennzeichnet wird. Dazu gehört nicht nur die Distanz zur eigenen Sprache, die sich durch die langen Jahre in England eingestellt hat, sondern auch eine ursprünglichere Fremdheit, die wiederum mit der peripheren Lage Wertachs und dem dort gesprochenen Dialekt zusammenhängt. Der Begriff »Muttersprache« (254) wird von Sebald entsprechend mit Vorsicht verwendet: »Das heißt, daß für mich das Hochdeutsche von Anfang an eine Fremdsprache gewesen ist, die ich mir aneignen mußte in meiner späteren Kindheit« (254).

»[P]erverserweise« sind es die »Bilder der Zerstörung«, die eine Annäherung von Heimat und Vaterland ermöglichen (vgl. LL 78). So spricht Sebald von einem »Heimatgefühl« (78), welches erst bei den Bildern zerbombter Städte und Trümmerhaufen, die lange Zeit seinen Begriff von ›Stadt‹ überhaupt geprägt haben, aufkommt. Die »Zeitheimat« 1944–1950 (Ges 177) übersteigt die eigene, konkrete Kindheit, indem sie zugleich ein ›Abstammungsverhältnis‹ zum Krieg stiftet (vgl. 177; LL 77). Sie deckt sich mit dem »Heimatgefühl« im Zeichen der Zerstörung; das Bewusstsein der Zerstörung stellt die einzige Brücke zwischen Peripherie und Zentrum dar: Auf dem »eisernen Kreuz der in W. bis auf den heutigen Tag bestehenden Grabschaft« steht von den dort in einem der »letzte[n] Gefecht[e]« im April 1945 gestorbenen Soldaten, sie seien »für das Vaterland [...] gefallen« (SG 198).

›Ritorno‹ – Rückkehr und Restitution

›Heimat‹ wird somit nicht bis hin zu einer nationalen Zugehörigkeit verallgemeinert; der »ritorno in patria« (SG 185–287) führt zu einem Ort, der in sich die Spuren der ›großen‹ Geschichte trägt, aber irgendwie zugleich außerhalb der Geschichte zu stehen scheint. *Il ritorno in patria* ist der Titel des letzten Teils von *Schwindel. Gefühle* und verweist auf Claudio Monteverdis Oper *Il ritorno di Ulisse in patria* (Ges 59), wenn auch auf ironische Weise, da Odysseus die Rückkehr gelingt, »während der im Exil lebende Erzähler erkennen muss, dass er keine Heimat mehr hat« (Schütte 2011, 76 – an dieser Stelle sei angemerkt, dass der Erzähler sich nicht im Exil befindet, sondern als *expatriate* im oben genannten Sinne bezeichnet werden muss). Gunther Pakendorf weist zu Recht auf das dialektische Verhältnis hin, welches die italienischen Ka-

pitelüberschriften *All'estero* und *Il ritorno in patria* verbindet. Der »distanzierende italienische Titel«, der die Rückkehr in die eigene Heimat einleitet, markiert deren Fremdheit. Diese Rückkehr kann somit »auch leicht als Reise all'estero, in die Fremde, verstanden werden« (Pakendorf 2009, 93). Das Unbehagen an der eigenen Heimat, welches sich geradezu in einer entgegengesetzten Sehnsucht nach Fremdheit ausdrückt, wird bereits früh durch eine lärmende »Gruppe junger Männer aus meiner unmittelbaren Heimat« (SG 107) geweckt.

1987 kehrte Sebald nach Wertach zurück, »um wiederzuentdecken oder nachzusehen, ob das, was in meiner Phantasie von diesem Ort noch existierte, tatsächlich noch auffindbar war. Und bin dann meines eigenen ... meinem eigenen Gefühl nach in einen Zustand geraten, den ich wiederum eigentlich vergleichen könnte mit dem Zustand des Jägers Gracchus, nämlich ein Aufenthalt in einem Niemandsland zwischen nicht hier und nicht dort, zwischen nicht ganz lebendig und nicht ganz tot, weil die Figuren, die ich als Kind ... aus meiner Kindheit in Erinnerung hatte, ja zum großen Teil inzwischen gestorben waren« (Ges 60.). Dieses Interesse an der Vergangenheit wird wiederum durch die Erfahrung der Expatriation begründet: »[...] weil es von dem Augenblick an, in dem man sich expatriiert, eine ganz klar abgeschnittene Vergangenheit, ein früheres anderes Leben gibt, auf das man immer wieder zurückschaut« (252). Die Bewegung dieser Rückkehr ist die der *katábasis*, die von Peter Schmucker als eine Bewegung in Raum und Zeit beschrieben wird: »[...] ein Hinabsteigen im Raum von der Höhe des Gebirges, eines in der Zeit zurück in die Kindheit und zugleich in die Tiefen des Mythos« (Schmucker 2012, 139). Die *katábasis* wird als Wanderung inszeniert, die dem Eintreten in das Reich der Toten gleicht, was besonders durch die Eigenschaften der Dunkelheit und Feuchtigkeit hervorgehoben wird (vgl. SG 192 ff.). In *Schwindel. Gefühle* wird die Fremdheitserfahrung geradezu zelebriert, so beispielsweise in der »Beruhigung«, die der Erzähler bei seinem »ersten Rundgang durch die in einem bleichen Licht daliegenden Straßen« empfindet, als er »alles von Grund auf verändert« findet (202). Doch diese erste Beruhigung weicht zunehmend dem Gefühl des Unheimlichen, der wiederkehrenden Vergangenheit, die besonders durch Tod und Gewalt geprägt ist.

Die Rückkehr führt hier, ähnlich wie in den Erzählungen aus den *Ausgewanderten*, in den verstreuten Biographien aus den *Ringen des Saturns* und der Lebensgeschichte Austerlitz', nicht unmittelbar zu einer

Restitution der Heimat, sondern eher zu einer Aufbewahrung der gebrochenen Lebensläufe jener, »denen das größte Unrecht widerfuhr« (CS 248), wie Sebald in seiner Rede zur Eröffnung des Stuttgarter Literaturhauses sagt. Der Versuch einer Restitution der beschädigten Identität kann allerdings nicht ohne den Versuch einer Wiederaneignung der verlorenen Heimat stattfinden. In seinem Aufsatz *Verlorenes Land – Jean Améry und Österreich* beschreibt Sebald ›Heimweh‹ als einen »jener emotionalen Impulse, mit denen die Vergangenheit zurückgeholt und gegen das Irreversible protestiert werden soll« (UH 93). In Sebalds Werk wird dieser Protest in seinem Scheitern dargestellt, wobei dieses Scheitern dialektisch verstanden werden muss. Mit seinem Scheitern misslingt ebenfalls eine vollständige Restitution der Identität. Diese Konsequenz lässt sich aus einer Überlegung aus *Mit den Augen des Nachvogels. Über Jean Améry* ziehen: »Die Zerstörung der Heimat fällt in eins mit der Zerstörung der Person. Die Separation wird zur *déchirure*. Und eine neue Heimat gibt es nicht« (CS 164). Eine neue Identität scheint nicht mehr möglich zu sein, während die alte nicht mehr wiederhergestellt werden kann. Es stellt sich allerdings die Frage, inwiefern ein Gelingen nicht nur unmöglich ist, sondern vielleicht nicht möglich sein darf – worauf der Hinweis auf die Dialektik des Scheiterns zielt.

»Es gibt kein richtiges Leben im falschen.«

In Sebalds Werk lässt sich der Versuch einer Wiederaneignung von Heimat beobachten, die allerdings misslingt. Das oft gewaltsame Heraustreten aus der Heimat, welches mit dem Verlust der Muttersprache, des eigenen Namens, der eigenen Identität verknüpft sein kann, markiert die Zäsur, wodurch Heimat als zeitliche und geographische Ferne überhaupt erst gestiftet wird, indem sie als unwiederbringlich verloren erscheint. Die Rückkehr in die geographische Heimat kann, aufgrund der Irreversibilität der Zeit, nicht einer Rückkehr in *die* Heimat gleichkommen. Dies wird besonders in *Schwindel. Gefühle* und in *Austerlitz* deutlich. Das Gefühl der eigenen Irrealität, als sei man »gar nicht vorhanden« (Aus 269), erscheint als Folge jener Zäsur, die, in die melancholische Grundstruktur der Sebaldschen Figuren eingebettet, mit dem Gefühl einer eigenen Schuldhaftigkeit behaftet ist: »Irgendwann in der Vergangenheit, dachte ich, habe ich einen Fehler gemacht und bin jetzt in einem falschen Leben« (306). Das Motiv des ›falschen Lebens‹ durch-

zieht *Austerlitz* in verschiedenen Variationen (vgl. 199; 250 f.; 309; 361 f.; siehe dazu Klüger 2003).

Es lässt sich als ein Echo von Adornos berühmtem Satz vernehmen: »Es gibt kein richtiges Leben im falschen« (Adorno 2003a, 43). Der entsprechende Text Adornos trägt den Titel »Asyl für Obdachlose« (42 f.) und reflektiert die Unmöglichkeit des Wohnens, nicht ohne dabei wiederum Georg Lukács' bekannte Formel der »transzendentalen Obdachlosigkeit« zu evozieren. Austerlitz und mit ihm viele andere Figuren Sebalds erscheinen ebenfalls als ›asylsuchende Obdachlose‹, genauer noch: Heimatlose. In der Erzählung *Paul Bereyter* aus den *Ausgewanderten* wird dieses Gefühl der Heimatlosigkeit als ›Verlust der Mitte‹ beschrieben: »[I]mmer jedenfalls war man, wie der Paul unter diese Fotografie geschrieben hat, zirka 2000 km Luftlinie weit entfernt – aber von wo?« (Agw 82 f.). Zugleich klingt hier der Titel einer Studie von Claudio Magris zu Joseph Roth an, *Lontano da dove. Joseph Roth e la tradizione ebraico-orientale* (Magris 1971), die ihrerseits die Exil- und Heimatproblematik im Werke Joseph Roths untersucht.

Im ›falschen Leben‹, in der »falschen Welt« (Aus 251) oder im »falschen Universum« (199) – mit Zuständen, die sich nach der gewaltsamen Zäsur eingestellt haben – kann die Rückkehr in die Heimat nur misslingen. Das Unheimliche an der Heimat, ihre »Pervertierung« (UH 14) lässt sich ebenfalls im Lichte von Adornos Satz lesen. So erfahren die von Sebald porträtierten Exilanten ihre neue Bleibe, auch wenn sie für lange Zeit dort wohnen, stets nur als eine provisorische, wie bei den Ashburys, die »unter ihrem eigenen Dach lebten wie Flüchtlinge, die Furchtbares mitgemacht haben und die es nicht wagen, an dem Platz, an dem sie gestrandet sind, sich niederzulassen« (RS 250). Die positive Kehrseite dieser Verlusterfahrung ist, ganz im Sinne der Ambivalenz des *expatriate*, die Suchbewegung – Austerlitz hört trotz seines unaufhebbaren Irrealitätsgefühls nicht auf, die verlorenen Spuren seiner Vergangenheit zu rekonstruieren und sich den Begegnungen mit anderen Menschen und deren Geschichten zu öffnen (vgl. Duttlinger 2010, 115).

»[A]ls Gast in diesem Land« – England als Wahlheimat?

An seine Erfahrung in Paris erinnernd, beschreibt Austerlitz diese als befreiend, während er sich zugleich vom »dumpfen Gefühl« niedergedrückt erlebt,

»weder in diese ihm anfänglich fremde Stadt noch sonst irgendwohin zu gehören« (Aus 362). Bei der Auseinandersetzung mit Sebald liegt die Versuchung nahe, solche Aussagen auf den Autor selbst zu beziehen. In einzelnen Fällen erscheint dies durchaus legitim, besonders dann, wenn ähnliche autobiographische Äußerungen Sebalds vorhanden sind. So sagt er in seiner Rede vor der Deutschen Akademie über England, wo er seit 1966 mit wenigen Unterbrechungen gelebt und gelehrt hat: »In England nur gastweise zuhause, schwanke ich auch hier zwischen Gefühlen der Vertrautheit und der Dislokation« (CS 250). Das Motiv, »als Gast in diesem Land« zu sein (Ges 253), kehrt auch in den autobiographisch gefärbten Interviews wieder: »So daß ich mich dort zwar nicht zu Hause gefühlt habe, aber wohltoleriert als Gast. Dieser Zustand hat sich bis heute nicht geändert« (253). Solche Überlegungen verstärken den Eindruck der Unzugehörigkeit und der »provisorische[n] Existenz« (253). England lässt sich somit nicht als ›Wahlheimat‹ Sebalds deuten (entgegen der Bezeichnung bei Schütte 2011, 7). Zwar steht die Form der Annäherung beispielsweise an die Grafschaft Suffolk, wie sie in den *Ringen des Saturns* in Szene gesetzt wird, in der Tradition der romantischen Heimaterkundung: Es ist die Wanderung, die »visuelle Landnahme« (Ecker 2006, 83), der sich Sebald bedient, indem er »sich seine neue Heimat [erwandert]« (Fischer 2009, 32), ohne dass der »Autor-Erzähler« allerdings am Ende den »Weg nach Hause, zu sich selbst« (33) findet. Allein der Akt der Wanderung, bei der der »Fußreisende [...] nicht dem gängigen Bild des Freizeitwanderers entspricht«, löst bei den »Ortsansässigen« Misstrauen aus, während auch der sprachkundige Ausländer den »Leuten auf dem Land« den »Schreck in die Glieder« fahren lässt (vgl. RS 209). Die Annäherung wird hier, ähnlich wie in *Schwindel. Gefühle*, allerdings sich in die entgegengesetzte Richtung bewegend, zur Erneuerung einer Fremdheitserfahrung.

Der einzige Augenblick, an dem eine Erfahrung der Zugehörigkeit formuliert wird, bezieht sich auf Orford: »Dort, dachte ich, war ich einmal zu Hause [...]« (283). Diese Zugehörigkeit wird allerdings durch die Ähnlichkeit der Landschaft mit der Ruinenlandschaft der Nachkriegszeit gestiftet. Das »Heimatgefühl«, welches in *Luftkrieg und Literatur* angesichts der Trümmerlandschaften zerstörter Städte aufkommt (vgl. LL 78), nimmt hier radikalere Züge an, weil es die Ebene der eigenen Biographie hin zu einer *condition posthistorique* übersteigt: »Je näher ich aber den Ruinen kam, desto mehr verflüchtigte sich die Vorstellung von einer ge-

heimnisvollen Insel der Toten und wähnte ich mich unter den Überresten unserer eigenen, in einer zukünftigen Katastrophe zugrundegegangenen Zivilisation« (RS 282). Das Motiv der unheimlichen Heimat, eines fremden und zugleich bekannten Ortes, kehrt hier wieder, allerdings im Lichte einer postapokalyptischen Erfahrung (vgl. Pakendorf 2009, 97).

Am Ende der *Ringe des Saturns* wird der Erzähler an eine »nicht mehr auffindbare[ ] Stelle [aus] seiner [Thomas Brownes] Schrift *Pseudodoxia Epidemica*« (RS 350) erinnert: »[...] in Holland sei es zu seiner Zeit Sitte gewesen, im Hause eines Verstorbenen alle Spiegel und alle Bilder, auf denen Landschaften, Menschen oder die Früchte der Felder zu sehen waren, mit seidenem Trauerflor zu verhängen, damit nicht die den Körper verlassende Seele auf ihrer letzten Reise abgelenkt würde, sei es durch ihren eigenen Anblick, sei es durch den ihrer bald auf immer verlorenen Heimat« (350). Das letzte Wort in den *Ringen des Saturn* ist somit »Heimat«, wie in Ernst Blochs *Prinzip Hoffnung* (1959): »Die Wurzel der Geschichte aber ist der arbeitende, schaffende, die Gegebenheiten umbildende und überholende Mensch. Hat er sich erfaßt und das Seine ohne Entäußerung und Entfremdung in realer Demokratie begründet, so entsteht in der Welt etwas, das allen in die Kindheit scheint und worin noch niemand war: Heimat« (Bloch 1985, 1628). Der Bezug auf Bloch wird deutlicher, wenn man Sebalds »Kalenderbeitrag zu Ehren des rheinischen Hausfreunds« (Log 9–41) heranzieht. Darin wird jene Stelle aus Blochs *Prinzip Hoffnung* evoziert und dabei mit Walter Benjamin, Hebel und Jean Paul in Verbindung gebracht: »In seinen um einen Halbtone abfallenden, gewissermaßen ins Leere gehenden Nachsätzen löst Hebel sich aus dem Zusammenhang des Lebens und begibt sich auf jene höhere Warte, von der aus man, nach einer Notiz aus dem Nachlaß Jean Pauls, hinübersieht in das entfernte gelobte Land der Menschen, jene Heimat eben, in der, nach einem anderen Diktum, noch keiner gewesen ist« (22; zu Sebald und Bloch vgl. Agazzi 2007). Der utopische Moment der Heimat als Versprechen aus der eigenen Kindheit, welches erst in der kommenden Gesellschaft eingelöst werden kann, wird von Sebald in Verbindung zu Hebels Prosa in den *Kalendergeschichten* gebracht. Die Unmöglichkeit der Heimat unter den Bedingungen des ›falschen Lebens‹ schließt deren utopisches Moment nicht aus. Aber es duldet keine Verwirklichung – und wenn doch, dann nur als eine ›schwache‹ Restitution im Medium der Literatur, aber nicht als politische, wie Bloch sie noch festhalten zu können glaubt.

In der zitierten Passage aus dem Ende der *Ringe des Saturn* wird Heimat nicht als kommende evoziert, sondern als eine im Verschwinden begriffene. Die inszenierte Erkundung der »neuen Heimat« führt zur Dechiffrierung der überall vorhandenen »Zeichen der Zerstörung« der Natur (Ges 113). Das Verschwinden der Heimat scheint hier nicht ein individualbiographisches zu sein, sondern durch die Biographien hindurch auf eine grundlegendere Verlusterfahrung zu verweisen. Die verschiedenen Anekdoten und Geschichten, denen der Erzähler nachgeht, stellen ebenso viele »Szene[n] der Zerstörung« dar (RS 208). In der Genealogie dieser »Szene[n]« geht Sebald bis zu Descartes zurück. Die Naturzerstörung zeigt sich als Begleiterscheinung des neuzeitlichen Rationalismus – eine ebenfalls gewaltsame Zäsur, die keine bloß biographische, sondern, als eines der »Hauptkapitel der Geschichte der Unterwerfung« (26), eine kulturgeschichtliche Bedeutung besitzt. Der damit verbundene totalitäre Anspruch der Vernunft führt zu einer Herrschaft über die innere und äußere Natur und setzt einen inzwischen in seinem Fortschritt unumkehrbaren Zerstörungsprozess in Gang, der das Konzept der Heimat auf einer umfassenderen Ebene angreift.

›Gesellschaftliche‹ und ›natürliche‹ Heimat

Die Unterscheidung zwischen einer »gesellschaftlichen« und einer »natürlichen« Heimat erlaubt es, zwischen Gesellschaftskritik und Zivilisationskritik zu unterscheiden. Das Unbehagen an der »gesellschaftlichen Heimat«, die Inszenierung der Rückkehr als nicht nur metaphorisches Hinabsteigen in eine durch Schmerz und Tod geprägte Vergangenheit (vgl. SG), gleicht einer Milieustudie, die die implizite Gewalt der sozialen Dimension der Heimat beleuchtet. Weder Sebald noch die von ihm untersuchten Autoren verweilen allerdings bei dieser negativen Analyse. Vielmehr zeichnet Sebald in seinen literarischen und essayistischen Arbeiten die Dialektik der Heimat nach, das Umschlagen von Gewalt in Utopie. Als solche kann sie unter gewissen Bedingungen eine ›Rettung‹ erfahren. Die »Restaurierung der gesellschaftlichen Heimat« (UH 16), die beispielsweise bei einzelnen Vertretern der österreichischen Literatur punktuell als »Rekonstitution der Heimat im Rahmen einer nicht kompromittierten Literatur« (UH 15) gelingt, kann im Medium der Literatur stattfinden, sofern diese das »rechte[ ] Wort« (UH 16) kennt. Die Zerstörung der Natur – die für Sebald vom Fortschritt der Zivilisation nicht zu trennen ist – erweist sich dagegen als unumkehrbarer Prozess: »Lag die Restaurierung der gesellschaftlichen Heimat kraft des rechten Wortes immerhin noch im Bereich des Möglichen, so scheint es in zunehmenden Maße fraglich, ob solche Kunst hinreichen wird, das zu retten, was wir, über alles, als unsere wahre Heimat begreifen müssen« (UH 16). Kein »rechte[s] Wort« vermag es, die Natur vor ihrer Zerstörung zu retten. Autoren wie Thomas Bernhard, Peter Handke oder Christoph Ransmayr weisen eine Sensibilität für den Verlust der »natürlichen Heimat« auf. An deren Werken wird »die in der angst- und ahnungsvollen Aufzeichnung der Veränderung des Lichts, der Landschaft und des Wetters allmählich aufdämmernde Erkenntnis der im weitesten Umraum sich vollziehenden Dissolution und Zerrüttung der natürlichen Heimat des Menschen« ablesbar (UH 16). Eine ähnliche Sensibilität lässt sich ebenfalls in den literarischen Werken Sebalds erkennen, exemplarisch seien hier wieder *Die Ringe des Saturn* genannt. Eine Hinwendung zur Natur und zur »natürlichen Heimat« kennzeichnet wiederum, wenn auch nicht ausschließlich in der pessimistischen Variante Sebalds, auf einer allgemeineren Ebene den Heimat-Diskurs seit den 1970er Jahren. Dies wird besonders in der Miteinbeziehung von Konzepten wie »Umwelt« und den damit zusammenhängenden Fragen nach der Zerstörung der Natur und den »Grenzen des Wachstums« deutlich (»limits of growth« war der Titel eines 1972 vom Club of Rome in Auftrag gegebenen Berichts; vgl. Gebhard/Geiser/Schröter 38 ff.).

Die »helfende Kraft der bestimmten Negation«: Zur notwendigen Unmöglichkeit der Heimat

In ihrer grundlegenden Untersuchung zur Rolle des Heimatbegriffs bei Sebald hebt Ecker hervor, dass er trotz der vielfachen Brechungen am Ende eine »recht traditionelle Vorstellung von Heimat im Grunde intakt lassen muss« (Ecker 2006, 86). Es fehle die kritische Auseinandersetzung mit den »Gefühlskomplexen« der »Glücks- und Geborgenheitsversprechen«, die vom Heimatbegriff getragen werden (86 f.). Die Argumentation mündet in die Diagnose einer ›Naturalisierung‹ der Heimat in den Werken Sebalds, der hier nur unter bestimmten Voraussetzungen gefolgt werden kann (vgl. 87). Denn zum einen ermöglicht die Unterscheidung zwischen ›Heimat‹ und ›Vaterland‹ eine erste Differenzierung, bei der allerdings

›Heimat‹ nicht zur unreflektiert-positiven Alternative zum ›Vaterland‹ wird: Tatsächlich handelt es sich um zwei verschiedene Erfahrungsräume, die sich aber im Bild der Zerstörung begegnen. Zum anderen unterstreicht die Unterscheidung zwischen der »gesellschaftlichen« und der »natürlichen« Heimat die Komplexität des Heimatbegriffs.

In diesem Kontext erweist sich stattdessen eine bestimmte Deklination des Zustands der Expatriation, die mit dem Heimatbegriff in Korrelation steht, eher als problematisch. Dies gilt besonders dann, wenn Sebald ›Heimat‹ nicht mehr als historisch und biographisch klar lokalisierbare versteht, sondern ihren Verlust zur modernen *conditio humana* erhebt. Auf dieser Ebene der Allgemeinheit drohen die Spezifik des Heimatbegriffs und die darin unternommenen Differenzierungen verloren zu gehen, sodass in diesem Sinne der Vorwurf der ›Naturalisierung‹ berechtigt zu sein scheint (vgl. 87). Ein weiterer Vorwurf, der ebenfalls eine Form der Verallgemeinerung betrifft, knüpft an die Problematik des Exil-Begriffs an. Sebald greift in seinem Selbstverständnis als Autor gelegentlich auf Topoi des Exils zurück, die allerdings, wie bereits gesagt, nicht seinem Status als *expatriate* tatsächlich entsprechen. Nur dort, wo in der Analyse auf die Differenzierungsmöglichkeiten, die der Begriff der Expatriation bietet, zurückgegriffen wird, lässt sich auch ein differenzierter Blick auf das Phänomen ›Heimat‹ richten.

Versteht man »Glücksversprechen« so, wie Adorno es im Zusammenhang mit der Kunst formuliert hat – »Kunst ist das Versprechen des Glücks, das gebrochen wird« (Adorno 2003b, 205) –, dann lässt sich die ›schwache‹ Restitution der Heimat durch die Literatur, die als solche stets von ihrem Scheitern ausgeht, als Beispiel für die »helfende Kraft der bestimmten Negation« (Adorno 2003c, 11) lesen. Wenn es keine ›richtige Heimat im falschen Leben‹ geben kann, dann wäre ihre gelungene Wiederherstellung ein Verrat an ihr.

Literatur

Adorno, Theodor W.: *Minima Moralia. Reflexionen aus dem beschädigten Leben* [1951]. In: Theodor W. Adorno: *Gesammelte Schriften.* Bd. 4. Frankfurt a. M. 2003a.

Adorno, Theodor W.: *Ästhetische Theorie* [1970]. In: Theodor W. Adorno: *Gesammelte Schriften.* Bd. 7. Frankfurt a. M. 2003b.

Adorno, Theodor W.: *Philosophie der neuen Musik* [1949]. In: Theodor W. Adorno: *Gesammelte Schriften.* Bd. 12. Frankfurt a. M. 2003c.

Agazzi, Elena: Spuren von Johann Peter Hebel und Ernst

Bloch: W. G. Sebalds Logis in einem Landhaus. In: *GegenwartsLiteratur* 6 (2007), 91–117.

Bauer, Jenny/Gremler, Claudia/Penke, Niels (Hg.): *Heimat – Räume. Komparatistische Perspektiven auf Herkunftsnarrative.* Berlin 2014.

Bloch, Ernst: *Das Prinzip Hoffnung* [1959]. In: Ernst Bloch: *Werkausgabe.* Bd. 5. Frankfurt a. M. 1985.

Duttlinger, Carolin: »A Wrong Turn of the Wheel«: Sebald's Journeys of (In)Attention. In: Markus Zisselsberger (Hg.): *The Undiscover'd Country. W. G. Sebald and the Poetics of Travel.* Rochester/New York 2010, 92–115.

Ecker, Gisela: ›Heimat‹: Das Elend der unterschlagenen Differenz (Einleitung). In: Gisela Ecker (Hg.): *Kein Land in Sicht. Heimat – Weiblich?* München 1997, 7–31.

Ecker, Gisela: ›Heimat‹ oder Die Grenzen der Bastelei. In: Michael Niehaus/Claudia Öhlschläger (Hg.): *W. G. Sebald. Politische Archäologie und melancholische Bastelei.* Berlin 2006, 77–88.

Fischer, Gerhard: Schreiben ex patria: W. G. Sebald und die Konstruktion einer literarischen Identität. In: Gerhard Fischer (Hg.): *W. G. Sebald. Schreiben ex patria/Expatriate Writing.* Amsterdam/New York 2009, 15–24.

Gebhard, Gunther/Geisler, Oliver/Schröter, Steffen: Heimatdenken: Konjunkturen und Konturen. Statt einer Einleitung. In: Gunther Gebhard/Oliver Geisler/Steffen Schröter (Hg.): *Heimat. Konturen und Konjunkturen eines umstrittenen Konzepts.* Bielefeld 2007, 9–56.

Klebes, Martin: No Exile: Crossing the Border with Sebald and Améry. In: Gerhard Fischer (Hg.): *W. G. Sebald. Schreiben ex patria/Expatriate Writing.* Amsterdam/New York 2009, 73–90.

Klüger, Ruth: Wanderer zwischen falschen Leben. Über W. G. Sebald. In: *Text + Kritik* 158 (2003): W. G. Sebald, 95–102.

Magris, Claudio: *Lontano da dove. Joseph Roth e la tradizione ebraico-orientale.* Turin 1971.

Pakendorf, Gunther: Als Deutscher in der Fremde. Heimat, Geschichte und Natur bei W. G. Sebald. In: Gerhard Fischer (Hg.): *W. G. Sebald. Schreiben ex patria/Expatriate Writing.* Amsterdam/New York 2009, 91–106.

Schmucker, Peter: *Grenzübertretungen: Intertextualität im Werk von W. G. Sebald.* Berlin/Boston 2012.

Schütte, Uwe: *W. G. Sebald.* Göttingen 2011.

Antonio Roselli

41 Familie/Familiengeschichte

In der deutschsprachigen Gegenwartsliteratur, die sich auf die Geschichte des 20. Jahrhunderts konzentriert, spielen Familien- und Generationengeschichten eine zentrale Rolle. Die Familie bzw. die Herkunft ist dabei der Ort, an dem sich die Auseinandersetzung mit geschichtlichen Ereignissen biographisch konkretisiert, das individuell Partikulare mit der Ereignisgeschichte vermittelt werden kann (Eichenberg 2009). Das gilt sowohl für die Geschichte aus der Perspektive des ›Täterkollektivs‹ als auch für literarische Texte aus der Sicht überlebender Opfer des Nationalsozialismus und ihrer Nachkommen. Spezifische Motive der Erinnerungsliteratur aus der Perspektive jüdischer Opfer des Nationalsozialismus sind dabei (a) das Thema der ›transgenerationellen‹ Weitergabe der Erfahrung, (b) der Verlust der Herkunftsfamilie bzw. das Nichtwissen über das Schicksal der Familie, das die Nachkommen zum Versuch der Rekonstruktion dieser Familiengeschichte und zur Auseinandersetzung mit Leerstellen und unzuverlässiger Erinnerung zwingt oder an die Stelle fehlender Erinnerung deutlich markierte Fiktionen setzt (Düwell 2004). Der Aspekt der Vermittlung nicht auf eigener Erinnerung basierender vergangener Ereignisse spielt in diesem Kontext eine wichtige Rolle, so auch Fragen medialer Vermittlung – etwa durch Photographie (Horstkotte 2009) – sowie Konzepte einer indirekten Zeugenschaft (Felman 1992) oder ›Postmemory‹.

Familie und Zerstörung in »Die Ausgewanderten«

Bereits der Erzählband *Die Ausgewanderten* ist – zumindest in der angelsächsischen Rezeption – früh als wichtiger Beitrag eines nicht-jüdischen Autors zur Holocaust- bzw. Erinnerungsliteratur rezipiert worden (Denham 2006; Hall 2000). Hier – wie auch in den anderen Prosawerken Sebalds – werden die Lebensgeschichten der Protagonisten, in die zumeist die Beschreibung ihrer Herkunftsfamilie integriert ist, durch die Figur eines Erzählers und mehrere ineinander geschaltete Erzählebenen vermittelt. Die Thematisierung von Familiengeschichten ist insofern mit dem ›Heimatdiskurs‹ verbunden, als die in den *Ausgewanderten* rekonstruierten Familiengeschichten der Protagonisten durch Erfahrungen von Exil und Migration bestimmt sind. ›Heimat‹ ist ambivalent als Ort der Herkunftsfamilie und der Kindheit einerseits sowie als Ursprung der Exklusion oder der Zerstörung andererseits. Die Familie bzw. Familiengeschichte erscheint daher primär als Gegenstand des Verlusts, der Trauer und der nachträglichen Rekonstruktion.

Vor allem in der letzten Erzählung über den Maler Max Aurach steht die Reflexion über die Verbindung der Familiengeschichte eines Überlebenden mit dessen Zeugenschaft durch seine künstlerische Produktion im Zentrum. Der Erzähler erfährt von Aurach, dass dieser 1939 als Jugendlicher nach England emigriert ist, während seine Eltern 1941 deportiert wurden. Aurach gibt nicht nur an, dass die Deportation seiner Eltern sowie die erst mit großer Verspätung einsetzende Realisierung dieser Tatsache sein ganzes späteres Leben bestimmt habe, sondern auch in seinen Bildern manifestiert sich die Auseinandersetzung mit der Vernichtung und ihren Nachwirkungen: Das Werk – an anderer Stelle heißt es auch »Zerstörungsstudie« (Agw 269) – als Ergebnis einer Reihe von Porträtzeichnungen mit Kohle, die in der Art eines Palimpsests immer wieder verwischt werden, wirkt, »als sei es hervorgegangen aus einer langen Ahnenreihe grauer, eingeäscherter, in dem zerschundenen Papier nach wie vor herumgeisternder Gesichter« (239 f.). Der Prozess der Kunstproduktion wird somit zum Zeugnis der Vernichtung, in dem Erinnerung und Auslöschung gleichermaßen präsent sind.

Bezeugt ist die Familiengeschichte Aurachs jedoch auch durch Aufzeichnungen seiner Mutter über ihre Kindheit und Jugend um 1900. Gegenstand der Kindheit im fränkischen Steinach, einem mehrheitlich von Juden bewohnten Ort, ist aber nicht nur die Familie der Mutter, sondern auch das Leben der jüdischen Gemeinde, in der die Familie seit dem 17. Jahrhundert ansässig war, die aber zum Zeitpunkt der Aufzeichnung – kurz vor der Deportation der Eltern – bereits zerstört ist. Diese Aufzeichnungen übergibt Aurach dem Erzähler, da er selbst die Konfrontation mit dem Text nicht mehr erträgt; der Erzähler rückt damit in die Position eines ›sekundären Zeugen‹.

Im Unterschied zu den meisten Protagonisten und Familien in Sebalds Prosawerk, die als halt- und heimatlos dargestellt werden, wird in den Aufzeichnungen Luisa Aurachs das Bild einer gefestigten und etablierten Familie mit ihren Gewohnheiten und jüdischen Festtagen beschrieben (vgl. Niehaus 2006b, 320); allerdings ist das im Präsens festgehaltene Bild der jüdisch-fränkischen Familie und ihres Umfeldes um 1900 der verheerenden Realität zum Zeitpunkt der Niederschrift bereits diametral entgegengesetzt und damit Ausdruck des nachträglichen Blicks auf die gescheiterte ›deutsch-jüdische Symbiose‹ und des ›Heimwehs‹, eines Motivs, das in allen Erzählungen der *Ausgewanderten* leitmotivisch wiederkehrt (Fuchs 2006).

Familienkonstellationen in »Die Ringe des Saturn«

In die *Ringe des Saturn* sind Rekonstruktionen des Erzählers über Lebens- und Familiengeschichten verschiedener historischer Figuren und Schriftsteller integriert, u. a. Joseph Conrads, Edward FitzGeralds, Chateaubriands sowie Michael Hamburgers, den der Erzähler auf seiner Reise durch England besucht. Personen, deren Familiengeschichten u. a. durch Verbannung oder Flucht gezeichnet sind. Die Geschichte der irischen Familie mit dem sprechenden Namen Ashbury im achten Kapitel ist zwar selbst keine Geschichte der Flucht, sie ist aber allegorisch mit dieser Thematik verbunden.

Das Unglück der Familie Ashbury, deren Landsitz deutliche Spuren von Verarmung und unaufhaltsamem Verfall zeigt, wird als verspätete Folge des irischen Bürgerkriegs dargestellt. Die historischen Verheerungen zeichnen sich aber vor allem in der seelischen Verfassung der Familienmitglieder ab, deren »Verstörung« in Analogie zu der von Exilierten sich darin äußert, dass »die Ashburys unter ihrem eigenen Dach lebten wie Flüchtlinge, die Furchtbares mitgemacht haben und die es nicht wagen, an dem Platz, an dem sie gestrandet sind, sich niederzulassen« (RS 250).

Der Zustand der Familie erscheint als allegorische Verdichtung für ein Verharren in der Verstörung durch unverschuldet erlittenes, historisch bedingtes Unglück. Der Landsitz der Ashburys wirkt auf den Erzähler wie ein exterritorialer Ort, die Betätigungen der Familienmitglieder werden als ziel- und sinnlos charakterisiert. Die an mythologische Figuren angelehnten drei »ledigen« Töchter trennen ihre Handarbeiten immer wieder auf, ein der Zerstörung entgangenes Werk ist ein metonymisch mit den Töchtern verbundenes Brautkleid, das als Kunstwerk vollendet ist, aber seine Funktion als Brautkleid nicht erfüllt. Die unter den drei Schwestern hervorgehobene Catherine erscheint selbst bereits wie ein Schatten: steif, erstarrt, lautlos und mit leeren Augen. Auch die Kommunikation der Geschwister, die »nur selten ein Wort untereinander« (RS 252) wechseln, scheint auf ein Minimum reduziert zu sein, wie es für zahlreiche Familienkonstellationen im Werk Sebalds charakteristisch ist.

Am Beispiel des achten Kapitels der *Ringe des Saturn* wird auch deutlich, wie Sebald Lebens- und Familiengeschichten unter dem gemeinsamen Vorzeichen von Melancholie und Zerstörung miteinander verbindet. Narrativ ist die Geschichte der Ashburys mit der ebenfalls aus Irland stammenden Familie FitzGeralds verknüpft. Die Geschichte irischer Großgrundbesitzer, deren endgültiger Verfall in der Erzählung über die Ashburys erreicht ist, bestimmt auch die Herkunft der Mutter FitzGeralds. Das Familienvermögen der FitzGeralds basiert u. a. auf der Ausbeutung der irischen Landbevölkerung, die machtvolle Position der Familie wirkt in der herrschsüchtigen und unnahbaren Mutter fort. Die familiäre Konstellation ist in ihrer verstörenden Wirkung auf FitzGerald der Situation der Ashbury Nachkömmlinge jedoch vergleichbar: Versteinerung, Isolation und der Traum von der Befreiung »aus dem Kinderverlies« (RS 236) bestimmen die Kindheit FitzGeralds. Der »Horror« vor dem herrschaftlichen Elternhaus führt zu einem Rückzug in ein Leben unter bescheidensten Bedingungen und zu einer Versenkung in schriftstellerische Arbeiten, die bis auf eine kongeniale Übersetzung unvollendet bleiben und insofern den ziellosen Tätigkeiten der Ashburys gleicht. So bewirkt auch hier die Verstrickung der Herkunftsfamilie in historische Konflikte und Unterdrückung – wenn auch unter umgekehrten Vorzeichen – eine anhaltende Verstörung in der folgenden Generation.

Sebalds Ich-Erzähler

Es ist in der Sebaldforschung verschiedentlich bemerkt worden, dass die biographischen Daten der im Prosawerk Sebalds regelmäßig als Vermittler der Lebensgeschichten verschiedener Protagonisten auftauchende Erzählerfiguren zum einen deutliche Parallelen zum Leben des Autors erkennen lassen, zum anderen aber sehr vage bleiben, indem Sebald sich auf Andeutungen beschränkt, aus denen hervorgeht, dass der Erzähler in Abgrenzung zu den häufig jüdischen Protagonisten in einer Familie aufwuchs, die Teil der deutschen christlichen Mehrheitsgesellschaft ist. Anspielungen auf die familiäre Herkunft der Erzählerfigur enthalten beispielsweise die Passagen, in denen der Erzähler in *Austerlitz* über seinen Besuch der Festung Breendonk berichtet. Die Andeutungen auf seinen biographischen Hintergrund und die »Schrecken der Kindheit« begründen die Nähe zur Erfahrung der Wachmannschaften des Lagers und nicht zu der inkommensurablen Erfahrung der Opfer (Aus 37).

Zwar stehen einzelne Erzählungen in Sebalds Prosawerk mit der Herkunft des jeweiligen Erzählers in

Verbindung, wie die Erzählungen über den Lehrer Bereyter oder den Großonkel Adelwarth in *Die Ausgewanderten*, die Familiengeschichte des Erzählers selbst bleibt aber weitestgehend ausgespart. Das spät erwachende Interesse für den Großonkel, den der Erzähler kaum erinnert, wird motiviert durch das Motiv der Auswanderung: Ein Photoalbum der Mutter weckt das Bedürfnis »mehr über die Lebensläufe« (Agw 103) der während der Weimarer Republik aus W. in die USA emigrierten Verwandten in Erfahrung zu bringen. Anlässlich eines Besuchs in den USA bei den letzten noch lebenden Verwandten werden die Lebensläufe der zahlreichen Tanten und Onkel vor dem Hintergrund der gesellschaftspolitischen Verhältnisse in der ersten Hälfte des 20. Jahrhunderts rekonstruiert; die Kernfamilie des Erzählers spielt in diesem Rahmen so gut wie keine Rolle.

In *Il ritorno in patria*, der letzten Erzählung des Bandes *Schwindel, Gefühle*, besucht der Ich-Erzähler nach dreißig Jahren erstmals den Ort W., in dem er seine Kindheit verbracht hat. Vereinzelte Details über die Familie werden jedoch nicht in eine Narration integriert, im Fokus stehen die prägenden Eindrücke der »patria«, nicht die Familienkonstellation. Den Eltern des Erzählers ist nur eine Passage des Textes gewidmet, die in Verbindung mit der nationalsozialistischen Vernichtungspolitik steht. Gegenstand ist die Erinnerung daran, dass sich in der Nachkriegszeit ein »Zigeunerlager« (SG 209) im Ort befunden habe und die Mutter ihn jedes Mal auf den Arm genommen habe, wenn sie daran vorbeikamen, wobei die Zigeuner den Blick abwendeten, »als grauste es ihnen« (209).

Die retrospektive Frage, wie diese »Zigeuner« den Nationalsozialismus überlebt haben mögen, verknüpft sich mit einem Photoalbum des Vaters, das der Erzähler durchblättert. Dieses enthält jedoch keine Familienphotos, sondern Bilder des Vaters von Kriegsschauplätzen »von dem sogenannten Polenfeldzug«. Auf einigen Bildern – die zeitlich vor den Vernichtungsaktionen liegen – »sind Zigeuner zu sehen«, »[f]reundlich schauen sie durch den Stacheldraht« (SG 210). In den Text eingeschoben ist das Bild einer Frau mit Säugling auf dem Arm hinter Stacheldraht mit lachendem Gesicht. Diese beiden spiegelbildlich und invers konstruierten Szenen verknüpfen die Familienerinnerung des Erzählers mit der nationalsozialistischen Vernichtungspolitik, die selbst als Leerstelle ausgespart bleibt. Dass die Eltern des Erzählers nur an dieser Stelle erinnernd erwähnt werden, legt die Deutung nahe, dass es vor allem um eine politisch-historische Einordnung des familiären Hintergrunds geht.

Dementsprechend stehen im Fokus der Erinnerungen des Erzählers an die Kindheit in W. Akteure und Ereignisse aus dem sozialen Leben des Ortes. Der topographisch aufgerufenen Erinnerung nach der Rückkehr in den Heimatort entspricht das mehrfach hervorgehobene Detail, dass der Erzähler in seiner Kindheit den Großvater regelmäßig auf seinen Wegen und Besuchen im Ort begleitet hat. Dieses Gehen stiftet sowohl eine persönliche Verbindung des Erzählers zu der prägenden Figur des Großvaters und zum sozialen Leben des Herkunftsortes als auch eine zeitliche Relation von Gegenwart und Vergangenheit.

Familienbilder

In der Erinnerungsliteratur im Allgemeinen wie auch im Werk Sebalds kommt dem Medium der Photographie eine zentrale Rolle zu. Sie fungiert sowohl als Vehikel für die Reflexion von Erinnerungsprozessen und Memorialkultur allgemein als auch für die konkrete Spurensuche im Rahmen von Familiengeschichten. So werden zwar auch in verschiedenen Prosatexten Sebalds Familienphotos für die Protagonisten zum Anlass für Erinnerungsnarrationen, durch den spezifischen Einsatz von Photographien, deren unsichere Herkunft und Zuordnung sowie die unkalkulierbare Wechselwirkung von Text und unbetitelten Bildern wird die scheinbar authentifizierende und dokumentarische Funktion von Photographie jedoch irritiert und subvertiert (Niehaus 2006a).

In besonderer Weise wird die Funktion von Bildern in *Austerlitz* im Hinblick auf die Bemühungen des Protagonisten, seine Familiengeschichte zu rekonstruieren, thematisiert. So versucht Austerlitz anhand einer Kopie des NS-Propagandafilms über Theresienstadt ein Bild seiner Mutter zu finden. Diese Hoffnung auf ein ›authentisches‹ Bild wird allerdings enttäuscht. Der Versuch, mit Hilfe von Photos, Erinnerung zu evozieren, scheitert auch in der Konfrontation des Protagonisten mit dem eigenen Bild als Kind. Bei dem Versuch durch Verlangsamung der Bild- und Tonspur doch noch eine Spur der vergangenen Gegenwart der Mutter zu finden, wird jedoch durch die artifizielle Verzerrung von Klang und Propagandafilm der zerstörerische Charakter des Lagers enthüllt. So wird mit dem Bildmaterial weniger eine authentische Quelle der historischen Vergangenheit adressiert, als ein Medium künstlerischer Bearbeitung und ein Anstoß für imaginative Ergänzungen oder Ersetzungen. Photographien sind somit eingebunden in einen Prozess, in dem fehlende Erinnerungen an die Familie substituiert werden durch Montage verschiedener Elemente kultureller Überlieferung (Long 2009; Tischel 2006).

Erinnerungsversuche in »Austerlitz«

Im Roman *Austerlitz* stehen die Familiengeschichte des Protagonisten und deren Verbindung mit der Geschichte nationalsozialistischer Vernichtungspolitik im Fokus. Die Tatsache, dass die frühe Kindheit des Protagonisten vor seiner Migration mit einem Kindertransport nach England diesem lange Zeit selbst gänzlich verborgen bleibt, und die Versuche, das Schicksal seiner von den Nationalsozialisten deportierten und ermordeten Eltern zu rekonstruieren, bestimmen die Verfassung seiner Lebensgeschichte. Gerade aus dem Fehlen einer verfügbaren Familiengeschichte und Erinnerung resultiert deren prägende Kraft für das Leben und Denken Austerlitz'. So deutet er etwa sein ausgeprägtes Interesse für die Baugeschichte – insbesondere für die von Festungen und Bahnhöfen – als Folge seiner Familiengeschichte. Denn die Historie des Festungsbaus gipfelt nicht nur in der Verwendung von Festungen als NS-Lager, die mit dem Schicksal seiner Familie verbunden sind, sondern der Festungsbau erscheint Austerlitz auch als Bild seiner seelischen Verfassung, als eine »Art von Quarantäne- und Immunsystem« (Aus 201) zur Abwehr der Erinnerung (vgl. Mosbach 2008, 247–254).

Dem in Wales aufwachsenden Kind werden nicht nur seine wenigen Halbseligkeiten, die Muttersprache und der Name genommen, sondern die Pflegeeltern verbergen auch alle Spuren der Herkunft des Kindes. Aus dieser Konstellation resultiert in der Biographie Austerlitz' eine Spaltung in eine erinnerte, aber als unwirklich empfundene spätere Phase, die aber in der Narration zeitlich vorgeschaltet ist, und eine als wirklich erachtete frühere Phase, die sich der bewussten Erinnerung entzieht und im zweiten Teil des Romans in den Mittelpunkt rückt.

Quelle für die Rekonstruktionsversuche der Familiengeschichte sind zunächst die Erzählungen des früheren Kindermädchens Vera. Darüber hinaus unternimmt der Protagonist jedoch auch den Versuch, sich der verlorenen Erinnerung durch das Aufsuchen von Orten sowie die Beschäftigung mit Bild- und Textzeugnissen anzunähern.

Durch die Montage verschiedenster Narrationen wird vorgeführt, wie die fragmentarische Familienerinnerung von Austerlitz ergänzt wird durch Imagi-nation, literarische Bezüge oder fremde Erinnerungen. Er unternimmt den Versuch, sich die vergessene Vorgeschichte narrativ wieder anzueignen, indem er in seiner autobiographischen Erzählung die beiden Teile seines Lebens retrospektiv aufeinander bezieht. Die Erzählung seiner Kindheit und Jugend in Wales ist dementsprechend durchzogen von Anspielungen auf seine vergessene Herkunft als Kind jüdischer Eltern. Familiengeschichten sind im Prosawerk Sebalds in eine Geschichte der Zerstörung und andauernden Verstörung integriert. Der Blick auf die Familie ist durch Verlusterfahrung sowie verschiedenste retrospektive Versuche der Aneignung, aber auch die Reflexion auf deren Vergeblichkeit bestimmt.

Literatur

Denham, Scott: Die englischsprachige Sebald-Rezeption. In: Michael Niehaus/Claudia Öhlschläger (Hg.): *W. G. Sebald. Politische Archäologie und melancholische Bastelei*. Berlin 2006, 259–268.

Düwell, Susanne: *»Fiktion aus dem Wirklichen«. Strategien autobiographischen Erzählens im Kontext der Shoah*. Bielefeld 2004.

Eichenberg, Ariane: *Familie – Ich – Nation. Narrative Analysen zeitgenössischer Generationenromane*. Göttingen 2009.

Felman, Shoshana/Laub, Dori: *Testimony. Crisis of Witnessing on Literature, Psychoanalysis and History*. New York 1992.

Fuchs, Anne: Heimatdiskurs und Ruinenästhetik. In: Michael Niehaus/Claudia Öhlschläger (Hg.): *W. G. Sebald. Politische Archäologie und melancholische Bastelei*. Berlin 2006, 89–110.

Hall, Katharina: Jewish Memory in Exile: the Relation of W. G. Sebald's *Die Ausgewanderten* to the Tradition of the Yizkor Books. In: Pól O'Dochartaigh (Hg.): *German Literature since 1945: German Jewish Literature?* Amsterdam 2000, 153–164.

Horstkotte, Silke: *Nachbilder. Fotografie und Gedächtnis in der deutschen Gegenwartsliteratur*. Köln u.a 2009.

Long, J. J.: *W. G. Sebald – Image, Archive, Modernity*. Edingburgh University Press 2007.

Mosbach, Bettina: *Figurationen der Katastrophe. Ästhetische Verfahren in W. G. Sebalds »Die Ringe des Saturn« und »Austerlitz«*. Bielefeld 2008.

Niehaus, Michael: Ikonotext. Bastelei. *Schwindel. Gefühle* von W. G. Sebald. In: Silke Horstkotte/Karin Leonhard (Hg.): *Lesen ist wie Sehen. Intermediale Zitate in Bild und Text*. Köln u.a 2006a, 155–175.

Niehaus, Michael: No Foothold: Institutions and Buildings in W. G. Sebald's Prose. In: Scott Denham/Mark McCulloh (Hg.): *W. G. Sebald. History – Memory – Trauma*. Berlin/New York 2006b, 315–333.

Tischel, Alexandra: Aus der Dunkelkammer der Geschichte. In: Michael Niehaus/Claudia Öhlschläger (Hg.): *W. G. Sebald. Politische Archäologie und melancholische Bastelei*. Berlin 2006, 31–45.

Susanne Düwell

V Referenzen

42 Franz Kafka

Der in Prag geborene deutsch-jüdische Schriftsteller Franz Kafka (1883–1924) genießt eine Präsenz im geistigen Leben und Werk Sebalds, die keiner anderen Figur gebührt. Sebalds Kollege Richard Sheppard behauptet zu Recht, dass vor anderen Figuren, wie Vladimir Nabokov, Ludwig Wittgenstein oder Robert Walser, Kafka als das bedeutendste von Sebalds intellektuellen Alter Egos gelten muss (vgl. Sheppard 2005, 443). Die Beschäftigung mit dem Leben und Werk Kafkas geht auf Sebalds Studienzeit zurück. In seinem Nachlass befindet sich eine Vielzahl von Karteikarten, die seine Lektürenotizen zu Kafkas Lebenszeugnissen und Schriften, aber auch zu ausgewählten Sekundärquellen festhalten. Wie üblich gilt Sebalds Interesse nicht primär den literarischen Texten Kafkas, sondern eher den Einzelheiten seines Lebens als deutsch-jüdischem Schriftsteller aus der linguistischen und kulturellen Provinz Böhmens. An Kafka fasziniert Sebald vor allem die Kunst, mit der dieser seine intimsten Lebenserfahrungen literarisch verwandelt, sodass für ihn Kafkas Helden wie Josef K. im Roman *Der Proceß*, K. in *Das Schloß* oder sogar der Jäger Gracchus aus der gleichnamigen Erzählung kreative Transformationen von Kafkas eigenen Lebensproblemen darstellen. Dessen Leben und Werk bilden für Sebald also eine unzertrennliche Einheit und diese Fokussierung auf die autobiographische Resonanz in Kafkas literarischem Schaffen erklärt Sebalds ausgesprochene Vorliebe für kritische Kafka-Untersuchungen, die auf spekulative Interpretation verzichten und sich stattdessen auf eine erhellende Auseinandersetzung mit seiner Biographie konzentrieren. Deshalb lobt Sebald z. B. in seiner Besprechung »Kafka im Kino« die Vorgehensweise von Hanns Zischler, der durch »detektivische« Arbeit Kafkas Kontakt mit dem neuen Medium Stummfilm dokumentiert (CS 196). Kafka durchzieht aber auch das gesamte literarische Werk Sebalds, in dem sich unzählige offene oder versteckte Verweise und intertextuelle Bezüge auf Kafkas Leben und seine Texte finden lassen (vgl. Schmucker 2012, 79–181). Dies gilt vor allem für Sebalds erste größere Prosaarbeit *Schwindel. Gefühle*, in der die Erzählung *Dr. K.s Badereise nach Riva* einen konkreten Lebensabschnitt Kafkas literarisch aufarbeitet.

Sebalds literaturkritische Arbeiten zu Kafka

Sebalds produktive Auseinandersetzung mit Kafka reicht bis in die Anfangszeit seiner literaturkritischen Tätigkeit zurück (vgl. Schütte 2014, 204–233). Schon 1972 veröffentlicht er, zuerst in englischer Sprache und kurz danach auf Deutsch, einen Aufsatz über das Todesmotiv in Kafkas Roman *Das Schloß* (Sebald 1972), in dem er die These vertritt, Kafkas Held K. sei als Wanderer in das Land des Todes unterwegs. Das Schloss selber repräsentiere das Zentrum dieses Reichs des Todes und seine schwarz gekleideten Beamten seien dessen Verwalter. Die Suche nach dem Schloss stelle eine Rückkehr in die verloren gegangene Heimat dieses Reiches dar und K. übernehme für die Dorfbewohner die Rolle eines Messias, der – noch am Leben – in das Reich des Todes einzudringen versuche. Allerdings verwirke er diese messianische Rolle, indem er während der entscheidenden Unterhaltung mit dem Beamten Bürgel einschlafe und dadurch das Geheimnis einer möglichen Aufnahme durch das Schloss versäume. Sebald zufolge muss K. letztlich im Dorf sterben, um das Schicksal des ewig wandernden Juden Ahasver zu vermeiden, wobei Sebald dann explizit auf den Fall vom Jäger Gracchus als Konkretisierung dieses negativen Beispiels hinweist. In einem zuerst 1975 veröffentlichten und dann in leicht abgewandelter Form in der Sammlung *Unheimliche Heimat* erneut abgedruckten Aufsatz über »Das Gesetz der Schande« in Kafkas *Schloß* radikalisiert Sebald diese These vom Messianismus K.s, indem er Kafkas Helden im Hinblick auf die Tradition des jüdischen Messianismus »nicht als Person, sondern als die Figur eines dem Verlauf der Zeit überhobenen Prinzips« und als »Chiffre der [...] niemals eingelösten Hoffnung auf Erlösung« interpretiert (UH 96). Weil »das Differenzial zwischen Vision und Wirklichkeit« (103) absolut sei, bleibe die Welt von Kafkas Roman eingespannt in das Paradoxon des Beharrens auf Erlösung ohne die Möglichkeit ihrer Verwirklichung.

Sebalds quasi allegorisierende und religiöse Deutung von Kafkas Roman steht zwar in einer von Kafkas Freund und erstem Herausgeber Max Brod eingeleiteten Forschungstradition, die diese Aspekte des Textes hervorhebt, weicht aber insofern davon ab, als sie Brods Optimismus in den Pessimismus einer sich unablässig aufs Neue wiederholenden, aber stets unerfüllten Suche nach Erlösung transformiert (vgl. Medin 2010, 144). Wenn in Sebalds Perspektive K. die Eigenschaften des ewigen Wanderers, des Exilanten und des ironisch geprägten Messias besitzt, welche auch die Figur von Kafkas Jäger Gracchus charakterisieren, ist das kein Zufall. Daniel Medin hat gezeigt, wie Sebalds eigensinnige Interpretation des *Schloß*-Romans auf einer forcierten Lesart basiert, die bewusst auf diese Thematik des Todes und des uneinlösbaren messianischen Rufs hinsteuert (81). Er hat weiterhin dargelegt, wie Sebald in *Schwindel. Gefühle* dieselben Eigenschaften sowohl auf Dr. K., seine fiktive Nachbildung Kafkas, als auch auf Kafkas Jäger Gracchus überträgt (vgl. 124 f.). Insofern leitet nach Medin Sebalds frühe kritische Missdeutung von Kafkas Roman direkt in die spätere literarische Charakterisierung über, wobei Sebald im Sinne von Harold Blooms These einer »anxiety of influence« eine »aggressive« Umschreibung von Kafka unternehme, um seine eigene literarische Stimme und Perspektive zu finden und zu rechtfertigen (9–12; vgl. Brunner 2009, 476). Medins These, dass Sebalds literarisches Schaffen erst durch eine kreative Usurpation seines literarischen Vorbilds Kafka zustande komme, hat eine gewisse Berechtigung und erklärt die Omnipräsenz Kafkas in Sebalds literarischem Werk. Ob aber Sebalds Aneignung von Kafka letztlich »destructive, and not merely regenerative« sei, wie Medin behauptet (vgl. Medin 2010, 145), ist fraglich.

Brad Prager erkennt zwei diskrete Interpretationstendenzen in Sebalds literaturkritischer Auseinandersetzung mit Kafka: Eine Richtung betont die existenzialistische Todesmetaphysik Martin Heideggers, während eine andere die kritische, marxistische Perspektive Max Horkheimers, Theodor Adornos und der Frankfurter Schule hervorhebt (vgl. Prager 2006, 105). Diese Zweiteilung lässt sich schon in Sebalds Essays über Kafkas *Schloß* nachweisen, wobei im Aufsatz über das Todesmotiv die Tendenz zur heideggerschen Metaphysik vorherrscht, während der Aufsatz über die »Schande« des erfolglosen Messianismus eher zu einer kritischen Betrachtung der in der Schlossgemeinschaft dargestellten Gesellschaftsstruktur führt. In diesem Essay konstatiert Sebald einen absoluten Gegensatz zwischen der vollkommenen Machtstellung des Schlosses und seiner Beamten einerseits und der absoluten Ohnmacht der Dorfbewohner und K.s – als ihrem messianischen Repräsentanten – andererseits (vgl. UH 87 f.). Er deutet diesen Machtunterschied und seine Perpetuierung ganz im Sinne von Horkheimer und Adorno als Reflex

der Identifikation der Unterworfenen mit dem Prinzip ihrer Unterdrückung, was diese Macht »weniger als gewaltig denn als parasitär definiert« (88). Weil Macht und Ohnmacht demgemäß »einander zum fugenlosen System ergänzen«, bestehe keine Möglichkeit einer Revolution (90). Insofern stellt Kafkas Roman die Aporie des vermeintlich autonomen bürgerlichen Subjekts dar, wie Horkheimer und Adorno dies in der *Dialektik der Aufklärung* ausgeführt haben (s. Kap. 38).

Man könnte selbstverständlich einwenden, dass Sebald dieses gesellschaftskritische Moment mit der Hinwendung zur messianischen Thematik metaphysisch abschwächt oder gar überdeckt. Dass aber diese kritische Perspektive sein Kafka-Bild doch grundlegend belebt, zeigt sein späterer, 1986 erschienener Aufsatz *Tiere, Menschen, Maschinen: Zu Kafkas Evolutionsgeschichten*. Auf der Basis von Kafkas Erzählungen *Forschungen eines Hundes* und *Ein Bericht für eine Akademie*, die aus der Perspektive eines sprachfähigen Tieres erzählt werden, projiziert Sebald in die Erzählwelt Kafkas eine evolutionäre Entwicklung, die in der Verdrängung des Menschen und der Natur durch die Vervollkommnung des Maschinellen endet. Kafka sage »eine tiefgreifende Mutation der Menschheit« vorher (Sebald 1986, 195), in der die Maschinen »unserer Obhut entwachsen sind«, und die eine perverse »Vervollkommnung der instrumentellen Vernunft« repräsentiere (197). So sei die menschliche Gesellschaft in Kafkas Werk »ausgewiesen als ein post-natürliches Phänomen« (200) und die »Rätselhaftigkeit« des autonomen Menschen eingetauscht gegen die »Geheimnislosigkeit der Maschine« (201). Diese Kritik einer den autonomen Menschen zerstörenden instrumentellen Vernunft wird in Sebalds literarischem Werk prominent vertreten, vor allem in *Die Ringe des Saturn*, wo z. B. die Philosophie Descartes' als eines der »Hauptkapitel der Geschichte der Unterwerfung« gedeutet wird, da sie uns lehre, »von dem unbegreiflichen Fleisch« abzusehen und »die in uns bereits angelegte Maschine« in all ihrer Nützlichkeit auszuschöpfen (RS 26). Dasselbe Thema wird am Schluss dieses Werkes wieder aufgegriffen, wenn dargestellt wird, wie die Industrialisierung die Webstühle in »Foltergestelle oder Käfige« verwandele, denen die sie bedienenden Weber hilflos ausgeliefert seien (334). Diese Thematik prägt auch Sebalds »Aufzeichnungen aus Korsika«, wo z. B. der Binnenerzähler Douglas X die Vision einer posthumanen Welt entwickelt, in der sich aufgrund der Auswüchse ihrer Technologie »die Menschheit mit eigenen Händen das Leichentuch überziehen« werde (AK 173). Er entwirft auch das

Bild eines Passagierflugzeugs, das »zwei humanoide Automatenmenschen« dirigieren und in dem die menschlichen Passagiere als machtloser »Chor der Gefangenen« sitzen, Opfer »einer [...] übergeordneten, anonymen Gewalt« (168).

»Schwindel. Gefühle« und die Nachfolge Kafkas

1983 veröffentlichte die Zeitschrift *Freibeuter* zur hundertjährigen Feier von Kafkas Geburt eine Sonderausgabe unter dem Titel »Franz Kafka, nachgestellt«. Das Heft enthält u. a. Aufsätze von Hanns Zischler über Kafkas Kindererlebnisse, von Michael Müller über Kafkas Rezeption von Casanova und von Klaus Wagenbach über Kafkas Besuche von Badeanstalten, wie dem Sanatorium von Dr. Hartungen in Riva, wo Kafka im Herbst 1913 drei Wochen verbrachte. Schon die Verwandtschaft dieser Themen mit Einzelheiten von Sebalds Kafka-Darstellung in *Dr. K.s Badereise nach Riva* legt nahe, dass Sebald dieses Heft kannte und dass die Beiträge sein Kafka-Bild wesentlich prägten. Dies wird dadurch bestätigt, dass sich ein stark annotiertes Exemplar dieses Heftes in Sebalds persönlicher Bibliothek befindet (vgl. Catling 2011, 280). Von Müller übernimmt Sebald z. B. den Gedanken, die Erlebnisse Casanovas in den Bleikammern habe Kafkas Strafphantasien beeinflusst (vgl. SG 170; Müller 1983, 68), von Zischler die visuellen Erlebnisse Kafkas in Verona, u. a. bei einem Kinobesuch, bei dem Kafka weint (vgl. SG 171 f.; Zischler 1983, 40, 42), und von Wagenbach die Idee, dass Kafka drei Jahre nach seinem Besuch in Riva dortige Erlebnisse in der Erzählung *Der Jäger Gracchus* literarisch aufarbeitet (vgl. SG 185 ff.; Wagenbach 1983, 87 ff.). Auch der Titel des Heftes, »Franz Kafka, nachgestellt«, findet Nachhall in dem Gestus, mit dem Sebalds Erzähler die Reise Kafkas im Herbst 1913 über Wien, Venedig und Verona zum Gardasee und nach Riva selber unternimmt, sodass er buchstäblich auf Kafkas Spuren wandelt, ihm »nachstellt«. Diese Nachahmung Kafkas seitens des Erzählers geht bis in Einzelheiten hinein, gespiegelt z. B. in der typischen Haltung Kafkas, mit hinter dem Kopf verschränkten Händen auf dem Bett zu liegen (vgl. SG 75 f., 111, 131, 167). Er imitiert damit nicht nur Kafka selber, sondern auch seine literarische Figur Gracchus, die z. B. wie der Erzähler unter einem mit Blumen gemusterten Tuch aufgebahrt liegt (vgl. 131; Kafka 1993, 306). Sowohl Kafka als auch Gracchus sind also Doppelgänger des Erzählers und diese Dop-

pelung der Doppelgänger spielt wiederum auf ein Motiv in Kafkas Texten an (z. B. die zwei Wärter im *Proceß*, die Josef K. verhaften oder die ähnlich aussehenden Gehilfen K.s im *Schloß*). Dieses Motiv wird dann in Sebalds Text auch ironisch wiederholt, etwa in der Erscheinung von Zwillingen, die dem jungen Kafka zum Verwechseln ähnlich sehen (vgl. SG 105 f.). Auch die vielen Hinweise auf Schifffahrt und Wasserüberquerung stellen den Erzähler als eine Art Kafka-Gracchus-Figur dar. Schließlich dient der intertextuelle Verweis auf Kafkas *Jäger Gracchus* als Leitmotiv, das die disparaten biographischen und autobiographischen Texte in *Schwindel. Gefühle* zu einer Einheit zusammenfügt (vgl. Sill 1997, 558).

Kafka selber stilisiert diesen Jäger zur Schriftstellerfigur, indem er ihn die Klage äußern lässt: »Niemand wird lesen, was ich hier schreibe« (Kafka 1993, 311). Somit suggeriert er, dass diese heimatlose, zur ewigen Wanderschaft verdammte Figur ein Sinnbild für das Schicksal des literarischen Autors darstellt (vgl. Sill 1997, 604; Brunner 2009, 479). Dies stimmt mit dem Verständnis Sebalds überein, der Schriftsteller existiere in einer Art Niemandsland zwischen Leben und Tod, weil er, wie Sebald im Vorwort zu *Logis in einem Landhaus* konstatiert, mit »jener sonderbaren Verhaltensstörung« behaftet sei, »die jedes Gefühl in Buchstaben verwandeln muß und mit erstaunlicher Präzision vorbeizielt am Leben« (Log 6). Den Schriftstellern bleibt letztlich als Trost nur, wie Sebald hier weiter ausführt, dass sie ihren Lesern Ausblicke von einer »Schönheit und Intensität« bieten, »wie sie das Leben selber kaum liefern kann« (7). Der Schriftsteller wird hier zu einer Art Opfer stilisiert, das selber auf die Vitalität des Lebens verzichtet, damit andere – seine Leser – das Erlebnis dieses literarisch vermittelten intensivierten Lebensgefühls nachempfinden können. Die autobiographischen Teile von *Schwindel. Gefühle* handeln davon, wie Sebald und sein erzählender Doppelgänger sich in der Nachfolge Kafkas und seines Jägers Gracchus zu Schriftstellern in diesem Sinn ausbilden. Es ist auch kein Zufall, dass der Text, in dem Sebalds Hinwendung von seiner literaturkritischen zu seiner explizit literarischen Tätigkeit vollzogen wird, sich bewusst von der Biographie Kafkas distanziert. Insbesondere die Aufarbeitung von Sekundärquellen in *Dr. K.s Badereise nach Riva* bezeugt, wie Sebald noch in Anlehnung an die Methodik des Literaturkritikers seine eigene literarische Kunst in diesem Text entfaltet. Im letzten autobiographischen Text dieser Sammlung, *Il ritorno in patria*, nähert sich Kafkas Gracchus-Figur mittels einer intertextuellen Verschmelzung mit dem Jäger Hans Schlag aus einer anderen Kafka-Geschichte, *Auf dem Dachboden*, einem zentralen Charakter aus Sebalds eigener Kindheit an (vgl. SG 253 ff., 269 f., 279 ff.). Insofern kann man Medin zustimmen, wenn er Sebalds Auseinandersetzung mit Kafka als Grundbedingung für sein eigenes schriftstellerisches Werden und für die Herausbildung seiner charakteristischen narrativen Stimme identifiziert (vgl. Medin 2010, 91).

Sebald unterstreicht diese Konstellation der Nachfolge, wenn er eine Episode aus dem Leben Kafkas nacherzählt, in dem dieser buchstäblich einen Akt der irrationalen Nachstellung betreibt. In einem Brief an seine Verlobte Felice Bauer aus dem – für Sebald und für *Schwindel. Gefühle* bedeutsamen – Jahr 1913 versucht Kafka zu erklären, wie er aus Situationen, »wo scheinbar und gesetzmäßig nichts zu genießen ist«, einen doch unerfindlichen Genuss gewinnt (Kafka 1999, 107). Als Beispiel dafür erzählt er, wie er zwei Abende zuvor, als er mit seinem eigenen Unglück beschäftigt war, den Sohn des Besitzers einer jüdischen Buchhandlung durch die Straßen Prags regelrecht verfolgt hat. Von diesem Mann weiß er, dass er früher nicht nur eine Verlobung wegen Geldmangels aufgelöst hat, sondern auch, dass er unglücklich verheiratet war, von dieser Heirat durch den bald eintretenden Wahnsinn seiner Frau befreit wurde und nun wieder als Junggeselle lebt. Dieser Mann konkretisiert also Kafkas eigenes Lebensdilemma, sein Hin-und-Her-Gerissen-Sein zwischen einer gemeinsamen Existenz mit seiner Verlobten Felice und seinem Bedürfnis, im vollkommenen Alleinsein seinen schriftstellerischen Bemühungen nachzugehen. Der jetzige Zustand des Buchhändlersohns als Junggeselle, umgeben von den Büchern in seiner Buchhandlung, hat den Stellenwert eines geheimen Wunsches von Kafka für sein eigenes Leben. In seinem Brief bringt er diese Erkenntnis nicht zum Ausdruck; stattdessen fragt er, in wohl gespielter Naivität, ob Felice begreifen könne, warum er diesem Mann, wie er schreibt, »geradezu lüstern« durch die Stadt gefolgt sei (108). Am Schluss von *Dr. K.s Badereise nach Riva* erzählt Sebald diese Episode in allen Details nach, wobei er die in dem Wort »lüstern« heraufbeschworene Erotik zum Hauptthema macht (SG 189 f.). Er beantwortet Kafkas offene Frage an Felice dadurch, dass er zwar den allgemeinen Kontext als die Problematik der Liebe identifiziert, dieser aber eine ganz andere Wendung gibt, indem er die Verfolgung dieses jüdischen Buchhändlersohns als nicht anerkannte und deshalb unerfüllt gebliebene homoerotische Neigung interpretiert. Schließlich wird diese schwelende Homosexualität mit

der Figur von Kafkas Jäger Gracchus in Verbindung gebracht, der mit einem für Sebald vielversprechenden Gestus seine Hand auf das Knie des Bürgermeisters Salvatore legt (vgl. Kafka 1993, 311; SG 191). Auf diese Weise deutet Sebald an, dass der Jäger Gracchus als autobiographisches Abbild des Autors Kafka deshalb keine Erlösung findet, weil er vor den »Schrecknisse[n] der Liebe« zurückweiche und seiner homoerotischen Neigung nicht nachgehen könne (190). Allerdings unterschlägt diese Interpretation eine entscheidende Dimension dieser Episode, denn Kafka betont, dass der jüdische Buchhändlersohn »sich als Deutscher« fühlt und er verfolgt ihn gerade, bis jener im »Tor des ›Deutschen Hauses‹« verschwindet, wo er jeden Abend nach Geschäftsschluss und nach seiner Mahlzeit verweilt (Kafka 1999, 108). Was Kafka an dieser Figur wohl fasziniert, betrifft also nicht nur den Umstand, dass dieser Mann aus dem Unglück seines Liebeslebens das Glück eines von Büchern – d. h. von Literatur – umgebenen Junggesellendaseins schöpft, sondern auch das Wunder seiner scheinbar gelungenen Assimilation als Jude in die deutsche Oberschicht der Stadt Prag. Für Medin bildet diese Assimilationsthematik den Kern dieser Episode und er sieht Sebalds Vermengung der Assimilierungsproblematik mit einer homosexuellen Neigung als bewusste Missdeutung dieser Briefstelle, als eine Fehldeutung, die Homosexualität und Judentum als Formen von gesellschaftlicher Marginalisierung gleichsetze (vgl. Medin 2010, 132). Katja Garloff bewertet dagegen Sebalds Insistenz auf der Gleichstellung von Assimilation und Homoerotik etwas positiver, indem sie diese schon bei Kafka als verschlüsselten Ausdruck für die unerlaubte oder gar verbotene Liebe des Juden für die deutsche Kultur auslegt (vgl. Garloff 2007, 131). Ihr zufolge betreibt Sebald eine ähnliche Verschlüsselung in seinem Verhältnis zu seinem literarischen Vorgänger Kafka, sodass der erotisch gefärbte Eifer, mit dem Sebald Kafka in den Texten von *Schwindel. Gefühle* nachgehe, als melancholische Reaktion auf den Verlust des Liebesobjekts ausgelegt werden könne. Durch diese Melancholie rette Sebald das verlorene Liebesobjekt dadurch, dass er diesem den Status des unsterblich wandernden Jäger Gracchus verleihe (124). Fest steht auf jeden Fall, dass Sebalds ›Nachfolge‹ von Kafka in dieser Sammlung sowohl als eine Art ›perverse‹ Liebeserklärung, wie auch als eine kulturpolitische Aussage über das historisch belastete Verhältnis zwischen Deutschen und Juden aufzufassen ist. Wenn aber der deutsche Schriftsteller Sebald dem jüdischen Schriftsteller Kafka ›nachstellt‹, verkehrt er bewusst die beschriebene Episode aus Kafkas Brief an Felice, in welcher Kafka, der sich als erfolglos assimilierter Jude wahrnimmt, dem sich als Deutschen fühlenden Juden »lüstern« folgt. Die Vermutung liegt nahe, dass Sebalds Identifizierung mit kulturellen Außenseitern wie Kafka als Sinnbild für sein eigenes Gefühl der Marginalisierung und der ›Heimatlosigkeit‹ in seinem Geburtsland Deutschland steht, was schließlich zu seiner eigenen freiwilligen Auswanderung führte.

Intertextuelle Anklänge

Zu den vielen intertextuellen Anklängen an Kafka in *Schwindel. Gefühle* kann man eine weitere Stelle anführen, bei der es sich interessanterweise um die strategische Entlehnung eines von Kafka ekphrastisch beschriebenen Bildes handelt. In einem Brief an Felice vom Februar 1913 erklärt Kafka seine Bewunderung für ein Bild, das er als Kind in der Auslage eines Geschäfts gesehen habe und auf dem »der Selbstmord eines Liebespaars dargestellt war« (Kafka 1999, 110). Darauf folgt eine detaillierte Beschreibung: »Es war eine Winternacht und der Mond nur für diesen letzten Augenblick zwischen großen Wolken sichtbar. Die beiden waren am Ende eines kleinen hölzernen Landungssteges und machten gerade den entscheidenden Schritt. Gleichzeitig strebte der Fuß des Mädchens und des Mannes in die Tiefe und man fühlte aufatmend wie beide schon von der Schwerkraft ergriffen waren. Es ist mir nur noch erinnerlich, daß das Mädchen um den bloßen Kopf einen dünnen hellgrünen Schleier gewunden hatte und der lose flatterte, während der dunkle Mantel des Mannes vom Wind gestrafft wurde« (110). Diese Textstelle erscheint beinahe wörtlich in *Il ritorno in patria*, wo ein Bild beschrieben wird, das an der Wand des Café Alpenrose hängt (vgl. SG 248). Die fast wörtliche Wiedergabe von Kafkas Text ist insofern bemerkenswert, als Sebald dazu neigte, solche Textübernahmen in seiner entlehnten Version leicht abzuwandeln. Das Bild selbst ist bedeutsam im Kontext der Thematik dieser Sammlung, da es das Motiv des Selbstmordes, das sich durch den ganzen Band zieht, mit dem Problem der unglücklichen Liebe und dem Motiv eines Sprungs in den Abgrund verkettet. So bildet dieser intertextuelle Rückgriff auf Kafka einen thematischen Knotenpunkt, in dem die zentralen Ideen dieses Textes in ihrer ganzen Verwobenheit erscheinen.

Aber intertextuelle Verweise auf Kafka-Texte prägen nicht nur Sebalds erste Prosasammlung, sondern durchziehen auch seine späteren literarischen Werke.

Wenn z. B. in *Die Ausgewanderten* Ambros Adelwarth bei der Begegnung mit einem jungen Derwisch eine »Taube von der Größe eines ausgewachsenen Hahns« entdeckt (Agw 199), ist das eine Anspielung auf den Jäger Gracchus, dessen Ankunft in Riva von einer »Taube, aber groß wie ein Hahn« bekanntgegeben wird (Kafka 1993, 308). Die Verbindung zur Gracchus-Thematik deutet an, dass dieser Derwisch womöglich als eine weitere Verkörperung von Sebalds ironischen messianischen Figuren zu betrachten wäre, die eine Hoffnung auf Erlösung versprechen, ohne diese je einlösen zu können. Max Aurach, der Protagonist der letzten Erzählung in dieser Sammlung, hat eine Stimme, die sich »wie das Geraschel vertrockneter Blätter« anhört (Agw 345 f.). Dieser Wortlaut bildet einen intertextuellen Verweis auf das eigentümliche Wesen Odradek aus Kafkas Erzählung *Die Sorge des Hausvaters*, von dem es heißt, er bringe nur ein Lachen hervor, »wie man es ohne Lungen hervorbringen kann« und das »etwa so, wie das Rascheln in gefallenen Blättern« sich anhöre (Kafka 1994, 284). Zwischen Aurach und Odradek verlaufen implizit mehrere Verbindungslinien. Odradek führt wie Aurach die Existenz eines Exilanten, der gleich dem Jäger Gracchus ununterbrochen unterwegs ist und dessen Wohnsitz »unbestimmt« bleibt (284). Weiter deutet die Assoziation von Aurachs Stimme mit Odradeks lungenlosem Lachen auf Aurachs künstlerische Tätigkeit hin, die im Verwischen des schon Gezeichneten besteht und deren Hauptziel in einer »Vermehrung des Staubs« (Agw 238) zu münden scheint. Das Rascheln von Aurachs Stimme wäre demnach auf die ununterbrochene »Staubproduktion« (239) in seinem Atelier zurückzuführen. Außerdem hat Odradek, als Kunstwerk betrachtet, Eigenschaften, die eine wesentliche Verwandtschaft mit Aurachs Kunstprodukten vorweisen; als Ganzes scheint es, wie es bei Kafka heißt, »sinnlos, aber in seiner Art abgeschlossen«, und es verweigert eine nähere Definition aus dem Grunde, dass es »außerordentlich beweglich und nicht einzufangen« sei (Kafka 1994, 283). Aurachs Kunstwerke sind das Produkt einer ähnlich unendlichen Dynamik und zeugen trotz »großer Unmittelbarkeit« von ihrer eigenen Unabgeschlossenheit (Agw 239).

Wenn der Erzähler in *Die Ringe des Saturn* trotz seines gesteigerten Interesses bei der BBC-Sendung über Roger Casement einschläft, wobei ihm die Worte »Klappere Mühle klappere [...] du klapperst nur für mich« durch den Kopf gehen (RS 126), imitiert er das Verhalten von Kafkas Helden K. in der Bürgel-Szene aus dem *Schloß*-Roman, in der K. auch im kritischen

Augenblick einschläft und die entscheidenden Mitteilungen verpasst (vgl. Kafka 1982, 419 f.; Schmucker 2012, 162 f.). Diese Verbindung ist durch das wörtliche Zitat aus Kafkas Roman markiert. Der Name des Protagonisten von Sebalds letztem Prosawerk *Austerlitz* erinnert an jenen Mann, der, wie Kafka in seinem Tagebuch festhält (Kafka 1990, 310 f.), seinen Neffen beschneidet (vgl. Aus 99 f.) und ihn durch diesen Ritus in die jüdische Gemeinschaft einbindet. Im selben Text beschwört Austerlitz' Beschreibung des Brüsseler Justizpalastes (vgl. Aus 43) die verwirrende Architektur der Gerichtsgebäude in Kafkas *Proceß* herauf (vgl. Kafka 1990, 54 f.). Sebald verweist weiterhin auf die Kernsituation dieses Romans, wenn jene »Boten«, die Austerlitz' Mutter Agáta – die auch nicht zufällig in Kafkas Heimatstadt Prag lebt – die Nachricht von ihrer immanenten Deportation überbringen, genau so gekleidet sind wie die Wärter, die Kafkas Helden Josef K. die Nachricht von seiner Verhaftung bringen. Bei Sebald tragen diese Boten »mit verschiedenen Falten, Taschen, Knopfleisten und einem Gürtel versehene Jacken« (Aus 254), während in Kafkas Roman die Wärter »ein anliegendes schwarzes Kleid« tragen, »das ähnlich den Reiseanzügen mit verschiedenen Falten, Taschen, Schnallen, Knöpfen und einem Gürtel versehen« ist (Kafka 1990, 7). Die fast wortwörtliche Übernahme dieser Passage evoziert eine Parallele zwischen dem überraschenden Überfall der Gerichtsbeamten auf Josef K. und den Ereignissen des Holocausts in Europa. Franz Kafka, seine Charaktere und seine Texte können also zu Recht als Gespenster angesehen werden, die auf geradezu unheimliche Weise durch Sebalds Gesamtwerk spuken.

Literatur

Bloom, Harold: *The Anxiety of Influence. A Theory of Poetry.* New York/Oxford ²1997.

Brunner, Maria E.: Gesteigerte Formen der Wahrnehmung in *Schwindel. Gefühle.* In: Gerhard Fischer (Hg.): *W. G. Sebald, Schreiben ex patria.* Amsterdam 2009, 475–492.

Catling, Jo: Bibliotheca abscondita. On W. G. Sebald's Library. In: Jo Catling/Richard Hibbit (Hg.): *Saturn's Moons. W. G. Sebald—A Handbook.* London 2011, 265–297.

Garloff, Katja: Kafka's Crypt. W. G. Sebald and the Melancholy of Modern German Jewish Culture. In: *Germanic Review* 82/2 (2007), 123–140.

Kafka, Franz: *Das Schloß,* hg. von Malcolm Pasley. Frankfurt a. M. 1982.

Kafka, Franz: *Der Proceß,* hg. von Malcolm Pasley. Frankfurt a. M. 1990.

Kafka, Franz: *Tagebücher,* hg. von Hans-Gerd Koch, Michael Müller und Malcolm Pasley. Frankfurt a. M. 1990.

Kafka, Franz: Der Jäger Gracchus. In: Malcolm Pasley (Hg.):

Nachgelassene Schriften und Fragmente I. Frankfurt a. M. 1993, 305–313.

Kafka, Franz: Die Sorge des Hausvaters. In: Wolf Kittler/Hans-Gerd Koch/Gerhard Neumann (Hg.): *Drucke zu Lebzeiten.* Frankfurt a. M. 1994, 282–284.

Kafka, Franz: *Briefe 1913–1914,* hg. von Hans-Gerd Koch. Frankfurt a. M. 1999.

Kilbourn, Russell J. A.: Kafka, Nabokov... Sebald. Intertextuality and Narratives of Redemption in *Vertigo* and *The Emigrants.* In: Scott Denham/Mark McCulloh (Hg.): *W. G. Sebald: History, Memory, Trauma.* Berlin 2006, 33–63.

Klebes, Martin: Infinite Journey: From Kafka to Sebald. In: J. J. Long/Anne Whitehead (Hg.): *W. G. Sebald. A Critical Companion.* Edinburgh/Seattle 2004, 123–139.

Laufer, Almut: Unheimliche Heimat. Kafka, Freud und die Frage der Rückkehr in W. G. Sebalds *Schwindel. Gefühle.* In: *Naharaim: Zeitschrift für Deutsch-Jüdische Literatur und Kulturgeschichte* 4/2 (2010), 219–273.

Medin, Daniel L.: *Three Sons. Franz Kafka and the Fiction of J. M. Coetzee, Philip Roth, and W. G. Sebald.* Evanston, IL. 2010.

Müller, Michael: Kafka und Casanova. In: *Freibeuter* 16 (1983), 67–76.

Prager, Brad: Sebald's Kafka. In: Scott Denham/Mark McCulloh (Hg.): *W. G. Sebald: History, Memory, Trauma.* Berlin 2006, 105–125.

Schmucker, Peter: *Grenzübertretungen. Intertextualität im Werk von W. G. Sebald.* Berlin/Boston 2012.

Schütte, Uwe: *Interventionen. Literaturkritik als Widerspruch bei W. G. Sebald.* München 2014.

Sebald, Winfried Georg: Thanatos: Zur Motivstruktur in Kafkas *Schloß.* In: *Literatur und Kritik* 8/66–67 (1972), 399–411.

Sebald, Winfried Georg: The Undiscover'd Country: The Death Motif in Kafka's *Castle.* In: *Journal of European Studies* 2/1 (1972), 22–34.

Sebald, Winfried Georg: The Law of Ignominy. Authority, Messianism and Exile in *The Castle.* In: Franz Kuna (Hg.): *On Kafka. Semi-Centenary Perspectives.* London/New York 1976, 42–58.

Sebald, Winfried Georg: Tiere, Menschen, Maschinen. Zu Kafkas Evolutionsgeschichten. In: *Literatur und Kritik* 21/205–206 (1986), 194–201.

Sheppard, Richard: Dexter – Sinister. Some Observations on Decrypting the Mors Code in the Work of W. G. Sebald. In: *Journal of European Studies* 35 (2005), 419–463.

Sill, Oliver: Aus dem Jäger ist ein Schmetterling geworden: Textbeziehungen zwischen den Werken von W. G. Sebald, Franz Kafka und Vladimir Nabokov. In: *Poetica* 29 (1997), 596–623.

Wagenbach, Klaus: Drei Sanatorien Kafkas. Ihre Bauten und Gebräuche. In: *Freibeuter* 16 (1983), 77–90.

Zischler, Hanns: Maßlose Unterhaltung. Franz Kafka geht ins Kino. In: *Freibeuter* 16 (1983), 33–47.

Zisselsberger, Markus: Melancholy Longings. Sebald, Benjamin, and the Image of Kafka. In: Lisa Patt (Hg.): *Searching for Sebald: Photography after W. G. Sebald.* Los Angeles 2007, 280–301.

Richard T. Gray

43 Robert Walser

Robert Walser gehört zu den literarischen Portalfiguren Sebalds. Leben wie Werk, im Falle des Schweizer Diminutivschriftstellers ohnehin kaum trennbar, haben ihn lebenslang beschäftigt. Es steht zu vermuten, dass Sebald durch den Walser-Aufsatz Benjamins auf ihn aufmerksam wurde. Das erste Zeugnis einer Beschäftigung mit Walser ist der an Adorno adressierte Brief vom 14. Juli 1968, in dem Sebald das Schweizer Eliteinternat in St. Gallen, an dem er sich um 1968/69 als Lehrer verdingen musste, mit dem Institut Benjamenta aus Walsers Roman *Jakob von Gunten* vergleicht (vgl Atze/Loquai 2005, 16).

Mitte April 1981 hält Sebald im Psychiatrischen Kantonsspital Waldau, in dem Walser seinen Lebensabend verbringen musste, einen Vortrag über »Die Ästhetik des Bastlers (Herbeck)«; Anfang August 1983 spricht er an seiner *alma mater* Fribourg über Robert Walser. In einer im Mai 1998 veröffentlichten Hommage an seinen Freund Michael Hamburger wiederum schreibt Sebald, dass »die Zahl der Schriftsteller, die ich nicht missen möchte, immer geringer [wird]. Viel mehr als ein Fähnlein von sieben bringe ich kaum noch zusammen. Michael Hamburger ist aber, nebst Robert Walser, stets mit dabei« (Sebald 1998).

Verdeckte Präsenz

Die Bedeutung, die Walser für Sebald besaß, lag in seinem exemplarischen Status als Repräsentant einer ›kleinen Literatur‹, die nach Sebalds Verständnis neben Kafka auch minoritäre Schriftsteller wie den multimedialen Autodidakten Herbert Achternbusch und den schizophrenen Anstaltspatienten Ernst Herbeck umfasst. In Sebalds literarischem Werk findet Walser im Grunde nur verdeckten Eingang. So verwendet er ihn im Kafka-Erzählessay *Dr. K.s Badereise nach Riva*, indem er zur Beschreibung einer Bootsfahrt über den Gardasee eine Landschaftsschilderung aus Walsers Prosastück *Kleist in Thun* nahezu *verbatim* übernimmt, um dergestalt einen Konnex zwischen beiden Autoren herzustellen.

Walser taucht – in Verbindung mit der auf einer wahren Begebenheit beruhenden Schilderung eines Ausflugs mit Herbeck – ebenso in *Schwindel. Gefühle* auf, wobei auch Motive aus Carl Seeligs Buch *Wanderungen mit Robert Walser* im Text verarbeitet werden. Um die geistesverwandtschaftliche Verbindung

zwischen den beiden schizophrenen Anstaltsinsassen zu unterstreichen, montiert Sebald zudem eine Photographie von Walser ein, wobei allerdings dessen Kopf fehlt, sodass die Aufnahme im Text implizit als ein Bild Herbecks ausgegeben werden kann.

Was das erzählerische Werk Sebalds generell betrifft, hat Lucia Ruprecht auf Kongruenzen zwischen den fiktiven Figuren beider Autoren aufmerksam gemacht. So sieht sie eine Bezugnahme auf die subversive Servilität Walserscher Figuren beispielsweise in der den Erzähler an ein Zirkuskunststück erinnernden Geste, mit der sich Herbeck verabschiedet (vgl. Ruprecht 2009, 324), oder in der »ans Extravagante grenzenden Höflichkeit« (Agw 65) von Paul Bereyter.

Letztmalige Erwähnung findet Walser in der ersten, am 30. Oktober 1997 gehaltenen Vorlesung über *Luftkrieg und Literatur*. Da sich Sebald in der Schweiz befand, suchte er über Walser den Einstieg und montierte in sein Vorlesungsskript photokopierte Auszüge aus Seeligs Erinnerungen ein, die in der überarbeiteten Buchversion entfallen sind; Sebald verweist lediglich in der Vorbemerkung kurz darauf (vgl. Luf 5).

Seligsprechung eines literarischen Heiligen

Das zentrale Dokument zur Bedeutung von Walser ist der in *Logis in einem Landhaus* enthaltene Essay, bei dem es sich um den quantitativ als auch qualitativ gewichtigsten Beitrag der Sammlung zur alemannischen Literatur handelt, deren Titel im Übrigen dem Anfangssatz von Walsers Prosastück *Kleist in Thun* entnommen ist: »Kleist hat Kost und Logis in einem Landhaus auf der Aareinsel in der Umgebung von Thun gefunden« (Walser 1985, 70). Ob der Essay, von dem im Nachlass drei Typoskripte überliefert sind, in Teilen womöglich auf dem Fribourger Vortrag von 1983 beruht, muss offenbleiben. Unzweifelhaft aber gehört der Essay dem literaturkritischen Spätstil Sebalds an, in dem es zu einer eigensinnigen Verschmelzung von Kritik und Literatur, von autobiographischem Bericht und referierter Autorenbiographie, Textauslegung und Lektürebericht kommt.

Durch den Umstand, dass weite Teile des Walser-Essays in der ersten Person geschrieben sind, markiert Sebald eine dezidierte Distanz zur gängigen Literaturkritik (und erst recht zur Literaturwissenschaft), um die deutliche Präsenz des Porträtierenden in dem Schriftstellerporträt zu annoncieren. Im Gegensatz zu den Essaybänden zur österreichischen Literatur kann *Logis in einem Landhaus* insofern durchaus dem literarischen Werk zugeschlagen werden, wie auch die Inkorporierung von Bilddokumenten klar auf die vorhergehenden Erzähltexte verweist.

Primus inter pares von *Logis in einem Landhaus* ist der Walser-Essay nicht nur durch seine die anderen Beiträge übertreffende Länge. Im Gegensatz zu den anderen Texten des Essaybands, will er nicht nur Hommage sein, sondern vielmehr eine veritable Hagiographie. Wie Sebald bereits eingangs ankündigt, dienen seine Ausführungen dem Zweck, die »nach wie vor singuläre, unerklärte Gestalt« (Log 131) des Autors zu einer »Legende« (132) zu verklären, um Walser gleichsam zu einem apokryphen Heiligen der Literaturgeschichte zu erheben. Die Skizzierung der Vita des seligen »Robert« (130), wie Sebald ihn vertraulich anspricht, gerät zu einer Apotheose aus dem Geist ›rettender Kritik‹ im Sinne Benjamins, denn ohne den Einsatz von Seelig, so erinnert er, würde Walser wohl »zu den verschollenen Schriftstellern« gehören, wie auch jede »Erinnerung an ihn wahrscheinlich vergangen« (130 f.) wäre.

Kennzeichen, die dem Schriftsteller Walser den Status eines Seligen verleihen, sind für Sebald drei zentrale Punkte, die zur Typik von Heiligenlegenden gehören. Zunächst verweist er auf dessen von der materiellen Welt abgehobene Existenz: »Die Spuren, die Robert Walser auf seinem Lebensweg hinterlassen hat, waren so leicht, daß sie beinahe verweht worden wären«, da er zeitlebens »nur auf die flüchtigste Weise mit der Welt verbunden« war (Log 129). Dann kommt er auf Walsers asketische Abkehr vom Streben nach Besitztum zu sprechen: »Selbst von dem, was ein Schriftsteller zur Ausübung seines Handwerks braucht, nannte er so gut wie nichts sein eigen. An Büchern besaß er, glaube ich, nicht einmal die, die er selber geschrieben hatte« (129). Weiterhin hebt Sebald die reklusive, tendenziell zölibatäre Lebensführung von Walser hervor, denn »mit einer Frau sich zu arrangieren, war offenbar ein Ding der Unmöglichkeit« für den »immer jungfräulich gebliebenen Robert« (130).

Entscheidende Voraussetzungen für eine Kanonisation sind ebenso Verdienste in den Bereichen Opferbereitschaft, Kasteiung und Marter. Bei Walser bündeln sich diese zwangsläufig im Kontext seiner literarischen Arbeit. Schreiben erscheint aus Sebalds Perspektive vor allem als Sühneleistung: »Von einem Schreibgefängnis, einem Kerker und einer Bleikammer ist die Rede, und von der Gefahr, über der andauernden Anstrengung den gesunden Menschenverstand zu verlieren« (Log 150). Dementsprechend ge-

winnt die unverdrossene Schreibarbeit einen geradezu devotionalen Charakter, der über das weltliche Ziel hinausweist: Selbst »als die Nachfrage nach seinen Sachen sinkt, schreibt er Tag für Tag weiter, bis an die Schmerzgrenze heran und nicht selten, denke ich mir, ein Stück über sie hinaus« (131 f.). Im Kontext der Berufung Walsers zu seinem Leidensweg ist ebenso Sebalds Bemerkung zu verstehen, dass der Dichter »wie all jene, denen ein höheres Amt überantwortet wird sozusagen von Gottes Gnaden, nicht einfach, wann es ihnen paßt, in den Ruhestand treten« (151) kann.

Als besonders signifikant für ein angemessenes Verständnis von Walsers Literatur wird das Prosastück *Asche, Nadel, Bleistift und Zündhölzchen* hervorgehoben, das Sebald als literarische Mediation über mindere, »von niemandem sonst beachtete[ ] leblose[ ] Substanzen und Dinge[ ]« versteht, in der Walser allerdings »in Wahrheit über sein eigenes Martyrium schreibt, denn die vier Dinge, um die es ihm geht, sind ja nicht willkürlich aneinandergereiht, sondern die Peinigungsinstrumente des Autors beziehungsweise das, was er braucht zur Veranstaltung seiner Selbstverbrennung und was übrigbleibt, wenn das Feuer niedergegangen ist« (Log 149 f.).

Asche ist ein zentrales Motiv in Sebalds Denken; auf ihre eminente symbolische Bedeutung könnte er durch Walser aufmerksam geworden sein: »I admire ash very much, [Walser] says: it is the most humble substance there is! The very last product of combustion, with no resistance in it. [...] The borderline between being and nothingness. Ash is a redeemed substance, like dust« (Katafou 1998, 32), erläuterte Sebald in einem Interview.

Zu guter Letzt attestiert Sebald dem Autor Walser sogar die Begabung, Wunder vollbringen zu können; ein für die Zugehörigkeit zum Kreis der Heiligen unverzichtbares Attribut. Die Wunder, welche Walser wirkt, vollziehen sich dabei zunftgemäß im Bereich des Schreibens. So beglaubigt die magische Kraft Walsers seine divinatorische Gabe als ein »Hellseher im Kleinen« (Log 142), aber auch seine Fähigkeit zur literarischen »Verwandlung von etwas sehr Schwerem in etwas beinahe Gewichtsloses« (141). Diese dient Sebald daher auch als vornehmlicher Kronzeuge für den Zusammenhang von Literatur und Levitation: »Sein Ideal war die Überwindung der Gravitation« (141). Folgerichtig vermied Walser jede Form des Auftrumpfens und »verweigerte sich der großen Geste« (159), um sich vielmehr auf das Diminutive und das Ephemere zu konzentrieren.

Eine weitere Gabe Walsers ist die von Sebald erkannte Fähigkeit zur künstlerischen Transsubstantiation von bedrückendem Leben in erhebende, tröstende Literatur. wobei sich seine literarische Verwandlung der Existenz in einer Weise vollzieht, die deutlich über die Leistungen seiner in *Logis in einem Landhaus* behandelten Schriftstellerkollegen hinausgeht und sich geradezu gegen das Begreifen sperrt: »Wie soll man einen Autor verstehen, der so von Schatten bedrängt war und, dessen ungeachtet, das freundlichste Licht ausbreitete auf jeder Seite, einen Autor, [...] der ganz auf dem Erdboden war und rückhaltlos in der Atmosphäre sich verlor« (Log 132f.).

Familienähnlichkeiten, Spiegelbilder, Grenzüberschreitungen

Der zu einem säkularen Schutzheiligen verklärte Walser gewinnt für Sebald den vorbildhaften Status eines Lehrmeisters, weil er als Person wie als Schriftsteller die eigene Machtlosigkeit geradezu feiert und sich vor allem am Ideal des Diminutiven orientiert hat. (Damit gehört er auch in die Nähe von Canetti, zu dessen Idealen das Kleinwerden und Schrumpfen gehört.)

Gegenüber einem Zeitgenossen wie Döblin hingegen erweist sich Walser als das absolute Gegenteil. Wie Sebald herausstellt, hielt der Schweizer Autor »nichts von den großen Tönen, mit denen damals die von ihm sogenannten ›Dilettanten der äußersten Linken‹ die Revolution in der Kunst inszenierten« (Log 141 f.). Gegen die endemische Großsprecherei setzt der bescheidene Walser auf das Ideal der Geringfügigkeit: Von Beginn an, so Sebald, »steht ihm der Sinn nach einer möglichst radikalen Minimalisierung und Abbreviatur« (142), die gepaart ist mit »aus inhaltlichen und insbesondere, formalen Umschweifen hervorgehenden Sprachbricolagen«, welche »mit den Anforderungen der gehobenen Kultur« unvereinbar sind aufgrund ihrer »Assoziation mit der Unsinnspoesie und dem für die Schizophasie symptomatischen Wortsalat« (142).

Deutlich rückt Sebald Walsers Literatur hier in die Nähe der Texte des Anstaltspatienten Herbeck, vollzieht sich doch in beiden Fällen »die restlose Unterwerfung des Schriftstellers unter die Sprache«; was bei Walser durch »eine mit größter Virtuosität bewerkstelligte Simulation der Unbeholfenheit« (Log 143) erreicht wird ist freilich bei Herbeck unfreiwilliges Symptom seiner chronischen Schizophrenie.

Wie bereits ausgeführt, erzeugte Sebald bereits in *Schwindel. Gefühle* eine Agglutination der beiden

Schriftsteller durch das manipulierte Photo. In seinem Essay verbindet er den Autor mit Josef Egelhofer, seinem Großvater mütterlicherseits. Dieser repräsentiert unzweifelhaft die wichtigste Referenzperson in Sebalds Leben. Auf einer Doppelseite (vgl. Log 136 f.) kontrastiert er zwei Aufnahmen von Walser mit drei Familienphotos von Egelhofer, zwei davon zeigen ihn mit seinem Enkel an der Hand.

Interessanterweise ist im Nachlass auch eine unveröffentlichte Aufnahme des Großvaters überliefert, auf der er neben einer Hütte im Freien steht. Angetan mit einem dunklen Anzug und einem Trilby-Hut sieht er Walser darauf weitaus stärker zum Verwechseln ähnlich als auf dem eher bäuerlich wirkenden Porträtphoto, das Sebald im Essay abbildet. (Sehr viel eher schon gilt dies für die Ähnlichkeit zwischen Großvater und Enkel, welche die Figur Ambros Seelos in *Schwindel. Gefühle* zwischen Egelhofer und dem Erzähler herstellt.)

Durch die Behauptung einer ausgeprägten physiognomischen Ähnlichkeit jedenfalls will Sebald per Analogie einen Konnex zwischen den beiden Personen herstellen. Wenn Walser von Sebald verklärt wird, dann ist das zugleich eine verdeckte Apotheose des über alles geliebten Großvaters nach dessen »von mir nie verwundenen Tod« (Log 137). Um seine These von der ideellen Verwandtschaft der beiden Männer weiter zu untermauern, führt Sebald das Koinzidenz-Kriterium an, dass beider Todestage in dasselbe Jahr 1956 fallen, wobei sich zudem das Ableben des Großvaters ausgerechnet »in der Nacht auf Walsers letzten Geburtstag« ereignete, »in der es noch einmal geschneit hat mitten in den schon angebrochenen Frühling hinein« (137).

Angesichts der Wetterstatistik, die im Allgäu einen sehr kalten April 1956 belegt, könnte diese meteorologische Aberration durchaus authentisch sein; auf jeden Fall gehören bei Geburt bzw. Tod sich ereignende Wetterphänomene zum Register der bedeutsamen Zeichen, die hinlänglich aus Legendenerzählungen bekannt sind. Neben der auf den Tod verweisenden Isotopie der Kälte verbindet der behauptete Schneefall in motivischer Weise das Ableben des Großvaters mit dem Tod von Walser, der am ersten Weihnachtstag im Schnee aufgefunden wurde. Wie Anderson anmerkt, koinzidiert im Übrigen die Verbindung der beiden Todesdaten 14. April bzw. 25. Dezember 1956 in einer wahrlich unheimlichen Weise mit dem Todestag Sebalds am 14. Dezember 2001 (vgl. Anderson 2010, 37).

Als eine Form der Ehrerweisung zu verstehen ist der unheimliche Zufall, von dem Sebald unter Hinweis auf die »Ambros Adelwarth«-Geschichte berichtet und der ihm »unlängst widerfuhr beim Lesen des Räuberromans«, nämlich die darin gemachte Entdeckung des Wortes ›Trauerlaufbahn‹, das er in *Die Ausgewanderten* verwendet hatte und »von dem ich, als ich es seinerzeit [...] niederschrieb, geglaubt habe, daß es noch keinem eingefallen war außer mir« (Log 138 f.). Das Erlebnis mit dem »ich weiß nicht aus welcher Versenkung« (139) aufgetauchten Wort ist im Übrigen eines der seltsamen oder merkwürdigen Ereignisse, die zum Repertoire der mit den Legenden eng verbundenen Mirakelerzählungen gehören: »Ich habe immer versucht, in meiner eigenen Arbeit denjenigen meine Achtung zu erweisen, von denen ich mich angezogen fühlte, gewissermaßen den Hut zu lüften vor ihnen, indem ich ein schönes Bild oder ein paar besondere Worte von ihnen entlehnte, doch es ist eine Sache, wenn man einem dahingegangenen Kollegen zum Angedenken ein Zeichen setzt, und eine andere, wenn man das Gefühl nicht loswird, daß einem zugewinkt wird von der anderen Seite« (139).

Nicht zu vergessen, handelt es sich bei ›Trauerlaufbahn‹ um eine Metapher, die – zumal angesichts der Agglutination von Egelhofer und Walser – wie keine andere für das melancholische Vorzeichen steht, unter dem Sebalds Leben seit dem Tod des Großvaters steht: Im Korsika-Projekt schreibt er einmal in diesem Sinne: »Verborgen in der Topographie der Kindheit ist schon das gesamte Kataster des späteren, aus lauter Verlustgeschäften sich zusammensetzenden Lebens« (AK 146).

Sebalds ausgeprägte intertextuelle Arbeitsmethode, von der Forschung lange schon als Element einer ethisch motivierten *memoria* ausgewiesen, wird hier um eine Dimension noch transzendiert, indem er nicht weniger behauptet, als dass der als ›Kollege‹ apostrophierte Walser, zu dem sich Sebald ohnehin in einem »sonderbar engen Verhältnis« (Log 139) befindet, gleichsam aus eigener Initiative Zeit und Raum überbrückende Verbindungssignale an seinen Geistesbruder schickt. Wie spätestens an diesem Punkt erkennbar wird, besteht Sebalds spezifischer Ansatz im Walser-Essay darin, biographische wie werkhistorische Aspekte »einem Darstellungsmodus ein[zufü]gen], der zwar die Faktizität der Texte und Realien bestehen lässt, diese jedoch in eine radikal persönliche und inkommensurable Disposition versetzt« (Schärf 2013, 66).

Die Behauptung einer Geistesverwandtschaft, welche die empathisch-identifikatorische Methode des Essays stützt, wird im weiteren Verlauf noch verstärkt, indem Sebald an verschiedenen Beispielen illustriert, dass es bei der Lektüre Walserscher Texte zu Verschmelzungserlebnissen kommt, in denen die für Literaturkritik konstitutive Grenze zwischen Autor und Interpret aufgelöst wird: »Ich brauche bloß einmal aussetzen mit der täglichen Arbeit, dann sehe ich ihn irgendwo abseits stehen, die unverkennbare Figur des einsamen Wanderers, der sich gerade ein wenig umschaut in der Umgegend. Und manchmal denke ich mir, ich sehe mit seinen Augen« (Log 163).

Der Topos des einsamen Wanderers ist hier von großer Bedeutung, wie schon dessen Präsenz im französischen Titel des Walser-Essays zeigt, wobei *Le promeneur solitaire* zudem eine Anspielung auf das letzte Buch von Jean-Jacques Rousseau darstellt. Der einsame Wanderer Walser erscheint als eine Figuration des ›ewigen Juden‹ Ahasver. Inter- bzw. intratextuelle Verbindungen kann man auch ziehen zu der durch *Schwindel. Gefühle* spukenden Gestalt des Jäger Gracchus oder zu den ruhelosen Wanderungen von Jacques Austerlitz.

Am Anfang seiner Walser-Lektüre in der zweiten Hälfte der 1960er Jahre, so erläutert Sebald, stand die Erzählung *Kleist auf Thun*, die er seitdem immer wieder gelesen habe, um »ausgehend von ihr, das Werk Walsers in kürzeren und längeren Exkursionen« (Log 162) zu erkunden: »Langsam habe ich seither begreifen gelernt, wie über den Raum und die Zeiten hinweg alles miteinander verbunden ist, das Leben des preußischen Schriftstellers Kleist mit dem eines Schweizer Prosadichters, der behauptet, Aktienbrauereiangestellter gewesen zu sein in Thun, das Echo eines Pistolenschusses über dem Wannsee mit dem Blick aus einem Fenster der Heilanstalt Herisau, die Spaziergänge Walsers mit meinen eigenen Ausflügen, die Geburtsdaten mit denen des Todes, das Glück mit dem Unglück, die Geschichte der Natur mit der unserer Industrie, die der Heimat mit der des Exils« (162 f.).

Vor diesem Hintergrund einer Matrix, in der – ganz so wie in der magischen Weltsicht der *pensée sauvage* – alles mit allem verbunden ist, wird auch die besondere Ontologie der von Walser erfundenen Figuren einsichtig. Verortet zwischen Realität und Fiktion, Leben und Tod weist Sebald ihnen eine unverkennbar gespenstische Qualität zu: »Im Augenblick ihres Auftritts sind sie von wunderbarer Gegenwärtigkeit, doch wie man sie wirklich anschauen will, sind sie entschwunden. Mir kommt immer vor, als seien sie [...] umgeben von einem zitternden, schimmernden Schein, der ihre Umrisse unkenntlich macht« (Log

145). Als an den Rändern oszillierende Gestalten erscheinen auch die Gespenster, die in *Austerlitz* umgehen, was eine weitere Spur zwischen den beiden Texten legt, an denen Sebald kurz nacheinander gearbeitet hat.

Als ephemere Wesen spiegeln Walsers Figuren die »Unbehaustheit [...], das furchtbar Provisorische« (Log 147) des Daseins ihres Schöpfers wider, besitzen aber offensichtlich auch die Fähigkeit, im Kopf des Lesers herumzuspuken. Der *ghost writer* Sebald imaginiert sich so nicht nur die Gestalt des Autors und schlüpft gar temporär in seine Rolle, er versteht das Werk von Walser als Schlüssel zum Rätsel unserer Existenz, mit dem aus der Kontingenz ein integrativer Sinn erzeugt werden kann. Auch daher ist Walser ein Heiliger im eigentlichen Sinne, wie auch ein Fürsprecher und nahezu engelartiger Mittler zwischen Immanenz und Transzendenz.

Bleistiftbotschaften aus dem Befestigungswerk

Um nochmals beim Begriff ›Legende‹ anzusetzen: Dem Wort zugrunde liegt das lateinische Gerundivum *legenda*, also das, was am Jahrestag des jeweiligen Heiligen während der Messe gelesen werden soll. Diesen imperativischen Charakter wörtlich genommen und in den säkularen Bereich der Literaturkritik transponiert, unternimmt Sebalds hagiographischer Essay ein Plädoyer für die Lektüre gerade jener Werkteile, die sich gegen eine *delectatio* ermöglichende Leseerfahrung sperren. Er konzentriert sich insbesondere auf »das legendäre Bleistiftsystem Walsers«, jene Mikrogramme in Kurrentschrift also, die der Autor gegen bzw. nach dem Ende seiner Schriftstellerkarriere anfertigte und die sich »wie eine Vorübung auf das Leben im Untergrund aus[nehmen]« (Log 153).

Sebald versucht Walsers Schizophrenie nicht zu stilisieren oder gar zu verklären; dies auch da nicht, wo er sich gängigen Bewertungen einer psychiatrischen Anstalt verweigert, indem er sie als letzter Rückzugsort für die aus der Gesellschaft rücksichtslos Verdrängten begreift. In seinem Kommentar zu der als eine Art Biographie in Bildern auftretenden Sequenz von sieben Porträtphotographien Walsers wird die letzte Aufnahme ambivalent beschrieben als Darstellung eines »vollends zerstörten und zugleich geretteten Anstaltspatienten« (Log 140). Die religiösen Kategorien Leid und Erlösung bilden insofern eine nicht

hintergehbare Einheit, werden allerdings – wie immer – in einem säkularen Rahmen verortet.

Sehr wohl aber verteidigt Sebald die mikrographischen Texte des ›späten‹ Walser engagiert gegen den Vorwurf der literarischen Irrelevanz. Ganz im Sinne einer »posthumen Errettung« (Log 131) – wie sie im Vergleichsfall Hölderlin im 20. Jahrhundert den späten (wohlweislich aber nicht ›spätesten‹) Texten zuteil wurde –, erklärt Sebald die Mikrogramme zu einer »ingeniöse[n] Form fortgesetzten Schreibens, Kassiber eines in die Illegalität Abgedrängten und Dokumente einer wahren inneren Emigration« (153). (Das ganze Ausmaß des letzten Lobes wird erst ganz begreiflich, wenn man bedenkt, welch ausgesprochen negative Konnotation der Begriff der ›inneren Emigration‹ in Sebalds Schriften zur Nachkriegsliteratur besitzt.)

Die Mikrogramme, in denen sich Walsers Hang zum Ephemeren und seine Neigung zum Diminutiven in Form wie Inhalt ergänzen, erscheinen Sebald als ultimative Ausprägung eines eigensinnigen Werks außerhalb der Verfügungsgewalt von Kultur- wie Literaturbetrieb; dies nicht zuletzt, weil auch die Materialität der Überlieferungsträger – Werbezettel und dergleichen ›Altpapier‹ mehr – bereits den minoritären Charakter der Aufzeichnungen indiziert. Dementsprechend beschreibt Sebald die Mikrogramme als bewusste Strategie eines befreienden Rückzugs, nämlich als ein »in der Geschichte der Literatur einmaliges Verteidigungs- und Befestigungswerk, in welchem die kleinsten und unschuldigsten Dinge gerettet werden sollten vor dem Untergang in der damals heraufziehenden großen Zeit« (Log 154).

Dass die progressiv auf eine Größe (oder vielmehr Winzigkeit) von ein bis zwei Millimetern geschrumpften Aufzeichnungen Walsers »gewisse Merkmale pathologischen Schreibens« (Log 156) aufweisen, spricht für Sebald nicht gegen deren künstlerische Qualität. Als Beleg dafür führt er den Räuberroman an, den er anpreist als »Walsers gescheitestes und gewagtestes Werk, ein Selbstbildnis und eine Selbstuntersuchung von absoluter Unbestechlichkeit« (156), deren beachtenswerte Scharfsichtigkeit »aus der Drohung des Untergangs« 157) resultiert, wobei diese Scharfsichtigkeit sogar Einsichten ermöglicht, »von denen die psychiatrische Wissenschaft selbst heute kaum etwas sich träumen läßt« (158).

Der erst posthum entzifferte, »sozusagen schon aus dem Jenseits geschriebene Roman« (Log 158), wie Sebald mit Anspielung auf Chateaubriands Autobiographie *Mémoires d'Outre-Tombe* schreibt, nimmt so nicht nur einen herausragenden Platz im Werk Walsers ein, sondern in der Geschichte der Literatur überhaupt: »[I]ch denke mir, daß ihm beim Schreiben des Räuberromans mehrmals aufgegangen ist, wie gerade die Gefahr der Umnachtung ihn bisweilen zu einer Schärfe der Beobachtung und der Formulierung befähigte, die bei völliger Gesundheit ausgeschlossen ist. Diese besondere Wahrnehmungskraft richtete er nicht bloß auf den eigenen Leidensweg, sondern auch auf andere Außenseiter, Abgesonderte und Ausgemerzte, mit denen sein anderes Ich, der Räuber, in Verbindung steht« (159).

Die auf des Messers Schneide gleichsam sich entfaltende Dialektik der Verwandlung von Leid in Literatur bei Walser wird von Sebald also insbesondere als ein Zeichen der Solidarität mit seinen marginalisierten Genossen verstanden. Es ist nicht zuletzt solch solidarische Empathie, die Walser für Sebald zu einem literarischen Heiligen macht. Unter quasi umgekehrten Vorzeichen ist freilich ebenso zu bedenken, dass die von Sebald so stark inszenierte freundschaftliche Nähe zum verstorbenen Autor auch die ethische Dimension besitzt, seine Leser gleichfalls affektiv zu involvieren, um sie für das in Walser exemplarisch manifestierte Schicksal sozialer Außenseiter zu sensibilisieren: »Sebald's empathy creates affinity that reaches out to the reader in turn, seducing [them] into sharing the feeling of intimate solidarity« (Ruprecht 2009, 326).

Rezeption und Levitation

Für »zweifellos richtig« erachtet Sebald die kritische Bemerkung von Martin Walser, dass »Robert Walser, obschon sein Werk sich zum Dissertieren geradezu anbietet, jedem systematischen Traktament sich entzieht« (Log 132). Da die Literaturwissenschaft in seinen Augen an den »unvergleichlichen Büchern« (133) des Schweizer Schriftstellers zwangsläufig scheitern muss, ignoriert Sebald folgerichtig die bestehende Forschung pauschal. Wenngleich im Zusammenhang mit Walser allein auf Seeligs Erinnerungsbuch konkret Bezug genommen wird, besaß Sebald, als er an dem Essay arbeitete, neben weiteren biographischen Dokumentationen von Jürg Amann bzw. Peter Hamm, einen Suhrkamp-Materialienband und Jochen Grevens Einführung *Figur am Rande, im wechselnden Licht*.

Die Walser-Philologie wiederum hat von Sebalds Essay, der mit seinem identifikatorischen Ansatz nicht

anschlussfähig ist, keine Notiz genommen. Obwohl er vielmehr dem Diskurs der Literatur angehört und eher ins Ressort der Sebald-Forschung gehört, ist das Interesse daran bisher eher bescheiden. Neben dem Kapitel in Uwe Schüttes *Interventionen* (vgl. Schütte 2014, 591–601) und zwei komparativen Artikeln von Ruprecht, ist der Essay zu Robert Walser nahezu unbeachtet geblieben. (Dies im Übrigen ein Befund, der *Logis in einem Landhaus* insgesamt betrifft und in einem eigentümlichen Missverhältnis steht zur regen Produktion von Kommentaren über die Essays zur österreichischen Literatur.)

Die Tageskritik hat zumeist die Qualität des Walser-Essays (bzw. von *Logis in einem Landhaus* insgesamt) hervorgehoben. Exemplarisch erwähnt sei Kurt Flasch, der besonders im Hinblick darauf die identifikatorische Vorgehensweise lobend hervorhob: »Hier wird niemand ›charakterisiert‹ oder eingeordnet. Ein Autor legt dem anderen die Hand auf den Arm« (Flasch 1998). Als beispielhafte Gegenposition sei die aufschlussreiche Kritik von Ernst Osterkamp erwähnt, der auf einen zentralen Punkt zielt, der zumal auf den Walser-Essay zutrifft: »Der Zugang, den [Sebald] zu ihnen zu gewinnen erhofft, führt deshalb primär über die Biographie; in Benjamins berühmten Essays über Hebel, Keller und Walser, auf die sich Sebald gerne bezieht, führte er allein über das Werk« (Osterkamp 1998).

Primär bei der Biographie anzusetzen ist für Sebald allerdings unabdingbar, denn nur so kann er sich dem Vorgänger nicht nur empathisch annähern, sondern auch sein im Essay gezeichnetes Porträt dem eigenen Bilde anverwandeln. Für Walser, der »nach eigener Aussage täglich zehn bis dreizehn Stunden hintereinander am Roman- und Novellentisch sitzt« (Log 150), gilt so etwa, laut Sebald, »daß er in einem fort schreibt, mit immer größer werdender Mühe« (131).

Heinz Schafroth hingegen ist von diesem Befund keineswegs überzeugt und verweist auf *Das letzte Prosastück* und verwandte Texte: »Sarkasmus und Sprachwitz«, so Schafroth, seien darin so »unangefochten am Werk, daß es schwer fällt, Verzweiflung über die materielle Situation herauszuhören« (Schafroth 2004, 88). Sebalds These, dass die unaufhörliche Schreibarbeit unter prekären Verhältnissen eine Qual und einen Frondienst dargestellt habe, sei folglich »nicht leicht anhand der einzelnen Texte nachzuweisen« (Schafroth 2004, 88). Mustergültig zeigen sich hier die methodischen Differenzen zwischen spekulativer biographischer Konjektur aus empathischer Identifikation zur ›Erfindung‹ der Wahrheit einerseits, und andererseits objektiver Interpretation durch Eingrenzung dessen, was man aufgrund der Textlage begründen kann.

Die bereits in den frühesten literaturkritischen Schriften Sebalds feststellbare Tendenz, sich von den Vorschriften der orthodoxen Literaturwissenschaft abzusetzen, findet im Walser-Essay seinen prononciertesten Ausdruck. Das darin beschworene Ideal der Levitation steht mithin in einem klaren Zusammenhang mit diesem Befreiungsbestreben Sebalds wie auch mit der lebenslangen Hoffnung, das Joch der ihm durch den Tod des Großvaters »wahrscheinlich nicht umsonst aufgebürdeten Trauerlast« (CS 35) lindern zu können. In diesem mehrfachen Sinne zu verstehen ist die Überzeugung eines Rezensenten, der festhielt: »Ich glaube, Sebald meint [...] gar nicht Robert Walser, sondern sich selbst und seine niemals endende Hoffnung, er könne sich – und vielleicht auch den Leser – mit seinem Schreiben heilen und retten vor den Zumutungen der Wirklichkeit« (Ditschereit 2015).

Literatur

Anderson, Mark: A Childhood in the Allgäu: Wertach, 1944–52. In: Jo Catling/Richard Hibbitt (Hg.): *Saturn's Moons. W. G. Sebald – A Handbook*. London, 16–37.

Atze, Marcel/Loquai, Franz (Hg.): *Sebald. Lektüren*. Eggingen 2005.

Ditschereit, Frank: Zum Wiederlesen empfohlen. W. G. Sebald *Logis in einem Landhaus*. In: *RBB Kulturradio* vom 6.3.2015.

Flasch, Kurt: Landhaus mit Wasseradern. W. G. Sebalds Wanderungen zu verstörten Brüdern. In: *Neue Zürcher Zeitung* vom 6.10.1998.

Gotterbarm, Mario: Ich und der Luftkrieg. Sebalds erste Züricher Vorlesung als Autofiktion. In: *Jahrbuch der Deutschen Schillergesellschaft* 55 (2011), 324–346.

Katafou, Sarah: An Interview with W. G. Sebald. In: *Harvard Review* 15 (1998), 31–35.

Klebes, Martin, Sebald's Pathographies. In: Scott Denham/Mark McCulloh (Hg.): *W. G. Sebald. History, Memory, Trauma*. Berlin 2006, 65–75.

Osterkamp, Ernst: Tribute an die Tiefe. W. G. Sebald erwandert Dichterleben. In: *Frankfurter Allgemeine Zeitung* vom 6.10.1998.

Ruprecht, Lucia: Pleasure and Affinity in W. G. Sebald and Robert Walser. In: *German Life and Letters* 62/3 (2009), 311–326.

Ruprecht, Lucia: Virtuoso Servitude and (De)Mobilization in Robert Walser, W. G. Sebald, and the Brothers Quay. In: *The German Quarterly* 83/1 (2010), 58–76.

Schafroth, Heinz: Seeland kann überall sein. In: *Text + Kritik* 12/12a (2004), 83–94.

Schärf, Christian: Die saturnische Wissenschaft der Prosa. In: Christian Schulte/Winfried Siebers (Hg.): *Figuren der Erinnerung. Studien zum Werk W. G. Sebalds*. Wien/Berlin 2013, 55–70.

Schütte, Uwe: *Interventionen. Literaturkritik als Widerspruch bei W. G. Sebald*. München 2014.

Sebald, Winfried Georg: Ausgrabung der Vergangenheit. In: *Tages-Anzeiger* vom 22.5.1998.

Walser, Robert: *Kleist in Thun*. In: *Sämtliche Werke in Einzelausgaben*. Bd. 2: *Geschichten*, hg. von Jochen Greven. Frankfurt a. M. 1985.

Uwe Schütte

44 Vladimir Nabokov

Wiederkehrende Muster, versteckte Intertextualität, scheinbare Zufälle, Rätsel, deren Lösung den Lesern überlassen wird, sorgfältig ausgetüftelte Sätze und eine Obsession für die Erinnerung kennzeichnen das Werk Sebalds wie auch das Vladimir Nabokovs. Jedoch ist der Vorläufer bekannt als listiger Wegbereiter der Postmoderne und Meister der Ironie, der Nachgeborene als ernsthafter Chronist menschlichen Unglücks und der Melancholie. Diese Unterschiede machen das Verhältnis Sebalds zum großen literarischen Schabernacktreiber des 20. Jahrhunderts so spannend: Liest man Sebald mit Nabokov als Kompendium, so kristallisieren sich Momente der Hoffnung, der Leichtigkeit und des Spielerischen in seinem Werk heraus; greift man nach der Lektüre von Sebalds Texten wieder zu Nabokov, so werden sein Schwelgen in der Erinnerung um eine melancholische Dimension erweitert und seine Kunstgriffe gewissermaßen vermenschlicht.

»Die Ausgewanderten«

Anspielungen auf Nabokov finden sich in Sebalds Werk vornehmlich in *Die Ausgewanderten* – in der wiederkehrenden Figur des russisch-amerikanischen Autors als Schmetterlingsjäger – und in *Austerlitz*. Im Gegensatz zum späteren Werk verweist Sebald in *Die Ausgewanderten* direkt auf Nabokov, vornehmlich auf dessen Autobiographie *Erinnerung, sprich*. Nabokov, eine »Schlüsselfigur des Exils des 20. Jahrhunderts« erscheint hier als eine Art Zeuge, der das Schicksal der Figuren, die in unterschiedlicher Weise vom Holocaust betroffen sind, miteinander verbindet und auf die Verluste eines jeden Exillebens aufmerksam macht (Whitehead 2004, 126). Nabokov selbst lebte, aus dem Russland der Oktoberrevolution geflohen, seit 1919 im Exil in England, Deutschland und Frankreich und emigrierte schließlich 1940 mit seiner jüdischen Frau Vera und dem gemeinsamen Sohn in die USA. Die Familie führte auch dort ein quasi nomadisches Dasein und wechselte oft den Wohnsitz. Nabokov und Vera kehrten erst 1960 nach Europa zurück und lebten bis zum Tod des Schriftstellers in einem Hotel in Montreux in der Schweiz. Eine Interpretation von Nabokov als Sebalds ›fünftem Ausgewanderten‹ bietet sich also an, obwohl sich die Bedeutung des Schmetterlingsjägers nicht eindeutig festlegen lässt.

In *Dr. Henry Selwyn* lädt ein Photo von Nabokov mit Schmetterlingsnetz, vom Erzähler aus einer Zeitschrift ausgeschnitten, zum Vergleich des Protagonisten mit Nabokov ein; gleichzeitig wird verraten, wer der wiederkehrende Schmetterlingsjäger ist. In *Paul Bereyter* initiiert das von Mme Landau gelesene *Erinnerung, sprich* die Freundschaft zwischen ihr und dem Protagonisten der zweiten Geschichte. In *Ambros Adelwarth* begibt sich der Onkel des Erzählers nach Ithaca, NY, dem Sitz der Cornell University, an der Nabokov von 1948 bis 1959 Literatur lehrte und die er in *Pnin* als Waindell College adaptierte. Adelwarth beobachtete in den 1950er Jahren fasziniert einen Schmetterlingsjäger durch ein dortiges Sanatoriumsfenster. In der vierten Geschichte hat der Maler Max Aurach es einer zufälligen Begegnung mit dem nun schon als Nabokov identifizierbaren Schmetterlingsjäger in den Schweizer Alpen bei Montreux zu verdanken, dass er sich nicht von einem Berg stürzt. Später liest der Erzähler im Tagebuch von Aurachs Mutter, Luisa Lanzmann, dass die Begegnung mit einem schmetterlingsjagenden russischen Kind in Frankreich für sie als Glückssymbol gilt. Diese letzte Begegnung in *Max Aurach* entlehnt Sebald der Autobiographie *Erinnerung, sprich*, in der Nabokov eine solche Szene aus seiner Kindheit beschreibt. Nabokov gilt als Symbol der Hoffnung, indem er in den sich anbahnenden Freitod Aurachs eingreift, aber auch als »Bote des Todes«, dessen Auftreten den Tod der Protagonisten einleitet (Sill 1997, 621) sowie als Merkmal des Zufalls und des freudschen Unheimlichen (vgl. Whitehead 2004, 127).

Die Leser nähern sich so durch die (meist von anderen vermittelten) Berichte des Erzählers über die ausgewanderten Protagonisten vermeintlich an Nabokov an – von der papiernen Kopie einer Photographie über den Textbezug auf eines seiner Bücher bis hin zur Beobachtung seiner Person und schließlich zwei Begegnungen, in denen Nabokov plastisch erscheint und einmal sogar spricht. Gleichzeitig aber entfernen sie sich auch von ihm, da die drei letzten Instanzen erfunden sind. In Sebalds realistische Szenarien interveniert der Schmetterlingsjäger, um auf die fiktiven Aspekte des Texts aufmerksam zu machen (vgl. Curtin/ Shrayer 2005, 261; Sill 1997, 618). Das traurige Herzstück von *Max Aurach*, das Tagebuch der Luisa Lanzmann, die in einem Konzentrationslager ermordet wird, wird somit als Fälschung entlarvt. Wie der Intertext *Erinnerung, sprich* beinhaltet es intensive und rosige Erinnerungsmomente einer auf tragische Weise verlorenen Welt. In *Die Ausgewanderten* lässt Sebald die Erinnerung sprechen und setzt so individuellen

Schicksalen ein Monument. Curtin und Shrayer verweisen auf die unterschiedliche Erinnerungsarbeit beider Autoren und lesen Nabokov als Sebalds »moralische und ästhetische Norm« (Curtin/Shrayer 2005, 260). Beide nähern sich der Vergangenheit durch »individuelle Erinnerungsarbeit« an, welche nötig ist, um der Shoah eingedenk zu werden (278), obwohl Erinnerungen in Nabokovs Werk idealisiert und in Sebalds Texten meist melancholisch behandelt werden (vgl. Schowengerdt-Kuzmany 2014, 151 ff.). Wie später in *Austerlitz* fungiert Nabokov in *Die Ausgewanderten* auch als Gegenpol zu Sebalds Methodik, da Sebald nicht, wie Nabokov, nach künstlerischer Perfektion zu streben scheint und sich die Rätsel, die er den Lesern in seinem Werk stellt, nicht konklusiv lösen lassen (vgl. Curtin/Shrayer 2005, 271 f.).

In *Traumtexturen – Kleine Anmerkung zu Nabokov*, einem für Sebalds Verhältnisse »enthusiastisch gehalten[en]« Essay (Schmucker 2012, 422), der Sebalds Affinität zu Nabokov beweist, rekapituliert Sebald die Integration der Figur des Schmetterlingsjägers in *Die Ausgewanderten* und nimmt seine spätere Annäherung an Nabokov in *Austerlitz* vorweg. So spricht er z. B. von den »unruhigen Geistern«, die in Nabokovs Werken erscheinen, von »seltsame[n] Zufallsbegegnungen«, der »Erfahrung des Verlusts« im Exil und den »Phantomschmerzen« der Erinnerung (CS 186). Obwohl Sebald in diesem Essay den dunklen Seiten Nabokovs nachspürt, benutzt er Bezüge zu dessen Werk auch, um der Traurigkeit seines eigenen Texts etwas entgegenzusetzen.

»Austerlitz«

In *Austerlitz* nimmt Sebald auf mehrere Werke und literarische Figuren des russisch-amerikanischen Autors Bezug, integriert Intertexte sowie nabokovsche Motive – traumhafte Erinnerungen, übernatürliche Begebenheiten und geheimnisvolle Tiere – und gebraucht schmückende Wörter, die den »glänzendsten Stellen« der Prosa Nabokovs gleichen, die er in *Traumtexturen* beschreibt (185).

Die in *Die Ausgewanderten* skizzierten Nabokov-Motive nehmen in *Austerlitz* ausgeprägtere Form an. Durch *Austerlitz* schwärmen die Motten wie ein zauberhafter Gauklertrupp und Austerlitz selbst wirkt – blass und vornehmlich nachts durch die Straßen streifend – wie ein Nachtfalter. Der Fokus liegt also nicht mehr auf der Figur des Schmetterlingsjägers. Das Buch *Erinnerung, sprich* wird nicht nur wie in *Paul Be-*

reyter als Objekt gesichtet, sondern zitiert. Sebald übernimmt die Struktur von *Pnin*, in dem Nabokov mehr als in allen anderen Werken den Holocaust thematisiert (vgl. Shrayer 1999, 83), und verleiht Jacques Austerlitz Züge von Nabokovs Titelhelden Pnin. Für viele von Nabokovs Figuren wie – laut seiner Autobiographie – auch für Nabokov selbst, sind Erinnerungen ein Refugium, ja fast ein Heiligtum. Bezeichnenderweise befinden sich Sebalds vertiefte Anspielungen auf Nabokovs Literatur gerade in *Austerlitz*, dem Werk, dessen Hauptfigur die Erinnerung abhanden gekommen ist. Als er endlich seine Vergangenheit aufspürt, entpuppen sich viele von Austerlitz' Kindheitserinnerungen als von Nabokov entlehnt. Neben Textbezügen zu *Pnin* und *Erinnerung, sprich* übernimmt Sebald auch Elemente aus *Ada oder das Verlangen – Eine Familienchronik*, in der es ebenfalls um das Heraufbeschwören von Vergangenem geht sowie aus *Das wahre Leben des Sebastian Knight*, in dem – wie in *Austerlitz* – langsam das Leben eines mysteriösen Mannes aufgerollt wird. Stellen, die Erinnerung thematisieren und die gleichzeitig auf Nabokov anspielen, überhöhen so die Verbindung zu Nabokov.

In *Austerlitz* ist die Art und Weise, in der Sebald auf Nabokov Bezug nimmt, selbst eine nabokovsche: nur für jene Leser kenntlich, die mit dessen Literatur und Autobiographie vertraut sind, werden die meisten Anspielungen auf ihn hier im Verbogenen gemacht. Nur einige konkrete Zitate sowie eine Photographie entlarven die intertextuelle Beziehung. So zeigt das Photo von präparierten Schmetterlingen, welches das Interieur von Andromeda Lodge in *Austerlitz* darstellen soll, eigentlich Exponate aus dem Zoologischen Museum in St. Petersburg und illustriert die Erstveröffentlichung von Sebalds Essay über Nabokov im Schweizer Kulturmagazin *Du* (vgl. Sebald 1996, 23; Aus 122) – eventuell die »Schweizer Zeitschrift«, aus der der Erzähler von »Henry Selwyn« die Photographie von Nabokov »ausgeschnitten hatte« (Aus 26).

Aus der traurigen Atmosphäre und der grauen Farbpalette der Melancholie in *Austerlitz* stechen zauberhafte Momente und Orte heraus, die an Nabokov erinnern. Glänzende, helle Umgebungen, die in Pastelfarben getaucht sind, und übernatürliche Ereignisse treten dort auf, wo Sebald sich etwas vom Synästheten Nabokov ›ausleiht‹. Den Moment, in dem Austerlitz seine Erinnerung in der Liverpool Street Station wiederfindet, gestaltet Sebald als magisches Erlebnis, das an seine Beschreibung von Nabokovs Prosa in *Traumtexturen* (dessen Titel schon die Dimension des Traumhaften ankündigt) erinnert (vgl. Schowengerdt-Kuzmany 2014, 141 ff.; Schmucker 2012, 425). Sebald beschreibt Nabokovs Werk als »Gespensterliteratur«: »Da gibt es Staubwirbel die über den Boden kreiseln, unerklärliche Luftzüge, seltsam irisierende Lichteffekte« (CS 187). Sebald kreiert in dieser Passage eine »Séance«, so wie er in *Traumtexturen* Nabokovs Heraufbeschwören der Vergangenheit beschreibt, in der man »auf der Strömung der fort und fort laufenden Zeilen hinein in ein leuchtendes, wie alles Wunderbare leicht surreal angehauchtes Reich [treibt]« und »unmittelbar vor der Offenbarung einer absoluten Wahrheit [steht]« (CS 189 f.). Wie Pnin hat Austerlitz alles verloren und doch fährt er am Schluss, endlich um seine Vergangenheit bereichert, in eine Zukunft, die ein Weiterleben und eine Dimension der Hoffnung nicht ausschließt.

Den Zufluchtsort des halbwüchsigen Austerlitz, Andromeda Lodge, hat Sebald sich ebenfalls von Nabokov geborgt. Das Gut in Wales erinnert einerseits an dessen »liebste Behausung«, den Landsitz Wyra, andererseits an das Herrenhaus Ardis Hall in *Ada*, das Nabokov wiederum seiner eigenen Vergangenheit entliehen hat (vgl. CS 191). Sowohl für Austerlitz als auch für den jungen Nabokov und seine literarische Figur Van Veen ist der Landsitz der idyllischste Ort der Kindheit. »Seltsam irisierende Lichteffekte« charakerisieren auch diesen Ort, an dem Austerlitz sich fühlt, als würde er träumen und als wäre er »in einer anderen Welt« – Eindrücke, die noch verstärkt werden durch den zauberhaften Abend der geisterhaften, schwärmenden Nachtfalter (Aus 118). Wie die verführerische Adelaida aus der Spiegelwelt ›Antiterra‹ in *Ada* betört die ätherische Gutsbesitzerin Adela den jungen Austerlitz, wie Nabokovs Mutter Elena tritt sie in Wollsachen aus dem nebligen Wald. Sebald zitiert diese Szene fast wörtlich aus *Erinnerung, sprich* (vgl. Aus 161; Nabokov 1991/1966, 52 f.). Mit Andromeda Lodge schafft Sebald einen abgehobenen Gegenpol zu der bleiernen Kindheit seines Titelhelden und wieder eine Chiffre nabokovscher Hoffnung.

Von Nabokov entlehnte Tiere durchqueren in *Austerlitz* als Erinnerungsträger räumliche und zeitliche Grenzen. Austerlitz sieht wie Pnin Eichhörnchen, die existenzielle Fragen über die Beschaffenheit des Gedächtnisses aufwerfen, ist wie Nabokov und manche seiner Figuren fasziniert von Motten, die er in auf seinem Kamin aufgereihten Schächtelchen beisetzt, und trifft auf den Spuren seiner Mutter in Prag auf Nabokovs Mutter und ihren Dackel. Stellvertretend für die anderen nabokovschen Tiere wird der beleidigte, ins Exil gezwungene Dackel, den Sebald aus *Erinnerung,*

sprich importiert, zu einem »Geheimnisträger, der mit Leichtigkeit über die Abgründe der Zeit läuft«, wie Sebald in *Wie Tag und Nacht – Über die Bilder Jan Peter Tripps* zu einem anderen Hund schreibt (Log 188). Das Eichhörnchen ist in *Pnin* wie auch in *Austerlitz* ein geheimnisvolles Symbol für das Erinnerungsvermögen und tritt immer dann auf, wenn die Hauptfiguren mit der Vergangenheit konfrontiert werden oder kurz vor einer Einsicht stehen. Für jedes Eichkätzchen, das in *Austerlitz* auftaucht, gibt es ein Pendant in *Pnin* – ausgestopft, erinnert, lebendig, unsichtbar. In beiden Texten sind die titelgebenden Figuren unauslöschbar vom Holocaust gezeichnet und auch mit dem Gedächtnis an den Krieg ist das Eichhörnchen verbunden (vgl. Schowengerdt-Kuzmany 2014, 133 ff.).

Wenn Sebald Nabokovs Literatur beschreibt, so charakterisiert er im Grunde seine eigene. Eigentlich hat Sebald sich seinen eigenen Nabokov ›erfunden‹, von dem er sich Dinge ausleiht, die nicht unbedingt in dessen Texten zu finden sind, sondern in der Art, in der Sebald sie gelesen hat. In seinem Essay schreibt Sebald: »[K]aum etwas beschäftigte [Nabokov] [...] meines Erachtens nach mehr als die Geisterkunde, von der seine bekannte Passion, die Wissenschaft von den Nachtfaltern und Schmetterlingen, für ihn wahrscheinlich nur ein Seitenzweig gewesen ist« (CS 185). Obwohl Nabokov Schmetterlinge als Symbol für ein Weiterleben nach dem Tod verwendet (vgl. Boyd/Pyle 2000, 21), deutet nichts in seinem Werk darauf hin, dass er Lepidopterie aus etwas anderem als rein wissenschaftlicher Neugier und Befriedigung des Jagdinstinkts betrieben hat. Nabokov sieht Schmetterlinge mit klinischer Distanz, selbst wenn er ihre Schönheit beschreibt. Austerlitz hingegen erscheinen Motten wie Geister und er verwendet genau jene Bezeichnungen für die Tiere, die Nabokov verächtlich als unwissenschaftlich verurteilt hat (vgl. Nabokov 1991/1966, 62). Die Lust an der Schmetterlingsjagd sowie das Töten und Präparieren der Tiere hat bei Nabokov oft sexuelle Untertöne, die bei Sebald gänzlich fehlen. Im Gegenteil: Austerlitz spekuliert über das »Seelenleben« der Motten und ihre Fähigkeit zu fühlen (Aus 137). Sebald stellt sich in *Austerlitz* damit – allerdings nur implizit – gegen Nabokovs wissenschaftliches Taxonomieren, das die Achtung vor Lebewesen ausklammert.

»Die Ringe des Saturn«

Auch in *Die Ringe des Saturn* ist Nabokov hintergründig anwesend. Intermediale Aspekte wie Ekphrasis und ein Diskurs über Malerei, die Sebald immer wieder aufgreift, verbinden die beiden Schriftsteller. Gemälde spielen eine wichtige Rolle in *Ada* und Malerei in *Pnin* (vgl. Vries u. a. 2006). Sebald bewundert in *Traumtexturen* sowohl Nabokovs »Vogelperspektive« als auch seine Fähigkeit, durch das Schreiben eine Übersicht über Vergangenes zu erlangen und durch den Prozess des genauesten Erinnerns den Verlauf der Zeit gleichsam anzuhalten (CS 188). Genau die (Un)möglichkeit, sich über Geschichte durch einen »synoptischen Blick« (188) Klarheit verschaffen zu können, thematisiert Sebald in *Die Ringe des Saturn* unter anderem durch Bezüge auf Thomas Browne und die Landschaftsmalerei, nicht zuletzt aber auch durch das Einhalten einer Vogelperspektive (vgl. Schmucker 2012, 427). Sebald sieht zudem Ähnlichkeiten zwischen dem Stil Thomas Brownes und dem Nabokovs bzw. in Bezug auf den Effekt, den ihre Literatur bei den Lesern erzeugt. Trotz seines verschlungenen, gelehrten Schreibstils gelingt es Browne durch seine Texte ein Gefühl der Levitation zu bewirken (vgl. RS 30). Die Arbeitsweise Nabokovs, laut Sebald ein »mühevolles Geschäft« des unaufhörlichen Neu- und Umschreibens, führt ebenfalls manchmal dazu, die »Erdenschwere« zu »überw[i]nden« und zu einer Art Transzendenz zu gelangen (CS 189). Bezeichnenderweise treffen beide Beschreibungen – Brownes »labyrinthische Satzgebilde« und Nabokovs minutiöse Überarbeitungen seiner Sätze sowie sein schachspielartiges Kalkül beim Konstruieren seiner Syntax – auch auf Sebald selbst zu (vgl. RS 30; CS 189–90). Die Kraft und Schönheit des Geschriebenen werden hier mit dem qualvollen Prozess des Schreibens kontrastiert, was man auch über die Erinnerungsarbeit beider Autoren sagen könnte.

Wer Nabokovs Werk kennt, kommt nicht umhin, Sebald mit Ironie und Distanz zu lesen. Anspielungen auf Nabokov erinnern einerseits an die minutiös aus Intertexten konstruierten Figuren und Szenen beider Autoren, andererseits an die Fähigkeit Nabokovs, spielerisch selbst den traurigsten Momenten durch sprachliche Ästhetik einen exquisiten Anteil zu geben und schöne Erinnerungen als das eigentlich bedeutsame menschlichen Erlebens zu formulieren.

Literatur

Boyd, Brian/Pyle Robert M. (Hg.): *Nabokov's Butterflies. Unpublished and Uncollected Writings.* Boston 2000.

Curtin, Adrian/Shrayer, Maxim D.: Netting the Butterfly Man: The Significance of Vladimir Nabokov in W. G. Sebald's *The Emigrants.* In: *Religion and the Arts* 9/3–4 (2005), 258–283.

Nabokov, Vladimir: *Erinnerung, sprich. Wiedersehen mit einer Autobiographie.* In: Vladimir Nabokov: *Gesammelte Werke.* Bd. 22, übers. von. Dieter E. Zimmer. Hamburg 1991 (engl. 1966).

Schmucker, Peter. *Grenzübertretungen. Intertextualität im Werk von W. G. Sebald.* Berlin/Boston 2012.

Schowengerdt-Kuzmany, Verena: *To the Funhouse: W. G. Sebald's Playful Intertextuality.* Diss. Unversity of Washington 2014.

Sebald, Winfried Georg: Traumtexturen. In: *du. Die Zeitschrift der Kultur* 6 (1996), 22–25.

Shrayer, Maxim D: Jewish Questions in Nabokov's Art and Life. In: Julian W. Connolly (Hg.): *Nabokov and His Fiction. New Perspectives.* Cambridge 1999, 73–91.

Sill, Oliver: Aus dem Jäger ist ein Schmetterling geworden: Textbeziehungen zwischen den Werken von W. G. Sebald, Franz Kafka, und Vladimir Nabokov. In: *Poetica* 29 (1997), 596–623.

Vries, Gerard de/Johnson, Barton D.: *Vladimir Nabokov and the Art of Painting.* Amsterdam 2006.

Whitehead, Anne: The Butterfly Man. Trauma and Repetition in the Writing of W. G. Sebald. In: *Trauma Fiction.* Edinburgh 2004, 117–39.

Verena Schowengerdt-Kuzmany

45 Walter Benjamin

Für den Germanistikstudenten Sebald war die Begegnung mit Walter Benjamins Schriften wegweisend. Gemeinsam mit den Vertretern der Frankfurter Schule verkörperte Benjamin »eine jüdische Schule zur Erforschung der bürgerlichen Sozial- und Geistesgeschichte« (Log 12) und damit eine Alternative zu der noch stark vom Nationalsozialismus geprägten Literaturwissenschaft der 1960er Jahre. Auch seine ersten Benjamin-Ausgaben erwarb Sebald in dieser Zeit: zuerst *Der Ursprung des deutschen Trauerspiels* (Juli 1964), gefolgt von *Einbahnstraße* (August 1964) und den beiden Bänden der *Ausgewählten Schriften*: *Illuminationen* im März 1965 und *Angelus Novus* im folgenden Jahr (vgl. Sheppard 2001, 96; Catling 2011, 382 f.). Wie die zahlreichen, in verschiedenen Farben gemachten Markierungen in diesen und später hinzugekommenen Bänden, insbesondere den Bänden III und IV der *Gesammelten Schriften*, belegen, war die Beschäftigung mit Benjamin für Sebald eine Studium, akademische Laufbahn und literarisches Schreiben verbindende Konstante. Annotationen treten oft gehäuft, d. h. auf bestimmte Abschnitte konzentriert auf. Dabei interessiert sich Sebald in erster Linie für Benjamins literatur- und kulturkritische Arbeiten. Seine Ausgabe von Benjamins *literarischem* Hauptwerk, der *Berliner Kindheit um 1900*, bleibt dagegen gänzlich unmarkiert.

Die Resonanzen von Benjamins Denken sind allgegenwärtig und reichen von direkten Zitaten in Sebalds literaturwissenschaftlichen Arbeiten über gemeinsame Themenkomplexe und Bilder in den Prosatexten bis hin zu einer an Benjamin orientierten Schreibweise und Methodik. In der Forschung findet Benjamin unter Stichworten wie Melancholie, Geschichte und Erinnerung fast routinemäßig Erwähnung; die Frage nach der *Funktion* von Benjamins Denken in Sebalds Werk wird allerdings nur selten gestellt und noch seltener systematisch verfolgt. Neuere Studien zu Sebalds literaturwissenschaftlichen Arbeiten (u. a. Schmucker 2012; Schütte 2014) legen hier die Grundlage für differenziertere Lektüren. In Sebalds Essays lässt sich dessen Benjamin-Rezeption anhand konkreter Beispiele nachvollziehen – ein wichtiger erster Schritt für die Analyse Benjaminscher Denkfiguren im literarischen Werk.

Literaturkritik

In den Essaybänden *Die Beschreibung des Unglücks*, *Unheimliche Heimat* und *Logis in einem Landhaus* ist Benjamin der am häufigsten zitierte bzw. paraphrasierte Kritiker, und Sebalds Analysen sind zum Teil geradezu an Benjamins Texten ›entlanggeschrieben‹. Im Aufsatz zu Peter Altenberg beispielsweise liefern Benjamins Baudelaire-Lektüren wichtige Stichworte, wie etwa das Motiv der unerreichbaren Heimat, »Chiffre für ein früheres Leben. Sie hat mit Geschichte, wie Benjamin vermerkte, weniger zu tun als mit Vorgeschichte, jener *vie antérieure*, die die Imagination Baudelaires, mit dem Altenberg so vieles gemeinsam hatte, so sehr in Anspruch nahm« (BU 66 f.). Als quintessentieller Flaneur der Moderne ist Baudelaire für Sebald ein Vorläufer Altenbergs und anderer Autoren der Moderne, zugleich aber auch Vorbild für die eigenen Protagonisten. So spielen das Heimweh und die versuchte, aber letztlich scheiternde Annäherung an eine als vertraut und zugleich als fremd empfundene Heimat im ersten Prosatext *Schwindel. Gefühle* und den Folgetexten eine entscheidende Rolle. Der Altenberg-Aufsatz verdeutlicht somit die enge Verzahnung von literaturwissenschaftlichem und literarischem Schreiben in Sebalds Werk. Begriffe wie Melancholie, (Natur-)Geschichte, Eingedenken, Erinnerung und Erzählen, auf die Sebald in seinen Essays Bezug nimmt, erscheinen auch in den literarischen Texten, wo sie teils in theoretischen Exkursen diskutiert, teils auf der Handlungsebene entfaltet werden. Im Gegensatz zu den Essays wird Benjamin hier nicht namentlich genannt, dennoch ist sein Einfluss, insbesondere auf Sebalds Beschreibungstechnik und Umgang mit der Vergangenheit, unverkennbar. Die ziellosen Wanderungen seiner Erzähler, das im Zuge dieser Wanderungen fast zwanghafte (An-)Sammeln von Geschichten, Bildern und Gegenständen und deren Anordnung in assoziativen Mustern und ›Konfigurationen‹ sind Verfahren, die Sebald Benjamin abschaut und sich als Signatur seines Schreibens zu eigen macht.

Zugleich hat Sebalds Benjamin-Rezeption aber auch eine politische Intention. Zu Beginn seines Johann Peter Hebel gewidmeten Aufsatzes *Es steht ein Komet am Himmel* zitiert er Benjamins Feuilleton-Artikel, wo die Vernachlässigung des *Schatzkästlein des rheinischen Hausfreunds* auf »Bildungshochmut« zurückgeführt wird (vgl. Log 11). Sebald weitet diese Beobachtung auf Hebels Rezeption im 20. Jahrhundert aus: auf die Resonanzlosigkeit der Hebel-Lektüren

Benjamins und anderer jüdische Kritiker, der er Hebels Wiederentdeckung im Nationalsozialismus (u. a.
durch Heidegger) entgegenstellt. Wie auch Sebalds
eingangs zitierte Erinnerung an die eigene Studienzeit
unterstreicht, ist seine lebenslange intellektuelle Orientierung an Benjamin eine progressive, gegen eine
konservativ-nationalistische Germanistik gerichtete
(Trotz-)Geste.

Allerdings führt Sebald die lückenhafte Rezeption
von Hebels *Kalendergeschichten* auch auf andere,
werkimmanente Faktoren zurück. Laut Benjamin sei
es »ein Siegel ihrer Vollkommenheit [...], daß man sie
so leicht vergißt« (Log 12). Eine ähnliche Argumentation findet sich in dem im gleichen Band enthaltenen
Text *Le promeneur solitaire*, wo Sebald mit Benjamin
das »Anonyme und Flüchtige« von Robert Walsers
Gestalten betont (Log 148). Diese Flüchtigkeit hat eine
Schutzfunktion: Walsers »Bleistift- und Zettelsystem«
fungiere als ein »in der Geschichte der Literatur einmaliges Verteidigungs- und Befestigungswerk [...], in
welchem die kleinsten und unschuldigsten Dinge gerettet werden sollten vor dem Untergang der damals
heraufziehenden Zeit« (Log 154). Hier verweist Sebald auf einen zentralen Aspekt von Benjamins Methodik: auf das Prinzip von Kritik als ›Rettung‹ unzureichend rezipierter Autoren und Texte, einer auf
die »scheinbaren Randzonen der Tradition« gerichteten Aufmerksamkeit (vgl. Kaulen 2000, 635) bei
gleichzeitiger Abwehr »geläufiger Deutungsmuster«
(Schütte 2014, 31 f.). Sebald übernimmt dieses rettende Verfahren in seinem Umgang mit der Vergangenheit: in seiner Exkavation von Einzelschicksalen und
Ereignissen, die wenn überhaupt in der ›offiziellen‹
Geschichtsschreibung nur am Rande vorkommen.

Entsetzen und Melancholie

Zur Illustration von Sebalds an Benjamin orientier-
tem Geschichtsverständnis werden oft die Züricher
Vorlesungen zu *Luftkrieg und Literatur* herangezogen.
Im zweiten Teil der Druckfassung diskutiert Sebald
Alexander Kluges Erinnerungstext *Luftangriff von
Halberstadt am 8. April*, der die Bombardierung der
eigenen Heimatstadt durch eine Montage von offiziellen Dokumenten, Photos und persönlichen Anekdoten zu rekonstruieren sucht. Kluges »archäologische
Arbeit« (Luf 67) ist für Sebald ein Vorbild, und dennoch bewertet er dessen Text letztlich eher kritisch:
»Kluges Blick auf seine zerstörte Heimatstadt ist darum, aller intellektuellen Unentwegtheit zum Trotz,

auch der entsetzensstarre des Engels der Geschichte«
(Luf 73). Mit dem »Engel der Geschichte«, Benjamins
Beschreibung von Paul Klees *Angelus Novus* aus den
Thesen *Über den Begriff der Geschichte* (vgl. Benjamin
1991, I.2, 697 f.), zitiert Sebald eine der bekanntesten
Benjamin-Passagen überhaupt und lässt dessen Worte
als Abschluss seiner ursprünglichen Vorlesungen unkommentiert stehen. Für Sebald verkörpert Benjamins Engel das hilflose Erstarren angesichts der Katastrophe, eine Haltung, die Sebald in *Luftkrieg und Literatur* Kluges Text zuschreibt, der aber auch seine eigenen Texte nicht immer entgehen. Dies bestätigt der
Erzähler der *Ringe des Saturn*: »Das also, denkt man,
indem man langsam im Kreis geht, ist die Kunst der
Repräsentation der Geschichte. [...] Wir, die Überlebenden, sehen alles von oben herunter, sehen alles
zugleich und wissen dennoch nicht, wie es war. [...]
Stehen wir am Ende auf einem Totenberg? Ist das am
Ende unsere Warte? Hat man von solchem Platz aus
den vielberufenen historischen Überblick?« (RS
151 f.).

Eine Alternative zu diesem distanzierten, von der
Realität menschlichen Leidens entfremdeten Überblick findet Sebald abermals bei Benjamin, und zwar
in dessen *Ursprung des deutschen Trauerspiels*. Mit
Anstreichungen in neun verschiedenen Farben ist Sebalds Ausgabe der Habilitationsschrift ein wahres Pa-
limpsest wiederholter Lektüren; Sebalds Norwicher
Kollegen Richard Sheppard zufolge war dessen »increasingly dark view of the present, his growing, self-
confessed disposition to melancholy [...] almost certainly reinforced by his reading of Benjamin's book on
baroque tragedy« (Sheppard 2006, 425).

Für Benjamin ist die Melancholie ein widersprüch-
licher, Starre und Bewegung miteinander verbinden-
der Zustand. In einer von Sebald unterstrichenen Passage beschreibt er die »Neigung des Melancholischen
zu weiten Reisen« (Benjamin 1991, I.1, 326), und auch
in Sebalds Texten ist das Reisen sowohl Symptom als
auch versuchte (Selbst-)Therapie depressiver Zustände. Der reinste Ausdruck der Melancholie aber ist für
Benjamin die Dingwahrnehmung. Die vom Betrachter in den kontemplativen Blick gefassten Gegenstände werden ihres alltäglichen Gebrauchs entfremdet
und mit einem neuen, allegorischen Sinn aufgeladen;
Trauer ist eine Verfassung, »in welcher jedes un-
scheinbarste Ding, weil die natürliche und schaffende
Beziehung zu ihm fehlt, als Chiffer einer rätselhaften
Weisheit auftritt« (319). In Dürers *Melencolia I* findet
Benjamin den reinsten Ausdruck dieser Haltung,
denn dort liegen »die Gerätschaften des tätigen Le-

bens am Boden ungenutzt, als Gegenstand des Grübelns« (ebd.).

Benjamins Verfahren der kommentierenden Bildbeschreibung ist ein Verfahren, das Sebald in seinen eigenen Texten zur Anwendung bringt. In *Die Ringe des Saturn* entwickelt er seine eigene Interpretation von Dürers Kupferstich. Wie in Benjamins *Trauerspiel*-Buch ist auch in Sebalds Text die bildliche Vorlage nicht reproduziert; der narrative Kommentar ersetzt oder überschreibt Dürers Original. Die bei Benjamin lediglich dem aktiven Leben entzogenen Gegenstände erscheinen bei Sebald als »Werkzeuge[] der Zerstörung« (RS 19), eine Beschreibung, mit der Sebald, wie vor ihm Benjamin, von der Vorlage abweicht. Tatsächlich ist der Blick von Dürers Engelsfigur in die Ferne gerichtet, die am Boden liegenden Dinge sind also nicht unmittelbar, wie Benjamin behauptet, ›Gegenstand des Grübelns‹ (auch wenn die Haltung der Figur diesen Geisteszustand suggeriert). Bei diesen Gegenständen handelt es sich um Hammer, Zange, Nägel, Säge, Hobel, Richtscheit und Streichmaß – Werkzeuge des Zimmermanns oder auch des Künstlers. Indem Sebald diese als ›Werkzeuge der Zerstörung‹ bezeichnet, recodiert er Prozesse der Konstruktion und (literarischen) Produktion – Mary Cosgrove spricht von den »tools of academic study« (Cosgrove 2014, 163) – als destruktiv.

Und dennoch verteidigt Sebald im Vorwort zu *Die Beschreibung des Unglücks* die Melancholie als Modus eines zutiefst ethischen Schreibens: »Melancholie, das Überdenken des sich vollziehenden Unglücks, hat aber mit Todessucht nichts gemein. Sie ist eine Form des Widerstandes. [...] Wenn sie, starren Blicks, noch einmal nachrechnet, wie es nur so hat kommen können, dann zeigt es sich, daß die Motorik der Trostlosigkeit und diejenige der Erkenntnis identische Exekutiven sind. Die Beschreibung des Unglücks schließt in sich die Möglichkeit zu seiner Überwindung ein« (BU 12).

Mit dieser Verteidigung der Melancholie weicht Sebald dezidiert von Benjamin ab, denn dieser unterzieht die Melancholie im Trauerspiel einer auch politischen Kritik. Zwar ist für Benjamin melancholische Versenkung ins Detail erkenntnisfördernd, da »der Wahrheitsgehalt nur bei genauester Versenkung in die Einzelheiten eines Sachgehalts sich fassen läßt« (Benjamin 1991, I.1, 208). Ein solches Denken in »Denkbruchstücken« (ebd.) ist eine Form der Rettung: »Die Melancholie verrät die Welt um des Wissens willen. Aber ihre ausdauernde Versunkenheit nimmt die toten Dinge in ihre Kontemplation auf, um sie zu retten«

(333 f.). Die oben zitierten Sätze sind in Sebalds Ausgabe (zum Teil mehrfach) angestrichen. Melancholie ist Verrat *und* Rettung, die aufmerksame Hinwendung zu den Dingen zugleich eine Form des Wirklichkeitsentzugs. Benjamin warnt, dass eine solche Vertiefung leicht in einen »kontemplativen Starrkrampf« ausarten kann, in die »Ertötung der Affekte« und die »Entfremdung vom eigenen Körper« (319) – pathologische Zustände, die auch Sebalds Figuren immer wieder zur Schau stellen.

Rettung

Aus Benjamins politisierter Perspektive der 1930er Jahre heraus erscheint die Melancholie als Form des rettenden Wirklichkeitszugriffs zunehmend problematisch. Und so entwickelt er im Sommer 1932 eine anti-kontemplative Alternative. In der auf Ibiza entstandenen, im November 1932 veröffentlichten Novelle *Das Taschentuch* wird Rettung narrativ dramatisiert: als entschlossenes Handeln angesichts höchster Gefahr.

Eine melancholische Unbekannte stürzt sich während des Landemanövers eines Ozeandampfers ins Meer. »Jeder Rettungsversuch war aussichtslos. Hätte man die Maschine selbst augenblicklich abstoppen können – der Schiffsrumpf war von Quai nicht mehr als drei Meter entfernt und seine Bewegung war unaufhaltsam. Wer dazwischen geriet, war verloren« (Benjamin 1991, IV.2, 744). In Vorwegnahme von Sebalds Zivilisationskritik erscheint die Technik hier als zerstörerische, den menschlichen Handlungsspielraum zunichte machende Kraft. Aber Benjamin wagt gerade hier den Sprung ins Unmögliche: »Es fand sich einer, der den ungeheuerlichen Versuch unternahm. Man sah ihn, jeden Muskel angespannt, die Augenbrauen in eins gezogen, als wenn er zielen wollte, von der Reling springen und während [...] der Dampfer seiner ganzen Länge nach steuerbords beilegte, kam an Backbord [...] der Retter, in seinem Arm das Mädchen, in die Höhe. Er hatte in der Tat gezielt und sie – genau, nach seiner ganzen Schwere, auf die andere stürzend, sie mit sich in die Tiefe reißend, unterm Kiel des Schiffes wieder in die Höhe tauchend – an die Oberfläche getragen« (ebd.).

Vorlage für diese Geschichte ist Goethes Novelle von den *Wunderlichen Nachbarskindern*, die Benjamin am Ende seines *Wahlverwandtschaften*-Essays diskutiert. Der Schlusssatz seines Essays lautet: »Nur um der Hoffnungslosen willen ist uns die Hoffnung gegeben« (Benjamin 1991, I.1, 201) – eine Idee, die in *Das Taschentuch* anhand der aussichtslosen und dennoch gelingenden Rettung entfaltet wird.

Der Sprung ins Ungewisse ist also Gegenmodell zur Rettung im Modus melancholischer Kontemplation. Er ist impulsiver Akt, zugleich aber auch das Resultat einer »universalen Aktionsbereitschaft«, eines Ethos des »Bereitseins«, wie es Benjamin 1929 als das Ziel einer marxistischen Pädagogik beschreibt (vgl. Benjamin 1991, III, 208). Der materialistische Historiker macht sich diese Haltung zu eigen. Im *Passagen-Werk* notiert Benjamin: »Die Rettung [des Geschehenen, d. Verf.] läßt immer nur an dem, im nächsten Augenblick schon unrettbar verlornen [sich] vollziehen« (Benjamin 1991, V.1, 592). Im *Wahlverwandtschaften*-Essay gewinnt der aus den *Nachbarskindern* hergeleitete Rettungsbegriff eine geschichtsphilosophische Bedeutung, denn dort »versammelt sich die Hoffnung auf eine Unterbrechung aller mythischen Gewalt, auf ein ›Zerreißen‹ des Schicksals« als der Verfangenheit der Menschen in einem Kreislauf der Zerstörung (Kaulen 2000, 632).

Sebald hat Benjamins in der Forschung fast völlig übersehene Novelle, wie seine Anstreichungen zeigen, genau gelesen. Und so greift er in *Austerlitz* das Kernmotiv der Novelle wieder auf, allerdings mit einer charakteristischen Wendung ins Allegorische. Während seines Besuchs in Terezín betrachtet Austerlitz die im Schaufenster des Antikos Bazar ausgestellten Gegenstände. »[D]ie Stirn gegen die kalte Scheibe gepreßt« (Aus 278 f.), in der klassischen Pose des Melancholikers, studiert er die zu vier Stillleben gruppierten Objekte, darunter zuletzt eine Porzellanfigur: »Was, so fragte ich mich [...], mochte es auf sich haben [...] mit der elfenbeinfarbenen Porzellankomposition, die einen reitenden Helden darstellte, der sich auf seinem soeben auf der Hinterhand sich erhebenden Roß nach rückwärts wendete, um mit der linken Hand ein unschuldiges, von der letzten Hoffnung verlassenes weibliches Wesen zu sich emporzuziehen und aus einem dem Beschauer nicht offenbarten, aber ohne Zweifel grauenvollen Unglück zu retten« (Aus 280 f.).

Diese (durchaus ironische) Rettung eines ›weiblichen Wesens‹ durch einen männlichen ›Helden‹ ist Goethes und Benjamins Novellen nachempfunden, allerdings ist Rettung hier kein realer Akt, sondern verewigter Moment, erstarrte Pose. Wie Austerlitz' Spurensuche ist auch der Porzellanreiter ›nach rückwärts [ge]wendet‹. Angesichts des Holocaust, so impliziert der Text, sind die trauernde Kontemplation oder der entsetzensstarre Blick, nicht aber die rettende

Aktion, die einzig möglichen Reaktionen: »So zeitlos wie dieser verewigte, immer gerade jetzt sich ereignende Augenblick der Errettung waren sie alle, die in dem Bazar von Terzín gestrandeten Zierstücke, *Gerätschaften* und Andenken, die aufgrund unerforschlicher Zusammenhänge ihre ehemaligen Besitzer überlebt und den Prozeß der Zerstörung überdauert hatten, so daß ich nun zwischen ihnen schwach und kaum kenntlich mein eigenes Schattenbild erkennen konnte« (Aus 281; Hervorh. d. Verf.).

Mit dem archaischen Wort ›Gerätschaften‹ zitiert Sebald Benjamins Beschreibung der um Dürers Melancholie verstreuten »Gerätschaften des tätigen Lebens«. Wie diese erscheinen auch die in Terezín ausgestellten Dinge als Sinnbilder der Zerstörung. Ihre Besitzer, so Austerlitz, fielen dem Holocaust zum Opfer – eine angesichts der seither verstrichenen Zeitspanne eher fragwürdige Hypothese. Dass Austerlitz von den betrachteten Gegenständen nicht nur durch die Schaufensterscheibe, sondern auch durch das eigene Spiegelbild getrennt ist, verweist auf den der Melancholie zugrunde liegenden Narzissmus, die Projektion der inneren Verfassung auf die Außenwelt.

Ist also Sebalds von Benjamin übernommenes Verfahren der rettenden Vertiefung in die Überbleibsel der Vergangenheit eine Form der Wirklichkeitsflucht und des narzisstischen Solipsismus, oder liegt gerade in der Abkehr von der Sphäre des ›tätigen Lebens‹ ihr besonderer Wert? Benjamin beschreibt die barocke Kontemplation als Gegenpol zur »eitle[n] Geschäftigkeit des Intriganten«, denn nur jene sei in der Lage, »den Hochgestellten der satanischen Verstrickung der Geschichte [...] zu entbinden«, fügt aber sogleich hinzu: »Und doch: auch die Versenkung führt allzu leicht ins Bodenlose« (Benjamin 1991, I.1, 320).

Erzählen

Die bei Benjamin miteinander verschränkten Begriffe von Melancholie und Rettung sind für Sebalds Schreiben inhaltlich, methodisch und ethisch von größter Bedeutung. Der literaturkritischen Beschäftigung mit nicht-kanonischen Autoren entspricht eine die ›großen‹ Themen zugunsten des Marginalen außer Acht lassende Art des (Be-)Schreibens – eine archäologische Spurensuche, wie sie Benjamin im *Passagen-Werk* vormacht. Bei allen Gemeinsamkeiten unterscheidet sich aber Sebalds Rettungsmodell in wichtigen Punkten von Benjamins Ansatz, denn für Benjamin ist Rettung letztlich mehr als eine innere Haltung:

sie ist Handeln, politische Aktion, auch und gerade angesichts der Katastrophe.

In der Sekundärliteratur wird Sebalds Benjamin-Nachfolge kontrovers diskutiert, insbesondere im Umfeld der Melancholie. Michael Niehaus zufolge vermeiden Sebalds Texte das »treulose« Überspringen von Hoffnungslosigkeit in Erlösung, von Naturgeschichte in Heilsgeschichte, das Benjamin an den barocken Allegorikern kritisiert. Anstelle einer »immersion of the narrator in monuments of destruction and decay« findet er dort eine differenziertere Art der Beschreibung: »The arrest of meaning that occurs when the immersed gaze sees the same everywhere it looks, fails to materialise in Sebald« (Niehaus 2007, 56). Mary Cosgrove beschreibt den melancholischen Habitus von Sebalds Figuren als ironisch gebrochen, Anzeichen eines »disciplinary self-monitoring within the broader panopticon of postwar memory politics and the codes of affective behaviour they endorse« (Cosgrove 2014, 162). Weitaus kritischer äußert sich dagegen Irving Wohlfarth, wenn er Sebalds Benjamin-Rezeption als »gefiltert und gestört« bezeichnet (Wohlfarth 2008, 184). In der bislang detailliertesten Analyse des Themenkomplexes Benjamin-Sebald argumentiert er, dass Sebald Benjamin »nah und fern« zugleich steht. Nah, weil beide Autoren Fortschritt und Katastrophe zusammendenken; fern, weil die »revolutionäre Maßnahme«, bei Benjamin ein essentielles Gegengewicht zur Dynamik des Fortschritts, in Sebalds Werk nicht mehr in Erscheinung tritt (233). Auch Eric Santner beschäftigt eine ähnliche Problematik, nämlich »[t]he nature of the relation between [...] melancholic immersion into the past [...] and the sphere of ethical and political agency« in Sebalds Schreiben (Santner 2006, 62). Für Santner stellt sich hierbei die Frage nach der Rolle des Lesers: »why do so many readers find Sebaldian melancholy so pleasurable, and how might one imagine the ethical and political dimensions of this pleasure?« (62 f.).

Das Taschentuch bietet eine mögliche Antwort, oder zumindest den Ansatz einer Antwort, auf diese Fragen. Benjamin stellt der eigentlichen Novelle einige theoretische Überlegungen zum Niedergang des Erzählens in der Moderne voran – Gedanken, die er im drei Jahre später veröffentlichten *Erzähler*-Essay weiter entwickelt. Der Niedergang des Erzählens sei mit dem der Gegenstände eng verbunden: »Denn auch darum gibt es nichts mehr Rechtes zu hören, weil die Dinge nicht mehr auf die richtige Weise dauern« (Benjamin 1991, IV.2, 742). Zur Verdeutlichung dieser These dient ein zerschlissener Ledergürtel: »irgend-

wann hat im Laufe der Zeit eine Geschichte sich an ihn angesetzt« (742). Die Dinge also sind nur dann Grundlage gelingenden Erzählens, wenn sie am aktiven Leben teilhaben. Dies veranschaulicht die Novelle anhand des Leitmotivs des Taschentuchs. Als der Erzähler, ein junger Offizier, während der Ozeanfahrt das Taschentuch der schönen Unbekannten aufhebt, dankt ihm diese so inbrünstig, »als hätte ich ihr das Leben gerettet« (744). Die Rettung des Taschentuchs präfiguriert die Rettung menschlichen Lebens; die Aufmerksamkeit, die wir den Dingen zukommen lassen, hat eine ethische und zugleich auch eine erzähltechnische Bedeutung. Denn erst wenn der Erzähler ganz am Ende der Rahmenerzählung mit eben diesem Taschentuch winkt, wird er als Lebensretter und Held seiner eigenen Geschichte erkenntlich. Als klassischer ›Falke‹ im Sinne von Paul Heyses Novellentheorie verleiht das mit einem Wappen und drei Sternen bestickte, mit semiotischer Bedeutung aufgeladene Tuch der Geschichte ihren Rahmen. In Sebalds Texten haben die Dinge oft eine ähnliche Funktion. Sie verdeutlichen Sinnzusammenhänge, deren sich der Erzähler nicht oder nur unzureichend bewusst ist, oder ermöglichen einen (oft verzögerten) Moment der Erinnerung oder Erkenntnis.

Wie Benjamin in *Das Taschentuch* und dann ausführlicher in *Der Erzähler* argumentiert, ist das mündliche Erzählen im Gegensatz zum Roman eine kollektive, im alltäglichen Leben verankerte Kunst, ein Bündnis zwischen Erzähler und Zuhörern. Sebald zitiert diese These in seinem Aufsatz über Joseph Roth: »Die Kunst des Erzählens, schreibt Benjamin, verdanke sich vorab der Fähigkeit, selbstvergessen lauschen zu können auf den Grundton, der alles durchzieht« (BU 111). Zuhören und Erzählen sind für Benjamin vertauschbare Positionen, denn Aufgabe der Zuhörer ist es, die erzählten Geschichten zu behalten und weiterzuerzählen. Sebalds Texte realisieren dieses dialogische Modell des Erzählens. Die bis zum Überdruss wiederholte Formel »sagte Austerlitz« betont den mündlichen Charakter seiner Geschichten, in denen sich die Stimme des Erzählers mit den Stimmen anderer, sekundärer und tertiärer Erzählerfiguren vermischt. Trotz eines ›Grundtons‹ der Melancholie sind Sebalds Texte so nicht starr oder solipsistisch, sondern rhythmisch, melodisch, polyphon. Das in *Der Erzähler* beschriebene Ideal eines gemeinschaftlichen Erzählens war schon zu Benjamins Zeiten obsolet. Sebalds Schreiben evoziert dagegen ein anderes Modell der Gemeinschaft: das von »communities of readers reflecting on the very dispersion that keeps them isolated from one another« (Santner 2006, 140).

   Das Ergebnis ist ein vielstimmiges, den Blickpunkt des Einzelnen zugunsten eines kollektiven Erfahrungsraums überschreitendes Erzählen. In *Das Taschentuch* schreibt Benjamin: »Der Erzähler ist [...] einer, der Rat weiß. Und um den zu bekommen, muß man selber ihm erzählen. Wir aber wissen von unseren Sorgen nur zu stöhnen, zu jammern, nicht zu erzählen« (1991, IV.2, 741 f.). Bei aller melancholischen Resignation ist Sebalds Schreiben der Versuch, dem menschlichen Leiden eine erzählbare Form zu geben.

Literatur

Benjamin, Walter: *Gesammelte Schriften*, hg. von Rolf Tiedemann und Hermann Schweppenhäuser. Frankfurt a. M. 1991

Catling, Jo: A Catalogue of W. G. Sebald's Library. In: Jo Catling/Richard Hibbitt (Hg.): *Saturn's Moons. W. G. Sebald – A Handbook*. London/Leeds 2011, 377–441.

Cosgrove, Mary: *Born under Auschwitz: Melancholy Traditions in Postwar German Literature*. Rochester 2014.

Kaulen, Heinrich: Rettung. In: Michael Opitz/Erdmut Wizisla (Hg.): *Benjamins Begriffe*. Frankfurt a. M. 2000, 619–664.

Niehaus, Michael: Sebald's Scourges. In: Anne Fuchs/J. J. Long (Hg.): *W. G. Sebald and the Writing of History*. Würzburg 2007, 45–58.

Santner, Eric: *On Creaturely Life. Rilke – Benjamin – Sebald*. Chicago/London 2006.

Schmucker, Peter: *Grenzübertretungen. Intertextualität im Werk von W. G. Sebald*. Berlin 2012.

Schütte, Uwe: *Interventionen: Literaturkritik bei W. G. Sebald*. München 2014.

Sheppard, Richard: The Sternheim Years. W. G. Sebald's *Lehrjahre* and *Theatralische Sendung* 1963–75. In: Jo Catling/Richard Hibbitt (Hg.): *Saturn's Moons. W. G. Sebald – A Handbook*. London/Leeds 2011, 42–108.

Sheppard, Richard: Dexter – Sinister. Some Observations on Decrypting the Mors Code in the Work of W. G. Sebald. In: *Journal of European Studies* 35 (2005), 419–463.

Wohlfarth, Irving: Anachronie. Interferenzen zwischen Walter Benjamin und W. G. Sebald. In: *IASL* 33/2 (2008), 184–242.

Carolin Duttlinger

46 Jean Améry

Leben und Werk Jean Amérys sind nicht nur Gegenstand literaturwissenschaftlicher Essays, sondern Amérys Texte sind außerdem als Prätexte für Sebalds Prosa von Bedeutung. Im Zentrum der Auseinandersetzung mit Améry steht dessen Darstellung seiner Erfahrung als Opfer des Nationalsozialismus sowie die Reflexion über den Verlust seiner österreichischen ›Heimat‹. Auch die literaturwissenschaftlichen Reflexionen über den Autor sind durch eine Fokussierung des Biographischen gekennzeichnet (Fuchs 2004). Mit Blick auf die Relevanz Amérys für Sebald stellt sich erstens die Frage nach der literarhistorischen und politischen Kontextualisierung, zweitens nach dem poetologischen Konzept, das Sebald mit Améry verbindet, und drittens nach der Bedeutung dieses poetologischen Programms sowie der Texte Amérys für Sebalds eigenes literarisches Werk.

Améry und der Heimatdiskurs

Literaturgeschichtlich kontextualisiert Sebald Amérys Werk einerseits diachron im Rahmen der österreichischen Literaturgeschichte, andererseits synchron im Rahmen des Diskurses über deutschsprachige Nachkriegsliteratur sowie literarische Repräsentationen des Holocaust. 1988 erscheint Sebalds Essay *Verlorenes Land – Jean Améry und Österreich* in einem von Irene Heidelberger-Leonard herausgegebenen Sammelband über das Werk Amérys. Durch die anschließende Aufnahme des Textes in den Essayband *Unheimliche Heimat* verortet Sebald den Autor in der österreichischen Literaturgeschichte der Moderne, die in weiten Teilen auch als eine Geschichte jüdischer Literatur präsentiert wird: »Das Thema Heimat tritt in der österreichischen Literatur des 19. und 20. Jahrhunderts nicht zuletzt deshalb so sehr in den Vordergrund, weil es für die Schriftsteller jüdischer Provenienz während des gesamten Zeitalters der Assimilation und Westwanderung tatsächlich von übergeordneter Bedeutung gewesen ist« (UH 12).

   Das prekäre Verhältnis Amérys zu Österreich ist durch die Tatsache bedingt, dass der 1912 in Wien als Hans Maier geborene Autor erst durch die nationalsozialistische Verfolgung auf seine jüdische Herkunft festgelegt und damit ausgeschlossen wird, zuvor aber völlig ›assimiliert‹ an das katholische Österreich gelebt hat, mit dessen Mundart, Volkstracht, Landschaft und Literatur er aufgewachsen ist (Améry 2002). Daraus resultiert für Améry insofern eine selbstzerstörerische Konstellation, als die Abgrenzung vom faschistischen Österreich mit einer Negation der eigenen Herkunftsgeschichte verbunden ist. Sebald bringt diesen Konnex auf die Gleichsetzung der »Zerstörung der Heimat« mit der »Zerstörung der Person« (CS 164). Diese von Améry in seiner 1966 erschienenen Essaysammlung *Jenseits von Schuld und Sühne* beschriebene Konstellation greift Sebald nicht nur in seinen literaturwissenschaftlichen Essays auf, sondern lässt sie auch in die Figurenkonstruktion des Erzählbands *Die Ausgewanderten* einfließen.

Nach Sebalds eigener Aussage steht am Anfang der Arbeit an diesem Erzählband zum einen die Beschäftigung mit Leben und Werk Amérys, zum anderen die Nachricht über den Selbstmord seines Schullehrers, die ihren Niederschlag in der Figur Paul Bereyter findet. Sebald verbindet die Lebensgeschichte Amérys mit der Geschichte des Lehrers, indem er die Tatsache, dass beide Selbstmord begehen, als Konsequenz der nationalsozialistischen Verfolgung interpretiert, deren zerstörerische seelische Auswirkung bei den Überlebenden häufig erst mit großer zeitlicher Verzögerung eintritt (vgl. Angier 1997, 47). Die in Amérys Essay *Wieviel Heimat braucht der Mensch?* aus dem Band *Jenseits von Schuld und Sühne* entfaltete Analyse seines höchst ambivalenten Verhältnisses zu seiner österreichischen ›Heimat‹ und des widersprüchlichen Charakters des ›Heimwehs‹, das für einen Verfolgten in einer selbstzerstörerischen Verbindung aus Sehnsucht und Selbsthass bestehe, ist als Subtext für alle Erzählungen in *Die Ausgewanderten* zentral.

Sebald verortet Amérys Schreiben nicht nur im Rahmen der österreichischen Literaturgeschichte, sondern auch im Kontext der deutschsprachigen Literatur der 1960er Jahre, wobei Sebald Amérys singuläre Position als Stimme eines jüdischen Überlebenden innerhalb der deutschsprachigen Nachkriegsliteratur hervorhebt, die – so die Diagnose – bis auf wenige Ausnahmen die Geschichte des Holocaust verdrängt oder in einer unangemessenen, die jüdischen Opfer vereinnahmenden Weise dargestellt habe. Poetologisch folgt für Sebald aus dieser moralisch wie ästhetisch als defizitär bewerteten Situation der Nachkriegsliteratur, dass die reine Fiktion ohne dokumentarische Elemente der Geschichte nicht gerecht werden kann.

Das Verhältnis von Erfahrung und Werk

Ebenfalls 1988 erscheint im 43. Band von *Études Germaniques* der Essay *Mit den Augen des Nachtvogels. Über Jean Améry*, wiederabgedruckt in *Campo Santo*. Im Fokus dieses Textes stehen die biographische Erfahrung der Verfolgung im Nationalsozialismus und die daraus resultierende seelische Beschädigung sowie die Konsequenzen für das Schreiben des Autors, das mit seiner Biographie kurzgeschlossen wird. Die wichtigste Referenz für diese Überlegungen ist Amérys Essay *Die Tortur*, in dem dieser eindrücklich beschreibt, wie die Erfahrung der Folter im Lager Breendonk irreversibel sein weiteres Leben bestimmt, zugleich aber sprachlich nicht repräsentiert werden kann.

Améry selbst hat seine Essaysammlungen als Teil eines essayistisch-autobiographischen Romans bezeichnet, der sich dadurch auszeichne, dass er die Darstellung historischer Ereignisse mit der Perspektive subjektiver Erfahrung verknüpft. Diese Schreibweise, die Autobiographisches mit essayistischer Reflexion verbindet, aber keine Narration entfaltet, führt Sebald auf die Erfahrung der Gewalt zurück, deren Äquivalent die Sprachlosigkeit sei. Die kaum auszuhaltende Erinnerung an die erfahrene Gewalt nötige Améry, »alles aufzufangen und zu übersetzen in der Reflexion, um es halbwegs kommensurabel zu machen« (CS 152 f.). Erst die Beschreibung der konkreten, partikularen Erfahrung und nicht die »abstrakte Rede von den Opfern des Nationalsozialismus« (151) sei geeignet, das Wesen des Terrors zu evozieren, so Sebald.

In seinem Essay knüpft er an zentrale Topoi des kulturwissenschaftlichen Holocaustdiskurses an, zum einen in Bezug auf die Frage der Zeugenschaft und Repräsentierbarkeit des Holocaust, zum anderen im Hinblick auf Konzepte der anhaltenden Traumatisierung von Opfern der nationalsozialistischen Vernichtungspolitik. Améry hat in seinem Essay *Die Tortur* selbst auf die Unauslöschlichkeit der Erfahrung von Folter und Verfolgung hingewiesen. Sebald reformuliert dessen Aussagen im Rekurs auf die in den 1960er Jahren publizierten Arbeiten des Psychoanalytikers William Niederland über das ›Überlebenden-Syndrom‹ von NS-Opfern. Niederland charakterisiert die traumatische Erfahrung als eine Verbindung von Amnesie und Hypermnesie, die begleitet ist von einer Auflösung chronologischer Zeitfolgen in der Erinnerung. »Die Erfahrung des Terrors bewirkt die Dislokation auch in der Zeit, der abstraktesten Heimat des Menschen« (CS 154), so Sebald. Das für Niederland zentrale Konzept der Verknüpfung von »Amnesie« und »Hypermnesie«, das Sebald für seinen Roman *Austerlitz* adaptieren wird, impliziert, dass die Chronologie in der Erinnerung verschwimmt und einzig die traumatischen Szenen mit großer Deutlichkeit auftauchen. Unerwähnt bleibt bei Sebald, dass zwar auch Améry seine politische Positionierung konsequent auf seine Erfahrungen zurückführt, sich jedoch gegen eine psychiatrische Qualifizierung dieser Erfahrung als »KZ-Syndrom« (Améry 2002, 127) verwahrt.

Sebald hebt ferner die Kompromisslosigkeit der Haltung Amérys hervor: Die von diesem vertretene These, dass der Terror und Vernichtungswille nicht ein Akzidens, sondern die Essenz des Nationalsozialismus bildet und dessen Verdrängung die deutsche Gesellschaft anhaltend deformiert, ist in den 1960er Jahren singulär, aber auch im Rahmen des deutschsprachigen Holocaustdiskurses Ende der 1980er noch provokativ »Und so ist Améry auch der einzige geblieben, der die Obszönität einer psychisch und sozial deformierten Societät denunziert hat« (CS 157 f.).

Als Beleg für Amérys Radikalität rekurriert Sebald vor allem auf dessen Konzept des ›Ressentiments‹: In Differenz zum chronologischen, natürlichen Zeitbewusstsein qualifiziert Améry das Ressentiment als moralisches Zeitbewusstsein, das seinen Widerstand gegen die Wirklichkeit aufrechterhält. Amérys Forderung, den Konflikt offenzuhalten, und die These, dass die Position des Opfers im Prozess der historischen Wahrheitssuche privilegiert ist (vgl. Améry 2002, 130 f.), weist auf historiographische Positionen voraus, die erst ab den 1980er Jahren – etwa von Saul Friedländer oder Dan Diner – diskutiert werden. Das Offenhalten des Konflikts durch das Ressentiment – so Améry – fände seine »geschichtliche Funktion« darin, dass eine tatsächliche Auseinandersetzung der deutschen Gesellschaft mit Auschwitz stattfinden könnte und eine radikale Verwerfung des gesamten Erbes des Nationalsozialismus. Sebald interessiert sich aber weniger für die politischen Implikationen dieses Konzepts, sondern wiederum primär für die seelische Verfassung des Opfers, die darin zum Ausdruck komme.

An diese Überlegungen schließt Sebald 1990 in einem vergleichenden Essay *Jean Améry und Primo Levi* an, in dem er sich auf das Problem der Zeugenschaft konzentriert. Auch hier ist Sebalds Ansatz primär biographisch, wenn er etwa den Selbstmord beider Autoren, die Auschwitz überlebt haben, als Spätfolge einer nicht zu bewältigenden Erfahrung deutet oder über

deren ›Überlebensschuld‹ reflektiert. Sebald hebt abschließend auf die »selbstzerstörerische Problematik des Überlebenden als schreibendes Subjekt« (Sebald 1990, 121) ab, indem er eine Differenz zwischen stummer und beredter Zeugenschaft eröffnet, die eine deutliche Nähe zu Lyotards Theorie des Erinnerns als Form des Vergessens aufweist, ohne dass dieser Bezug genannt würde. Im Rekurs auf Niederland und Theodor Reik differenziert Sebald zwischen dem Gedächtnis, das die empfangenen Eindrücke bewahrt, und dem Prozess der Erinnerung, der das Gedächtnis durch die Übersetzung in eine geordnete diskursive Form auflöst. Zwar erfülle so die »beredte Zeugenschaft« eine wichtige soziale Funktion, sei aber der »stummen Zeugenschaft« moralisch unterlegen, da sie von der nicht kontrollierbaren Wahrheit des Gedächtnisses abweiche und damit subjektiv als Verrat an den Toten aufgefasst werde (vgl. Mosbach 2008, 48–57).

Jean Améry und »Austerlitz«

Sebalds Reflexionen in den literaturwissenschaftlichen Essays über die unauslöschliche Erfahrung von Überlebenden, die (Un-)Darstellbarkeit dieser Erfahrung, das nicht chronologische Zeitbewusstsein sowie das besondere Verhältnis von Amnesie und Hypermnesie haben einen deutlichen Niederschlag im Roman *Austerlitz* gefunden. Die Intertextualitätsforschung zum Werk Sebalds hat darauf hingewiesen, dass bereits der Titel des Essays *Mit den Augen des Nachtvogels* sowohl auf Amérys Roman *Le Feu oder Der Abbruch* anspielt als auch mit der Darstellung des Nocturamas und der Abbildung der Nachtvogelaugenpaare in *Austerlitz* interferiert (Heidelberger-Leonard 2005; Schmucker 2012). Das Leben der Tiere im Nocturama evoziert das für die Améry-Essays ebenfalls zentrale Thema der Fremdheit in einer »falschen Welt«.

Die Figur Austerlitz entkommt zwar der nationalsozialistischen Verfolgung durch die Verschickung als kleines Kind nach England, der Verlust der Eltern, der gewohnten Umgebung, der Sprache und sogar des eigenen Namens wirken aber so verstörend, dass dieses Ereignis lange Zeit der Amnesie unterliegt, bevor es im Erwachsenenalter in überdeutlicher Schärfe erinnert wird. Der Verlust chronologischen Zeitbewusstseins und eine räumlich gedachte Erinnerung und Zeiterfahrung, in der sich verschiedene Zeitebenen überlagern bzw. Zeit in einem Vakuum still gestellt wird und dadurch vergangene Ereignisse konserviert, ist nicht nur prägend für das Erleben der Titelfigur, sondern durchzieht als Motiv den gesamten Roman in den kontinuierlichen Reflexionen über Topographie, Architektur und Baugeschichte (Mosbach 2008; Johannsen 2008).

Mit dem Befund vielfältiger intertextueller Bezüge im Werk Sebalds ist eine zentrale Frage der Sebaldforschung berührt; diese Referenzen – auf H. G. Adler, Benjamin, Peter Weiss, Kafka, Claude Simon, Dan Jakobson u. a. – stehen in *Austerlitz* vor allem im Zusammenhang mit der Erfahrung des Holocaust (Schedel 2004). In der Integration von Sub- und Prätexten manifestiert sich nicht nur das Geschichtsmodell des Romans und ein palimpsestförmiges Erinnerungskonzept, stattdessen kann sie als Verfahren dafür gelesen werden, die von Sebald vielfach kritisierte fiktionale »Usurpation« der Opfererfahrung durch die Integration intertextueller Bezüge zu ersetzen. Eine explizite Referenz auf Améry erfolgt in der ersten Hälfte von *Austerlitz* mit einem Hinweis auf die Beschreibung der Folter in dessen Essay *Die Tortur*.

In *Austerlitz* wird die Auseinandersetzung des Ich-Erzählers mit dem Holocaust durch dessen Besuch der Festung Breendonk und des Museums für den belgischen Widerstand eingeleitet. Breendonk fungierte zwischen 1940 und 1944 als nationalsozialistisches Lager, in dem auch Améry, als Mitglied des belgischen Widerstands, vor seiner Deportation nach Auschwitz gefangen gehalten und gefoltert wurde. Der Erzähler reflektiert dabei, dass er sich zwar in die Mitglieder der deutschen Wachmannschaften hineinzuversetzen vermag, nicht aber in die Opfer. An die Stelle einer Fiktion dieser nicht einholbaren Erfahrung setzt Sebald die literarische Referenz. Im Kontext der Darstellung des Lagers Breendonk verweist der Erzähler explizit auf die Lektüre von Amérys Essay über die Erfahrung der Folter, die allerdings als dem Besuch in Breendonk zeitlich nachgelagert beschrieben wird. Die Bedeutung dieser Episode wird dadurch hervorgehoben, dass auch am Ende des Romans eine Fahrt des Erzählers nach Breendonk steht, diese beiden Episoden somit den Roman und die NS-Reflexion des Erzählers rahmen. Auch der zweite Besuch der Festung Breendonk, mit dem der Roman schließt, endet mit einer literarischen Referenz, die die aporetische Situation der Nachgeborenen betont, die nach Spuren jüdischen Lebens in Europa suchen, das sich nicht mehr »heraufholen läßt«, sondern nur »Zeichen der Vernichtung« (Aus 416) hinterlassen hat. Auch wenn die expliziten intertextuellen Referenzen auf das Werk Amérys in *Austerlitz* nur punktuell platziert sind, ist die NS-reflexive Poetik, die Sebald aus seiner Améry-Lektüre ableitet, für die gesamte Anlage des Romans *Austerlitz* zentral (Heidelberger-Leonard 2005; Holdenried 2007).

Literatur

Améry, Jean: Jenseits von Schuld und Sühne. In: Jean Améry: *Werke*. Bd. 2. Stuttgart 2002.

Angier, Carole: Wer ist W. G. Sebald? Ein Besuch beim Autor der »Ausgewanderten«. In: Franz Loquai (Hg.): *W. G. Sebald*. Eggingen 1997, 43–50.

Fuchs, Anne: *Schmerzensspuren der Geschichte. Zur Poetik der Erinnerung in W. G. Sebalds Prosa*. Köln/Weimar/Wien 2004.

Heidelberger-Leonard, Irene: Jean Amérys Werk – Urtext zu W. G. Sebalds Austerlitz? In: *Recherches germaniques: W. G. Sebald. Mémoire. Transferts. Images. Erinnerung. Übertragungen. Bilder*, hg. von Ruth Vogel-Klein, Nr. 2 (2005), 117–128.

Holdenried, Michaela: Zeugen – Spuren – Erinnerung. Zum intertextuellen Resonanzraum von Grenzerfahrungen in der Literatur jüdischer Überlebender. Jean Améry und W. G. Sebald. In: Christoph Parry/Edgar Platen (Hg.): *Autobiographisches Schreiben in der deutschsprachigen Gegenwartsliteratur. Bd. 2: Grenzen der Fiktionalität und der Erinnerung*. München 2007, 74–85.

Johannsen, Anja K.: *Kisten, Krypten, Labyrinthe. Raumfigurationen in der Gegenwartsliteratur. W. G. Sebald, Anne Duden, Herta Müller*. Bielefeld 2008.

Klebes, Martin: No Exile. Crossing the Border with Sebald and Améry. In: Gerhard Fischer (Hg.): *W. G. Sebald. Schreiben ex patria / Expatriate Writing*. Amsterdam/New York 2009, 73–90.

Mosbach, Bettina: *Figurationen der Katastrophe. Ästhetische Verfahren in W. G. Sebalds »Die Ringe des Saturn« und »Austerlitz«*. Bielefeld 2008.

Öhlschläger, Claudia: Dislokation des Subjekts. W. G. Sebald und Jean Améry. In: Claudia Öhlschläger: *Beschädigtes Leben. Erzählte Risse. W. G. Sebalds poetische Ordnung des Unglücks*. Freiburg 2006, 101–110.

Poetini, Christian: Auf den Spuren Jean Amérys. In: Irene Heidelberger-Leonard/Mireille Tabah (Hg.): *W. G. Sebald. Intertextualität und Topographie*. Berlin 2008, 141–152.

Schedel, Susanne: *»Wer weiß, wie es vor Zeiten wirklich gewesen ist?« Textbeziehungen als Mittel der Geschichtsdarstellungen bei W. G. Sebald*. Würzburg 2004.

Schmucker, Peter: *Grenzübertretungen. Intertextualität im Werk von W. G. Sebald*. Berlin/Boston 2012.

Sebald, Winfried Georg: Jean Améry und Primo Levi. In: Irene Heidelberger-Leonard (Hg.): *Über Jean Améry*. Heidelberg 1990, 115–123.

Susanne Düwell

47 Jan Peter Tripp

Die Freundschaft, die W. G. Sebald mit dem Maler Jan Peter Tripp verband, geht auf die gemeinsame Schulzeit in Oberstdorf im Allgäu zurück. 1976 besuchte Sebald den Künstler in Stuttgart in der Reinsburgstraße. »Meinen Besuch bei ihm«, so erinnert er sich, »habe ich als denkwürdig in Erinnerung behalten, weil mich mit der Bewunderung, die ich für die Arbeit Tripps sogleich empfand, der Gedanke streifte, daß ich auch gern einmal etwas anderes tun würde als Vorlesungen zu halten und Seminare« (CS 243). Tripp gab Sebald bei diesem Besuch einen von ihm gefertigten Stich als Geschenk mit, der den Juristen, Schriftsteller und Nervenkranken Daniel Paul Schreber, bekannt geworden durch seine 1903 publizierten *Denkwürdigkeiten eines Nervenkranken*, mit einer Spinne in seinem Schädel zeigt. Auf diesen Stich und auf das künstlerische Verfahren Jan Peter Tripps ginge, so Sebald, vieles von dem, was er später geschrieben habe, zurück: »[...] auch in der Art des Verfahrens, im Einhalten einer genauen historischen Perspektive, im geduldigen Gravieren und in der Vernetzung, in der Manier der *nature morte*, anscheinend weit auseinander liegender Dinge. Immerfort frage ich mich seither, was sind das für unsichtbare Beziehungen, die unser Leben bestimmen, wie verlaufen die Fäden [...]« (CS 243 f.).

Nicht nur die surreale Komponente des Kunstwerks, auch das hier figurierte Modell einer nicht still zu stellenden Gedankenarbeit, die Präzision als Haltung gegenüber der Geschichte und als ästhetisches Verfahren werden für Sebalds schriftstellerisches Schaffen vorbildhaft. Gerade in der Genauigkeit der Darstellung, die bei Tripp hyperrealistische Züge annimmt, scheinen jene »unsichtbare Beziehungen« auf, die, wie Sebald in seinen Texten immer wieder suggeriert, »unser Leben bestimmen« (CS 244). So gewinnt der Besuch in der Reinsburgstraße, wo es, wie sich Sebald erinnert, in der Nachkriegszeit ein Lager für sogenannte »Displaced Persons« gab, das von Stuttgarter Polizisten im März 1946 unter Gewaltanwendung inspiziert wurde, nachgerade die Dimension eines *kairos*: Unerwartet sieht sich der Autor am Ort der Begegnung mit dem Künstlerfreund mit der Schreckensgeschichte der Deutschen und ihren Verdrängungsmechanismen konfrontiert. Eine kleine private Episode erweist sich wie so oft in Sebalds Texten eng mit der Schreckensgeschichte eines Kollektivs verbunden. Seit Beginn seiner literarischen Produktion, so heißt es bei Lenzen zutreffend, »zeigt Sebald zwischen dem scheinbar zufällig Zusammengefügten Bezüge auf, spinnt und verwebt Fäden zu einem irisierenden Spinnennetz« (Lenzen 2011, 526).

Sebalds Essays über Jan Peter Tripp

Sebald verfasste zwei Essays über den Künstlerfreund Jan Peter Tripp, von denen der erste mit dem Titel *Wie Tag und Nacht – Über die Bilder Jan Peter Tripps*, 1998 in *Logis in einem Landhaus* erschienen, programmatischen Charakter hat. Hinter dem Illusionismus der Bilder Jan Peter Tripps, so heißt es dort, verberge sich jene »furchterregende Tiefe«, die das »metaphysische Unterfutter der Realität« sei (Log 181). Während die klassische *trompe l'oeil*-Malerei eine technische Manier zur Erzeugung des sogenannten *effet du réel* darstelle, zeigten die Bilder Jan Peter Tripps eine Eigenschaft, die sie vom reinen Photo- und Hyperrealismus entferne: Sie arbeiteten mit Strategien der »Abweichung und Differenz« (178). Sebald richtet seinen Fokus demnach nicht allein auf die formale Kunstfertigkeit des Malers, sondern auf dessen perfekten Illusionismus und eine dadurch ausgelöste Verschiebung in der Wahrnehmung, die befremdliche Empfindungen und die Freisetzung von Affekten auslöst. Damit mache der Maler die verborgenen Schichten der Realität sichtbar.

Da Jan Peter Tripp, was Sebald an dessen Aquarell »Ein leiser Sprung« ausführt (vgl. Log 176), in seinen Bildern Photographie und Malerei in eine Konkurrenzbeziehung bringt, bietet sich seine Kunst an, um über den Stellenwert von medial erzeugter Realität zu reflektieren. Während die Photographie die Wirklichkeit in eine Tautologie verwandle, eigne der Kunst das Moment »der Ambiguität, der Polyvalenz, der Resonanz, der Verdunklung und der Erleuchtung, kurz, der Transzendierung dessen, was nach einem unumstößlichen Satz der Fall ist. [...] Der Auslöschung der sichtbaren Welt in endlosen Serien der Reproduktion begegnet sie mit den Mitteln der Dekonstruktion der Erscheinungsformen« (178). So gesehen würde Kunst auf dem Weg der Zertrümmerung und Neubildung des Sichtbaren nicht zuletzt durch das Einbringen »glückliche[r] Fehler« (179) auch unsichtbare Facetten zutage fördern und Ungewöhnliches zur Geltung bringen können. Jenseits dieser Bewertung erfüllt sich die Funktion der Photographien, die Sebald vorzugsweise in seine Texte integriert, nicht in einem mimetischen Auftrag. Vielmehr hat es den Anschein, als ob Sebald sich analog der Eigenschaften von Tripps

Kunst Strategien der Täuschung, Abweichung und Differenz bedient, indem er sein Bildmaterial unkommentiert lässt, es ausschnitthaft, fragmentiert oder gar unscharf präsentiert. Aber selbst dort, wo Bilder Fakten zu schaffen und diese zu belegen scheinen, kommt es im Textgefüge zu Inkongruenzen, Unstimmigkeiten und referenziellen Störungen. Sebald leuchtet gerade im Dazwischen von scheinbar wirklichkeitsgetreuer Darstellung (Faktizität) und ihrer leichten Verschiebung (Fiktionalisierung) an der Schwelle von Aufhellungs- und Verdunklungsverfahren (Boehncke 2003) vergessene, verdrängte, bisher nicht sichtbare Facetten historischer Traumata aus.

Auch der zweite, deutlich kürzere Essay über Jan Peter Tripp mit dem rätselhaft wirkenden Titel *Scomber scombrus oder die gemeine Makrele. Zu Bildern von Jan Peter Tripp*, 2003 posthum in *Campo Santo* erschienen, reflektiert die Undurchsichtigkeit und Undurchdringlichkeit der Handlungsabsichten des Menschen unter Verweis auf zwei Acrylbilder Jan Peter Tripps (»Das ungeschriebene Gebot« [1996] und »Endspiel« [1999]), die allegorisch-symbolischen Charakter haben: Eine im ersten Fall durch Hände, im zweiten Fall auf einem Teller dargebotene Makrele wird auf der jeweils gegenüberliegenden Seite mit einem zu Fäusten geballten Händepaar konfrontiert. Die Gabe wird im einen wie im anderen Fall verweigert. Sebalds Text legt es nahe, in Makrelen – analog zu Menschen – Geschöpfe zu sehen, die gegen den Strom schwimmen und sich Barrieren widersetzen, sich ohne Rast auf Wanderschaft begeben und einem Ziel zustreben, das ihnen letztendlich verschlossen bleibt: »Wo sie, im Gegensatz zu den seßhafteren Fischen, überall herumziehen, das war lange und ist auch heute noch ein Rätsel« (CS 210). Weder naturwissenschaftlich noch kulturgeschichtlich lasse sich die Makrele fassen, genauso wie auch die Handlungsabsichten desjenigen undurchsichtig blieben, dem sie sich darbiete. In Sebalds Lektüre der beiden Acryl-Bilder Tripps, auf denen Mensch und Ding, Mensch und Kreatur, Mensch und Mensch zueinander auf Distanz gehen, gestaltet sich Interaktion emotionslos, rätselhaft und unzugänglich.

Eine etwas andere Valenz erhalten die Dinge in Sebalds erstem Essay über Jan Peter Tripps Bilder. Die hier gezeigten Gegenstände, detailgenau und bis in die feinsten Nuancen erfasst, leisten einen wichtigen Beitrag zur Reaktualisierung unseres kulturellen Gedächtnisses, insofern sie als Erinnerungsträger fungieren und sich scheinbar losgelöst von menschlichem Einfluss in leblos wirkenden Räumen positionieren,

um ihre Geschichte oder Geschichten zu erzählen. »Die *nature morte* ist bei Tripp, weit deutlicher als je zuvor, das Paradigma unserer Hinterlassenschaft. An ihr geht uns auf, was Maurice Merleau-Ponty in *L'Oeil et L'Esprit* den ›regard préhumain‹ genannt hat, denn umgekehrt sind in solcher Malerei die Rollen des Betrachters und des betrachteten Gegenstands. Schauend gibt der Maler unser allzu fertiges Wissen auf; unverwandt blicken die Dinge zu uns herüber« (Log 174). Dinge erhalten also hier einen autonomen Status, da sie »uns (im Prinzip) überdauern« und mehr über uns »wissen [...] als wir über sie; sie tragen die Erfahrungen, die sie mit uns gemacht haben, in sich und *sind* – tatsächlich – das vor uns aufgeschlagene Buch unserer Geschichte« (173). Dinge bewahren jedoch nicht nur persönliche Erfahrungswerte, in ihnen kristallisiert sich vergehende und vergangene Zeit, »ephemere Augenblicke und Konstellationen« (183), die dem zeitlichen Ablauf eines Geschehens entzogen werden: »Ein roter Handschuh, ein abgebranntes Zündhölzchen, eine Perlzwiebel auf einem Schneidbrett, diese Dinge tragen dann alle Zeit in sich, sind durch die passionierte Geduldsarbeit des Malers gewissermaßen für immer gerettet. Die Erinnerungsaura, die sie umgibt, verleiht ihnen den Charakter von Andenken, in denen Melancholie sich kristallisiert« (183). An Jan Peter Tripps großformatigem Bild »La déclaration de guerre« rekonstruiert Sebald schließlich den Weg wandernder Dinge, die, über Zeiten und Epochen hinweg, in einem Dazwischen von Räumen und Zeiten, aber auch zwischen Bildern Zusammenhänge stiften (Jacobs 2015), indem sie den Kontext, in dem sie ursprünglich standen, in einen neuen Kontext transferieren und transponieren. Zwischen der Darstellung eines »feine[n] Paar[s] Damenschuhe«, das in einem zweiten, kleinformatigeren Bild Tripps mit dem Titel »Déjà vu oder Zwischenfall« (1992) Jahre später auftaucht und hier von einem Hund mit Pantolette flankiert wird, und dem von Jan van Eyck 1434 für Giovanni Arnolfini gemalten Hochzeitsbild ergibt sich auf diese Weise ein unmittelbarer Zusammenhang. Der Hund mit der Pantolette, der aus dem Gemälde van Eycks in den Bildraum Jan Peter Tripps hineingetreten zu sein scheint, bezeugt gleichsam als Revenant aus einer anderen Zeit »die Offenbarung« eines Geheimnisses, das sich auch jetzt kaum entschlüsseln lässt: »Die rothaarige Frau, die in dem Bild Jan Peter Tripps nachsinnt über die Geschichte ihrer Schuhe und einen unerklärlichen Verlust, ahnt nicht, daß die Offenbarung des Geheimnisses hinter ihr liegt – in Form eines analogen Gegenstands aus einer längst vergangenen Welt« (Log 187 f.). Damit entsteht sowohl innerhalb wie außerhalb des Bildraumes ein metonymischer Verweisungszusammenhang, eine Struktur des *déjà vu* (Jacobs 2015), die eine mögliche Entzifferung des Bildrätsels immer wieder aufschiebt. Die in den Dingen sich kristallisierenden Narrative persönlicher und kollektiver Ereignisse fordern in dem Maße zu ihrer Entzifferung auf wie sie sich einer solchen entziehen. Der Schluss des Essays legt es nahe, in dem »wilden«, nicht domestizierten Auge des Hundes auf Tripps Acrylgemälde »Déjà vu oder Zwischenfall«, das anders als das domestizierte Auge nicht den Blick auf uns richtet, sondern ›abseitig und fremd‹ wirkt, den Zugang zur Entschlüsselung dieser unsichtbaren Dimension finden zu können. Es scheint dieser abseitige und fremde Blick zu sein, der Zeugnis ablegt über all das zu Sehende und Gesehene. Das an der Betrachtung von Jan Peter Tripps Kunstwerken geschulte, zwischen Schärfe und Unschärfe changierende Verfahren einer Art sich selbst überbietenden Mimesis nimmt den Rezipienten in die erzählte Zeit mit hinein und überträgt ihm die Verantwortung der Ausdeutung von Geschichte und Erinnerung. Von hier aus erhält Sebalds ethische Dimensionierung von Ästhetik entscheidende Impulse.

Der gemeinsame Band »Unerzählt«

Der von Jan Peter Tripp 2003 herausgegebene, posthum erschienene Band *Unerzählt*, der auf ein gemeinsames, »schon vor Jahren« geplantes Projekt mit Sebald zurückgeht (Unz 4), kreist schließlich wieder um das Motiv des Auges und dessen getrübter Sehkraft, einer »Schlüssel-Metapher« für das »Werk der Erinnerung« und die »Arbeit der Zeugenschaft im Strom der reißenden Zeit« (Köhler 2003, o. S.). Hier werden 33 Radierungen von Augenpaaren von Personen aus privaten und öffentlichen Kontexten mit 33 aphoristisch anmutenden Textminiaturen, die Sebald in der Zeit von 1999 bis kurz vor seinem Tod geschrieben hat, dergestalt miteinander kombiniert, dass sich ein »Echoraum« (Köhler 2003, o. S.) eröffnet, in dem Ungehörtes und Ungesagtes sich sehend und lesend entfalten kann. Der Band wird durch ein Gedicht von Hans Magnus Enzensberger, das Sebald als gleichsam schwerelosen Spurensucher figuriert, der verborgene und vergessene Schrecknisse mit Worten durchmisst, sowie einem Nachwort der Literaturkritikerin Andrea Köhler gerahmt. Die zum Teil mit Brille, Monokel und Lupe versehenen Augenpaare gehören Schriftstellern,

Künstlern, Freunden und einem Hund namens Maurice, wie wir einem Register am Ende des Bandes entnehmen können. Unter ihnen befinden sich auch die Augenpaare von Jan Peter Tripp (vgl. Unz 10) und W. G. Sebald, einmal mit und einmal ohne Brille (vgl. 71). Lorenz Jäger verfolgt in seiner Rezension die Frage, welche Notwendigkeit den Künstler Jan Peter Tripp zum Gesicht führe und kommt zu dem Ergebnis, dass die europäische Kultur – ganz im Gegensatz beispielsweise zur japanischen – von der Person und dem Gesicht als Träger von Macht und Autorität besessen sei. Gleichwohl haben wir es in diesem Fall mit Ausschnitten von Gesichtern zu tun, deren Lesbarkeit ebenso erschwert wird wie die Möglichkeit, sie einer bestimmten Person zuzuordnen. Durch die Fragmentierung treten die Augen als »moralisch anspruchsvollste Partie des Gesichts und zugleich ganz stumme Natur« (Jäger 2003) umso deutlicher heraus. Als Zentrum menschlichen Erkennens spiegeln sich in ihnen gleichzeitig »Moralität, Natur und Geheimnis« (Jäger 2003). In ihnen scheint sich eine Wahrheit zu offenbaren, die sich aber doch zugleich in einen unzugänglichen Bereich des Ich zurückzuziehen. So gesehen werden die Augenpaare zu Geheimnisträgern; die ihnen zugeordneten Textminiaturen bleiben nicht weniger opak. Entsprechend figurieren die meist nicht mehr als drei bis sechs Zeilen umfassenden Texte auf ihre Weise den Augenblick als Zeitpunkt und Erkenntnismoment. Ihre Wirkung erfüllt sich in der Präsenz des uneinholbaren *momentum*, aber gerade weil sie im Gestus der Stillstellung vergehender Zeit entzogen sind, eignet ihnen der Charakter von »Inschriften, Andenken und Zitate[n]« (Köhler 2003, o. S.). In diesem Sinne besitzt das Bild-Text-Gefüge von *Unerzählt* gleichsam einen epigrammatischen Charakter. Jedoch handelt es sich bei den Texten nicht um Kommentare, bei den Radierungen nicht um Illustrationen der Texte. In ihrem Sprachduktus, in ihrer Natur- und Jahreszeitmotivik sowie der Gestaltung von Temporalität weisen die Texte Ähnlichkeiten mit der japanischen Gedichtform des Haiku als kleiner Form auf, wie etwa in den Julie Seltz zugeordneten Zeilen »In der Dunkelheit über der Mündung der Somme die Pleiaden leuchtend wie nirgendwo sonst« (Unz 19). Das Haiku, so hat dies Roland Barthes einmal formuliert, präsentiere den gegenwärtigen Augenblick im Moment seiner Verwandlung in Gedächtnis. Legt man dieses Strukturmuster einer »Feindialektik der Zeit« (Barthes 2008, 97) dem von Jan Peter Tripp herausgegebenen Band *Unerzählt* zugrunde, so wird dieser als intermediale Figuration der Gleichzeitigkeit verschiedener

Zeitmaße und Zeiträume lesbar: Das jeweils gezeigte Augenpaar scheint vor dem Hintergrund des Gesagten in der Vergangenheit liegende Augenblicke wieder in Erinnerung zu rufen und diese – gewissermaßen als Öffnung auf einen noch nicht sichtbaren Horizont – für eine Art visionäre Innenschau, die in die Zukunft weist, produktiv zu machen: »My eye begins to be obscured bemerkte Joshua Reynolds am Vorabend des Sturms auf die Bastille« (Unz 43). Die formale Symmetrie, die zwischen den gerahmten, mittig platzierten Augenpaaren und der zentrierten Anordnung der Textminiaturen hergestellt wird, täuscht darüber hinweg, dass die visuell aufeinander abgestimmte Beziehung zwischen Bild und Text zuweilen zutiefst befremdlich, wenn nicht sogar bizarr wirkt, so, wenn es beispielsweise unter dem Augenpaar des spanischen Schriftstellers und Kolumnisten Javier Marías heißt: »Die roten Flecken auf dem Planeten Jupiter sind drei hundert Jahre alte Orkane« (8 f.), oder unter dem treuen Blick des Hundes Maurice: »Sende mir bitte den braunen Mantel aus dem Rheingau in welchem ich vormals meine Nachtwanderungen machte« (12 f.). Es ist dem Leser aufgetragen, einen sinnstiftenden Zusammenhang zwischen den Augen-Blicken der Radierungen und den Textstücken, die augenblickhafte Erkenntnis suggerieren, herzustellen. Referenzialität ist hier so gut wie nicht gegeben. Vielmehr haben wir es mit einem metonymischen Gefüge zu tun, das Sinnhaftigkeit für einen Moment aufleuchten lässt, diese aber analog zu Barthes' Verständnis einer »Feindialektik der Zeit« im Moment ihres Aufscheinens zugleich dem Vergehen der Zeit überantwortet. Der Band *Unerzählt* präsentiert uns Gebärden des Sehens und des Sagens, insofern die Blicke wie auch die Texte etwas still zu stellen scheinen, was sich im nächsten Moment auch schon wieder verflüchtigt. Vor diesem Hintergrund gewinnt der Band *Unerzählt* die Kontur einer Auseinandersetzung mit der Sichtbarmachung unsichtbarer Zeit: »Aber die Zeit dieweil die Finsternis ist die Zeit siehet man nicht« (65).

Jan Peter Tripp seinerseits hat in einem jüngst erschienenen »Text- und Bildbuch«, das er zusammen mit dem Dichter Hans Magnus Enzensberger und der Gestalterin Justine Landat herausgegeben hat, erneut mit seinem figurativ-magischen Realismus auf Sebald rekurriert. Auch dieser Band setzt Tripps Bilder – diesmal zu Texten von Enzensberger – kombinatorisch und inszenatorisch ins Verhältnis. Ein Eintrag mit dem Titel »Ein Abschied von Max Sebald« gibt Enzenbergers Abschiedsgedicht an Sebald aus *Un-*

erzählt wieder und kombiniert es mit vier, zum Teil verschatteten und fragmentierten Profilansichten des Autors, die dem Werk »L'Oeil oder die weisse Zeit« (2003) zugehören, das Tripp anlässlich des zweiten Todesjahrs des Freundes gemalt hat. Die beiden unteren Porträts zeigen Sebald mit Brille, lassen jedoch seine Augen im Unsichtbaren. Eine Lampe im rechten unteren Porträt wirft künstliches Licht auf die Stirn und die Nasenspitze des Autors. Jenseits der Beobachtung, dass es sich hier aufgrund der hyperrealistischen Ästhetik um die Darstellung einer »meta-representational gesture« handeln könnte (Polster 2009, 42), sind die von Tripp inszenierten Helligkeits- und Dunkelheitseffekte bemerkenswert. Sie entsprechen der Beobachtung Enzensbergers, dass wir es hier mit einem Schriftsteller zu tun haben, der sich nicht scheut, das Dunkel vergessener Traumata und Albträume zu durchdringen, um sie unter Zuhilfenahme eines komplexen artifiziellen Verfahrens anzusehen und auszuleuchten.

Literatur

Barthes, Roland: *Die Vorbereitung des Romans*. Vorlesung am Collège de France 1978–1979 und 1979–1980. Frankfurt a. M. 2008.

Enzensberger, Hans Magnus/Landat, Justine/Tripp, Jan Peter: *Blauwärts. Ein Ausflug zu dritt*. Berlin 2013.

Boehncke, Heiner: Clair obscur. W. G. Sebalds Bilder. In: *Text + Kritik*: W. G. Sebald. Heft 158 (April 2003), 43–62.

Jacobs, Carol (Hg.): Déjà Vu or ...: »Like Day and Night – on the Pictures of Jan Peter Tripp«. In: *Sebald's Vision*, hg. von Carol Jacobs. New York [u. a.] 2015, 148–163.

Jäger, Lorenz: Moralität, Natur und Geheimnis: W. G. Sebald und Jan Peter Tripp tauschen Blicke. In: *FAZ*, 18.3.2003.

Köhler, Andrea: Die Durchdringung des Dunkels. In: W. G. Sebald/Jan Peter Tripp: »*Unerzählt*«. 33 Texte und 33 Radierungen. Mit einem Gedicht von Hans Magnus Enzensberger und einem Nachwort von Andrea Köhler. München 2003, o. S.

Lenzen, Verena: Eine Spinne im Schädel. W. G. Sebalds Wort-Bild-Welten. In: *Akzente. Zeitschrift für Literatur* 6 (2011), 523–545.

Öhlschläger, Claudia: Medialität und Poetik des trompe l'œil: W. G. Sebald und Jan Peter Tripp. In: Paul Michael Lützeler/Stephan K. Schindler (Hg.): *Gegenwartsliteratur. Ein germanistisches Jahrbuch* 6: W. G. Sebald. Tübingen 2007, 21–43.

Polster, Heike: Heterochronic Visions: Imag(in)ing the Present. In: Ofra Amihay/Lauren Walsh (Hg.): *The Future of Text and Image: Collected Essays on Literary and Visual Conjunctures*. Newcastle upon Tyne 2012, 325–343.

Polster, Heike: *The Aesthetics of Passage: The Imag(in)ed Experience of Time in Thomas Lehr, W. G. Sebald and Peter Handke*. Würzburg 2009.

Claudia Öhlschläger

VI Rezeption

48 Deutschsprachiger Raum

Wenigen deutschsprachigen Schriftstellern der Nachkriegszeit ist sowohl vom Publikum als auch von der Literaturkritik mehr Lob zugesprochen worden als W. G. Sebald. Nach der Erstveröffentlichung von *Nach der Natur* wuchs sein Ruhm mit jedem neuen Werk stetig an. Sein letzter ›Roman‹ *Austerlitz* wurde international begeistert rezipiert, von der Literaturkritik frenetisch gefeiert und verlieh Sebald den Status eines modernen Klassikers: »Sebalds Erzählungen sind deutsche Gegenwartsliteratur – in der schmerzlichen Bedeutung des Wortes« (Der Spiegel 4.1.1993). Geert Lernout hingegen hält Sebald für einen »gefährlichen Schriftsteller« (Ceuppens 2002, 80), besonders wegen der einseitig wertenden Darstellungen der belgischen Verbrechen in *Die Ringe des Saturn*. Neben seinen Prosaarbeiten publizierte Sebald kontinuierlich Essays zur Literatur, welche den Autor der einfühlsamen Erzählwerke von einer anderen Seite zeigten – der Seite des Provokateurs und streitbaren Intellektuellen. Besonders in *Luftkrieg und Literatur* vertrat Sebald einen kontroversen Standpunkt, indem er die Bombenangriffe der Alliierten auf deutsche Städte auf die Ebene eines Genozids erhob. Seine Abrechnung mit dem deutschen Schriftsteller Alfred Andersch in *Luftkrieg und Literatur* gehört zu den Meilensteinen Sebaldscher Polemik.

Erzählwerke in Prosa

Ausgehend von Sebalds zweitem längeren Prosawerk *Die Ausgewanderten* beschreibt Claudia Öhlschläger den grundlegenden Charakter von Sebalds Werk als »Erinnerung an Einzelschicksale, an Kollektivschicksale, an die Geschichte der Menschheit als einer Geschichte der Zerstörung« (Öhlschläger 2006, 37). Anne Fuchs betont die utopische Qualität von Sebalds Prosa: »Sebalds Texte verschreiben sich der systematischen Löschung der Nicht-Orte, weil diese die geschichtliche Verankerung des Menschen an Orten zugunsten von geschichtslosen, funktionalen Durchgangsorten aufheben« (Fuchs 2008, 60). Mit Verweis auf Walter Benjamin bezeichnet Iris Radisch Sebald in ihrer Rezension von *Austerlitz* nicht nur als Erzähler.

Vielmehr sei er ein »materialistischer Geschichtsmetaphysiker, ein Virtuose des Zettelkastens, Stimmenimitator, Konservator und Archivar« (Radisch 2001). Sebald erscheint als souveräner Prosaschriftsteller, der auf hohem ästhetischem Niveau Lebensläufe mit dem Weltlauf verbindet. Tatsächlich bereitet schon die genaue Definition von Sebalds Prosa den Rezensenten und Kritikern vielfach Schwierigkeiten. Zu *Schwindel. Gefühle* schreibt beispielsweise Andreas Isenschmid: »Was man an diesem Buch hat, bleibt freilich lange unklar. Es enthält einen Krimi und ein Reisebuch, eine philosophische Erzählung und, als Schönstes, eine Kindheitserinnerung« (Isenschmid 1990). Isenschmid bescheinigt *Schwindel. Gefühle* ferner eine ausgesprochen kunstvolle literarische Ausgestaltung: »Das literarische Raffinement macht seinen Stoff nur intensiver, und aus der Formspielerei entsteht eine Prosa von dichter und einzigartiger Stimmung, changierend zwischen der Präzision eines Protokolls und dem Sfumato eines traurigen Traums« (Isenschmid 1990).

Obwohl die positiven Kritiken zu Sebalds Werk überwiegen, erzeugte vor allem der besondere Stil seiner Bücher heftige (teilweise auch polemische) Reaktionen von Lesern und Kritikern. Patrick Bahners schreibt in der *FAZ* vom 9. Dezember 1995: »Sebalds schlichter, getragener Erzählton ist als Rückkehr zu realistischer Naivität begrüßt und verurteilt worden, mit gleichem Unrecht« (Bahners 1995). Iris Radisch spricht ebenfalls die teils zwiespältige Sicht des Publikums auf Sebalds literarisches Werk an: »Was die einen als eine grandiose erzählerische Rekonstruktion feiern, ist den anderen Prätention, wenn nicht Kunstgewerbe« (Radisch 2001). Ferner macht sie auf die quasimetaphysischen Untertöne in *Schwindel. Gefühle.* aufmerksam: »Der Glaube an die wahlweise tiefere oder höhere Zeitlosigkeit und Verwandtschaft weit auseinander liegender Geschehnisse ist der schwarze Kitsch, aus dem diese Andenkensammlung kommt« (Radisch 2001). Den Vorwurf diverser Kritiker, Sebald sei ein schreibender Germanist, baut Antonio Fian weiter aus, indem er Sebalds Publikum einengt auf andere Literaturexperten. »*Schwindel. Gefühle.* ist ein Paradebeispiel für eine Literatur, die von Literatursachverständigen für Literatursachverständige geschrieben wird, von und für Menschen also, die etwas von der Literatur verstehen und die, weil sie von ihrer Sachkenntnis leben, unter dem dauernden Zwang stehen, diese öffentlich vorzuzeigen« (Fian 1991, 76). Auch Marcel Reich-Ranicki kreidete Sebald im *Literarischen Quartett*, wo *Die Ausgewanderten* in der Sendung vom 14. Januar 1993 besprochen wurden, seine hauptberufliche Tätigkeit an. Thomas Wirtz richtet seine Kritik ebenfalls dezidiert gegen Sebalds seltsam obsoleten Stil: »Sein altertümelndes Pathos, das seinen Reiz hat, zergeht auf der Zunge. Zartbitter« (Wirtz 2001, 131). Wirtz zufolge »verfällt der Sebald-Leser, dem das Grauen wie nichts in der Welt vertraut ist und der die unendlichen Schattierungen der Schwärze kennengelernt hat, allzu leicht einer Täuschung: Hineingezogen und gefangen von der wirklich wunderbaren Satzmelodie, glaubt er einem unbedingt moralischen Erzählen beizuwohnen [...]« (131). Laut Matthias Zucchi umgibt der besondere Ton »die Erzählung mit einer Aura der Authentizität. Form und Inhalt treten in eine dynamische Wechselbeziehung zueinander« (Zucchi 2007, 168). Mireille Tabah zufolge ist Sebalds »Sound« »ebenso unverwechselbar wie der Bernhard'sche Ton und diesem doch merkwürdig verwandt« (Tabah 2008, 125). Kritiker und Verteidiger von Sebalds Schreibstil sind sich also in jenem Punkt darin einig, dass es unmöglich ist, Sebalds Prosa einem anderen Autor zuzuschreiben.

Waren die Kritiken zu *Die Ausgewanderten, Schwindel. Gefühle* und *Die Ringe des Saturn* fast ausnahmslos positiv, so wurde *Austerlitz* im deutschsprachigen Raum trotz des großen Erfolgs beim Lesepublikum eher gemischt aufgenommen. Dennoch konstatiert Irene Heidelberger-Leonard, Sebald habe mit *Austerlitz* einen »neuen Modus der stellvertretenden Zeugenschaft geschaffen« (Heidelberger-Leonard 2008, 20). Es gehe, so Leonard, um »Restitution, nicht als Schadensersatz oder Entschädigung, nicht als Wiederherstellung und sicherlich nicht als Heilung. Restitution eher im juristischen Sinn von Rückerstattung« (21). Uwe Schütte hebt als Makel des Texts die wenig glaubwürdigen Zufallsbegegnungen des Erzählers mit Jacques Austerlitz hervor (vgl. Schütte 2011, 181). Schütte bemerkt ferner: »Markierten *Die Ringe des Saturn* einen Höhepunkt in der Entwicklung von Sebalds Prosakunst, so bedeutete das durch den Tod zum Schlusspunkt seines Werks gewordene *Austerlitz* einen Rückschritt [...]« (177). Thomas Steinfeld sieht *Austerlitz* zwar in einer Reihe mit Sebalds früheren Werken: »Wie die früheren Bücher von W. G. Sebald, wie *Die Ausgewanderten* aus dem Jahr 1992 und *Die Ringe des Saturn* von 1995, ist *Austerlitz* ein Buch der tausendundeinen Offen-

barung« (Steinfeld 2001). Er bemerkt allerdings, der Protagonist Jacques Austerlitz sei »keine literarische Figur, und darin liegt die große Schwäche dieses ›Prosabuchs unbestimmter Art‹. Austerlitz ist vielmehr der Sammelpunkt einer literarischen Technik, ein Mustermann für die poetische Welt des Schriftstellers W. G. Sebald, eine Archivgestalt von überdimensionalen Maßen [...]« (Steinfeld 2001). Sein Fazit: »W. G. Sebald hat ein Buch über die Theorie verfaßt, wie man Geschichte zu schreiben hat [...]« (Steinfeld 2001). *Austerlitz* markiert nichtsdestotrotz den Gipfel von Sebalds literarischem Ruhm. Der Grund hierfür ist besonders in der globalen Dimension seiner Prosa zu sehen. Ben Hutchinson schreibt zu Sebalds Intention: »Seine Bücher verstehen sich als Versuche, nicht nur den Holocaust, sondern die ganze moderne Ära (ab Sebalds Popanz Napoleon) an den Pranger zu stellen« (Hutchinson 2009, 27).

Einige Charakteristika dieser »Sebald-Prosa« fielen Kritikern allerdings gerade wegen ihrer Unverkennbarkeit negativ auf. Einige Rezipienten heben die bedrückende Atmosphäre von Sebalds Prosakunstwerken hervor: »Die düstere Stimmung und allgemein: die Trauer der Figuren wiederum rührt von den Dingen und vor allem den Menschen, die ihnen im Lauf ihres Lebens genommen wurden [...]« (Steinaecker 2007, 131). Ingo Wintermeyer zufolge fordert Sebald von der literarischen Verarbeitung des historischen Traumas »gegen die Verlockungen des Gedächtnisschwunds« eine »in der Erforschung und Rekonstruktion der konkreten Stunde der Peinigung [...] übers bloße Mitleid hinausweisende Mitleidenschaft« (Wintermeyer 2007, 139).

Sebald gilt insgesamt als politisch korrekter Schriftsteller – ja, als schreibendes Gewissen der Nation, dessen kritisch-polemische Texte die Deutschen und ihre Nazivergangenheit seit der Publikation von *Die Ausgewanderten* durch einen Prozess literarischer Katharsis gleichsam Stück für Stück rehabilitierte. Ernestine Schlant schreibt beispielsweise: »Mit diesen vier Erzählungen hat er auf die von Alexander und Margarete Mitscherlich gestellte Diagnose der ›Unfähigkeit zu trauern‹ geantwortet und gibt zu verstehen, daß – wenigstens für sein Schreiben – die Zeit der Trauer gekommen ist« (Schlant 2001, 288). Tatsächlich ist Sebald mehr oder weniger auf die Rolle des Holocaust-Autors und Mahners der Erinnerung an die deutschen Verbrechen reduziert worden. Die jüdische Thematik wird für gewöhnlich von den Rezipienten in den Mittelpunkt gestellt. Sybille Cramer ordnet Sebalds Bearbeitung der jüdischen Thematik allerdings der

Sphäre des Kitschs zu: »Die Märchenstruktur der Geschichte, die Verwandlung des jüdischen Themas in Sagenkreise, der Ausschluss vergegenwärtigenden Erzählens, die Verdoppelung und Vervielfachung der Fiktion, der kostbare Erzählton, der die Texte mit einer Schicht schöner Gefühle überzieht, das Prinzip vieles statt viel zu erzählen, die Vereinfachung der moralischen Grundrisse, die Stereotypien der Figuren und der Ersatz psychologischer Durchdringung durch das äußerliche Attribut, das alles sind Elemente einer kitschigen Historisierung des Stoffes [...]« (Cramer 1993).

Essays und Artikel

Dass Sebald feste Vorstellungen von einer ästhetischen Bearbeitung von Trauer hatte, kommt in seiner Anklage gegen die etablierte deutsche Nachkriegsliteratur besonders deutlich zum Ausdruck. Dies insbesondere in seinen Essays zum alliierten Bombenkrieg gegen die deutsche Zivilbevölkerung in *Luftkrieg und Literatur*, in denen Sebald der deutschen Nachkriegsliteratur vorwirft, bei der Darstellung der Zerstörung des Lebens durch die Bomben durchweg versagt zu haben. Verständlicherweise zeigten sich Medien und Literaturkritik irritiert: »All das stimmte nicht mit dem Bild zusammen, das sich viele von Sebald gemacht hatten: Einerseits der einfühlsam-taktvolle Chronist deutsch-jüdischer Lebensläufe, der in wohlformulierten Sätzen von seinen Wanderungen durch die ostenglische Küstenlandschaft berichtet, andererseits der mit groben Anschuldigen operierende Polemiker, der anderen Autoren mit pauschalen Vorwürfen den Prozess machte und scheinbar reaktionäre Ressentiments bediente, indem er die fehlende Darstellung der Leiden der Deutschen durch die alliierten Luftangriffe als Generalvorwurf gegen die Nachkriegsschriftsteller vorbrachte« (Schütte 2011, 30). Was in *Luftkrieg und Literatur* zornige Reaktionen nach sich zog – die Bombardierungen deutscher ziviler Ziele wurde stets als wohlverdiente Strafe für die Kriegsverbrechen deutscher Truppen während des Zweiten Weltkriegs abgetan –, nämlich jene für Sebalds Werk seit *Nach der Natur* zum prägenden Element der Prosa werdende Relativierung von Zerstörung und Gewalt, dehnt der Autor in seinem Kommentar zur deutschen Kriegsschuld auf einen sehr sensiblen Bereich aus. Susanne Schedel sieht in Sebalds Werk daher eine Fixierung auf Geschichte an sich: »Der Geschichtsbegriff bleibt dabei jedoch nicht

auf die Holocaust-Thematik beschränkt, denn Historie in einem allgemeineren Sinne [...] ist der zentrale Gegenstand in der Dichtung W. G. Sebalds« (Schedel 2003, 9 f.). Sebalds kritische Stellungnahmen zu den alliierten Bombardements deutscher Städte in *Luftkrieg und Literatur* kommentiert Reinhard Baumgart in der *ZEIT* vom 29. April 1999: »Statt seine Schrift zu komplettieren mit einer Polemik zum Fall Alfred Andersch, die nur all jene verletzen wird, denen dieser zwielichtige Autor zum Denkmal geworden ist, hätte Sebald lieber weiterbohren sollen in den Abgründen unseres Vergessens« (Baumgart 1999).

Sebalds Schriften zur Literatur datieren vor allem aus der Zeit vor seinen Prosaarbeiten. Seine erste Buchpublikation erschien 1985 unter dem Titel *Die Beschreibung des Unglücks*. In zehn Essays widmet sich Sebald hier österreichischen Autoren von Adalbert Stifter bis zu Peter Handke. Uwe Schütte bemerkt, dass diese Aufsätze »eine emphatische Aufnahme« fanden und zitiert dazu die Rezension des Grazer Germanisten Gerhard Melzer, der in der *Neuen Zürcher Zeitung* vom 28. Juni 1986 schrieb, Sebald »gelinge es [...] Zusammenhänge zwischen Leben und Schreiben auf die Spur zu kommen, die zwar prinzipiell längst bekannt sind, aber im Einzelfall doch verblüffen« (Schütte 2003, 1). In *Unheimliche Heimat* aus dem Jahr 1991 findet die Auseinandersetzung mit der österreichischen Literatur in neun Aufsätzen ihre Fortsetzung. Die öffentliche Rezeption dieser Essaybände war freilich deutlich geringer als die der erzählenden Prosawerke.

In seinen Essaybänden zur Literatur ehrt Sebald bevorzugt von ihm bewunderte Schriftsteller. Tatsächlich handelt es sich bei diesen Aufsätzen zu geistesverwandten Künstlern vor allem um sehr persönliche Blicke auf die Menschen hinter den Kunstwerken. So schreibt Ernst Osterkamp am 6. Oktober 1998 in der *FAZ* zu *Logis in einem Landhaus*, in dem Sebald Schriftsteller aus dem süddeutschen und schweizerischen Raum ein literarisches Denkmal setzt: »In diesem Buch fällt kein neues Licht auf die großen Texte, die Sebald zitiert; seine wesentlichsten Einsichten über sie stammen, wie er offen eingesteht, aus zweiter Hand« (Osterkamp 1998). Osterkamp urteilt über *Logis in einem Landhaus*: »Und der Ertrag des Ganzen? Er ist enttäuschend gering. Da sich Sebald mehr für die Biographien als für die Werke interessiert, fällt für die Bestimmung seines eigenen Poesieverständnisses nur wenig ab« (Osterkamp 1998).

Lyrische Werke

Neben dem »Elementargedicht« *Nach der Natur*, mit dem Sebald 1988 die literarische Bühne betrat, veröffentlichte der Autor noch den in Kooperation mit Jan Peter Tripp erschienenen posthum veröffentlichten Band *Unerzählt*. Hinzu kommt die 2008 publizierte Sammlung von Gedichten aus dem Nachlass *Über das Land und das Wasser*.

Handelt es sich bei *Nach der Natur* um eine prosaartige Dichtung, in der Sebald als Erzähler dreier Lebensläufe hervortritt, so repräsentieren *Unerzählt* und *Über das Land und das Wasser* extrem dichte lyrische Stücke. *Unerzählt* nimmt dabei eine Sonderstellung ein, da Wort und Bild sich dergestalt wechselseitig kommentieren, dass sie als Gesamtkunstwerk zu bezeichnen sind. Lorenz Jäger schreibt in der *FAZ* vom 18. März 2003 zu *Unerzählt*, es sei in diesen bildbegleitenden Gedichten die »Gleichzeitigkeit von Moralität, Natur und Geheimnis [...], die Sebald als Kritiker und Schriftsteller gesucht hat; hier in der posthumen Veröffentlichung, erkennt man sie in der größten Verdichtung« (Jäger 2003). Marcel Atze kommentiert Sebalds Gedichte und ihr dialogisches Verhältnis zu Tripps Illustrationen auf *literaturkritik.de* folgendermaßen: »Sebalds Texte [...] spielen zwar nicht explizit mit den Illustrationen, doch scheinen sie einen bisweilen versteckten Dialog zu führen« (Atze 2003).

Über das Land und das Wasser versammelt Gedichte aus mehreren Jahrzehnten. Die Kritik nahm den Band begeistert auf. So bemerkt Mirko Bonné in der *FAZ* vom 17. Januar 2009: »Ein Band mit ausgewählten Gedichten ermöglicht nicht nur den Blick auf Sebalds Frühwerk, seine lyrischen Vorbilder und Einflüsse, er erlaubt zudem, Gedicht für Gedicht die Entwicklung einer unverwechselbaren Stimme mitzuerleben« (Bonné 2009). Und er setzt hinzu: »Die sechzehn meisterhaften Gedichte des dritten Kapitels ›Das vorvergangene Jahr‹ entstanden in Sebalds letztem Lebensjahrzehnt. Historische Überblendung, Zitatmontage und Raffinement von Syntax und Vokabular paaren sich mit Strophentektonik und grafischem Blick« (Bonné 2009).

Preise, Ehrungen und Nachlass

Mit wachsendem Erfolg wurden Sebald diverse Preise und Ehrungen zuteil. So nahm der Autor bereits 1991 gegen Anfang seiner schriftstellerischen Karriere den Fedor-Malchow-Lyrikpreis für *Nach der Natur* ent-

gegen. In relativ kurzen Abständen häuften sich dann die Ehrungen. So erhielt Sebald 1994 den Preis der LiteraTour Nord. Im selben Jahr wurde ihm die Johannes-Bobrowski-Medaille verliehen. Das Jahr 1997 brachte ihm gleich drei Auszeichnungen ein. Neben dem Mörike-Preis der Stadt Fellbach nahm Sebald den Wingate Literary Prize sowie den Heinrich-Böll-Preis entgegen. Kurz vor seinem Tod erhielt Sebald den Joseph-Breitbach-Preis. Die Stadt Düsseldorf ehrte den Autor im selben Jahr mit dem Heinrich-Heine-Preis. Für *Austerlitz* nahm Sebald 2001 den Bremer Literaturpreis der Rudolf-Alexander-Schröder-Stiftung entgegen. 2002 wurde Sebald posthum mit dem National Book Critic's Circle Award und dem Literaturpreis der Stadt Bremen ausgezeichnet.

Der Nachlass W. G. Sebalds befindet sich im Literaturarchiv Marbach, das den Autor vom 26. September 2008 bis zum 1. Februar 2009 mit einer Sonderausstellung ehrte. Im Literaturmuseum der Moderne in Marbach ist ferner eine Dauerausstellung mit dem Titel *Die Seele* zu sehen, die anhand von 280 ihrer insgesamt fünfzig Millionen Archivalien durch das zwanzigste Jahrhundert« führt (Lovenberg 2015). Im Falle Sebalds wird in der Ausstellung besonders der Photoapparat des Schriftstellers als »Seelenfänger« vorgestellt, mit dem der Autor seine Prosa um ein wesentliches Merkmal und Stilmittel erweiterte und ihr die unverkennbare Sebald-Note des dialogischen Verhältnisses zwischen Text und Bild verlieh.

Öffentliches Image

In der öffentlichen Sebald-Rezeption tritt der unbequeme Positionen vertretende Kulturkritiker hinter dem fundamental menschlich erzählenden Schriftsteller zurück. Der Theoretiker Sebald ist weit weniger bekannt und wird trotz seiner originellen Sicht auf Gesellschaft und Geschichte weniger geschätzt als der Melancholiker mit den langen mäandernden Sätzen. Der schreibende Humanist Sebald wird mit ziemlicher Sicherheit immer dem von der Frankfurter Schule beeinflussten und politisch korrekten Intellektuellen den Rang beim Lesepublikum ablaufen. Erfreulich ist, dass sich der Fokus der Sebald-Forschung nach der anfänglichen Begeisterung für Trauma und Erinnerung langsam zu einer holistischeren Betrachtung seines Werks verschiebt. Publikationen wie Bettina Mosbachs *Figurationen der Katastrophe* oder Uwe Schüttes *Interventionen* nehmen das gesamte Œuvre unter die Lupe. Besonders im Fall der *Interventionen* wird auch der Mensch W. G. Sebald als nicht vom Werk zu trennendes Element zum Gegenstand der Untersuchung, was einen sehr viel intimeren Blick auf die Texte Sebalds gestattet und die bisherige Forschungsliteratur um wertvolle Einsichten bereichert.

Trotz der erwähnten Kritik an Sebalds Werk dominiert doch der positive Tenor. Der Autor selbst hat in der modernen deutschen Literatur einen unverrückbaren Platz inne. Welche Aspekte seines Werks schließlich am tiefsten im kollektiven Gedächtnis bestehen bleiben, lässt sich nicht zuletzt aufgrund der Flut von Studien zu Sebald, die immer wieder neue Motive und Facetten ans Licht bringen, nur schwer prognostizieren. Fakt ist, dass W. G. Sebald gerade im deutschsprachigen Raum trotz seiner eher eindimensionalen Kategorisierung als Holocaust-Autor, dem es vornehmlich um die Erinnerung an die Verbrechen der Deutschen während der NS-Zeit geht, durch seine unerwartete Kritik an den alliierten Bombardements deutscher Städte schwer zu typisieren ist. Sebald ist ungeachtet der positiven Rezeption seiner Prosawerke als kontroverser Schriftsteller zu werten – als zwiespältiger Kritiker, der eben nicht nur die Verbrechen des Dritten Reichs zum Gegenstand seiner Texte macht, sondern vielmehr die gesamte Geschichte der Zerstörung in all ihren Facetten.

Ijoma Mangold bemerkt in der *ZEIT* vom 16. August 2012 zu Sebald und seinem Werk: »W. G. Sebald ist der Dichter der Untröstlichkeit, seine Literatur ein Requiem, die Toten sind seine wahren Adressaten« (Mangold 2012). Das Fazit daraus: »W. G. Sebald, der leise, schwermütige Formkünstler, brachte die Nachkriegsliteraturordnung durcheinander« (ebd.). In Erinnerung bleiben wird Sebald als Schriftsteller erzählender Prosa. In Sebalds Werk treffen sich auf einzigartige Weise die individuelle und die globale Dimension und beleuchten anhand von Einzelschicksalen die grundlegenden Probleme von Mensch, Zivilisation und Natur. Obwohl Sebald es vermeidet, Prognosen für die Zukunft der Welt abzugeben, spricht sein Blick auf die Vergangenheit für eine unvermeidliche Weiterführung der Destruktion. Dass eine solch pessimistisch-melancholische Einstellung Sebald nicht nur Befürworter eingebracht hat und der Autor auch durch seinen ungewöhnlichen Prosastil aneckte, ändert nichts an seinem Status als einem der prominentesten Vertreter der deutschen Nachkriegsliteratur, dessen Werk durch seine zeitlos-allumfassende Qualität auch für die Zukunft ein hohes Provokationspotenzial besitzt.

Literatur

Atze, Marcel: Die Geschichte der zugewandten Gesichter. Jan Peter Tripp versammelt in »Unerzählt« Illustrationen zu und nachgelassene Texte von W. G. Sebald. literaturkritik.de, Nr. 7, Juli 2003. http://www.literaturkritik.de/public/rezension.php?rez_id= 6175&ausgabe= 20037.

Bahners, Patrick: Kaltes Herz. W. G. Sebalds »Die Ringe des Saturn«. In: *FAZ* vom 9.12.1995.

Baumgart, Reinhart: Das Luftkriegstrauma der Literatur. W. G. Sebald entdeckt eine deutsche Gedächtnislücke. In: *DIE ZEIT* vom 29.4.1999.

Bonné, Mirko: Sebald, Winfried G.: Über das Land und das Wasser. In: *FAZ*, 17.01.2009.

Ceuppens, Jan: Im zerschundenen Papier herumgeisternde Gesichter. Fragen der Repräsentation in W. G. Sebalds *Die Ausgewanderten*. In: *Germanistische Mitteilungen* 55 (2002), 79–96.

Cramer, Sybille: Zartbitteres. Ist es versuchte Nähe, ist es ›Abwehrzauber‹? Warum nur lieben alle den Kitsch W. G. Sebalds? In: *taz* vom 9.7.1993.

Fian, Antonio: Ein paar Vorurteile angewandt auf W. G. Sebalds *Schwindel. Gefühle.* In: *Wespennest* 81 (1991), 76–78.

Fuchs, Anne: Von Orten und Nicht-Orten. Fremderfahrung und dunkler Tourismus in Sebalds Prosa. In: Irene Heidelberger-Leonard/Mireille Tabah (Hg.): *W. G. Sebald. Intertextualität und Topographie.* Berlin 2008, 53–71.

Heidelberger-Leonard, Irene: Zwischen Aneignung und Restitution. Die Beschreibung des Unglücks von W. G. Sebald. Versuch einer Annäherung. In: Irene Heidelberger-Leonard/Mireille Tabah (Hg.): *W. G. Sebald. Intertextualität und Topographie.* Berlin 2008, 9–23.

Isenschmid, Andreas: Prosa zwischen Protokoll, Zitat und Traum: Melencolia. W. G. Sebalds »Schwindel. Gefühle.« In: *DIE ZEIT* vom 21.9.1990.

Jäger, Lorenz: Moralität, Natur und Geheimnis: W. G. Sebald und Jan Peter Tripp tauschen Blicke. In: *FAZ* vom 18.3.2003.

Lovenberg, Felicitas von: Eine Schichtung der Zeit im Raum. Zum sechzigsten Geburtstag des Deutschen Literaturarchivs hält in Marbach eine neue Dauerausstellung Einzug. Ihr Thema: »Die Seele«. Doch die eröffnet sich im Literaturmuseum nur mit Smartphonehilfe. In: *FAZ* vom 6.6.2015.

Mangold, Ijoma: Die Ausgewanderten. W. G. Sebald bewahrt eine noble Haltung angesichts des Katastrophischen des Lebens. In: *DIE ZEIT* vom 16.8.2012.

Öhlschläger, Claudia: *Beschädigtes Leben. Erzählte Risse. W. G. Sebalds poetische Ordnung des Unglücks.* Freiburg 2006.

Osterkamp, Ernst. Tribute an die Tiefe. W. G. Sebald erwandert Dichterleben. In: *FAZ* vom 6.10.1998.

Radisch, Iris: Der Waschbär der falschen Welt. W. G. Sebald sammelt Andenken und rettet die Vergangenheit vorm Vergehen. In: *DIE ZEIT* vom 5.4.2001.

Schedel, Suanne: »Wer weiß, wie es vor Zeiten wirklich gewesen ist?« Textbeziehungen als Mittel der Geschichtsdarstellung bei W. G. Sebald. Würzburg 2003.

Schütte, Uwe: »In einer wildfremden Gegend« – W. G. Sebalds Essays über die österreichische Literatur. In: Rüdiger

Görner (Hg.): *The Anatomist of Melancholy: Essays in memory of W. G. Sebald*. München 2003, 63–74.

Schütte, Uwe: *W. G. Sebald. Einführung in Leben und Werk*. Göttingen 2011.

Schlant, Ernestine: *Die Sprache des Schweigens. Die deutsche Literatur und der Holocaust*. München 2001.

Steinfeld, Thomas: *W. G. Sebald: Austerlitz. Die Wünschelrute in der Tasche eines Nibelungen*. In: *FAZ*, 20.03.2001.

Tabah, Mireille: Gedächtnis und Performanz. W. G. Sebalds *Austerlitz* versus Thomas Bernhards *Auslöschung*. In: Irene Heidelberger-Leonard/Mireille Tabah (Hg.): *W. G. Sebald. Intertextualität und Topographie*. Berlin 2008, 125–139.

von Steinaecker, Thomas: Zwischen schwarzem Tod und weißer Ewigkeit. Zum Grau auf den Abbildungen W. G. Sebalds. In: Ingo Wintermeyer/Sigurd Martin (Hg.): *Verschiebebahnhöfe der Erinnerung. Zum Werk W. G. Sebalds*. Würzburg 2007, 119–135.

Wintermeyer, Ingo: »... kaum eine Schmerzensspur hinterlassen ...«? Luftkrieg, Literatur und der »cordon sanitaire«. In: Ingo Wintermeyer/Sigurd Martin (Hg.): *Verschiebebahnhöfe der Erinnerung. Zum Werk W. G. Sebalds*. Würzburg 2007, 137–161.

Wirtz, Thomas: Schwarze Zuckerwatte. Anmerkungen zu W. G. Sebald. In: *Merkur. Deutsche Zeitschrift für europäisches Denken* 6 (2001), 530–533.

Zucchi, Matthias: Zur Kunstsprache W. G. Sebalds. In: Ingo Wintermeyer/Sigurd Martin (Hg.): *Verschiebebahnhöfe der Erinnerung. Zum Werk W. G. Sebalds*. Würzburg 2007, 163–181.

Christian Hein

49 Anglo-amerikanischer Raum

W. G. Sebald, so fürchtete sein Kollege Martin Swales bereits 2008, sei »in danger of becoming less a writer than a phenomenon« (Swales 2008, 128). Nur fünf Jahre nach dem Tod des Autors konstatierte ein US-Germanist: »With astounding speed Sebald has become a presence in the American academy; hundreds of professors are reading Sebald with their students« (Denham 2006, 3). Die Bewunderung Sebalds als bedeutendste literarische Stimme des deutschen Sprachraums, für dessen Literatur sich die englischsprachige Welt ansonsten nicht interessiert, hat sich in Sebalds Wahlheimat Großbritannien und insbesondere den USA seitdem unverändert fortgesetzt; den vorherigen Favoriten, Günter Grass, hat er längst schon im Rang als bekanntester Schriftsteller Deutschlands überholt.

Dieser immense Erfolg in der englischsprachigen Welt, der so markant von der zunächst eher vorsichtigen Rezeption in Deutschland differierte, lässt sich wesentlich zurückführen auf zwei Faktoren: Zum einen spielten die teils als skandalös aufgenommenen Polemiken gegen Hauptvertreter der deutschen Literatur durch den Germanisten Sebald keine Rolle. Zum anderen verfügte der Autor Sebald in britischer Sicht über ein ganz anderes Profil als aus deutscher Wahrnehmung. Sein kometenhafter, bereits zu Lebzeiten deutlich einsetzender Aufstieg überraschte im Übrigen Sebald selbst, und dies durchaus unangenehm, da er auf Ruhm keinen Wert legte und seine schriftstellerische Tätigkeit im beruflichen Umfeld an der University of East Anglia möglichst herunterzuspielen versuchte.

Kalkulierte Reihenfolge

Prägend für das schriftstellerische Profil Sebalds im anglo-amerikanischen Raum ist die abweichende Reihenfolge der Publikationen. Im Frühjahr 1996 erschien in der Londoner Harvill Press mit *The Emigrants* die von Michael Hulse (unter intensiver Mitarbeit von Sebald) übersetzte Fassung von *Die Ausgewanderten*, gefolgt im August 1996 von der amerikanischen Ausgabe bei New Directions. Die damals einflussreiche britische Buchkette Waterstone's erklärte den Titel zum »Book of the Month«, was den Absatz des englischsprachigen Debüts stark beförderte; hinzu kam im November 1996 der zwar kurze, aber höchst lobende Hinweis auf das Buch von Susan Sontag im *Times Literary Supplement*. *The Emigrants* sei ein »masterpiece« und »the most extraordinary, thrilling new book I've read this year ... indeed, for several years«. Gepriesen wird weiterhin die Qualität der Übersetzung (»it reads as if it had been written in English«) sowie die Schwierigkeit einer Genrezuordnung (»It is an unclassifiable book, at once autobiography and fiction and historical chronicle.«). Im Schlussbogen ihrer Lobeshymne schreibt Sontag: »I know of no book which conveys more about the complex fate, being a European at the end of European civilization. I know of few books written in our time but this is one which attains the sublime« (Sontag 1996).

Im Juni 1998 folgte mit *The Rings of Saturn* ein Buch, das englischsprachige Leser erneut durch die Verwendung von Illustrationen faszinierte, welche in der von Sebald gehandhabten Weise in der anglophonen Literatur eher unüblich war, was zusätzlich zum Nimbus eines Ausnahmeschriftstellers beitrug (Pitts 2007). Hinzu kam, dass der Text in England angesiedelt war. Das machte ihn für britische Leser besonders relevant (und führte etwa in Form von *Patience. After Sebald* [2012] zum Versuch einer Verfilmung durch Grant Gee) beförderte aber auch die Fehlannahme, Sebald sei ein englischschreibender Autor.

Bereits im Folgejahr, im Dezember 1999, schob man mit *Vertigo* – wie *Schwindel. Gefühle.* verknappend übersetzt wurde – einen weiteren Prosaband nach, der erneut durchgehend positiv aufgenommen wurde und Anlass für eine weitere Eloge von Sontag lieferte, in der sie bereits eingangs fragte: »Is literary greatness still possible? [...] One of the few answers available to English-language readers is the work of W. G. Sebald« (Sontag 2000). Der Titel ihrer Rezension »A Mind in Mourning« spiegelte und beförderte die verzerrende Einordnung Sebalds als eines Melancholikers, der von seiner selbstauferlegten Trauerlast aufgrund der Nazigeschichte umhergetrieben werde.

Von der rund sechsjährigen Durststrecke, die nach der Schreibkrise im Gefolge des Scheiterns des Korsika-Projekts zwischen *Die Ringe des Saturn* und *Austerlitz* als nächstem Erzählwerk lagen, war im englischsprachigen Raum wenig zu spüren, denn der Roman erschien weniger als zwei Jahre später im Oktober 2001, nur acht Monate nach der Originalversion. Erstmals hatte Anthea Bell als Übersetzerin fungiert, da sich Sebald von Michael Hulse nach Spannungen getrennt hatte. Mit dem enthusiastisch aufgenommenen Roman erreichte Sebald seinen endgültigen Durchbruch im anglo-amerikanischen Raum. Dass er sich 2001 auf eine extensive Werbetour eingelassen hatte – diese umfasste neben zusätzlichen Verpflich-

tungen in Deutschland, Österreich und der Schweiz auch zahlreiche Auftritte in England sowie eine Lesereise durch die Vereinigten Staaten, die von der Ost- bis zur Westküste reichte – dürfte nicht unwesentlich zu seinem vorzeitigen Herztod beigetragen haben.

Vereinnahmung als Holocaust-Autor

Sebalds Tod nach etwas mehr als fünf Jahren, nachdem er die anglo-amerikanische Literaturszene betreten hatte, und nur neun Wochen nach der in den USA als kulturelles Event zelebrierten Publikation von *Austerlitz* verklärte Sebald zu einer literarischen Heiligengestalt, zumal sich mit der jüdischen Exilthematik von *Austerlitz* ein Kreis zum ›Debüt‹ mit *The Emigrants* zu schließen schien. Die eigene Exilbiographie und das vermeintliche Hauptthema schienen plötzlich in Einklang zu stehen: »Vor allem in Amerika ist Sebald als [...] eine Art nachträglicher Shoa-Dichter gefeiert worden« (Hutchinson 2009, 2).

Der einflussreiche US-Kritiker Richard Eder hatte Sebald einen Monat vor seinem Tod in der *New York Times Book Review* an der Seite von Primo Levi zum »prime speaker of the holocaust« (Eder 2001, 10) promoviert – eine unzweifelhaft wohlwollende Einordnung, die allerdings den paradigmatischen Ausdruck für die insbesondere in den USA prävalente Vereinnahmungstendenz als Holocaust-Autor lieferte, gegen die sich Sebald noch zu Lebzeiten verwahrte.

Arthur Lubow, der ihn im August 2001 für die *New York Times* interviewte, konstatierte verwundert: »[Sebald] insisted, persuasively, that he was not interested in Judaism or in the Jewish people for their own sake. ›I have an interest in them not for philo-Semitic reasons‹, he told me, ›but because they are part of a social history that was obliterated in Germany and I wanted to know what happened‹. He felt a rapport with displaced people on general, and in particular, with outcast writers« (Lubow 2010, 167). Wie Torsten Hoffmann herausgearbeitet hat, ging es Sebald in seinen späten Interviews erkennbar darum, durch »solche Äußerungen einer Erhöhung zur universalen moralischen Instanz eher entgegenzuarbeiten« (Hoffmann 2009, 284), wie sie ihm insbesondere in der anglo-amerikanischen Rezeption begegnete.

Für diese kennzeichnend ist daher auch, ganz im Gegensatz zu Deutschland, »the lack of dissenting voices« (Macfarlane 2012, 22), zumal ein weiterer Faktor hinzukommt: Sebald »is implicitly part of a long tradition of authorial deaths: Kleist, Celan, Kafka, Levi«

(Denham 2006, 2). Drei Selbstmörder, drei Juden, zwei Holocaust-Überlebende umfasst das als literarische Ahnenreihe aufgezählte Quartett, in das Sebald posthum eingemeindet wurde, der aber keiner von ihnen war und sich sicher auch nicht mit diesen Schriftstellern verglichen hätte, in biographischer wie literarischer Hinsicht.

Posthume Veröffentlichungen

In das Vakuum, das der vorzeitige Tod Sebalds erzeugt hatte, fielen jene Veröffentlichungen, die formal bzw. inhaltlich ganz anders ausfielen als das gefeierte Prosawerk. Zunächst kam der von Michael Hamburger übertragene Prosalyrikband *After Nature* (2002), gefolgt von den (noch in Absprache mit Sebald) als *On the Natural History of Destruction* (2003) übersetzten Zürcher Vorlesungen. Diese entfalteten im englischsprachigen Raum kein kontroverses Potenzial, da man in linksliberalen Kreisen seine kritische Darstellung der Flächenbombardierungsstrategie durch Air Marshal Sir Arthur ›Butcher‹ Harris teilte; die Problematik der pauschalen Attacken auf die deutsche Nachkriegsliteratur blieb weitgehend unerkannt, zumal die in eine ähnliche Kerbe schlagenden literaturkritischen Schriften Sebalds kaum übersetzt waren. Umso bemerkenswerter war, dass in dem Band, neben der auch in der deutschen Ausgabe enthaltenen Andersch-Polemik, noch zwei Essays zu Jean Améry und Peter Weiss enthalten waren, die als literarische Gegenmodelle erscheinen, weshalb der Band die dualistisch geprägte Literaturkritik Sebalds den anglophonen Verehrern exemplarisch vorführte.

Vergleichsweise zeitnah erfolgte die Übertragung der für die Kooperation mit Jan Peter Tripp geschriebenen Mikropoeme in *Unrecounted* (2004) durch Hamburger (der mit dem Problem zu kämpfen hatte, dass manche der Texte in *For Years Now* bereits in leicht differierenden englischen Fassungen aus Sebalds Hand vorlagen) sowie die Übersetzung von *Campo Santo* (2005). Damit war in jedem Jahr seit dem Tode Sebalds ein neues Buch erschienen. Die Bände wurden zwar mit Interesse aufgenommen, galten jedoch fast durchweg lediglich als posthume Beigaben zum literarischen Hauptwerk.

Der 2008 von Sven Meyer besorgte Lyrikauswahlband erschien erst 2012, nun allerdings unter der Ägide von Iain Galbraith, auf Englisch; er unterschied sich zwar in Auswahl und Anordnung nur gering von der deutschen Ausgabe, verfügt aber über einen aus-

führlichen Kommentarteil, der viele Anhaltspunkte zur Einordnung und zum Verständnis der Gedichte liefert. Erst 2013 erschien der Essayband zur alemannischen Literatur als *A Place in the Country* in der Übersetzung durch Jo Catling, die gegenwärtig auch die beiden Essaybände zur österreichischen Literatur übersetzt; dass allerdings noch die beiden Qualifikationsschriften in Übersetzung folgen werden, darf eher bezweifelt werden.

Erst dann aber, wenn ein Großteil der kritischen Schriften (samt des kontroversen Jurek Becker-Essays) in Übersetzung vorläge, könnten englischsprachige Leser ein vollständiges Bild vom vielschichtigen und (scheinbar) widersprüchlichen Gesamtwerk Sebalds gewinnen, das die einseitige Fokussierung auf die wenigen kanonischen Erzähltexte aufweicht. Nur dann ließen sich für sie die zahlreichen Verbindungslinien zwischen Literaturkritik und Literatur erkennen, welche die erzählerischen Schriften prägen.

One of us

Kennzeichnend für die Rezeption Sebalds in seinem Gastland, das er nie als Heimat empfunden hat, ist die Appropriation des Autors für die englische Literatur, indem seine deutsche Identität in unterschiedlicher Weise ausgeblendet wird. Exemplarisch etwa bei Deane Blackler, die Sebald erklärtermaßen reduziert »to a writer of literary fiction, rather than specifically a German writer« (Blackler 2007, 8). Aufgrund der langen Aufenthaltsdauer Sebalds wurde so vielfach angenommen, er habe seine Bücher ohnehin auf Englisch geschrieben bzw. es herrschte Verwunderung darüber, dass er – anders als etwa Conrad oder Nabokov – auf seiner Muttersprache beharrte.

Versuche, ihn indirekt zu instrumentalisieren, wie etwa mit der noch zu Lebzeiten erhaltenen Einladung zu einer Lesung im Rahmen der ersten akademischen Konferenz zu seinem Werk, die im März 2003 in den USA stattfand, oder der Teilnahme am ersten britischen Holocaust Memorial Day im Januar 2001, entzog er sich, ebenso wie er sich beispielsweise weigerte, die politische Lage in Israel zu kommentieren. Zur an ihn herangetragenen Anglisierung gehörte die Verklärung zum ›Guten Deutschen‹, der insbesondere als ein Wunschbild britischer Bildungsschichten das Pendant zur massiven Germanophobie in den mittleren und unteren sozialen Klassen liefert. Will Self hat die Verknüpfung von Inbesitznahme und Idolisierung auf den Punkt gebracht: »In England, Sebald's one-time presence among us [...] is registered as further confirmation that we won, and won because of our righteousness, our liberality, our inclusiveness and our tolerance. Where else could the Good German have sprouted so readily?« (Self 2014, 106).

Diese Tendenz, den deutschen Autor für die englischsprachige Literaturgeschichte zu reklamieren, lässt sich an zwei rezenten Beispielen exemplarisch demonstrieren: so etwa anhand des missglückten Films *Patience (After Sebald)*, in dem rund zwei Dutzend Weggefährten und Experten auftreten, die aber allesamt anglophoner Herkunft sind; entsprechend fällt kein einziges deutsches Wort und Sebald selbst ist quasi der einzige Deutsche darin. An ein allgemein interessiertes Publikum richtet sich auch der an der UEA entstandene Band *After Sebald: Essays & Illuminations*, der als Hommage an den früheren Kollegen intendiert ist, jedoch nur so strotzt vor Fehlschreibungen deutscher Buchtitel, Orts- und Personennamen, die den offenkundigen Versuch, Sebald für die Universität zu reklamieren, der er zuletzt höchst kritisch gegenüberstand, zu einer Peinlichkeit machen (Cook 2014).

Imitation und Adaption als Rezeption

Zur Rezeption im anglo-amerikanischen Raum gehört auch das Phänomen, dass eine Vielzahl an Schriftstellern den Schreibstil, die literarische Verfahrensweise und thematische Interessen Sebalds für ihre Werke übernahm. Die Parodie von Craig Brown im Satiremagazin *Private Eye* führte (auch zur Erheiterung des Karikierten) vor, wie leicht der ›Sebald-Sound‹ zu imitieren ist (Brown 1998). Ein Autor wie Robert Macfarlane macht in literarischen Reiseberichten wie *The Wild Places* (2007) oder *The Old Ways: A Journey on Foot* (2012) keinen Hehl aus dem Einfluss, den Sebald auf sein Schreiben ausgeübt hat, zumal er sich anhand des literarischen Modells ebenso in der Doppelrolle von Akademiker und Autor stilisiert.

Eher in die Kategorie Imitation gehören jene Schriftsteller, die das ›Erfolgsrezept‹ Sebalds mehr oder weniger verdeckt zu kopieren suchen. So etwa in Teju Coles *Open City* (2012), das viele thematische wie strukturelle Parallelen zu *Die Ringe des Saturn* aufweist. Auch der Roman *Leaving the Atocha Station* (2011) von Ben Lerner liefert ein eindringliches Beispiel dafür, wie Autoren durch die Nachahmung Se-

baldscher Muster zu Erfolg kommen, zumal wenn sie deshalb von der Patronage des Kritikers James Wood profitieren, der nach dem Tod von Sontag die Rolle des führenden literarischen Geschmackslenkers übernommen hat (West 2016).

Ein aus deutscher Perspektive oft übersehener Faktor für die Durchsetzung von Sebald auf dem englischsprachigen Buchmarkt war die von Sontag hergestellte Verbindung zur Agentur von Andrew Wylie, die – kaum zufällig – ebenso die Rechte von Sontag, Wood und Cole, aber auch solcher Musiker wie David Byrne oder Patti Smith verwaltet, die in unterschiedlicher Weise auf Sebald Bezug genommen haben (vgl. Byrne 2010; Smith 2015, 66 ff.) und so dazu beitrugen, dass er, ähnlich wie zuvor Hermann Hesse, unwillentlich zu einem Kultautor im popkulturellen Feld wurde, das Sebald völlig fremd war.

Gleichermaßen als wichtigster deutschsprachiger Autor seit Kafka wird Sebald aufgrund der intermedialen Komponente seiner Bücher in der englischsprachigen Kunstszene rezipiert, u. a. von Künstlern wie Tacita Dean, Tess Jaray oder Richard Long (Cook 2014), wie auch im Bereich der Photographie (Patt 2007) oder im Kontext von »contemporary performance making« (Murray 2013, 187). Dieser Status in der anglophonen Kunstszene wirkte dann international zurück im Kontext intermedialer Kunst, wie etwa die 2015 in Barcelona veranstaltete Ausstellung *Las variaciones Sebald* beispielhaft illustriert.

Die bemerkenswerte Rezeption im englischsprachigen Raum fungierte nicht nur als Katalysator für die nachholende Etablierung im deutschen Literaturbetrieb. Ungleich bedeutsamer war, dass Verlage in kleineren Buchmärkten wie Slowenien, Korea oder Japan dazu bereit waren, Übersetzungen in Auftrag zu geben, wodurch sich Sebalds Präsenz weit über Europa hinaus ausweitete. Die problematische Vereinnahmung im anglophonen Kontext erwies sich so zugleich als Voraussetzung dafür, dass ein schreibender Germanist aus der Allgäuer Provinz zu einem Autor der Weltliteratur wurde.

Literatur

Blackler, Deane: *Reading W. G. Sebald: Adventure and Disobedience*. Rochester 2007.
Brown, Craig: Diary. W. G. Sebald. In: *Private Eye* 958 (1998), 25.
Byrne, David: *Bicycle Diaries*. London 2010.
Cook, Jon (Hg.): *After Sebald: Essays & Illuminations*. Woodbridge 2014.
Denham, Scott: Foreword. In: Scott Denham/Mark McCul-

loh (Hg.): *W. G. Sebald: History – Memory – Trauma*. Berlin 2006, 1–6.

Eder, Richard: Excavating a Life. In: *New York Times Book Review*, 28. Oktober 2001.

Hoffmann, Torsten: Das Interview als Kunstwerk. Plädoyer für die Analyse von Schriftstellerinterviews am Beispiel von W. G. Sebald. In: *Weimarer Beiträge* 55/2 (2009), 276–292.

Hutchinson, Ben: *W. G. Sebald: Die dialektische Imagination*. Berlin 2009.

Lubow, Arthur: Crossing Boundaries. In: Lynne Sharon Schwartz (Hg.): *The Emergence of Memory. Conversations with W. G. Sebald*. New York 2010, 159–172.

Macfarlane, Robert: Sebald. In: Jon Cook (Hg.): *After Sebald. Essay & Illuminations*. Woodbridge 2014.

Murray, Simon: Fields of Association: W. G. Sebald and Contemporary Performance Practices. In: Jeannette Baxter et al. (Hg.): *A Literature of Restitution. Critical Essays on W. G. Sebald*. Manchester 2013, 187–202.

Patt, Lise: *Searching for Sebald. Photography after W. G. Sebald*. Los Angeles 2007.

Pitts, Terry: Weblog *Vertigo* (seit 2007). https://sebald.wordpress.com/ (19.9.2016).

Self, Will: Absent Jews and Invisible Executioners. In: Jon Cook (Hg.): *After Sebald. Essay & Illuminations*. Woodbridge 2014, 95–114.

Smith, Patti: *M Train*. London 2015.

Sontag, Susan: W. G. Sebald: The Emigrants. In: *Times Literary Supplement*, 29 November 1996.

Sontag, Susan: A Mind in Mourning. In: *Times Literary Supplement*, 25. Februar 2000.

Swales, Martin: Rezension von Denham/McCulloh (Hg.): W. G. Sebald. History-Memory-Trauma. In: *Arbitrium* 26/1 (2008), 128–130.

West, Adrian Nathan: Nostalgia for Probity in the Era of the Selfie. W. G. Sebald's American Imitators. In: Uwe Schütte (Hg.): *Über W. G. Sebald. Beiträge zu einem anderen Bild des Autors*. Berlin 2016, 283–295.

Uwe Schütte

50 Frankreich

1999 wurde W. G. Sebald in Frankreich schlagartig berühmt durch die Übersetzung von *Die Ausgewanderten* (*Les Émigrants*, Charbonneau), die das Bild des Autors nachhaltig prägte. Verstärkt noch durch das Erscheinen von *Die Ringe des Saturn* (*Les anneaux de Saturne*) einige Monate später, wurde er schnell zu einem *shooting star* der deutschen Literatur. Beide Bücher erhielten Literaturpreise. Sebalds Tod 2001 löste eine erneute starke Medienpräsenz mit einhellig positiven Würdigungen aus. In der Anfangsphase war die französische Rezeption stark von den enthusiastischen amerikanischen Echos (Susan Sontag, Paul Auster, Arthur Miller) geprägt, was auch zu der anfänglichen Definition Sebalds als »europäischer Autor« beitrug. Sebalds Erzählwerke erschienen nach den broschierten Ausgaben in Taschenbuchausgaben, wobei sein meistverkauftes Werk bis heute *Die Ausgewanderten* bleibt, mit über 25.000 Exemplaren. Die von der deutschen Werkgeschichte abweichende Chronologie der Übersetzungen, die bewussten Entscheidungen des Verlages *Actes Sud* entspricht, trug zu Sebalds Erfolg bei. Dem Band *Die Ausgewanderten* folgten rasch die komplexeren Werke *Die Ringe des Saturn* (1999), *Schwindel. Gefühle* (2001) und *Austerlitz* (2002). Erst nach der Übersetzung dieser Erzählwerke und dem ebenfalls erfolgreichen *Luftkrieg und Literatur* (2004) wurden die anderen Essays, Interviews und *Nach der Natur* (*D'après nature,* 2013) publiziert. 2009 erschien der übersetzte Interview-Band von Lynne Sharon Schwartz bei *Actes Sud*, und ab 2010 einige kleinere Texte und Lyrik Sebalds in der Zeitschrift *Fario*.

Erzählwerke in Prosa

In den Rezensionen der Feuilletons nehmen Biographisches und Politisches viel Platz ein und das Werk wird weitgehend aus der Biographie bzw. Sebalds autobiographischen Kommentaren abgeleitet. Wegen seiner kritischen Distanz zu Deutschland und insbesondere seinen Stellungnahmen zu dem einstigen deutschen Schweigen über den Holocaust wird sein Aufenthalt in England meist als ›Exil‹ bezeichnet; der exterritoriale Blick ist konstitutiv für die Wahrnehmung des Schriftstellers, der als »Deutscher aus der Fremde« wahrgenommen wird. Sebalds bayerische Heimat und sein katholisches Elternhaus werden als Determinanten erwähnt, wobei sein Vater, der sozialdemokratische Wehrmachtsoffizier, fälschlich als ›Nazi‹ erscheint.

Viele Texte Sebalds werden autobiographisch gelesen. Nicht nur die Ich-Erzähler von *Schwindel. Gefühle* und den *Ausgewanderten*, sondern auch der Verfasser des Luftkrieg-Essays werden oft eins zu eins mit Sebald identifiziert; in den im Rahmen der literarischen Essays behandelten Autoren will man einen Spiegel des Autors erkennen. Darüber hinaus wird seine Person oft in eine Reihe mit den jüdischen Ausgewanderten gestellt.

Die französische Sebald-Rezeption im Feuilleton kann man fast als Sebald-Kult bezeichnen. Faszinierend (*envoûtant*), schwindelerregend (*vertigineux*) sind häufige Bezeichnungen für seine Themen der Melancholie, des Rätselhaften, der Erinnerung, der Todesthematik und der Wiedergänger (*les fantômes*), welche Ergriffenheit (*émotion*) auslösen. Als Faszinosum wird auch immer wieder die poetische Sprache der französischen Übersetzungen gelobt (vor allem Charbonneau, Übersetzungspreise 1999, 2003).

Analytische Zugänge sind auch präsent, was die Komposition und die Erinnerungsthematik angeht. Es wird das Verfahren der *bricolage* (ohne Verwendung des frz. Terminus) betont, eine Kohärenz des Disparaten, besonders bei *Austerlitz* und *Die Ringe des Saturn*. Auch kohärenzstiftende Leitmotive und Intertexte (Kafka) in den Texten der Erzählwerke (nicht in den Abbildungen) werden benannt. Unter den französischen Intertexten wird oft Proust erwähnt, jedoch nur als kongenialer Autor, ohne Erfassung der Gegensätzlichkeiten. (Dies wird in den akademischen Schriften geleistet, insbesondere Gwenaëlle Aubry in Larnaudie 2011). Stendhal hingegen wird nicht nur aus Anlass von *Schwindel. Gefühle* (*Vertiges*, 2001) herangezogen. Eine Wahlverwandtschaft mit dem empfindsamen Autor der Ich-Verschriftlichung, der im »Ausland« lebte, wird mehrmals suggeriert.

Durch das französische Debüt mit den *Ausgewanderten* steht Sebalds Werk von Anfang an im Zeichen des Holocaust, der 1999 im kollektiven Gedächtnisrahmen in Frankreich sehr präsent war. Es geht in den Rezensionen weniger um die Leserwahrnehmung der Judenverfolgung, der Kindertransporte oder der Lager als solche, sondern vielmehr um die spezifische literarische Darstellung der Verfolgung und Vernichtung, die Erinnerungskonstruktion und den kritischen Blick des Autors auf das seinerzeit erinnerungsarme Deutschland. Die Lesernähe zu den Verfolgten wird festgehalten, ebenso die komplexe Erzählstruktur, die den Erzähler in die Distanz rückt. Vor einem französischen Hintergrund vieler Zeugnisse jüdischer Überlebender und ihrer Präsenz in dem Erinnerungskontext wird die Empathie eines nicht-jüdischen Autors mit den Opfern des Holocaust hervorgehoben.

Artikel und Essays

Sebalds Essay über den Luftkrieg erregte in Frankreich großes Aufsehen und erreichte (trotz des komplexen Titels *De la destruction comme élément de l'histoire naturelle*, 2004) eine Auflage von fast 10.000. Sebalds anfechtbare Thesen, die Deutschen hätten über die alliierten Luftangriffe weder gesprochen, noch sie literarisch angemessen dargestellt, wurden allgemein bekräftigt (nur in *Le Monde* hinterfragt). Die meisten Rezensenten beachteten die Kunstgriffe der fiktionalisierten, autobiographischen und ikonographischen Konstruktionen nicht, sondern lasen den Essay rein historisch-dokumentarisch. Die Rezensionen sind von Photos der Zerstörungen begleitet, der vielfältige ikonographische Teil des Buches blieb jedoch weitgehend unkommentiert. Kaum kommentiert sind auch die Bilder und Photos der anderen Essaybände – dies ist eine Konstante der französischen Rezeption. Die Essaybände *Logis in einem Landhaus* (*Séjours à la campagne*, 2005), *Campo Santo* (2009) und *Beschreibung des Unglücks* (*Description du malheur*, 2014) – alle mit beachtlichen über 3.000 verkauften Exemplaren – wurden äußerst positiv rezensiert, wie gleichsam »automatisch« jedes Werk Sebalds seit 1999. In *Logis in einem Landhaus* trug wohl gerade die Behandlung von in Frankreich weitgehend unbekannten Schriftstellern (außer Rousseau natürlich) zu einer rein »literarischen«, nicht gegenstandsbezogenen Lektüre bei. Hervorgehoben wird die Melancholie des schreibenden Außenseiters und die Figuration der utopischen Sehnsucht in *Logis in einem Landhaus*. Jan Peter Tripp erregte weniger mit Sebalds Essay als mit seinem eigenen Essay zu Sebald (dt. in Vogel-Klein 2005), der als modellhafte Analyse gesehen wurde, Aufmerksamkeit. In *Die Beschreibung des Unglücks* erhalten die österreichischen Autoren ein spezifisches Echo, u. a. aufgrund des französischen Interesses für »Mitteleuropa«, insbesondere seit der Wien-Ausstellung im Centre Pompidou 1986 und im Rahmen des französischen Kafka- und Thomas Bernhard-Kults. Im Rückblick aus der Perspektive der zuerst veröffentlichten Erzählwerke wird der Band *Die Beschreibung des Unglücks* (2014) als Matrix von Sebalds literarischen Texten gesehen, wobei Sebalds Statement von

Melancholie als Widerstand regelmäßig dem literarischen »Unglück« entgegengehalten wird. Die Texte von *Campo Santo* (2005) über das französische Korsika liest man unwidersprochen als poetische, faszinierende, exotisch-ethnologische Reiseliteratur aus einem fernen Land. Die wissenschaftlichen Artikel in *Campo Santo* erfahren quasi eine Nicht-Rezeption.

Forschung und Kulturveranstaltungen

Die Sebald-Forschung in Frankreich, die nach der ersten Konferenz in Paris 2004 erst langsam einsetzte, geht vor allem von der Komparatistik und Germanistik, seit kurzem auch von der Geschichts- oder Kulturwissenschaft aus. Sie ist international vernetzt, mit Verbindungen nach Deutschland, aber auch nach Belgien, Großbritannien und den USA. Wichtige Themen der französischen Forschung sind u. a. Intertextualität, Diskursanalyse, Narratologie, Autorschaft, Holocaust, Geschichte und Erinnerung, Kartographie. Mit der Öffnung des Nachlasses im Deutschen Literaturarchiv Marbach kamen Quellenforschung und Textgenese hinzu. Sebald-Konferenzen und Publikationen: Paris 2004 (Vogel-Klein, 2005), Poitiers 2011 (Guidée/Campos, *Europe*, 2013), Cerisy 2014 (Anderson, Pic, Ritte), Paris 2014 (Arlaud/Covindassamy/Teinturier 2015). Sechs Doktorarbeiten zu Sebald wurden bis 2015 fertiggestellt, darunter zwei monographische germanistische Arbeiten: Covindassamy (Vernetzung, Kartographie, Vielsprachigkeit, 2007/2014), Savaton (Exil, Frankfurter Schule, Schreibstrategien, 2012), drei Dissertationen in der Komparatistik mit Sebalds Werk im Vergleich (Conant: W. G. Sebald, Boltanski, Davenport, Calle, Roubaud, Boyd, 2003; Guidée: W. G. Sebald, Faulkner, J. Roth, Simon, Perec, 2008; Campos: W. G. Sebald , Coetzee, Kertész, 2010) und eine in Ästhetik (Nylkos: W. G. Sebald, Esterhazy, Eisenman, Tschumi, Koolhaas, 2003). Weitere akademische Publikationen: Carré (Autorschaft, narrative Hybridität, 2008), Ritte (Geschichtsnarrative, Erinnerungsästhetik, 2010) sowie die Sebald-Sondernummer der *Revue européenne d'histoire* (Loyer, 2012). Die Anzahl der Doktorarbeiten und der Konferenzen, eine Sondernummer der verbreiteten Zeitschrift *Europe* (2013, s. o.) sowie zwei Werke Sebalds auf dem Programm der Staatsprüfung *agrégation d'allemand* (2014) entsprachen der allgemeinen Anerkennung und »Kanonisierung« im akademischen Bereich.

Von der allgemeinen Wertschätzung Sebalds zeugen auch Kulturveranstaltungen an französischen Kulturinstituten und Ausstellungsorten: Heinrich-Heine-Haus, Paris (2008, Vogel-Klein/Hornickel; 2009, Vogel-Klein/Meyer), Goethe-Institut, Paris (2009, DLA/Charbonneau), Centre Pompidou, Paris (2012, Mréjen/Pic). Von dem vielfältigen Interesse für Sebald zeugt ein Sammelband von 2011, *Face à Sebald*, dessen 23 Beiträger neben Akademikern vor allem junge französische Schriftsteller sind, für die Sebald Vorbildcharakter besitzt. *Austerlitz* wurde 2011 in der Oper von Lille als Musiktheater inszeniert, und der offizielle Sender France Culture strahlte 2012 eine biographische und werkanalytische Sendung aus (Lecerf).

Literatur

Battiston, Régine: Austerlitz et Campo Santo de W. G. Sebald: une vision postmoderne du mythe de Napoléon. In: Jean-Dominique Poli (Hg.): *Attentes et sens autour de la présence du mythe de Napoléon aujourd'hui.* Ajaccio 2012, 389–405.

Battiston, Régine: L'architecture de guerre dans Austerlitz de W. G. Sebald. In: Jacqueline Bel (Hg.): *Actes et machines de guerre.* Boulogne-sur-Mer 2012, 15–26.

Campos, Lucie: *Fictions de l'après. Coetzee, Kertész, Sebald. Temps et contretemps de la conscience historique.* Paris 2012.

Carré, Martine: *W. G. Sebald: le retour de l'auteur.* Lyon 2008.

Covindassamy, Mandana: *W. G. Sebald, cartographie d'une écriture en déplacement.* Paris 2014.

Covindassamy, Mandana/Djament-Tran, Géraldine: Der Literatur in die Karten schauen. Überlegungen zu Kartographie und Literatur am Beispiel von W. G. Sebalds *Die Ringe des Saturn.* In: Marion Picker/Véronique Maleval/Florent Gabaude (Hg.): *Die Zukunft der Kartographie. Neue und nicht so neue epistemologische Krisen.* Bielefeld 2013, 93–106.

Covindassamy, Mandana: Présences brutes de l'instantané. W. G. Sebald lecteur d'Alexander Kluge et Klaus Theweleit. In: Françoise Lartillot/Alfred Pfabigan (Hg.): *Images, reproduction, texte / Bild, Abbild, Text.* Bern 2012, 45–63.

Covindassamy, Mandana: Plurilinguisme et multimédialité dans l'œuvre de W. G. Sebald. In: *Études Germaniques* 62 (2007), 251–263.

Guidée, Raphaëlle: *Mémoires de l'oubli: revenance et crise de la tradition dans les œuvres de W. Faulkner, J. Roth, C. Simon, G. Perec et W. G. Sebald.* Paris 2008.

Guidée, R./Campos, L. (Hg.): *Revue Europe* 1009 (2013), Sondernr. zu W. G. Sebald.

Kahn, Robert: Les lambeaux de la mémoire: *Dora Bruder* de Patrick Modiano et *Austerlitz* de W. G. Sebald. In: María González-Aguilar et al. (Hg.): *Culture et mémoire.* Paris 2008, 401–408.

Larnaudie, Mathieu/Rohe, Olivier: *Face à Sebald.* Paris 2011.

Loyer, Emmanuelle (Hg.): *Revue européenne d'histoire* 19/3 (2012) (Sondernr. zu W. G. Sebald).

Montémont, Véronique: L'ailleurs n'est plus nulle part: poétique ferroviaire chez Sebald. In: *Le sujet dans la cité. Revue internationale de Recherche biographique* 2 (2011), 146–154.

Pic, Muriel: *W. G. Sebald: l'image-papillon; W. G. Sebald: l'art de voler*. Paris 2009.

Ritte, Jürgen: *Endspiele. Geschichte und Erinnerung bei W. G. Sebald, W. Kempowski und D. Forte*. Berlin 2009.

Vogel-Klein, Ruth: Détours de la mémoire. La représentation de la Shoah dans la nouvelle *Max Aurach* de W. G. Sebald. In: Françoise Rétif (Hg.): *L'indicible dans l'espace franco-germanique au XXè siècle*. Paris 2004, 154–174.

Vogel-Klein, Ruth (Hg.): *Erinnerung. Übertragungen. Bilder. / Mémoire. Transferts. Images*. Strasbourg 2005.

Vogel-Klein, Ruth: »Stendhal nach Auschwitz«? Die Rezeption W. G. Sebalds in Frankreich. In: Marcel Atze/Franz Loquai (Hg.): *W. G. Sebald. Lektüren*. Eggingen 2005, 133–142.

Vogel-Klein, Ruth: Französische Intertextualitäten in W. G. Sebalds *Austerlitz*. In: Irene Heidelberger-Leonard/Mireille Tabah (Hg.): *W. G. Sebald. Intertextualität und Topographie*. Münster 2009.

Ruth Vogel-Klein

51 Zur Sebald-Forschung

Die umfangreiche Sebald-Forschung ist in weiten Teilen international und interdisziplinär orientiert. Mit dieser beachtlichen Aufmerksamkeit für Sebald und sein Werk geht eine starke, wenn auch nicht unumstrittene Tendenz zur Kanonisierung des Autors einher. Was im vorliegenden Handbuch aus den Einträgen zur Rezeption im deutschsprachigen, anglophone und französischsprachigen Raum deutlich wird, ist die unterschiedliche internationale Resonanz auf Sebalds Werke. Bemerkenswert sind vor allem die Unterschiede zwischen der deutschen und der angloamerikanischen Rezeption. Während Sebald in Deutschland zum Teil immer noch auf reservierte Reaktionen trifft, wird er im angelsächsischen Raum nach wie vor von Lesern, Kritikern und Schriftstellern gleichermaßen verehrt und als Vorbild gesehen. Susan Sontags bekannte Rezension der englischen Übersetzung von *Die Ausgewanderten* im *Times Literary Supplement*, die Sebald begeistert vorstellte und den Weg für eine breite Aufmerksamkeit auf sein Werk bereitete (vgl. Sontag 2000, 3), erscheint im Vergleich zu Richard Eders Artikel in der *New York Times* (2001), der Sebald mit Primo Levi als »›the prime speaker of the Holocaust‹« gleichsetzt (zit. nach Anderson 2003, 103), geradezu zurückhaltend. Zwischen den beiden Polen der deutschen und angloamerikanischen Rezeption steht W. G. Sebald als Autor mit einem relativ schmalen Werk, der in der Gegenwartsliteratur, der Literaturkritik und auch in der Literaturwissenschaft erhebliches Aufsehen erregt.

Die Sebald-Forschung befasst sich unter anderem mit der Ergründung dieses ›Phänomens‹ (Denham 2006). Je mehr Vernetzungen in seinem Werk aufgezeigt werden, desto mehr neue mögliche Verbindungen scheinen jedoch aufzutauchen. Die narrative Dichte und thematische Vielfalt seiner Werke bieten, zusammen mit deren Intertextualität und Intermedialität, unzählige Anknüpfungspunkte für eine verblüffende Breite von Interpretationsansätzen. Bringt man diese Vielfalt mit Sebalds Biographie, vor allem mit seiner zweigleisigen Tätigkeit als Schriftsteller und Literaturwissenschaftler zusammen, so eröffnen sich zahlreiche weitere Möglichkeiten für literaturkritische und literaturwissenschaftliche Annäherungen sowie für Auseinandersetzungen in gedruckter, digitaler, photographischer, theatralischer oder filmischer Form. Die textkonstitutiven, komplexen Schichten und Vernetzungen in Sebalds Werken fordern geradezu auf zu visueller Transformation, und die in den

Texten präsenten literarischen/filmischen Hinweis, und auch die paraphrasierten Zitate möchten aufgedeckt werden. Kurzum: Sebalds Methode aktiviert den Leser und bietet sich dadurch für mediale Mimesis an. Durch diese Art engagierten Lesens wird eine »empathische« Annäherung an die Vergangenheit möglich – ein explizites Ziel Sebalds (vgl. sein Interview mit Sigrid Löffler, Ges 85). Seine Werke finden entsprechend ein Nachleben in anderen Formen und Medien, sei es in Blogs, Theaterstücken, Filmen oder Hörspielen (s. Kap. 52). In Anbetracht dieser Anzahl an Möglichkeiten drängt sich zum Vergleich fast die romantische Vorstellung von der ›progressiven Universalpoesie‹ auf. Jedoch scheint es sinnvoller, zunächst eine konkrete Einschätzung der »industry« von Sebald-Forschung zu gewinnen (vgl. Swales 2008, 128).

Schon früh stellten Überblicke über den Forschungsstand stellen schon früh die »virtual explosion« von Sekundärliteratur zu Sebald fest (Wolff 2007, 78) und betonten mit Nachdruck die »persistent fascination that his work continues to exert on readers, academic and non-academic alike. There is, at the moment, no indication that this fascination is waning« (Zisselsberger 2009, 89). Das rasch wachsende Forschungsfeld der letzten Jahre bestätigt diese Prognose, denn es gibt bis jetzt (2016) an die 30 Monographien zu Sebald und nicht weniger als 25 davon wurden seit 2007 veröffentlicht. Hinzu kommen weitere 25 komparatistische Studien (seit 2005) sowie mindestens 30 Sammelbände und Sonderhefte zu Sebald (seit 1995). Auffällig ist vor dem Hintergrund der im Vergleich zum deutschsprachigen Raum extensiveren Rezeption im englischsprachigen Raum, dass die überwiegende Zahl der Monographien deutschsprachig ist. Außerdem erschien bereits 2003 ein Heft der Zeitschrift *Text + Kritik* mit einer 2012 aktualisierten zweiten Auflage (vgl. Arnold 2003). Zu den weiteren nennenswerten Forschungsüberblicken zählen zwei Artikel von Richard Sheppard in *The Journal of European Studies*, in denen dieser zwölf Werke rezensiert und zusätzlich eine Art intellektuelle Biographie Sebalds vorlegt (2005, 2009) sowie der bibliographische Aufsatz von Jonathan Long in seinem, zusammen mit Anne Fuchs herausgegebenen, Band *W. G. Sebald and the Writing of History*, der über 100 Forschungsbeiträge (Artikel und Bücher) von über 80 Wissenschaftlern berücksichtigt (Long 2007b). Die beachtliche Anzahl der innerhalb eines knappen Zeitraums veröffentlichten Artikel hat zur Folge, dass es zwangsläufig zu zahlreichen Überschneidungen von Themen und Fra-

gestellungen in der Sebald-Forschung kommt. Long charakterisiert deshalb die Forschung als »predictable and repetitive« (28). Ferner beschreibt er das »mimetic« Verhältnis der Forschung zu Sebalds Werken, womit er auf die »digressive and leisurely nature« vieler Untersuchungen hinweist (23). Direkter heißt es bei Sheppard, dass die aufgeblähten Untersuchungen eher zu Assoziationen und Abschweifungen statt Argumenten neigen: »[...] this wordiness may be connected with Sebald's uncanny ability to beguile visitors to ›Sebaldland‹ into preferring ›rhizomatic‹ rambles to linear, analytic argument« (Sheppard 2009, 80). Besonders nützlich ist in dem englischsprachigen Sebald-Handbuch *Saturn's Moons*, herausgegeben von Jo Catling und Richard Hibbitt – eine ehemalige Kollegin und ein ehemaliger Student Sebalds – der über 200 Seiten lange, sechsteilige »bibliographic survey«, der außer grundlegenden Primär- und Sekundärbibliographien und einer Bibliographie der Rezensionen von Sebalds Werken auch eine audiovisuelle Bibliographie, ein Register der Interviews mit Sebald sowie eine detaillierte Chronologie von Sebalds Leben mit Hinweisen auf Zusammenhänge mit seinen fiktionalen Werken einschließt (vgl. Catling/Hibbit 2011, 446–658). Dieser reiche Überblick empfiehlt sich als erster Anlaufpunkt für jede weitere Untersuchung zu Sebald.

Die erste Monographie zu Sebalds fiktionaler Prosa, mit einigen Überlegungen zum ›Elementargedicht‹ *Nach der Natur* und zur gedruckten Fassung der Zürcher Poetikvorlesungen *Luftkrieg und Literatur*, ist die englischsprachige Einführung von Mark R. McCulloh (2003), die Studierenden nach wie vor einen guten Einstiegspunkt bietet, auch wenn die Chronologie und annotierte Bibliographie (mit Fokus auf Publikationen im angelsächsischen Raum) mittlerweile vom englischsprachigen *Sebald Handbook* überholt sind. Ähnlich im Aufbau ist die deutschsprachige Einführung von Uwe Schütte (2011), die jedem fiktionalen Prosawerk wie auch *Nach der Natur* jeweils ein Kapitel widmet. Zusätzlich bietet die Einführung ein Kapitel zu Sebalds Literaturkritik; diesen wichtigen Aspekt von Sebalds Œuvre behandelt Schütte ausführlicher in seiner Studie *Interventionen. Literaturkritik als Widerspruch bei W. G. Sebald* (2014), um die Entwicklung zu zeigen, wie Sebalds eigene Form von Literaturkritik – »eine subjektive Mischform aus philologischer Analyse und persönlichem Bericht« – seinen Weg zur Tätigkeit als Schriftsteller vorbereitete (Schütte 2014b, 23; 52). Frühere Forschungsbeiträge, die sich mit Sebalds literaturwissenschaftlichen Methoden kritisch auseinandersetzen, liegen schon vor (Klebes 2006a; Meyer 2005; Simon 2005), ebenso Analysen zu Fragen der Selbstinszenierung als Autor und zur Literaturkritik als Autofiktion (Schley 2012; Gotterbarm 2011). Peter Schmuckers Studie zur Intertextualität gibt Einblicke in den Zusammenhang von Sebalds literarischen und literaturwissenschaftlichen Werken (2012).

Schon die Titel der Sebald gewidmeten Sammelbände vermitteln einen aufschlussreichen Überblick über die wichtigsten Themen und Tendenzen der Forschung: Geschichte, Erinnerung, Trauma, Photographie, Topographie, Intertextualität, Melancholie und Reisen (vgl. u. a. Görner 2003; Denham/McCulloh 2006; Niehaus/Öhlschläger 2006; Fuchs/Long 2007; Martin/Wintermeyer 2007; Heidelberger-Leonard/Tabah 2008; Zisselsberger 2010; Finch/Wolff 2014). Es ist überdies, wie Ruth Vogel-Klein festgestellt hat, die »Synergie« dieser Themenverknüpfungen – etwa der für Sebalds Werk typische Nexus »Erinnerung, Übertragungen und Bilder« –, die »échappe aux catégories littéraires habituelles« [»sich den gängigen literarischen Kategorien nicht fügt«] (Vogel-Klein 2005, 1). Die Widerständigkeit der Werke Sebalds, dass sie beispielsweise in keine der traditionellen Gattungen passen, macht gleichzeitig deren grundsätzliche Offenheit aus. Seine Bilder, die detailreichen Ortsbeschreibungen und die literarischen Anspielungen laden Literaturwissenschaftler wie interessierte Leser gleichermaßen zur extratextuellen Identifikation ein. Die vielen Dichter und Denker, die Sebald in seinen Werken direkt oder indirekt aufruft – manche explizit, wie Améry, Conrad und Kafka, manche implizit, wie Benjamin, Nabokov und Wittgenstein – haben einen besonderen Reiz für Forscher. Aus der »Synergie« heraus kristallisiert sich der »Transfer« als zentraler Punkt für ein Verständnis von Sebalds Werken, wie Vogel-Klein prägnant formuliert: »ainsi les images structurent la mémoire, les transferts enrichissent la signification des images et contribuent à la construction de la mémoire« [»auf diese Weise strukturieren die Bilder die Erinnerung, reichern die Transfers die Bedeutung der Bilder an und tragen zum Aufbau der Erinnerung bei«] (Vogel-Klein 2005, 1). Somit eröffnet die Erschließung des »Transfers« der wissenschaftlichen Diskussion weitere Aspekte der linguistischen und kulturellen Übersetzung (siehe die Beispiele von ›Codeswitching‹ in allen Werken Sebalds) und auch der Fakt-Fiktion-Problematik (Übergang von ›Realität‹ zur Literatur und deren Amalgamierung) und Intertextualität (Transfer zwischen Texten). Außer solchen thematischen und diskursiven Dimensio-

nen der Übertragung haben die literarischen Übersetzungen von Sebalds Werken einen großen Einfluss auf das allgemeine Verständnis seines Œuvres, was sowohl seine Übersetzer (Bell 2002, 2003; Charbonneau 2005; Hulse 2011) als auch Wissenschaftler erkundet und kommentiert haben (vgl. McCulloh 2006; Wolff 2011).

Zu den weiteren wichtigsten Topoi der Sebald-Forschung zählen Modernität (vor allem Long 2007a; Presner 2007), Natur, Exil und Heimat. Auch die thematischen Aspekte von Gender und Sexualität (Bonn 2007; Bird 2011; Finch 2013) sowie biopolitische Fragen nach dem Menschlichen – und allgemeiner: »Kreatürlichen« – haben in der Forschung Beachtung gefunden (Santner 2006; Schmidt-Hannisa 2007). Noch (eingehender) zu untersuchen sind u. a. die Rolle von Humor und Ironie in Sebalds Schreiben sowie die möglichen Verbindungen zu religiösem/theologischem Denken, was zwei Studien wegbereitend anlegen: Schmucker geht Spuren des katholischen Philosophen und konservativen Romantikers Franz von Baader nach, um Sebalds »gnostisches Weltbild« darzustellen (Schmucker 2012, 504 f.), und Michael Hutchins untersucht Sebalds Verständnis vom jüdischen Messianismus als Fundament seines Restitutionskonzepts (vgl. Hutchins 2011, 200).

Gerade solche Untersuchungen, die die oben erwähnten Themen mit der übergreifenden Problematik der Werke Sebalds verknüpfen, nämlich die Geschichte – umfassend verstanden als nicht nur spezifische Ereignisse der Vergangenheit, sondern auch in ihren Nachwirkungen sowie deren Darstellung in unterschiedlichen Formen –, bringen die Sebald-Forschung weiter voran. Der Sammelband *W. G. Sebald and the Writing of History* (Fuchs/Long 2007) ist in dieser Hinsicht ein wichtiger Beitrag, denn die einzelnen Aufsätze ziehen Verbindungen zwischen ökologischen, ökonomischen und politischen Aspekten und der Rolle von Geschichte in Sebalds Werken. In dem programmatischen Band: *Über W. G. Sebald. Beiträge zu einem anderen Bild des Autors* soll ein neuer Akzent in der Sebald-Forschung gesetzt werden, denn »die überwiegende Mehrheit der Publikationen [fokussiert] auf einen engen Kreis an Fragestellungen zu den immer gleichen Themen, die man auf die Schlagwörter Trauma – Holocaust – Intermedialität – Erinnerung – Melancholie reduzieren kann« (Schütte 2016, 4). In mehreren Aufsätzen, die sich mit den im Nachlass zugänglichen unveröffentlichten Schriften Sebalds befassen, klammert der Band dementsprechend explizit diese Themen und *Austerlitz* aus und legt stattdessen einen Schwerpunkt sowohl auf Sebald als Literaturwissenschaftler als auch auf »die Rekonstruktion der Entstehungsgeschichten von Sebalds Texten« (8).

Gewiss sollten Sebalds Werke nicht auf die Themen und Aspekte Holocaust und Erinnerung reduziert werden, auch sollte der Autor selber nicht nur als ewiger Melancholiker charakterisiert werden. Gleichwohl gibt es Gründe, warum diese Themen in der bisherigen Forschung im Vordergrund stehen. Die Darstellungsproblematik bei Sebald ist nicht begrenzt auf die Repräsentation des Holocaust – ein deutlicher Schwerpunkt der angloamerikanischen Forschung –, sondern sollte umfassender verstanden werden als Übertragung von Erfahrungen in eine semiotische und literarische Form. Zu den wichtigsten Monographien, die sich der Darstellungsproblematik aus unterschiedlichen Perspektiven (u. a. geschichtsphilosophisch, hermeneutisch, poetologisch, erzähltheoretisch) widmen, zählen die Studien von Anne Fuchs (2004), Claudia Öhlschläger (2006), Bettina Mosbach (2008), Ben Hutchinson (2009), Christina Hünsche (2012) und Lynn Wolff (2014). Die zwölf Beiträge des Sammelbands *A Literature of Restitution* exemplifizieren auch, wie man über die Gräueltaten des 20. Jahrhunderts hinaus weitreichendere Implikationen aus diesem wesentlichen Aspekt der Literaturauffassung Sebalds ziehen kann (vgl. Baxter/Henitiuk/Hutchinson 2013, 3).

Ein integraler Bestandteil von Sebalds Schreibweise ist deren intertextuelle und intermediale Dimension, der viele komparatistische Analysen nachgehen, etwa zu Sebald und André Breton (Masschelein 2007), Franz Kafka (Medin 2010), Alexander Kluge (von Steinaecker 2007), Maurice Halbwachs (Atze 2005b) oder Jacques Lacan (Summers-Bremner 2004). In der Einleitung zu ihrem *Critical Companion* sehen Jonathan Long und Anne Whitehead Sebalds Werke als »steeped in psychoanalytical thought« und konstatieren: »he consciously integrates Freudian terms into his writing« (Long/Whitehead 2004, 8). Dora Osbornes *Traces of Trauma in W. G. Sebald and Christoph Ransmayr* liefert dazu mehrere Beispiele, indem sie intertextuelle Spuren von Freuds Fallstudien in *Die Ausgewanderten* und *Austerlitz* nachweist (2013). In seiner Untersuchung der »Interferenzen« zwischen Walter Benjamin und Sebald schreibt Irving Wohlfarth: »Sebalds Werk, das eines Literaturprofessors, ist ein gefundenes Fressen für Komparatisten. Sein Anspielungsreichtum verlangt nach inner- und intertextueller Exegese und verlockt zu ausufernder Quellen- und Spurensuche« (Wohlfarth 2008, 197).

McCulloh unterstreicht diese Spurensuche, indem er die Intertexte als »clues to deciphering the code of ›Sebaldry‹« hervorhebt (McCulloh 2003, 30) und Long merkt kritisch an, die Intertextualität, die man in Sebalds Werken findet, sei »an allusiveness aimed at academics and designed to ensure the work's canonicity« (Long 2007a, 7). Dennoch attestiert er diesem Phänomen eine größere Komplexität, insbesondere an der Figur von Austerlitz, »the fabric of whose entire existence consists of references and allusions to other writers, philosophers, and historians« (8). Die Funktion der literarischen und filmischen Anspielungen kann bei Sebald nicht auf ein postmodernes Signifikanten-Spiel reduziert werden. Entsprechend setzen sich mehrere Monographien und Sammelbände sowie Aufsätze mit der konkreten Intertextualität in seinen Werken auseinander (u. a. Schedel 2004; Tennstedt 2007; Atze 2005a; Heidelberger-Leonard/Tabah 2008; Horstkotte 2009). Verwandt mit dem Aspekt der Intertextualität ist die interdisziplinäre Dimension von Sebalds Schreiben. Wissenschaftler erkunden zum Beispiel die philosophische Fundierung von Sebalds Werk, insbesondere um die Beziehungen zu Wittgenstein (vgl. Klebes 2006b) oder ein neues Verständnis der literarischen und visuellen Hinweise auf Vladimir Nabokov zu erhellen (Jacobs 2014).

Um die umstrittene Frage der Kanonisierung (ob Sebald zum »Kanon« gehört/gehören soll) zu beantworten und darüber hinaus die innovative Qualität von Sebalds Prosa in ihren besonderen Ausformungen angemessen festzustellen, müssen unterschiedliche Arten von Kontextualisierung angestrebt werden: zum einen eine externe Kontextualisierung, die sein Werk in der deutschsprachigen Literaturgeschichte verortet (und nicht nur das: ein breiterer europäischer Kontext ist aufzurufen); zum anderen eine interne Kontextualisierung, die Sebalds literarische, literaturwissenschaftliche und essayistische Schriften insgesamt berücksichtigt. Beispielhaft hierfür sind unter anderem die Monographie von Alan Itkin, die die Grundlage für Sebalds Poetik der Erinnerung in den epischen Formen der Antike findet (Itkin 2017), sowie die elf Beiträge im Sebald-Sonderheft des *Journal of European Studies*, die überwiegend einem hermeneutischen Interpretationsansatz folgen, um unterschiedliche Kontexte herauszuarbeiten – darunter österreichische Literatur, Protestbewegungen der 1960er Jahre, Frankfurter Schule, Übersetzungstheorie, (Heideggersche) Philosophie, Ethnographie und die gattungstheoretische Tradition des Dichterporträts (vgl. Sheppard 2011, 201). Besonders erhellend sind die Beiträge, die größere Traditionen heranziehen oder weitere Kontexte anreißen, wie beispielsweise die Überlegungen zu Sebalds Status als ›Exilant‹/›expatriate‹ (vgl. Fischer 2009) oder als Autor weltliterarischer Geltung (vgl. Kim 2014). Des Weiteren, und dem Digital-Humanities-Trend folgend, eröffnen sich neue Diskussionen um die intermediale Rezeption von und Forschung zu Sebald. Hier wären vor allem die digitale Kartographierung der *Ringe des Saturn* von Barbara Hui in ihrem *Litmap*-Projekt (2010) und Grant Gees teils dokumentarischer, teils epigonaler Film *Patience (After Sebald): A Walk Through the Rings of Saturn* (2012) zu erwähnen. Eine neue Dimension der Forschung zeigt sich in der Aufmerksamkeit auf das lyrische Werk Sebalds, die der Veröffentlichung der ausgewählten Gedichte von 1964–2001 im Band *Über das Land und das Wasser* folgt (vgl. mehrere Beiträge von Axel Englund; Schütte 2014a). Iain Galbraith hat zu diesem wichtigen Strang der Forschung beigetragen, indem er nicht nur Sebalds Gedichte ins Englische übertrug, sondern auch durch die Art, wie er die deutsche Ausgabe durch seine Auswahl, Reihenfolge und Erläuterungen ergänzte (vgl. Galbraith 2011; Pitts 2011).

W. G. Sebalds Doppelperspektive als Beobachter der Literatur (Literaturwissenschaftler) auf der einen und als produktiver Teilnehmer an der Literatur (Schriftsteller) auf der anderen Seite bringt eine konstitutive Spannung in seinen Werken hervor, eine Spannung zwischen Geschichte und Literatur, Dokumentation und Kreation, Wahrnehmung und Darstellung, Imagination und Erinnerung. Ferner schildern seine Werke, wie die literarische Darstellung als eine Form der Übersetzung verstanden werden kann, d. h. als eine Übertragung von historischen Ereignissen und persönlichen Erfahrungen in eine literarische Form. Der Übertragungsproblematik vorgelagert ist die Frage nach der sinnlichen Wahrnehmung, genauer gesagt danach, wie die Welt wahrgenommen wird. Auch diese genuin ästhetische Frage ist in Sebalds Werken von grundsätzlicher Wichtigkeit und lässt sich mit epistemologischen und ethischen Fragen eng verknüpfen. Das Besondere an Sebalds Werken liegt darin, wie er solche meta-literarischen Fragen im literarischen Diskurs selbst (dar-)stellt. Gerade die Forschungsbeiträge, die Sebalds Werke einerseits in ihrer poetologischen Eigenart analysieren und andererseits als paradigmatische/modellhafte Untersuchungen solcher Fragen auffassen, um weitere Texte, Textarten oder Themen besser zu verstehen, nähern sich sowohl

der Komplexität als auch dem Potenzial von W. G. Sebalds literarischen Schöpfungen.

Literatur

Anderson, Mark M.: The Edge of Darkness: On W. G. Sebald. In: *October* 106 (2003), 102–121.

Arnold, Heinz Ludwig (Hg.): *W. G. Sebald. Text + Kritik* 158, 2003, ²2012.

Atze, Marcel: Casanova vor der Schwarzen Wand. Ein Beispiel intertextueller Repräsentanz des Holocaust in W. G. Sebalds *Austerlitz*. In: Marcel Atze/Franz Loquai (Hg.): *Sebald. Lektüren*. Eggingen 2005a, 228–243.

Atze, Marcel: Die Gesetze von der Wiederkunft der Vergangenheit. W. G. Sebalds Lektüre des Gedächtnistheoretikers Maurice Halbwachs. In: Marcel Atze/Franz Loquai (Hg.): *Sebald. Lektüren*. Eggingen 2005b, 195–211.

Baxter, Jeannette/Henitiuk, Valerie/Hutchinson, Ben (Hg.): *A Literature of Restitution. Critical Essays on W. G. Sebald*. Manchester 2013.

Bell, Anthea: Translating W. G. Sebald's *Austerlitz*. In: *Linguist* 41/6 (2002), 162–163.

Bell, Anthea: On Translating W. G. Sebald. In: Rüdiger Görner (Hg.): *The Anatomist of Melancholy: Essays in Memory of W. G. Sebald*. München 2003, 11–18.

Bird, Stephanie: »Er gab mir, was äußerst ungewöhnlich war, zum Abschied die Hand«: Touch and Tact in W. G. Sebald's *Die Ausgewanderten* and *Austerlitz*. In: *Journal of European Studies* 41/3–4 (2011), 359–375.

Bonn, Klaus: Homoerotik, Hasard, Hysterie unter anderem. Zur Figuration der Männlichkeit bei W. G. Sebald. In: *Forum: Homosexualität und Literatur* 49 (2007), 5–40.

Catling, Jo/Hibbitt, Richard (Hg.): *Saturn's Moons. W. G. Sebald – A Handbook*. London 2011.

Charbonneau, Patrick: Correspondence(s): Le traducteur et son auteur. In: Ruth Vogel-Klein (Hg.): *Mémoire. Transferts. Images / Erinnerung. Übertragungen. Bilder. Recherches germaniques*. Hors série 2 (2005), 193–210.

Denham, Scott/McCulloh, Mark (Hg.): *W. G. Sebald. History – Memory – Trauma*. Berlin 2006.

Englund, Axel: Bleston Babel: Migration, Multilingualism and Intertextuality in W. G. Sebald's Mancunian Cantical. In: Axel Englund/Anders Olsson (Hg.): *Languages of Exile: Migration and Multilingualism in Twentieth-Century Literature*. Oxford u. a. 2013a, 261–280.

Englund, Axel: Readings in the Mist: Two November Poems by W. G. Sebald. In: *The German Quarterly* 86/3 (2013b), 275–293.

Englund, Axel: British Rail Katabasis: W. G. Sebald's ›Day Return‹. In: *German Life and Letters* 67/1 (2014), 120–137.

Englund, Axel: W. G. Sebald's Late Lyrics Between Words, Images and Languages. In: *Interlitteraria* 20/2 (2015), 123–141.

Finch, Helen: *Sebald's Bachelors: Queer Resistance and the Unconforming Life*. Oxford 2013.

Finch, Helen/Wolff, Lynn L. (Hg.): *Witnessing, Memory, Poetics: H. G. Adler and W. G. Sebald*. Rochester, NY 2014.

Fischer, Gerhard (Hg.): *W. G. Sebald: Schreiben ex patria / Expatriate Writing*. Amsterdam/New York 2009.

Fuchs, Anne: ›Die Schmerzensspuren der Geschichte‹. Zur Poetik der Erinnerung in W. G. Sebalds Prosa. Köln 2004.

Fuchs, Anne/Long, J. J. (Hg.): W. G. Sebald and the Writing of History. Würzburg 2007.

Galbraith, Iain: Translator's Introduction. In: W. G. Sebald: Across the Land and the Water. Selected Poems, 1964–2001, hg. von Sven Meyer, übers. von Iain Galbraith. London 2011, xi–xxiii.

Gee, Grant (Regie): Patience (After Sebald): A Walk Through the Rings of Saturn. 2012.

Görner, Rüdiger: The Anatomist of Melancholy: Essays in Memory of W. G. Sebald. München 2003.

Gotterbarm, Mario: Ich und der Luftkrieg. Sebalds erste Zürcher Vorlesung als Autofiktion. In: Jahrbuch der deutschen Schillergesellschaft 55 (2011), 324–345.

Heidelberger-Leonard, Irene/Tabah, Mireille (Hg.): W. G. Sebald: Intertextualität und Topographie. Berlin/Münster 2008.

Horstkotte, Silke: Nachbilder. Fotografie und Gedächtnis in der deutschen Gegenwartsliteratur. Köln 2009.

Hui, Barbara: http://barbarahui.net/litmap/.

Hulse, Michael: Englishing Max. In: Jo Catling/Richard Hibbitt (Hg.): Saturn's Moons. W. G. Sebald – A Handbook. London 2011, 192–205.

Hünsche, Christina: Textereignisse und Schlachtenbilder. Eine sebaldsche Poetik des Ereignisses. Bielefeld 2012.

Hutchins, Michael David: Tikkun: W. G. Sebald's Melancholy Messianism [PhD dissertation]. University of Cincinnati 2011.

Hutchinson, Ben: W. G. Sebald – Die dialektische Imagination. Berlin/New York 2009.

Itkin, Alan: Underworlds of Memory: W. G. Sebald's Epic Journeys through the Past. Evanston 2017.

Jacobs, Karen: Sebald's Apparitional Nabokov. In: Twentieth Century Literature 60/2 (2014), 137–168.

Kim, David D.: Militant Melancholia, or Remembering Historical Traumas: W. G. Sebald's Die Ringe des Saturn. In: Thomas O. Beebee (Hg.): German Literature as World Literature. New York u. a. 2014, 115–133.

Klebes, Martin: Sebald's Pathographies. In: Scott Denham/Mark McCulloh (Hg.): W. G. Sebald. History – Memory – Trauma. Berlin 2006a, 65–75.

Klebes, Martin: W. G. Sebald: Family Resemblances and the Blurred Images of History. In: Martin Klebes: Wittgenstein's Novels. New York/London 2006b, 87–130.

Long, J. J./Whitehead, Anne (Hg.): W. G. Sebald. A Critical Companion. Seattle 2004.

Long, J. J.: W. G. Sebald: Image, Archive, Modernity. Edinburgh 2007a.

Long, J. J.: W. G. Sebald: A Bibliographical Essay on Current Research. In: Anne Fuchs/J. J. Long (Hg.): W. G. Sebald and the Writing of History. Würzburg 2007b, 11–29.

Martin, Sigurd/Wintermeyer, Ingo (Hg.): Verschiebebahnhöfe der Erinnerung – Zum Werk W. G. Sebalds. Würzburg 2007.

Masschelein, Anneleen: Hand in Glove: Negative Indexicality in André Breton's Nadja and W. G. Sebald's Austerlitz. In: Lise Patt (Hg.): Searching for Sebald. Photography after W. G. Sebald. Los Angeles 2007, 360–387.

McCulloh, Mark R.: Understanding W. G. Sebald. Columbia 2003.

McCulloh, Mark R.: Introduction: Two Languages, Two Audiences: The Tandem Literary Œuvres of W. G. Sebald. In: Scott Denham/Mark McCulloh (Hg.): W. G. Sebald. History – Memory – Trauma. Berlin 2006, 7–20.

Medin, Daniel L.: Three Sons: Franz Kafka and the Fiction of J. M. Coetzee, Philip Roth and W. G. Sebald. Evanston 2010.

Meyer, Sven: Im Medium der Prosa: Essay und Erzählung bei W. G. Sebald. In: Ruth Vogel-Klein (Hg.): Mémoire. Transferts. Images. / Erinnerung. Übertragungen. Bilder. Recherches germaniques. Hors Série 2 (2005), 173–185.

Mosbach, Bettina: Figurationen der Katastrophe. Ästhetische Verfahren in W. G. Sebalds »Die Ringe des Saturn« und »Austerlitz«. Bielefeld 2008.

Niehaus, Michael/Öhlschläger, Claudia (Hg.): W. G. Sebald. Politische Archäologie und melancholische Bastelei. Berlin 2006.

Öhlschläger, Claudia: Beschädigtes Leben. Erzählte Risse. W. G. Sebalds poetische Ordnung des Unglücks. Freiburg i. Br. 2006.

Osborne, Dora: Traces of Trauma in W. G. Sebald and Christoph Ransmayr. Oxford 2013.

Pitts, Terry/Galbraith, Iain: ›Published in English with Additional Material...‹. In: Vertigo: Where Literature and Art Intersect, with an Emphasis on W. G. Sebald and Literature with Embedded Photographs (23.12.2011), http://sebald.wordpress.com/2011/12/23/published-in-english-with-additional-material/.

Presner, Todd Samuel: Vienna – Rome – Prague – Antwerp – Paris. The Railways of Modernity: Freud and Sebald on the Narration of German/Jewish Remains. In: Mobile Modernity: Germans, Jews, Trains. New York 2007, 233–283.

Santner, Eric L.: On Creaturely Life: Rilke, Benjamin, Sebald. Chicago 2006.

Schedel, Susanne: ›Wer weiß, wie es vor Zeiten wirklich gewesen ist?‹ Textbeziehungen als Mittel der Geschichtsdarstellung bei W. G. Sebald. Würzburg 2004.

Schley, Fridolin: Kataloge der Wahrheit. Zur Inszenierung von Autorschaft bei W. G. Sebald. Göttingen 2012.

Schmidt-Hannisa, Hans-Walter: Aberration of a Species: On the Relationship between Man and Beast in W. G. Sebald's Work. In: Anne Fuchs/J. J. Long (Hg.): W. G. Sebald and the Writing of History. Würzburg 2007, 31–44.

Schmucker, Peter: Grenzübertretungen: Intertextualität im Werk von W. G. Sebald. Berlin/Boston 2012.

Schütte, Uwe: W. G. Sebald. Einführung in Leben und Werk. Göttingen 2011.

Schütte, Uwe: Figurationen. Zum lyrischen Werk von W. G. Sebald. Eggingen 2014a.

Schütte, Uwe: Interventionen. Literaturkritik als Widerspruch bei W. G. Sebald. München 2014b.

Schütte, Uwe (Hg.): Über W. G. Sebald. Beiträge zu einem anderen Bild des Autors. Berlin 2016.

Sheppard, Richard: Dexter – Sinister: Some Observations on Decrypting the Mors Code in the Works of W. G. Sebald. In: Journal of European Studies 35/4 (2005), 419–463.

Sheppard, Richard: ›Woods, trees, and the spaces in between‹: A Report on Work Published on W. G. Sebald

2005–2008. In: *Journal of European Studies* 39/1 (2009), 79–128.

Sheppard, Richard (Hg.): Special Issue: W. G. Sebald. In: *Journal of European Studies* 41/3–4 (2011).

Simon, Ulrich: Der Provokateur als Literaturhistoriker. Anmerkungen zu Literaturbegriff und Argumentationsverfahren in W. G. Sebalds essayistischen Schriften. In: Marcel Atze/Franz Loquai (Hg.): *Sebald. Lektüren*. Eggingen 2005, 78–104.

Sontag, Susan: A Mind in Mourning. In: *Times Literary Supplement* (25.2.2000), 3–4.

Summers-Bremner, Eluned: Reading, Walking, Mourning: W. G. Sebald's Peripatetic Fictions. In: *JNT: Journal of Narrative Theory* 34/3 (2004), 304–334.

Swales, Martin: Rezension von Denham/McCulloh: »W. G. Sebald. History – Memory – Trauma«. In: *Arbitrium* 26/1 (2008) 128–130.

Tennstedt, Antje: *Annäherungen an die Vergangenheit bei Claude Simon und W. G. Sebald (Am Beispiel von »Le Jardin des Plantes«, »Die Ausgewanderten« und »Austerlitz«)*. Freiburg i. Br. 2007.

Vogel-Klein, Ruth: Avant-Propos. In: Ruth Vogel-Klein (Hg.): *Mémoire. Transferts. Images / Erinnerung. Übertragungen. Bilder. Recherches germaniques*. Hors série 2 (2005), 1–2.

von Steinaecker, Thomas: *Literarische Foto-Texte. Zur Funktion der Fotografie in den Texten Rolf Dieter Brinkmanns, Alexander Kluges und W. G. Sebalds*. Bielefeld 2007.

Wohlfarth, Irving: Anachronie. Interferenzen zwischen Walter Benjamin und W. G. Sebald. In: *IASL* 22/3 (2008), 184–242.

Wolff, Lynn L.: ›Das metaphysische Unterfutter der Realität‹: Recent Publications and Trends in W. G. Sebald Research. In: *Monatshefte* 99/1 (2007), 78–101.

Wolff, Lynn L.: ›The Solitary Mallard‹: W. G. Sebald and Translation. In: *Journal of European Studies* 41/3–4 (2011), 323–340.

Wolff, Lynn L.: *W. G. Sebald's Hybrid Poetics: Literature as Historiography*. Berlin/Boston 2014.

Zisselsberger, Markus: A Persistent Fascination: Recent Publications on the Works of W. G. Sebald. In: *Monatshefte* 101/1 (2009), 88–105.

Zisselsberger, Markus (Hg.): *The Undiscover'd Country. W. G. Sebald and the Poetics of Travel*. Rochester 2010.

Lynn L. Wolff

52 W. G. Sebald im Internet

Die Präsenz eines Autors im Internet hängt nicht nur von dem Grad, sondern auch von der Art und Weise seiner Kanonisierung ab. Sie kann durch die Website einer ihm gewidmeten literarischen Gesellschaft dominiert werden; auch Museen, die in den Geburts- oder Wohnhäusern eines Autors eingerichtet worden sind, strahlen ins Internet aus; schließlich gibt es auch die Möglichkeit, dass der Verlag seine Bemühungen um gründliche Information rund um seinen Hausautor im Internet dokumentiert. All diese Aktivitäten haben eine mehr oder weniger institutionelle Basis und setzen einen hohen Grad an Kanonisiertheit voraus.

Bei W. G. Sebald ist die Lage eine ganz besondere. Seine Kanonisierung durch die Leserschaft, die Literaturkritik und die Literaturwissenschaft ereignete sich in einem sehr kurzen Zeitraum, auf eine gleichsam überhitzte Weise. Institutionen spielen für die Internetpräsenz dieses Autors daher nur eine untergeordnete Rolle (was bei einem Autor, der Institutionen gegenüber äußerst misstrauisch war, auch von einer gewissen Folgerichtigkeit ist). Stattdessen sind es vor allem Liebhaber, durch die Sebald – von den obligatorischen Wikipedia-Artikeln und ähnlichem abgesehen – im Internet präsent ist. Es handelt sich gewissermaßen um eine Internetpräsenz ›von unten‹. Spätestens seit den *Ausgewanderten* (bzw. deren Übersetzung ins Englische 1996) etabliert sich Sebald als ein Autor, der bei einem – freilich sehr begrenzten – Leserkreis ein weitaus höheres Maß an Identifikation, Leidenschaft und Engagement mobilisiert als dies bei modernen oder gar zeitgenössischen Autoren sonst üblich ist (der halbironische Ausdruck ›Sebaldianer‹ ist, wie man mit Google leicht nachprüfen kann, ein durchaus gebräuchliches Wort). Eine solche Liebhaberschaft gegenüber einem Autor konnte sich in den Zeiten vor dem Internet in erster Linie im privaten Umfeld des Betreffenden und dann durch den Zusammenschluss mit Gleichgesinnten in der Gründung einer literarischen Gesellschaft niederschlagen. Heutzutage hingegen steht es jedem offen, eine Website oder einen Blog zu installieren, der dem verehrten Autor gewidmet ist.

Im Falle Sebalds kommen noch drei Merkmale seiner Texte hinzu, welche solche Aktivitäten begünstigen: Erstens die Intertextualität, die dazu einlädt, das im Werk angelegte Netz zu explizieren und weiterzuspinnen; zweitens die Intermedialität, die es erlaubt, Bilder zu zeigen und durch weitere Bilder zu ergänzen;

und drittens die Struktur Routen und Wege erschließenden Reisens, durch welche ein Nachgehen und Nachprüfen dieser Reisen möglich wird. Drei ausgezeichnete Webseiten können hier hervorgehoben werden, wobei freilich einschränkend hinzuzufügen ist, dass deren Haltbarkeit, da sie sich privater Initiative verdanken, ungewiss ist.

Drei Beispiele

Es gibt seit 2006 eine Webadresse *wgsebald.de*, die von Christian Wirth aus Chemnitz betrieben wird. Im Impressum ist zu lesen, dass diese Webseite »rein privat« ist, dass keine »kommerziellen Interessen« verfolgt werden, dass der Betreiber »keinerlei Zuwendungen« erhält. Und es wird darauf hingewiesen, dass die Webseite »frei von Werbung und samt der vielen Unterseiten Produkt eines Amateurs« sei, »der viel Zeit und etwas Geld investiert«. Die Webseite, die sich der Startseite zufolge als ein »Forum für den ausgewanderten Schriftsteller, Wanderer, Germanisten, Autor des Elementargedichts *Nach der Natur* und weiterer Werke« versteht, ist außerordentlich umfangreich, enthält unzählige Materialien und wird derzeit auch kontinuierlich durch Veranstaltungshinweise, Neuerscheinungen usw. aktualisiert. Die Struktur der Website ist etwas unübersichtlich, was wohl vor allem ihrem allmählichen Aufbau geschuldet ist. Es gibt die Rubriken *Forum* (das nicht sehr aktiv ist), *Sebald, Lexika, Bilder, Literatur, Kunst, Musik, Medien, Leute, Leser, Suche* und *Nachwort*. Was sich jeweils dahinter verbirgt, versteht sich nicht unbedingt von selbst. So befindet sich unter *Suche* nicht nur eine Suchmaske, sondern eine völlig unsystematische und sehr lange Liste von Namen und Schlagworten mit jeweils einem internen Link, der dann auf teilweise materialreiche Zusatzinformationen zum Beispiel zu historischen Personen führt, die in den Büchern Sebalds vorkommen. Ein Klick etwa auf den Namen der chinesischen Kaiserinwitwe Tz'u-hsi führt auf eine Unterseite, auf der alternierend die entsprechenden Passagen aus den *Ringen des Saturn* zitiert und reich bebilderte Zusatzinformationen aus dem Leben sowie dem Umfeld dieser historischen Figur gegeben werden. Insofern diese Zusatzinformationen sich teilweise weit von Sebalds Text entfernen (sich in diesem Falle etwa auch auf den letzten Kaiser Puji und Bertoluccis Film über ihn erstrecken), sind sie nur begrenzt funktional. Auf eine Liste fiktiver Figuren stößt man auch unter der Rubrik *Leute*, in der man beispielsweise unter dem Eintrag

»George Wyndham Le Strange« vor allem anhand längerer Einrückungen aus einem Aufsatz von Adrian Daub (2007) nachlesen kann, was es mit dieser erfundenen Figur und der hiermit zusammenhängenden doppelseitigen Abbildung der Leichen von Bergen Belsen (vgl. RS 78 f.) auf sich hat. Zugleich werden hier zahlreiche Photos von Leichenbergen nach der Befreiung von Vernichtungslagern präsentiert, die Sebald eben *nicht* für sein Buch ausgewählt hat. Das ist sehr informativ, aber man stößt darauf eher per Zufall bzw. nur dann, wenn man sich die Zeit für ein längeres absichtsloses Durchstreifen dieser Webseite nimmt. Darüber hinaus enthält sie auch viele kuriose Informationen, wie etwa ein Photo von Sebalds Anwesen *Old Rectory* aus dem Jahre 2014, als es zum Preis von 1,1 Millionen Pfund zum Verkauf stand. Es handelt sich also um die Webseite eines Liebhabers, auf der alle Register gezogen werden, dies aber auf eine bescheidene Art und Weise. Denn unter den vielen lobenden und rühmenden Stimmen, die hier zu Wort kommen, lässt der Betreiber seine eigene Stimme nur sehr selten und sehr zurückhaltend vernehmen. Sein Hauptanliegen ist es, den ›Sebald-Kosmos‹ zu erschließen bzw. anzureichern, wobei eine Berücksichtigung der wissenschaftlichen Literatur zu Sebald nur am Rande erfolgt.

Ganz anders ist der seit 2008 existierende und mit *Selysses. Kleine Sebaldstücke* überschriebene Blog von Peter Oberschelp beschaffen (http://peteroberschelp.blogspot.de). Der Titel ist Programm: Der Autor des vielbesuchten und ästhetisch ansprechend gestalteten Blogs nennt den Ich-Erzähler in Sebalds Texten »Selysses«, weil er ihn als eine Kunstfigur bzw. ein Mischwesen begreift, gebildet aus dem Autor Sebald und dem stets außer Haus befindlichen Ulysses. Oberschelp vergleicht seine ›Stücke‹ auf der Startseite mit einer Partitur. »Den Text vor Augen, die Musik im Ohr, die rechte Hand auf den Tasten: so sind die kleinen Sebaldstücke der Versuch, verschiedene Melodien, Motive und Themen der Dichtung, oft die gleichen, für eine Weile zu begleiten.« Zwei Hauptgruppen von ›Stücken‹ werden hierbei unterschieden. Die eigentlichen Sebaldstücke sind kleine Essays unterschiedlichen Umfangs. Sie gehen – oft in durchaus lockerer Anknüpfung an Sebald, manchmal aber auch nah am Text – von ganz unterschiedlichen Fragestellungen aus und haben einen bisweilen fast meditativen Charakter. Unter dem Titel *Lichtverhältnisse* (6. März 2012) etwa wird über spezifische Dunkelheiten und Helligkeiten in Sebalds Texten nachgedacht; *Kuppelbauten* (17. Mai 2016) beschäftigt sich mit den

Bahnhofsbauten in Sebalds Büchern; in *Pitié-Salpê-trière* (2. März 2015) wird ein Vergleich von *Austerlitz* mit Patrick Modianos *Dora Bruder* in Bezug auf die Thematisierung der Judenvernichtung angestellt. Die zweite Hauptgruppe trägt die Überschrift *Aus dem Schattenreich* und wird vom Autor wie folgt charakterisiert: »Ausgangspunkt ist jeweils ein Prosafragment Kafkas, das in gewisser Weise einen Abschluß findet. Dazu werden Textstücke aus Sebalds künstlerischen Werken verwendet. In wenigen Fällen sind zusätzlich Werkstoffe anderer Dichter verarbeitet.« Hier handelt es sich also um (jeweils mit einem Kommentar versehene) hintersinnige literarische Texte, die als Pastiches angelegt sind: *Selchereien* (11. Januar 2011) beispielsweise kombiniert die Passage in der Pizzeria in *All'estero* (vgl. SG 92) mit einer Tagebucheintragung Kafkas vom 30. Oktober 1911. Insgesamt enthielt der Blog Ende 2016 durch seine kontinuierlichen Erweiterungen bereits fast tausend Einträge. Es versteht sich von selbst, dass auch Peter Oberschelp als ein Sebald-Verehrer spricht, aber er tut dies auf eine sehr reflektierte und wohlabgewogene Art und Weise. Seine Sebaldstücke sind nicht nur klug und überaus anregend, sie überzeugen auch durch ihre hohe sprachliche Qualität.

Ein wiederum anderes Anliegen hat der Blog *Vertigo* des Amerikaners Terry Pitts (https://sebald.word press.com/category/wg-sebald), der seine Programmatik im Untertitel folgendermaßen spezifiziert: »Where literature and art intersect, with an emphasis on W. G. Sebald and literature with embedded photographs.« Zwar interessiert sich Pitts, im vormaligen Berufsleben Leiter des *Cedar Rapids Museum of Art*, für Sebald vor allem unter dem Aspekt der Bild-Text-Montage, aber man kann sich auf dieser Webseite auch über sehr viele andere Aspekte von Sebalds Werk informieren. Die umfängliche Liste der Kategorien, mittels derer sich die Posts ansteuern lassen, besteht vor allem aus Eigennamen. Unter dem Stichwort »Michel Butor« beispielsweise findet man einen ausführlichen Vergleich von Butors Manchester (*alias* Bleston) in *L'Emploi du Temps* und Sebalds Manchester in den *Ausgewanderten*. Während der Blog von Oberschelp vor allem der eines Schreibenden ist, liegt der Schwerpunkt des Blogs von Pitts auf dem Lesen. Sebald und das Thema der Text-Bild-Montage dienen dem Betreiber nicht zuletzt dazu, sich neue Lektüre-Räume zu erschließen. Klassische Texte wie Stifters *Bergkristall* werden aus Anlass Sebalds ebenso besprochen wie Philippa Combers *Ariadne's Thread* (Comber 2014), in dem die Verfasserin von ihrer Freund-

schaft zu Sebald erzählt. Wer diesen Blog durchstöbert, kann gewiss anregende Entdeckungen machen. Seine Offenheit, die sich auch auf die Rezeption von (allerdings vornehmlich angelsächsischer) Forschungsliteratur zu Sebald erstreckt, führt auch zu einer stärkeren Nutzung der Kommentarfunktion als bei den anderen Webseiten.

Sonstiges

Daneben gibt es selbstverständlich noch viele weitere Netz-Aktivitäten um W. G. Sebald. Häufig wurden sie allerdings nach einiger Zeit eingestellt, weil sie eine begrenzte Aufgabe verfolgten und nicht auf institutionalisierter Grundlage erfolgten. So ist die schön aufgemachte Seite *Stalking Sebald* (http://stalkingsebald. blogspot.de) zwar noch verfügbar, war aber nur zwischen 2006 und 2008 aktiv. Auf ihr befinden sich vor allem zahlreiche Photos von Schauplätzen, die der Verfasser des Blogs auf den Spuren Sebalds bereist hat. Dazu werden auf Deutsch und Englisch die entsprechenden Textpassagen Sebalds angegeben. Auf der französischsprachigen Webseite *Norwich. Du temps et des lieux, chez W. G. Sebald et quelques autres* (https://norwich.wordpress.com/dictionnaire-sebald) werden ebenfalls einige Schauplätze Sebalds dokumentiert. Besonders bemerkenswert ist in diesem Zusammenhang die »Litmap«, die Barbara Hui im Rahmen ihres Dissertationsprojektes erstellt hat, in der sämtliche Bewegungen des ›Pilgers‹ in den *Ringen des Saturn* erfasst und kontextualisiert werden (barbara-hui.net). Sie zeigt noch einmal deutlich, dass die Faszination, die von Sebald in Bezug auf Netzaktivitäten ausgeht, eng mit dem Nachvollzug von Reisen zusammenhängt. Daneben gibt es zu Sebald im Internet freilich zahlreiche Niederschläge von Veranstaltungen, Ausstellungen, Sendungen usw.. Die Stimme Sebalds kann man auf der Seite *dichterlesen.net* hören. Es handelt sich um den Mitschnitt einer einstündigen Lesung aus *Logis in einem Landhaus*. Das ebenfalls knapp einstündige, auf einem Fernsehdrehbuch Sebalds beruhende Hörspiel *Jetzund kömpt die Nacht herbey* von 2015, das sich mit dem Leben und Sterben Immanuel Kants beschäftigt, lässt sich ebenfalls im Internet abrufen. (http://www1.wdr.de/radio/wdr3/immanuel-kant-100.html).

Auch auf Youtube gibt es Einiges zu Sebald zu entdecken. Die Langfilme, zu denen Sebalds Werk inspiriert hat – insbesondere der Dokumentarfilm *Patience (after Sebald)* von Grant Lee zu den *Ringen des Saturn* aus dem Jahre 2012 (in dem übrigens auf Barbara Huis »Litmap« Bezug genommen wird) und der fiktionale Filmessay *Austerlitz* von Stan Neumann (mit Denis Lavant als Jacques Austerlitz), 2015 auf *Arte* gesendet – sind dort allerdings nicht eingestellt. Vorhanden sind unter anderem: ein halbstündiges Fernsehfeature über *Austerlitz* von Richard West (mit Jonathan Long), das sich mit den Orten des Buches und mit der Bearbeitung des Bildmaterials beschäftigt; eine französische Radiosendung mit dem Titel *W. G. Sebald: Une vie une oeuvre*, gesendet auf *France Culture* sowie die auf Video mitgeschnittene Lesung Sebalds aus *Austerlitz* in der *Reihe 92Y Readings* kurz vor seinem Tod im Oktober 2001 mit Susan Sontag in New York. Das berühmt-berüchtigte *Literarische Quartett* vom 14. Januar 1993, in dem Marcel Reich-Ranicki wenig mit Sebalds *Ausgewanderten* anfangen konnte, kann man sich natürlich ebenfalls auf Youtube ansehen.

Literatur

Comber, Philippa: *Ariadne's Thread. In Memory of W. G. Sebald*. Norwich 2014.

Daub, Adrian: ›Donner à Voir‹: The Logics of Caption in W. G. Sebald's *Rings of Saturn* and Alexander Kluge's *Devil's Blind Spot*. In: Lise Patt/Christel Dillbohner (Hg.): *Searching for Sebald. Photography after W. G. Sebald*. Los Angeles 2007, 306–330.

Wirth, Christian: W. G. Sebald (2006 ff.), http://wgsebald.de.

Oberschelp, Peter: *Selysses. Kleine Sebaldstücke* (2008 ff.), http://peteroberschelp.blogspot.de.

Pitts, Terry: *Vertigo* (2009 ff.), https://sebald.wordpress.com/category/wg-sebald.

Sebald, Winfried Georg: *Jetzund kömpt die Nacht herbey*. Hörspiel (2015), http://www1.wdr.de/radio/wdr3/immanuel-kant-100.html.

Michael Niehaus

53 Appendix: W. G. Sebald übersetzen – Problemaufriss und Erfahrungsbericht

Problemaufriss

Sebalds Werk ist aufgrund der weltliterarischen Bedeutung des Autors in zahlreichen Übersetzungen erschienen. Allein *Austerlitz* wurde nach seinem Erscheinen 2001 in beinahe 30 Sprachen übersetzt (s. Kap. 7). Dieses Buch erschien fast zeitgleich zur Erstauflage in Deutschland auch in englischer Sprache. Abgesehen vom grundsätzlichen Problem literarischer Übersetzungen, dem je spezifischen, unverkennbaren Stil eines Autors gerecht zu werden, stellt Sebalds Stil und Schreibweise den Übersetzer vor besondere Herausforderungen: Die Adaption von Sebalds ausufernden Sätzen, der verschachtelten, komplexen Syntax aus Kombinationen von Hypotaxe und Parataxe birgt insbesondere bei Übersetzungen in Sprachen mit klar reglementierten, verhältnismäßig einfachen Satzstrukturen eine besondere Schwierigkeit (vgl. Gómez García 2006, 16; Bell 2003, 13; Williams 2013, 39 f.), ist aber elementar für das Verständnis der Sebalds Prosa inhärenten Bedeutungsdimensionen. Seine spezifische Erzählweise, die Geschichten Dritter in unterschiedlichem Vermittlungsgrad versammelt, erweist sich in diversen Sprachen als Hürde und bedarf mitunter der zusätzlichen, dezidierten Markierung fremder Rede (vgl. Gómez García 2006, 16; Williams 2013, 25; McCulloch 2006, 14). Die zahlreichen Spezialdiskurse, die in Sebalds Werke integriert sind, die Detailfülle, die der Autor etwa zur Beschreibung zoologischer Phänomene und historischer Artefakte nutzt, erfordern eine intensive »terminologische Forschungsarbeit« (Gómez García 2006, 16; vgl. Bell 2003, 16) des Übersetzers, ebenso wie die hohe Dichte intertextueller Referenzen fundierte literarhistorische Kenntnisse und ein feines Gespür des Übersetzers vor allem für versteckte Zitate und Einstreuungen verlangt. Die größte Anforderung aber besteht in der adäquaten Umsetzung von Sebalds melancholischem Klage-Duktus und seines feinen Humors mit deutlich ironischen Untertönen. Deren erfolgreiche Übertragung erfordert mehr als die Wahl eines angemessenen Vokabulars in der Zielsprache: Es bedarf einer vom Übersetzer aufzuspürenden Koinzidenz kultureller Konventionen, die Sebalds spezifischen Tonfall vernehmbar werden lassen (vgl. Gómez García 2006, 16). Zuweilen ergibt sich im Transformationsprozess in der Zielsprache, insbesondere im Englischen, eine Tendenz zu einem lyrisch zu nennenden Stil gegenüber einem deutlich sachlicheren, nüchterneren Tonfall im deutschsprachigen Original (vgl. McCulloch 2006, 10 ff.).

Ein besonderes Augenmerk unter den zahlreichen Übersetzungen Sebalds verdient sicherlich die Übertragung seiner Werke ins Englische. Schließlich wanderte der im Allgäu geborene Sebald bereits in den späteren 1960er Jahren in seine Wahlheimat England aus. Die profunden Sprachkenntnisse des Wahl-Engländers hätten das Verfassen seiner Schriften in englischer Sprache durchaus zugelassen, dennoch zog er das Schreiben in seiner Muttersprache nie in Zweifel. Allerdings partizipierte er als sprachkundiger Gründer und erster Direktor des British Centre for Literary Translation intensiv am Entstehungsprozess der englischsprachigen Übersetzungen (vgl. McCulloch 2006, 7; Bell 2003, 13). In enger Zusammenarbeit und Auseinandersetzung mit seinen englischen Übersetzern Michael Hulse (*Vertigo*; *The Emigrants*; *The Rings of Saturn*) und Anthea Bell (*Austerlitz*; *On The Natural History of Destruction*; posthum: *Campo Santo*) entstanden im Rahmen eines bemerkenswerten Arbeitsprozesses die mehrfach ausgezeichneten Übersetzungen des Sebaldschen Œuvres. Nach Sebalds Tod wurden weitere seiner Werke von Jo Catling – Sebalds ehemaliger Kollegin an der East Anglia University – ins Englische übertragen (*A Place in the Country, Silent Catastrophes*) (vgl. Sheppard 2011, 655 ff.). Inzwischen liegen mehrere Studien zum Problem der Übersetzung W. G. Sebalds vor (Bell 2003; McCulloch 2006; Gómez García 2006; Pakendorf 2009; Cook 2011; Hulse 2011; Wolff 2011; Williams 2013). Aufgrund der spezifischen Entstehungsgeschichte und der Voraussetzungen der insbesondere zu Lebzeiten entstandenen englischsprachigen Übersetzungen des Sebaldschen Werks verdienen diese jedoch darüber hinaus eine mitunter persönliche Reflexion der Zusammenarbeit mit einem Autor von Weltruhm.

Reflexionen einer Zusammenarbeit: Die Übersetzungen von »Austerlitz«, »Luftkrieg und Literatur« und »Campo Santo«

Im Folgenden möchte ich meine persönlichen Erfahrungen als Übersetzerin von Sebalds Werken *Austerlitz*, *Luftkrieg und Literatur* und der posthum erschienenen Erzählsammlung *Campo Santo* ins Englische darlegen. Bevor man auf mich mit der Bitte zukam,

diese Werke zu übersetzen, hatte ich Sebalds vorherige Veröffentlichungen sowohl im deutschsprachigen Original als auch in der englischen Übersetzung zur Kenntnis genommen. Als besonders beeindruckend empfand ich Michael Hulses Übersetzung von *Die Ringe des Saturn*, die den englischen Titel *The Rings of Saturn* trägt. Michael Hulse hat neben *Die Ringe des Saturn* (1998) auch *Die Ausgewanderten* (1997) und *Schwindel. Gefühle* (2000) ins Englische übertragen.

Bevor ich die Anfrage erhielt, etwas von Sebald zu übersetzen, war ich bereits als kundige Leserin von Sebalds typisch zentraleuropäischem, hoch kultiviertem und melancholischem Gestus fasziniert. Die erste Übersetzungsprobe, um die mich Sebalds damaliger Verleger Harvill bat, war ein Auszug aus *Luftkrieg und Literatur*, worin das Bombardement von ›Nazi-Deutschland‹ am Ende des Zweiten Weltkriegs fokussiert wird. 1999 erschien den englischen Editoren dieses Sujet angesichts der damaligen Interventionen der NATO-Luftstreitkräfte im Kosovo als besonders relevant. Am Ende des Jahres aber, als bereits verschiedene Übersetzer mit der Übertragung von Teilen des Werks befasst waren, schien die unmittelbare Aktualität des Themas erloschen zu sein. Obwohl wir es zu diesem Zeitpunkt noch nicht wussten, konkurrierten wir also in erster Linie um das Privileg der Übersetzung des Textes *Austerlitz*, an dem Sebald gerade arbeitete.

Sebalds neuer Agent Andrew Wylie wollte die Übersetzungsprobe nutzen, um einen neuen englischsprachigen Verlag für seinen Autor zu finden. Schließlich fand sich im Vereinigten Königreich Hamish Hamilton, ein Imprint der Penguin Books Gruppe, und in den USA der Verlag Random House, die den Roman verlegen wollten.

In *Austerlitz* tauchen bekannte stilistische Elemente aus früheren Werken auf – z. B. ein anonymer Erzähler, der über Raum, Zeit, vor allem aber über das Wesen der Erinnerung meditiert –; Sebald gestaltet hier jedoch auch eine Rahmen-Binnen-Struktur. Als der Erzähler der Rahmenhandlung auf Jacques Austerlitz trifft, kann er sich dessen Faszination nicht entziehen: Die Lebensgeschichte von Austerlitz und die sukzessive Enträtselung seiner quälenden Erinnerungen an eine traumatische Flucht vor den Nazis von Prag nach Wales, von denen er seit frühester Kindheit beherrscht wird, zwingen den Erzähler gewissermaßen zum Zuhören.

Sebalds früherer Kollege an der East Anglia University Jean Boase-Beier fragte mich einst, ob Sebald die Doppelstruktur von *Austerlitz* wohl mit Blick auf die englische Übersetzung gewählt habe, um lange Passagen indirekter Rede zu vermeiden, die sich im Englischen – aber auch in anderen Sprachen (vgl. Gómez García 2006, 16) – leider nicht im Konjunktiv wiedergeben lässt. Tatsächlich gehören die zahlreichen Geschichten aus zweiter Hand im Konjunktiv in Sebalds Werken zu den größeren Herausforderungen für den Übersetzer. Häufig ist ein deutlicher, expliziter Verweis auf den Urheber einer Geschichte erforderlich, »to remind his reader that neither he, the author, nor his narrator, nor often his narrator's informants or sources, own directly the story they are passing on. They are intermediaries, often themselves readers or interpreters of texts left behind by those whose story is being resurrected« (Williams 2013, 25). Als Übersetzerin würde ich die Möglichkeit, dem Leser durch Verben im Konjunktiv anzeigen zu können, dass wir uns immer noch im Bereich indirekter Rede bewegen, begrüßen. Im Englischen dagegen ist es notwendig, dem Leser dies durch Phrasen wie »he went on to say that« anzuzeigen, falls dieser die Orientierung verloren haben sollte (vgl. McCulloch 2006, 14; Williams 2013, 25; Gómez García 2006, 16). All das wird dadurch vermieden, dass Austerlitz seine Geschichte in direkter Rede erzählt. Ob dies aber der Intention des Autors zugerechnet werden kann, muss Spekulation bleiben, zumal Sebald einige Monate nach Veröffentlichung des Buches 2001 bei einem Autounfall ums Leben kam. Das Problem der Redewiedergabe Dritter ist jedoch nicht die einzige Herausforderung, die Sebalds charakteristische Schreibweise an den Übersetzer stellt: Sebalds Sätze von überwältigendem Umfang haben mich als Übersetzerin besonders umgetrieben. Ein einziger Satz in *Austerlitz*, z. B. jener, der die Erkenntnis des – sich auf der Suche nach seinen Wurzeln befindlichen – Protagonisten thematisiert, dass die eigene Mutter in Theresienstadt interniert war, umfasst beachtliche neun Seiten. Instinktiv und unbedacht hatte ich während meiner Übersetzung nach eineinhalb Seiten einen Punkt gesetzt. Es bedurfte an dieser Stelle jedoch nicht einmal der Korrektur durch den Autor, um zu bemerken, dass der Fortgang des Satzes in diesem Fall eine spezifische Funktion erfüllt: die Reflexion über das unerbittliche, niederwalzende Räderwerk der NS-Bürokratie (vgl. Bell 2003, 13).

Insgesamt entstand insbesondere die Übersetzung von *Austerlitz* in enger Zusammenarbeit mit dem Autor. Nachdem ich einen Auszug zur Probe übersetzt hatte, verbrachte ich den größten Teil des Jahres 2000 mit der Übersetzung von *Austerlitz* in beredtem Austausch mit dem Autor, der das Projekt durchgehend mit Interesse und Ratschlägen begleitete. Sebald war schließlich persönlich besonders interessiert am Problem literarischer Übersetzungen. Als Gründer eines Übersetzungszentrums war ihm ein Gespür für die Rolle des Übersetzers eigen, dem immer auch ein stückweit die Position des Interpreten, vielleicht gar des Schauspielers, wie Michael Frayn diese schwierige Rolle einmal bezeichnet hat, zukommt. In der englischen Ausgabe von *Austerlitz* wurde Sebald gelegentlich, wenn wir über diverse Schwierigkeiten sprachen, zu seinem eigenen Exegeten, indem er mit Blick auf die Gegensätze der deutschen und englischen Rezeption verschiedene Passagen einer Revision unterzog, sie reformulierte, tilgte oder ergänzte (vgl. Bell 2003, 13; Williams 2013, 26).

Alles, was mir anfänglich vorlag, waren die Eingangsseiten, geschrieben auf einer altmodischen Schreibmaschine, da Sebald kein Mann neuester Technik war und sein Computer, mit dem man ihn in seinem Büro an der East Anglia ausstattete, ungeöffnet in seiner Originalverpackung verblieb. Während Anfang der 2000er Jahre der Mailverkehr längst zu den Gepflogenheiten der Kommunikation zwischen Übersetzer und Autor avanciert war, antwortete Sebald auf einen ihm zur Verfügung gestellten übersetzten Abschnitt stets handschriftlich. Den bereits übersetzten Auszügen legte ich zumeist einen Brief mit meinen Anmerkungen und Nachfragen bei und erwartete seine Kommentare, während ich bereits die nächste Passage bearbeitete. Häufig führte der Austausch zu weiterführenden Diskussionen, die sich zum Teil über einen beachtlichen Umfang unserer Korrespondenz erstreckten, wie zum Beispiel die Frage nach der adäquaten Übersetzung des Wortes ›Haustier‹, das nach etwa einem halben Dutzend Briefe letztlich vor dem Hintergrund einer cartesianischen Überlegung als ›domestic creature‹ übersetzt wurde (vgl. Bell 2003, 14). Der erste, etwa 30 Seiten umfassende Auszug, den ich erhielt, behandelte die blassen Erinnerungen an Austerlitz' Kindheit und führte durch etwas, das ich als walisische Idylle bezeichnen möchte: zum Besuch des Protagonisten bei seinem Schulfreund Gerald und dessen naturkundigem Großonkel Alphonso mit den zahlreichen botanischen und zoologischen Details, die Sebald so faszinierten. Dieses zoologische und botanische Spezialwissen, das *Austerlitz* unter anderem auszeichnet, erfordert eine intensive »terminologische Forschungsarbeit« des Übersetzers (Gómez García 2006, 16). In der Passage über den begnadeten Naturforscher Alphonso, mit dem die Jungen Austerlitz und Gerald bei

Nacht Motten beobachten, taucht z. B. eine Vielzahl verschiedener Mottenarten auf, für deren Bezeichnung es zum Teil kein englisches Äquivalent gibt. Nicht für jede Pflanzen- und Tierart gibt es nämlich eine gebräuchliche Bezeichnung in allen Landessprachen. Daher entschied Sebald, dass es nicht notwendigerweise eine vollständige Deckungsgleichheit zwischen den Mottenarten aus dem deutschsprachigen Original und der englischen Version geben müsse. Also ließ ich ihm eine umfangreiche Liste mit englischen Bezeichnungen von Mottenarten zukommen, von denen die meisten – aber eben nicht alle – der deutschsprachigen Vorlage entsprachen (vgl. Bell 2003, 17).

Nach diesen etwa dreißig Manuskriptseiten traf der Rest des Romans im Sommer des Jahres ein, woraufhin der bescheidene Sebald diverse Male seine Skepsis gegenüber der Qualität des Geschriebenen äußerte. Es war eigenartig, zu den ersten Lesern eines Werks zu gehören, das mit einiger Sicherheit zu einem Meilenstein der Literatur avancieren würde.

Als das übersetzte Manuskript von *Austerlitz* an den englischen Verleger übergeben war, machte ich mich an die Übersetzung von *Luftkrieg und Literatur*, die wir zunächst auf die gleiche Weise in stetigem brieflichen Austausch bearbeiteten. Die englische Ausgabe *On the Natural History of Destruction* enthält neben den Züricher Vorlesungen von 1997 ein Kapitel, das sich mit der darauf folgenden Kontroverse befasst. Darüber hinaus enthält die Sammlung die Essays über Alfred Andersch und – anders als das deutschsprachige Original – über Jean Améry und Peter Weiss. Während die Alliteration des deutschen Titels in der Übersetzung verloren gehen sollte, blieb der deutsche Titel als *Air War and Literature* zumindest im Untertitel für den Hauptteil des Buches (die Züricher Vorlesungen und Sebalds Kommentierung der zuweilen empörten Reaktionen darauf) erhalten, während als Titel für das gesamte Buch vor der Veröffentlichung von Sebalds amerikanischem Lektor Scott Moyers schließlich *On the Natural History of Destruction* vorgeschlagen wurde. An der Entscheidung über den Titel konnte Sebald aufgrund seines plötzlichen Todes nicht mehr persönlich partizipieren, sodass es auf eine Übereinkunft zwischen Verlag und Übersetzer ankommen sollte (vgl. Bell 2003, 14).

Der finale Titel – wie Sebald uns am Ende der ersten Vorlesung wissen lässt – geht auf den Wissenschaftler Solly Zuckerman zurück, der in die Planung der Luftangriffe auf deutsche Großstädte involviert war und »visited the ravaged city of Cologne«. Dieser erklärte sich bereit, einen Bericht für »the journal Ho-

rizon, to be entitled ›On the Natural History of Destruction‹« zu schreiben. Der entsprechende Artikel wurde jedoch nie geschrieben: Lord Zuckerman erklärte in seiner Biographie: »My first view of Cologne [...] cried out for a more eloquent piece than I could have written«. Somit stand dieser Titel für die englische Ausgabe von *Luftkrieg und Literatur* zur Verfügung.

Wie schon die englischsprachige Ausgabe von *Austerlitz* entstand die englische Übersetzung von *Luftkrieg und Literatur* zunächst in enger Zusammenarbeit mit dem Autor, dessen Kommentare zum Hauptteil des Buches ich bereits erhalten hatte, als mich die Nachricht seines tragischen Todes erreichte. Für den Rest des Monats befand ich mich zwischen Hoffnung und Angst, ob sich seine letzten Kommentare der drei Essays bereits auf dem Weg zu mir befänden. Und tatsächlich überbrachte mir Andrew Wylie, Sebalds Literaturagent, nach den Weihnachtsfeiertagen dessen kommentierten Andersch-Essay, den man auf seinem Schreibtisch gefunden hatte. Es war eine Nachricht aus dem Reich der Toten; ich glaubte, darauf vorbereitet zu sein, doch obwohl ich froh war, diese letzten Kommentierungen unserer professionellen Zusammenarbeit zu erhalten, lösten sie einen Schock aus. Ich brachte einen traurigen Tag damit zu, die Notizen Sebalds durchzugehen und sie in die Übersetzung zu integrieren.

Bei der Bearbeitung der letzten beiden Essays des Buches war ich auf mich allein gestellt, grübelte jedoch beständig über Sebalds Gedanken und seine Meinung zu bestimmten Formulierungen. Infolgedessen war ich erleichtert, als ich daraufhin von Irene Heidelberg-Leonard, Autorin der Standardbiographie von Jean Améry alias Hans Meier hörte. Ich wusste um ihre Freundschaft mit Sebald und ihre Zustimmung zur Übersetzung des Essays über Améry erschien mir beinahe wie Sebalds persönliche Imprimatur. Zwar kannte ich Irene Heidelberg-Leonard bis zu diesem Zeitpunkt nicht, doch habe ich inzwischen auch ihr Buch über Améry ins Englische übersetzt. Ihre Bestätigung gab mir die Hoffnung, auch bei der finalen Übersetzung des Essays über Weiss einen Sebaldschen Standard zu erreichen.

Schließlich erschien mit *Campo Santo* posthum eine von Sven Meyer herausgegebene Sammlung von Essays und Kritiken, von denen die meisten zu unterschiedlichen Zeitpunkten bereits in Zeitschriften erschienen waren. Die deutsche Version beinhaltet sowohl den Essay über Améry als auch den Essay über Peter Weiss, die beide bereits in die englische Version von *Luftkrieg und Literatur* Eingang gefunden hatten. Glücklicherweise befand der englische Verleger, *Campo Santo* sei ein so umfangreiches Buch, dass die Übersetzung jene beiden Essays nicht berücksichtigen könne, sodass der Rest des Materials ein Buch angemessener Länge ergab.

Besonders interessant war die Lektüre der Kapitel aus Sebalds Korsika-Projekt, das er zugunsten der Arbeit an *Austerlitz* zunächst zurückgestellt hatte. Immer noch wünschte ich, wir wären in den Genuss beider Werke gekommen. Beim Lesen von Sebalds Nachforschungen über Korsika fiel mir auf, dass Sebald den Geisterglauben der ländlichen Bevölkerung Korsikas in transformierter Form in *Austerlitz* aufscheinen lässt, wenn der Flickschuster Evan, einer der walisischen ›kleinen Leute‹, dem jungen Austerlitz seine Geschichten erzählt – »at first glance, they seemed to be like normal people, but as soon as you looked more closely, their faces blurred and flickered at the edges«. Gefiltert durch das erzählerische Bewusstsein des Autors, funktionieren die walisischen und korsischen Geisterwesen ähnlich und machen auf den kontinuierlichen Werkzusammenhang »as one long story« (Williams 2013, 40) aufmerksam. Mit der Übersetzung von *Campo Santo* habe ich mich von der Übersetzung der Sebaldschen Bücher zurückgezogen und den Staffelstab in die sicheren Hände von Jo Catling, Sebalds ehemaliger Kollegin, übergeben, der Übersetzerin von *Logis in einem Landhaus* (*A Place in the Country*, 2010), *Beschreibung des Unglücks* und *Unheimliche Heimat* (*Silent Catastrophes*, 2012).

Literatur

Bell, Anthea: On Translating W. G. Sebald. In: Rüdiger Görner (Hg.): *The Anatomist of Melancholy. Essays in Memory of W. G. Sebald*. München 2003, 11–18.

Cook, Jon: Lost in Translation: A Conversation with Jon Cook. In: Jo Catling/Richard Hibbitt (Hg.): *Saturn's Moons. W. G. Sebald – A Handbook*. London 2011, 356–363.

Gómez García, Carmen: Sebald übersetzen, eine Stilfrage. In: *komparatistik online* 1 (2006), 16–17.

Hulse, Michael: Englishing Max. In: Jo Catling/Richard Hibbitt (Hg.): *Saturn's Moons. W. G. Sebald – A Handbook*. London 2011, 192–205.

McCulloch, Mark: Introduction: Two Languages, Two Audiences: The Tandem Literary Œuvres of W. G. Sebald. In: Scott Denham/Mark McCulloch: *W. G. Sebald. History – Memory – Trauma*. Berlin 2006, 7–20.

Pakendorf, Gunther: Der englische Sebald. In: Ernest W. B. Hess-Lüttich/Joachim Warmbold (Hg.): *Empathie und Distanz: Zur Bedeutung der Übersetzung aktueller Literatur im interkulturellen Dialog*. Frankfurt a. M. 2009, 159–178.

Sheppard, R. C.: W. G. Sebald. A Chronology. In: Jo Catling/Richard Hibbitt (Hg.): *Saturn's Moons. W. G. Sebald – A Handbook*. London 2011, 619–658.

Williams, Arthur: W. G. Sebald's Three-Letter Word: On the Parallel World of the English Translation. In: Jeanette Baxter/Valerie Henitiuk/Ben Hutchinson (Hg.): *A literature of restitution: critical essays on W. G. Sebald*. Manchester 2013, 25–41.

Wolff, Lynn L.: The ›Solitary Mallard‹: On Sebald and Translation. In: *Journal of European Studies* 41/3–4 (2011), 323–340.

Anthea Bell
(aus dem Englischen übersetzt und ergänzt
von Leonie Süwolto)

VII Anhang

Autorinnen und Autoren

Elena Agazzi, Prof. Dr., Università degli Studi di Bergamo (II.13 »Logis in einem Landhaus«, IV.32 Gedächtnis/Erinnerung).

Claudia Albes, Prof. Dr., Leuphana Universität Lüneburg (II.3 »Nach der Natur. Ein Elementargedicht«).

Patrick Baumgärtel, Dr., Berlin (IV.33 Naturgeschichte).

Anthea Bell, Cambridge (VI.53 Appendix: W.G. Sebald übersetzen – Problemaufriss und Erfahrungsbericht).

Jens Birkmeyer, Dr., Universität Münster (IV.38 Kritische Theorie).

Ulrich von Bülow, Dr., MLA Marbach (II.10 Nachlass, III.27 Arbeitsweise).

Jan Ceuppens, Dr., UZ Leuven (II.5 »Die Ausgewanderten«).

Philippa Comber, Dipl.-Psych., Manchester (I.2 Autorbiographie).

Melanie Dilly, M.A., University of St. Andrews (IV.35 Trauma).

Axel Dunker, Prof. Dr., Universität Bremen (III.28 Poetik der Dinge).

Carolin Duttlinger, Associate Professor in German, University of Oxford (V.45 Walter Benjamin).

Susanne Düwell, Dr., Universität zu Köln (IV.41 Familie/Familiengeschichte, V.46 Jean Améry).

Heike Gfrereis, Prof. Dr., DLA Marbach (II.10 Nachlass).

Richard T. Gray, Prof. Dr., University of Washington (III.20 Intertextualität/Vernetzung, V.42 Franz Kafka).

Christian Hein, Lecturer, National Taiwan University (VI.48 Deutschsprachiger Raum).

Torsten Hoffmann, PD Dr., Universität Frankfurt a.M. (II.17 Sebald als Interviewer, II.18 Sebald als Interviewter, III.24 Polemik).

Silke Horstkotte, PD Dr., Marie Curie Research Fellow, School of Modern Languages and Cultures, University of Warwick (III.26 Photographie/Photographieren).

Christina Hünsche, Dr., Lektorin, Übersetzerin und Gründungsmitglied des Herausgeberkollektivs Butis Butis, Heidelberg (IV.34 Krieg und Gewalt).

J.J. Long, Professor of German and Visual Culture, University of Durham (III.25 Reisen).

Sven Meyer, M.A., Hamburg (II.8 »Campo Santo« und weitere Prosa, II.9 Gedichte).

Michael Niehaus, Prof. Dr., FernUniversität in Hagen (II.4 »Schwindel. Gefühle«, II.16 »Der Mythus der Zerstörung im Werk Döblins«, III.21 Fiktion – Dokument, VI.52 W.G. Sebald im Internet).

Claudia Öhlschläger, Prof. Dr., Universität Paderborn (II.6 »Die Ringe des Saturn«, III.29 Malerei, V.47 Jan Peter Tripp).

Wim Peeters, Dr., FernUniversität in Hagen (III.30 Architektur).

Nicolas Pethes, Prof. Dr., Universität zu Köln (II.14 »Luftkrieg und Literatur«).

Antonio Roselli, Dr., Universität Paderborn (IV.40 Heimat).

Armin Schäfer, Prof. Dr., Ruhr-Universität Bochum (II.16 »Der Mythus der Zerstörung im Werk Döblins«, III.22 Stil/Schreibweise).

Peter Schmucker, Prof. Dr. Dr. em., (II.11 »Die Beschreibung des Unglücks«, II.12 »Unheimliche Heimat«).

Verena Schowengerdt-Kuzmany, Ph.D., Seattle (V.44 Vladimir Nabokov).

Uwe Schütte, Dr., Aston University Birmingham (I.1 Wissenschaftliche Biographie, II.15 »Carl Sternheim«, V.43 Robert Walser, VI.49 Anglo-amerikanischer Raum).

Stephan Seitz, Dr., München (III.23 Bricolage).

Florian Stegmaier, Kirchheim unter Teck (IV.31 Melancholie).

Leonie Süwolto, Dr., Universität Paderborn (VI.53 Appendix: W.G. Sebald übersetzen – Problemaufriss und Erfahrungsbericht).

Ruth Vogel-Klein, Dr., Nouvelle Sorbonne3, Paris (VI.50 Frankreich).

Daniel Weidner, Prof. Dr., ZfL Berlin (IV.36 Holocaust, IV.37 Judentum).

Karine Winkelvoss, Dr., Université de Rouen/ZfL Berlin (III.19 Bild – Text).

Doren Wohlleben, PD Dr., Universität Heidelberg (IV.39 Ethik des Schriftstellers).

Lynn L. Wolff, Dr., Michigan State University (II.7 »Austerlitz«, VI.51 Zur Sebald-Forschung).

Personenregister

GPSR Compliance

The European Union's (EU) General Product Safety Regulation (GPSR) is a set of rules that requires consumer products to be safe and our obligations to ensure this.

If you have any concerns about our products, you can contact us on ProductSafety@springernature.com

In case Publisher is established outside the EU, the EU authorized representative is:

Springer Nature Customer Service Center GmbH
Europaplatz 3
69115 Heidelberg, Germany

Batch number: 08978846

Printed by Printforce, the Netherlands